DIE DEUTSCHEN UND IHR STAAT

Die Kunst des Möglichen 800–1871

Die Einkreisung 1871–1914

Revisionskrieg und Gegenrevision 1914–1939

Kein Ende des Sonderweges 1939–1990

Veröffentlichung der Stiftung
KULTURKREIS 2000
Band XIX

Ulrich Schwarze

Die Kunst des Möglichen
800–1871

Vom Reich ohne Macht bis in die kleindeutsche Einheit

HOHENRAIN TÜBINGEN

Umschlagmotive:
Vorderseite: Anton von Werner, Karton für den Siegesdenkmalsfries, 1872.
Rückseite: Alexander von Bensa, Gefecht zwischen k.k. Husaren und preußischen Kürassieren in der Schlacht von Königgrätz, 1866.

Meiner Frau Renate
in Dankbarkeit

Schwarze, Ulrich :
Die Kunst des Möglichen 800–1871 :
Vom Reich ohne Macht bis in die kleindeutsche Einheit /
Ulrich Schwarze.- Tübingen : Hohenrain-Verlag 2013
Veröffentlichung der Stiftung Kulturkreis 2000 ; Bd. 19
ISBN 978-3-89180-096-6
NE: Schwarze, Ulrich; Kulturkreis Zweitausend:
Veröffentlichung des Kulturkreis. . .

ISBN 978-3-89180-096-6
ISSN 0931-640X

Postfach 1611, D-72006 Tübingen
www.hohenrainverlag.de

Gedruckt in Deutschland

Inhaltsverzeichnis

Vorwort

Deutscher Sonderweg – Westbindung – Westliche Wertegemeinschaft

In konsumvergnügter, verantwortungsfreier Behaglichkeit verharrt Bundesdeutschlands politische Klasse einschließlich ihres medialen Transmissionspersonals auch nach dem Beitritt der DDR unter der ungeschriebenen Verfassung ewiger Schuld, Sühne und Unterwerfung. In der Hängematte staatsdoktrinärer Westbindung ruhend, sorgenfrei und vertrauensvoll überläßt man die Gestaltung der eigenen Daseinsverhältnisse den Mächtigen der ›Westlichen Wertegemeinschaft‹, ist Deutschland vordem doch auf sündhafte ›Sonderwege‹ abgeirrt und als politisch handelndes, souveränes Subjekt der Geschichte auf unabsehbare Zeit disqualifiziert. Doch tatsächlich sind die Zeiten, da man die durch Zerknirschung vertuschte Verantwortungsscheu mit der vom sowjetrussischen Imperialismus ausgehenden Bedrohung noch hatte rechtfertigen können, seit dem Zerfall des Ostblockes endgültig vorüber. Diejenigen, denen die historische Dimension des damaligen Umbruchs entgangen ist und die darum weiter nach den Schablonen der Nachkriegsjahrzehnte denken, reden und handeln, gleichen Trockenschwimmern auf unversehens erreichtem Strande.

Spätestens seit der Wende um 1990 sind die programmatischen Schlagwörter ›Westbindung‹ und ›Westliche Wertegemeinschaft‹ zur Rechtfertigung des ängstlichen Verzichts auf die Wahrnehmung eigener Interessen nicht mehr geeignet, ist die Totschlagevokabel vom ›deutschen Sonderweg‹ abgenutzt, als politische Waffe nicht mehr tauglich. Mit dem ihr heute unterfütterten Inhalt unterstellt diese Formel, die politischen und kriegerischen Katastrophen des 20. Jahrhunderts seien die Folgen verhängnisvollen Abweichens der Deutschen vom Wege einer ihnen geschichtlich vorgezeichneten, mit den westeuropäischen Ländern gemeinsam zu durchlaufenden zivilisatorischen und kulturellen Entwicklung. Das deutsche Ausbrechen, das bereits mit LUTHER eingesetzt und über BISMARCK geradewegs in den Ersten und sodann in den Zweiten Weltkrieg und zu den Verbrechen des Nationalsozialismus geführt habe, dürfe sich zur Vermeidung künftigen Unheils niemals wiederholen; Europa könne nur in Frieden gedeihen, wenn Deutschland fest in ein von den Westmächten dominiertes Staatensystem eingebunden werde.

Doch ist eine historisch vorgegebene Zugehörigkeit Deutschlands zu ›Westeuropa‹ oder gar zu einer von den raumfremden Vereinigten Staaten von Amerika beherrschten ›westlichen Wertegemeinschaft‹ plausibel begründbar? Was soll der Begriff ›Westeuropa‹ denn besagen? Die einheitliche westeuropäische Entwicklung, von der Deutschland abgewichen sein soll, ist lediglich eine unhistorische Fiktion der Umerziehung, eine Chimäre oktroyierter Staatsdoktrin. Welche geschichtliche, politisch und kulturell Identität stiftende Einheitlichkeit weisen England und Frankreich denn auf, wenn man davon absieht, daß beide Länder zu frühen Zeiten nationale Zentralstaaten und später auch Kolonialimperien errichteten? Was hatte das revolutionäre England Oliver CROMWELLS oder das König KARLS I. gemein mit dem revolutionären Frankreich DANTONS und ROBESPIERRES oder das König LUDWIGS XVI., was die Insel des Seehelden NELSON mit der Republik des Eroberers und Kaisers von eigenen Gnaden NAPOLEON I., was das Land des Diktators NAPOLEON III. mit dem Reich des britischen Premierministers DISRAELI? Was kann eine gar den Atlantik übergreifende westliche Identität mehr sein als ein Hirngespinst, wenn man bedenkt, daß die nicht nur geographisch fernen USA sich selbst zum ›Westen‹ rechnen, die sich neuerdings ausdrücklich auch als ›pazifische Nation‹ bekennen und die unter den mit europäischen Verhältnissen nicht ansatzweise vergleichbaren Bedingungen multikultureller Einwanderung als Schmelztigel ethnischer und kultureller Elemente aus Europa, Asien und Afrika entstanden sind? Was ist ›der Westen‹ mehr als ein eher nebulöser geographischer Begriff?

Die Deutschen haben in ihrer Geschichte – trotz zeitweilig starker vatikanischer oder französischer Einflüsse – zunächst im Verbund des universalen Heiligen Römischen Reiches Deutscher Nation, später unter NAPOLEON I., dann im Deutschen Bund, zu Zeiten der Märzrevolution und der Paulskirche, in der Phase des preußisch-habsburgischen Dualismus und schließlich im kleindeutschen Reich – stets ihr spezifisches Eigenleben in Mitteleuropa geführt. Deutschland ist seit jeher das Kernland Europas, eines facettenreichen Kulturkreises von Vaterländern, denen grundlegende Gemeinsamkeiten, zugleich aber deutlich voneinander abweichende nationale Entwicklungswege und Identitäten eigen sind. ›Der Westen‹ im Sinne des heutigen Sprachgebrauchs hingegen ist nicht mehr als ein im Kampf gegen den deutschen Nationalstaat im 19. und 20. Jahrhundert geprägter (zeitweise aber auch deutscherseits zur Abgrenzung gegen die Westmächte benutzter) ideologischer Kampfbegriff. Das mit ihm in komplementärer Beziehung stehende Schlagwort vom ›deutschen Sonderweg‹ im heute gebräuchlichen, negativen Sinne war nie etwas anderes als aus dem Ressentiment geborene Propaganda.

Auch unter Gesichtspunkten der ›Modernität‹ im Sinne westeuropäischer Zivilisationen läßt sich die These vom deutschen Sonderweg nicht begründen. Die Strukturen in den europäischen Staaten entwickelten sich jeweils ganz unterschiedlich, ohne daß gerade im Falle Deutschlands von einem Rückstand die Rede sein könnte, der geeignet wäre, als Erklärung für die Katastrophen von 1914/18 und 1939/45 herzuhalten. Das Gegenteil trifft zu: Verfassungsrechtlich vollzog das Deutsche Reich den letzten Schritt zur vorrangigen Bedeutung des Parlamentes zwar erst kurz vor dem Ende des Ersten Weltkrieges, und das preußische Dreiklassenwahlrecht entsprach nicht dem Gleichheitsgrundsatz; doch für den Reichstag galt bereits das europaweit vorbildliche allgemeine, freie, gleiche, geheime Wahlrecht.

Auch wirtschaftlich, technologisch, wissenschaftlich und kulturell stand das Reich in Europa an erster Stelle. Im Zeitalter des Früh- und Hochkapitalismus besaß BISMARCKS System der Sozialversicherung zukunftsweisenden Modellcharakter; Rechtsstaatlichkeit, Meinungs- und Pressefreiheit waren im damaligen Deutschland auf höchstem europäischem, auch später – zumal gegenwärtig – kaum mehr erreichtem Niveau gewährleistet. Worin aber soll die angeblich identitätsstiftende, überlegene Modernität der westeuropäischen Großmächte gesehen werden? Frankreichs damaliger innerer Zustand spiegelte sich in der häßlichen Affäre DREYFUSS und in einem zur Staatsräson erhobenen rachsüchtigen Chauvinismus wider. Und in England, dem selbsternannten ›Mutterland der Demokratie‹, verlieh ein durchaus nicht demokratisches Wahlrecht einigen hundert Familien die Macht, nicht nur über das Land, sondern über das ganze britische Weltreich zu herrschen, das die Völkerschaften, die es sich unterworfen hatte, gnadenlos unterdrückte und ausbeutete.

Die ›Westliche Wertegemeinschaft‹ steht im Sprachgebrauch der politisch-medialen Klasse der Bundesrepublik für die unterwürfige Haltung gegenüber dem politischen, wirtschaftlichen, militärischen und kulturellen US-amerikanischen Imperialismus, der, getragen von säkularisiertem puritanischem Sendungsbewußtsein, von den Anfängen jenes Landes an stetig expandierte: gewalttätig und kulturzerstörend, und das mit dem besten Gewissen der Welt. Denn wie soll derjenige Unrecht tun können, der sich berufen sieht, die Welt nach Gutdünken von Tyrannei, Rückständigkeit, Unfreiheit, kurz, von allen unamerikanischen Untugenden und Lastern zu befreien, die er andernorts feststellen zu dürfen wähnt?

Der Kreuzzug aus Gottes eigenem Lande führte nach dessen Arrondierung auf dem nordamerikanischen Kontinent nach Mittel- und Südamerika, in den pazifischen Raum bis zu den Philippinen und nach Japan und, in Komplizenschaft mit dem nicht weniger sendungsbewußten Panzerbolschewismus, mit dem die Beute geteilt wurde, bis in die Mitte des europäischen Kontinents. Der US-Imperialismus ist, wenngleich weniger plump auftretend, als es der sowjetische zu tun pflegte, letztlich kaum minder totalitär als jener: Denn er beansprucht nicht nur die politische, wirtschaftliche und militärische Macht über die von ihm ›befreiten‹ Länder; er greift auch nach den Seelen der Völker, die er ideologisch gleichzuschalten sucht und deren Eigenart er mit seiner primitiv-hedonistischen Massenkultur überschwemmt, überwuchert und erstickt.

Vorliegende Arbeit, die den Standort der Deutschen ohne geschichtsdogmatische Rücksichten zu bestimmen sucht, behandelt die Zeitspanne vom Mittelalter bis 1990 unter dem Gesichtspunkt nationaler Staatlichkeit. Die Darstellung hat ihre Schwerpunkte in den innen- und außenpolitischen Höhen und Tiefen des Weges von der Märzrevolution 1848 und dem Paulskirchenparlament bis zum Beitritt der DDR zur Bundesrepublik Deutschland, und sie fußt auf dem folgenden Leitgedanken: Während sich in den europäischen Nachbarländern bereits seit dem ausgehenden Mittelalter vitale, zentral geführte Königreiche auf nationaler Basis bildeten, war das Heilige Römische Reich Deutscher Nation strukturell kaum jemals ein im Innern fest gefügter, nach außen robuster Einheitsstaat. Mit dem unausweichlichen Niedergang dieses universalen Gebildes wurde Deutschland Verfügungsmasse und machtpolitischer Tummelplatz bereits etablierter europäischer Zentralstaaten sowie eigener Partikularherren.

Als sich im Laufe des 19. Jahrhunderts schließlich auch die Deutschen nationalstaatlich organisierten, rief das die atavistischen Revierinstinkte der etablierten Mächte hervor, die nicht bereit waren, auch dem deutschen Volk das von der europäischen Evolution vorgezeichnete staatliche Gehäuse zuzubilligen, das sie selbst längst besaßen. Denn die neu erstandene Großmacht beschnitt ihre Besitzstände, indem sie ihnen nicht nur die gewohnten mitteleuropäischen Einflußzonen nahm, sondern auch wirtschaftlich und außenpolitisch mit ihnen konkurrierte.

Die Anrainer reagierten hierauf mit kollektiver Aggression gegen den Neuankömmling, die sie alle ihre untereinander bestehenden bisherigen Rivalitäten hintanstellen ließ. In diesem archaischen Reflex liegt die eigentliche Ursache der Kriege von 1870/71 und von 1914/18, die im weiteren Verlauf auch maßgeblich zum Zweiten Weltkrieg sowie zu dessen Folgen für Deutschland beitrug. Allein dies ist gemeint, wenn in diesem Buch vom deutschen Sonderweg durch die Geschichte die Rede ist. Dieser nahm seinen Ausgang von der strukturellen Schwäche des ›Heiligen Römischen Reiches Deutscher Nation‹, die Deutschland beim Übergang in die zentrale Staatlichkeit ins zeitliche und machtpolitische Hintertreffen geraten ließ, und zwang die in Europas Mitte alteingesessene Nation, ihr Recht auf den eigenen Staat mit Waffengewalt zu verteidigen.

Inhalt und Aufbau

Indem es den Weg der Deutschen durch die Geschichte unter dem Gesichtspunkt des Ringens um eigene Staatlichkeit und deren Erhaltung schildert, ist dieses Buch ein Plädoyer für den deutschen Nationalstaat. In einer knappen Übersicht werden zunächst die politischen Verhältnisse und Ereignisse vom Mittelalter bis zum Ende des Zweiten Weltkrieges skizziert, soweit sie für diese Thematik bedeutsam sind. Anschließend wird ausführlicher und zusammenhängend die Geschichte der Deutschen und ihrer Staatlichkeit in den entscheidenden Etappen von 1848 bis 1919 dargestellt. Beschränkt auf einzelne wesentliche Themen und Ereignisse, werden schließlich die Jahre von 1919 bis 1990 erörtert, die wirren Geschicke des niedergeworfenen deutschen Nationalstaates nach den Weichenstellungen von Compiègne und Versailles: das von den Siegern unterdrückte, aber nie ganz erlahmte Ringen Deutschlands um territoriale Integrität, staatliche Einheit und Souveränität, sein Weg durch Krisen und Katastrophen, durch Phasen des Aufbegehrens und der Resignation, der Friedhofsstille, aber auch neuer Hoffnungen.

Deutsche Kriegsschuld

Kriegsschuldanteile der deutschen Seite werden zwar keineswegs übergangen, doch nimmt ihre Erörterung nicht allzu viel Raum ein. Nicht, daß sie ohne Bedeutung wären; doch in der etablierten Geschichtsschreibung der Unterworfenen ist deutsche Kriegsschuld dem Zeitgeist entsprechend nicht nur dreist verfälschend und mit kaum zu überbietender Einseitigkeit, sondern auch in ausufernder Breite dargelegt worden. Der US-amerikanische Historiker David CALLEO schreibt dazu treffend: »Viele deutsche Autoren scheinen einen gewissen perversen Geschmack daran zu finden, für ihre Gesellschaft eine einzigartige Verruchtheit innerhalb der menschlichen Gattung zu beanspruchen.«[1] Dem waren in dieser Arbeit Akzente heilsamen Ausgleichs entgegenzusetzen.

Parteilichkeit

Objektive Geschichtsschreibung im Sinne völliger Übereinstimmung zwischen der Wirklichkeit der Vergangenheit und dem vom Historiker geschaffenen Abbild gibt es nicht. Allerdings muß sich der Geschichtsschreiber nach bestem Wissen und Können um die Wahrheit bemühen. Muß er darum aber auch unparteilich sein? Wer sich intensiv mit der Geschichte der Völker und Staaten befaßt, ist in aller Regel ein ›politischer Mensch‹, der als solcher stets auch wertet und innerlich Partei ergreift. Wer dennoch ›unparteilich‹ Geschichte beschreiben will, wird seiner individuellen Sicht, die er verbergen muß, stets durch Selektion der Fakten, durch subjektiv gesetzte Akzente und durch eingefärbte Formulierungen Geltung verschaffen. So wird die vorgeblich unparteiliche, objektive Geschichtsdarstellung unversehens zur Heuchelei.

Der Wahrheit ist es weitaus dienlicher, aus der eigenen Parteinahme keinen Hehl zu machen, dabei aber auch die Tatsachen nicht zu verschweigen, die geeignet sind, eine gegenteilige Sicht zu stützen. Der preußische Historiker Johann Gustav DROYSEN schrieb in der zweiten Hälfte des 19. Jahrhunderts Grundlegendes zur Frage der Unparteilichkeit: »Wenn damit nur gemeint ist, daß man nicht aus Gunst oder Ungunst lügen soll, so ist das eine nicht eben große Regel für den Historiker, nicht viel besser, als wenn man für ordentliche Menschen die tiefsinnige Regel gibt, sie sollen nicht stehlen. Meint man aber, daß der Historiker ohne Parteinahme schreiben soll, so ist das eine unmenschliche Forderung, und wenigstens ein ordentlicher Mann muß sie sich verbitten, man kann gewiß sein, daß seine Arbeit umso schlechter werden würde, als er dieser Regel folgen wollte... Natürlich nicht von meiner subjektiven Willkür, von meiner kleinen und kleinlichen Persönlichkeit aus werde ich die großen geschichtlichen Aufgaben lösen wollen; indem ich von dem Standpunkt, von dem Gedanken meines Staates, meines Volkes, meiner Religion aus die Geschicke der Welt betrachte, stehe ich schon hoch über meinem eigenen Ich, ich denke gleichsam aus einem höheren Ich, in dem die Schlacken meiner eigenen kleinen Person hinweggeschmolzen sind.«[2]

Leitlinie des Verfassers dieser Arbeit ist es, in diesem Sinne der Wahrheit verpflichtet engagiert aus deutscher Sicht zu schreiben.

Plädoyer für ein unverzerrtes Geschichtsbild

Eine Darstellung deutscher Vergangenheit unter dem Aspekt staatlicher Einheit und im Sinne eines Plädoyers für den Nationalstaat muß zwangsläufig in Gegensatz zur geschichtsverfälschenden Historiographie der deutschen Gegenwart geraten, der diese Thematik schon im Ansatz politisch suspekt ist und die die nationale Dimension und die ihr zugrunde liegenden tatsächlichen Zusammenhänge in der deutschen Geschichte entweder ganz ausklammert oder sie nur beiläufig, vielfach auch abfällig und moralisch abwertend behandelt. Dem gegenläufig soll dieses Buch der historischen Wahrheit und Gerechtigkeit dienen, einen Beitrag leisten zur Normalisierung des historischen Denkens in unserem Land, zur tabu- und angstfreien Suche nach der vergangenen Wirklichkeit. Es tritt einem böswillig und mit System verzerrten, nahezu amtlichen Geschichtsbild entgegen, das im heutigen Deutschland als integraler Baustein einer vom Grundgesetz nicht legitimierten Staatsräson von gleichgeschalteten Politikern, Medien, Historikern und Geschichtslehrern *ex cathedra* verkündet wird.

Die nationalen Traumata, Neurosen und Verhaltensstörungen der zeitgenössischen politisch, medial und kulturell dominierenden Klasse Deutschlands fußen wesentlich auf diesem uns durch Umerziehung aufgezwungenen Zerrbild, wären ohne die gezielt instrumentalisierte historische Unwahrheit nicht denkbar. Gelänge es, das staatsdoktrinäre Greuelgemälde von der deutschen Vergangenheit durch ein Abbild zu ersetzen, das aus der schlichten Fragestellung erwächst, wie es aus – unserer Perspektive – ›eigentlich gewesen‹ sei, so wäre ein wichtiger Schritt zur Normalisierung unserer nationalpolitischen Gegenwart getan. Das Bemühen des Historikers um die Wirklichkeit des Vergangenen deckt sich hier mit dem politischen Streben derjenigen, denen eine bedrückende Gegenwart Zukunftssorgen um ihr Land bereitet.

Es geht dabei nicht um weiße Flecken, um *terra incognita* auf der Karte der Gestrigkeit, sondern um böswillige, aber auch ängstlich-anpäßlerische Fehlbewertungen oder Unterdrückung an sich bekannter Tatsachen und Zusammenhänge durch volkspädagogisch motivierte Tendenzhistoriker nach Maßgabe geschichtspolitischer Korrektheit.

Notwendig ist der Appell an das wissenschaftliche Ethos, ist das Plädoyer für den redlichen Umgang mit der Vergangenheit, ist die Aufklärung einer fehlinformierten und irregeleiteten, gegen die eigene Identität verhetzten deutschen Öffentlichkeit. Die fällige Korrektur der vorherrschenden Staatsdoktrin der Unterwerfung erfordert es auch, den Manipulationen der Geschichte durch plumpe Unwahrheit, Verschweigen, Verzerrung und Tabuisierung wenigstens den schlichten Minimalkonsens entgegenzusetzen, »daß man nicht. . . lügen soll«.

I

Gesamtdeutsche Staatlichkeit in der Geschichte
Übersicht und Thesen

A. Heiliges Römisches Reich – ein verhängnisvoller Irrweg?

1. Strukturelle Mängel und Schwächen des alten Reiches

Mit dem Ende des Dreißigjährigen Krieges im Jahre 1648 trat das Heilige Römische Reich Deutscher Nation von der Weltbühne ab – zwar nicht *de iure*, aber als maßgebliche politische Macht. Das an die Tradition des römischen Imperiums anknüpfende, seit der Kaiserkrönung OTTOS I., des Großen, im Jahre 962 in Rom mit dem deutschen Königtum verbundene Heilige Römische Reich, das im 15. Jahrhundert den Zusatz ›Deutscher Nation‹ erhielt, hatte im hohen Mittelalter als zentrale Ordnungsmacht Europas gewirkt, war seit der Mitte des 13. Jahrhunderts zusehends verfallen und hatte von 1648 an bis zu seinem endgültigen Ende unter dem Ansturm NAPOLEONS I. im Jahre 1806 als ein loser Verbund seiner Teilstaaten kaum mehr als nur noch förmlichen Bestand.

Dieses alte Reich war auch zu seiner Blütezeit im frühen und hohen Mittelalter kein hegemonialer Überstaat gewesen. Zu imperialistischer Machtentfaltung und aggressiver Expansion nach außen war das locker gefügte Gebilde schon strukturell ebenso außerstande wie zu straffer, zentraler Führung im Inneren. Es war kein deutscher Nationalstaat – nicht jedenfalls nach Maßgabe der modernen Staatsidee des 18. Jahrhunderts, aber auch nicht in dem weiteren Sinne eines kraftvollen Königtums, das sich auf eine ihrer selbst bewußte Staatsnation stützen konnte und diese zentral regierte und verwaltete. Ethnisch war das alte Reich, da die Reichsstände und die Bevölkerungen ihrer Territorien ganz überwiegend Deutsche waren, ein im wesentlichen von diesen als Kernnation geprägtes und gestaltetes und in diesem Sinne ein durchaus deutsches Staatswesen.

Nach seiner Staatsidee verstand es sich als universale, die Staaten und Völker übergreifende, im Kaisertum verkörperte Friedensordnung der christlichen Welt. Das Reich regelte das Miteinander seiner Glieder, ohne sie zu beherrschen, gewährte ihnen Schutz und garantierte ihnen Freiraum für die partikulare Eigenständigkeit, was vor allem die kleineren Reichsstände zu schätzen wußten. Es war kein geschlossenes, ethnisch-geographisches Gebilde, sondern ein offenes Bezugssystem auch für die ihm nicht zugehörigen christlichen Länder.

Der Blick auf seine Geschichte zeigt: Das alte Reich war, auch wenn es viele hundert Jahre lang existierte, wegen struktureller Defizite nicht wirklich lebensfähig und insbesondere als staatliches Haus für das deutsche Volk nicht tauglich. Insbesondere fehlte ihm eine hinreichend durchsetzungsfähige und -willige Führungsinstitution, und als Ganzes erlangte es niemals den Organisationsgrad, besaß nie die Kraft und – schon von seiner Staatsidee her – auch nie den Antrieb, seinen Bestand machtvoll nach innen und nach außen dauerhaft zu festigen und zu sichern.

Die Reichsverfassung[1] stattete die deutschen Könige und Kaiser nicht mit einem politischen, finanziellen und militärischen Instrumentarium aus, das es diesen ermöglicht hätte, als bestimmende, zentrale Macht im Reich zu herrschen, eine einheitliche innere Ordnung durchzusetzen, zentrifugale, rivalisierende oder aufbegehrende Kräfte der Reichsstände zu disziplinieren und überdies die territoriale Integrität des Reiches gegen Übergriffe von außen zu schützen. Der König und Kaiser war als solcher arm, mußte sich daher auf die Potentiale seiner Hausmacht stützen, wenn er seine Stellung im Reich wahren wollte. Dem deutschen König standen fiskalisch im wesentlichen nur die Erträgnisse des Reichsgutes und die regelmäßigen Abgaben der Reichsstädte zu. Eine allgemeine Besteuerung setzte erst seit den Hussiten- und Türkenkriegen ein. Außerordentliche Reichssteuern konnten nur aus bestimmten, meist kriegerischen Anlässen erhoben werden.

Militärisch konnte sich der deutsche König im wesentlichen nur auf seine Hausmacht stützen, denn ein reichsunmittelbares stehendes Militärwesen fehlte ihm. Die Reichsarmee stand ihm nicht als stets zugriffsbereites Machtmittel zur Verfügung; sie wurde nur im Kriegsfall aufgestellt, und zwar aus Kontingenten der Reichsstände, von denen er insoweit abhängig war.

Es gab auch keine straffe, effektive, zentrale Reichsverwaltung, die von einem loyalen, diziplinierten Dienstadel hätte gebildet werden können. Zwar erlebte das alte Reich auch Blütezeiten, doch waren diese stets und ausschließlich individuell hervorragenden Herrscherpersönlichkeiten wie OTTO DEM GROSSEN oder FRIEDRICH I. ›Rotbart‹ geschuldet. Brachten die Zufälle von Geburt und Politik schwächere Figuren auf den Thron, so wirkten sich die gefügehaften Mängel ausschlaggebend aus. Die Entwicklung des Reiches ist vom hohen Mittelalter an von fortschreitendem Verfall der ohnehin schwachen Zentralmacht und dem Ausbrechen der Territorialherren aus der Reichsgewalt und -ordnung gekennzeichnet.

Ein strukurelles Grundübel war auch die Verbindung des deutschen Königtums mit dem Kaisertum. Diese verleitete die deutschen Könige allzu häufig, ihre Energien auf die Mehrung ihrer übergreifenden Stellung eines ›imperator mundi‹, die der Eitelkeit schmeicheln mochte, zu konzentrieren, ihre Machtansprüche in den deutschen Territorien hintanzustellen und die innere Ordnung des Reiches zu vernachlässigen. So gelang es ihnen nie, die Macht der deutschen Stammesherzöge und Territorialfürsten, die sich nahezu königsgleiche Gewalt anmaßten, auf Dauer zu zügeln und die eigene Führungsstellung nachhaltig zu festigen.

Statt dessen dehnten sie die kaiserliche Macht auf romanische Länder wie das Königreich Burgund aus, oder auf Italien, wo sie kräftezehrende und verlustreiche Kriege führten, wie der Staufer FRIEDRICH I. ›Rotbart‹ (1152–90) um die lombardischen Städte. Stauferkaiser FRIEDRICH II. von Sizilien (1212–50) fühlte sich gar als Italiener und überließ Deutschland den weltlichen und geistlichen Lokalpotentaten. Den Spanier mit gekaufter deutscher Königskrone KARL V. aus dem Hause Habsburg (1519–56), der gegen seinen Erzrivalen, Frankreichs König FRANZ I., vier Kriege namentlich um Italien führte, kümmerten die deutschen Dinge kaum.

Die Geschichte des römisch-deutschen Kaisertums kommt einer Sequenz solcher Beispiele nahe. Wären die deutschen Könige ›nur‹ Könige ihres Landes gewesen, so wie diejenigen von Frankreich und England es waren, so hätten auch sie das Ihrige zusammenzuhalten und zu festigen gewußt, hätten ihrer Königsmacht zentrale Geltung verschafft und ihr Reich von innen gegen Zerfall und Anarchie sowie nach außen gegen fremde Zugriffe geschützt.

Mit dem römischen Papsttum war das deutsche Kaisertum des Mittelalters in unheilvoller Weise machtpolitisch und weltanschaulich verquickt. In theokratischer Weltsicht verstanden sich Päpste seit Gregor VII. (1073–85) als Stellvertreter Gottes auf Erden, denen alle Kreatur, der Kaiser nicht ausgenommen, untertan zu sein hatte. Der deutsche König empfing die Kaiserkrone aus päpstlicher Hand, das Kaisertum also gleichsam als Lehen des Papstes.

Den aus dieser Selbstüberhebung erwachsenden weltlichen Machtansprüchen Roms in den Angelegenheiten des Reiches widersetzte sich die kaiserliche Macht mit wechselndem, meist nur geringem Erfolg. Der Bußgang des mit päpstlichem Bannfluch belegten Königs Heinrich IV. im Jahre 1077 nach Canossa zu Gregor VII. bildete den ersten Höhepunkt eines ständigen Kampfes Roms gegen das Reich und seine Zentralgewalt. Dieser Papst hatte seine Machtinteressen geschickt mit denen der deutschen Fürstenopposition verbunden und im Jahre 1075 den sogenannten ›Investiturstreit‹ als Waffe gegen den deutschen König eingesetzt, dessen Autorität bereits durch einen Aufstand deutscher Territorialherren 1073 ins Wanken geraten war. Die für das Erstarken eigener Staatlichkeit unabdingbare – in Frankreich und dann in England schon frühzeitig gelungene – Emanzipation von den Herrschaftsansprüchen des Heiligen Stuhles unterblieb in Deutschland – nicht zuletzt infolge der Verklammerung, die das Kaisertum der deutschen Könige bildete.

Das mittelalterliche Papsttum destabilisierte das Reich von innen und plünderte das Volk aus. Hierzu zwei Verse eines wachen Zeitgenossen, Walthers von der Vogelweide. Zunächst sein Kommentar zur gleichzeitigen Wahl eines Staufers und eines Welfen zu deutschen Königen:

> Ahi wie kristenliche nu der babest lachet,
> swenne er sinen Walhen seit »ich hanz also gemachet!«
> daz er da seit, des solt er niemer han gedaht.
> er giht »ich han zwen Allaman undr eine krone braht,
> daz siz riche sulen stoeren unde wasten.
> ie dar under füllen wir die kasten:
> ich hans an minen stoc gement, ir guot ist alles min:
> ir tiuschez silber vert in minen welschen schrin.
> ir pfaffen, ezzent hüenr und trinkent win,
> unde lant die tiutschen leien magern unde vasten.«

(Ei, wie christlich nun der Papst lacht,
wenn er seinen Welschen erzählt: »Ich hab's so gemacht!«
Was er da sagt, das sollte er nicht einmal gedacht haben.
Er bekennt: »Ich habe zwei Deutsche unter eine Krone gebracht,
damit sie das Reich zerstören und verwüsten.
Währenddessen füllen wir die Kasten;
ich habe sie zu meinem Opferstock getrieben, all ihr Gut ist mein,
ihr deutsches Silber wandert in meinen welschen Schrein.
Ihr Geistlichen, eßt Hühner und trinkt Wein
und laßt die deutschen Laien mager werden und fasten!«)

Und die römische Lust an irdischen Gütern personifiziert der zeitkritische Sänger in einem wandelnden Opferstock:

Sagt an, her Stoc, hat iuch der babest her gesendet,
daz ir in richet und uns Tiutschen ermet unde pfendet?
swenn im diu volle maze kumt zu Lateran,
so tuot er einen argen list, als er e hat getan:
er seit uns danne wie daz riche ste verwarren,
unz in erfüllent aber alle pfarren.
ich waen des silbers wenic kumet ze helfe in gotes lant:
grozen hort zerteilet selten pfaffen hant.
her Stoc, ir sit uf schaden her gesant,
daz ir uz tiutschen liuten suochet toerinne unde narren.

(Sagt an, Herr Stock, hat Euch der Papst hierher geschickt,
damit Ihr ihn reich und uns Deutsche arm macht und beraubt?
Wenn die ganze Fülle zu ihm in den Lateran kommt,
so macht er einen schlimmen Winkelzug, wie er schon früher getan hat.
Er erzählt uns dann, wie das Reich in Unordnung sei,
bis ihm die Pfarren abermals alles vollfüllen.
Ich glaube, daß kaum etwas von dem Silber in Gottes Land Hilfe bringen wird:
Einen großen Schatz verteilt selten die Hand eines Geistlichen.
Herr Stock, ihr seid hergesandt, um Schaden zu stiften,
um bei den Deutschen Toren und Narren zu suchen!)

Nach einer kurzen Blüte des Reiches als stabilisierender und integrierender Ordnungsmacht im hohen Mittelalter begann sein Verfall bereits gegen Ende des 12. Jahrhunderts, als ein Zwist um die deutsche Königskrone im Jahre 1198 in der Doppelwahl des Welfen OTTO IV. und des Staufers PHILIP VON SCHWABEN gipfelte. Langfristig führten Kriege unter den Territorialstaaten in seinem Inneren ebenso wie Angriffe und Raubzüge europäischer Randmächte und des Osmanischen Reiches gegen das Reichsgebiet von außen zu allmählicher Zerrüttung. Das Reich war immer weniger in der Lage zu unterbinden, daß sich auf seinem Territorium zahlreiche wechselnde Kriegskoalitionen der europäischen Randmächte Frankreich, Schweden, Dänemark und Rußland untereinander und mit den auch gegeneinander konkurrierenden deutschen Großmächten Preußen und Österreich sowie deren jeweiligem Anhang tummelten und austobten.

Hinzu trat der Druck des Osmanischen Reiches, der freilich 1683 vor Wien seinen Höhepunkt überschritt. Der strukturbedingt unausweichliche Niedergang vollzog sich teils über lange Zeiträume schleichend und erosionsartig, teils stufenweise und absturzgleich – letzteres in der Katastrophe des Dreißigjährigen Krieges, in den friederizianischen Kriegen 1740–63 und unter dem imperialistischen Ansturm des revolutionären Frankreich unter NAPOLEON I., der dem alten Reich den Todesstoß versetzte. Das alte Reich mit seinem historisch überholten Gefüge hat seine deutsche Kernnation während seiner Dauer und nachhaltig über sein Ende hinaus daran gehindert, historisch normgerechte, solide, daseinskräftige Eigenstaatlichkeit zu entwickeln. Das Heilige Römische Reich Deutscher Nation hinterließ ein Volk ohne staatliches Haus.

2. Deutschland verliert den Anschluß an die Evolution der europäischen Staatenwelt

Rings um das Reich, in Frankreich und in England etwa, hatte sich bereits seit dem hohen Mittelalter ein gegenüber dem losen Verband des alten Reichs modernerer, lebensfähigerer Staatentypus zu entwickeln begonnen: Auf vornehmlich ethnischer Grundlage entstanden einheitliche, zentralistische, souveräne Königreiche, in denen die Macht der regionalen fürstlichen Aristokratie gebändigt, auf ein dem Gesamtstaat zuträgliches Maß zurückgeführt und organisch in das Ganze eingebunden war. Vom jeweiligen Königtum zentral und unmittelbar regiert und verwaltet, rational organisiert und straff geführt, waren diese Staaten besser als das alte Reich mit seinen weitgehend autonomen Teilstaaten befähigt, ihren Bestand zu sichern und ihre Interessen nach innen und außen durchzusetzen. Diese Staaten waren Frühformen oder Vorläufer der modernen Nationalstaaten, die letztlich die Geschicke der Völker im 19. und 20. Jahrhundert und bis heute bestimmten und denen als den Grundbausteinen der Geschichte auch die Zukunft gehört.

Frankreich löste am 27. Juli 1214 mit seinem Sieg von Bouvines bei Lille das Reich als führende Großmacht auf dem europäischen Kontinent ab. Schon diese entscheidende Schlacht hatte bezeichnenderweise auf beiden Seiten deutsche Herrscher gesehen, die um die Kaiserkrone stritten: Auf seiten des siegreichen französischen Königs PHILIPP II. ›August‹ den vom Papst anerkannten Staufer FRIEDRICH II., und auf der englischen Verliererseite den exkommunizierten welfischen Kaiser OTTO IV. Frankreich konnte sich bereits unter PHILIPP IV., ›dem Schönen‹ (1285–1314), und Karl VII. (1422–61) ganz von der Macht des Papsttums emanzipieren. Im Jahre 1429 bildete die Gestalt der JEANNE D'ARC den Kristallisationspunkt eines lebendigen französischen Nationalgefühles. 1439 wurden in Frankreich mit den Ordonnanzkompanien erste stehende militärische Verbände der

Krone geschaffen. König Ludwig XI. (1461–83) disziplinierte erfolgreich die großen Territorialherren seines Landes. Seit Ende des Mittelalters lebte eine ihrer selbst bewußte Staatsnation in einem gefestigten französischen Königreich.

In England errichteten bereits die im Jahre 1066 unter Wilhelm dem Eroberer bei Hastings siegreichen Normannen einen zentral regierten Einheitsstaat unter einem starken Königtum. Die wenigen militärischen inneren Konflikte auf der Insel in der Folgezeit – die Rosenkriege in der zweiten Hälfte des 15. Jahrhunderts und Oliver Cromwells Kämpfe um 1640 – vermochten die Festigkeit und den Zusammenhalt des englischen Staatswesens nicht zu erschüttern. Bereits mit der »Suprematsakte« von 1534 hatte Heinrich VIII. sein Königreich der Macht des Papsttums entzogen.

Im russischen Bereich verlief die Entwicklung nicht ohne Brüche: Das lose gefügte und politisch zerstückelte Kiewer Reich konnte dem Sturm der Mongolen nicht standhalten und geriet von 1240 bis 1480 unter deren Herrschaft. Dem russischen Reich dürfte der Status eines unabhängigen, zentral regierten monarchischen Einheitsstaates aber seit seiner Befreiung von der Mongolenherrschaft unter Iwan III. (1462–1505) im Jahre 1480 zuzusprechen sein. Die Geschichte ließ Rußland unbehelligt von den theokratischen Ansprüchen einer dem römischen Papsttum vergleichbaren ausländischen Macht. Iwan IV. (1530–1584) zähmte den russischen Hochadel und schuf sich mit dem Dienstadel einen maßgeblichen Stabilitätsfaktor im Staat.

Den in das alte, universalistische Reich eingebundenen Deutschen hingegen blieb der souveräne nationale Zentralstaat, das eigene staatliche Haus, viele Jahrhunderte lang versagt – bis zur Bismarckschen Staatsgründung von 1867/70/71. Ihr römisches Reich war bereits historisch ein Fossil gewesen, als es im Jahre 962 mit der Krönung König Ottos des Grossen zum Kaiser durch den Papst ins Leben getreten war. Die antike Idee des die Völker und Stämme der bekannten Welt übergreifenden römischen Universalimperiums hatte im Reich Karls des Grossen noch einmal – nur annäherungsweise und schon damals nicht mehr zeitgemäß – Verwirklichung gefunden.

Zwar umfaßte und beherrschte das Karolingische Imperium mit den Siedlungsgebieten der germanischen, bereits im 9. Jahrhundert in ihrer Gesamtheit als ›deutsch‹ bezeichneten Stämme, mit dem romanisch, fränkisch/germanisch und keltisch geprägten späteren Frankreich sowie mit dem größten Teil Italiens einen geographischen Großraum von beeindruckender Dimension und ethnisch-kultureller Vielfalt. Einem Vergleich mit der nahezu perfekten und umfassenden organisatorischen Durchgestaltung von Regierung und Verwaltung des antiken römischen Machtstaates in dessen Blütezeit, beispielsweise auf den Gebieten des Militär- oder des Verkehrswesens, vermochte es indes nicht standzuhalten.

Überdies war Kaiser Karls Neuauflage der römischen Staatsidee nur kurze Dauer beschieden: Die Völker des Abendlandes begannen bereits mit ihrem Anspruch auf Eigenleben hervorzutreten und sich ihrer Nationalitäten langsam bewußt zu werden. Sie waren es letztlich, die das Universalreich obsolet machten. In diesem Sinne erscheinen die drei Enkel KARLS DES GROSSEN, die sein Reich unter sich aufteilten, eher als Vollstrecker einer historischen Entwicklung denn als zerstrittene Erben einer auseinanderstrebenden Dynastie. LUDWIG DER DEUTSCHE als Protagonist des östlichen und KARL DER KAHLE als derjenige des westlichen, künftig französischen Teiles des Karolingerimperiums betrieben nach dem Tod Kaiser LUDWIGS DES FROMMEN gemeinsam gegen ihren Bruder LOTHAR, der den Kaiserthron beanspruchte, mit der Aufteilung des Reiches das Geschäft der werdenden Nationen. Sie besiegten LOTHAR am 25. Juni 841 bei Fontenoy und legten am 14. Februar 842 einen feierlichen öffentlichen Eid auf ihr Bündnis ab. Ihr Schwur, die ›Straßburger Eide‹, war bereits in althochdeutscher und in altfranzösischer Sprache abgefaßt.

Dies ist, betrachtet man den Anlaß und Hintergrund der Eide, von hoher historisch-politischer Bedeutung und keineswegs nur von philologischem Interesse. Der widerstrebende LOTHAR mußte nachgeben; durch den Vertrag von Verdun 843 wurde das Reich KARLS DES GROSSEN geteilt. LUDWIG DER DEUTSCHE erhielt das rein germanische/deutsche Land östlich des Rheins und der Aare, KARL DER KAHLE den französischen Teil, der sich im Westen bis zum Atlantik, im Osten bis zur Rhônemündung, der Saône und der Schelde erstreckte. Beide Reiche bildeten jeweils in sich zusammenhängende, kulturell und weitgehend auch ethnisch bereits homogene Siedlungsräume. LOTHAR hingegen erhielt – außer dem formellen Kaisertitel – den kulturell und auch volkstumsmäßig inhomogenen Landstreifen vom Mündungsgebiet des Rheines bis Mittelitalien, dessen nördlicher Teil von der nahezu mittig verlaufenden deutsch-französischen Sprachgrenze zerschnitten war. Dieses Gebilde, dem der innere Zusammenhalt und letztlich auch jegliche historische Daseinsberechtigung fehlte, hatte nur bis zum Jahre 870 Bestand, während in den verselbständigten östlichen und westlichen Flügeln des zerfallenen Karolingischen Reiches die deutsche und die französische Geschichte ihren Anfang nahmen.

Vor diesem historischen Hintergrund war es ein für das deutsche Volk folgenschwerer Anachronismus, daß OTTO DER GROSSE mit seiner Krönung zum Kaiser im Jahre 962 in Rom den überlebten Gedanken eines supranationalen Universalreiches neu belebte und zur Staatsräson und zum prägenden Strukturelement der Herrschaft der deutschen Könige erhob, anstatt den ihm historisch vorgezeichneten Weg eines moderneren, auf nationaler Ebene zentral regierenden Königtums weiter zu beschreiten, das sich auch in den Nachbarstaaten zu entwickeln begann.

Bereits an dieser Stelle seines Weges durch die Geschichte verlor Deutschland den evolutionären Anschluß und begann, zur ›verspäteten Nation‹ zu werden. In diesem Sinne ist es legitim, von einem ›deutschen Sonderweg‹ zu sprechen, auf den das Heilige Römische Reich die deutsche Nation gelenkt und den es ihr vorgegeben hat: Im Inneren des Landes das Treiben ungezügelter Territorialherren und nach außen hin eine Jahrhunderte währende Opferrolle waren die langfristigen Folgen verfehlter Weichenstellung. Zu diesen gehört auch die kollektive bewaffnete Gewalt der etablierten Staatenwelt gegen den verspäteten nationalen Staat der Deutschen, der wider Erwarten im 19. Jahrhundert doch noch die Bühne der Geschichte betreten und durch sein Erscheinen als neuer Konkurrent in den längst aufgeteilten Revieren die animalischen Wegbeißinstinkte der Nachbarn geweckt hatte.

B. Schritte zur Einheit und vertane Chancen

1. Die soziale und nationale Revolution der Bauernkriege

Trotz der widrigen Staats- und Verfassungsstrukturen des Heiligen Römischen Reiches Deutscher Nation gab es schon früh durchaus gewichtige Schritte in die Richtung staatlicher Einheit. Die Unruhen und Aufstände der Jahre 1524–1532, gemeinhin als ›Bauernkriege‹ bezeichnet, stellten eine soziale und nationale deutsche Revolution dar und wiesen – mehr als zweieinhalb Jahrhunderte vor der Französischen Revolution – bereits auf die bevorstehenden großen Umwälzungen in Europa hin. Diese erste deutsche Revolution war zum einen nach Maßgabe der 12 Artikel des Sebastian LOTZNER gegen die Entrechtung der ländlichen Bevölkerung sowie der – noch nicht zahlreichen – Unterschicht in den Städten gerichtet, zum anderen aber, und in gleichem Maße, gegen die Macht der Fürsten und großen Territorialherren, der römischen Kirche, der Bischöfe und Klöster.

Ihr Ziel war eine Umgestaltung des Reiches im Sinne staatlicher Einheit und Selbstbestimmtheit Deutschlands unter gestärkter Zentralmacht. Der Kaiser sollte nicht länger eine überkommene universale, supranationale Reichsidee verkörpern und verwalten, sondern als kraftvoller Monarch einen zentralisierten, einheitlichen, sozialen deutschen Staat regieren. Dazu mußten die Macht der Territorialherren beschnitten, diejenige des Papstes verdrängt und der Einfluß und die Rechte der hohen Geistlichkeit im Lande auf ein vernünftiges Maß zurückgeführt werden.

Die geistig-programmatischen Anführer der revolutionären Bewegung, Friedrich WEIGANDT VON MILTENBERG und Wendel HIPLER, hatten bereits recht detaillierte Pläne für einen Weg in solch ein modernes nationales Gemeinwesen ausgearbeitet. Ein gesamtdeutsches ›Reichsregiment‹, bestehend aus Vertretern der Reichsstände, sollte über die künftige Gestalt des Reiches entscheiden – gewissermaßen in der Funktion einer verfassunggebenden Versammlung. Aus den Bauernheeren sollte ein kleinerer stehender militärischer Verband gebildet werden, der das Recht und die Ordnung im Reich, insbesondere gegenüber den bisherigen Territorialherren, durchsetzen und aufrechterhalten sollte. Die die Bauern bedrückenden Gerechtsamen ihrer lokalen Herren sollten aufgehoben, die Klöster abgeschafft, alle kirchlichen Güter säkularisiert sowie Handel und Wandel innerhalb des Reiches von Zöllen und Geleiten befreit werden. Eine allgemeine, alle zehn Jahre zu entrichtende Reichssteuer sollte ausschließlich dem Kaiser zufließen. Dies – und das ›stehende Heer‹ – war besonders wichtig für die Stärkung der Zentralgewalt. Schließlich sollte dem deutschen Recht, das von dem römischen weitgehend verdrängt worden war, wieder volle Geltung verschafft werden.

Der Revolution fehlte es nicht an Scharen mutiger, opferbereiter und hochmotivierter Kämpfer, doch es mangelte an militärischer Schulung, Organisation und Führung. Eine kleine Zahl kampferfahrener Ritter wie Götz von Berlichingen und Florian Geyer vermochte dem nicht abzuhelfen. Kennzeichnend für das Schicksal der gesamten Erhebung, die nach großen Anfangserfolgen in einem Blutbad erstickte, ist die ›Schlacht‹ bei Frankenhausen in Thüringen: Hier wurden am 15. Mai 1525 etwa 5000 von 6000 aufständischen Bauern unter der ›militärischen‹ Führung des Theologen und Radikalreformators Thomas Müntzer, fromme Choräle singend, von den Soldaten des Landgrafen Philipp von Hessen nahezu ohne Gegenwehr grausam niedergemetzelt.

Das für Deutschlands Zukunft verhängnisvolle Scheitern der Bauernrevolution hat nicht zuletzt Martin Luther mit zu verantworten, der als glühender und todesmutiger Reformator zunächst selbst deren geistig-politische Grundlagen geschaffen hatte. Dann aber, von ängstlichen Skrupeln gepeinigt und in den Augen Thomas Müntzers nurmehr das »sanftlebend Fleisch zu Wittenberg«, hatte er die Aufständischen im Sinne seines Bannfluches »wider die mordischen und räubischen Rotten der Bauren« mit dem ganzen Gewicht seiner geistlichen Autorität bekämpft. Wie wäre die weitere deutsche und die europäische Geschichte verlaufen, wenn diese erste große sozial- und nationalrevolutionäre Erhebung ihre Ziele hätte verwirklichen können? Eine Umgestaltung des alten Reiches in ein zeitgemäßes monarchisches Staatswesen hätte den Sonderweg der Deutschen jedenfalls schon damals beendet und die späteren Katastrophen – den Dreißigjährigen Krieg, die napoleonischen Eroberungszüge und was im 19. und 20. Jahrhundert noch kommen sollte – verhindert.

2. Wallenstein, der Dreißigjährige Krieg und der Westfälische Frieden

Die nächste historische Chance für eine eigene, lebensfähige Staatlichkeit Deutschlands ergab sich im Dreißigjährigen Kriege in der Person des genialen Albrecht von Wallenstein. Der 1583 geborene Sproß aus nordböhmischem Adel wurde nach dem Besuch dreier Universitäten kaiserlicher Offizier. Schon in jungen Jahren sammelte er, ein Finanzgenie und organisatorisches Naturtalent, beträchtliches Vermögen an, so daß er als Obrist auf eigene Kosten Truppen aufstellen, ausrüsten und dem Kaiser zur Verfügung stellen konnte.

Im Jahre 1624 fielen dänische Truppen in Norddeutschland ein. Hinter dem Unternehmen standen außer Dänemark auch England, Holland und Schweden. Nun kam Wallenstein zum Zuge. Im April 1625 ernannte der Kaiser ihn zum

»Capo über alles Ihro Volk, so dieser Zeit im Heiligen Römischen Reich und Niederland vorhanden oder dahinwärts geschickt werden möchte«. Als er bald darauf zum Herzog von Friedland erhoben wurde, war er zugleich Oberbefehlshaber der kaiserlichen Truppen und Reichsfürst. Binnen weniger Wochen stellte er ein Heer von 24 000 Mann nebst Ausrüstung auf, dessen Finanzierung er auch für die Zukunft absicherte.

Wallenstein war nicht nur Wirtschaftsfachmann und ein genialer Feldherr, er war auch ein profilierter politischer Kopf mit eigenständigen Zielsetzungen. Die religiösen und konfessionellen Motive, die im Jahre 1618 den Anlaß zum Kriegsausbruch gegeben hatten, waren nicht die seinen. »Die Gewissen dependieren allein von Gott, gegen den ein jeder sich nach seiner Religion zu verhalten hat«, so umschrieb er seinen aufgeklärten Standpunkt religiöser Toleranz. Er wollte den Krieg so bald wie möglich beenden und den Zugriff der ausländischen Mächte abwehren, die aus dem kriegerischen Chaos in der Mitte Europas machtpolitisches Kapital zu schlagen suchten und den Konflikt nach Kräften schürten. Ihn leitete die Vision eines moderneren, unabhängigen deutschen Reiches nach dem Vorbild Englands oder Frankreichs.

Sein Ziel war es, die kaiserliche Macht in Deutschland zu stärken und in die Lage zu versetzen, eine gestraffte, zentrale Staatsgewalt auszuüben. Dies erforderte vor allem, die partikularistischen Territorialherren zu disziplinieren und in ihre Schranken zu verweisen. Wallensteins Hingabe galt dem Reich, sein Zorn den Fürsten. »Wir haben schon genug wegen des Bayern Ungelegenheiten ausgestanden. Ist nicht ragione de statu, daß man ihn mächtiger auf Kaisers Unkosten macht«,[2] bemerkte er 1626 über den Anführer der katholischen Liga, den Kurfürsten Maximilian von Bayern. Grimmig stellte er fest: »Es wird nicht eher Ruhe sein im Reich, bis man einem von ihnen den Kopf zwischen die Füße legt. Man muß die Kurfürsten Mores lehren. Sie müssen von dem Kaiser, der Kaiser nit von ihnen abhangen. Ich hoff', dem Hause Österreich dabei einen guten Dienst zu tun.«[3] Und drastisch forderte er: »Man muß ihnen die Gasthütel abziehn im Reich.«[4] Es nimmt nicht wunder, daß sich Wallenstein mit solchen Sentenzen den Haß der Fürsten zuzog.

Wallenstein tat als Feldherr das Seine, die Vision eines geordneten Reiches mit starker Zentralmacht zu verwirklichen. Im Jahre 1629 hatte das von ihm geführte kaiserliche Heer den militärischen Sieg in ganz Deutschland errungen. Mit dem Lübecker Frieden vom 12. Mai 1629 schied die aus Norddeutschland zurückgedrängte dänische Interventionsmacht als Kriegspartei aus und war gehalten, sich fürderhin nicht in deutsche Angelegenheiten einzumischen. Dank Wallenstein lag alle Macht im Reich nun beim Kaiser, und der Frieden schien greifbar nahe. Gestützt auf Wallenstein und sein Heer, hätte der Kaiser nun darangehen können, die gewonnene Machtstellung zu sichern und auszubauen, die Landesfürsten auf den ihnen zukommenden Platz im Reichsgefüge zu verweisen, Regelungen für ein gemeinverträgliches Miteinander der Konfessionen zu finden und dem Reich Sicherheit und Frieden zu geben.

Mit einer solchen Reichspolitik im Sinne WALLENSTEINS hätte nunmehr das dem deutschen Volk zukommende staatliche Haus eingerichtet werden können. Doch der Kaiser vertat die Chance. FERDINAND II., ein beschränkter religiöser Eiferer, der des politischen Formates seines Feldherrn nicht wert war, verfolgte andere Interessen. Zwar liebte er die Macht und hatte es sich gern gefallen lassen, daß WALLENSTEINS Feldherrngenie und Reichtum ihn auf deren Scheitelpunkt gehoben hatten. Doch es war nicht die dem Reich förderliche zentrale Kaisermacht, an der ihm lag, sondern diejenige des Hauses Habsburg und seines dynastischen Gottesgnadentums. Eine weitere – vielleicht die mächtigste – Triebfeder seines Handelns war sein religiöser Fanatismus: Er gefiel sich in der Rolle einer kaiserlichen Speerspitze der Gegenreformation. Das Reich der Deutschen als staatliches Gemeinwesen interessierte ihn nicht, auch wenn er es beherrschen wollte. Sein eigentliches Anliegen waren nicht dessen Einheit und Lebensfähigkeit, sondern seine Rekatholisierung. So hatte WALLENSTEIN mit der Stärkung der Kaisermacht nur scheinbar dasselbe Ziel verfolgt wie FERDINAND II.; tatsächlich bestand ein tiefer Dissens.

Noch bevor der Frieden von Lübeck geschlossen war, begann der Kaiser die durch WALLENSTEINS militärische Erfolge gewonnene politische Machtfülle auf seine Weise zu nutzen. Mit dem Restitutionsedikt vom 6. März 1629 verfügte er – gegen WALLENSTEINS eindringlichen Widerspruch – die Rückgabe aller seit 1552 von Protestanten übernommenen Klöster und Bistümer in Deutschland und machte so mit einem Federstrich sämtliche Regelungen zunichte, die in den protestantischen Teilen des Reiches über vormalig katholisches Kirchenvermögen getroffen worden waren. Dieser Schlag gegen den Rechtsfrieden polarisierte die Konfessionen, riß alte Wunden auf und weckte neuen Haß. Der kaiserliche Eiferer gegen die ›Ketzer‹ hatte die Gunst der Stunde nicht dazu genutzt, dem Reich den Frieden zu geben, er hatte vielmehr die bisherigen Fronten verfestigt und verhärtet. So konnte der Krieg denn seinen Fortgang nehmen, zumal der Schwedenkönig GUSTAV ADOLF, der am 6. Juli 1630 bei Peenemünde ins Reichsgebiet einfiel, angesichts der Verschärfung des reichsinternen Konflikts durch den Kaiser nun nicht mehr mit dem Widerstand der protestantischen Fürsten Deutschlands rechnen mußte.

Die partikularen Landesherren empfanden den kaiserlichen Machtzuwachs als bedrohlich, und sie haßten WALLENSTEIN als dessen Urheber, zumal ihnen die Absichten des Feldherrn bekannt waren, sie dem Kaiser zu unterwerfen und zu disziplinieren. Einträchtig bemüht um die Erhaltung der ›deutschen Libertäten‹, betrieben sie daher die Absetzung des Friedländers. Am 28. Juni 1628 trugen die in Bingen versammelten katholischen Kurfürsten allerlei Beschwerden gegen das kaiserliche Heer und seinen Führer in einer Eingabe an den Kaiser zusammen und forderten, dem Herzog von Friedland den Oberbefehl zu entziehen.

Zunächst hatte dies keine Folgen. Im Sommer 1630 hielt der Kaiser in Regensburg sodann einen Kurfüstentag ab. Auf der Tagesordnung standen – in dieser Reihenfolge von den Kurfürsten taktisch geschickt durchgesetzt – : erstens die

Amtsenthebung WALLENSTEINS, zweitens die Finanzierung der Heereskosten und drittens die Nachfolge auf dem Kaiserthron. In dieser Thematik spiegeln sich die Absichten der Kurfürsten: Ein Frontalangriff auf die Machtstellung des Kaisers sollte einen *Status quo ante* WALLENSTEIN wiederherstellen. Der erste Schritt hierzu war die Entlassung des Friedländers. Unter Punkt zwei erstrebten die Fürsten eine Reduzierung des kaiserlichen Heeres. Zu Punkt drei ging es insbesondere dem Sprecher der katholischen Fürstenliga, dem Kurfürsten MAXIMILIAN I. VON BAYERN, darum, eine Entscheidung zugunsten des Kaisersohnes FERDINAND zu verhindern; denn der Wittelsbacher erstrebte die Kaiserkrone für seine eigene Dynastie. MAXIMILIAN konnte den Auseinandersetzungen mit dem Kaiser gelassen entgegensehen, denn für den Fall, daß dieser sich als sperrig erweisen sollte, war vorgesorgt: Frankreichs Kardinal RICHELIEU, zu tätiger Nächstenliebe stets bereit, wenn es um die Schwächung des Reiches und des Hauses Habsburg ging, hatte dem Bayern 50 000 Mann zur Unterstützung der katholischen Fürstenliga angeboten, und MAXIMILIAN verfügte über den Entwurf eines hochverräterischen ›Defensivpaktes‹ mit Frankreich, den er nur zu unterzeichnen brauchte, falls FERDINAND II. Schwierigkeiten machen würde.

Selbstverständlich war auch Frankreich beim Regensburger Kurfürstentag diplomatisch vertreten – durch François LECLERC DU TREMBLAY, der als ›Père Joseph‹ aufzutreten pflegte. Dieser riet dem Kaiser listig, WALLENSTEIN zu entlassen. Zwar habe sich dieser als Feldherr große Verdienste erworben, doch nun, nach errungenem Sieg, brauche FERDINAND ihn nicht mehr, und es sei besser, sich seiner zu entledigen, als sich Ungelegenheiten mit den Reichsfürsten einzuhandeln. Auch werde es der französischen Friedensliebe förderlich sein, wenn der Kaiser seine Militärmacht den Wünschen der Fürsten entsprechend verkleinere.

FERDINAND II. sträubte sich einige Zeit gegen die Entlassung WALLENSTEINS. Doch gab er sich augenscheinlich Illusionen über die eigene persönliche Bedeutung und seine Möglichkeiten hin. Daß die mit dem Sieg über ganz Deutschland errungene kaiserliche Macht ausschließlich auf WALLENSTEIN und das kaiserliche Heer gestützt war und daß er mit einer Entmachtung des Friedländers unmittelbar auch seine eigene Stellung demontierte, begriff der Habsburger nicht. Am 13. August 1630 gab er die Entlassung WALLENSTEINS bekannt. Diesem Einknicken entsprachen die weiteren Ergebnisse des Kurfürstentages: FERDINAND erklärte sich bereit, die Truppenstärke des kaiserlichen Heeres derjenigen der Kontingente der katholischen Liga anzupassen. Zudem räumte er den Fürsten ein Mitspracherecht bei der Führung der kaiserlichen Armee und in der kaiserlichen Außenpolitik ein. Eine Entscheidung der Kurfürsten zugunsten des Kaisersohnes in der Nachfolgefrage kam nicht zustande.

Wieder einmal war das Reich seinen inneren Totengräbern, den Territorialherren, auf der ganzen Linie unterlegen. WALLENSTEINS so erfolgversprechend begonnener Versuch, das Verhältnis zwischen dem Kaisertum als Zentralmacht und den Reichsfürsten im Sinne einer klaren Über- und Unterordnung neu zu definieren, war letztlich an der Person eines unfähigen und in seinen politischen Zielen fehlorientierten Habsburgers gescheitert. Der Nation blieb ein bewohnbares staatliches Haus weiterhin vorenthalten.

Noch einmal betrat WALLENSTEIN die Bühne der deutschen Geschichte, konnte nun allerdings keine Lage mehr schaffen, die zu Hoffnungen wie denjenigen des Jahres 1629 berechtigt hätte. Der durch reichlich fließende Subsidien aus Frankreich beflügelte Siegeslauf der Schweden in Deutschland, die vernichtende Niederlage der katholischen Streitkräfte TILLYS 1631 bei Breitenfeld und große territoriale Gewinne der Protestanten in Böhmen, in Süd- und in Westdeutschland einschließlich der Metropolen Prag, München, Nürnberg und Mainz hatten das militärische Blatt zuungunsten des Kaisers gewendet. In seiner Bedrängnis sah sich FERDINAND II. genötigt, Hilfe aus der Not bei dem zuvor gedemütigten Friedländer zu suchen. Dieser aber war nur unter der Bedingung zu Diensten, daß er den uneingeschränkten Oberbefehl über ein kurzfristig aufzustellendes neues Heer erhielt. In der Göllersdorfer Vereinbarung vom 13. April 1632 ließ er sich absolute Entscheidungsfreiheit in allen militärischen Angelegenheiten zusichern.

WALLENSTEINS Hauptwidersacher auf dem Schlachtfeld war nun der Schwedenkönig GUSTAV ADOLF mit seinem modernen, disziplinierten, schlagkräftigen Heer. In der Schlacht bei Lützen 1632 gelang es dem Friedländer zwar nicht, das schwedische Heer zu schlagen, doch fiel GUSTAV ADOLF – Symbolfigur, Herz und Seele des schwedischen Expansionismus. WALLENSTEIN war auch jetzt weiterhin zuvörderst der Reichsidee verpflichtet. Vornehmlich strebte er die Verdrängung der Fremdmächte aus Deutschland, die Wahrung der Reichseinheit und den Frieden an. Er suchte nicht den innerdeutschen Kampf der Konfessionen, sondern den Ausgleich mit den Protestanten. Er wußte, daß dieser Krieg mit militärischen Mitteln allein nicht zu beenden war, und hatte sich in der Göllersdorfer Vereinbarung vom Kaiser ausdrücklich und schriftlich zu Friedensverhandlungen mit den Gegnern, unter anderen mit Sachsen, ermächtigen lassen. Seine Feinde am Wiener Hof nutzten all dies zur Intrige und stellten seine Loyalität gegenüber der katholischen kaiserlichen Majestät in Frage: WALLENSTEIN, so wurde FERDINAND II. eingeblasen, verhandele endlos mit des Kaisers und der katholischen Liga Feinden, anstatt Entscheidungsschlachten gegen die Ketzer zu suchen.

Die Situation eskalierte, als am 14. November 1633 – WALLENSTEIN stand derzeit mit seinem Heer in Nordböhmen – Regensburg von schwedischen Truppen unter Führung des Herzogs BERNHARD VON SACHSEN-WEIMAR genommen wurde. Politisch und psychologisch war dies eine schwere Niederlage für den Kaiser und die Liga, denn Regensburg war eine der bedeutendsten Kapitalen des Heiligen Römischen Reiches Deutscher Nation. WALLENSTEIN setzte die Truppen sogleich in Marsch, um die Stadt zu entsetzen, doch brach nach wenigen Tagen der Winter ein mit Schnee und Frost, als die Verbände erst den Böhmerwald ereicht hatten. Der Feldherr brach das Unternehmen ab und erstattete Lagebericht nach Wien. Der Halt war unter damaligen Verhältnissen, wie jeder Landsknecht wußte, die militärisch einzig richtige Entscheidung, denn unter winterlichen Verhältnissen bis Regensburg zu marschieren, es zu belagern und einzunehmen, war unmöglich; man mußte sich bis zum Frühjahr gedulden. Der mißtrauische Kaiser indes sah das anders: Er erteilte WALLENSTEIN den schriftlichen Befehl, sofort weiterzumarschieren und Regensburg anzugreifen. Damit freilich verstieß der Monarch nicht nur gegen jede militärische Vernunft, sondern auch gegen seine Göllersdorfer Zusicherung, seinem obersten Feldherrn absolute Freiheit in den militärischen Entscheidungen zu lassen. Folgerichtig lehnte WALLENSTEIN das kaiserliche Ansinnen ab.

FERDINAND II. reagierte niederträchtig – wohl auch unter dem Einfluß von Einflüsterungen der ligistischen Intriganten, denen er Gehör lieh. Er wollte sich WALLENSTEINS entledigen, und zwar nicht durch bloße Absetzung und Entzug der Vollmachten, sondern durch physische Vernichtung. Eine Befehlsverweigerung, mit der er sein Vorhaben hätte begründen können, vermochte er seinem Oberbefehlshaber angesichts der vorhandenen eindeutigen schriftlichen Vollmachten freilich nicht zur Last zu legen. Statt dessen erließ er am 24. Januar 1634 ein Ächtungsdekret gegen den Friedländer mit dem Vorwurf der Verschwörung. Worin diese bestehen sollte, ließ er allerdings im dunkeln. Auch später sind niemals Umstände zutage getreten, die einen solchen Vorwurf hätten stützen können. Insbesondere ist nicht ersichtlich, daß WALLENSTEIN bei den von ihm mit verschiedenen Kriegsparteien geführten Verhandlungen seine Kompetenzen überschritten und seine Treuepflicht gegenüber dem Kaiser verletzt hätte.

FERDINAND II. gelang es, mehrere hohe Offiziere aus WALLENSTEINS engster Umgebung, denen dieser bedingungslos vertraute, für sein Komplott zu gewinnen. Den Anführer der Verschwörer, Matthias VON GALLAS, der für seine frevelhafte Tat mit dem Oberbefehl in der Nachfolge WALLENSTEINS belohnt werden sollte, wies der Kaiser an, den Herzog von Friedland »und die vornehmsten Mitverschworenen, wenn irgend möglich, gefangenzunehmen und nach Wien zu bringen oder als überführte Schuldige zu töten«.[5] Die Alternative, den in Ungnade gefallenen Heerführer lebendig nach Wien zu bringen, dürfte kaum ernst gemeint gewesen sein, denn dies hätte den Kaiser der Peinlichkeit ausgesetzt, seine haltlosen Vorwürfe begründen zu müssen – er wußte selbst nur allzu gut, daß er dies nicht konnte. So kam die zweite Alternative, der Mordbefehl, zur Ausführung. In der Nacht zum 26. Februar 1634 wurde der arg- und wehrlos in seinem Schlafzimmer im Pachelbelhaus in Eger Ruhe suchende WALLENSTEIN meuchlings erstochen. Daß ein habsburgischer Kaiser des Heiligen Römischen Reiches Deutscher Nation damit zum Mörder geworden war, ist Episode. Was schwerer wiegt, ist der Tod des damals einzigen Sachwalters und Hoffnungsträgers des Reiches und seiner wahren Belange. In Folge dieses Verlustes wüteten die Kriegsfurien fort für weitere vierzehn Jahre, mündete das allgemeine Morden dann ein in den für Deutschland verheerenden Frieden zu Münster und zu Osnabrück.

Der Krieg hinterließ ein verwüstetes, verarmtes, um rund 40 Prozent entvölkertes, kulturell zurückgeworfenes, territorial vielfach amputiertes Deutschland.

Neben Deutschen hatten Tschechen, Dänen, Schweden, Franzosen, Italiener, Spanier, Kroaten und Ungarn auf deutschem Boden jeweils für eigene Zwecke gekämpft und das Volk in einem mehr und mehr verrohenden Gemetzel in namenloses Elend gestürzt. Sieger und Kriegsprofiteure waren zuvörderst die Interventionsmächte Frankreich und Schweden.

Frankreich bereicherte sich im Westfälischen Frieden von 1648 territorial um Metz, Toul und Verdun, Breisach, das Ober- und das Niederelsaß, den Sundgau und die Herrschaft über fünfzig im Elsaß gelegene Reichsstädte und -dörfer sowie über die Reichsfestung Philippsburg. Das Haus Habsburg hatte alle österreichischen Hoheitsrechte im Elsaß an Frankreich abzutreten. Soweit nur territoriale Reichsrechte, nicht die Gebiete selbst auf Frankreich übertragen wurden, war dieser Vorbehalt rein theoretischer Natur. Tatsächlich gingen alle betroffenen Regionen und Ortschaften uneingeschränkt in die Verfügungsgewalt des französischen Königs über und waren für Deutschland und das Reich verloren.

Schweden erhielt Vorpommern, Wismar, Bremen und Verden und – aus schlechterdings nicht nachvollziehbaren Gründen – eine Entschädigung von fünf Millionen Reichstalern. Es beherrschte nun alle wesentlichen deutschen Flußmündungen, deren Zolleinahmen ihm zuflossen, und es war die beherrschende See- und Seehandelsmacht vor den Küsten Deutschlands, das, von den maritimen Wasserwegen abgeschnitten, selbst zum reinen Binnenwirtschaftsraum wurde. Schwedens Könige erhielten im übrigen den Status deutscher Reichsfürsten mit allen daraus folgenden Mitwirkungs-, Herrschafts- und Gestaltungsrechten.

Die Hauptsiegermächte Frankreich und Schweden behielten sich überdies das Recht vor, in den deutschen Angelegenheiten mitzusprechen, und Frankreich bedang sich »den Durchzug durch das Reich zu Wasser und zu Lande, den Einmarsch von Truppen und die Einfuhr von Lebensmitteln und alles übrigen, so viel und so oft es nötig sein wird«,[6] aus.

Auf der Siegerseite standen auch die deutschen Territorialfürsten: Sie stiegen zu uneingeschränkt souveränen Herrschern auf. In vollen Zügen konnten sie nun, jeder einzelne für sich dank Richelieu ein – wenn auch noch so kleiner – ›König‹, die ›deutschen Freiheiten‹ genießen. Sie durften Kriegsbündnisse untereinander und gegeneinander, mit ausländischen Mächten und gegen diese schließen, nur nicht gegen Kaiser und Reich, was auch immer das jetzt noch heißen mochte. Die ›deutsche Libertät‹: Es gibt kaum einen gelungeneren und dabei zugleich zynischeren Euphemismus als diese Formulierung. Und keine deutsche Abnormität wurde von seiten der Reichsfürsten und ausländischer Mächte auch in der Folgezeit mit soviel Liebe, Aufmerksamkeit und Andacht gehätschelt und, wenn sie gefährdet war oder gar verlorenging, mit so vielen bösartigen Tränen bejammert wie die heuchlerisch so genannten ›deutschen Freiheiten‹.

Verlierer war an erster Stelle das geschundene deutsche Volk, das nunmehr auch alle Hoffnung darauf zu begraben hatte, aus dem Heiligen Römischen Reich Deutscher Nation könne eines nicht allzu fernen Tages doch noch eine bewohnbare und zur Selbstverteidigung fähige staatliche Heimstatt werden. Verlierer war das vom Krieg entvölkerte und verwüstete, in eine chaotische Unzahl feudaler, kirchlicher und städtischer, teils skurriler, *de iure* aber souveräner Gebietskörperschaften zersplitterte Reich, das seiner Souveränitätsrechte nun nahzu völlig beraubt war. Verlierer war das entmachtete deutsche König- und Kaisertum. Verlierer war schließlich – und das verdientermaßen – die Dynastie der Habsburger. Deutschland als handelndes Subjekt war spätestens jetzt aus der Geschichte getreten. Der Traum vom eigenen Staat der Deutschen war wieder einmal ausgeträumt, und zwar auf lange Sicht. Und es war keine gute Zeit, die bis zur Reichsgründung 1870/71 noch vergehen sollte. Der amerikanische Historiker David CALLEO schreibt: »Die Deutschen zahlten einen hohen Preis für ihr historisches Zurückbleiben. Es war unbequem, nur ein loser Staatenbund zu sein, umgeben von zentralisierten Nationalstaaten. In der Tat waren die Deutschen über die längste Zeit der modernen Geschichte hinweg öfter die Opfer als die Agressoren.«[7] Freilich wäre auch aus der Sicht gesamteuropäischer Sicherheit ein im Inneren stabiles und lebensfähiges sowie nach außen wehrbereites deutsches Reich dem chaotischen Machtvakuum der ›deutschen Libertäten‹ vorzuziehen gewesen.

3. Friedrich der Große und Preußen

Unter den Gesichtspunkten politischen Gewichtes und militärischer Macht hätte es nahegelegen, wenn die Impulse für einen gesamtdeutschen Staat in der Folgezeit von Österreich ausgegangen wären, der bis zur Mitte des 18. Jahrhunderts einzigen deutschen Großmacht, die an das dort formell noch residierende, im Bewußtsein des ganzen deutschen Volkes noch tief verwurzelte Kaisertum hätte anknüpfen können. Doch war Österreich Bestandteil und Kernland des multiethnischen habsburgischen Imperiums, das auf seine fremdländischen Besitztümer und Interessensphären an der Donau, auf dem Balkan und in Norditalien fixiert war und eine dynastische Machtpolitik verfolgte, die sich mit deutschen Nationalinteressen nicht deckte.

Tatsächlich war es denn auch Preußen, von dem aus die Entwicklung zur staatlichen Vereinigung Deutschlands unter Ausschluß Österreichs ihren Anfang nahm. Unter dem Großen Kurfürsten, dem Soldatenkönig FRIEDRICH WILHELM I. und dann besonders unter FRIEDRICH DEM GROSSEN stieg es vom armen, territorial zersplitterten Kurfürstentum, »des Reiches Flickenteppich und Streusandbüchse«, zur zweiten deutschen Großmacht auf und wurde dabei bald zur Ausgangsbasis einer gesamtdeutschen Staatsgründung. Anders als die Donaumonarchie war das Königreich Preußen eine durch übernationale Besitz- und Hegemonialinteressen nicht gebundene rein deutsche Macht. So wurde mit dem Aufstieg Preußens ein Staat der Deutschen wieder denkbar – und tatsächlich wurde er gedacht. Ein entscheidender Anstoß hierzu, der das Nationalbewußtsein insbesondere im deutschen Bürgertum und weit über Preußens Grenzen hinaus belebte, ging von der Person FRIEDRICHS DES GROSSEN und seiner Lebensleistung aus.

Zwar hielt Friedrich II. von einem modernen gesamtdeutschen Zentralstaat ebenso wenig wie seine fürstlichen Standesgenossen und seine Vorgänger auf dem preußischen Thron. Auch er setzte auf den ihm genehmen Status quo der ›deutschen Freiheiten‹ und ging davon aus, daß die Souveränität der Territorialherren in Deutschland auch in Zukunft Bestand haben werde. Im Jahre 1752 schrieb er zur Zukunft Deutschlands in seinem politischen Testament: »Wird sich die veraltete, wunderliche Reichsverfassung erhalten, oder läßt sich eine Änderung voraussehen? Ich bin der Meinung, sie wird sich dank der Eifersucht der Reichsfürsten wie der Nachbarmächte erhalten... Prüfe ich derart die Lage des Reiches, so ist es mir wahrscheinlich, daß die Kaisermacht ständig sinken wird; denn wenn sich die Kurfürsten zusammentun und sich auf Frankreich stützen, kann ihre zunehmende Macht ein Gegengewicht gegen die Kaisermacht bilden... ›Aber‹, wird man einwenden, ›muß ein Kaiser denn katholisch sein? Warum denkst du denn nicht daran, deinem Hause diese Würde zu erwerben?‹ Ich antworte: ›Kein Gesetz schließt die Protestanten von dem Kaiserthron aus, aber abgesehen davon, würde ich euch nicht raten, nach dieser höchsten Würde zu trachten. Ein König von Preußen muß mehr darauf sinnen, eine Provinz zu erobern, als sich mit einem leeren Titel zu schmücken. Eure erste Sorge sei, den Staat zu dem Gipfel der Größe zu führen, dessen Idealbild ich euch zeichne. Kurz, erst dann dürft ihr der Eitelkeit opfern, wenn ihr eure Macht dauerhaft begründet habt.‹«[8] Der Gedanke, daß die deutsche Kaiserwürde einmal mehr sein könnte als ein leerer, eitler Titel kam dem großen Friedrich freilich nicht; das lag wohl über seinem territorialherrlich-altpreußischen Horizont.

Und dennoch belebte Friedrich der Grosse das deutsche Nationalbewußtsein nachhaltig. Mit seinem kühnen und handstreichartigen, rechtlich allerdings fragwürdig begründeten Zugriff auf Schlesien im Dezember 1740 hatte er sich den unversöhnlichen Haß Maria Theresias zugezogen, die gegen ihn übermächtige Koalitionen zusammenfügte und ihn mit Krieg verfolgte, ohne ihm die Beute Schlesien indes abjagen oder Preußen gar von der Landkarte tilgen zu können. Schon nach den beiden Schlesischen Kriegen 1740 bis 1745 sprach man in Deutschland von Friedrich wegen seines militärischen Durchhaltens und seiner Fähigkeiten als Feldherr als ›dem Großen‹. Im Jahre 1756 sodann hatte Maria Theresias Staatskanzler Kaunitz – in der unseligen Tradition, in einem innerdeutschen Konflikt auch mit ausländischen Mächten kriegerisch zu paktieren – nahezu ganz Europa zu einem gewaltigen militärischen Ring um Preußen geschmiedet. In den sieben Jahren bis 1763 erwehrte sich Friedrich der Grosse mit taktischem Genie und verbissener Zähigkeit einer Übermacht, der Österreich, Frankreich, Rußland, Schweden und die meisten deutschen Territorialstaaten angehörten. Waren im Dreißigjährigen Krieg alle Deutschen letztlich Verlierer gewesen und Opfer fremder Mächte geworden, so gab es mit Preußen jetzt eine bewundernswürdig erfolgreiche deutsche Macht, verkörpert in ihrem König. Dieser hatte sich, ganz auf sich allein gestellt, mit seiner tapferen Armee einer Welt von Feinden erwehrt und dabei nicht nur überlebt, sondern sein Land zur anerkannten europäischen Großmacht aufsteigen lassen. Ein solcher Staat mit einem solchen König stärkte das in der Vergangenheit immer wieder gekränkte deutsche Selbstbewußtsein. Mit FRIEDRICH DEM GROSSEN konnte man sich identifizieren, auf ihn neue Hoffnungen für Deutschland stützen. Sebastian HAFFNER drückt es so aus: »Die Deutschen [hatten] plötzlich einen Bezugspunkt, einen Staat, um den sie sich gruppieren (konnten). Vor allem [hatten] sie einen Helden, auf den sie stolz sein [konnten]! Sie hatten ganz vergessen, daß es große deutsche Männer geben kann.«[9]

Aber FRIEDRICH war für die Deutschen nicht nur der geniale Kriegsheld, der sein Königreich groß gemacht hatte. Bewundert wurden auch die Friedensleistungen des aufgeklärt absolutistischen ersten Dieners seines Volkes, die Preußen in den Augen vieler Deutscher Modellcharakter verliehen: die Umformung des Königreiches in den – wenn auch noch rudimentären – ersten und damals einzigen Rechtsstaat Europas, die erfolgreiche Modernisierung der preußischen Wirtschaft, die Urbarmachung weiter Flußniederungen, die Verbesserung der Rechtsstellung der Bauern und nicht zuletzt die Förderung von Künsten und Wissenschaften. FRIEDRICH, persönlich bis zum Ende seines Lebens noch ganz in französischer Kultur befangen, trug durch sein Wirken objektiv ganz maßgeblich dazu bei, daß sich Deutschland selbstbewußt aus Frankreichs kultureller Vormundschaft befreite und einen autonomen nationalen Weg beschritt. Zwar versank Preußen nach dem Tod FRIEDRICHS vorübergehend in Stagnation, die geradewegs in die katastrophale Niederlage des Jahres 1806 bei Jena und Auerstedt führte. Doch erwies sich Preußen als schnell regenerationsfähig, und einige Jahrzehnte später war es der unter dem großen König zur zweiten deutschen Großmacht aufgestiegene Staat, von dem die deutsche Reichsgründung der Jahre 1867/70/71 ausgehen sollte.

4. Der deutsche Freiheitskampf gegen den postrevolutionären französischen Imperialismus

Mit den Eroberungszügen NAPOLEONS I. fand das traditionelle französische Expansionsstreben nach deutschem Gebiet einen vorläufigen Höhepunkt. Dem korsischen Parvenü und Kaiser von eigenen Gnaden gelang es, Frankreichs nordöstliche Staatsgrenze so weit nach Osten zu verschieben, daß sie von Worms bis Wesel am Rhein, dann über Münster in Westfalen, Minden und Lüneburg schräg durch das norddeutsche Tiefland verlief und bei Lübeck sogar die Ostsee erreichte. Mit dem Rheinbund schuf sich NAPOLEON durch militärischen Druck ebenso wie mittels Bestechung deutscher Landesherren mit zweifelhaften monarchischen Würden einen Cordon deutscher Satellitenstaaten. Österreich und Preußen rollte er nacheinander militärisch auf. Die Deutschen hatten die Schwäche der defizitären staatlichen Organisation ihres Vaterlandes wieder einmal schmerzhaft und demütigend zu spüren bekommen. Mit dem »Reichsdeputationshauptschluß« des Jahres 1803 und der Niederlegung der römisch-deutschen Krone durch den Kaiser FRANZ II. im August 1806 trat das alte Reich – nun auch förmlich – endgültig von der Bühne der Geschichte ab.

Die nationale Selbstachtung der Deutschen verfiel zusehends in dieser Zeit. Die Welle der Begeisterung, die der ›Alte Fritz‹ einst ausgelöst hatte, war längst verebbt. Auch das Gedankengut der Französischen Revolution, das in den Jahren um 1789 auch in Deutschland wie elektrisierend gewirkt hatte, vermochte den deutschen Nationalgeist nicht mehr zu beflügeln, waren die Freiheitsideale doch im Mutterland der Revolution selbst unter dem Stiefeltritt der cäsaristischen Herrschaft NAPOLEONS zur Farce verkommen. Kriechertum und Opportunismus gegenüber der Besatzungsmacht breiteten sich in Deutschland nicht nur bei titelsüchtigen Feudalherren aus, sondern auch im Bürgertum. Intellektuelle Kollaborateure verbrämten ihre schmähliche Rolle ideologisch mit der vorgeblichen zivilisatorischen und kulturellen Überlegenheit des angeblich so fortschrittlichen nachrevolutionären französischen Imperialismus.

Doch waren solche Verhaltensstörungen nicht nur Ausdruck niedriger Gesinnung. Vielmehr war das Bewußtsein der Deutschen von nationaler Einheit und Würde, auch wenn es in der Vergangenheit immer wieder aufgeglommen war, im Vergleich zu demjenigen der Nachbarvölker, die eine normgerechte historische Entwicklung auch in staatlicher Hinsicht durchlaufen hatten, deutlich zurückgeblieben. Denn dem Patriotismus der deutschen Kulturnation hatte mit der Eigenstaatlichkeit ein wichtiges Substrat gefehlt. Der Schock der napoleonischen Fremdherrschaft beförderte dieses Defizit indes nicht nur mit aller Schärfe ins Bewußtsein, er belebte auch die Selbstheilungskräfte. David CALLEO schreibt: »Erst nach den napoleonischen Invasionen wandten sich die Deutschen von ihrer kosmopolitischen und partikularistischen Tradition ab und begannen, sich den einheitsstiftenden Nationalismus ihrer Nachbarn zu eigen zu machen.«[10] In der Tat regten sich zunehmend nationale Kräfte gegen die Fremdherrschaft: Der Buchhändler Johann Philipp PALM verlegte in Nürnberg unter dem Titel *Deutschland in seiner tiefsten Erniedrigung* eine anonyme Flugschrift gegen die Besatzungsmacht. Auf Befehl NAPOLEONS wurde er am 26. August 1806 erschossen.

Im Jahre 1809 erhoben sich die Tiroler Bauern unter ihrem Anführer Andreas HOFER gegen die Franzosen und erfochten zunächst aufsehenerregende Siege. War der Kampf militärisch letztlich auch aussichtslos – der Aufstand wurde blutig niedergeschlagen und HOFER in Mantua erschossen –, so war er doch als Fanal für alle Deutschen nicht vergeblich. Als ein solches wirkte auch der heldenhafte militärische Widerstand des preußischen Städtchens Kolberg unter NETTELBECK und GNEISENAU gegen die französischen Truppen im Jahre 1807. Der preußische Offizier Ferdinand VON SCHILL, der sich bereits bei der Verteidigung Kolbergs einen Namen gemacht hatte, nahm, nachdem sein König hatte kapitulieren müssen, im Jahre 1809 mit seinem Husarenregiment auf eigene Faust den Kampf gegen die Fremdherrschaft mit dem Ziel auf, einen Volksaufstand gegen die französischen Okkupanten zu entfesseln. Nachdem er in Stralsund im Straßenkampf gefallen war und Napoleon an dem lebenden Schill nicht mehr Rache üben konnte, ließ der Kaiser einer abendländischen Kulturnation die Leiche enthaupten.

Im Preußen des schwachen Königs Friedrich Wilhelm III. gab es bedeutende deutsche Patrioten in führenden Ämtern, die erkannt hatten, daß es galt, Staat und Heer zu modernisieren und das Volk einzubeziehen, wollte man die Fremdherrschaft abschütteln. Karl Reichsfreiherr vom und zum Stein, entschiedener Widersacher des bonapartistischen Imperialismus – sein Glaubensbekenntnis war nach eigenem Bekunden die deutsche Einheit – wurde am 10. Juli 1807 preußischer Minister. Er hob die bäuerliche Erbuntertänigkeit im Lande auf, führte in den Städten die kommunale Selbstverwaltung ein und reformierte den Regierungsapparat und die Staatsverwaltung. Militärs wie Scharnhorst, Gneisenau und Clausewitz reformierten und reorganisierten das Heer. Ihr Ziel war das nationale Volksheer, mit dem das Volk sich selbst verteidigte. Die allgemeine Wehrpflicht und das Leistungsprinzip bei Beförderungen wurden eingeführt, Privilegien des Adels beseitigt, die entwürdigende Prügelstrafe abgeschafft. Nach einer Denkschrift Gneisenaus sollte der Aufstand des Volkes den Staat vor dem Untergang retten, sollten Milizen zur Verteidigung der Provinzen organisiert werden.

Die Lage der preußischen Reformer war prekär. Mußten sie sich einerseits vor Bespitzelung und Verfolgung seitens der französischen Herren hüten, so hatten sie auf der anderen Seite zugleich die feudalistisch-konservativen Kräfte des eigenen Landes zu fürchten. Denn die Modernisierung von Staat und Gesellschaft, das Streben nach deutscher Einheit, die Mobilisierung und Aufwertung des Volkes bei der Reorganisation von Regierung, Verwaltung und Militär waren mit dem seit 1648 uneingeschränkt wuchernden Territorialherrenregiment und den traditionellen feudalen Privilegien unvereinbar, rüttelten an den Fundamenten nicht nur der preußischen Monarchie, sondern der gesamten aus dem alten Reich überkommenen reichsständischen Ordnung. König Friedrich Wilhelm III. duldete nur widerwillig die Reformer, die von konservativer Seite als »preußische Jacobiner« verunglimpft wurden, weil und solange er sie brauchte, sich der französischen Herrschaft zu entledigen.

Auch Intellektuelle kämpften für die deutsche Einheit, Freiheit und Selbstbestimmung. Johann Gottlieb Fichte, Verfasser der *Reden an die deutsche Nation* aus dem Jahre 1808, setzte dem universalen Gleichheitsideal der Französischen Revolution den Gedanken entgegen, daß es nicht nur eine individuelle, sondern auch eine nationale Identität gebe, forderte die Selbstbesinnung aller Deutschen und ein Bewußtsein der Selbständigkeit der Nation. Er befürwortete die Erhebung gegen Napoleon und die allgemeine Volksbewaffnung. Dichter wie Ernst Moritz Arndt (*Was ist des Deutschen Vaterland?*), und Karl Theodor Körner (*Lützows wilde, verwegene Jagd*) hatten ihren Anteil am Geist dieses bewegten und lebendigen Aufbruches und der Erneuerung.

Dieser Geist übertrug sich mehr und mehr auch auf breite Bevölkerungsschichten. Als Napoleons Hybris im russischen Winter des Jahres 1812 an ihre Grenzen gestoßen war, drängte die preußische Jugend zu den Waffen: Das Volksheer wurde Wirklichkeit, und nationale Selbstbesinnung in ganz Deutschland trug dazu bei, die französischen Eroberer zu schlagen und zu vertreiben.

Nun, so schien es, war die Zeit endlich gekommen, den deutschen Rückstand aufzuholen, einen einheitlichen, zentralen Staat aller Deutschen zu gründen. Dies galt um so mehr, als Deutschland hinter Frankreich und England mittlerweile bereits eine weitere Stufe der Entwicklung zurücklag. Denn in diesen Ländern hatte das Bürgertum das zentrale Königtum gestürzt oder fortschreitend entmachtet. Weiterhin zentral geführt, waren beide Nachbarländer in der erneuerten Gestalt und mit der Effektivität, die ihnen die überlegenen ökonomischen Strukturen des bürgerlichen Kapitalismus verliehen, zu führenden, global konkurrierenden Weltmächten aufgestiegen. Eine treffende Karikatur aus dem Jahre 1805 zeigt den britischen Tory-Premierminister PITT den Jüngeren und NAPOLEON I., die beim imperialistischen Schmaus zu Tische sitzen und den Erdball verspeisen. NAPOLEON säbelt Europa für sich ab, und PITT die transatlantische Welt.

5. Die nationale Bewegung unter der Restauration

Für Deutschlands Weg zur Einheit und Freiheit jedoch gab es auch nach dem Sieg über BUONAPARTES Frankreich noch keinen Lichtblick. Der 1814/15 tagende Wiener Kongreß der konservativen europäischen Fürsten, Staatsmänner und Diplomaten bestimmte und regelte, wie es nach den napoleonischen Wirren auf dem Kontinent und in Deutschland weitergehen sollte. Es liegt auf der Hand, daß den europäischen Mächten England, Rußland und dem ungestraft davongekommenen Frankreich die Manövriermasse chaotischer Vielstaaterei auf deutschem Boden weit lieber war als ein geschlossener, lebensfähiger deutscher Gesamtstaat.

Aber auch die deutschen Territorialherren dachten nicht im entferntesten daran, einen nationalen Staat der Deutschen zu gründen, der sie selbst überflüssig gemacht oder ins zweite Glied verwiesen hätte. Es war ihnen wichtiger, die eigene Macht zu erhalten, als die dem Volk in der Zeit der Fremdherrschaft gegebenen Versprechungen einzulösen, die sich nun als leer erwiesen.

Die von den deutschen Fürsten aus bloßem Machtkalkül – zur Mobilisierung der Massen gegen NAPOLEON – erweckten Hoffnungen auf die deutsche Einheit, Freiheit und selbstbestimmte Staatlichkeit zerstoben schnell. Unter der politischen Ägide des habsburgischen Reiches und seines erzreaktionären Staatskanzlers METTERNICH, dessen Gedanken ganz der Welt des untergegangenen Reiches verhaftet waren, wurde die alte Ordnung wiederhergestellt, soweit dies irgend möglich war. Die partikularen deutschen Feudalgebilde, die sich aus dem alten Reich herübergerettet hatten, schlossen sich zu einem lockeren Bund souveräner Staaten zusammen, dem Deutschen Bund, der als rückwärtsgerichteter Hort fortwährender Zersplitterung und Vielstaaterei an die Stelle des alten Reiches trat. Zu Schutz und Trutze der vom Wiener Kongreß verkörperten sinistren Wertegemeinschaft und der von ihr dekretierten internationalen Ordnung gegen jeglichen politischen und gesellschaftlichen Fortschritt wurde von Zar ALEXANDER I., Österreichs Kaiser und Preußens König die ›Heilige Allianz‹ gegründet, der bald auch fast alle übrigen europäischen Potentaten beitraten. Es zeigte sich, daß die Freiheitskriege, durch die NAPOLEON vertrieben worden war, rückblickend diesen Namen nicht mehr verdienten. Den Bösen waren die Deutschen los, die Bösen waren geblieben – die Territorialsouveräne nämlich, deren Ahnherren zuvor bereits vom Dreißigjährigen Krieg auf Kosten der Nation profitiert hatten und die dank des Freiheitskampfes des Volkes gegen die Geißel Europas auch jetzt wieder die unbeschränkten Herren im Lande waren.

Die Ära der Restauration war angebrochen. Das kraß rückwärts gegen den Strom der Zeit und der Geschichte gewandte METTERNICHsche System konnte nur mit ausgeprägter polizeistaatlicher Repression gegen die Macht der vorgezeichneten Entwicklung überleben. Für seinen Unterdrückungscharakter stehen die Karlsbader Beschlüsse »gegen demagogische Umtriebe« des Jahres 1819, ein Werk METTERNICHS. Dieser nahm die Ermordung des Dichters August VON KOTZEBUE am 23. März 1819 durch den Jenaer Burschenschaftler Karl Ludwig SAND, der den reaktionären Poeten für einen Spitzel der Geheimpolizei gehalten hatte, zum willkommenen Anlaß, die studentischen Burschenschaften als Träger des nationalrevolutionären Gedankengutes zu verbieten. Die Vorzensur für die Presse und Berufsverbote für ›unzuverlässiges‹ Lehrpersonal wurden eingeführt, die Universitäten streng überwacht, Professoren und Studenten bespitzelt.

Mit dem erstickenden Druck seines Systems gelang es METTERNICH, ein schlafendes, als Ganzes handlungsunfähiges Deutschland weitere drei Jahrzehnte unter den dynastischen Herrschaftsverhältnissen längst verflossener Zeiten zu konservieren. Den inneren Zustand des Landes zu dieser Zeit beschrieb Heinrich HEINE im Januar 1844 im Exil in Paris unter dem Titel *Deutschland ein Wintermärchen* mit der ihm eigenen Boshaftigkeit, in einigen Punkten aber durchaus treffend. Es war ein Deutschland weniger des Friedens als vielmehr der Friedhofsruhe, ein Deutschland der geheimpolizeilichen Spitzelei, des Meinungsterrors, der Denkverbote, der Zensur und, wie man heute sagen würde, der ›politischen Korrektheit‹. Viele der besten Geister wurden eingekerkert oder außer Landes getrieben. Deutschland war Heimstatt der krähwinkelig-kleinbürgerlichen Idylle des Biedermeier, dessen Bürger Erfüllung im privaten kleinen Glück finden sollten, ohne über öffentliche Belange nachzudenken, geschweige denn über sie zu reden. Es war ein Land, das durch ungezählte, nicht nur geographische und politische innere Grenzen und Begrenzungen gefesselt und zur ewigen Erstarrung bestimmt schien und in dem jeglicher Gedanke an Änderungen der staatlichen, gesellschaftlichen, politischen, wirtschaftlichen und sozialen Verhältnisse oder gar an das Ziel staatlicher Einheit und Freiheit der Deutschen als gefährliche Schwärmerei angesehen und hochnotpeinlich als Staatsverbrechen verfolgt wurde.

Doch auch in jenen Jahren der Finsternis ließ sich der Wille zu deutscher Einheit und Freiheit nicht gänzlich unterdrücken. Im Oktober 1817 versammelten sich Studenten aus ganz Deutschland zum Gedenken an die Völkerschlacht bei Leipzig gegen NAPOLEON im Jahre 1813 und an LUTHERS Reformation, die sich zum dreihundertsten Mal jährte. Öffentlich und mit großer Resonanz beklagten sie die nach der Völkerschlacht enttäuschten und vereitelten Hoffnungen des deutschen Volkes, und flammende Appelle gegen den »Kleinmut vor Herrscherthronen« und für »das starke freie Wort« waren zu vernehmen. Auch bei der Kundgebung auf dem Hambacher Schloß im Mai des Jahres 1832 für »Deutschlands Wiedergeburt in Einheit und Freiheit« artikulierte sich der Volkswille unüberhörbar und unabweisbar. Intellektuelle, Dichter und Publizisten ermutigten und belebten den Widerstand mit Gedanken, Versen und Parolen. Die ›Göttinger Sieben‹, Professoren der dortigen Universität, die gegen einen Verfassungsbruch des Königs von Hannover protestierten, oder Namen wie WIRTH und SIEBENPFEIFFER, Georg HERWEGH, Friedrich Ludwig JAHN, Gottfried KINKEL, Ernst Moritz ARNDT, Ludwig BÖRNE und Ferdinand FREILIGRATH sind hier zu nennen, besonders auch Heinrich HOFFMANN VON FALLERSLEBEN, der 1841 auf Helgoland das *Deutschlandlied* schrieb. Diese Zeit der nationalen deutschen Freiheitsbewegung vor der Märzrevolution des Jahres 1848 ist unter der Bezeichnung ›Vormärz‹ in die Geschichte eingegangen.

Selbst staatlicherseits gab es – *nolens volens* – aus wirtschaftspolitischen Sachzwängen Schritte nach vorn: Bereits 1818 wurden die Binnenzölle in Preußen abgeschafft. Dem freieren innerdeutschen Warenverkehr dienten auch der Zollvertrag zwischen Preußen, Hessen, Bayern und Württemberg, der im Jahre 1828 geschlossen wurde und dem 1834 der Deutsche Zollverein folgte. Der expandierende innerdeutsche Handelsaustausch wirkte in Richtung eines einheitlichen ›kleindeutschen‹ Wirtschaftsraumes. Diese Entwicklung wurde durch das Aufkommen und den Ausbau der Eisenbahn beschleunigt, die das Verkehrs- und Transportwesen technisch revolutionierte und die deutschen Länder näher aneinander rückte.

6. Die Märzrevolution 1848

Das Jahr 1848 markiert das abrupte Ende dieses Zeitabschnittes. Der METTERNICHsche Repressionsapparat hielt dem Gegendruck nicht mehr stand. Im März 1848 fegte die bürgerliche Revolution ihn hinweg. Mit Wucht brach sie los, doch konnte sie am Ende ihre großen Ziele nicht erreichen. Die deutsche Einheit und Freiheit in einem rechtsstaatlich, liberal und sozial verfaßten, zentral regierten Gesamtstaat blieb vorerst weiterhin ein Wunschtraum. Dies war keineswegs Folge einer Unfähigkeit zur Revolution, eines, wie böser Spott behauptet hat, inneren Zwanges der Deutschen, vor der Erstürmung eines Bahnhofes Bahnsteigkarten zu lösen. Keine einzige der um 1848 ganz Europa ergreifenden Revolutionen erreichte die gesteckten Ziele, zeitigte so radikale, schnelle und bleibende Folgen wie diejenige Frankreichs im Jahre 1789 oder die englische des Oliver CROMWELL um 1650.

Im Deutschland des Jahres 1848 ging es, anders als zuvor bei den westlichen Nachbarn, nicht nur darum, in einem an sich lebenskräftigen nationalen Einheitsstaat die Führung zu stürzen und nur die inneren Machtverhältnisse nach Maßgabe aufklärerischer Ideale oder puritanischer Zielvorstellungen zu ändern; so paradox es klingen mag: Ein in seinen Grundstrukturen stabiler und funktionsfähiger Staat erleichtert sogar revolutionäre Veränderungen an seiner Spitze. Ein solcher aber fehlte den Deutschen gänzlich.

Die Märzrevolutionäre standen vor der Aufgabe, einen auf deutschem Boden noch nie vorhanden gewesenen nationalen Einheitsstaat zu schaffen. Und bevor dies möglich war, mußten sie mit den Altlasten des Heiligen Römischen Reiches Deutscher Nation fertig werden: mit der Vielzahl der gewachsenen größeren und kleineren souveränen Partikularstaaten – einschließlich der deutschen Großmächte Preußen und Österreich. Die Erbhöfe der deutschen Territorialherren mußten entweder abgerissen oder so umgebaut werden, daß sie sich gemeinverträglich als loyale Glieder in einen zentral geführten nationalen Bundesstaat einfügen ließen. Habsburgs Auslandsimperium auf dem Balkan, in den Donauländern und in Oberitalien schuf zusätzliche Probleme.

Und auf die Grundfragen nach der Gestalt des zu gründenden deutschen Staates – kleindeutsch oder großdeutsch? mit dem oder ohne das Habsburger Reich, eventuell auch nur unter Einschluß Deutsch-Österreichs – gab es nur problematische Antworten. Sollten fremde Völker dem deutschen Nationalstaat angehören? Oder andernfalls: Wollte man etwa die Millionen Deutschen Österreichs aus dem lang ersehnten gemeinsamen deutschen Hause aussperren?

Nicht weniger schwierig war die innere Ausgestaltung des zu gründenden Reiches. In den Jahrzehnten der Restauration hatten sich bedeutsame heterogene politische Strömungen mit widersprüchlichen Zielstellungen für ein geeintes Deutschland ausgebildet und verfestigt. Neben den Bürgerlich-Liberalen, die sich für Deutschland eine konstitutionelle Monarchie wünschten, gab es die Republikaner und die radikalen Demokraten, gab es die radikale Linke, die Arbeiterbewegung und den politischen Katholizismus.

Die Probleme waren zu vielschichtig, die Aufgaben zu gewaltig, um von den März-Revolutionären und der am 18. Mai 1848 in der Paulskirche zu Frankfurt am Main zusammengetretenen ersten deutschen Nationalversammlung nach Art des Gordischen Knotens gelöst zu werden. Zu Vieles war in viel zu kurzer Zeit zu tun. Der Umsturz war rasch bewerkstelligt, die Aufräumungsarbeiten und der Neubau indes brauchten Zeit. Schon im März 1848 waren Macht und staatliche Autorität der partikularen Dynastien fast überall zusammengebrochen. Sogleich bildeten sich in ganz Deutschland die ›Märzministerien‹, und für kurze Zeit erschien die Revolution als siegreich. Die Organisation des erstrebten Staates der Deutschen war unter den vorgegebenen Verhältnissen jedoch nicht in einigen Tagen oder Wochen zu bewältigen. So hatten die Dynastien Zeit, ihre alten Machtapparate neu zu beleben und die verlorene Herrschaft wieder zu errichten.

Dennoch war die Revolution kein Fehlschlag – nach Maßgabe des Möglichen war sie sogar ein Erfolg. Der Staat der Deutschen war im bleibenden Bewußtsein aller gesellschaftlichen Kräfte in greifbare Nähe gerückt. Die staatliche Einheit stand von nun an mit wechselnder Aktualität, letztlich aber doch endgültig auf der politischen Tagesordnung der deutschen und der europäischen Politik. Beherrschten auch restaurative Kräfte und Tendenzen zunächst wieder das Feld, so standen die beiden folgenden Jahrzehnte doch im Zeichen des Ringens um die deutsche Eigenstaatlichkeit. Überdies hatte die Revolution von 1848 in aller wünschenswerten Deutlichkeit erkennen lassen, wie sich der politisch bewußte Teil des deutschen Volkes in seiner übergroßen Mehrheit sein Gemeinwesen vorstellte: als freiheitlichen, rechtsstaatlichen, demokratisch-parlamentarischen, souveränen, zentral geführten, nationalen Verfassungsstaat. Auf der Grundlage dieser Werte und Vorstellungen begründeten die Revolutionäre – nach den Jahrhunderten, in denen das unglückselige Heilige Römische Reich das Schicksal des deutschen Volkes geprägt hatte – eine neue, bessere, nationale Staatstradition.

C. Der Staat der Deutschen – Reich des Bösen oder Opfer?

Die sich nun bald abzeichnende Rückkehr Deutschlands auf die Bühne der Geschichte, der Weg in das eigenstaatliche Dasein des kleindeutschen BISMARCK-Reiches, führte über den Krieg gegen Dänemark des Jahres 1864, den innerdeutschen Hegemonialkrieg von 1866 und den Deutsch-Französischen Krieg 1870/71, in dem Frankreichs militärische Aggression gegen die Verwirklichung des deutschen Selbstbestimmungsrechtes abzuwehren war. Am 18. Januar 1871 wurde der preußische König WILHELM I. im Spiegelsaal von Versailles zum Kaiser des Deutschen Reiches ausgerufen, das 1867 als Norddeutscher Bund gegründet und durch den Beitritt der süddeutschen Staaten am 1. Januar 1871 vollendet worden war.

Doch war es in seinem Bestand noch keineswegs gesichert. Nach einer Phase relativer Ruhe kreisten die etablierten europäischen Mächte den störenden neuen Konkurrenten nach und nach militärisch ein, kämpften ihn im Krieg 1914/18 unter Mitwirkung der außereuropäischen Vereinigten Staaten von Amerika nieder und unterwarfen ihn dem Versailler Diktatfrieden des Jahres 1919.

Nach einer Atempause von zwei Jahrzehnten, während deren es wechselnden deutschen Regierungen zunehmend gelungen war, das Oppressionssystem von Versailles zu revidieren, folgte der Krieg 1939/45, der sich aus westeuropäischer, namentlich britischer Perspektive als Wiederaufnahme oder Fortsetzung des Krieges von 1914/18 darstellte. Global wurde dieser Aspekt freilich durch ein zusätzliches, im Ergebnis vielleicht weit bedeutungsvolleres Element überlagert: die neue Rolle der Flügelmächte USA und UdSSR nämlich, die in diesem Krieg jeweils für eigene, weltweite Expansionsziele und Machtansprüche kämpften und aus dem

Ringen als Sieger hervorgingen – vordergründig über das Deutsche Reich, letztlich aber über das ganze alte Europa.

Der Krieg hatte seinen Ausgang von dem Konflikt genommen, den der Versailler Diktatfrieden hinsichtlich der deutschen Stadt Danzig und des Polnischen Korridors vorgezeichnet hatte. Die britische Regierung hatte eine für den Kriegsausbruch maßgebliche und keineswegs friedensfördernde Rolle gespielt, und eine totalitäre deutsche Reichsregierung, die mit dem Risiko einer Ausweitung des Konfliktes *va banque* spielte, hatte in ihrer Auseinandersetzung mit Polen als erste zu den Waffen gegriffen. Mit der Katastrophe des 8. Mai 1945 fand in einem Trümmerfeld sein vorläufiges Ende, was 1848/49 als deutscher Aufbruch aus der Restauration begonnen hatte. Der Zusammenbruch des Reiches im Jahre 1945 war nicht nur Folge aktueller deutscher Mitschuld am Zweiten Weltkrieg. Dieser hatte eine lange und komplexe Vorgeschichte, und er hatte Ursachen, die zu wesentlichen Teilen außerhalb Deutschlands angesiedelt waren. Rudolf AUGSTEIN schrieb im *Spiegel* im Januar 1985, vier Jahrzehnte nach der bedingungslosen Kapitulation der deutschen Wehrmacht: »Deutschlands Stunde Null, seine Demütigung und Zerstückelung, sie weisen zurück ins Jahr 1870/71. Eines HITLER hätte es nicht unbedingt bedurft.«

1. Atavistische Reflexe der etablierten Mächte auf die verspätete deutsche Staatsgründung

Als der um Jahrhunderte verspätete deutsche Nationalstaat in den Jahren 1866/71 die europäische Bühne betrat, fand er sich in seinen mitteleuropäischen Grenzen eingezwängt in eine etablierte Staatenwelt, deren ungehemmt nach außen expandierende Glieder eifrig damit beschäftigt waren, den Erdball unter sich aufzuteilen. Während diese, wie es dem damaligen von Skrupeln ungetrübten internationalen Trend der Zeit entsprach, unter Einsatz ihrer überschüssigen Kräfte ihre Besitztümer, Macht- und Einflußsphären in aller Welt ständig mehrten, besaß das Deutsche Reich keinerlei vergleichbare Entfaltungsmöglichkeiten. Infolge seiner Mittellage konnte es nicht, wie Rußland und die USA, auf unerschlossenes kontinentales Hinterland zurückgreifen. Es konnte sich ebensowenig – anders als die USA, England und Frankreich – mittels seegestützer Macht in fernen Weltgegenden Besitztümer oder Einflußzonen schaffen, zumal die übermächtige britische Seemacht die engen maritimen Zugänge Deutschlands zum Atlantik uneingeschränkt kontrollieren konnte.

So fanden die geballten Energien des 1866/71 vereinigten Deutschland kein Betätigungsfeld und Ventil nach außen, sie waren allein auf den ökonomischen Wettbewerb mit den Nachbarn beschränkt, der sich daher freilich um so dynamischer gestaltete. Der Neuankömmling störte die Kreise der etablierten Mächte nicht nur durch seinen bloßen Schritt in die Existenz. Seine wirtschaftliche Vitalität irritierte ein vorgegebenes Staatensystem, an dessen Entstehung der Staat der Deutschen keinen Anteil gehabt hatte und dem er nicht verpflichtet war, zumal dieses seinerseits die nationalstaatliche Daseinsberechtigung des Reiches nicht anerkannte, ja nicht einmal in Betracht zog. »In einer Welt rivalisierender Imperialismen, einer Welt, die Deutschland schließlich nicht geschaffen hatte, mußte BISMARCKS Reich nahezu zwangsläufig ›aggressiv‹ werden gegen einen Status quo, der noch die frühere Vorherrschaft anderer widerspiegelte,«[11] schreibt David CALLEO.

Für das vorgegebene europäische Gleichgewichtssystem, das gerade auf der Nichtexistenz eines staatlich organisierten Deutschland fußte, war die Reichsgründung ein Störfall, der Anlaß gab, die Machtgewichte international neu auszutarieren. Das Deutsche Reich minderte die Besitzstände der etablierten Mächte nicht nur als Rivale auf den Märkten Europas und der Welt. Die deutsche Eigenstaatlichkeit entwand den europäischen Mächten auch die liebgewordene, über Jahrhunderte mit größter Selbstverständlichkeit ausgeübte Option, mit der bisherigen Verfügungsmasse partikularer deutscher Einzelstaaten ihr machtpolitisches Spiel zu treiben und ohne Risiko für die eigene Haut auf deutschem Boden Kriege anzuzetteln und zu führen. Für die etablierten Nachbarstaaten war es eine unerhörte Zumutung, daß in Deutschland nun nur Deutsche das Sagen hatten.

Politische Klugheit und ein landläufiger Sinn für historische Gerechtigkeit hätten den Nachbarmächten indes langfristig Anlaß geben müssen, den Neuankömmling gleichberechtigt in ihre traditionell gewachsene Runde aufzunehmen. Denn schließlich kam der deutsche Staat BISMARCKS nicht von außen als Eroberer, als Parvenü oder Usurpator, den man abwehren durfte und mußte. Vielmehr richtete sich die autochthone deutsche Nation jetzt lediglich als gleichberechtigtes völkerrechtliches Subjekt an ihrem angestammten Ort in Mitteleuropa ein, kehrte auf ihren Platz in der Geschichte zurück, und zwar nicht etwa, um Europa zu beherrschen. Als dort alteingesessene ehemalige Trägerin des mittelalterlichen Heiligen Reiches holte sie für sich vielmehr nur dasjenige nach, was die Nachbarn vor Jahrhunderten längst selbst vollzogen hatten. Wie diese hatten auch die Deutschen unabweisbar das Recht, sich in einem Nationalstaat zu organisieren und damit den Weg zu gehen, den die historische Evolution für alle europäischen Völker vorzeichnete.

Doch die Reaktionen der etablierten Mächte waren nicht von Gerechtigkeitssinn und staatsmännischer Weitsicht getragen. Exemplarisch waren vielmehr die Worte des konservativen britischen Staatsmannes Benjamin DISRAELI vor dem Unterhaus am 9. Februar 1871 – wenige Wochen nach der deutschen Kaiserproklamation –, aus denen mehr eigensüchtige Beschränktheit als Weisheit klingt: »Dieser Krieg bedeutet die deutsche Revolution, ein größeres politisches Ereignis als die französische Revolution des vergangenen Jahrhunderts. Nicht ein einziger der Grundsätze in der Handhabung unserer auswärtigen Angelegenheiten, welche noch vor einem halben Jahre von allen Politikern als selbstverständliche Richtlinien anerkannt wurden, steht heute noch in Geltung. Es gibt keine überkommene Auffassung der Diplomatie, welche nicht fortgeschwemmt wäre. Wir stehen vor einer neuen Welt, neue Einflüsse sind am Werk... Das Gleichgewicht der Macht ist völlig zerstört.«[12]

Das Recht der Deutschen auf den eigenen Nationalstaat nicht respektiert, sondern auf dessen Verwirklichung ein dreiviertel Jahrhundert lang nachhaltigst mit Totschlagereflexen reagiert zu haben, ist die historische Schuld namentlich Frankreichs und Englands. Für Rußland und die Vereinigten Staaten von Amerika gilt dies insbesondere hinsichtlich deren zunehmend antideutscher Politik bis zum Ersten Weltkrieg, wobei das raumfremde Eingreifen der USA in Europa bereits zusätzliche, globale Akzente setzte. Im Zweiten Weltkrieg indes ging es beiden Flügelmächten, USA und UdSSR, nicht mehr vordergründig um Deutschland, dessen Niederwerfung nur ein Etappenziel auf dem Wege zu jeweils weltweiter Vorherrschaft darstellte.

Stellvertretend für viele andere, die den eigentlichen Kern des Konfliktes um den deutschen Nationalstaat vorsichtig andeuten, ohne dabei zu werten und sich in der Frage von Recht und Unrecht zu exponieren, sei der Historiker Michael STÜRMER zitiert: »Um die deutsche und europäische Geschichte im 20. Jahrhundert zu begreifen, ist es gut, sich zu erinnern, daß der deutsche Nationalstaat, wie er 1866 und 1870 erkämpft und in Verträgen und Verfassungen befestigt wurde, im Widerspruch zur europäischen Konvenienz- und Gleichgewichtspolitik der letzten Jahrhunderte... zustande kam.«[13] So ist es in der Tat; und die etablierten Mächte waren nicht bereit, die mit dem Auftreten der ›verspäteten Großmacht‹ Deutschland naturgemäß einhergehenden Interessengegensätze friedlich mit dieser auszutragen. Frankreich allen voran, begriffen sie es als »Verletzung ihres Erstgeburtsrechts«,[14] daß an die Stelle des gewohnten instabilen Gleichgewichtes im mitteleuropäischen Machtvakuum ein moderner, wirtschaftlich und militärisch respektabler Nationalstaat trat.

Hätten die Deutschen aber angesichts solch anmaßender Präokkupation auf ihr Selbstbestimmungsrecht, auf ihre Einheit im eigenen Staat, der ohnehin nur unter Aussperrung des österreichischen Volksteiles als minimale kleindeutsche Lösung verwirklicht werden konnte, gänzlich verzichten sollen? Man hätte es den Deutschen angesichts ihrer Erfahrungen vor ihrer Vereinigung kaum verdenken können, so schreibt der distanziert um Gerechtigkeit bemühte Amerikaner David CALLEO, daß sie einen Nationalstaat anstrebten, um ihren aggressiven Nachbarn ebenbürtig zu sein.[15]

Die Evolution Europas zu nationalstaatlichen Strukturen hatte auf dem engen Raum des Kontinentes zwangsläufig ein System des Gleichgewichtes entstehen lassen. Es entsprach der geschichtlichen Logik, daß auch im deutschen Zentrum dieser Staatenwelt einmal ein Nationalstaat entstehen und das dortige Langzeit-Vakuum auffüllen würde. Dieser verspätete Staat traf auf ein instabiles, in sich höchst fragiles und spannungsgeladenes internationales Arrangement. Das erzeugte Reibungen, die natürliche Folge der Zeitversetzung waren. Doch die Kriege auf Leben und Tod, die das Erscheinen des deutschen Staates auf dem Kontinent auslöste, können keineswegs als zwingende, schicksalhafte Konsequenz einer verzögerten, zeitlich nicht deckungsgleichen historischen Entwicklung betrachtet werden. Hier tritt menschliches Verschulden hinzu, die Blutorgien waren vermeidbar. Die Diplomatie des 19. und der ersten Hälfte des 20. Jahrhunderts kannte Techniken gewaltfreier Konfliktlösungen. Einsichten in die historischen Zusammenhänge sowie die Fähigkeit, aktuelle Vorgänge wie die deutsche Staatsgründung vor ihrem historischen Hintergrund zu begreifen und ihnen politisch verständig und mit abendländischer Gesittung zu begegnen, waren nicht erst seit dem betont geschichtsbewußten 19. Jahrhundert durchaus vorhanden.

Überdies war das kleindeutsche Reich für die bereits etablierten Nationalstaaten so fürchterlich nun wahrlich nicht, daß man es physisch mit der Kriegskeule bekämpfen durfte oder mußte. Bismarck erlegte dem Reich während seiner langjährigen Kanzlerschaft außenpolitisch strikte Selbstbescheidung auf, verzichtete, dem internationalen Zeitgeist entgegen, auf jede ausgreifende Machtpolitik, wie sie für alle Nachbarn, selbst die kleineren unter ihnen wie Belgien, die Niederlande oder Spanien und Portugal selbstverständlich war. Nicht so sein zu dürfen wie alle anderen[16] – so läßt sich die auf Konfliktvermeidung gerichtete außenpolitische Maxime beschreiben, mit der Reichskanzler Bismarck den Irritationen Rechnung trug, mit der die etablierte Staatenwelt auf den mitteleuropäischen Neuankömmling reagierte.

Die Außenpolitik der betonten Mäßigung, die der Staatsgründer auch gegen weniger besonnene innerdeutsche Kräfte durchhielt, bewirkte eine Übergangsphase von fast zwei Jahrzehnten, während deren die Nachbarmächte genügend Zeit gehabt hätten, sich psychologisch und außenpolitisch auf das neue Reich und seine Lebensäußerungen einzustellen. Insofern trifft es, was Deutschland angeht, nicht ganz zu, wenn David Calleo schreibt: »Als ein Nationalstaat erst einmal erreicht war, gab es keinen Grund anzunehmen, daß ein machtvolles neues Deutschland sich als weniger expansiv erweisen würde als Frankreich, das ständig gesucht hatte, Europa zu dominieren, oder Britannien, das ein riesiges Weltreich erobert hatte.«[17]

Vielmehr war es erst die deutsche Außenpolitik in der Ära nach Bismarck, die volle Gleichberechtigung mit den übrigen Großmächten forderte. Erst der ›Neue Kurs‹ der wilhelminischen Epoche ab 1890 war von dem Bemühen des Deutschen Reiches gekennzeichnet, es den anderen Großmächten auf dem Gebiet der Weltpolitik gleichzutun. Desgleichen herrschte im Deutschen Reich in militärischer Hinsicht Selbstbescheidung vor. Seine Sicherheitsdoktrin war defensiv: Deutschland solle eine Macht im Herzen Europas sein, so hatte es Helmuth von Moltke schon 1868 formuliert, die, ohne selbst eine erobernde zu sein, so stark sei, daß sie ihren Nachbarn den Krieg verbieten könne.[18] Wie der im Jahre 1914 gleichwohl begonnene Krieg zeigt, hat die deutsche Militärmacht allerdings nicht ausgereicht, dieses Ziel zu gewährleisten.

Bismarcks Politik der Selbstbescheidung verhinderte freilich nicht, daß der nach der Reichsgründung einsetzende deutsche Wirtschaftsaufschwung bald zu nachhaltiger Beunruhigung und wachsender Mißgunst bei den Nachbarn führte, besonders bei der konkurrierenden Wirtschafts-, Industrie- und Handelsmacht England. Dort wünschte eine verbreitete Stimmung die Zeit vor 1866 zurück, und es entwickelten sich Vorstellungen, die eine Zerschlagung und Beseitigung des deutschen Reiches zum Ziel hatten. Weihnachten 1890 veröffentlichte die englische Zeitschrift *Truth* eine Landkarte von Europa, auf der das Reichsgebiet in Einzelrepubliken zerstückelt war und Deutschland an der Oder/Neiße-Linie endete.[19] Derartige Aufteilungspläne blieben bis 1945 und bekanntlich auch danach aktuell.

Nachdem das nach kontinentaler Hegemonie strebende und um seine östliche Einflußsphäre bangende Frankreich 1870/71 Deutschland erfolglos bekriegt hatte, um die sich abzeichnende Reichsgründung zu verhindern, beschwor schon wenige Jahre später, im Jahre 1875, eine britisch-französisch-russische Koalition gegen Deutschland die ›Krieg-in-Sicht-Krise‹ herauf, die fast in einen Waffengang eingemündet wäre. Nach Jahrzehnten weiterschwelender Konflikte warfen 1914/18 zum Krieg vereinte etablierte Mächte das Reich nieder – nicht etwa, um eine militärische Bedrohung von sich abzuwenden, die es schlechterdings nicht gab. Den Kriegsgegnern Deutschlands von 1914/18 ging es um ein gemeinsames Ziel, das alle ihre bisherigen Neid- und Dominanzkonflikte überlagerte: sich des 1871 in die Geschichte getretenen friedlichen, ihnen allen gemeinsam aber lästigen neuen Konkurrenten um Märkte, Macht und Einflußzonen nach Raubritterart zu entledigen, statt sich dem unblutigen Wettbewerb zu stellen. Es galt, den Rivalen zu beseitigen, den Status quo ante 1866/71 nach Möglichkeit, in welcher konkreten Form auch immer, wiederherzustellen.

Der Krieg galt dem Deutschen Reich als solchem, als okonomischem und politischem Machtfaktor; alle anderen Deutungen sind apologetische Geschichtslegenden. Dies gilt nicht nur für die Kriegsschuldlüge des Versailler Diktates, sondern auch für die Versionen, die den Ersten Weltkrieg gleichsam als Betriebsunfall der Geschichte darstellen, als tragische Verwicklung, die eigentlich niemand wollte. Ein geringer deutscher Schuldanteil am Ersten Weltkrieg mag allenfalls darin liegen, daß die kaiserliche Reichsregierung nicht fähig war, die aggressive Einkreisungskoalition der Nachbarn mit politischen und diplomatischen Mitteln zu paralysieren. Einem Bismarck, der es verstand, gefährliche Gegner gegeneinander auszuspielen, wäre das vielleicht gelungen.

Schuldbekenntnisse von Siegern sind in der Geschichte nie üblich gewesen – auch von den Alliierten des Ersten Weltkrieges war dergleichen nicht zu erwarten. Doch wie sie mit der Kriegsschuldfrage umgingen, ist gleichwohl bemerkenswert. Mit einer zutiefst bösartigen Kriegspropaganda und dann in einem von blankem Haß diktierten ›Friedensvertrag‹ lasteten sie den Deutschen nicht nur die alleinige Kriegsschuld an, sondern bezichtigten sie abgründiger sittlicher Verworfenheit in einer Weise, die den Antigermanismus und die Kollektivschuldanwürfe gegen das deutsche Volk im Zweiten Weltkrieg und dessen Folgezeit bereits vorwegnahm.

Dabei waren die Menschheits- und Völkerverbrechen des Imperialismus in den zwei Jahrhunderten vor dem Ersten Weltkrieg nahezu ausschließliches ›Privileg‹ der Weltkriegsfeinde Deutschlands gewesen. Das gilt für Sklavenraub, -handel und -haltung, für die weitgehende Ausrottung der Indianer Nordamerikas, für die zahllosen, einzeln hier nicht benennbaren Kolonialverbrechen einschließlich der vielen gegen zivilisatorisch weit unterlegene Völker in aller Welt geführten blutigen ›*splendid little wars*‹ der Briten, denen diejenigen der Franzosen an Zahl und Grausamkeit kaum nachstanden.

Der von solchen Verhaltensmustern vorgeprägten ›Wertegemeinschaft‹ hatte es denn auch nicht ferngelegen, den deutschen Neuankömmling in ihrer Mitte zum Empfang gemeinschaftlich niederzuknüppeln. Solch ein reflexhaft-atavistischer Rückfall in archaisch tierhaftes Verhalten verwundert keineswegs bei Führungseliten imperialer Mächte, die ihre humaneren Instinkte durch traditiongewordenene Befassung mit Verbrechen wie den oben genannten bereits langfristig abgestumpft und das mentale Kunststück vollbracht hatten, den Kontrast zwischen ihrem blutigen Alltagstreiben und ihrer christlichen Sonntagsreligion nach Art der Quadratur des Kreises aufzulösen. So etwa sahen sich die Briten Rudyard KIPLING oder Cecil RHODES imstande, die Unterwerfung und Ausbeutung Hunderter Völker und Stämme mit brutaler Gewalt und Strömen von Blut in unvergleichlichem englischem Cant dankheischend als missionarische Beglückung zu feiern, als göttliche Sendung und als *»the white man's burden«*, der sich die erwählte überlegene »britische Rasse« gerechtigkeits-, friedens- und freiheitsspendend gottgefällig unterzog. Die besondere Spielart von Wahrheitsliebe, die solcher Selbsteinschätzung zugrunde lag, gab auch den Nährboden für die moralische Verdammung Deutschlands ab, mit der die Alliierten ihren Krieg und Sieg garnierten.

Daß die Westmächte mit ihren kriegerischen Bemühungen bereits 1914/18 Erfolg hatten, ist nicht nur unter dem Gesichtspunkt historischer Gerechtigkeit, sondern auch wegen der dabei gewonnenen ›Erfahrung‹ fatal, daß man selbst moderne Kriege, so apokalyptisch sie auch erscheinen, doch gewinnen kann, daß sie sich also lohnen können und daher weiterhin als geeignetes Mittel der Machtpolitik und der Austragung internationaler Konflikte in Betracht kommen.

Mit den Diktaten von Versailles und St. Germain 1919 verfolgten die Westmächte, von der Stillung niederer Instinkte wie der Befriedigung von Rachegelüsten einmal abgesehen, konsequent die Absicht, den militärisch erzielten Erfolg, nämlich die Ausschaltung des deutschen Reiches als wirtschaftlichen und machtpolitischen Rivalen, ein für alle Mal zu sichern. Bei dieser grundsätzlichen Zielsetzung war der *casus belli* für die Alliierten folgerichtig erneut gegeben, sobald Deutschland in einem Maße wieder zu erstarken drohte, das der Machtposition des Reiches vor dem Ersten Weltkrieg gleichkam.

Mit der weitgehenden Revision des Diktates von Versailles durch mehrere

Reichsregierungen, insbesondere durch die HITLERsche Außen- und Wirtschaftspolitik, war dieser Fall gegen Ende der dreißiger Jahre eingetreten. Ein neuer Krieg – oder besser: eine Wiederaufnahme der 1918 bedingt ausgesetzten Kampfhandlungen – war bei Fortgeltung der Ratio des Ersten Weltkrieges nur eine logische Konsequenz. So wird die innere Stimmigkeit der britischen Taktik des Jahres 1939 sichtbar, die das ungestüme, von hitzigem Chauvinismus getriebene Polen durch die Garantieerklärungen vom 31. März und 25. August 1939 zu einer Politik der Provokationen und der Intransigenz gegenüber Deutschland ermunterte, dessen Regierung damals um die Bereinigung des ebenfalls von England vorsorglich und zielgerichtet in Versailles mitgeschaffenen unerträglichen Zustandes um Danzig und den ›Korridor‹ bemüht war. Die Briten dürften dabei bewußt und gewollt in ihr Kalkül einbezogen haben, daß bei HITLERS Naturell nur begrenzte Bereitschaft vorauszusetzen war, den von ihnen nunmehr geschürten deutsch-polnischen Konflikt friedlich zu lösen. Daß HITLER nach der Besetzung der ›Resttschechei‹ am 15. März 1939 nunmehr durch den Angriff auf Polen am 1. September 1939 einen weiteren völkerrechtlichen Unrechtsakt setzte, der sich für die Gegenseite propagandistisch bestens ausschlachten ließ und auf den die Kriegserklärungen Englands (und Frankreichs) vom 3. September 1939 gestützt werden konnten, kam den so verstandenen Interessen Englands durchaus entgegen, aber auch denen des US-Präsidenten ROOSEVELT, der sein Volk freilich erst noch in Kriegsstimmung versetzen und die erneute militärische Intervention der USA auf dem europäischen Kontinent mit allerlei Winkelzügen vorbereiten mußte.

Die Person des Diktators Adolf HITLER hingegen und sein gestörtes Verhältnis zu den Grundwerten von Demokratie, Parlamentarismus, Rechtsstaat und Menschenrechten sowie die von ihm errichtete Führerdiktatur waren für die maßgeblichen britischen und US-amerikanischen Kreise, die die Wiederaufnahme des Krieges gegen Deutschland betrieben, nur insoweit von Bedeutung, als sich hier eine bis zur Unerschöpflichkeit ergiebige Fundgrube für eine Propaganda auftat, mit der ein neuer ›Kreuzzug‹ gegen Deutschland gerechtfertigt werden konnte.

Die cis- und transatlantischen angelsächsischen Potentaten, die kurze Zeit später bedenkenlos mit dem brutalen Diktator und, wie sie wußten, blutrünstigen Massenmörder Josef STALIN paktierten, der ihnen gar zum lieben ›Uncle Joe‹ wurde, wären ebenso gegen ein unter demokratischen und rechtsstaatlichen Verhältnissen in Unabhängigkeit wiedererstarktes Deutschland militärisch angetreten. Sie haben dies mit ihrer bis zur letzten Konsequenz in die Tat umgesetzten Forderung nach bedingungsloser Kapitulation, die auch jede ernsthafte und konstruktive Zusammenarbeit mit dem deutschen Widerstand gegen HITLER von vornherein ausschloß, vor der Geschichte hinlänglich unter Beweis gestellt. Es kam ihnen erneut auf die Ausschaltung Deutschlands und des gesamtstaatlich organisierten deutschen Volkes als Machtfaktor an, ganz gleichgültig, wer dort wie regierte.

Diese im nach 1945 ›umerzogenen‹ Deutschland tabuisierten, wiewohl schlichten Geschichtstatsachen gehören heute in England zum Grundbestand politisch historischen Wissens der Öffentlichkeit und des ›Mannes auf der Straße‹. Hierzu exemplarisch ein Zitat aus dem Londoner *Sunday Correspondent* vom 16. September 1989 zum Thema der zu erwartenden deutschen Vereinigung: »Wir müssen jetzt ehrlich über die deutsche Frage sein, so unbequem sie auch für die Deutschen, für unsere internationalen Partner und für uns selbst sein mag. . . Die Frage bleibt in der Essenz die gleiche. Nicht, wie wir verhindern, daß deutsche Panzer über die Oder oder Marne rollen, sondern wie Europa mit einem Volk fertig wird, dessen Zahl, Talent und Effizienz es zu unserer regionalen Supermacht werden läßt. Wir sind 1939 nicht in den Krieg eingetreten, um Deutschland vor HITLER oder die Juden vor Auschwitz oder den Kontinent vor dem Faschismus zu retten. Wie 1914 sind wir für den nicht weniger edlen Grund in den Krieg eingetreten, daß wir eine deutsche Vorherrschaft in Europa nicht akzeptieren können.« Der Grundgedanke dieses Artikels findet sich auch in vielen maßgeblichen britischen Verlautbarungen, etwa solchen Winston CHURCHILLS, in den Jahrzehnten vor 1945. Der Skribent des *Sunday Correspondent*, dem Dank für seine entwaffnende Offenheit gebührt, dürfte in der machtpolitisch kaum sehr belangvollen deutschen Vereinigung von 1990 indes noch keinen neuen *casus belli* gesehen haben.

Jedenfalls trifft der Brite einen wesentlichen Aspekt der Gründe für die Kriege 1870/71, 1914/18 und 1939/45, wenn er die demographischen, ökonomischen und geostrategischen Konstanten anspricht, die dem von BISMARCK gegründeten Staat innewohnten. Lag es wirklich, wie vielfach behauptet wird, an Deutschlands gegenüber den einzelnen Nachbarn größerer Bevölkerungszahl und seiner überlegenen wirtschaftlichen Dynamik und Effizienz, daß seine staatliche Vereinigung zu kriegerischen Aggressionen führte? War BISMARCKS Gründung tatsächlich einfach zu groß und zu mächtig für europäische Dimensionen? Mit dieser Argumentation werden vielfach die Kriege gegen Deutschland erklärt, wird versucht, dessen Unterdrückung durch das Versailler System und die territorialen Amputationen nach dem Ersten Weltkrieg, seine Verstümmelung und Teilung nach dem Zweiten Weltkrieg, die durchgängige Verweigerung des Selbstbestimmungsrechtes für das deutsche Volk zu rechtfertigen.

Das Gegenteil dieser Prämisse trifft zu. Das mittelalterliche erste Reich war in der Blütezeit seiner Macht trotz seiner strukturellen Schwachstellen von Großkriegen verschont geblieben, obwohl es, einschließlich Österreichs und der 1648 abgetrennten Gebiete, weit größer und im Verhältnis bevölkerungsreicher war als das kleindeutsche Reich des Jahres 1871. Und es ging nicht etwa unter, weil es für europäische Verhältnisse zu groß gewesen wäre; sein Niedergang war Folge seiner inneren strukturellen Mängel. Erst der mit dem späten Mittelalter einsetzende Verfall des alten Reiches begünstigte entscheidend die Einmischungen und Beutegelüste von außen, fand seinen vorläufigen Höhepunkt im Dreißigjährigen Krieg, in dem zunächst Dänemark, dann aber insbesondere Schweden und Frankreich ihre Kriegs- und Machtpolitik auf dem Boden und auf Kosten des desorganisierten und von Streit zerrissenen deutschen Staatsgebildes betrieben. Doch konnte sich dieses Reich bald darauf immerhin noch in den 1680er Jahren des Ansturmes der Osmanen und Frankreichs zugleich erwehren, wenn auch mit Gebietsverlusten.

BISMARCKS kleindeutsches Reich hingegen war nicht zu groß und stark, sondern eher zu klein und schwach, um sich in der Mitte Europas unangefochten behaupten zu können. Es konnte den Anrainern nicht »den Krieg verbieten«, wie MOLTKE es gehofft hatte. Gerade dieses Unvermögen ermunterte die Nachbarn, ihren Urhorden- und Revierinstinkten zu folgen und sich unter Zurückstellung aller ihrer bisherigen Rivalitäten gemeinsam auf den Neuankömmling zu stürzen. Der Frieden in Europa erforderte eine starke Zentralmacht. Eine zu schwache Mitte aber reizte zum Krieg. Das galt uneingeschränkt für den Flickenteppich des Deutschen Bundes. Aber auch das Zweite Deutsche Reich war nicht stark genug, der friedenswahrenden Rolle der Macht im Zentrum des Kontinentes gerecht zu werden.

Überdies leistete Deutschlands geostrategische Lage, seine historische Achillesferse, Angriffsgelüsten seit jeher Vorschub. Inmitten Europas mit nach allen Seiten morphologisch ungeschützten Grenzen gelegen, war der deutsche Sprach- und Kulturraum stets potentielles Objekt von Expansions- und Herrschaftsgelüsten seiner allzu zahlreichen Nachbarn gewesen. Seine Mittellage forderte die Randmächte zu Angriffen, einzeln oder mehr noch in feindlichen Zusammenschlüssen, geradezu heraus. Nicht immer waren zeitgleiche Aggressionen in Bündnissen koordiniert: Im Jahre 1683 berannten osmanische Eroberer das Reich von Südosten her und drangen 1683 bis an die Mauern Wiens vor, während ihm gleichzeitig im Westen LUDWIG XIV. in den Rücken fiel, dem Ruhm, Ehre und Macht seines Sonnenkönigtums wichtiger waren als das ganze christliche Abendland. In seiner Gestalt des Reiches von 1871 war Deutschland militärisch zudem äußerst verwundbar durch seine Seeblockadeanfälligkeit, die auf der Beengtheit seiner Meereszugänge beruhte und der mangels ausreichender eigener Ressourcen keine autarke Versorgung entgegengesetzt werden konnte, und im Landkrieg durch das Fehlen ausreichender taktischer Rückzugs-, Ausweich- und Entfaltungsräume.

Zusammenfassend läßt sich sagen: Die Verspätung des deutschen Nationalstaates war bedingt durch die dezentralen inneren Strukturen des alten Reiches und durch das supranationale Selbstverständnis dessen Kaisertums. Sie bildete die kausale Ausgangslage für die Konflikte der Jahre 1870/71, 1914/18 und – mit Einschränkungen – 1939/45. In diesem Sinne sind diese drei Kriege gegen Deutschland Einigungs- bzw. Einigungsfolgekriege. Bei der Schuldfrage steht eine reflexartige, atavistische Reaktion der etablierten Mächte auf den Neuankömmling, der mit seinen Lebensäußerungen seinen Platz im bereits verteilten Terrain in Anspruch nahm, im Vordergrund.

2. Zweiter Weltkrieg

Zuvörderst lag der Zweite Weltkrieg in der Kontinuität der Kriege 1870/71 und 1914/18. Großbritannien, die USA und Frankreich fochten ihn aus den im wesentlichen selben Motiven und mit denselben Zielen wie den Ersten Weltkrieg. In einer Atempause von 1919 bis Ende der 1930er Jahre war das niedergeworfene Deutsche Reich wieder erstarkt. Damit war die Grundlage des bedingten Friedens von Versailles entfallen, der nächste Waffengang stand auf der Tagesordnung. Insoweit war der Zweite Weltkrieg ein europäischer Krieg, die Fortsetzung des Ersten Weltkrieges. Winston CHURCHILL spricht eingangs des Vorwortes zu seinem autobiographischen Konvolut *Der Zweite Weltkrieg* daher von der »Geschichte eines zweiten Dreißigjährigen Krieges« – ein besonders in England weit verbreiteter Gedanke, den der Premiermister John MAJOR am 8. Mai 1995 in Berlin in seiner Rede zum 50. Jahrestag der deutschen Kapitulation mit den Worten wieder aufnahm: »Vor 50 Jahren sah Europa das Ende des dreißigjährigen Krieges von 1914 bis 1945. . .« Das deutsche amtliche *Bulletin* freilich ›übersetzte‹ diese Passage – verfälschend nach Maßgabe bundesdeutscher geschichtspolitischer Korrektheit, die keinerlei Parallelen zwischen dem Ersten und dem allein HITLER zugeschriebenen Zweiten Weltkrieg zulassen kann – mit den Worten: ». . . erlebte Europa das Ende der 30 Jahre, die nicht einen, sondern zwei Weltkriege beinhaltet hatten«.

Die ganzheitliche Sicht eines zwei Abschnitte umfassenden zweiten Dreißigjährigen Krieges deckt sich mit der Wirklichkeit allerdings nur aus einem europazentrischen Blickwinkel; die gegenüber dem Ersten Weltkrieg andersartigen Rollen der Flügelmächte USA und Rußland im Zweiten Weltkrieg läßt sie außer Betracht. Dieser kann nicht ausschließlich als weitere Fortsetzung und Endphase des im 19. Jahrhundert wurzelnden Kampfes der etablierten Mächte gegen den deutschen Nationalstaat verstanden werden. Denn einmal lag, anders als 1870 und 1914, diesmal ein erheblicher Ursachen- und Schuldanteil am Kriegsausbruch auch bei der deutschen Führung. Die Besetzung Böhmens und Mährens, der ›Resttschechei‹, durch deutsche Truppen, verletzte das Völkerrecht. Das muß wohl auch für den militärischen Angriff auf Polen gelten, auch wenn dieser vor dem Hintergrund einer von England angespornten provokativen und aggressiven Politik Warschaus zu sehen ist.

Zum anderen trat als ein weiteres, prägendes Element hinzu, daß nicht nur US-Amerika, sondern nicht weniger die aggressiv missionarische Sowjetunion mit diesem Krieg letztlich das Ziel globaler Machtentfaltung verfolgten. Beide Aspiranten auf die Weltherrschaft kämpften gegen Deutschland und seine Verbündeten, ohne selbst unmittelbar Parteien im gewachsenen innereuropäischen Haßgefüge gewesen zu sein, wobei die USA den europäischen Konflikt zum Weltkrieg ausdehnten. Beide aufgestiegene Flügel- und rivalisierende Supermächte entmachteten nicht nur Deutschland, sondern Europa insgesamt sowie die pazifische Vormacht Japan, faßten in den gewonnenen Einflußbereichen militärisch und politisch dominierend Fuß und traten das Erbe der bisherigen Imperien an. So wurden nicht nur die Staaten der Achse, sondern auch Großbritannien, Frankreich und die kleineren europäischen Mächte zu Verlierern des Zweiten Weltkrieges.

Die Flügelmächte USA und UdSSR sahen im Zweiten Weltkrieg nur ein Durchgangsstadium auf dem Weg zum Ziel. Am 8. Mai 1945 standen sie sich als Rivalen im Kampf um die Weltherrschaft an einer gemeinsamen Demarkationslinie im ausgebluteten Europa gegenüber, das zur Gänze ohnmächtig daniederlag. Euphorische Siegesfeiern in Westeuropa, insbesondere in England, täuschten über die wahre Lage hinweg. CHURCHILL hatte schon während des Krieges die schmerzliche Erfahrung gemacht, daß sich ROOSEVELT keinen Deut um die Erhaltung des britischen Empire scherte, daß die Amerikaner die Entscheidungen über Art, Ort, Zeitpunkt und Zielrichtung der gemeinsamen militärischen Unternehmungen zunehmend beherrschten und daß er, CHURCHILL, auch auf Jalta nicht mehr so recht zu Worte kam. In der Konsequenz der Ereignisse zerfielen denn auch alsbald nach Kriegsende die westeuropaischen Kolonialimperien. Das entmachtete Europa, das sich seit Anfang des 20. Jahrhunderts selbst zerfleischt hatte, wurde am Eisernen Vorhang unter den Siegern USA und UdSSR aufgeteilt, wobei die Amerikaner, anders als die Sowjetunion in ihrem Beuteterritorium, aus Gründen freiheitlicher Imagepflege Wert darauf legten, die nunmehrige faktische Satellitenstellung auch der ehemals glorreichen alten Mächte Westeuropas vornehm und diskret zu verbergen.

Die nunmehr historisch eigentlich anstehende finale Auseinandersetzung zwischen den beiden wirklichen Siegern des Krieges, den USA und der UdSSR als Rivalen um die globale Herrschaft, blieb angesichts des Gleichgewichts des atomaren Schreckens freilich aus und mündete in den ›Kalten Krieg‹ ein, der bis zum inneren Zusammenbruch der Sowjetunion unter GORBATSCHOW andauerte. Damit haben die großen machtpolitischen Konflikte des 20. Jahrhunderts einen vorläufigen Endzustand erreicht. Von den vielen ›Siegern‹ des Zweiten Weltkrieges ist nur einer übriggeblieben – die Weltsupermacht USA.

Die Zusammenhänge zwingen zu einer nicht weiterhin europazentrischen und monomanisch auf ›Hitler-Deutschland‹ fixierten Analyse von Ursachen und Verlauf des Zweiten Weltkrieges. Eine Aktualisierung der Frage nach den Kriegsschuld- und Verursachungsanteilen aller Beteiligten unter Einschluß des Adolf HITLER steht aber noch aus. Dabei ist HITLER-Apologetik keineswegs angebracht. Doch die von ihm zu verantwortenden mörderischen Massenverbrechen im deutschen Machtbereich, die ihn als einen der furchtbarsten Menschen der Weltgeschichte ausweisen, müssen bei realitätsbezogenerer Beurteilung seiner tatsächlichen machtpolitischen Rolle vor und im Zweiten Weltkrieg außer Betracht bleiben. Für ihn gilt nichts anderes als für STALIN hinsichtlich des ›Archipels Gulag‹, der politischen ›Säuberungen‹ in der Sowjetunion und des ›Holodomor‹ in der Ukraine sowie für CHURCHILL, ROOSEVELT und TRUMAN im Hinblick auf den Massenmord aus der Luft an den Bewohnern deutscher und japanischer Städte.

Im Interesse der historischen Wahrheit geht es darum, die Bedeutung des NS-Diktators für den Verlauf der Weltgeschichte auf das Maß zurückzustutzen, das ihm tatsächlich zukommt. Um ihre eigenen Beiträge zu Ausbruch und Verlauf des Zweiten Weltkriegs zu verdecken, um selbst als makellose Lichtgestalten des Friedens und der Menschlichkeit in die Geschichte einzugehen und zugleich ihren Sieg über Deutschland um so großartiger erscheinen zu lassen, haben die Sieger und ihre deutschen Kreuzzugspropagandisten den Politiker HITLER zu einem dämonisch-wahnsinnigen Negativgenie, einem Fürsten der Finsternis von teuflischer Macht und Größe aufstilisiert, der mit seinen höllischen Heerscharen als satanischer Werwolf in die friedliche Lämmerherde der nichtsahnenden Völkerfamilie gefahren sei. Diesen aufgeblähten Popanz HITLER gilt es von seinem Podest zu holen, zu entthronen und auf das Format zurückzuführen, das ihm in Wirklichkeit zukommt. Ihn Eroberern wie DSCHINGIS KHAN, ALEXANDER DEM GROSSEN oder NAPOLEON I. gleichzustellen, ist lachhaft. Medien und Filmgewerbe werden die Propagandaschöpfung HITLER, die gegen Deutschland leider auch politisch wirksam instrumentalisiert wird, ihres Unterhaltungswertes wegen auch weiterhin pflegen und kommerziell nutzen – in seriöser Geschichtsschreibung aber ist sie fehl am Platze.

Zwar war HITLER ein politischer und militärischer Hasardeur, der insbesondere auf dem Gebiet des Nervenkrieges große Fähigkeiten besaß; doch war seine Politik nicht tendenziell auf nationalen Selbstmord angelegt. Den Zweiten Weltkrieg, so wie er 1939 als zunächst lokaler Konflikt tatsächlich ausbrach, sich durch die Kriegserklärungen Englands und Frankreichs sogleich ausweitete und schließlich durch die Teilnahme der Sowjetunion, der USA und Japans globale Dimensionen annahm, hatte er nicht geplant und nicht gewollt. Eine allgemeine, offene, sachlich gewichtende Diskussion der Verursachungs- und Schuldanteile der Kontrahenten des Zweiten Weltkrieges steht bislang noch aus. Die Sieger haben an ihr naturgemäß kein Interesse. Und hierzulande, wo die Vergangenheit noch immer keineswegs vergehen will, wird sie durch das zur Staatsräson erhobene, geschichtspolitische Dogma von der Alleinschuld Deutschlands unterdrückt, das der Politologe Theodor ESCHENBURG in der Sprache des Unfehlbaren so artikuliert hat: »Bei der Frage nach der Schuld am Zweiten Weltkrieg, die wissenschaftlich eindeutig beantwortet ist, handelt es sich nicht etwa um eine fachhistorische Angelegenheit. Die Erkenntnis von der unbestrittenen und alleinigen Schuld HITLERS ist vielmehr eine Grundlage der Politik der Bundesrepublik.«[20] Hier mutiert das Geschichtsbild des Nürnberger Tribunals zum politischen Glaubensbekenntnis, und seine wissenschaftliche Überprüfung wird zur Häresie, zum verdammungswürdigen Revisionismus. Ist aber die Bereitschaft zu kritischer Revision nicht eine Grundbedingung jeglicher Wissenschaft?

3. Der Staat der Deutschen als handlungsunfähiges Subjekt des Völkerrechts

Hinsichtlich des Deutschen Reiches, in dessen Westen und Mitte die Sieger Besatzungszonen einrichteten und dessen Osten sie vorläufig polnischer und sowjetischer Verwaltung unterstellten, konnten sie sich nicht auf endgültige Regelungen einigen. Anders als nach dem Ersten Weltkrieg in Versailles wurde Deutschland durch die im Potsdamer Protokoll vom 2. August 1945 dokumentierte Regierungskonferenz keinem Friedensdiktat unterworfen. Ein Friedensvertrag mit Deutschland als Ganzem, dem auch die deutsche Ostgrenze festgelegt werden sollte, wurde erst für die Zukunft in Aussicht genommen. Die USA und England konnten ihre ursprüngliche Absicht, den deutschen Nationalstaat gänzlich zu beseitigen, gegenüber der Sowjetunion, nicht durchsetzen, da sich STALIN vom Fortbestand Deutschlands als Ganzen Vorteile für die weitere Expansion seines Imperiums versprach. So blieb das kleindeutsche Reich – freilich mit der territorialen Beschränkung seiner Außengrenzen auf den Bestand vom 31. Dezember 1937 – dank des Ost-Westkonfliktes völkerrechtlich unangetastet.

Im Zuge des Kalten Krieges errichteten die Siegermächte sodann auf dem Boden des deutschen Staatsgebiets militärische, politische und ökonomische Bastionen ihrer Machtbereiche in Gestalt der Bundesrepulik Deutschland sowie der DDR, die freilich als deutsche Staaten füreinander ebenso wenig Ausland waren wie die Länder der Bundesrepublik untereinander. Die mit dem Deutschen Reich teilidentische, im Inneren dem Grunde nach rechtsstaatlich-demokratische Bundesrepublik wurde von ihrer Bevölkerung mit großer Selbstverständlichkeit angenommen. Die bolschewistische Diktatur DDR hingegen wurde von der übergroßen Mehrheit der ihr unterworfenen Mitteldeutschen als bloßes Instrument des Sowjetimperialismus abgelehnt; nur die dünne Schicht privilegierter Funktionäre und SED-Kader sah das anders. Die deutschen Ostgebiete wurden von der Sowjetunion und von ihrem polnischen Satelliten völkerrechtswidrig annektiert. Dieser nur faktische Gebietserwerb war rechtlich unwirksam. Der als Subjekt des Völkerrechts fortbestehende kleindeutsche Nationalstaat war als solcher langfristig handlungsunfähig.

Seine Reorganisation durch eine nationale Politik der Neutralität in Einheit, Souveränität, Recht, Freiheit und Frieden im Rahmen der machtpolitischen Gegebenheiten erschien zunächst durchaus noch möglich. Weitsichtige und verantwortungsbewußte Befürworter eines solchen Kurses konnten sich in der westdeutschen Politik freilich nicht durchsetzen. Die wachsende Verfestigung der sich zunehmend miteinander arrangierenden Blöcke machten eine solche Politik dann bald illusorisch. Eine Lösung der deutschen Frage schien in weite, unabsehbare Ferne gerückt. In dieser Lage war es deutschlandpolitisch um so wichtiger, die nationalen Rechtstitel beharrlich zu wahren, sie nach außen und im Innern lebendig zu erhalten. Die politisch-mediale Klasse neigte dementgegen zunehmend zur Preisgabe gesamtdeutscher Positionen.

Mit dem unerwarteten Zusammenbruch des Sowjetimperiums, dem Ende der Welt von Jalta, entfiel auch die historische Existenzgrundlage der DDR. Die friedliche Revolution der Mitteldeutschen, die dieses Regime hinwegfegte, eröffnete den Deutschen die Chance der nationalstaatlichen Reorganisation. In Westdeutschland traf dies im politischen, medialen und kulturellen Betrieb auf eine nicht nur gänzlich unvorbereitete, sondern weithin auch unwillige etablierte Führungskaste. Wen hier Parteiräson an offener Ablehnung hinderte, der betonte eilig und politisch korrekt, der nationale Zusammenschluß müsse aber in den europäischen Einigungsprozeß eingebettet werden. Dies würde, so die versteckte Erwartung, die Vereinigung der Bundesrepublik mit der DDR wenn nicht verhindern, so doch wenigstens verzögern. Den letztlich von den Mitteldeutschen ertrotzten raschen Beitritt der DDR zur Bundesrepublik mußte diese politische Klasse dann *nolens volens*, wohl oder übel, hinnehmen. Sie nutzte nicht die Gelegenheit, auch den zumindest in den Grenzen von 1937 fortbestehenden deutschen Nationalstaat zur Sprache zu bringen und sich um eine Lösung des offenen Problems seiner Ostgebiete zu bemühen. Ebenso wenig nahm sie die Chance wahr, die durch den Beitritt der DDR erweiterte Bundesrepublik aus ihrer gefährlichen Einbindung in den aggressiven, spätimperialistischen Block der trans- und cisatlantischen westlichen Kolonialmächte zu befreien.

Den außenpolitischen Rahmen für den Beitritt der DDR zum Bundesgebiet bildeten der sogenannte Zwei-plus-Vier-Vertrag vom 12. September 1990 sowie einige zusätzliche bilaterale Abkommen mit Polen und mit der Sowjetunion. In diesen Verträgen hatte man es peinlich vermieden, die hinsichtlich Deutschlands als Ganzen bestehende völkerrechtliche Lage auch nur mit einem Wort zu erwähnen. Ob das von den Kontrahenten mit dieser Strategie verfolgte gemeinsame Ziel erreicht werden wird, die offene Frage der deutschen Ostgebiete durch Verschweigen der Rechtslage außer Streit zu stellen, bis es in Vergessenheit gerät, muß ernsthaft bezweifelt werden.

D. Die traditionellen außenpolitischen Prioritäten der etablierten Mächte

Zwar verfolgten die etablierten Mächte gemeinsam ihr oberstes Ziel, den störenden und ihre Besitzstände in Frage stellenden Neuankömmling in ihrer Mitte nach Möglichkeit zu beseitigen. Doch suchten sie zugleich, eine jede für sich selbst, mit ihrer feindseligen Politik gegen Deutschland auch gesonderte, geschichtlich gewachsene einzelne Machtinteressen zu verwirklichen.

1. Frankreich

Frankreichs vorrangiges Streben auf dem Kontinent war seit Jahrhunderten unverrückt die Ausdehnung seines Staatsgebietes über seine nationalen Siedlungsgrenzen hinaus gewesen und überdies die Hegemonie über das europäische Festland, zumindest bis zur Grenze Rußlands. Die Hauptstoßrichtung seiner Bemühungen um Mehrung des territorialen Besitzstandes und des kontinentalen Einflußbereiches wies nach Osten in das deutsche Reichsgebiet. Ein wesentliches Ziel war die Ausdehnung Frankreichs bis an den Rhein, den die ›Grande Nation‹ ungeachtet der Zugehörigkeit der Rheinlande und ihrer Bevölkerungen zu Deutschland meist unbekümmert als die ›natürliche‹ Ostgrenze Frankreichs zu betrachten pflegte. Die gegen das Reich und sein Gefüge gerichtete Expansions- und Hegemonialpolitik des westlichen Nachbarn war eine Konstante der Geschichte beider Länder, mit der auch der deutsche Nationalstaat bereits in seiner Gründungsphase konfrontiert wurde und mit der er weiterhin zu rechnen hatte.

Zielstrebig hatte Frankreich seine Staatsgrenze seit dem 14. Jahrhundert mit militärischen Mitteln oder mit erpresserischem Druck in Richtung Rhein nach Osten vorgeschoben. Zugleich hatte es auch hegemoniale Ziele zu verfolgen begonnen, wobei es die Schwäche der Zentralgewalt des Reiches und dessen interne Konflikte geschickt und energisch auszunutzen verstand. Im folgenden sollen überschlägig die schwerwiegendsten Fälle seines militärischen Zugriffes auf deutschen Boden sowie die Wegnahme von Reichsgebieten in der Zeit vom Dreißigjährigen Krieg bis zur Gründung des BISMARCK-Reiches aufgelistet werden; dazu auch die französischen Eroberungen nichtdeutscher, aber zum deutschen Kultur- und Sprachraum gehöriger oder sprach- und kulturverwandter Regionen.

– Im Westfälischen Frieden des Jahres 1648 wurden die in habsburgischem Besitz befindlichen Teile des Elsaß Frankreichs Beute. Sein Staatsgebiet berührte damit erstmals in der Geschichte seine ›natürliche‹ Wunschgrenze, den Rhein. Breisach, das Ober- und Niederelsaß, der Sundgau und über fünfzig im Elsaß gelegene Reichsstädte und -dörfer sowie die Reichsfestung Philippsburg fielen an Frankreich. Am Dreißigjährigen Krieg hatten französische Truppen auf deutschem Boden ab 1635 entscheidenden Anteil.

– Im ›Devolutionskrieg‹ (1667/68) Frankreichs gegen die (spanischen) Niederlande eroberte LUDWIG XIV. das flämische Rijssel, das fortan Lille hieß.

– Im Holländischen Krieg (1672–79) Frankreichs, Schwedens und Englands gegen die Niederlande, Österreich, Brandenburg und Spanien gewann Frankreich Südflandern (Frieden zu Nimwegen).

– Gewaltsame ›Reunionen‹ (1679–81) LUDWIGS XIV. brachten das Elsaß – etwa 600 Herrschaften, Städte und Dörfer sowie am 30. September 1681 auch Straßburg – vollends in französische Hand. Die Bezeichnung dieses Raubes rein deutscher Städte und Landstriche, die nie zuvor in irgendeiner Form zu Frankreich gehört hatten, als ›Wiedervereinigungen‹ zeigt, daß verschleiernde Sprachregelungen keine Errungenschaft des 20. Jahrhunderts sind. Die Annexionen wurden mit haarsträubenden juristischen Begründungen gerechtfertigt. LUDWIG XIV. beanspruchte alle deutschen Territorien für Frankreich, die seit der Zeit der merowingischen Frankenkönige (5. bis 8. Jahrhundert) in irgendeiner Form von den 1648 an Frankreich gefallenen Städten Metz, Breisach, Tournai und Besançon abhängig gewesen waren. Die betroffenen Ortschaften und Gebiete wurden von französischen Truppen besetzt, die Einkünfte der dortigen deutschen Obrigkeiten beschlagnahmt. Der schwache Kaiser in Wien konnte nicht helfen, zumal die Abwehr der Türken ihn gänzlich beanspruchte.

– 1689 ließ Ludwig XIV. die Pfalz durch seinen General Mélac mordbrennen und völlig verwüsten.

– 1670 bis 1697 besetzte Ludwig XIV. ganz Lothringen. Im Polnischen Erbfolgekrieg (1733–38) gewann Frankreich eine Erbanwartschaft auf das Herzogtum, das damit in den französischen Machtbereich fiel. 1766 wurde die Anwartschaft durch Erbschaft vollzogen.

– Auch der Österreichische Erbfolgekrieg (1740–48), in dem Maria Theresia die Erbfolge nach ihrem Vater, Kaiser Karl VI., gegen Frankreich, Spanien, Preußen und Bayern verteidigte, sah französische Truppen auf deutschem Boden. 1745 eroberte Frankreich die österreichischen Niederlande.

– Im Jahre 1755 stieß Frankreich zu der großen Kriegskoalition, die den Siebenjährigen Krieg gegen Preußen führte (1756–63). Französische Truppen kämpften auch jetzt auf deutschem Boden; bei Roßbach wurden sie 1757 von Friedrich dem Grossen geschlagen.

– Seit 1792 hatten sich die deutschen Staaten der französischen Revolutionsheere zu erwehren. Napoleon I. schien alle Wünsche der Vergangenheit zu erfüllen: Bis 1810 verleibte er dem Staatsgebiet Frankreichs alle Gebiete westlich des Rheins sowie Holland und ganz Nordwestdeutschland bis Lübeck ein. Einen Teil der verbleibenden deutschen Staaten machte er im ›Rheinbund‹ zu Satelliten Frankreichs; Österreich und Preußen unterwarf er militärisch. Das Heilige Römische Reich Deutscher Nation hatte unter seinen Schlägen bereits im Jahre 1806 zu bestehen aufgehört.

Auch nach der Niederwerfung Napoleons I. blieb Frankreich für Deutschland ein Ursprung ständiger Bedrohung. Der auf Ausgleich und Milde bedachte Wiener Kongreß (1815) ließ Frankreich die napoleonischen Eroberungs- und Unterdrückungsexzesse nicht entgelten. Seine Besitzstände wurden im wesentlichen nur auf den Status vor den napoleonischen Eroberungen zurückgeführt; sogar das Elsaß und Lothringen durfte es behalten. Der französische Drang nach Osten blieb ungebrochen. Bereits die Orientkrise 1839/40 belebte ihn aufs neue: In einem Konflikt zwischen der Türkei und dem ägyptischen Herrscher Mehmet Ali nahm Frankreich für den letzteren Partei, während die Donaumonarchie, England und Rußland die Türkei stützten. Der so erzwungene Rückzug der Ägypter bedeutete für Frankreich einen herben Gesichtsverlust, der den stets überreizten Nationalstolz verletzte.

In einer in der Sache mangels jeglichen Zusammenhanges nicht nachvollziehbaren Reaktion forderte Frankreich nun im Einklang mit seiner von der Presse aufgeputschten öffentlichen Meinung eine Revision der Regelungen des Wiener

Kongresses und insbesondere – den Rhein als Ostgrenze! Es drohte mit Krieg, und die deutschen Staaten einigten sich auf einen gemeinsamen militärischen Verteidigungsplan. Der deutsche Historiker Heinrich von Treitschke hat aus zeitgenössischer Sicht anschaulich geschildert, wie sich das deutsche Nationalbewußtsein unter der Bedrohung belebte: »Es traf sie [die Deutschen] wie ein Blitz vom hellen Himmel, als plötzlich bei der Einweihung der Julisäule auf dem Bastilleplatze die Marseillaise, diesmal in drohendem Ernst, erklang und alle französischen Blätter den Feldzug an den Rhein forderten. Daß Frankreich wegen einiger syrischen Paschaliks die deutsche Westmark bedrohen wollte, erschien allen als ein Beweis rasenden Übermuts, und sofort antwortete dem gallischen Kriegsgeschrei aus allen Gauen Deutschlands der alte Schlachtruf der Germanen: Her, her! Deutschland war einig in dem Entschlusse, sein altes, so glorreich wiedergewonnenes Erbteil ritterlich zu behaupten.«[21] Doch legte sich der Sturm in diesem Fall unblutig.

2. England

England, das sich mit Blick auf seine innere Entwicklung vielleicht nicht ganz zu Unrecht als ›Mutterland der Demokratie‹ rühmt, war außenpolitisch traditionell das Mutterland des Imperialismus. In seiner englischen Ausprägung ließ sich dieser auf zwei fundamentale Anmaßungen reduzieren: Die erste, in dem Liedvers »*Britannia rule the waves*« ausgedrückt, bestand in dem Anspruch auf englische Vorherrschaft über »die Sieben Meere«, die doch eigentlich allen Völkern – oder besser, keiner Nation gehören. Die zweite Anmaßung, mit der ersten in engstem Zusammenhang stehend, war das Prinzip der ›*balance of power*‹. Damit nämlich England, möglichst unbehelligt von kontinentaleuropäischer Konkurrenz, seiner Herrschaft über die Weltmeere frönen konnte, galt es, den Kontinent stets in einem machtpolitisch krisenhaften, instabilen Schwebezustand (*balance*) zu halten, in dem die Kontrahenten einander dergestalt in Schach hielten und ihre Kräfte gegeneinander neutralisierten, daß sie zum Griff nach Britanniens Weltmeeren nicht fähig waren.[22]

Auf diese Weise suchte England, meist mit Erfolg, jegliche Machtkonzentration in einem europäischen Festlandsstaat als potentielle Konkurrenz seiner eigenen globalen Macht auszuschalten, sie möglichst schon in der Entstehung zu erahnen und zu ersticken. Englands Feind auf dem Kontinent war jedweder Staat, der sich auch nur anschickte, dort eine Vormachtstellung einzunehmen. Gegen ihn verbündete es sich mit den kleineren kontinentalen Konkurrenten und überzog ihn nach Gutdünken mit Krieg – im Namen aller möglichen Ideale, versteht sich.

Diese invasive Politik zwietrachtstiftender und -fördernder Einmischung von außen in kontinentale Angelegenheiten, die den Inselstaat eigentlich nichts angingen, ließen Europa jahrhundertelang nicht zur Ruhe kommen und verhinderten im Ergebnis insbesondere die Evolution einer wie auch immer gearteten stabilen und dauerhaften Friedensordnung auf dem europäischen Festland. Die Politik der ›*balance of power*‹ war auch maßgeblich mitursächlich für die beiden kriegerischen Katastrophen des 20. Jahrhunderts, die freilich auch die imperiale Herrlichkeit Britanniens selbst mit in den Untergang rissen – und damit zugleich die Nationen in den kläglichen Satellitenstatus im geteilten Europa nach dem Zweiten Weltkrieg.

Der britische Publizist und Herausgeber der Zeitschrift *Nineteenth Century and after*, Fred A. VOIGT, hat das Prinzip der ›*balance of power*‹ in der Ausgabe seines Blattes vom September des Kriegsjahres 1943 mit zeitübergreifender Gültigkeit definiert: »England hat keinen dauernden Feind in Europa, da keine der vitalen britischen Interessen mit den vitalen Interessen einer anderen europäischen Macht im Widerspruch steht. Englands einziger Feind ist diejenige Macht oder diejenige Koalition, die versucht, den europäischen Kontinent zu beherrschen. Gegen diesen Feind muß England stets bereit und stark sein und stets Verbündete besitzen. So wie dieser Feind wechselt, wechseln auch die britischen Alliierten. Der Feind von gestern mag der Verbündete von morgen sein und der Verbündete von gestern der Feind von morgen. . . Der politische Anstrich derjenigen, die das Gleichgewicht bedrohen, ist völlig gleichgültig. . .«[23]

Das hervorstechendste Merkmal dieser politischen Maxime ist ihre zynisch offene, kaum mehr zu übertreffende Amoralität. Entscheidend war immer, einzig und ausschließlich das keine auch nur potentielle Konkurrenz duldende britische Machtinteresse an der Verhinderung oder Beseitigung jeglicher Vormachtstellung eines Staates oder einer Koalition auf dem europäischen Kontinent. Erklärte eine englische Regierung, eine Macht bedrohe das ›Gleichgewicht‹, so rechtfertigte dies allein schon den Krieg, ohne daß es den Briten auf Recht oder Unrecht, auf Gesichtspunkte wie Friedensliebe oder Vertragstreue oder darauf ankam, ob die anzugreifende Macht tatsächlich und konkret Rechte oder berechtigte Interessen anderer Staaten, insbesondere die Englands, verletzte oder bedrohte. Moralische und rechtliche Kategorien überließen britische Regierungen stets lieber ihrer Propaganda, in der dann der Lobpreis des heroischen Kampfes Albions für Freiheit, Recht, Menschlichkeit und Zivilisation gegen finstere Mächte von Tyrannei und Despotie, gegen Verbrecher, Hunnen und Barbaren freilich geradezu kreuzzüglerische Dimensionen annahm.

Von ungezählten Selbstzeugnissen britischer ›Gleichgewichtspolitik‹ der letzten 400 Jahre sei noch – hier teilweise und entkleidet von einigem für diesen Redner typischem Sprachschwulst – aus der Ansprache des Winston CHURCHILL zitiert, die er im März 1936 vor dem konservativen britischen Parlamentskomitee für Auswärtige Angelegenheiten hielt: »Seit vierhundert Jahren hat die Außenpolitik Englands darin bestanden, sich der stärksten, aggressivsten, beherrschenden Großmacht auf dem Kontinent entgegenzustellen. . . Gegenüber PHILIPP II. von Spanien, gegenüber LUDWIG XIV. unter WILLIAM III. und MARLBOROUGH, gegenüber NAPOLEON und WILHELM II. von Deutschland wäre es leicht gewesen und muß auch eine große Verlockung bedeutet haben, sich der stärkeren Seite anzuschließen und die Früchte ihrer Eroberungen zu teilen. Wir schlugen aber immer den härteren Weg ein, schlossen uns den weniger starken Mächten an, schufen zwischen ihnen eine Verbindung und besiegten damit den militärischen Tyrannen auf dem Kontinent, wer immer er war und welche Nation er auch anführen mochte. Auf diese Weise... gingen [wir] mit wachsendem Ruhm und einem sich ausdehnenden Weltreich aus vier furchtbaren Kämpfen hervor... Darin liegt die großartige, unbewußte Tradition der britischen Außenpolitik... Wir müssen bedenken, daß die Politik Englands sich nicht danach richtet, welche Nation die Herrschaft über Europa anstrebt. Es handelt sich nicht darum, ob es Spanien ist oder die französische Monarchie, oder das französische Kaiserreich, oder das deutsche Kaiserreich oder das Hitlerregime. Es handelt sich nicht um Machthaber oder Nationen, sondern lediglich darum, wer der größte oder der potentiell dominierende Tyrann ist...«[24]

Es lag auf der Hand, daß auch herrschende Kräfte in England, die seit 1866/71 feindselig auf den neuen Nationalstaat in Mitteleuropa blickten, der ja in der Tat als kontinentale Großmacht naturgemäß durch sein bloßes Erscheinen und seine natürlichen Lebensäußerungen die vorhandenen Machtverhältnisse veränderte, ihre aggressive Animosität mit dem traditionellen Prinzip der ›*balance of power*‹ rechtfertigten.

3. Rußland

In Rußland schienen keine für das geeinte Deutschland unmittelbar gefährlichen außenpolitischen Traditionen zu bestehen. Weder stand es, wie Frankreich, in ständigem Kampf um deutsche Siedlungsgebiete und gegen das Gefüge des Reiches, noch huldigte es, wie England, einer aggressiven außenpolitischen Doktrin, die jede der größeren Mächte des Kontinentes Gefahr laufen ließ, zum ›Haupttyrannen‹ ernannt zu werden und sich einer Kriegskoalition britischer Herkunft gegenüber zu sehen. Der habsburgisch-russische Dauerkonflikt auf dem Balkan war als solcher kein deutsch-russischer, denn die dortigen Interessen Habsburgs waren nicht diejenigen Deutschlands. Spannungen Rußlands mit Preußen und der Frankfurter Paulskirche hatten im Jahre 1848 in der Schleswig-Holstein-Frage bestanden, an der Rußland wegen des Ostseeausganges zur Nordsee strategisch interessiert war. Und im November 1850 mußte sich Preußen im Vertrag von Olmütz auf russischen Druck den konservativen Vorstellungen Habsburgs über die innere Ordnung Deutschlands beugen. Doch waren dies eher Ausnahmesituationen.

Bezeichnender und maßgeblicher für das deutsch-russische Verhältnis waren die Konvention von Tauroggen vom 30. Dezember 1812 und der folgende gemeinsame Befreiungskampf gegen die französische Despotie Napoleons I. Insgesamt war die Haltung der zaristischen Großmacht gegenüber ihrem deutschen Juniorpartner Preußen eher freundschaftlich-gönnerhaft.

Mit der Bismarckschen Reichsgründung jedoch begann sich zu zeigen, daß ein deutscher Gesamtstaat auch mit traditionell vorgegebenen russischen Interessen zusammenstieß. Das galt zum einen hinsichtlich der sich anbahnenden besonderen Beziehungen des Deutschen Reiches zu Österreich-Ungarn, dem historischen Rivalen der östlichen Flügelmacht auf dem Balkan. Zum anderen gab es konfliktträchtige geopolitische Faktoren. Rußlands über Jahrhunderte unaufhaltsame

Expansion auf dem eurasischen Kontinent hatte nicht ausschließlich die Eroberung neuer Festlandsräume zum Ziel. Es ging ihm auch um die Gewinnung eisfreier Häfen, Küsten und Meerengen, die dem maritim weitgehend isolierten kontinentalen Riesenreich den Zugang zu den Meeren und den Handel über internationale Seewege ermöglichen sowie ihm zum Aufbau einer militärischen Seemacht verhelfen sollten. Dieser Zielsetzung hatte Rußlands Griff nach der Krim, dem Schwarzen Meer, Konstantinopel, dem Bosporus und dem Zugang zur Ägäis und zum Mittelmeer durch die Dardanellen, aber auch über den Balkan gedient.

Eine weitere Stoßrichtung wies in südöstliche Richtung über Transkaspien und Afghanistan nach Indien und zum arabischen Meer. Im Nordwesten gelangte Rußland in den Besitz eines Großteiles der östlichen Ostseeküste. Freilich beschränkte sich sein dortiges Interesse naturgemäß nicht auf das baltische Binnenmeer. Maßgebliches und zusätzliches Ziel war vielmehr der Zugang zur Nordsee und zum Atlantik durch die Meerengen von Kattegat und Skagerrak, den ›Bosporus des Nordens‹. Dies war auch Ausdruck einer umfassenden wirtschaftlichen und kulturellen Westorientierung des Landes, die sich gegenüber dem selbstgenügsamen russischen Traditionalismus mehr und mehr durchsetzte.

Das Deutsche Reich aber konnte sich als Hindernis bei der Annäherung Rußlands an die westliche Welt erweisen. Mochte das kleine Preußen als Juniorpartner eher als Sprungbrett denn als Hemmnis für den russischen Drang nach Westen erscheinen, so änderte sich dies mit der Reichsgründung. Ein selbstbewußtes, in seinen außenpolitischen Entscheidungen unabhängiges Deutsches Reich konnte den Auf- und Ausbau eines russischen Netzwerkes von Verbindungen aller Art zu westlichen Ländern und Küsten wie ein vorgelegter Riegel behindern. Die eurasische Landmasse besitzt im Osten, zwischen dem nördlichen Eismeer und dem Iran, eine nord-südliche Ausdehnung von mehreren tausend Kilometern, verengt sich aber nach Westen hin sukzessive auf eine Breite von einigen hundert Kilometern zwischen den Sudeten und der Ostsee. Jeglicher Verkehr und Austausch von Menschen und Gütern zu Lande zwischen Rußland und Westeuropa sowie der atlantischen Welt mußte diese Landenge passieren. Und die relative Weite der Ostsee verringerte sich im Westen auf den Sund, den Großen und den Kleinen Belt. In dieser geographischen Trichtermündung aber lag das deutsche Reich, konnte, gleichsam wie ein Pfropfen,[25] die westlichen Verbindungen Rußlands kontrollieren und auch dessen eventuelles machtpolitisches Ausgreifen nach Westen verhindern.

4. Vereinigte Staaten von Amerika

Die jungen, durch einen Ozean von Europa und seiner Mitte getrennten Vereinigten Staaten von Amerika besaßen zur Zeit der deutschen Reichsgründung noch kein besonders vorgeprägtes Verhaltensmuster gegenüber dem neuen Nationalstaat. Insbesondere war nicht vorgezeichnet, daß sie sich in den folgenden 75 Jahren – mehr noch vielleicht als England – zum Todfeind Deutschlands aufwerfen würden, indem sie ohne Not und ohne nachvollziehbare Veranlassung aus der sicheren Ferne eines fremden Kontinents aus Gewinnstreben und purem Machttrieb in zwei europäische Konflikte militärisch entscheidend eingriffen und Deutschland im Ersten Weltkrieg die Flügel und im Zweiten Weltkriege das Rückgrat brachen.

Doch ließ sich aus politisch-programmatischen Selbstzeugnissen in Verbindung mit der diesen entsprechenden raschen Machtentfaltung der Vereinigten Staaten früh erahnen, was in deren Staatsräson und -ideologie angelegt war und was der Rest der Welt – Deutschland eingeschlossen – von diesem Land noch zu gewärtigen haben würde. Es war der politische und kulturelle, der wirtschaftliche und militärische US-amerikanische Imperialismus, der, getragen von religiösem und später säkularisiertem puritanischem Sendungsbewußtsein, von seinen Anfängen an kontinuierlich expandiert hat – gewalttätig und kulturzerstörerisch, aber mit dem besten Gewissen der Welt. Denn wie soll Unrecht tun können, wer sich berufen sieht, die Welt nach Gutdünken von Tyrannei, Rückständigkeit, Unfreiheit, kurz, von allen unamerikanischen Fehlern und Lastern zu befreien, die er feststellen zu dürfen meint? Der Kreuzzug der ›Tapferen und Freien‹ aus ›Gottes eigenem Land‹ führte nach dessen weitgehend gewaltsamer Arrondierung auf dem nordamerikanischen Teilkontinent gegen Mittel- und Südamerika, in den pazifischen Raum bis zu den Philippinen und nach Japan. Er trug die US-amerikanische Expansion überdies in – möglicherweise ideologisch motivierter[26] – Komplizenschaft mit dem nicht weniger sendungsbewußten russischen Panzerbolschewismus, mit dem die Beute Europa geteilt wurde, bis in die Mitte unseres Kontinents.

Auch der US-Imperialismus war stets, wenngleich er weniger plump auftrat, als der sowjetische es zu tun pflegte, kaum minder totalitär: Denn er beanspruchte nicht nur die politische, wirtschaftliche und militärische Macht in den von ihm beherrschten Gebieten, er griff auch nach den Seelen der Völker, die er ideologisch gleichschaltete und deren Eigenart er mit einer auf niedrigstem Niveau angesiedelten Einheitskultur überschwemmte, überwucherte und zu ersticken suchte.

Schon lange vor der Wende zum 20. Jahrhundert war abzusehen, daß das ausgreifende geostrategische Interesse der USA sich sehr bald unter anderem auf Europa, ihre atlantische Gegenküste, richten würde. Das vital aufstrebende, selbstbewußte Deutschland Bismarcks und Wilhelms II. störte dabei. Kurz, treffend und – von Nuancen abgesehen – zeitlos gültig hat der US-Senator Beveridge vor dem Kongreß am 9. Januar 1900 den religiös, ideologisch und moralisch verbrämten Weltherrschaftsanspruch seines Landes wie folgt formuliert: »Gott hat uns zur Organisation der Welt bestimmt mit dem Auftrag, da Ordnung zu schaffen, wo das Chaos herrscht. Er hat den Glauben an den Fortschritt in unsere Herzen gepflanzt, um uns die Kräfte zu geben, die Reaktion in der ganzen Welt zu schlagen. Er hat uns geschickt gemacht in allen Künsten der Regierung, damit wir diese Kunst an den wilden und senilen Völkern betätigen können. Wenn es eine solche Kraft nicht gäbe, wie wir sie darstellen, müßte die Welt in Barbarei und Nacht zurückfallen. Und innerhalb unserer Rasse hat Gott das amerikanische Volk gekennzeichnet als sein erwähltes Volk, das bei der Erneuerung der Welt die führende Rolle spielen soll.«[27]

Zu S. 25: Begegnung von Otto I. und Papst Johannes XII. (nach einer Zeichnung um 1450). Otto I., der mit seinem Heer am 31. Januar 962 Rom erreicht hatte, wurde zwei Tage später vom Papst zum Kaiser gekrönt. Damit wurde eine Tradition für alle künftigen Kaiserkrönungen des Mittelalters begründet, statt den Weg eines moderneren, auf nationaler Ebene zentral regierenden Königtums weiter zu beschreiten.

Zu S. 26 f., Links: Thomas Müntzer. Er wurde zur tragischen Leitfigur der Bauern.

Rechts: Martin Luther. Indem er sich deutlich vom Bauernkrieg distanzierte, ist er für das klägliche und verhängnisvolle Scheitern der Revolution mit verantwortlich.

Unten: Schlacht bei Frankenhausen in Thüringen am 15. Mai 1525.

Zu S. 27–32: Albrecht VON WALLENSTEINS Heer belagert 1628 das von Dänemark und Schweden unterstützte Stralsund (Lithograhie). VON WALLENSTEIN war der Reichsidee verpflichtet und strebte eine gestraffte zentrale Staatsgewalt in Deutschland an.

Zu S. 33: Der Westfälische Friede von 1648 als Triumph des Friedens? Für Deutschland hatte er jedenfalls in territorialer Hinsicht katastrophale, für das Reich als machtpolitischen Faktor vernichtende Folgen.

Zu S. 34 ff.: FRIEDRICH II. trug durch wesentliche Erweiterung seines Herrschaftsgebiets nicht nur zum Aufschwung Preußens als Machtfaktor in Europa bei, er belebte auch das deutsche Nationalbewußtsein nachhaltig (zeitgenössisches Gemälde von Daniel CHODOWIECKI).

Zu S. 36–39: Napoleon I. 1806 in Jena, wohl auf dem Höhepunkt seines Ruhms.

Zu S. 39: Die Karikatur von James Gillray »The Plumb-pudding in danger, or, State epicures taking un petit souper« aus dem Jahr 1805 – es zeigt William Pitt und Napoléon Bonaparte beim Zerstückeln der Welt.

Links: Widerstand gegen die napoleonische Fremdherrschaft auf deutschem Boden. Hier drei Mitglieder des Freikorps Adolf von Lützow: Theodor Körner (links am Baum) und seine beiden Waffenbrüder Friesen und Hartmann (stehend). Gemälde von G. F. Kersting, 1815. *Rechts*: Das 61 Meter hohe Völkerschlachtdenkmal bei Leipzig erinnert an den entscheidenden Sieg der Koalition über Napoleons Truppen.

Zu S. 41: Studenten aus Heidelberg, Würzburg und Jena mit liberalen Bürgern, insgesamt rund 30 000 Menschen, auf ihrem Zug zum Hambacher Schloß in der Pfalz am 27. Mai 1832. Der Volkswille ist unerhörbar. Der Veranstalter, Jakob SIEBENPFEIFER, ruft aus: »Hoch flattern die deutschen Farben! Es keimet die Saat, und die Hoffnung ist groß!« Es ist die erste große nationale Kundgebung für Einheit und Freiheit.

Diese Fahne (»Deutschlands Wiedergeburt«) wurde dem Zug zum Hambacher Schloß vorangetragen und dokumentiert das Ziel der Teilnehmer: die Errichtung eines Nationalstaats. Sie befindet sich heute im Heimatmuseum in Neustadt an der Weinstraße.

Links: Der unter österreichischem Vorsitz (METTERNICH) tagende Bundestag in Frankfurt/M. Er bekämpft alle Bestrebungen für einen deutschen Nationalstaat, weil sie eine Gefahr für den Vielvölkerstaat Österreich darstellen. *Rechts:* Heinrich HOFFMANN VON FALLERSLEBEN, der Verfasser des Deutschlandliedes.

II

1848–1871: Die Kunst des Möglichen – Der Weg in die kleindeutsche Einheit

A. Die Revolution 1848: Fehlschlag auf der ganzen Linie oder notwendiger erster Schritt?

1. Abriß des Kerngeschehens

Nur kurz erinnern wir an den äußeren Gang der wesentlichsten Ereignisse: Am 21. Februar 1848 griffen sozial notleidende Massen in Frankreich zu den Waffen. Doch scheiterten die zunächst siegreichen Aufständischen nach blutigen Straßenkämpfen. Die Revolution der Kleinbürger und Industriearbeiter mündete schließlich ein in die Diktatur eines Neffen NAPOLEON BONAPARTES, des Charles Louis NAPOLEON BONAPARTE, der sich zum »Kaiser der Franzosen, durch Gottes Gnaden und des Volkes Willen« aufschwang und sich NAPOLEON III. nannte. In Spanien, England, Polen, Italien und im Donauraum kam es ebenfalls zu letztlich erfolglosen revolutionären Unruhen. Auch auf Deutschland sprang der Funke über und zündete die explosiven Kräfte, die nach nationaler Einheit in konstitutionell garantierter Freiheit strebten und deren Gewalt das brüchig gewordene METTERNICHsche Unterdrückungssystem schon seit langem bedrohte.

Von Baden ausgehend, überrollte die Welle der Volksbewegung das Herrschaftssystem und die Macht der von Entsetzen gelähmten Dynastien der deutschen Klein- und Mittelstaaten, ohne auf nennenswerten Widerstand zu stoßen. In den Straßen Berlins errichteten empörte Massen von Kleinbürgern, Arbeitern, Handwerksgesellen und Studenten Sperren und Barrikaden. Ein nervenschwacher, ratlos verwirrter preußischer König, FRIEDRICH WILHELM IV., setzte Militär ein, zog es nach einer Straßenschlacht, die bis in die Morgenstunden des 19. März 1848 andauerte, unvermittelt wieder aus Berlin ab, vollzog einen Kotau vor der Revolution und küßte öffentlich deren schwarz-rot-goldene Fahne.

In Wien war die Revolution bereits am 13. März 1848 ausgebrochen. Auch hier kam es in Straßenkämpfen zum Einsatz von Truppen. Die Revolution ergriff Deutsch-Österreich und die übrigen Gebiete und Nationen des habsburgischen Vielvölkerreiches, das als Ganzes der Auflösung verfallen schien. Für die Donaumonarchie ging es, anders als in den übrigen deutschen Staaten, nicht allein oder vorwiegend um Verfassungsrechte für die Bürger, um die revolutionäre Umgestaltung der innerstaatlichen Verhältnisse und die Übertragung partikularer Souveränitäten auf einen vom Volk erstrebten einheitlichen deutschen Gesamtstaat. Im Vielvölkerimperium war die nationale Revolution vielmehr naturgemäß eine solche mehrerer Nationen gegen den übergreifenden Staat, den sie zu sprengen drohte, den sie unmittelbar in seinem Zusammenhalt, im Kern seiner Existenz traf. Fürst Klemens VON METTERNICH, Symbolfigur des verhaßten, nach ihm benannten reaktionären Repressionssystems, floh mit gefälschten Papieren nach England. In ganz Deutschland schien die Revolution erfolgreich und die Errichtung des ersehnten nationalen, gesamtdeutschen Verfassungsstaates nur noch eine Frage der Zeit zu sein.

Bereits gegen Ende März 1848 hatten Repräsentanten der politischen Führungsschicht der Revolution, des gebildeten und des besitzenden nationalen und liberalen Bürgertums, in nahezu allen deutschen Einzelstaaten neue Staatsführungen eingesetzt, die sogenannten ›Märzministerien‹. Eine Institutionalisierung ihres allem Anschein nach umwälzenden Anfangserfolges gelang der Revolution auch mit der Einberufung eines deutschen Vorparlamentes zu Frankfurt am 31. März 1848. Seine mehr als 500 Mitglieder waren von 51 revolutionären, zumeist südwestdeutschen Politikern, der ›Heidelberger Versammlung‹ als Vertrauensmänner entsandt worden. Sie sollten die Organisation und Wahl einer gesamtdeutschen verfassunggebenden Nationalversammlung vorbereiten.

Im Vorparlament fiel auch eine erste Vorentscheidung für den weiteren Gang der Dinge in staatsrechtlicher Hinsicht: Der radikaldemokratische Flügel konnte mit seiner Forderung nicht durchdringen, durch Abschaffung der Erbmonarchie, Gründung einer bundesstaatlichen deutschen Republik und Übertragung exekutiver Gewalt auf einen ›Vollziehungsausschuß‹ vollendete Tatsachen gegenüber den deutschen Fürsten zu schaffen.

Die Mehrheit im Vorparlament mochte der noch zu wählenden deutschen Nationalversammlung in derart grundlegenden Fragen nicht vorgreifen. Daß eine solche ohne demokratisches Mandat getroffene Entscheidung des Vorparlaments verhindert hätte, daß die Revolution alsbald im Sande verlief und daß die Fürstenmacht von Gottes Gnaden wiedererrichtet wurde, kann allerdings kaum angenommen werden. Die Durchführung der Wahlen zur verfassunggebenden Nationalversammlung wurde den daniederliegenden bisherigen Partikularstaaten mit ihren noch vorhandenen Verwaltungen übertragen, die damit schon jetzt wieder aufgewertet wurden. Zugleich eröffnete ihnen diese Aufgabe neue politische Einwirkungsmöglichkeiten auf die weitere Entwicklung, obwohl von ihnen kaum erwartet werden konnte, daß sie diese Chance zu anderen als reaktionären Zielen nutzen würden.

Nach vorangegangenen freien Wahlen trat am 18. Mai 1848 in der Paulskirche zu Frankfurt/Main die deutsche Nationalversammlung zusammen. Zu ihrem Präsidenten wählte sie Heinrich von Gagern und zum Reichsverweser, dem vorläufigen Staatsoberhaupt, im Juni 1848 den populären Erzherzog Johann von Österreich, der als Exekutivorgan ein Reichsministerium berief. Am 20. Dezember 1848 beschloß die Nationalversammlung in Gesetzesform einen Grundrechtskatalog. Am 27. März 1849 verabschiedete sie eine Verfassung und wählte einen Tag später den preußischen König Friedrich Wilhelm IV. zum Kaiser der Deutschen. Friedrich Wilhelm aber lehnte die Wahl ab.

Während die kompetent und effektiv arbeitende deutsche Nationalversammlung sich der Sisyphusarbeit des Versuches unterzog, aus einem Sammelsurium feudalistischer Gottesgnadentümer einen modernen, gesamtdeutschen Verfassungs- und Rechtsstaat zu formen, erholten sich die Dynastien in ganz Deutschland rasch vom Schock und der Lähmung der Revolution: In Wien wurde diese bereits Ende Oktober 1848 mit militärischer Gewalt niedergeschlagen. Auch in Böhmen, Ungarn und den Territorien der Donaumonarchie in Italien wurde die alte Ordnung gewaltsam wiederhergestellt, in Ungarn mit Hilfe russischer Truppen. Fürst Felix VON SCHWARZENBERG errichtete die Macht Habsburgs neu in einem reaktionären, zentralen Vielvölkerstaat. In Preußen, wo das strikt königstreue Heer und die starke konservative Partei der *Kreuzzeitung* ihre politische Macht gegen die Revolution einsetzten, gelang es FRIEDRICH WILHELM IV., seine in den Märztagen verlorene Fassung zurückzuerlangen, Ende 1848 das Parlament durch einen militärischen Handstreich aufzulösen und die ganze Macht im Staat zurückzugewinnen. Entsprechende Entwicklungen beendeten die Revolution in den deutschen Klein- und Mittelstaaten. Lokale Erhebungen und Nachwehen der Revolution wie zuletzt der spektakuläre, im Juli 1849 von preußischen Truppen niedergeschlagene badische Aufstand blieben ohne wesentliche Bedeutung für den politischen Gesamtverlauf.

Parallel zur Wiedererrichtung der Fürstenmacht von Gottes Gnaden vollzog sich der Abstieg der Frankfurter Nationalversammlung. Angesichts der wiedererrichteten dynastischen Herrschaftsverhältnisse in den deutschen Staaten und der Brüskierung, die FRIEDRICH WILHELM IV. von Preußen ihr durch rüde Zurückweisung der Kaiserkrone hatte angedeihen lassen, unterstützte die Paulskirche mehrheitlich die sogenannte ›Reichsverfassungskampagne‹, mit der seitens der revolutionären Bewegung versucht wurde, der beschlossenen Reichsverfassung mit allen in Betracht kommenden vereinten Kräften und mit revolutionärem Druck doch noch zum Durchbruch zu verhelfen. Von »Maßnahmen des deutschen Volkes zur Verwirklichung der Reichsverfassung« war dabei die Rede. Heinrich VON GAGERN, der das Reichsministerium leitete, unterstützte die Kampagne unter der Bedingung, daß legal vorgegangen werde. Erzherzog JOHANN jedoch, der Reichsverweser, versagte sich dem revolutionären Ansinnen und setzte, nachdem VON GAGERN am 10. Mai 1849 zurückgetreten war, ein konservatives Ministerium ein. Diese Vorgänge leiteten den Auflösungsprozeß der Nationalversammlung ein. Preußen, Sachsen und Hannover annullierten die Mandate der aus ihren Ländern nach Frankfurt entsandten Abgeordneten. Zahlreiche Parlamentarier verließen die Nationalversammlung aus eigenem Entschluß. Als Rumpfparlament verlegte sie ihren Sitz am 30. Mai nach Stuttgart, wo sie am 18. Juni 1849 durch das Militär der dortigen liberalen Regierung aufgelöst wurde. Die Revolution war beendet.

2. Ziele der Revolution

Die Landkarte des Deutschen Bundes, in dem die Revolution im März 1848 losgebrochen war, ist mit der gängigen Metapher vom ›Flickenteppich‹ nur unzulänglich beschrieben. Sie war eine an Absurdität nicht zu überbietende Äußerung dynastischen Besitzdenkens und feudalherrlicher Willkür, eine verkörperte Verhöhnung der deutschen Nation und ihrer Rechte durch die sogenannte ›Heilige Allianz‹ der Herrscher Österreichs, Rußlands und Preußens aus dem Jahre 1815. Zwar gab es nicht mehr die 269 staatlichen Rechtssubjekte, die der Westfälische Frieden im Jahre 1648 auf deutschem Boden hinterlassen hatte; NAPOLEON I., ein Pragmatiker rationellen Regierungs- und Verwaltungshandelns, hatte sie bereits zusammengestrichen. Doch blieben den Deutschen für die auf den Wiener Kongreß von 1815 folgenden Jahrzehnte des Deutschen Bundes immerhin noch 39 Partikularstaaten erhalten. Die deutsch besiedelten östlichen Provinzen Preußens waren mit Rücksicht auf vermeintliche Gleichgewichtsbedürfnisse des preußisch-österreichischen Dualismus vom Deutschen Bund ausgeschlossen. Diesem gehörten in Personalunion überdies ausländische Mitglieder an: über das Königreich Hannover der König von England, über das Herzogtum Schleswig der dänische König und über das Großherzogtum Luxemburg der König von Holland.

Eigentliches Ziel der Revolution war die deutsche Einheit in Freiheit – zwei Begriffe, die dasselbe meinten. Die erstrebte Einheit im nationalen Verfassungs- und Rechtsstaat bedeutete zugleich Freiheit: Freiheit des deutschen Volkes von Fremdbestimmung durch auswärtige Mächte, Befreiung aus dem Griff der a-nationalen, partikularistischen Dynastien, die das Land zum bloßen Objekt ihrer Macht- und Besitzgier degradiert, es wie einen Kuchen unter sich aufgeteilt und um dessen Einzelstücke sie untereinander häufig blutige Neidkriege auf Kosten des Volkes geführt hatten. Der nationale Einheits- und Verfassungsstaat bedeutete institutionalisierte Rechtsstaatlichkeit, Freiheit der Bürger von obrigkeitlicher Willkür und Unterdrückung, Freiheit der Person und des Wortes, allgemeine Handlungsfreiheit, Freizügigkeit von Menschen, von Gütern, von Handel und Wandel und wirtschaftlicher Betätigung sowie nicht zuletzt Freiheit von sozialer Not und Benachteiligung.

Diese Grundzielsetzungen schlugen sich in den verschiedentlich formulierten ›Märzforderungen‹ nieder: nach einem demokratisch gewählten gesamtdeutschen Parlament, Presse- und Meinungs-, Religions- und Lehrfreiheit, volksnaher Rechtspflege und Einrichtung von Schwurgerichten, Demokratisierung der militärischen Macht durch Bewaffnung des Volkes, einem gesamtdeutschen Staatsbürgerschaftsrecht, gerechter Besteuerung, Bildung und Wohlstand für alle Bürger, rechtlichem Schutz der Arbeit, volksnaher, zweckmäßiger und kostengünstiger öffentlicher Verwaltung, Verantwortlichkeit aller Staatsdiener gegenüber der Volksvertretung, Abschaffung sämtlicher Privilegien.

Diesen positiven Zielsetzungen umgekehrt entsprechend, richtete sich der Zorn der Revolution nicht nur gegen den Deutschen Bund und die Partikularherren, sondern auch gegen den Obrigkeitsstaat, den Staat »der bürokratischen Bevormundung, der Ämter und der umständlichen Prozeduren, der Gerichte, . . . der Soldaten, der Zöllner, der Gendarmen, der sich auf Befehl und Gehorsam, auf Verbot und Erlaubnis gründete, Pflichten setzte und wenig Rechte gewährte, . . der Jugend und Studenten, Handwerker, Arbeiter, kleine Leute dauernd kontrollierte, maßregelte, schikanierte, . . . der das freie Reden hinderte und die kritischen Wortführer der Volksstimmung mit Zensur, mit Prozeß, mit Emigration bedrohte, . . . der Steuern zur Finanzierung von Hof und Militär vor allem, über die man zu wenig zu sagen hatte, . . . der dynastischen und vor allem feudalen Privilegien, die drückten und das Gerechtigkeitsgefühl verletzten«.[1] An die Stelle der zahlreichen souveränen, reaktionären Obrigkeitsstaaten und ihrer losen Dachorganisation, des Deutschen Bundes, sollte ein einheitlicher und zentraler, gesamtdeutscher, nationaler, liberaler, sozialer Verfassungs- und Rechtsstaat treten, über dessen Ausgestaltung im einzelnen freilich noch unklare und einander widersprechende Vorstellungen bestanden.

Freiheit und Nation, deren Rechte und die des Einzelnen – dies waren damals untrennbare Aspekte ein- und derselben Sache, nur zu verwirklichen in einem demokratischen Verfassungsstaat der nationalen Einheit. Die selbstverständliche Verknüpfung des Leitwertes einer freiheitlichen, rechtsstaatlichen Verfassung mit demjenigen eines im Nationalstaat vereinten Volkes mag dem heutigen Zeitgeist fremd, wenn nicht gar erstaunlich erscheinen – etwa wenn festgestellt wird, auch die Nation sei damals eine Wirklichkeit *sui generis* gewesen, ein Zweck an sich.[2] Für die Märzrevolutionäre stand außer Frage, daß die Freiheits- und Lebensrechte des Individuums und diejenigen der Nation letztlich, wenn auch auf unterschiedlichen Ebenen, ein und dasselbe waren. Eine Diskussion hierüber wäre damals vermutlich auf Unverständnis gestoßen. So heißt es in einem Revolutionslied des zeitgenössischen Dichters Ferdinand FREILIGRATH:

»Die Freiheit, das ist die Nation,
Ist aller gleich Gebieten!
Die Freiheit, das ist die Auktion
Von dreißig Fürstenhüten!
Die Freiheit ist die Republik!
Und abermals: die Republik!«

Selbst über die außenpolitische Rolle des für die Zukunft erhofften deutschen Einheitsstaates wurde damals bereits sinniert, wobei mancher Gedanke dem international herrschenden Geist der Zeit entsprang, der den deutschen Revolutionären von England, Frankreich, Rußland und den USA exemplarisch vorgelebt wurde. Sollte ein vereinigtes Deutschland etwa hinter den anderen Mächten zurückstehen, ewig in der Rolle des stets Benachteiligten verharren? Schon in den Vormärzjahren kursierten Schriften, in denen deutsche Seegeltung, eine starke Flotte und Kolonien gefordert wurden. Hier bereits trifft man auf die Wurzeln des Flottenprojektes der Frankfurter Paulskirche, die vorrangig, alsbald nach ihrer Konstituierung, eine deutsche Bundesmarine unter dem Admiral Karl Rudolf BROMME, genannt ›Brommy‹, ins Leben rief, die freilich schon 1853 kläglich unter den Hammer kam. In dieser Tradition steht auch die spätere TIRPITZsche Flottenpolitik unter WILHELM II. In seinen *Gedanken und Erinnerungen* schreibt Otto VON BISMARCK rückblickend: »Die deutsche Flotte, und der Kieler Hafen als Unterlage ihrer Errichtung, war seit 1848 einer der zündenden Gedanken gewesen, an deren Feuer die deutschen Einheitsbestrebungen sich zu erwärmen und zu versammeln pflegten.«[3]

Doch spielten die Träume von gleichberechtigter außenpolitischer Machtentfaltung des künftigen deutschen Staates im Vormärz alles in allem nur eine ganz marginale Rolle. In erster Linie war die Revolution von 1848 auf die Veränderung und Verbesserung der innerdeutschen Verhältnisse gerichtet. Hier allein lag ihre Motivation, entwickelte sie ihre Schubkraft. Ihr Charakter war, was die Außenwirkung angeht, vorwiegend defensiv am Ziel gleichberechtigter Entfaltung ausgerichtet. Sie wurde nicht, wie etwa die Französische Revolution, von Menschheitsbeglückungsideen getragen, deren missionarischer Antrieb bereits den Kern des Imperialismus in sich barg. Die deutschen Demokraten von 1848 wollten zuvörderst Herr im eigenen Hause sein.

3. Das Problem Österreich: Großdeutsche und Kleindeutsche

Ein zentrales Problem in der Willensbildung der Frankfurter Nationalversammlung stellte von Anbeginn die Frage nach der künftigen Rolle und dem Schicksal Österreichs dar, seiner deutschen Bevölkerung, aber auch seines imperialen Vielvölkerstaates. Wer und was sollte dem deutschen Nationalstaat angehören? Das Habsburger Reich als Ganzes? Wenn ja, in welcher Form? War seine volle Integration in den deutschen Gesamtstaat denkbar, oder kam nur ein loser Staatenbund (Konföderation) zwischen diesem und der Donaumonarchie in Betracht? Oder sollten nur die deutschen Österreicher mit ihrem Siedlungsgebiet in den Nationalstaat eintreten? Und bejahendenfalls: Was sollte dann aus Habsburgs Gesamtimperium, seinen nichtdeutschen Völkern und Gebieten werden?

›Großdeutsch‹ nannte man die Befürworter von Konzepten, die Österreichs staatsrechtliche Verbindung mit dem deutschen Nationalstaat vorsahen, sei es in bundesstaatlicher (föderativer) Form oder nur durch einen staatenbündischen (konföderativen) Zusammenschluß. Als ›kleindeutsch‹ wurde bezeichnet, wer den deutschen Gesamtstaat unter Ausschluß Österreichs anstrebte, weil ihm die Verbindung mit Österreich unter einem irgendwie gearteten gemeinsamen staatlichen Dach nicht realistisch oder aus verschiedenartigen Gründen nicht wünschenswert erschien.

Die Kleindeutschen gingen zumeist von einer preußischen Führungsrolle bei der Gründung des künftigen deutschen Gesamtstaates aus. Zwar stießen sich die nationalliberalen Revolutionäre an Preußens damaligen reaktionären, militär- und machtstaatlichen Facetten. Doch Preußen war doppelgesichtig. Denn es war zugleich traditioneller Hort der Gedankenfreiheit und religiösen Toleranz, Heimstatt aufgeklärter, humanistischer, vernunftorientierter, der Zukunft zugewandter Ideen und Geister. Friedrich der Grosse war nicht nur genialer Feldherr, aufgeklärter Landesvater und Reformer, sondern auch der Philosoph von Sanssouci sowie Freund und Förderer der Künste und Wissenschaften gewesen. Sein aufgeklärt absolutistisch regierter und reformierter Staat hatte als der mit Abstand modernste und liberalste in Europa gelten können.

All dies hatte fortgewirkt. Preußen war darum auch das Land Immanuel KANTS, STEINS und HARDENBERGS, SCHARNHORSTS und GNEISENAUS, CLAUSEWITZ', FICHTES, der Gebrüder HUMBOLDT, SCHLEIERMACHERS, KLEISTS, ARNDTS, CHAMISSOS, E. T. A. HOFFMANNS, Achim VON ARNIMS, FONTANES, SCHINKELS und SCHADOWS, Caspar David FRIEDRICHS, Franz Leopold VON RANKES und Theodor MOMMSENS, Rudolf VIRCHOWS und Robert KOCHS und vieler anderer mehr.

Die kleindeutschen Liberalen bauten auf Preußen als den Vernunftstaat des freiheitlichen Geistes. Überwiegend betrachteten sie seine reaktionären Züge, das Alt- und Stockpreußische, als diesem Staat im Grunde wesensfremden Ballast, als ›*caprice*‹ (Laune), die spätestens von selbst verschwinden werde, wenn Preußen erst einmal in Deutschland aufgegangen sei. Man wollte das erstrebte kleindeutsche Reich zwar keineswegs als ein ›Großpreußen‹, auch wenn sein Staatsoberhaupt vermutlich der preußische König sein würde. Vorerst aber mußte man Preußens illiberale Seiten in Kauf nehmen, denn eine Alternative sah man nicht: Allein Preußen als der größte und mächtigste nur-deutsche Staat auf dem Territorium der Nation war in der Lage, das große Ziel der staatlichen deutschen Einheit zu verwirklichen.

Der Gegensatz zwischen Groß- und Kleindeutschen erwuchs zunächst aus dem Problem der nichtdeutschen Völkerschaften des habsburgischen Kaiserreichs. In den Konflikt verquickte sich aber zugleich der preußisch-österreichische Machtkampf um die Vorherrschaft in Deutschland, der seit FRIEDRICH DEM GROSSEN traditionelle deutsche Dualismus. Das monolithisch deutsche Preußen konnte sich einen nationalen Einheitsstaat unter seiner Führung durchaus vorstellen – allerdings nur ohne die Habsburger Monarchie, denn Österreich als Gliedstaat mit seinem Gewicht hätte ihm die Vormachtstellung in einem gesamtdeutschen Gebäude stets streitig gemacht. Für Preußen als Staatswesen war ein unter seiner Ägide gegründeter, zentral geführter gesamtdeutscher Verfassungsstaat mit einem vom Volk gewählten Parlament jedenfalls kein Problem von Sein oder Nichtsein, wenn er nur auf Deutschland außer Österreich beschränkt blieb. Für Österreich hingegen bedeutete eine solche Gründung eine empfindliche Machteinbuße, eine schwere Niederlage gegenüber seinem preußischen Konkurrenten, denn ein preußisch beherrschter Nationalstaat nördlich seiner Grenzen hätte den Einfluß Wiens völlig aus Deutschland verdrängt. Die integrale – und dominierende – Zugehörigkeit zur deutschen Staatenwelt lag im vitalen Interesse der Donaumonarchie. Die kleindeutsche Lösung der deutschen Frage mußte sie daher bekämpfen.

Doch einem zentral regierten Verfassungsstaat aller Deutschen mit einem nationalen Parlament konnte das Vielvölkerimperium noch viel weniger und schlechterdings nur um den Preis der Selbstaufgabe zustimmen und beitreten. Ein nationales, demokratisch gewähltes Parlament, einen Nationalstaat konnte es naturgemäß ausschließlich auf der Ebene einer einheitlichen souveränen Nation geben. Erkannte Wien aber die Souveränität und den Anspruch der bisher von ihm beherrschten heterogenen Völker auf Eigenstaatlichkeit an, so war es aus mit Habsburgs Imperium, es würde zerfallen. Bei einer solchen Entwicklung würde nur der Beitritt des deutschen Teiles der Monarchie zum deutschen Nationalstaat bleiben. Nur die alte, übernationale Ordnung konnte das Kaiserreich zusammenhalten, seine auseinanderstrebenden Teile miteinander verklammern. Kaiser- und Fürstenmacht und -souveränität von Gottes Gnaden zu erhalten war somit ureigenstes, unverzichtbares Anliegen, war Existenzbedingung der Donaumonarchie, und staatliche Strukturen, die auf der Anerkennung nationaler Souveränität beruhten, ihr Untergang. Als deutscher Zusammenschluß kam für sie schon aus diesen Gründen nur das Konzept eines losen, großdeutschen Bundes souveräner Fürsten und ihrer reaktionären Obrigkeitsstaaten in Frage, legitimiert nicht durch das Recht und den Willen ihrer Untertanen, sondern durch Gottes Gnaden.

Demgemäß hat das nach der Revolution von 1848 wiedererstarkte Österreich bis zu seiner Niederlage im Jahre 1866 konsequent versucht, den Deutschen Bund, den die Revolution hatte überwinden wollen, maßvoll reformiert wiederzubeleben – unter seiner Vorherrschaft, versteht sich. Preußen hingegen war zu demokratischen und nationalen Veränderungen strukturell weit eher in der Lage und zog eine deutsche Politik außerhalb des Deutschen Bundes und gegen diesen durchaus in Betracht. Es könne, so sagte BISMARCK einmal, an liberalen Einrichtungen mehr aushalten als der Kaiserstaat.[4] Die groß- und die kleindeutschen Konzepte entwickelten – dies wird noch zu zeigen sein – im Laufe der folgenden Jahre bis zur Überwindung des preußisch-österreichischen Dualismus im Jahre 1866 jeweils unterschiedliche, sich teilweise überschneidende Varianten, veränderten sich in den Grundzügen indes wenig.

Die ersten Monate der Beratungen der Paulskirche waren von einem großdeutschen Konzept beherrscht, das allein vom Gedanken der selbstbestimmten Nationen geprägt und beherrscht war und das macht- und realpolitischen Erwägungen und Gesichtspunkten weniger Raum gab. Das österrreichische Kernland mit seiner deutschen Bevölkerung, deren selbstverständliche Zugehörigkeit zur deutschen Nation erst im 20. Jahrhundert von interessierter Seite in Zweifel gezogen wurde, sollte Teil des neuen Reiches werden.

Dies galt auch für Böhmen, wo das deutsche Bevölkerungselement damals noch stark vertreten und das als Bestandteil des alten Reiches seit vielen Jahrhunderten engstens mit dem Deutschtum verbunden gewesen war – hatte doch Kaiser KARL IV. von Prag aus, wo er im Jahre 1348 die erste deutsche Universität gegründet hatte, das Reich regiert. Auch waren die wichtigsten böhmischen Städte deutsche Gründungen. Mähren als altes Reichsgebiet sollte ebenfalls Teil des deutschen Nationalstaates sein. Die nichtdeutschen Völkerschaften und Regionen des Wiener Kaiserreichs hingegen sollten der gesamtdeutschen Gründung nicht angehören. Mit den deutschen Provinzen Österreichs sollten sie nur noch durch das lokkere Band dynastischer Personalunion verbunden bleiben, staatsrechtlich also Ausland sein.

Diese Lösung, die das Ende des alten multinationalen Habsburger Staates eingeläutet haben würde, trug auch den Zielen der nationalen Freiheitsbewegungen in den bisher der Wiener Hofburg unterworfenen Ländern Rechnung, in Oberitalien etwa oder in Ungarn, wo die vorerst erfolgreichen Revolutionäre eine Regierung gebildet hatten und für einen eigenen, selbständigen Staat kämpften.

Über die langfristigen, raumordnungspolitischen Konsequenzen einer Liquidierung der Donaumonarchie machten sich die Großdeutschen der Paulskirche weniger Gedanken: Ein gänzlicher Zerfall des habsburgischen Imperiums bedeutete das Ende der deutschen Vormachtstellung in Südosteuropa und mußte eine Phase der Instabilität im nichtdeutschen Donauraum und auf dem Balkan einleiten, zur sprichwörtlichen ›Balkanisierung‹ führen.

Doch waren dies für die Paulskirche damals keine entscheidenden Gesichtspunkte, erschien eine Wiederaufrichtung der historisch ohnehin längst überholten und nunmehr völlig gelähmten Donaumonarchie doch zunächst als abwegig. Eine Neubelebung dieses deutsch dominierten, multinationalen Blockes an der Südostflanke wäre aus damaliger Sicht zudem eine Gefahr für Deutschlands staatliche Einheit gewesen und hätte für ein trotzdem – auf kleindeutscher Grundlage – zustande kommendes Reich zumindest eine Schwächung, wenn nicht gar eine Bedrohung bedeutet.

Das großdeutsche Konzept des Sommers 1848 wurde vom Verfassungsausschuß der Paulskirche im Entwurf vorgeschlagen und am 27. Oktober 1848 von der Nationalversammlung mit überwältigender Mehrheit beschlossen. Nur 90 Abgeordnete stimmten gegen den Plan: einige kleindeutsche Liberale, die grundsätzlich gegen das katholisch-österreichische Element eingenommen waren, Vertreter des politischen Katholizismus, die mit dem Habsburger Reich eine Bastion katholischer Macht fallen sahen, und schließlich 41 Abgeordnete aus Österreich. Bemerkenswerterweise stimmte jedoch selbst die Mehrheit der österreichischen Abgeordneten für diese Lösung.

Sie drängte sich in den ersten Monaten nach der Revolution freilich auch geradezu auf. Die Lähmung des Habsburger Vielvölkerstaates rückte seinen endgültigen Zerfall in den Bereich des Möglichen. Was lag jetzt näher, als sich mit dessen deutschem Teil, dessen Hauptstadt Wien jahrhundertelang auch Hauptstadt des alten deutschen Reiches gewesen war, im deutschen Nationalstaat zusammenzuschließen? Entsprechendes konnte gerade auch aus österreichischer Sicht gelten. Würde die Revolution denn nur die fremden Völker der Donaumonarchie befreien, und nicht ebenso die Österreicher selbst, letztere sowohl von der Herrschaft des Hauses Habsburg als auch von den Bindungen der hegemonialen Herrschaft über andere Nationen, die durchaus auch als Ballast und Bürde empfunden werden konnten? Allerdings gab es auch österreichische Abgeordnete, die einerseits dem deutschen Nationalstaat ohne Einschränkungen angehören, sich andererseits aber von der imperialen Macht des multinationalen kaiserlichen Österreich keineswegs trennen wollten; der Unvereinbarkeit beider Wünsche waren sie sich nicht bewußt.

Die kleindeutschen Kräfte der Paulskirche befanden sich angesichts des augenscheinlichen Verfalls der Donaumonarchie zunächst im Hintertreffen. Auch alle diejenigen, die eine Einigung unter preußischer Führung und kein konkurrierendes österreichisches Machtzentrum im neuen Reich wünschten, konnten getrost für die aktuelle großdeutsche Lösung stimmen, denn ein deutsches Bundesland Österreich – beschränkt auf dessen deutsch besiedeltes Kernland – würde kaum ernsthaft willens und in der Lage sein, im gemeinsamen Nationalstaat die alte Politik des Dualismus, des Konkurrenzkampfes gegen Preußen, wieder aufzunehmen. Diese Sachlage schwächte die kleindeutsche Position.

Die Kleindeutschen erweiterten ihr Konzept daher nunmehr mit einer ›großdeutschen‹ Variante nach einer Idee Heinrich von Gagerns: Österreich sollte zwar aus dem engeren deutschen Nationalstaat ausgeschlossen sein. Dieser jedoch sollte mit Österreich einen Staatenbund eingehen, und zwar mit dem habsburgischen Vielvölkerstaat als Ganzem in seinen alten Grenzen. Konzepte wie dieses spielten – und zwar unter großdeutschem Vorzeichen – verschiedentlich auch in den folgenden Jahren bis zur Entscheidung von 1866 noch mehrfach eine wichtige deutschlandpolitische Rolle und erfordern daher im Vorgriff eine Gesamtbetrachtung:

Großdeutsche Pläne begeisterten zahlreiche Anhänger des nationalen Liberalismus in Deutschland – besonders im Süden, wo auch konfessionelle, proösterreichische und antipreußische Tendenzen eine Rolle spielten. Die eigentliche großdeutsche Faszination aber ging von der Vorstellung eines machtvollen mitteleuropäisch-deutschen Blockes aus, der sich von der unteren Donau und dem Schwarzen Meer bis zur preußischen Ostseeküste, von der Adria bis zum Niederrhein und bis Nordschleswig erstreckte. Anrainernationen, allerdings nur die kleinen unter ihnen wie die Niederlande und die Schweiz, würden willkommen sein, sich diesem ›Herzschild Europas‹ freiwillig anzuschließen, wenn sie dies wünschten.

Ein solcher dem deutschen Volk »in der Weltgeschichte vorgezeichneter« dynamischer Großstaat würde an die Stelle des bestehenden mitteleuropäischen Machtvakuums treten, das durch seine Schwäche bisher, vom Zeitalter des Dreißigjährigen Krieges bis zu den Raubzügen Napoleons I., immer wieder die Kriegsfurie erweckt und seit dem Wiener Kongreß 1815 auch nur ein instabiles und zerbrechliches Gleichgewicht der traditionellen europäischen Großmächte erzeugt hatte. Wie das alte Reich in seinen guten Zeiten des hohen Mittelalters, so würde künftig ein kompakter deutscher Staatenblock für ganz Europa dauerhaften Frieden stiften.

Aber auch der naiv imperialistische internationale Zeitgeist kämpferischen Machtstrebens nach außen fand, wie bereits im Vormärz, so auch im großdeutschen Denken seinen Ausdruck. Deutschland werde die erste Macht der Welt sein, wenn es einig sei, so hieß es. Von der Kraft des deutschen Schwertes war die Rede und von der Feuertaufe, deren wiedergeborene Völker bedürften. Doch waren solche Töne eher Rhetorik am Rande; sie beruhten weitgehend auf dem »Nachhol- und Kompensationsbedarf einer lange ohnmächtigen und geteilten Nation, die das Normale, daß nämlich große Staaten Macht haben, nun auch erringen wollte... Das Kernziel war und blieb ein deutscher Nationalstaat und nicht ein Imperium«.[5]

Die großartige Vision eines gesamtdeutschen Staatenblocks unter Einschluß des Donauimperiums vermochte zu begeistern und die Phantasie zu beflügeln, doch hielt sie nüchterner Betrachtung nicht stand. Ein solches Gebilde nämlich hätte den Sprengsatz des preußisch-österreichischen Dualismus gleichsam als Sollbruchstelle von Anfang an in sich getragen – eine um so größere Gefährdung, als der nach dem großdeutschen Konzept vorgesehene nur staatenbündische Zusammenhalt naturgemäß über geringere Bindekraft verfügt hätte als der bundesstaatliche eines einheitlichen kleindeutschen Nationalstaates. Überdies hätte in einem solchen Block zumindest die Habsburger Monarchie ihre überkommene obrigkeitsstaatliche, reaktionäre Ordnung von Gottes Gnaden im wesentlichen beibehalten.

Der Vielvölkerstaat an der Donau jedoch war, auch wenn er in abgewandelter Form noch bis 1918 fortexistierte, schon 1848, als das Zeitalter der Volkssouveränität verspätet auch Mitteleuropa erreichte, historisch längst überholt, er war kein lebensfähiger Partner, auf den man bauen und mit dem man vernünftigerweise einen auf Dauer angelegten Staatenbund gründen konnte.

Zudem wäre das Wiener Imperium, seine innere Überlebensfähigkeit gleichwohl einmal vorausgesetzt, jedenfalls kein verläßlicher Partner gewesen. Traditionell hatte das Habsburger Kaiserreich, auch wenn es in gewissem Sinne ein deutscher und jedenfalls ein deutsch dominierter Staat war, nie eine deutsche, sondern stets nur die eigene Interessenpolitik einer europäischen Großmacht betrieben und mit deutschen und ausländischen Mächten – weit mehr noch als andere deutsche Partikularstaaten – ohne Ansehung der Nationalität Kriege geführt oder Bündnisse geschlossen, die es nicht länger hielt, als es ihm opportun erschien.

Es besteht nicht der geringste Grund für die Annahme, daß die Donaumonarchie sich in einem staatenbündischen deutschen Block Mitteleuropa vom Saulus nationaler und bündnispolitischer Beliebigkeit in einen Paulus dauerhafter deutscher Bündnistreue gewandelt hätte. BISMARCK schrieb über die traditionelle Politik der Wiener Hofburg: »... das östreichisch-ungarische Staatsschiff ist von so eigenthümlicher Zusammensetzung, daß seine Schwankungen, denen der Monarch seine Haltung an Bord anbequemen muß, sich kaum im Voraus berechnen lassen. Die centrifugalen Einflüsse der einzelnen Nationalitäten, das Ineinandergreifen der vitalen Interessen, die Östreich nach der deutschen, der italienischen, der orientalischen und der polnischen Seite hin gleichzeitig zu vertreten hat, die Unlenksamkeit des ungarischen Nationalgeistes und vor allem die Unberechenbarkeit, mit der beichtväterliche Einflüsse die politischen Entschließungen kreuzen, legen jedem Bundesgenossen Östreichs die Pflicht auf, vorsichtig zu sein und die Interessen der eigenen Unterthanen nicht ausschließlich von der östreichischen Politik abhängig zu machen... Sind aber die Rückwirkungen der wechselnden Ereignisse und Situationen auf die Entschließungen des Wiener Cabinets für die Dauer unberechenbar, so ist es auch für jeden Bundesgenossen Östreichs geboten, auf die Pflege von Beziehungen, aus denen sich nöthigen Falls andre Combinationen entwickeln ließen, nicht absolut zu verzichten.«[6]

Auch hätten die etablierten europäischen Großmächte auf einen über den deutschen Sprach- und Siedlungsraum hinausgreifenden großdeutschen Staatenbund sicherlich sogleich mit koordinierter Aggression reagiert, konnten sie sich doch, wie die Geschichte gezeigt hat, nicht einmal mit einem kleindeutschen Reich abfinden, mit dessen Gründung die Deutschen, unter Ausschluß ihrer österreichischen Landsleute, nichts als ihr nationales Lebensrecht wahrnehmen wollten.

Trotz seiner großen personellen und materiellen Ressourcen wäre ein staatenbündischer deutscher Block – wegen der erörterten, ihm von vornherein innewohnenden Spannungen und Schwachstellen – dem konzertierten politischen Druck und militärischen Ansturm seiner Nachbarn kaum gewachsen gewesen, sehr viel weniger noch, als das kleindeutsche Reich es später sein sollte, das dennoch unterlag. Ein deutsches Mitteleuropa mit einem großen, aber im Innern rückständigen, von Umsturz bedrohten und von Nationalitätenkonflikten gebeutelten, als Bundesgenosse unzuverlässigen und traditionell nur auf den eigenen Vorteil bedachten südöstlichen Flügel hätte sich gegen die Koalition aus Frankreich, England, Rußland und deren Verbündeten auf Dauer nicht halten können und wohl sogar einen kleindeutsch-nationalstaatlich organisierten nördlichen Teil Deutschlands mit in den Strudel seines Untergangs gezogen. Er wäre kaum mehr gewesen als ein Koloß auf tönernen Füßen.

Den nationalen Interessen der Deutschen wurden nach alledem nur zwei Konzepte gerecht: an erster Stelle das eines großdeutschen, demokratischen Verfassungsstaates, eines Bundesstaates mit straff organisierter Zentralregierung unter Einschluß der deutschen Österreicher und ihres Siedlungsgebietes und Ausschluß aller nichtdeutschen Gebiete und Völker der zerfallenen Donaumonarchie. War dieser Plan nicht zu verwirklichen, so kam als Ersatzlösung nur die Gründung eines kleindeutschen Verfassungsstaates in Betracht. Großdeutsche Pläne, die auf der Einbeziehung eines fortbestehenden Donauimperiums fußten, waren unrealistisch und gefährlich. Diese für den Zeitraum bis 1866 geltenden Überlegungen kennzeichnen zugleich die grundlegenden einigungspolitischen Entscheidungsalternativen, vor die sich die Frankfurter Paulskirche bereits im Sommer und Herbst 1848 gestellt sah.

4. Wer soll dazugehören? Ethnisch-geographische Grenzprobleme

Mit der Frage nach den ethnischen und den geographischen Grenzen des zu gründenden Reiches hatte sich die Frankfurter Nationalversammlung nicht nur im

Zusammenhang mit dem Problem ›großdeutsch oder kleindeutsch‹ zu befassen. Zwar wurde das zu gründende Reich als Nationalstaat, als Organisationsform des souveränen deutschen Volkes verstanden, so daß grundsätzlich die gewachsenen Kultur- und Sprachgrenzen, die gemeinsame Geschicke und Geschichte gezogen hatten, auch die Reichsgrenzen bilden mußten. Doch verliefen die ersteren nicht in allen Randregionen eindeutig. Was sollte in Gebieten mit ethnischer Mischbesiedlung, mit deutschen und/oder ausländischen Mehr- bzw. Minderheiten geschehen? Wie sollte die Grenzpolitik des Reiches und seiner Gründer definiert werden, soweit Länder des deutschen Sprach- und Kulturraumes einem ausländischen Staat angehörten, oder bei Regionen, die kulturell und historisch seit je zu Deutschland rechneten, aber teilweise oder überwiegend von Angehörigen anderer Nationen besiedelt waren?

Das Grenzziehungsproblem stellte sich in Posen mit seinem starken polnischen Bevölkerungsanteil, in dem überwiegend tschechisch besiedelten alten Reichsland Böhmen mit seiner deutsch geprägten Kulturgeschichte wie in der Slowakei, in Schleswig mit seiner dänischen Minderheit, im Trentin, dem von Italienern bewohnten Teil des deutschen Tirol, im Baltikum mit seinem starken deutschen Bevölkerungsanteil, im zum Deutschen Bund gehörigen Herzogtum Limburg, das von Niederländern bewohnt war, und nicht zuletzt in den von Frankreich einverleibten Provinzen Elsaß und Lothringen mit ihren ganz oder überwiegend deutschen Bevölkerungen.

Für die Lösung der Grenzziehungsfragen gab es zwei mögliche Betrachtungsweisen: Zuvörderst wurde das ethnische Selbstbestimmungsrecht der in den Problemgebieten lebenden Bevölkerungen als maßgeblich angesehen. Doch gab es daneben auch eine nicht unberechtigte historisch-territoriale Sichtweise: Bei ganz oder teilweise nichtdeutsch besiedelten Regionen, die jedoch seit unvordenklichen Zeiten zum Reich und später zum Deutschen Bund gehört hatten, konnte man auf die kulturhistorisch-politische Identität abstellen. Beide Prinzipien wurden von der Paulskirche in Betracht gezogen.

Überdies spielten in dem so vorgegebenen Rahmen auch legitime Sicherheitsinteressen an den Grenzen eine Rolle. Posen sollte nach den Plänen der Paulskirche mit seinem größeren Teil, das Trentin, Schleswig und Böhmen ganz dem Reich zugehören. Die tschechische Nationalbewegung stand in scharfem Gegensatz zur Paulskirche. Sie wollte nicht nur den eigenen Staat, sie trat darüber hinaus für die Erhaltung der Donaumonarchie als Schutzschild der kleineren Nationen des Südostens gegen deutsche und russische Macht ein. Für die Deutschen Österreichs und Böhmens wären diese Absichten auf eine Verweigerung des Selbstbestimmungsrechts hinausgelaufen. Die Auseinandersetzungen wurden von tschechischer Seite eher feindselig als sachlich geführt. So verstieg man sich allen Ernstes zu der Behauptung, sächsische Städte wie Dresden oder Leipzig seien in Wahrheit keine deutschen, sondern slawische Orte, die Deutschen hätten sich hier nur eingenistet. Bereits jetzt wurde so auf panslawistischer Grundlage eine Tradition aggressiver Propaganda begründet, die den Deutschen auch im zwanzigsten Jahrhundert zu schaffen machte, vorwiegend allerdings von polnischer Seite. Die tschechische Agitation hatte nur wenig mit dem legitimen Kampf dieses Volkes um die Selbstbestimmung zu tun, dafür um so mehr mit chauvinistischer Großraumpolitik einer kleinen Nation.

Die Paulskirche reagierte nicht eben weise: Man sprach den Tschechen das Recht auf eigenständige nationale Entwicklung schlicht gänzlich ab. Insgesamt werde das liberale und humane Minderheitenrecht des kommenden deutschen Staates, so meinte man, das Los der Angehörigen anderer Nationalitäten innerhalb der Reichsgrenzen so angenehm gestalten, daß man den Tschechen die Zugehörigkeit zu Deutschland durchaus zumuten könne.

Das westliche Problemgebiet, Elsaß-Lothringen, war im Gegensatz zu den Grenzregionen im Norden, Osten und Süden nicht Gegenstand von verlautbarten Beratungen, Plänen und Entschließungen der Frankfurter Nationalversammlung. Es dürfte angesichts der militärischen Verwundbarkeit Deutschlands in der instabilen Gesamtlage der revolutionären Phase allerdings auch kaum ratsam gewesen sein, den französischen Nachbarn mit territorialen Rückforderungen zu reizen, mochten diese auch noch so berechtigt sein.

5. Sieg der Reaktion in Österreich; Fürst Schwarzenbergs Deutschlandpolitik; das ›70 Millionen-Reich‹

Das Konzept eines großdeutschen demokratischen Verfassungsstaates unter Einschluß Deutsch-Österreichs und der böhmisch-mährischen Provinzen, im Süden also auf den Trümmern des Habsburger Vielvölkerimperiums, wurde bald durch den Gang der Ereignisse gegenstandslos: Im Herbst 1848 zeichnete sich der Sieg der Gegenrevolution in Österreich und in seinen Satellitenstaaten ab. Im November ergriff Fürst Felix zu Schwarzenberg, ein intelligenter, zielstrebiger, tatkräftiger und von Skrupeln wenig geplagter Mann, die Regierungsmacht in Wien und stellte die Donaumonarchie nach altem Muster wieder her. Der regierungsuntaugliche Kaiser Ferdinand wurde durch seinen tüchtigeren achtzehnjährigen Neffen Franz Joseph ersetzt, der bis 1916 regieren sollte. Im März 1849 erlegte Schwarzenberg der Monarchie eine obrigkeits- und einheitsstaatliche Gesamtverfassung auf, die er bereits im Dezember 1851 ersatzlos wieder aufhob; die kaiserliche Regierung übte nun absolutistische und autokratische Macht aus.

Noch im Monat seines Amtsantritts, am 27. November 1848, ließ Schwarzenberg in aller Deutlichkeit wissen: »Nicht im Zerreißen der Monarchie liegt die Größe, nicht in ihrer Schwächung die Kräftigung Deutschlands. Österreichs Fortbestand in staatlicher Einheit ist ein deutsches wie europäisches Bedürfnis.«[7] Genau dies – die Erhaltung der Monarchie und der Fortbestand des habsburgischen Vielvölkerimperiums – war ja das Ziel der erfolgreichen Gegenrevolution gewesen. Schlechterdings konnte man von der gerade wieder erstandenen Donaumonarchie ja auch kaum erwarten, daß sie den ursprünglichen großdeutschen Plänen und damit letztlich ihrer eigenen Abschaffung zustimmen würde. Damit aber war dem großdeutschen, auf deutsches Gebiet und die deutschen Stämme beschränkten einheits- und verfassungsstaatlichen Konzept der Boden entzogen.

Die wieder errichtete Donaumonarchie erwies sich als durchaus zählebig. Die staatliche Einheit aller Deutschen, also unter Einschluß auch der Österreicher, stand daher schon jetzt nicht mehr auf der ›Tagesordnung der Weltgeschichte‹. Alle späteren maßgeblichen ›großdeutschen‹ Vorschläge, die von Wien ausgingen, zielten in gänzlich andere Richtung: Sie sahen nur lose staatenbündische Konstruktionen auf der Grundlage des Deutschen Bundes unter Einschluß der multinationalen Donaumonarchie vor und dienten dem Bestreben des Kaiserstaates, die Hegemonie im gesamten deutschen Raum zu gewinnen und zu festigen.

Es waren Pläne, die den Einigungswillen des deutschen Volkes für die habsburgischen Herrschaftsansprüche propagandistisch nutzten und mißbrauchten und die im Falle ihrer Verwirklichung aus den obigen Gründen kaum je ein lebensfähiges Staatengebilde gezeitigt hätten. Nur die kleindeutsche Lösung bot von nun an noch eine realistische Hoffnung auf einen – wenn auch amputierten – einigen Nationalstaat. Schon jetzt, mit der Machtergreifung SCHWARZENBERGS, waren die deutschen Österreicher daher auf unabsehbare Zeit aus dem nationalen Verband der Deutschen ausgeschieden, von der Entwicklung zur staatlichen deutschen Einheit faktisch ausgeschlossen.

Die Würfel waren im Grunde genommen bereits mit dem Wiederaufleben der Donaumonarchie Ende 1848 gefallen – und nicht erst, wie zumeist angenommen wird, mit dem preußischen Sieg 1866 bei Königgrätz,[8] auch wenn erst dieser das Ende des Deutschen Bundes und das Ausscheiden Österreichs aus dem deutschen Staatsverband besiegelte.

Eine kurzfristige Chance im ethnisch-großdeutschen Sinne, die noch zu erörtern sein wird, tat sich nach 1848 allerdings noch einmal während des Italienischen Krieges 1859 auf. Danach ließ erst das Ende des Ersten Weltkrieges 1918 eine Vereinigung Reichsdeutschlands mit den Deutschen Österreichs, die durch diese unglückselige Niederlage wenigstens von den Bindungen des Vielvölkerstaates befreit worden waren, wieder in greifbare Nähe rücken. Doch wurde diese von den demokratisch gewählten österreichischen Volksvertretern bereits beschlossene Verwirklichung des Selbstbestimmungsrechtes der Deutschen nun von den alliierten Siegern verboten.

SCHWARZENBERG verfolgte die sogleich bei seinem Amtsantritt verkündete reaktionäre Blockadepolitik in der deutschen Frage konsequent und rigide. Sein ›Deutschland‹ war der überlebte Deutsche Bund, den er wiederzubeleben trachtete. Auch einen ›weiteren‹ Staatenbund der Donaumonarchie mit einem im übrigen bundes-, national- und verfassungsstaatlich organisierten Deutschland lehnte er ab. Durch die im März 1849 oktroyierte Verfassung zementierte er die multinationale Beschaffenheit des Wiener Kaiserstaates. Zur selben Zeit wartete er mit der Idee eines ›70 Millionen-Reiches‹ auf, einem neuen deutschlandpolitischen Vorschlag, der auch im Laufe der folgenden Jahre in dieser oder jener Form noch mehrfach eine Rolle spielen sollte.

Dieses deutsche ›Reich‹ sollte in Wirklichkeit eine groß-österreichische Lösung sein, ein staatenbündischer Zusammenschluß souveräner Feudalstaaten alten Musters, in den die Donaumonarchie 38 Millionen Menschen (gegenüber 32 Millionen Bewohnern aller übrigen Staaten), darunter viele Millionen Bürger ausländischer Nationalität, einbringen würde. Als Führungs- und Hegemonialmacht in diesem großdeutsch-mitteleuropäischen Block nach SCHWARZENBERGS Vorstellungen kam allein der habsburgische Kaiserstaat in Betracht. Als Exekutivorgan des Gebildes war ein Direktorium vorgesehen. Ein ›Parlament‹ ohne nennenswerte Befugnisse, beschickt mit Abgeordneten aus den Mitgliedsstaaten, sollte alle drei (!) Jahre zusammentreten.

Dieses reaktionäre Monstrum nach SCHWARZENBERGS Vorschlag war, was den ihm verliehenen nationalen Anstrich angeht, eine bloße Propaganda-Chimäre, die die nationalen Hoffnungen der Deutschen im Habsburger Machtinteresse instrumentalisieren sollte. Keineswegs war es das als demokratischer Verfassungs- und Bundesstaat geeinte freie Deutschland, von dem die Nation seit langen Jahren geträumt, für das die Menschen in den Freiheitskriegen gegen NAPOLEON I. gekämpft und die März-Revolutionäre Leben und Existenz riskiert hatten.

Die Großdeutschen als politische und parlamentarische Kraft waren trotz dieser Entwicklung freilich noch längst nicht am Ende. Neben denjenigen, die weiterhin den Staat aller Deutschen und nur der Deutschen wollten, weil sie die zwischenzeitliche Entwicklung der tatsächlichen Möglichkeiten verkannten und sich nicht damit abfinden wollten, daß die Millionen deutscher Österreicher ausgesperrt bleiben sollten, gab es viele, die ihre eher dunkelmännischen Motive mit dem edel klingenden Wort ›großdeutsch‹ bemäntelten: reaktionäre partikularistische und/oder klerikale Gegner einer wirklichen deutschen Einigung, Anhänger der 70 Millionen-Pläne SCHWARZENBERGS, Gegner um jeden Preis der im Falle einer kleindeutschen Lösung unausweichlichen Führungsrolle Preußens und schließlich Befürworter einer sogenannten Trias-, also einer ›dreiheitlichen‹ Lösung, nach deren ebenfalls reaktionären Vorstellungen sich die deutschen Mittel- und Kleinstaaten zwischen den Großmächten Preußen und Habsburg zusammenschließen und mit diesen dann gleichgewichtig und auf gleichberechtigter Ebene unter Wahrung der partikularen Souveränitäten einen losen Staatenbund bilden sollten.

6. Friedrich Wilhelm IV. und die Kaiserkrone »aus Dreck und Letten«; die vergebliche Reichsverfassungskampagne

Die Haltung des wieder erstarkten Donaukaiserstaates, die eine freiheitliche, parlamentarische Verfassung und den bundesstaatlichen Nationalstaat auf großdeutscher Ebene unmöglich machte, gab den Kleindeutschen Auftrieb. Die am 27. März 1849 von der Frankfurter Nationalversammlung mit knapper Mehrheit verabschiedete demokratische Verfassung sah ein kleindeutsches Reich als konstitutionelle Monarchie mit Erbkaisertum vor. Hier lag eine Chance für die Hohenzollern – eine andere Dynastie als die preußische kam nach dem Ausscheren Österreichs aus dem gesamtdeutschen Prozeß ja nicht mehr in Betracht –, den Anschluß an die historische Entwicklung zu finden, trotzdem aber dauerhaft eine vom demokratischen Wechsel nicht tangierte Machtstellung zu behalten. Denn der Kaiser sollte zwar durch die Volksvertretung gewählt werden, dieser jedoch nicht verantwortlich sein; und sein Kaisertum sollte er nach dem Kompromiß der Paulskirche nicht an einen demokratisch gewählten Nachfolger, sondern nach dynastischem Recht an den Thronerben weitergeben. Ein weiter gehendes Entgegenkommen der Paulskirche war nicht vorstellbar.

Der am folgenden Tag vom Parlament zum Kaiser gewählte preußische König FRIEDRICH WILHELM IV. jedoch wollte die ihm angetragene Würde nur annehmen, wenn sämtliche deutschen Fürsten und freien Städte dem zustimmten. Dabei war von vornherein klar, daß insbesondere der österreichische Monarch dem kleindeutsch-preußischen Kaisertum niemals zustimmen würde. Nur 28 Fürsten erteilten denn auch ihr Einverständnis; unter anderen Sachsen, Bayern und Hannover fehlten dabei.

In Wahrheit verabscheute der vom Gedanken der fürstlichen Legitimität und des Gottesgnadentums durchdrungene FRIEDRICH WILHELM IV. eine Kaiserwürde, deren Legitimation auf einer Parlamentsentscheidung, also auf Volkes Willen beruhte und mit deren eigenmächtiger Annahme er auch, wie er meinte, die heiligen Rechte der übrigen deutschen Fürsten verletzen würde, besonders die des österreichischen Kaisers. An der ihm vom gewählten Parlament angetragenen Krone »aus Dreck und Letten«, so drückte er sich aus, hänge der »Ludergeruch der Revolution«, ein »Hundehalsband« sei sie, mit dem man ihn an die Revolution von 1848 ketten wolle.

Auch Konflikte mit den reaktionären Mächten Österreich und mehr noch mit Rußland mag FRIEDRICH WILHELM IV. bei seiner ablehnenden Entscheidung befürchtet haben. Doch waren seine Motive letztlich wohl eher irrationaler und emotionaler Natur. Möglicherweise bedingte auch Scham seine ebenso einfältigen wie in der Form geradezu unflätigen Reaktionen, hatte er sich in den Märztagen des Vorjahres unter dem Schock der Revolution doch die Blöße gegeben, sich den Revolutionären würdelos anzubiedern.

Mit der Zurückweisung der Kaiserkrone durch den preußischen König war nun auch die kleindeutsche Lösung auf unabsehbare Zeit gescheitert. Ihre historische Aufgabe, einen geeinten Verfassungsstaat der Deutschen zu schaffen, hatte die Paulskirche nicht zu erfüllen vermocht, mit ihrem hohen Unterfangen standen die Abgeordneten vor einem Trümmerhaufen. Hatten die Gegenrevolution und SCHWARZENBERG in Wien das großdeutsche Konzept der Revolutionäre vereitelt, so war nunmehr die kleindeutsche Lösung dem ängstlich-verschrobenen Konservativismus eines psychisch labilen, reaktionären preußischen Monarchen zum Opfer gefallen, dem nationale Regungen an sich nicht fremd waren.

Die revolutionäre Bewegung und zahlreiche Abgeordnete der Nationalversammlung versuchten nun zu retten, was nicht mehr zu retten war: Mit der sogenannten Reichsverfassungskampagne sollten alle politischen Kräfte, sollte das Volk mobilisiert, sollte die Revolution mit dem Ziel neu belebt werden, die von der Paulskirche beschlossene Verfassung doch noch durchzusetzen. So einfach allerdings ließ sich das revolutionäre Feuer nicht wieder entfachen, der verflachenden Welle der Volksempörung keine neue Wucht verleihen.

Das Scheitern der Verfassungskampagne hatte zuvörderst wohl massenpsychologische Ursachen. Wie sollte das für eine Volkserhebung notwendige emotionale Feuer mit dem Hinweis auf Umstände erzeugt werden, deren politische Bedeutung und Tragweite vielen Menschen erst langwierig und argumentativ hätten erklärt werden müssen – daß nämlich der österreichische Fürst Schwarzenberg die Erhaltung der Monarchie, der staatlichen Einheit des Wiener Imperiums als deutsches Bedürfnis propagiert habe und der preußische König die ihm nach langwierigen parlamentarischen Verhandlungen angetragene Kaiserkrone abgelehnt habe – und daß die Paulskirche aus diesen Gründen nun nicht mehr weiter wisse? Auf diese Weise ließ sich keine neue Aufwallung schüren, keine revolutionäre Situation schaffen.

7. Exkurs: Friedrich Wilhelm IV. und die deutsche Einheit

In der Geschichte der deutschen Einheitsbestrebungen spielt dieser preußische König eine von der Historiographie in ihrer Bedeutsamkeit vielleicht verkannte, allerdings auch nicht eben ruhmreiche Rolle – sowohl während der Revolution von 1848 selbst als auch im Anschluß an diese, als er versuchte, einen kleindeutschen Staat als nationale Union von königlich preußischen Gnaden zu errichten, den Deutschen ihre Einheit, welche die Revolution nicht hatte erringen können, nun gleichsam von oben her zu stiften. Hier soll zunächst nur von Friedrich Wilhelms IV. Verhältnis zur nationalen Frage der Deutschen und von seiner Rolle während der Revolution selbst die Rede sein.

Sein Zeitgenosse Bismarck, der ihn persönlich kannte und seinen König gut einzuschätzen wußte, schrieb: »Friedrich Wilhelms IV. deutsches, oder, wie er schrieb, ›teutsches‹ Nationalgefühl war gemüthlich lebhafter wie das seines Vaters, aber durch mittelalterliche Verbrämung und durch Abneigung gegen klare und feste Entschlüsse in der praktischen Bethätigung gehemmt.«[9]

An anderer Stelle schreibt Bismarck: »Der latente deutsche Gedanke Friedrich Wilhelms IV. trägt mehr als seine Schwäche die Schuld an den Mißerfolgen unsrer Politik nach 1848. Der König hoffte, das Wünschenswerthe würde kommen, ohne daß er seine legitimistischen Traditionen zu verletzen brauchte.« Der König habe gehofft, »daß Preußen ohne Krieg und in einer mit legitimistischen Vorstellungen verträglichen Weise das Vorgewicht in Deutschland zufallen würde«.[10]

Heinrich VON TREITSCHKE, ebenfalls Zeitgenosse des Monarchen und einer der bedeutendsten deutschen Historiker des 19. Jahrhunderts, schildert FRIEDRICH WILHELM in einem sorgfältig nuancierten Exkurs als einen hochbegabten und feinsinnigen, hochgebildeten, empfindsamen, vom Weltbild und Lebensgefühl der Romantik geprägten, allem Schönen und Großen zugetanen, von liberalem Gedankengut auf seine eigene Weise durchaus begeisterten Mann von weichem, versöhnlichem und friedliebendem Naturell.[11]

Lebhafter noch als seine Anglophilie habe den Monarchen Preußens deutsche Politik beschäftigt. Ob seine kurze Regierung ruhmreich sein werde, so habe er bald nach der Thronbesteigung erklärt, das wisse er nicht, aber einen deutschen Charakter solle sie tragen. Den Deutschen Bund mitsamt seiner »friedlichen Zweiherrschaft« (Preußens und Österreichs) habe der König für eine höchst segensreiche Einrichtung gehalten, habe diese »trefflichen Institutionen« beleben, dem Bund die wirksame Leitung des Heerwesens, der Verkehrsverhältnisse und der Handelspolitik verschaffen wollen. FRIEDRICH WILHELMS preußisches Staatsgefühl sei allezeit schwächer gewesen als seine unbestimmte Begeisterung für Deutschlands Einigkeit. Dabei habe der Gedanke, im Kampf mit Österreich die Führung der Nation für Preußen zu fordern, gänzlich außerhalb seines Gesichtskreises gelegen.[12]

Mit diesen Charakterisierungen durch Zeugen der Zeit ist alles zur Person hier Erhebliche gesagt. Die Bedeutung FRIEDRICH WILHELMS IV., der in den für Deutschland so entscheidenden Jahren um 1848 den vielleicht mächtigsten, sicher aber geistig lebendigsten deutschen Staat regierte, wird heute nicht immer erkannt – vielleicht, weil sie weniger in dem beruht, was dieser König getan und geleistet hat, als vielmehr in dem, was er an Umwälzendem hätte verrichten können, jedoch aus zaudernder Schwäche des Entschlusses und mangels eines klar durchdachten Handlungskonzeptes unterlassen oder falsch begonnen hat. TREITSCHKE jedenfalls hat ihn – in einem etwas anderen Zusammenhang – als den »Mann des Schicksals für Deutschland« bezeichnet.[13]

Ein echtes, wenngleich etwas unklares Nationalgefühl ist diesem König durchaus nicht abzusprechen. Er ist mit einem kühl berechnenden Konservativen wie SCHWARZENBERG nicht zu vergleichen, der, wenn er von Deutschland redete, »mit den Wölfen heulte«, der politischen Grundströmung der Zeit seinen verbalen Tribut zollte, dem es jedoch in Wahrheit allein um die internationalistische Macht der Wiener Hofburg ging.

Doch fehlten FRIEDRICH WILHELM IV. die gedankliche Klarheit und die selbstkritische Urteilsfähigkeit, den unüberwindlichen Bruch in seinem persönlichen nationalen Konzept zu erkennen: Die Einheit eines deutschen Vaterlandes anzustreben, in dem weiterhin souveräne Fürsten von Gottes Gnaden die Macht fast ungeschmälert ausübten, war Widerspruch in sich selbst, war ein gründlicher historischer Irrtum. Es war ja keine modische Propagandafloskel der Zeit, nationale

Einheit, demokratische Freiheit und den Sturz der obrigkeitsstaatlichen Fürstenherrschaft in einem Atemzug zu fordern; diese Ziele standen miteinander in untrennbarem Zusammenhang. Sie waren Ausdruck einer neuen Werteskala, die das Bewußtsein des ganzen Zeitalters prägte und mächtige politische Schubkraft entwickelte: die Werteskala des souveränen Volkes und des Individuums mit seinen Rechten, der Freiheit und Selbstbestimmtheit beider und des Schutzes beider vor der eigensüchtigen Willkür und dem verletzenden Zugriff der Dynastien, die mit frommen Sprüchen schlecht verbrämten, daß sie seit jeher ihre Territorien wie Erbhöfe behandelten und mit ihren Eigentumsansprüchen auch vor den Menschen nicht Halt machten.

Grundelement der die Zeit beherrschenden politisch-moralischen Strömung war somit die Überwindung und Beseitigung der Fürstenherrschaft, nicht ihre Fortsetzung. Zwischen den freiheitlichen und nationalen Zielen des Liberalismus und dem legitimistischen Anspruch auf alle Macht im Staat gab es kein Sowohl-Als-Auch. Die Fürsten standen seit eh und je in einem Verhältnis gleichsam natürlicher Feindschaft zur Einheit der Nation, zu deren Ansprüchen und Rechten. Ihre Anmaßung war, begünstigt durch eine Reichsverfassung, die der kaiserlichen Zentralgewalt zu wenig Machtmittel einräumte, schon der innere Grund für den Zerfall des ersten Reiches deutscher Nation gewesen. Bereits die Aufständischen der Bauernkriege hatten gegen die Fürsten, Bischöfe und Äbte und für das Recht des Volkes, des ›gemeinen Mannes‹, für ein Kaisertum der Deutschen gekämpft; der Sieg der Fürsten war zugleich die Niederlage der Freiheit und der Nation gewesen.

Ähnlich verliefen die wahren Fronten auch im Dreißigjährigen Krieg, dessen Verlierer Reich und Nation und dessen wirkliche Gewinner – neben den ausländischen Interventionsmächten – die Fürsten waren, die nunmehr uneingeschränkte Souveränität gewannen. Und im Jahre 1812 hatten sich die Fürsten den Freiheits- und Einheitswillen des Volkes im Kampf gegen NAPOLEON zunutze gemacht und gewonnen. Spätestens seit dem Wiener Kongreß und dem Beginn der Restaurationsepoche aber wurde offenbar: Sieger waren auch diesmal wieder die Fürsten gewesen, Verlierer die Nation und jeder Einzelne, der ihr angehörte.

All dies verkannte FRIEDRICH WILHELM IV., der insoweit für alle damaligen politischen Kräfte steht, die romantisierend meinten, die althergebrachte Fürstenordnung mit dem Recht des Volkes auf Freiheit und Einheit verbinden zu können. Er mag ein ›Intellektueller auf dem Thron‹ gewesen sein, intelligent war dieser König nicht. Ihm fehlte der Wirklichkeitssinn, die Fähigkeit konsequenten, nüchternen analytischen Denkens, bei ihm waren Traum und Gedanke mystisch verwoben. So war er zu klarer politischer Entscheidung, zu wirklichkeitsbezogener und zukunftweisender Zielsetzung und Planung nicht fähig.

Der vom Ausbruch der Revolution überraschte und zutiefst verstörte Monarch rang angesichts der Massenzusammenrottungen, Straßensperren und wüsten Forderungen seines geliebten Volkes lange vergeblich nach Fassung. Am 18. März 1848 hob er die Pressezensur auf und versprach eine Verfassung, wenn er grundsätzlich auch der Meinung war, seinem Volk aus eigener königlicher Liebe und Güte viel mehr Gutes tun zu können, als eine Verfassung dies jemals vermöchte. FRIEDRICH WILHELM stellte zugleich in Aussicht, für eine Reform des Deutschen Bundes eintreten zu wollen – wohl in Anknüpfung an seine oben erwähnten, laut TREITSCHKE bereits vorhanden gewesenen eigenen Vorstellungen insoweit.

Seine Zugeständnisse an das Volk erzeugten zunächst den Jubel der aufständischen Menschenmenge. Es kam aber auch zu blutigen Straßenschlachten mit den eingesetzten Truppen, mehr als 230 Tote waren zu beklagen. Das Militär hielt stand. Es war die einzige noch intakte, zuverlässig funktionierende, der Monarchie treu ergebene Institution des Landes, obwohl die einfachen Soldaten in Berlin teilweise revolutionären Gegnern aus der eigenen Bevölkerungsschicht, aus den eigenen Familien gegenüberstanden.

Am Morgen des 19. März indes erließ der König einen Aufruf an seine »lieben Berliner«: Alles sei ein unseliger Irrtum. Er befahl dem Militär, die Kämpfe einzustellen, und ließ die unbesiegten Truppen aus Berlin abziehen. Sein Bruder WILHELM, beschimpft als »Kartätschenprinz«, der spätere König und Kaiser WILHELM I., mußte nach England fliehen. Das königliche Schloß war ohne militärischen Schutz, umstellt von einer revolutionären Bürgerwehr. Der König war somit Gefangener der Aufständischen. Dies jedoch focht ihn wenig an, oder er merkte es nicht – vielleicht fühlte er sich zu diesem Zeitpunkt schon als Bürgerkönig.

Am 21. März ritt er mit großem Gefolge hinter den schwarz-rot-goldenen Fahnen der Revolution durch die Straßen von Berlin. Den Arm zierte eine schwarz-rot-goldene Binde. Der König von Preußen als Leitfigur an der Spitze des Triumphzuges der Barrikadenkämpfer, als Erster Revolutionär seines Staates gewissermaßen! Rufe erschollen: »Es lebe der Kaiser von Deutschland!« Der Mummenschanz wurde abgerundet durch das gemalte Konterfei einer Kaiserkrone, das neben dem Zug des Königs einhergetragen wurde. FRIEDRICH WILHELM versprach, die Lösung der deutschen Frage in die Hand zu nehmen, »für die Tage der Gefahr« Deutschlands Leitung zu übernehmen. Er bekannte sich zur deutschen Einheit, zu Freiheit und Verfassung, verkündete, Preußen gehe fortan in Deutschland auf, und er erließ einen Aufruf »An mein Volk und die deutsche Nation«.

Tage später, am 25. März, strapazierte er Offiziere seiner Garde mit dem Ansinnen, den Geist der Zeit voll anzuerkennen, und überraschte sie überdies mit dem Hinweis, niemals sei er freier und sicherer gewesen als jetzt unter dem Schutz seiner Bürger. Die Bereitschaft und den Willen der Militärs zur Gegenrevolution wies er zurück.

Am 29. März war er es selbst, der ein revolutionäres, bürgerlich-liberales Märzministerium für Preußen berief. Doch fand der König seine reaktionäre Contenance allmählich wieder. In seiner Überzeugung, daß monarchische Macht allein von Gott verliehen sei, lehnte er ein Königtum ab, das sich aus dem Volkeswillen legitimierte. Als Monarch von Gottes Gnaden war er lediglich bereit, mit der Volksvertretung eine Verfassung zu »vereinbaren«, gleichsam also eine vertragliche Regelung über die von ihm dem Volk und dem Parlament zu gewährenden Rechte zu treffen. Die nach allgemeinen Wahlen im Mai 1848 in Berlin konstituierte Preußische Nationalversammlung freilich mochte sich auf solche Vorstellungen nicht einlassen. Vielmehr wollte sie das Attribut des Königstitels «von Gottes Gnaden« streichen und überdies die Privilegien des ländlichen Adels gegenüber der Bauernschaft beseitigen.

Der sich abzeichnende Sieg der Gegenrevolution in Preußen wurde mit dem Einmarsch des Generalfeldmarschalls Friedrich Graf von Wrangel in Berlin im November 1848 augenfällig, dessen Soldaten die Nationalversammlung handstreichartig sprengten. Diese wurde zunächst in die Stadt Brandenburg verlegt, im Dezember jedoch aufgelöst. Nun gab es, was eine Verfassung anging, nicht einmal mehr etwas zu »vereinbaren«: Friedrich Wilhelm IV. oktroyierte seinem Land am 5. Dezember 1848 eine Verfassung nach seinem Geschmack, deren überarbeitete Fassung vom 31. Januar 1850 am 2. Februar 1850 in Kraft trat.[14]

Friedrich Wilhelm IV. war der König der verpaßten Gelegenheiten. Bismarck, der in seinen *Gedanken und Erinnerungen* hypothetischen Überlegungen nicht abgeneigt war, wies Jahrzehnte später darauf hin, daß Preußens Militärmacht als einzige in Deutschland einschließlich Österreichs während der Märzrevolution intakt geblieben sei. Die deutschen Fürsten seien damals bereit gewesen, in Berlin um Schutz nachzusuchen zu Bedingungen, die in »unitarischer Richtung« über das hinausgegangen seien, was »heut« (im Reich von 1871) verwirklicht sei. Mit fester und kluger Ausnutzung des Sieges am Morgen des 19. März 1848 über die Aufständischen sei die deutsche Einheit »in strengrer Form« zu erreichen gewesen, als es zur Zeit seiner, Bismarcks, Regierungsbeteiligung schließlich geschehen sei. Ob das (ein solcher Weg zur Einheit) nützlicher und dauerhafter gewesen sei, lasse er dahingestellt sein, fügte Bismarck allerdings vorsichtig hinzu.[15]

Die deutsche Einheit zusammen mit ihren damals vorübergehend verschreckten geschichtsnotorischen Gegnern, den deutschen Fürsten, und zugleich gegen deren Partikularinteressen errichten zu wollen, wäre in der Tat ein Unterfangen gewesen, das Kraft und Geschicklichkeit erfordert hätte. Sein Gelingen hätte eine weitgehende und dauerhafte Unterwerfung der von der Geschichte gehätschelten deutschen Fürstendynastien des Hochadels unter die Herrschaft der Hohenzollern zur Voraussetzung gehabt – so wie zuvor in anderen Ländern Europas die Macht des Hochadels mit ihrer zentrifugalen Sprengkraft von der Zentralmacht hatte gebrochen werden müssen, um lebensfähige, von ihren Königen straff regierte Staaten zu schaffen.

Freilich wäre für eine solche Lösung 1848 nur nach Maßgabe der um die Mitte des neunzehnten Jahrhunderts in Deutschland herrschenden Bedingungen Raum gewesen, als sich das liberal-nationale Wirtschafts- und Bildungsbürgertum an die Spitze der gesellschaftlichen Entwicklung gesetzt hatte und allein die Vitalität und Kraft besaß, entscheidende politische Umwälzungen zu ermöglichen. Nur – in welcher Form auch immer – gestützt auf diese Macht und als ihr Verbündeter hätte der preußische König im Jahre 1848 Deutschland vereinigen können. Dem jedoch stand schon der legitimistische Fundamentalismus FRIEDRICH WILHELMS IV. entgegen.

Im übrigen hätte es für eine vom preußischen Königtum ausgehende deutsche Vereinigung unter den Verhältnissen des März 1848 eher eines Mannes vom Zuschnitt FRIEDRICHS DES GROSSEN oder BISMARCKS bedurft – scharfsinnig und realistisch denkend, entschlossen und energisch, zielstrebig, kämpferisch, ausdauernd und diszipliniert. All dies aber war FRIEDRICH WILHELM IV., der Romantiker und Intellektuelle auf dem Königsthron, mitnichten.

Dagegen waren die Qualitäten eines FRIEDRICH DES GROSSEN nicht vonnöten, als es ein Jahr später im Endstadium der Revolutionszeit, dem Frühjahr 1849, für FRIEDRICH WILHELM IV. um die Annahme der Krone eines Kaisers der Deutschen ging. Preußen war nach seiner Macht und Größe der einzige Territorialstaat, der als Führungsmacht bei der Gründung eines kleindeutschen Bundesstaates in Frage kam, und FRIEDRICH WILHELM IV. war Preußens König. So wurde ihm die Krone – nach zähen und mühseligen Verhandlungen innerhalb der Frankfurter Nationalversammlung – ohne eigenes Bemühen und Zutun angetragen, sie fiel ihm gleichsam in den Schoß.

Was hielt ihn davon ab, diese Gelegenheit zu ergreifen, wenigstens die kleindeutsche Einheit herzustellen? Sicherlich war die Verfassung, auf der das vorgesehene Erbkaisertum beruhte, aus eigener, demokratisch begründeter Autorität der Paulskirche verabschiedet und nicht mit dem König »vereinbart« worden, wie er sich das gewünscht hätte. Es war auch keine Kaiserkrone von Gottes Gnaden, die man ihm anbot; sie war ›nur‹ durch den Volkswillen legitimiert, und er war, so mag er jetzt gedacht haben, schließlich kein bonapartistischer Volkstribun. Daß er dies in der Tat nicht war, läßt ihn bei seinem Umzug durch Berlin am 21. März 1848, als er sich einen derartigen Anschein gab, ja gerade als tragik-komische Figur erscheinen.

Doch mußte er denn ein Bonapartist sein, um eine Krone anzunehmen, die ihm von der Frankfurter Nationalversammlung angetragen wurde, diesem Honoratiorenparlament im guten Sinne, in dem eine geistige und kulturelle Elite der Nation versammelt war wie in keinem späteren Parlament der deutschen Geschichte? Letzlich waren bei FRIEDRICH WILHELM IV. wohl Ängstlichkeit und Unentschlossenheit, die er hinter dem brüsken Stil der Zurückweisung verbarg, entscheidender als alle Gründe, die er sonst noch gehabt haben mag.

Was aber wäre gewesen, hätte er die Parlaments-Kaiserkrone angenommen? Das dann in der Folge der Revolution ins Leben getretene kleindeutsche Reich, ein demokratisch legitimierter, moderner Einheits-, Rechts- und Verfassungsstaat, zuvörderst getragen vom breiten Spektrum der nationalen und liberalen politischen Kräfte der bürgerlichen Schichten, wäre im Innern vermutlich bestandskräftig gewesen. Nach außen hin freilich hätte es insbesondere das noch ungelöste Problem des deutschen Dualismus, die Gegnerschaft einer noch ungebrochenen

Donaumonarchie zu bewältigen gehabt. Ein kriegerischer Konflikt mit dieser und zugleich mit dem Zarenreich, das eine solche Emanzipation seines bisherigen Juniorpartners Preußen damals nicht hingenommen hätte, waren wohl die nächstliegendsten Gefahren.[16]

Der Konfrontation des störenden Neuankömmlings – der ›verspäteten Nation‹ im etablierten Machtgefüge – mit der aggressiven Reaktion der ausländischen Nachbarn auf sein Erscheinen und seine Lebensäußerungen hätte es auf Dauer überdies ebenso wenig entgehen können wie jede andere mögliche gesamtdeutsche Staatsgründung in jener Zeit. Bismarck schreibt hierzu rückblickend: »Die Kriege, welche der letztre [König Wilhelm I. von Preußen – 1864, 1866, 1871] geführt hat, würden nicht ausgeblieben sein, nur würden sie *nach* der Constituirung des Kaiserthums als Folge derselben und nicht *vorher* das Kaiserthum vorbereitend und herstellend, zu führen gewesen sein.«[17] Daß im folgenden Jahrhundert, binnen fünfundsiebzig Jahren nach der »Constituierung«, noch zwei verheerende Kriege gegen den Neuankömmling folgen würden, konnte auch Bismarck nicht wissen.

8. Die Deutsche Einheit am machtpolitischen Horizont der Nachbarstaaten; Kristallisationspunkt: die Schleswig-Holstein-Krise

Mit der Revolution von 1848 erschien die deutsche Einheit am Horizont des etablierten Staatensystems – für die Deutschen als hoffnungsträchtiger Silberstreif, für den Kreis der einander in vertrauter und gewohnter Runde stets eifersüchtig belauernden Großmächte hingegen als das gemeinsame Ärgernis einer neuen, rivalisierenden Macht in ihrer Mitte, die durch ihr Erscheinen Positionen und Besitzstände bedrohte, die man allseits aus ihrer bisherigen Nichtexistenz hergeleitet hatte – ein Staat überdies, von dem man nicht wissen konnte, wie er sich in das bisherige Gefüge einordnen und dieses verändern würde.

Auszunehmen sind bei dieser Betrachtung hier noch die Vereinigten Staaten von Amerika, denn sie hatten um die Mitte des 19. Jahrhunderts noch nicht zu ihrer späteren deutschfeindlichen Linie gefunden. Als einzige Großmacht hatten sie das Deutsche Reich der Frankfurter Nationalversammlung vielmehr diplomatisch anerkannt. Die Haltung der europäischen Nachbarmächte hingegen läßt sich wie folgt umreißen:

a. Die Perspektiven Frankreichs, Rußlands und Englands

Frankreich befand sich gegenüber dem werdenden deutschen Nationalstaat in einem Dilemma. Ideologisch verstand es sich als Hort des Fortschritts, Bannerträger der Volkssouveränität, Schutzmacht der um ihre Freiheit ringenden Nationen. Doch gab es mächtigere, elementar verwurzelte außenpolitische Traditionen, die älter und stärker waren als die revolutionäre Staatsdoktrin: Frankreichs Expansionsdrang nach Osten nämlich und der hegemoniale Anspruch der Grande Nation. Dem aber stand ein Nationalstaat der Deutschen diametral entgegen – denn, das wußte man in Frankreich, ein gesamtstaatlich verfaßtes Deutschland würde Frankreich an Kräften überlegen sein und jede weitere französische Ausdehnung auf deutsches Gebiet ebenso in Frage stellen wie eine den Kontinent beherrschende Rolle Frankreichs.

Jetzt und im weiteren Verlauf der Dinge bis zur deutschen Reichsgründung löste Frankreich sein Dilemma pragmatisch: War die Befreiungsdoktrin den eigenen Machtinteressen dienlich (wie im Italienischen Krieg 1859, s. unten) oder zumindest nicht abträglich, so schwang man die Fahne der Freiheit. Stand sie hingegen im Gegensatz zu den französischen Machtinteressen, so waren allein die letzteren Leitlinie der französischen Politik. Aufgabe der Propaganda war es dann, den Gegensatz zwischen Anspruch und Wirklichkeit, revolutionärer Staatsdoktrin und Machtpolitik, nach Möglichkeit zu verschleiern.

Ein Versuch des neuen, fortschrittlichen preußischen Außenministers Heinrich Friedrich Graf von Arnim im Frühjahr 1848, mit Frankreich einen Pakt zur Unterstützung italienischer, polnischer und deutscher Freiheitsbewegungen in Schleswig zu schließen, stieß keineswegs auf Gegenliebe. Denn im Erfolgsfall hätte ein solches Bündnis zur Eingliederung Schleswigs in einen neuen deutschen Nationalstaat und damit zu dessen Vergrößerung geführt. Vielmehr gab es zu der Zeit französische, gegen die deutsche Revolution und die Errichtung eines deutschen Nationalstaates gerichtete Kontakte zum zaristischen Rußland – der aus französischer Sicht erzreaktionären Hauptbastion der alten feudalistischen Ordnung und der Gegenrevolution. Insgesamt stand Frankreich mit seiner Regierung einer deutschen Nationalstaatsgründung feindselig gegenüber. Es bleibt die Frage, ob es nicht erst im Jahre 1870, sondern bereits 1848 militärisch gegen eine solche Entwicklung interveniert hätte, wenn es 1848 nicht durch die revolutionären Ereignisse im eigenen Lande im Februar und Juni geschwächt gewesen wäre.

Das konservative Rußland war ideologisch gegen jegliche revolutionäre Veränderung in Mitteleuropa eingenommen, was im übrigen auch seinen machtpolitischen Interessen in seinem Imperium – nicht zuletzt gegenüber den Polen – entsprach. Auch der deutschen Revolution und der angestrebten Nationalstaatsgründung stand es – nicht nur aus ideologischen Gründen – feindselig gegenüber. Es hatte ein Interesse an der Erhaltung Preußens als eines ihm nützlichen Juniorpartners, das dieser Rolle nicht in einen deutschen Gesamtstaat entwachsen sollte. Überdies war ihm an der Erhaltung beider deutscher Hauptmächte, Preußens und der Donaumonarchie, sehr gelegen, da deren rivalisierender Dualismus den russischen Einfluß im deutschen Raum, auch auf die mittleren und kleinen Staaten, zu sichern geeignet war.

Diesen Einfluß auf die deutschen Dinge sah es durch die beabsichtigte Staatsgründung gefährdet. Wenn es auch keine konkreten russischen Drohungen gab, so wurde in Deutschland eine russische Intervention doch von allen politischen Richtungen befürchtet, die für den Nationalstaat eintraten. Rußland war der Angstgegner der Revolution, des Liberalismus und der nationalen Bewegung. Die Stimmung in Deutschland war – fast irrational – gegen Rußland gerichtet und blieb dies noch für viele Jahre.

Englands Reaktion auf die sich 1848 abzeichnende Entwicklung zum deutschen Nationalstaat – wie auf diesen selbst in den folgenden Jahrzehnten – war ambivalent. War es für Franzosen durchgängig fast eine Selbstverständlichkeit, mehr oder weniger scharf gegen den Staat der Deutschen eingestellt zu sein, so gab es in England neben einer überwiegenden antideutschen Haltung auch, wenngleich von geringerem politischem Gewicht, deutschfreundliche Strömungen. Um so zerstörerischer freilich wirkte sich für das Reich, aufs Ganze gesehen, das stets vorherrschende antideutsche Ressentiment aus. Einmütig lehnte man 1848 in England, auch wenn man nicht zu den Gegnern einer deutschen Nationalstaatsgründung zählte, jedenfalls einen die Deutschen Österreichs einschließenden großdeutschen Staat ab, der den Zerfall der Donaumonarchie zementiert hätte. Hier sah man die ›*balance of power*‹ bedroht, das ureigenste britische Machtinteresse berührt.

Auch aus der Sicht deutschfreundlicher Kreise kam nur eine kleindeutsch-preußische Lösung in Betracht. Diese Duldsamkeit beruhte allerdings wohl nicht nur auf der Anerkennung des nationalen Daseinsrechts der Deutschen, sondern auch auf einer Fehleinschätzung der Kräfte der eventuellen kleindeutschen Führungsmacht Preußen, deren vermutete Schwäche auch die Einwirkung eines von ihr gegründeten deutschen Staatsgebildes auf das kontinentale Kräftegleichgewicht in engen Grenzen halten würde. Als bezeichnend hierfür dürfte die kritische Einschätzung Preußens durch die Londoner *Times* in einem Artikel anzusehen sein, der wenige Jahre später erschien – zur Zeit des Krimkrieges, an dem Preußen nicht teilnehmen wollte: »Preußen muß sich immer an irgendwen anlehnen, es sucht immer nach fremder Hilfe, aber es will selbst niemandem beistehen. Preußen wird immer verhandeln, aber es findet nie einen Entschluß. Es findet sich gern auf Kongressen ein, aber es fehlt auf den Schlachtfeldern. . . Wie Preußen zu einer Macht wurde, erzählt nur die Geschichte; wie es eine bleiben will, kann niemand sagen. . . Ohne fremde Unterstützung kann Preußen weder den Rhein noch die Weichsel gegen seine ehrgeizigen Nachbarn verteidigen.«[18]

Ein von einem solchen Preußen gegründeter und geprägter kleindeutscher Staat hätte in der Tat das kontinentaleuropäische Machtgefüge aus britischer Sicht nicht wesentlich verändert, sondern eher stabilisiert.

Eine kleindeutsch-preußische Lösung befürworteten Königin Viktoria und ihr deutschstämmiger Ehemann aus dem Hause Sachsen-Coburg und Gotha, Prinz Albert. Die britische Außenpolitik unter dem keineswegs deutschfreundlichen liberalen Minister Henry Temple Viscount Palmerston hielt sich in der deutschen Frage offiziell zunächst noch – bis zur Schleswig-Holsteinkrise – zurück. Da war der damalige Führer der englischen Konservativen, Benjamin Disraeli, schon offener: Bereits im April 1848 forderte er vor dem Unterhaus, den Anfängen der Befreiungspolitik der Deutschen, »that dreamy and dangerous nonsense called

›German nationality‹« (dieses ›deutsche Nationalität‹ genannten gefährlichen Unsinns), müsse man im Interesse des europäischen Friedens – womit er sicherlich die ›*balance of power*‹ meinte – widerstehen.[19]

b. Die Schleswig-Holstein-Krise 1848

Die selbständigen Herzogtümer Schleswig und Holstein unterstanden, seit 1460 »op ewig ungedeelt«, lediglich in Personalunion den Königen von Dänemark, gehörten staatsrechtlich also nicht zu diesem Land. Der jeweilige dänische König übte seine Herrschaft in den beiden deutschen Herzogtümern also nicht als solcher, sondern ausschließlich in seiner Eigenschaft als Herzog von Schleswig bzw. von Holstein aus. Holstein war überdies Mitglied des Deutschen Bundes. In Schleswig lebte eine starke dänische Minderheit. Es war nördlich der Linie Flensburg–Tondern mehrheitlich dänisch und im übrigen, ebenso wie ganz Holstein, deutsch besiedelt.

In den 1840er Jahren betrieb die dänische Nationalbewegung der ›Eiderdänen‹ ohne Rücksicht auf die mehrheitlich deutsche Bevölkerung den Anschluß ganz Schleswigs an das dänische Staatsgebiet. Am 2. März 1848 gelangte die Nachricht vom Sturz des Julikönigtums in Frankreich nach Kopenhagen und löste dort eine Welle nationaler Begeisterung aus, die den chauvinistischen Eiderdänen zur Macht verhalf. Am 21. März 1848 verkündete Dänemark die Einverleibung Schleswigs in das Königreich. Dänische Truppen rückten in beide Herzogtümer ein. »Mit einem Federzuge wurde die vierhundertjährige Einheit Schleswig-Holsteins vernichtet«, schrieb Heinrich von Treitschke über diese »Gewalttat«.[20]

Der Dänenkönig Friedrich VII. hatte damit nicht nur einen eklatanten Rechtsbruch begangen. Auch die Vergewaltigung der deutschen Mehrheit in Schleswig war durch nichts zu rechtfertigen. Insbesondere konnte sich Dänemark nicht auf eine historisch-territoriale Legitimierung berufen, denn die beiden Herzogtümer hatten nicht zum dänischen Staatsgebiet gehört, und auch ihre Unabhängigkeit und Zusammengehörigkeit hatten nie zur Disposition gestanden. Die Annexion verstieß gegen altes, keineswegs aber verstaubtes, sondern im Bewußtsein der deutschen Bevölkerung beider Herzogtümer höchst lebendiges Recht.

Auch daraus, daß ihre Könige bislang zugleich Herzöge von Schleswig und Holstein waren, konnten die Eiderdänen und Friedrich VII. keine Rechtfertigung für ihr Tun herleiten. Bei der Personalunion handelte es sich um ein rein dynastisches, innerhalb der Hochadelsfamilie durch Erbfolge übertragbares Recht, das in keiner Weise mit dem dänischen Staat als solchem verknüpft war. Gerade aus dieser Rechtstatsache aber ergab sich der Anlaß für den dänischen Handstreich: Die männliche Linie des dänischen Königshauses drohte mit dem kinderlosen Friedrich VII. auszusterben. Zwar galt für die Königskrone dänisches Erbrecht, nach welchem diese bei Wegfall der männlichen Linie dem weiblichen Stamm zufiel – und hier war ein Erbe vorhanden. Doch nach dem für die Herzogswürde maßgeblichen Erbrecht Schleswigs und Holsteins folgte diese dem Mannesstamm und würde daher mit dem Tod FRIEDRICHS VII. nicht an den dänischen Thronerben, sondern an die männliche Linie der Herzöge von Schleswig-Holstein-Sonderburg-Augustenburg, genannt die ›Augustenburger‹, fallen. Dieser Erbgang aber hätte das Ende der Herrschaft dänischer Könige über Schleswig-Holstein bedeutet.

Um diesem erbrechtlich unabwendbaren Gang der Dinge zuvorzukommen, wollte man dänischerseits rechtzeitig vollendete Tatsachen schaffen, indem man Schleswig kurzerhand annektierte. Hätte Dänemark sich um eine Lösung hinsichtlich der dänischen Minderheit in Schleswig bemüht, so wäre dies zweifelsfrei ein berechtigtes nationales Anliegen gewesen. Mit der handstreichartigen, rechtswidrigen Annexion des ganzen Herzogtums aber hatte die dänische Nationalbewegung kein legitimes nationales, sondern ein eindeutig chauvinistisches Ziel durchgesetzt.

Der Einmarsch dänischer Truppen in die Elbherzogtümer war denn auch das Signal zu einer nationalen Erhebung der dortigen deutschen Bevölkerung. In Kiel bildete man eine eigene provisorische Landesregierung. Der Herzog – Dänenkönig FRIEDRICH VII. also – wurde seiner Regierungsfunktionen entkleidet. Seitens der Frankfurter Paulskirche wurde die neue Regierung anerkannt. Schleswig nahm an den Wahlen zur Frankfurter Nationalversammlung teil. Bei nahezu allen politischen Gruppierungen und in der Öffentlichkeit Deutschlands löste der dänische Rechtsbruch Empörung und leidenschaftliche nationale Protestreaktionen aus. Auf Bitten der provisorischen Kieler Landesregierung griff FRIEDRICH WILHELM IV. von Preußen militärisch ein und besetzte Schleswig. All dies bedeutete Krieg – keinen Kabinettskrieg im herkömmlichen Sinne, sondern den nationalen, deutsch/dänischen Volkskrieg. Preußens Militäreinsatz zugunsten der deutschen Nationalbewegung in den Herzogtümern war denn auch keine politische Aktion Preußens für eigene Machtinteressen. FRIEDRICH WILHELM IV. »wurde zum militärischen Vollstrecker der territorialen Ansprüche der deutschen Nationalbewegung«,[21] zum militärischen Arm des in Gründung begriffenen deutschen Nationalstaates.

Dies freilich alarmierte die auf Bewahrung des deutschlandpolitischen Status quo der Zersplitterung fixierten europäischen Mächte, deren Intervention zugunsten Dänemarks dem Konflikt nunmehr europäische Dimensionen verlieh. Zwar sah sich Frankreich wegen seiner eigenen angespannten inneren politischen Situation nicht in der Lage einzugreifen. Doch zwangen gemeinschaftliche militärische Drohungen Englands und Rußlands Preußen dazu, seine Truppen im Mai 1848 nach Südschleswig zurückzuziehen. Am 26. August wurde in Malmö sodann ein Waffenstillstand geschlossen, der das Zurückweichen vor den Drohgebärden der Randmächte und die vollständige Niederlage der deutschen Seite besiegelte: Die preußischen Truppen hatten sich ganz zurückzuziehen, die provisorische Regierung in Kiel wurde abgesetzt und ihre Maßnahmen für unwirksam erklärt. Eine neue, dänischem Einfluß unterworfene Regierung wurde ernannt.

In der gesamten deutschen Öffentlichkeit und in der Nationalversammlung zu Frankfurt herrschte helle Empörung über diesen demütigenden Gang der Dinge.

Der Zorn galt nicht nur den Interventionsmächten und Dänemark, sondern nicht zuletzt auch der Regierung FRIEDRICH WILHELMS IV. wegen Preußens Zurückweichen vor der Gewalt, das man als feigen Verrat an der Nation betrachtete.

Mit einem solchen Vorwurf tat man dem Romantiker auf dem Thron angesichts der gegebenen internationalen Kräfteverhältnisse, denen vermutlich auch ein stärkerer Monarch als FRIEDRICH WILHELM IV. erlegen gewesen wäre, diesmal wohl doch Unrecht. Dem Zwang der tatsächlichen Machtverhältnisse mußte sich schließlich auch die Paulskirche beugen, die ja bislang selbst keine Verfügungsgewalt über militärische Machtmittel besaß: Am 16. September 1848 ratifizierte sie den als schmählich empfundenen Waffenstillstand von Malmö mit einem Stimmenverhältnis von 259 zu 234.

Die Deutschen konnten aus dieser Schleswig-Holstein-Krise und ihrem kläglichen Ausgang zwei grundlegende Dinge lernen: erstens, daß sie bei ihren nationalen Einigungsbestrebungen keineswegs mit der wohlwollenden Duldung der etablierten europäischen Großmächte, sondern mit deren Widerstand zu rechnen hatten; und zweitens, daß es nicht ausreichte, im Recht zu sein, die Moral auf seiner Seite zu haben und hohe Ideale von Einheit und Freiheit zu verfechten. Man mußte auch die Machtmittel besitzen, sein gutes Recht durchzusetzen.

Die Schleswig-Frage an sich war, wegen der dänischen Minderheit in diesem Herzogtum, nur eines von zahlreichen Grenzverlaufsproblemen des gesamtdeutschen Staates, der 1848 zu entstehen schien. Sie war nicht nebensächlich, aber aus deutscher Sicht auch nicht bedeutsamer als andere Nationalitätenprobleme in den Grenzprovinzen. Auch für die Interventionsmächte war das Nationalitäten- und Grenzproblem als solches nicht von Bedeutung. Nicht der Herzogtümer selbst wegen kam es im Jahre 1848 zur internationalen Krise.

In der Schlewig-Holstein-Krise kristallisierte und verdichtete sich vielmehr vor den Augen der internationalen Staatenwelt der Selbstbehauptungs- und Einigungswille der gesamten deutschen Nation. Der leidenschaftliche öffentliche Protest gegen den dänischen Unrechtsakt erwies sich als Äußerung der nationalrevolutionären Kraft des in Entstehung begriffenen deutschen Staates der Frankfurter Paulskirche. Gegen diesen richtete sich letztlich die feindselige Reaktion der etablierten Großmächte. Bei nächstbester Gelegenheit, aus dem eher zufälligen Anlaß eines regionalen Minderheitenkonfliktes entflammte hier vielmehr das Ressentiment der etablierten europäischen Nachbarn gegen den unerwünschten Neuankömmling im Konzert der Mächte.

In England waren die öffentliche Meinung und die Regierung in gleichem Maße von antideutscher Erregung erfaßt. Dabei spielte konkret freilich auch der Gedanke eine gewisse Rolle, daß man die Meerengen an Belt und Sund, dem ›Bosporus des Nordens‹, nicht in den Machtbereich eines deutschen Gesamtstaates fallen lassen wollte; ein Motiv, das im übrigen auch auf russischer Seite mitwirkte. Im Kern aber stellte sich die Intervention dar als Akt militärisch bedrohlicher Eindämmungspolitik gegen die staatliche Einigung Deutschlands.

Auch im aktiv nicht beteiligten Frankreich kochte die öffentliche Meinung zu jener Zeit gegen Deutschland auf. So urteilte etwa der französische Dichter und Politiker Alphonse DE LAMARTINE über den feinsinnigen, bis zur Konfliktscheu friedfertigen König FRIEDRICH WILHELM IV., dieser sei ein fürchterlicher Kraftmensch, fähig, alles zu verstehen, alles zu versuchen, alles zu wagen.[22] Hier klangen bereits der Ton und die Art und Weise an, in der gegnerische Propaganda deutsche Staatslenker in den folgenden Jahrzehnten häufig zu charakterisieren pflegte.

Die ›großen Mächte‹, so kommentiert Zeitgenosse Heinrich VON TREITSCHKE die damals entfesselte internationale öffentliche Kampagne gegen die »politique envahissante de l'Allemagne«[23] (landräuberische Politik Deutschlands) lebendig und treffend, »bekannten sich alle zu dem unverbrüchlichen Glaubenssatze, die Integrität der dänischen Monarchie sei notwendig für die Erhaltung des europäischen Gleichgewichtes. Unschuldige Leute mochten wohl verwundert fragen: warum denn Europas Gleichgewicht erschüttert werden sollte, wenn der kleine Staat am Sund und Belt von drittehalb auf anderthalb Millionen herabsänke? Wer tiefer blickte, konnte jedoch nicht verkennen, daß die Meinung der großen Höfe ernste Gründe hatte; sie wurzelte. . . in der allgemeinen Angst vor Deutschlands Erstarken. Das von Dänemark losgerissene Schleswig-Holstein mußte – niemand bezweifelte es – sich fest an Deutschland anschließen, zu seiner Sicherung preußische Truppen herbeirufen, vielleicht gar der preußischen Flotte, deren erstes Schiff soeben vom Stapel gelaufen war, den schönsten Hafen der Ostsee einräumen. Ein deutscher Kriegshafen in Kiel! – dieser eine Gedanke genügte, um jedes englische Herz zu empören. Aus Haß gegen Deutschland wurden Dänemarks Erbfeinde, die Briten, jetzt freundliche Gönner des Kopenhagener Hofes. . . die *Times*, damals noch das mächtige Organ der nationalen Meinung [schrieb]: ›Die preußischen Staatsmänner können nicht freigesprochen werden von dem Vorwurfe, daß sie mit einer gewissen Bereitwilligkeit eine fieberische, der Ruhe eines Nachbarlandes gefährliche Aufregung lebendig erhalten haben, weil es ihnen einfiel, die deutsche Nation angenehm zu unterhalten (*to amuse*). . .‹ Dann wurde Deutschland gewarnt vor der Ländergier, die schon in der Neuen Welt gefährlich, im Herzen Europas verderblich wirke. Mit solcher Heuchelei wagte ein Volk, das sich Jahr für Jahr neue Kolonien aneignete, die Deutschen zu beschimpfen, weil sie bescheiden das Erbe ihrer Väter behaupten wollten! Die Regierung hielt sich noch zurück: Sie wünschte zunächst nur, daß der dänische Gesamtstaat zusammenbliebe. . . Etwas dreister wagte sich Frankreich, der alte treue Bundesgenosse Dänemarks, hervor. . . Der Tuilerienhof betrachtete den dänischen Gesamtstaat als europäisches Heiligtum. . .«[24]

9. Die versickerte Revolution

Keine der Revolutionen und Revolten, die 1848 Europa überzogen, erreichte – dies sei erinnert – die gesteckten Ziele. Es ist nicht sachgerecht, den Verlauf und die Ergebnisse der deutschen Revolution jenes Jahres mit eindeutig positiven oder negativen Begriffen zu beschreiben. Sie ist weder gescheitert wie ein niedergeschlagener und folgenlos gebliebener Aufstand, noch hatte sie Erfolg im Sinne klar erreichter Ziele wie etwa die Französische Revolution oder der als ›Unabhängigkeitskrieg‹ bezeichnete bewaffnete revolutionäre Kampf des späteren US-Amerika gegen seine britischen Herren.

Als kurzfristig siegreicher Umsturz begonnen, brach sich die deutsche Märzrevolution im weiteren Verlauf nicht etwa an Kraft und Gegenwehr des von ihr bekämpften Herrschaftssystems, sondern sie verebbte und versickerte gleichsam bei dem Versuch, ihre neue, eigene Ordnung im vorgegebenen deutschen Umfeld, in einem Wust von Problemen und Hindernissen und auf den teils widerspenstigen Hinterlassenschaften des Heiligen Römischen Reiches Deutscher Nation durchzusetzen und zu etablieren.

Das Bemühen um den vereinten, nationalen Verfassungsstaat hatte es mit dem auf deutschem Boden in Jahrhunderten gewachsenen System einer Unzahl teils recht lebenskräftiger größerer und kleinerer Teilstaaten zu tun, und nicht nur, wie zuvor das revolutionäre Frankreich, mit einer unnütz-faulen Monarchie und einem dekadent-verspielten Adel. Die die deutsche Revolution tragenden politischen Kräfte waren überdies, auch wenn sie zutreffend als überwiegend bürgerlich eingestuft werden, politisch wesentlich inhomogener als jene der französischen. Sie wiesen ein Spektrum auf zwischen konservativem Liberalismus einerseits und Radikaldemokraten und -sozialisten andererseits. Hinzu kamen auseinander strebende konfessionelle sowie antikirchliche Strömungen.

Bei alledem ging es nicht nur um den Nationalstaat und die bürgerlichen Freiheiten, sondern ganz wesentlich auch um die Bewältigung der sozialen Probleme, die insbesondere aus der stürmisch einsetzenden Industrialisierung folgten. Bedrohliche Pressionen ausländischer Mächte gegen die deutschen Einigungsbemühungen kamen hinzu. Die öffentliche Niederlage in der Schleswig-Holstein-Krise, die in Wirklichkeit eine konzertierte Aktion von außen gegen den werdenden Nationalstaat insgesamt gewesen war, minderte die Autorität der Paulskirche und das in sie gesetzte Vertrauen des Volkes nachhaltig und wirkte entmutigend auf die Nationalbewegung.

Ein Problem, dessen Bedeutung damals vielleicht überschätzt wurde, das aber zu Uneinigkeit und breiten Auseinandersetzungen führte, war im übrigen dasjenige der zu wählenden Staatsform. Alle Revolutionäre wollten einen freiheitlichen, irgendwie demokratischen, parlamentarischen National-und Verfassungsstaat. Aber vor dem Hintergrund des verhängnisvollen Abgleitens der Französischen Revolution in blutiges Chaos und Diktatur machten sich die deutschen Märzrevolutionäre eingehendere Gedanken über die Staats- und Rechtsordnung, in der das deutsche Volk künftig leben sollte. Wollte man eine konstitutionelle Monarchie, eventuell mit Erbkaisertum? Oder eine Republik? Sollte der Nationalstaat rein zentralistisch aufgebaut oder mit Rücksicht auf deutsche Traditionen föderalistisch strukturiert sein? Welches Wahlrecht sollte gelten und wie die parlamentarischen Rechte gestaltet sein? Wie sollte die soziale Frage angegangen werden? So lauteten einige der Grundfragen.

Wägt man die Hindernisse, die den Zielen der deutschen Revolution – insbesondere der Verwirklichung der nationalen Einheit – entgegenstanden, nach ihrer Bedeutung und Schwere gegeneinander ab, so ist eindeutig an erster Stelle der in den Jahrhunderten der territorialen Zersplitterung verfestigte und auch im Bewußtsein der Bevölkerung verwurzelte partikularistische Aufbau Deutschlands zu nennen. Hervorzuheben sind dabei insbesondere die Existenz der international verflochtenen, selbstbewußten deutschen und zugleich europäischen Großmächte Preußen und Österreich sowie ihr Dualismus, der Streit zwischen ihnen um die Vorherrschaft in Deutschland.

Verschärft wurde das Problem zusätzlich durch Österreichs Gestalt als universaler Vielvölkerstaat. Nur um den Preis der Selbstaufgabe konnte die Donaumonarchie zulassen, daß ihr deutsches Kernland in einen deutschen Nationalstaat integriert wurde. Im übrigen waren die historisch gewachsenen deutschen Partikularismen äußerst zählebig. Mochten die Dynastien und obersten Staatsorgane der großen und kleinen deutschen Einzelstaaten durch den Schock der Revolution auch vorübergehend paralysiert sein – die inneren Strukturen und Verwaltungen mit ihrer jeweiligen personellen und sächlichen Ausstattung bestanden doch letzlich funktionsfähig mit ihrem Eigenleben weiter. Zur Erläuterung sei nochmals vergleichend auf das revolutionäre Frankreich hingewiesen, das bereits seit Jahrhunderten zuvor Einheitsstaat gewesen war: Hier hatten die Revolutionäre eine bestehende, das Land übergreifende, mit lokalen Organen ausgestattete zentrale staatliche Organisation im wesentlichen übernehmen können.

Die deutschen Märzrevolutionäre hingegen standen vor einer doppelten Aufgabe: Sie mußten die vorgefundenen partikularen Gemeinwesen umbilden, insbesondere deren Souveränitätsrechte und -ansprüche auf einen einheitsfähigen Zustand zurückstutzen; und zugleich hatten sie völlig neue Einheitsstrukturen und -organe für ihren Nationalstaat zu schaffen. In Deutschland war die politische Ohnmachtsstruktur der Vergangenheit Nährboden für den Wildwuchs souveräner Partikularstaaten gewesen, der im Jahre 1848 auch die schnelle Gründung des nationalen deutschen Verfassungsstaates unmöglich machte.

Die staatliche Zerfaserung war die historische Erblast des alten Reiches. Nur unter den Verhältnissen des alten Reiches hatte im Siedlungsgebiet der deutschen Nation das Konglomerat souveräner Klein-, Mittel- und Großstaaten entstehen können, das nunmehr als Fundament des modernen deutschen Gesamtstaates so ungeeignet erschien und das doch unabweisbar den historischen Boden bildete, auf dem der nationale Staat errichtet werden mußte.

Revolutionärer Sturm und Drang allein reichten dazu nicht aus. So suchte die Mehrheit in der Paulskirche, zumal der beeindruckende Anfangserfolg der Revolution zunächst nicht als gefährdet erschien, mit stiller Billigung der sie tragenden Bevölkerungsschichten bald statt des umstürzlerischen Gewaltakts die Reform und den Ausgleich. Die Revolution erstrebte nun, gleichsam aus einer Position der Stärke, die Abstimmung, die Vereinbarung mit den Einzelstaaten und mit den alten Dynastien und Kräften, die diese bisher allein beherrscht hatten. Die Macht sollte künftig vom Volk ausgehen, an diesem Ziel hielt man fest. Den alten Autoritäten wollte man nun aber auch im neuen gesamtdeutschen Verfassungsstaat bedeutsame, kontinuitätswahrende Funktionen zugestehen. Mit der Ausschlagung der Erbkaiserkrone durch FRIEDRICH WILHELM IV. freilich war dieser Weg des Ausgleichs spektakulär gescheitert.

Hätte es für die deutsche Revolution Wege gegeben, das große Ziel, den nationalen Verfassungsstaat, rechtzeitig zu erreichen, bevor sich die reaktionären Kräfte von ihrer Lähmung erholten und ihn vereitelten? Natürlich wäre es – bedenkt man die Schwungkraft der Erhebung im März 1848 – möglich gewesen, die partikularen Staatsgebilde mit ihren Organen in kürzester Frist gänzlich und auf Dauer zu zerschlagen. Jahre aber hätte es gedauert, aus dem dann herrschenden anarchischen Vakuum, aus dem Nichts heraus, einen funktionsfähigen Gesamtstaat nach den eigenen Vorstellungen zu errichten. Und dies wären Jahre des Chaos und der Wirren, nach historischer Erfahrung auch Jahre der Diktatur und des blutigen Terrors, des Bürgerkrieges und des Volkskrieges gewesen, eine Zeit, in deren Strudeln womöglich alle Ideale und Ziele der Revolution versunken wären. Noch war es wenig mehr als ein halbes Jahrhundert her gewesen, daß die mit so hehren Freiheits- und Menschheitsidealen angetretene Französische Revolution in einen beispiellosen Blutrausch versunken, zu Schreckensherrschaft und Terror verkommen und schließlich in die Diktatur eines maßlosen Emporkömmlings und Abenteurers eingemündet war.

Auch wäre ein in staatlicher Hinsicht vollständig desorganisiertes Deutschland zu wiederholtem Male, und mehr als je zuvor, hilfloses Objekt der Herrschaftsgelüste anderer Mächte geworden, in diesem Fall Frankreichs und Rußlands. Charles Louis NAPOLEON III. BONAPARTE hätte sicherlich ebenso wenig auf den Versuch verzichtet, die Revolution auf seine Weise in das östliche Machtvakuum zu exportieren, wie Zar NIKOLAUS I. sich das Unterfangen hätte nehmen lassen, Deutschland mit der alten legitimistischen Ordnung neu zu beglücken.

Bürgerkrieg, Terror und Chaos, Invasion fremder Mächte und Volkskrieg? Das waren keine gangbaren Wege, keine verantwortbaren Alternativen für die Mehrheit der deutschen Revolutionäre von 1848.

Blieb die Revolution nach alledem auch auf halbem Wege stecken, so verlief sie doch nicht folgen- und erfolglos im Sande. Zunächst einmal vermittelte sie nachhaltig die Erfahrung, daß der nationale Staat der Deutschen unter den vorgegebenen Voraussetzungen nicht ohne und nur bedingt gegen die vorhandenen deutschen Staaten errichtet werden konnte. Weder BISMARCK noch irgendein anderer denkbarer Reichseiniger hätte zum Erfolg gelangen können, ohne diese Erkenntnis zu beherzigen. Die Volksrevolution hatte den Einigungsprozeß machtvoll angestoßen und auf den Weg gebracht; vollenden konnte sie ihn nicht. Dies konnte nur auf staatliche Initiative ›von oben‹ geschehen, unter Einbeziehung der in Frage kommenden deutschen Staaten. Dabei blieb im weiteren Verlauf eindeutig der mächtige nationale Liberalismus die tragende und treibende politische Kraft, die den deutschen Staaten, allen voran Preußen, letztlich keine andere Wahl ließ als die, mit ihrem Instrumentarium, ihrer Organisation und ihren Machtmitteln den deutschen Gesamtstaat zu gründen, den sie aus eigenem Antrieb und Wollen niemals gegründet haben würden.

Die Frage der deutschen Einigung stand nach dem Stranden der Revolution zwar nicht immer im Vordergrund der innerdeutschen Politik, aber doch weiterhin ununterbrochen auf der politischen Tagesordnung. Sie beherrschte von nun an den Streit des preußisch-österreichischen Dualismus im Bundestag zu Frankfurt ebenso wie ökonomische und zollpolitische Entscheidungen, Verhandlungen und Verträge der deutschen Großmächte. »Die Nationalbewegung zog. . . die seit 1849/50 offen rivalisierenden deutschen Großmächte, vor allem Preußen, in ihren Bann und dynamisierte deren Politik.«[25]

Mit der Märzrevolution hatte der nationale Liberalismus in Deutschland seine bleibende und zukunftsweisende Kraft und Aktualität bewiesen – sich selbst und den Mächten der alten partikularistischen, dynastisch-monarchischen Ordnung. So war die Revolution letzten Endes kein Fehlschlag, sondern ein erster, notwendiger Schritt auf dem Wege zum deutschen Nationalstaat.

Metternichs Welt der Restauration war nun unwiederbringliche Vergangenheit. Alle mit dem vorläufigen Mißerfolg der Revolution einsetzenden Bemühungen reaktionärer Kräfte, den »Märzschutt wegzuräumen«, den allgegenwärtigen Druck lastender Unfreiheit der Menschen und Meinungen wiederherzustellen, blieben Stückwerk. Die Revolution hatte »über alle Eliten hinweg eine nationale Öffentlichkeit geschaffen, eine nationaldemokratische Nation«.[26]

Als eine Revolution, die nicht von einer radikalen politischen Minderheit angezettelt und den Bevölkerungsmassen nur aufgezwungen worden war, sondern mit der ein genuiner Volkswille ausbrach und sich Wirkung verschaffte, begründete sie auf lange Sicht auch eine authentisch artikulierte deutsche Staatstradition: Einig, freiheitlich, parlamentarisch-demokratisch, rechtsstaatlich und sozial sollte der Staat des deutschen Volkes im Innern sein, nach außen hin aber respektabel, unabhängig und gleichberechtigt – dies war die von der Revolution und der Paulskirche begründete deutsche Staatsräson. Freilich war sie in den folgenden einhundertundfünfzig Jahren über längere Zeiträume ganz oder teilweise bis zur Unkenntlichkeit verdunkelt, nicht zuletzt infolge von Entwicklungen, die durch feindselige Eingriffe von außen mitverursacht waren.

B. Preußens kleindeutsche Union der Staaten und ›die Schmach von Olmütz‹ – ein untauglicher Versuch Friedrich Wilhelms IV.?

1. Der Plan: ein kleindeutscher, monarchischer, gemäßigt konstitutioneller Bundesstaat; Ansätze zu seiner Verwirklichung

Nie zuvor hatte der deutsche Nationalstaat, wenn auch ohne die Deutschen Österreichs, so greifbar nahe vor seiner Verwirklichung gestanden wie am 28. März 1849, als die Nationalversammlung in Frankfurt den preußischen König zum Kaiser der Deutschen wählte. Mit der Zurückweisung der Kaiserkrone am 3. April 1849 hatte Friedrich Wilhelm IV. diese Chance vertan – für unabsehbare Zeit und jedenfalls für seine Person.

In sein Bewußtsein war diese Lage der Dinge allerdings nicht vorgedrungen. Vielmehr leitete er aus der Wahl des Frankfurter Parlamentes »ein Anrecht« für sich her, dessen Wert er zu schätzen wisse. Für ihn blieb die deutsche Vereinigung ein politisches Nahziel, bei dessen Verwirklichung er die entscheidende Rolle zu spielen gedachte. Unterstützt von seinem Außenminister Joseph Maria von Radowitz, den Bismarck spöttisch als »geschickten Garderobier der mittelalterlichen Phantasie des Königs«[27] beschrieb, hing Friedrich Wilhelm weiter seinen nationalromantischen, patriarchalisch-konservativen Träumen von einem vereinigten Deutschland nach, in welchem die regierenden Fürsten über ihre treuen Untertanen wie gute Hirten liebevoll, milde und gerecht herrschen und in ihrer Güte gar Verfassungen mit ihnen vereinbaren würden; denn er glaubte an »eine geheimnisvolle Erleuchtung, die den Königen vor allen andern Sterblichen durch Gottes Gnade beschieden«[28] sei.

Ihre politische Umsetzung fanden diese Vorstellungen noch im Frühjahr 1849 in von Radowitz' »Unionsplan«, dem Konzept einer von Preußens Krone ›von oben‹ zu gründenden und von ihm dominierten kleindeutschen Union der Staaten, eines föderativen, national-konservativen Bundesstaates, der als ›Deutsches Reich‹ bezeichnet werden sollte. Dieses sollte eine nach Friedrich Wilhelms Konzeption »vereinbarte« Verfassung erhalten, die einerseits den Vorstellungen des gescheiterten Paulskirchenparlamentes entgegenkommen, andererseits aber deutlich stärker als die von der Frankfurter Nationalversammlung verabschiedete Verfassung monarchistisch-legitimistisch orientiert sein sollte. Das Wahlrecht sollte eingeschränkt, die Monarchie das tragende Prinzip des Staates sein, in dem der König ein Vetorecht gegen Parlamentsentscheidungen besaß. Auch der Führungsanspruch der Fürsten von Gottes Gnaden in den Einzelstaaten sollte in der Verfassung festgeschrieben werden. Mitglieder des Bundesstaates sollten die deutschen Einzelstaaten unter Ausschluß Österreichs sein, dessen Zustimmung zu der Staatsgründung allerdings vorausgesetzt wurde. Mit der Donaumonarchie sollte der deutsche Bundesstaat überdies eine enge, unauflösliche Konföderation eingehen. Hier knüpften von Radowitz und Friedrich Wilhelm IV. an die ›großdeutsch‹ erweiterte kleindeutsche Variante an, die Heinrich von Gagern der Paulskirche vorgeschlagen hatte. Dieser deutsch-österreichische Staatenbund sollte als Exekutivorgan ein Viererdirektorium erhalten, bestehend aus je zwei Vertretern Österreichs und des deutschen Bundestaates.

In Preußen stieß der gesamte Plan auf den Widerspruch der Hochkonservativen. Ihnen ging auch das bereits stark verwässerte konstitutionelle und liberale Element der angestrebten Unionsverfassung immer noch zu weit. Zudem machten sie geltend, Preußens Macht werde in dem neuen Staat nicht für Preußen, sondern für die Interessen der Union eingesetzt werden. Auch fürchteten sie einen Verlust preußischer Identität und Souveränität.

Ungeachtet dessen nahm Friedrich Wilhelm IV. diesen Versuch einer kleindeutschen Staatsgründung, die Preußens Vormachtstellung in Deutschland bis zur österreichischen Staatsgrenze ausgedehnt und den Einfluß Wiens verdrängt hätte, zunächst zügig und energisch in Angriff. Der Zeitpunkt war ihm günstig, denn Österreich war bis zum Spätsommer des Jahres 1849 noch vollauf mit der Niederschlagung der Nationalbewegungen in Norditalien und Ungarn beschäftigt und daher zunächst nicht in der Lage, dem preußischen Vorhaben energisch entgegenzutreten. Zudem sahen sich die Dynastien und Regierungen der übrigen deutschen Staaten zunächst noch von der Revolution bedroht und waren auf Preußens Militärmacht angewiesen.

Unter diesen vorteilhaften Rahmenbedingungen konnte das Unionsvorhaben anfangs ungehindert vorangetrieben werden. Am 26. Mai 1849 gelang es Friedrich Wilhelm IV., in einem ersten Schritt das ›Dreikönigsbündnis‹ zwischen Preußen, Sachsen und Hannover zustande zu bringen. Vierundzwanzig deutsche Fürsten, die Mehrheit der deutschen Staaten, traten der Union bei; allerdings verweigerten sich Bayern und Württemberg sowie sechs Kleinstaaten. Auch parlamentarisch nahmen die Unionspläne Gestalt an.

Im Juni 1849 fanden sich in Gotha über einhundert ehemalige Abgeordnete der Frankfurter Nationalversammlung zusammen, die ›Erbkaiserlichen‹ und sodann die ›Gothaer‹ genannt. Sie waren um der nationalen Einigung willen bereit, einen Kompromiß im Sinne der Verfassungsvorstellungen Friedrich Wilhelms IV. und von Radowitz' einzugehen und in einem Unionsparlament einige wesentliche Grundsätze der Paulskirchenverfassung preiszugeben, deren Hauptziel ja auch die deutsche Einheit gewesen sei.

Im Januar 1850 ließen die Unionsstaaten nach Maßgabe des Drei-Klassen-Wahlrechts ein Unionsparlament wählen, das sich am 20. März 1850 in Erfurt konstituierte und in dem zwei Parteien, die Konservativen und die Gothaer, vertreten waren. Die Linke, die bereits die Wahl boykottiert hatte, war nicht beteiligt. Dieses Erfurter Unionsparlament verabschiedete im April eine Verfassung, die den oben erörterten konzeptionellen Vorgaben des Radowitzschen Unionsplanes entsprach.

2. Fürst Schwarzenbergs politische Gegenoffensive: der Rumpfbundestag und die Krisen in Holstein und Hessen-Kassel

Doch hatte der werdende deutsche Bundesstaat bereits zu Beginn des Jahres 1850 zu bröckeln begonnen. Wien hatte sich nach Überwindung der Unruhen in seinem Machtbereich wieder voll seiner Deutschlandpolitik zugewandt. Felix Fürst zu Schwarzenbergs Kernziel war ein doppeltes: die Eindämmung des preußischen Einflusses insbesondere durch Verhinderung der kleindeutsch-preußischen Staatenunion und die Begründung der eigenen Vorherrschaft in einem reaktionären, partikularistisch strukturierten Deutschland durch die Belebung und Weiterentwicklung des trotz der Märzrevolution staatsrechtlich ja noch existierenden Deutschen Bundes. Aus seiner eigenen abschätzigen Bewertung dieser Organisation machte Schwarzenberg keinen Hehl: »Ich bin, weiß Gott, kein Verehrer der bestehenden Bundesverfassung; wir haben uns redlich abgemüht, zu einer festen und praktischen Gestaltung zu kommen; soll durchaus nichts zustande kommen, so bleibt es beim alten, weil ein fadenscheiniger, zerrissener Rock noch immer besser ist als gar keiner. Meiner unmaßgeblichen Ansicht nach ist der alte Bundestag ein schwerfälliges, abgenutztes, den gegenwärtigen Umständen in keiner Weise genügendes Zeug; ich glaube sogar, daß die gründlich erschütterte, sehr wackelige Boutique beim nächsten Anstoß von innen oder außen schwächlich zusammenrumpeln wird.«[29]

Doch erschien ihm das repressive Instrumentarium des Deutschen Bundes, die Hinterlassenschaft Metternichs, geeignet, aufflackernde Herde der Revolution zu bekämpfen. Überdies kam das lose gefügte konföderative Gebilde des Wiener Kongresses strukturell als Ausgangsbasis für die Verwirklichung von Schwarzenbergs nunmehr wieder mit Energie verfolgtem Plan in Betracht, ein »70 Millionen-Reich« zu errichten – jenen monströsen, reaktionären, von der Donaumonarchie beherrschten Staatenbund, der einen modernen deutschen Nationalstaat verhindern und Habsburgs Hegemonie über ganz Deutschland begründen und sichern sollte.

Seine deutschlandpolitischen Absichten verfolgte der Machtpolitiker Schwarzenberg kompromißlos, entschieden und konfliktbereit. Vordringlich ging es ihm zunächst darum, Preußens kleindeutsche Union zu verhindern. Unter seinem Einfluß und Druck verließen bereits Anfang 1850 zwei der Gründungsmitglieder des Drei-Königs-Bundes vom 26. Mai 1849, Sachsen und Hannover, die Union, da die vorausgesetzte Zustimmung Österreichs zur Gründung des preußisch-deutschen Bundesstaates fehle. Sie schlossen nun ein Bündnis mit Österreich und unterstützten Schwarzenbergs staatenbündische Vorstellungen. Insgesamt fielen dessen Bemühungen, den Zusammenhalt der Union zu lockern und zu sprengen, bei den regierenden Fürsten und Königen der deutschen Mittelstaaten auf fruchtbaren Boden. Ihr Interesse war jetzt in erster Linie auf Erhaltung ihrer Unabhängigkeit und Selbständigkeit gerichtet, keineswegs also auf die Gründung eines deutschen

National- und Bundesstaates, der sie preußischer Vorherrschaft ausgeliefert und ihre Souveränität beschnitten haben würde.

Es war vorwiegend die Angst vor der Revolution gewesen, die sie in Preußens Arme getrieben hatte. Ihr Motiv, sich auch um den Preis eines Verlustes an Souveränität in einer deutschen Union an Preußen anzulehnen und unter dem Schutz der preußischen Truppen zu überleben, verlor desto mehr an Gewicht, je nachhaltiger die Revolution besiegt und die eigene Fürstenmacht stabilisiert war. Das Staatsverständnis der Dynastien war – von ihrem Interesse an der Wahrung der eigenen Besitzstände vorgegeben – grundsätzlich und eindeutig partikularistisch-reaktionär. In einem instabilen Spannungsfeld zwischen den beiden konkurrierenden deutschen Großmächten konnten die Mittelstaaten ihre Selbständigkeit am erfolgreichsten wahren. Der Bund souveräner, reaktionärer deutscher Staaten unter Österreichs Hegemonie, den SCHWARZENBERG anstrebte, war für sie das weitaus kleinere Übel gegenüber einem sie in gewissem Ausmaß mediatisierenden kleindeutschen Bundesstaat unter Preußens Führung, der das österreichische Gegengewicht ausschloß. Schon vor diesem Hintergrund wird deutlich, wie gering die Erfolgsaussichten der preußischen Unionspläne letztlich waren.

SCHWARZENBERG trieb seine Absichten offensiv voran: Zur Belebung des Deutschen Bundes veranstaltete er im Mai 1850 einen Kongreß. In dessen Folge trat am 1. September 1850 unter österreichischem Präsidium ein neuer Bundestag zusammen. Preußen und die übrigen Mitglieder der Union, gegen die dieser Rumpfbundestag ja gerichtet war, blieben ihm fern, da er ungesetzlich sei. Zum machtpolitischen Instrument der SCHWARZENBERGschen Konfliktstrategie jedenfalls taugte er durchaus:

Am 2. Juli 1850 hatte Preußen, nachdem im April 1849 in Schleswig-Holstein nochmals Kampfhandlungen aufgeflammt waren, unter dem andauernden Druck der beteiligten Großmächte die Ergebnisse des Waffenstillstandes von Malmö vom 26. August 1848 durch ein Friedensabkommen anerkannt. Damit hatte es die deutschen Herzogtümer dem dänischen Machtbereich überlassen, dessen Integrität in dem von Dänemark beanspruchten Bestand und Umfang die Großmächte in einem »Londoner Protokoll« garantierten – unter Mißachtung des Völkerrechtes, insbesondere aber auch der nationalen Belange der deutschstämmigen Bevölkerung. In Holstein jedoch hielt sich eine von Preußen vorsichtig unterstützte nationale Opposition der Stände gegen die Herrschaft der dänischen Krone.

Der Umstand, daß Holstein mit seinem Herzog, dem Dänenkönig, weiterhin zum Deutschen Bund gehörte, bot Dänemark und der Donaumonarchie die Möglichkeit eines gegen Preußen gerichteten diplomatischen Zusammenspiels: Dänemark ersuchte den formal zuständigen Deutschen Bund um Intervention gegen die revolutionären Umtriebe der holsteinischen Opposition. SCHWARZENBERGS Rumpfbundestag gab dem dänischen Begehren statt und beschloß eine ›Bundesexekution‹, eine militärische Intervention gegen die nationale Bewegung in Holstein zugunsten des dänischen Herrschers. Hierdurch wurde Preußen als Schutzmacht der holsteinischen Opposition provoziert. Es hatte bereits während der Revolution für die Rechte der Herzogtümer und ihrer deutschen Bevölkerungen Truppen eingesetzt und war nur durch den Druck der Großmächte zum Nachgeben gezwungen worden. Jetzt mußte es sich der Intervention des Deutschen Bundes widersetzen, wenn es sein Gesicht nicht verlieren wollte. Die Zeichen standen, ganz nach den SCHWARZENBERGschen Absichten, auf Krieg, der im Falle eines österreichischen Sieges die Entmachtung des preußischen Konkurrenten und das endgültige Scheitern der Unionspläne bedeutet hätte.

Doch war Holstein nicht das einzige Eisen in SCHWARZENBERGS Feuer: Der erzreaktionäre Kurfürst von Hessen-Kassel, das der Union angehörte, regierte mit Verfassungs- und Rechtsbruch, erließ Notverordnungen ohne rechtliche Grundlage und erhob eigenmächtig neue Steuern gegen den Willen des Landtages. So vollbrachte er das Kunststück, sein ganzes Land und dessen wesentliche Institutionen gegen sich aufzubringen – das Volk, das die Steuerzahlung verweigerte, den Landtag, die Gerichte, die Beamten und sogar die Offiziere.

Hier bot sich dem Fürsten SCHWARZENBERG ein weiteres Betätigungsfeld für seinen reaktionären Eifer, besonders aber für seine Politik der Konfrontation mit Preußen und der Union. Gegen die damals mit einem geflügelten Wort als ›Renitenz‹ bezeichnete allgemeine Verweigerungshaltung seiner auf Recht und Verfassung pochenden Untertanen rief der Kurfürst SCHWARZENBERGS Rumpfbundestag und damit letztlich diesen selbst um Hilfe an. Wie im Falle Holstein zögerte der Bundestag auch hier nicht, die Bundesexekution zu beschließen, in diesem Fall eine militärische Intervention gegen die kurhessische Opposition, bei der österreichische und bayerische Truppen eingesetzt werden sollten. Dies war eine weitere Provokation SCHWARZENBERGS gegenüber Preußen in dessen ureigenstem Interessenbereich, denn die Intervention würde den Übertritt Hessen-Kassels aus der Union in den österreichischen Einflußbereich zur Folge haben.

Der Konflikt brachte FRIEDRICH WILHELM IV. in arge Verlegenheit, die er dem konservativen Rigorismus des regierenden Kurfürsten von Hessen-Kassel zu verdanken hatte; dem hatte es im Umgang mit den Rechten seiner Untertanen ganz offensichtlich an jener ›geheimnisvollen Erleuchtung‹ gefehlt, mit der FRIEDRICH WILHELM sich und seine Standesgenossen von Gott begnadet wähnte. Die preußische Staatsräson gebot dem König, sich gegen den österreichischen Zugriff auf einen Teilstaat der Union und gegen dessen Kurfürsten zu stellen und damit *nolens volens,* wohl oder übel, die Partei der ›Renitenz‹ in Hessen-Kassel zu ergreifen. Es widersprach aber seinen politisch-moralischen Grundüberzeugungen, sich gegen monarchische Autoritäten auf die Seite revolutionärer bürgerlicher Kräfte zu schlagen.

Letztlich offenbarte sich hier schlaglichtartig der innere Bruch in seinen nationalpolitischen Vorstellungen: Sein Unionsplan, mit dem er versuchte, die deutsche Einheit im wesentlichen auf der Grundlage von Gottesgnadentum und legitimistischer Ideologie zu erreichen, brachte ihn in die höchst unerwünschte Nähe zu bürgerlich-liberalen Kräften und in Gegensatz zum eigenen Staats- und Selbstverständnis sowie zur monarchischen Solidarität. Im holsteinischen Konflikt gab es aus seiner Sicht keine derart falsche Front, wenn er sich auf die Seite der Stände und der deutschen Nationalbewegung stellte. Denn dort ging es nicht um das ›heilige Recht‹ eines legitimen Monarchen, insbesondere nicht um die in Personalunion bestehenden herzoglichen Rechte des Dänenkönigs, sondern allein um die widerrechtliche Einverleibung der Herzogtümer in den dänischen Staatsverband, um eine chauvinistische Anmaßung also.

Im Falle Hessen-Kassel aber sah er sich vor die Entscheidung gestellt, Untertanen gegen ihren legitimen Fürsten von Gottes Gnaden zu unterstützen oder schwere Nachteile für Preußen und seine Interessen hinzunehmen. Friedrich Wilhelm IV. gab der Staatsräson den Vorrang und stellte sich darauf ein, dem Zugriff Österreichs auf Hessen-Kassel militärisch entgegenzutreten. Denn der Verlust des Kurfürstentums an die österreichische Einflußsphäre hätte nicht nur die Unionspläne vereitelt, sondern Preußens Staatsgebiet selbst gefährdet. Strategisch konnte Hessen-Kassel der Donaumonarchie als eine für Preußen bedrohliche Brücke von Süddeutschland über Hannover bis nach Holstein dienen und wichtige Verbindungen zwischen seinen östlichen und den westlichen Provinzen unterbrechen. Mit der Mobilmachung beider Seiten erschien auch im kurhessischen Konflikt der Kriegsausbruch unvermeidlich.

3. Rußlands ›Vermittlung‹; die Unionspläne scheitern in Olmütz

Der Konflikt der beiden deutschen Großmächte rief Rußland als Vermittler auf den Plan, jedoch nicht als uneigennützigen ›ehrlichen Makler‹, denn Zar Nikolaus I. sah die Interessen seines Reiches berührt. Als Garant der Gegenrevolution war er natürlicher Gegner der revolutionären Umtriebe in Hessen und Holstein, aber auch der – wenn auch noch so verwässerten – konstitutionellen Struktur der geplanten Union. Letztlich jedoch ging es ihm aus machtpolitischen Gründen darum, die Schaffung der Union, des vereinten kleindeutschen Bundesstaates, zu verhindern. Denn dieser hätte ihn seines preußischen Juniorpartners und seines bisherigen Einflusses auf die deutschen Mittelstaaten beraubt, hätte den innerdeutschen Dualismus beendet und so insgesamt Rußlands Möglichkeiten, in deutsche Verhältnisse einzugreifen, deutlich beschränkt. Aus diesen Gründen nahm der Zar Partei für Österreich und setzte Preußen unter Druck. Auch hier trat der rote Faden der vielfältigen, gegen einen gesamtdeutschen Staat in der Mitte Europas gerichteten Bemühungen der Nachbarmächte zutage, der die Entwicklung der deutschen Dinge seit den Tagen der Märzrevolution durchzog.

Nach umständlichen und langwierigen Verhandlungen begann Friedrich Wilhelm IV. nachzugeben, sehr zum Unbehagen der österreichischen Seite, denn Schwarzenberg wollte keinen friedlichen Kompromiß. Sein Ziel war es, den schwelenden Konflikt mit Preußen im Schlagabtausch einer abschließenden machtpolitischen Klärung in seinem Sinne zuzuführen und so den Boden für sein Projekt des ›70 Millionen-Reiches‹ zu bereiten. Darum heizte er die Spannungen an, indem er die Besetzung Kurhessens durch österreichische Truppen ankündigte und Preußen ultimativ aufforderte, sich aus dem Fürstentum zurückzuziehen.

Preußen ordnete, wohl mehr um sein Gesicht nicht ganz zu verlieren, kurzfristig die Generalmobilmachung an. In der Konvention von Olmütz vom 29. November 1850 jedoch kapitulierte es am Verhandlungstisch auf der ganzen Linie: Eingeschüchtert und ohne echten Durchsetzungswillen gab es sein holsteinisches und kurhessisches Engagement sowie seine gesamten Unionspläne auf, deren geistiger Vater, der Minister von Radowitz, entlassen wurde. Hinsichtlich einer Reform des Deutschen Bundes im Sinne Schwarzenbergs wurde in Olmütz keine Vereinbarung getroffen. Man vertagte sich insoweit auf eine Folgekonferenz, die jedoch ebenfalls ohne wesentliches Ergebnis für den Status quo in Deutschland blieb.

Damit war Friedrich Wilhelms IV. Versuch einer kleindeutschen Staatsgründung unter dem Banner monarchischen Gottesgnadentums, jenes »eigentümliche Nachspiel«[30] der Revolution, sang- und klanglos gescheitert, der Status quo ante des Dualismus wiederhergestellt, die nationale Einheit vertagt. Rußland konnte seine Interessen in Deutschland unter Ausnutzung des Gegensatzes zwischen Preußen und Österreich zum eigenen Vorteil weiterhin wirksam geltend machen und behielt seinen Einfluß auf die Mittelstaaten.

Schwarzenberg konnte sich in gewissem Sinne als Sieger von Olmütz betrachten. Während Preußen mit seinem Unionsplan gänzlich und endgültig gescheitert war, blieben für ihn alle Möglichkeiten offen, seinen 70 Millionen-Plan weiter zu verfolgen. Mehr als die Verhandlungsniederlage Preußens mit seiner Union hatte er sich von Olmütz ohnehin nicht erhoffen können. Seine eigenen Pläne, insbesondere die Einbeziehung des gesamten Wiener Vielvölkerstaates in den Deutschen Bund, waren nicht durchzusetzen gewesen. Von Rußland, das ja vom instabilen Gleichgewicht zwischen Preußen und Österreich profitierte, hatte Schwarzenberg kaum erwarten können, daß es in Olmütz Österreichs Hegemonie über ganz Deutschland zustimmte. Vermutlich war dies auch ein Grund für Schwarzenbergs unerbittlichen Konfrontationskurs bis zum Ende der Konferenz. Wären die Verhandlungen in Olmütz im Streit abgebrochen worden, so hätte ihm ein Krieg gegen Preußen, den er zu gewinnen hoffte, den gewünschten Erfolg ohne weiteres erbracht.

Die Konvention von Olmütz indes ließ den preußisch-österreichischen Konflikt ungelöst, signalisierte lediglich eine Atempause im Tauziehen der Rivalen, dessen Bandbreite auf beiden Seiten gleichermaßen offensive wie defensive Perspektiven umfaßte: Preußen hatte bereits mit der Gründung des Deutschen Zollvereins von 1834 einen wichtigen Schritt zur Einheit unter seiner Führung auf kleindeutscher Basis getan. Die Wahl des preußischen Königs durch die Paulskirche zum Kaiser der Deutschen im Frühjahr 1848 hatte, unbeschadet der Fehlreaktion des Gekürten, Preußens offensiven kleindeutschen Anspruch eindrucksvoll unterstrichen, den es seinerseits mit den im Ansatz bereits verwirklichten Unionsplänen vorangetrieben hatte. Unterstützt wurde dieser Anspruch massiv von einer, wenn auch nach dem Niedergang der Paulskirche vorübergehend entmutigten und desorganisierten, so doch latent wirkenden, kraftvollen national-liberalen politischen Strömung. Kurzum, Preußen drohte die insoweit defensive Donaumonarchie aus der deutschen Staatenwelt außerhalb Österreichs zu verdrängen. Andererseits jedoch befand es sich in der Defensive gegenüber SCHWARZENBERGS offensiven Hegemonialplänen eines 70 Millionen-Reiches, die Preußens Vormachtstellung in Norddeutschland und seinen Einfluß im gesamten kleindeutschen Bereich bedrohten, es selbst österreichischer Hegemonie zu unterwerfen trachteten.

Woran scheiterten die Unionspläne? Zu Anfang verfolgte FRIEDRICH WILHELM IV. sie mit einigem Eifer, dann aber zunehmend zögerlich und unentschlossen – ohne das Eisen zu schmieden, solange es heiß war, will sagen, solange die Unruhen in Ungarn und Oberitalien Österreichs Aufmerksamkeit und Kräfte gänzlich beanspruchten und die Furcht vor der Revolution die Monarchen der deutschen Mittel- und Kleinstaaten gefügig und zugänglich hielt. »Eine schnelle Ausnutzung der Lage im nationalen Sinne war vielleicht möglich, setzte aber klare und praktische Ziele und entschlossenes Handeln voraus. Beides fehlte«, urteilte BISMARCK später und fügte ergänzend hinzu, die günstige Zeit sei mit Erwägungen von Einzelheiten der künftigen Verfassung verlorengegangen, etwa der Frage des Gesandtschaftsrechts der deutschen Fürsten neben dem des Deutschen Reiches.[31] Das »tempus utile« (der geeignete Zeitraum) sei dilatorisch mit nebensächlichen Formfragen ausgefüllt worden, bis Österreich wieder stark genug gewesen sei, Sachsen und Hannover zum Rücktritt vom Dreikönigsbund zu bewegen.[32]

Der Druck der ›Vermittlung‹ des Zaren NIKOLAUS I. wirkte sich vermutlich um so stärker aus, als FRIEDRICH WILHELM diesen persönlich und als Monarchen durchaus schätzte und respektierte. Auch Erwägungen und Gefühle monarchischer Solidarität und der dem Hause Habsburg entgegengebrachten Ehrerbietung mögen ihn abgehalten haben, den Konflikt mit Österreich in den harschen Bruch kriegerischer Auseinandersetzungen einmünden zu lassen. Hinzu kam die altpreußisch-konservative Opposition im eigenen Lande, die Preußens Mediatisierung durch die Union befürchtete – und nicht zuletzt die eigene Abneigung des Königs gegen das Erfurter Unionsparlament und die von diesem verabschiedete Verfassung, wenn diese auch nur in Ansätzen liberale Züge trug.

Zu alledem kamen des Monarchen persönliche Wesenszüge der Unentschlossenheit und Nachgiebigkeit hinzu. Nicht zuletzt stellt sich hier auch die Frage nach dem wirklichen Gewicht seiner nationalen Motivation: FRIEDRICH WILHELMS reale Existenz war die eines regierenden Fürsten, der von seinen eigenen gottgebenen Rechten und denen aller seiner monarchischen Standesgenossen zutiefst überzeugt war. Das Nationalgefühl nimmt sich im Gesamtbild dieser Persönlichkeit fast wie ein Fremdkörper aus; entsprechend unbestimmt war es, wies romantisierend eher in die Welt von ›Germanias Sagenborn‹ als in die Gegenwart und die Zukunft. Ein solches Gefühl mochte leicht überfordert und schnell ermüdet sein. Ob FRIEDRICH WILHELM IV. nach der diplomatischen Kapitulation von Olmütz gar Erleichterung verspürte?

Vielleicht aber war es für die nationalen Belange der Deutschen sogar besser, daß die Unionspläne in Olmütz zu Grabe getragen wurden? Wie lebensfähig wäre der deutsche Bundesstaat nach dem Konzept FRIEDRICH WILHELMS IV. und des von RADOWITZ gewesen? Ein Zusammenbruch eines konzeptionell verfehlten deutschen Reiches alsbald nach seiner Gründung hätte sich für die staatliche Einheit auf lange Sicht politisch und psychologisch möglicherweise verhängnisvoll für Deutschland als Ganzes ausgewirkt, hätte auch bei den national-liberalen Kräften die Zweifel daran genährt, ob ein gesamtdeutscher Staat unter den vorgegebenen, historisch gewachsenen Verhältnissen überhaupt verwirklicht werden konnte. Vielen wäre er nach solch desaströser Erfahrung als ein illusionäres Wunschbild erschienen.

Hätte FRIEDRICH WILHELMS IV. Reich ein solider staatlicher Bau werden können? Es waren ausschließlich die breiten gesellschaftlichen Strömungen des bürgerlichen nationalen Liberalismus und der in ihren nationalpolitischen Tendenzen zumindest ebenso ausgeprägten Linken, die den nationalen Staat aus ureigenstem Bedürfnis und Interesse als die ihnen allein gemäße Organisationsform des deutschen Volkes anstrebten. Im Erfurter Unionsparlament aber war die Linke überhaupt nicht, der Liberalismus nur durch die sogenannten ›Gothaer‹ vertreten, die vor lauter konservativen Zugeständnissen an die monarchisch-legitimistischen Ordnungsvorstellungen als Liberale kaum mehr zu erkennen waren und denen überdies eigentlich nur eine freiheitliche Feigenblattfunktion im Staat zugedacht war. Das Deutsche Reich der Union wäre im Kern zunächst ein Staat des Hochadels und der Monarchen geworden, deren Interesse an feudaler Besitzstandswahrung er gleichwohl entgegengestanden und die er darum eher zu natürlichen Gegnern gehabt hätte. Unterstützung seitens der nationalliberalen bürgerlichen Schichten und der Linken hätte er kaum erwarten dürfen, denn er war nicht deren Staat, bildete nicht den erwünschten Rahmen für deren Lebensbedürfnisse.

Auf welche politischen Kräfte also hätte sich eine dauerhafte Existenz dieses deutschen Reiches stützen sollen? Allein auf das Nationalgefühl FRIEDRICH WILHELMS IV. etwa? Diese pessimistische, hypothetische Ex-post-Fragestellung ruft allerdings Gegenfragen hervor, die als ebenso berechtigt erscheinen: Warum hätte ein Unionsreich nicht entwicklungs- und wandlungsfähig sein sollen? Denkbar ist doch, daß sich die in seinem Territorium ja stark und zahlreich vertretenen demokratisch-parlamentarisch-konstitutionellen politischen Kräfte in ihm evolutionär durchgesetzt, es sich zu eigen gemacht und es in ihrem Sinne umgestaltet hätten. Bei stabilen zentralen staatlichen Strukturen preußischen Musters hätte es die in einer solchen Evolution unvermeidbaren Zerreißproben, insbesondere die zu erwartenden Konflikte mit den legitimistischen Herren und ihrem Anhang, durchaus unbeschadet überstehen können. Wie dem auch sei: Verfehlt wäre es jedenfalls, es der Donaumonarchie und dem Zarenreich als historisches Verdienst anzurechnen, daß sie das Unionsreich in Olmütz verhinderten, denn beide Mächte handelten hier aus eigensüchtigen Interessen zum Schaden der deutschen Nation.

Das Vorstehende erfordert bereits hier eine vorweggenommene Bemerkung zu Bismarcks Reich von 1871: Es läßt sich mit dem von Friedrich Wilhelm IV. projektierten Unions-Bundesstaat in maßgeblicher Hinsicht auch nicht ansatzweise vergleichen. Bismarck errichtete das Deutsche Reich in einem, wenn auch informellen, so doch materiell und faktisch mächtigen Bündnis mit den Kräften des bürgerlichen Liberalismus, dessen Ansprüche und Bedürfnisse der Kaiserstaat nach seiner Gründung in fast jeder Hinsicht auch vollauf befriedigte, wenngleich seine demokratisch-parlamentarische Struktur auch noch unvollkommen war.

4. Bismarcks Olmütz-Rede vom 3. Dezember 1850

In der Geschichtsliteratur wird im Zusammenhang mit Friedrich Wilhelms IV. Unionsbemühungen und mit der ›Punktation‹ genannten Konvention von Olmütz gern von einer Rede Bismarcks berichtet, die zwar für diese Vorgänge selbst historisch nicht belangvoll ist, wohl aber recht aufschlußreich hinsichtlich der politischen Maximen und der politischen Entwicklung dieses großen deutschen Staatsmannes. Daher soll die Rede auch hier an nämlicher Stelle Erwähnung finden.

Bismarck war damals als 35 Jahre alter Abgeordneter des preußischen Landtages von dem preußischen Kriegsminister von Stockhausen kurz vor der diplomatischen Kapitulation Preußens zu Olmütz gebeten worden, in der Frage des Konfliktes mit Österreich auf seine Kollegen des Berliner Abgeordnetenhauses mäßigend einzuwirken, da ein Krieg gegen Österreich derzeit aus militärischen Gründen nach Möglichkeit vermieden werden müsse.

Bismarck kam dem Ansinnen Stockhausens wenige Tage nach der Olmützer Entscheidung in seiner rhetorisch meisterhaften Rede vom 3. Dezember 1850 vor der Zweiten Kammer des Landtages nach. Es sei leicht, »mit dem populären Winde in die Kriegstrompete zu stoßen, und sich dabei an seinem Kaminfeuer zu wärmen oder von dieser Tribüne donnernde Reden zu halten und es dem Musketier, der auf dem Schnee verblutet, zu überlassen, ob sein System Sieg und Ruhm (erwerbe) oder nicht«. »Aber wehe dem Staatsmann«, der keinen Grund zum Kriege habe, der nicht auch nach dem Kriege noch stichhaltig sei. »Ich suche die preußische Ehre darin, daß Preußen vor allem sich jeder schmachvollen Verbindung mit der Demokratie entfernt halte, daß. . . dasjenige, was Preußen und Östreich nach gemeinschaftlicher unabhängiger Erwägung für vernünftig und politisch richtig halten, durch die beiden gleichberechtigten Schutzmächte Deutschlands gemeinschaftlich ausgeführt werde. . .« »Wie in der Union die deutsche Einheit gesucht werden soll, vermag ich nicht zu verstehen; es ist eine sonderbare Einheit, die von Hause aus verlangt, im Interesse dieses Sonderbundes einstweilen unsere deutschen Landsleute im Süden zu erschießen und zu erstechen«,[33] führte er weiter aus. Aus diesen Formulierungen spricht, es bedarf keiner näheren Erörterung, nicht der künftige Reichseiniger, sondern noch der altpreußisch-hochkonservativ orientierte junge Landedelmann Bismarck am Beginn seiner politischen Entwicklung.

An anderer Stelle der Rede aber klingt bereits eine Leitlinie seines späteren politischen Handelns an: »Die einzig gesunde Grundlage eines großen Staates, und dadurch unterscheidet er sich wesentlich von einem kleinen Staate, ist der staatliche Egoismus und nicht die Romantik, es ist eines großen Staates nicht würdig, für eine Sache zu streiten, die nicht seinem eigenen Interesse angehört.«[34] Hier und in gleichgelagerten späteren Äußerungen redete Bismarck nicht einer reinen, von sittlichen Bindungen freien, egoistischen Macht- und Interessenpolitik das Wort, fordert aber sinngemäß, die Politik solle sich nicht durch ideologische Scheuklappen und irrationale Voreingenommenheiten oder Vorlieben den Blick für die Interessen und den Nutzen des Staates verstellen lassen, deren realitätsbezogene Wahrnehmung die Pflicht eines jeden Staatsmannes sei. Diese Einstellung war es, die den preußischen Landedelmann Bismarck im Laufe der Zeit aus den prinzipienpolitischen Bindungen seiner hochkonservativen Ursprünge löste, die ihn mit dem Liberalismus paktieren und ihn Kontakte knüpfen ließ, die bei seinen altpreußischen Standesgenossen Befremden auslösten, wie etwa seine Verbindungen zu dem bonapartistischen Volkstribunen Napoleon III., dem Bankier Gerson Bleichröder oder dem Sozialdemokraten Ferdinand Lassalle.

C. Die 1850er Jahre: Reaktion, Stagnation, neue Ansätze

1. Reaktion und Deutschlandpolitik in den 1850er Jahren – Allgemeines

Die Zeit von 1849 bis Ende der 1850er Jahre wird gemeinhin als ›die Reaktion‹ bezeichnet. Hier soll sie verstanden werden als die Phase vom Sieg der Gegenrevolution in den deutschen Staaten bis zum Beginn des neuen Zeitabschnittes, der in Deutschland – nicht allein in Preußen – mit der Berufung des Kronprinzen WILHELM zum preußischen Prinzregenten anstelle des schwerkranken FRIEDRICH WILHELM IV. im Jahre 1858 einsetzte. Das Ende der Reaktion war zugleich durch die Wirkungen markiert, die der Italienische Einigungskrieg des Jahres 1859 auf die nationale Politik und das öffentliche Identitätsbewußtsein in Deutschland zeitigte.

Die ›Reaktion‹ war der Versuch der reetablierten konservativ-monarchischen Kräfte, die vormärzlichen Verhältnisse des Systems METTERNICH wiederherzustellen. Koordinierende Kraft dieser Politik war der wiederbelebte Deutsche Bund, der die Mitgliedsstaaten durch den Bundesreaktionsbeschluß von 1851 verpflichtete, die ›öffentliche Ruhe‹ zu gewährleisten, und der im Jahre 1854 ein Vereins- und Presserecht erließ, das ebenfalls der politischen Repression gegen liberale und nationale Bestrebungen diente. Konstitutionelle Zugeständnisse und demokratische Einrichtungen und Verfassungsänderungen des Jahres 1848 wurden allenthalben, teilweise staatsstreichartig, zurückgenommen, im monarchischen Prinzip verhaftete reaktionäre Verfassungen oktroyiert, die Beamtenschaft von politisch mißliebigen Personen ›gereinigt‹, die Volksschulen zur Erziehung frommer, schlichter und treuer Untertanen ihrer Fürsten angehalten. Die Obrigkeiten arbeiteten mit Polizeimaßnahmen auf eine gesellschaftliche Atmosphäre gleichgeschalteten Duckmäusertums hin.

Doch blieb vieles von alledem vergeblich. Es gelang den Herrschenden nur bedingt, die vormärzlichen Verhältnisse wiederherzustellen. Auch soziale Fortschritte wie die Befreiung der Bauern oder die Beseitigung von Adelsprivilegien blieben erhalten. Bei allen Rückschritten überdauerte in den meisten deutschen Ländern auch ein gewisser Bestand an Verfassungsstaatlichkeit.

Für die hier vorrangige Thematik des Weges zur deutschen Einheit ist die Bezeichnung des Zeitabschnittes als ›Reaktion‹ vielleicht weniger treffend. Für die nationale Frage waren die 1850er Jahre eher eine Phase der Stagnation, in der sich allerdings ansatzweise bereits bedeutsame Entwicklungen abzeichneten. Auch insoweit stand der Deutsche Bund im Vordergrund des Geschehens. In den Dresdener Verhandlungen, die vereinbarungsgemäß auf die Olmützer Konvention vom 29. November 1850 folgten und sich vom 23. Dezember 1850 bis zum 15. Mai 1851 hinzogen, verzichtete Preußen auf seinen Boykott gegen den 1850 von Österreich hergestellten Rumpfbundestag und forderte die vormaligen Mitglieder der gescheiterten Union am 23. März 1851 auf, die in Frankfurt am Main ansässige Institution gleichfalls wieder zu beschicken.

Damit war das verhaßte Repressionsinstrument aus der Zeit METTERNICHS im Status quo ante wiederhergestellt. Anders als in den Jahrzehnten der Restauration diente es nunmehr allerdings zugleich als Forum für die österreichisch-preußische Rivalität, die auf preußischer Seite kämpferisch durch Otto VON BISMARCK ausgetragen wurde. Beherrschte der Dualismus auch eindeutig die deutschlandpolitische Szene der 1850er Jahre, so brachte der sächsische Ministerpräsident Friedrich Ferdinand VON BEUST auch das Triasmodell wieder ins Gespräch, jene um einen als dritte deutsche Macht etablierten Zusammenschluß der Mittelstaaten erweiterte Variante des preußisch-österreichischen Dualismus, von der sich diese eine wirksamere Vertretung ihrer Interessen auf gleicher Augenhöhe mit den beiden deutschen Großmächten erhofften. Eine solche Schöpfung partikularistischer Staatskunst, die einen zusätzlichen innerdeutschen Block geschaffen und in der weiteren Entwicklung vielleicht sogar zur Bildung dreier Staaten auf deutschem Boden geführt hätte, blieb der Nation glücklicherweise erspart, denn die Mittelstaaten waren nicht fähig, ihre unterschiedlichen Interessen zu koordinieren und sich zu einigen.

2. Bismarcks Konfrontationspolitik gegenüber Österreich am Bundestag zu Frankfurt – kleindeutsche Weichenstellung

BISMARCK traf am 11. Mai 1851 zum Dienstantritt in Frankfurt ein und wurde am 15. Juli förmlich zum Gesandten beim dortigen Bundestag ernannt. Er war als überzeugter Exponent der preußischen Konservativen entsandt worden, die im Zeichen monarchischer Solidarität die partnerschaftliche Gemeinsamkeit mit Österreich suchten, nicht zuletzt zur Unterdrückung demokratischer und nationaler Bestrebungen in ganz Deutschland. »Preußen und Österreich Hand in Hand, Deutschland sonst außer Rand und Band!«[35] holperte ein zeitgenössischer altborussischer Reim.

Doch BISMARCK erkannte bald, daß Österreichs Bundespolitik, vertreten durch den Präsidialgesandten Leo Graf VON THUN, keineswegs auf das solidarische Zusammenwirken der beiden legitimistisch-konservativen deutschen Führungsmächte, sondern auf eigene Machterweiterung auf Kosten Preußens gerichtet war, das nach den Worten des Grafen THUN »der Erbschaft FRIEDRICHS DES GROSSEN entsagen«[36] und sich auf die Stellung eines Juniorpartners der österreichischen Präsidialmacht herabstufen lassen sollte. Mit Rücksicht auf die Verbundenheit der restaurativen Mächte hinter Österreich ins zweite Glied zurücktreten? – Das freilich wollten die altpreußischen Hochkonservativen nun auch nicht. So waren die vormärzlichen Zeiten, in denen der kontroverse Dualismus noch geruht und preußisch-österreichische Zweisamkeit demokratische, liberale und nationale oder sonst revolutionäre Bestrebungen in Deutschland einträchtig bekämpft und unterdrückt hatte, endgültige Vergangenheit. Die deutsche Frage hatte unabweisbar Eingang in die aktive Politik der beiden deutschen Großmächte gefunden, die ihre unvereinbaren Positionen in offener Rivalität gegeneinander austrugen. Preußen bleibe, so charakterisierte BISMARCK in seiner bildhaften Sprache damals die gesamtdeutsche Lage, »immer zu dick, um Östreich soviel Spielraum zu lassen, als es erstrebt. Unsere Politik hat keinen anderen Exerzierplatz als Deutschland. . . Wir atmen einer dem anderen die Luft vor dem Munde fort, einer muß weichen oder vom anderen ›gewichen werden‹«.[37]

BISMARCKS eigentliches Ziel während seiner Zeit als preußischer Gesandter am Bundestag zu Frankfurt (1851–59) war es, Österreichs hegemoniale Pläne zur ›Reform‹ des Deutschen Bundes im Sinne des ›70 Millionen-Reiches‹ und Wiens Vorrangstellung im Bundestag zu unterlaufen, Preußen als in deutschen und europäischen Dingen gleichberechtigte Großmacht neben den Wiener Kaiserstaat zu stellen und zugleich die Anerkennung Preußens als Hegemonialmacht über den norddeutschen Raum durchzusetzen. Seine Tätigkeit konzentrierte sich darauf, Österreichs Reformversuche, die fast sämtlich auf die eigene hegemoniale Stellung auch über Preußen und gegen einen gleichberechtigten Dualismus mit diesem abzielten, mit Obstruktion und Totalverweigerung zu bekämpfen – unbekümmert darum, ob er dabei in die politische Nähe des Liberalismus geriet.

Jahrzehnte später schildert BISMARCK, wie er in Frankfurt die Grundvorgaben seiner Entsendung bald als wirklichkeitsfremd erkannte und sich notgedrungen auf Konfrontationskurs mit dem österreichischen Rivalen begab: »Seit im Frankfurter Bundestage die dualistische Auffassung Östreich-Preußen, unter deren Eindruck ich dorthin gekommen war, dem Gefühl der Nothwendigkeit Platz gemacht hatte, unsre Stellung gegen präsidiale [österreichische] Angriffe und Überlistungen zu wahren, nachdem ich den Eindruck erhalten hatte, daß die gegenseitige Anlehnung von Östreich und Preußen ein Jugendtraum war, entstanden durch Nachwirkung der Freiheitskriege und der Schule, nachdem ich mich überzeugt hatte, daß das Östreich, mit dem ich bis dahin gerechnet, für Preußen nicht existirte: gewann ich die Überzeugung, daß auf der Basis der bundestäglichen Autorität nicht einmal die vormärzliche Stellung Preußens im Bunde zurückzugewinnen, geschweige denn eine Reform der Bundesverfassung möglich sein werde, durch die das deutsche Volk der Verwirklichung seines Anspruchs auf völkerrechtliche Existenz als eine der großen europäischen Nationen Aussicht erhalten hätte.«

BISMARCK schildert eine Begebenheit in Frankfurt, die einen Wendepunkt in seinen Ansichten bewirkte, und fährt fort: »Trotz der für preußisches Gefühl demüthigenden Inferiorität unsres Auftretens in Olmütz und Dresden war ich noch gut östreichisch nach Frankfurt gekommen; der Einblick in die SCHWARZENBERG'sche Politik ›avilir, puis démolir‹[38] (erst schwächen, dann vernichten), den ich dort actenmäßig gewann, enttäuschte meine jugendlichen Illusionen. Der gordische Knoten deutscher Zustände ließ sich nicht in Liebe dualistisch lösen, nur militärisch zerhaun; es kam darauf an, den König von Preußen, bewußt oder unbewußt, und damit das preußische Heer für den Dienst der nationalen Sache zu gewinnen, mochte man vom borussischen Standpunkte die Führung Preußens oder auf dem nationalen die Einigung Deutschlands als die Hauptsache betrachten; beide Ziele deckten einander.«[39]

Daß Bismarck von einer »deutschen Aufgabe« Preußens damals »nicht das Geringste wissen«[40] wollte, mag allenfalls für die Anfangszeit zutreffen, denn bei seinem Dienstantritt in Frankfurt lag seine Rede vom 3. Dezember 1850 vor dem preußischen Landtag, in der er die ›Olmützer Punktation‹ verteidigt und dabei eine rein preußisch-hochkonservative Position eines Zusammengehens mit Österreich bezogen hatte, ja kaum ein halbes Jahr zurück. Doch wandelte sich seine Einstellung bald, wie bereits die beiden letztangeführten Zitate zeigen. Gegen Ende seiner Frankfurter Zeit, im März 1858, fertigte er für den Nachfolger Friedrich Wilhelms IV., den Prinzen Wilhelm, schließlich eine umfangreiche Denkschrift, bekannt als »Das kleine Buch des Herrn von Bismarck«, in der er seine Auffassungen über die von Preußen zu verfolgende Deutschlandpolitik darlegte.

Das Memorandum war letztlich ein Extrakt seiner in Frankfurt gesammelten Erfahrungen. Bismarck führte sinngemäß aus, der Deutsche Bund sei einzig und allein ein Instrument der österreichischen Hegemonialbestrebungen. Eine Straffung und Zentralisierung des Deutschen Bundes diene nur dem Interesse desjenigen Staates, der im Bund die Vormacht innehabe und der daher in den Beschlüssen der Organisation seine eigene Politik durchsetzen könne; dieser Staat aber sei allein Österreich. Für Preußen sei daher im Deutschen Bund kein Raum. Man dürfe sich auch nicht davon blenden lassen, daß Österreich seine hegemoniale Machtpolitik im Bund als deutsche Politik ausgebe. Preußen müsse vielmehr eine eigenständige Deutschlandpolitik betreiben, seine »deutschen Gesinnungen« unabhängig vom Deutschen Bunde verwirklichen. Die Interessen Preußens nämlich seien mit denen der übrigen deutschen Länder, mit Ausnahme Österreichs, gleichgelagert. Bismarck wörtlich: »Die preußischen Interessen fallen mit denen der meisten Bundes*länder*, außer Österreich, vollständig zusammen, aber nicht mit denen der Bundes*regierungen*, und es gibt nichts Deutscheres als gerade die Entwicklung richtig verstandener preußischer Partikularinteressen.«[41] All dies lief bereits auf eine gegen Österreich gerichtete kleindeutsche Nationalpolitik Preußens im Bündnis mit dem liberalen Bürgertum hinaus.

Bismarcks durchgängige und konsequente Obstruktion jeglicher Reform des Deutschen Bundes im Sinne der Wiener Diplomatie war zuvörderst eine Reaktion auf Österreichs offensiv hegemoniale Deutschlandpolitik. Sie stellte zugleich aber auch die Weichen für die wachsende Entfremdung der beiden deutschen Großmächte und präjudizierte die kleindeutsche Lösung der nationalen Frage. Man müsse, so meint unter den Historikern der Gegenwart nicht allein Wolfgang J. Mommsen, heute wieder darüber nachdenken, ob diese Politik Bismarcks nicht in die falsche Richtung gewiesen habe.[42] Wer so oder ähnlich denkt, stellt aber letztlich die Frage, ob den Deutschen der eigene Nationalstaat nicht besser überhaupt versagt geblieben wäre. Denn der von Österreich unter der Regie SCHWARZENBERGS eingeschlagene deutschlandpolitische Weg wäre in das ›70 Millionen-Reich‹ oder in ein sonstiges mehr oder weniger loses Konglomerat souveräner, reaktionärer Partikularstaaten unter der Hegemonie der Donaumonarchie eingemündet, das sich zugleich beliebigen Nachbarmächten und ihren Koalitionen weiterhin als manövrierbare Masse ihrer Machtpolitik angeboten hätte. Unter keinen denkbaren Umständen hätte eine Umwandlung des Deutschen Bundes nach Maßgabe der österreichischen Zielvorgaben die Deutschen in einen modernen, nationalen Gesamtstaat geführt, den die geschichtliche Evolution der europäischen Staatenwelt und damit auch Deutschland vorzeichnete und der allein geeignet war, dem geeinten deutschen Volk eine gleichberechtigte und bevormundungsfreie Entwicklung zu gewährleisten.

Hätte die habsburgische Führungsmacht ein annehmbares, realistisches und zukunftweisendes Konzept eines geeinten Deutschland besessen, so könnte heute zu Recht die Frage gestellt werden, ob die Nation mit der kleindeutsch-preußischen, die deutschen Österreicher aussperrenden Lösung das richtige Los gezogen hat. Doch hat der Wiener Vielvölkerstaat bis zur kriegerischen Entscheidung von 1866 letztlich an den Grundlinien des SCHWARZENBERGschen Konzeptes festgehalten. Eine diskutable Alternative zwischen dem preußisch-kleindeutschen Weg und einer Lösung der deutschen Frage nach habsburgischem Muster bestand unter dem Gesichtspunkt des Lebensrechtes der deutschen Nation daher nur scheinbar. Ob man ein solches Recht in dem Sinne bejaht, daß diese beanspruchen durfte, sich in einem eigenen lebensfähigen, modernen Staatswesen zu organisieren, oder ob man der deutschen Nation *post festum*, im nachhinein, den Abstieg in ein Fürst SCHWARZENBERGsches Reich der Finsternis wünscht, ist allerdings eine andere Frage. Sie ist nicht geschichtswissenschaftlicher, sondern vorrationaler und persönlicher Natur – ist eine prä-rationale, individuelle politische Entscheidung, über die kaum sinnvoll diskutiert werden kann.

Insbesondere wäre der Hinweis auf den Deutsch-Französischen Krieg von 1870/71 und die beiden Weltkriege des 20. Jahrhunderts, die alle mit der deutschen Nationalstaatsgründung in ursächlichem Zusammenhang stehen, vor dem Hintergrund der in den vorangegangenen Jahrhunderten gemachten Erfahrungen mit den Folgen deutscher Schwäche in der Mitte Europas kein taugliches Argument. Der Dreißigjährige Krieg etwa wäre ohne den fortgeschrittenen Niedergang des schwachen alten Reiches ebenso wenig möglich gewesen wie die Eroberungszüge NAPOLEONS I. ohne den Auflösungszustand des Heiligen Römischen Reiches Deutscher Nation zu Beginn des 19. Jahrhunderts. Nichts spricht dafür, daß ein nach dem Zerfall der Heiligen Allianz von 1815 andauernder deutscher Zustand eines in sich spannungsgeladenen und instabilen, polymorphen Machtvakuums in Mitteleuropa auf längere Sicht nicht mindestens ebenso verhängnisvolle Folgen gehabt hätte wie die Reaktion der Nachbarmächte auf den neu hinzutretenden und konkurrierenden deutschen Nationalstaat.

3. Fürst Schwarzenbergs Offensive einer mitteleuropäischen Zollunion

Parallel zu seinen großösterreichischen staatspolitischen Plänen, die er im Deutschen Bund verfolgte, suchte SCHWARZENBERG sein Projekt des 70 Millionen-Reiches seit Olmütz auch auf dem Gebiet der Handels- und Zollpolitik vorzubereiten. Eine mitteleuropäische, auch das ganze Donauimperium einschließende Zollunion, deren Konzept der österreichische Handelsminister Karl Ludwig Freiherr VON BRUCK bereits im Mai 1850 in einer Denkschrift seines Ministeriums hatte formulieren lassen, sollte als einheitlicher Wirtschaftsraum und ökonomischer Unterbau die Vorstufe des angestrebten, von Wien geführten mitteleuropäischen Staatenbundes sein. Das Gebilde sollte durch den Beitritt des Donauimperiums einschließlich aller seiner nichtdeutschen Territorien zum Deutschen Zollverein zustande kommen. Preußen würde dann, so SCHWARZENBERGS Kalkül, seine Vormachtstellung im bisherigen Zollverein durch das Übergewicht des Kaiserstaates einbüßen und sich auch hier der österreichischen Hegemonie unterordnen müssen.

Nachdem Preußens kleindeutsche Unionspläne in Olmütz auf österreichisch-russischen Druck zu Grabe getragen worden waren, war nunmehr auch Preußens kleindeutschem Zollverein ein vergleichbares Schicksal zugedacht. Doch diesmal kam es anders, aus dem ›zollpolitischen Olmütz‹ wurde nichts. Zwar besaß der großösterreichische Zollunionsplan für die deutschen Mittelstaaten durchaus einige Anziehungskraft, waren sie im Zollverein doch bei allen wirtschaftlichen Vorteilen, die er ihnen brachte, der preußischen Vormacht unterworfen. So unterstützten insbesondere Bayern und Sachsen die Pläne BRUCKS und SCHWARZENBERGS (der zwischenzeitlich, am 5. April 1852, in Wien verstarb) und drohten, die 1853 auslaufenden vertraglichen Vereinbarungen über den Zollverein nicht zu verlängern. Preußen verhandelte verzögernd über das Beitrittsbegehren Österreichs und konnte es schließlich abwehren. Österreich gab nach einigem diplomatischem Hin und Her vorerst klein bei: Am 19. Februar 1853 schloß es mit dem Zollverein einen Zoll- und Handelsvertrag mit zwölfjähriger Laufzeit. Danach sollte der kleindeutsche Zollverein ohne Österreich fortbestehen, diesem jedoch Sonderkonditionen, insbesondere erleichterten Zugang zu seinen Märkten gewähren. Der vertraglichen Verlängerung der Laufzeit des Zollvereins ab 1854 stand damit nichts mehr im Wege.

Der eigentliche Grund für das Scheitern der Donaumonarchie mit ihrem Plan einer mitteleuropäischen Zollunion lag in der strukturellen wirtschaftlichen Rückständigkeit des Kaiserstaates gegenüber dem modernen, industrialisierten Preußen. Österreich hatte den Mittelstaaten keine wirtschaftlichen Vorteile zu bieten, die diejenigen des Deutschen Zollvereins hätten aufwiegen können. So blieb es zunächst auch in der zoll- und handelspolitischen Rivalität der deutschen Führungsmächte beim Status quo. Dieser war jedoch nur als Atempause gedacht; spätestens ab 1860, so war vereinbart, sollte über den Beitritt Österreichs weiterverhandelt werden.

4. Der Krimkrieg verbessert die Ausgangsposition für die deutsche Einigung

Bereits in den 1850er Jahren begann die Stagnation der nationalen Entwicklung in Deutschland sich langsam zu lösen. Anstöße hierzu von außen und ein tiefgreifender Wandel der gesamten internationalen politischen Landschaft waren es, die die Dinge wieder in Fluß brachten. Zar Nikolaus I. störte den nach den Revolutionsjahren 1848/49 wieder eingekehrten internationalen politischen Alltag, indem er sich, wie seine Vorgänger Peter der Grosse und die Kaiserin Katharina, des traditionellen russischen Dranges zum ›warmen Wasser‹, zu den südlichen Gestaden an Bosporus, Dardanellen und Balkan erinnerte. Der Besitz dieser Regionen hätte Rußland die Beherrschung der Ausgänge des Schwarzen Meeres zur Ägäis sowie die Vormacht im östlichen Mittelmeer und damit die Kontrolle weltweit wichtigster Verkehrswege eingebracht.

Die ideelle Rechtfertigung für sein expansives Vorgehen fand der Zar in seiner traditionellen Stellung als Schutzherr der ganzen othodoxen Christenheit. Von der Türkei, ›dem kranken Mann am Bosporus‹, forderte er die Anerkennung und Bestätigung dieses Schutzpatronats über alle orthodoxen Christen im Machtbereich der Pforte, also insbesondere auf dem Balkan. Das Osmanische Reich zeigte sich harthörig gegenüber dieser Herausforderung, denn der Sultan konnte auf britische Unterstützung rechnen. Der Zar besetzte daraufhin 1853 die Donaufürstentümer Walachei und Moldau. Hierauf folgte am 29. September 1853 die türkische Kriegserklärung. Im März 1854 vernichteten russische Kräfte die türkische Flotte im Schwarzen Meer. Am 28. März 1854 erklärten die Westmächte auf seiten der Türkei daraufhin Rußland den Krieg und landeten starke Streitkräfte auf der Krim an, nach der dieser Krieg benannt wurde, und belagerten die Festung Sewastopol, den Hauptstützpunkt der russischen Schwarzmeerflotte.

Englands Interesse an diesem Krieg war handfest und offensichtlich, denn Rußlands Vorgehen bedrohte die Vorherrschaft des britischen Imperiums im Mittelmeer, seine Stellung im Vorderen Orient und seine Verbindungslinien nach Indien. Frankreichs Teilnahme am kriegerischen Zusammenstoß des britischen und des russischen Imperialismus am südöstlichen Rande Europas hingegen ist weniger leicht nachzuvollziehen. Napoleon III., cäsaristischer Herrscher Frankreichs, war als ein unruhiger, unberechenbarer und ehrgeiziger Politiker angetreten. Er erstrebte die französische Hegemonie über Kontinentaleuropa, indem er sich im Gewande des Fortschritts zum Schutzherrn, Förderer und Hort der nationalen Bewegungen Europas aufwarf. Allerdings konnte der Kaiser der Franzosen, der im Krimkrieg auf seiten des despotischen Sultans gegen Rußland focht, das als reaktionäre Führungsmacht doch immerhin für nationale und kulturelle Freiheiten der christlichen Balkanvölker zu kämpfen vorgab, nicht einmal propagandistischen Lorbeer auf seinem ureigensten ideologischen Felde gewinnen.

Und doch mag seine Rechnung aus seiner Sicht aufgegangen sein, für die ein Zugewinn an Prestige hohen Stellenwert besaß: Denn der Ausgang des Krieges – Rußland mußte auf seine Seemachtstellung im Schwarzen Meer verzichten und die Donaumündungen sowie das südliche Bessarabien abtreten – brachte ihn auf die Siegerseite. Und es war Paris, die Hauptstadt seines Landes, in der die Friedensverhandlungen über diesen allerdings auch für Frankreich äußerst blutig verlaufenen Krieg am 30. März 1856 zum Abschluß kamen. NAPOLEON III. hatte die Friedensverhandlungen leiten dürfen; man war auch seinem Vorschlag gefolgt, aus den umstrittenen Donaufürstentümern das neue Fürstentum Rumänien zu bilden. Er galt in Europa nunmehr als Schiedsrichter und konnte sich dieser Ehre auch einige Jahre lang erfreuen. Die ersehnte kontinentale Hegemonie oder sonstige greifbarere Vorteile für sein Land jedoch brachte das Krim-Abenteuer ihm nicht.

Die Parteien des Krimkrieges suchten die deutschen Staaten jeweils auf ihre Seite zu ziehen, wobei es den Westmächten, die mangels eines näheren und geeigneteren Schlachtfeldes ihre Truppen auf der fernen Krim anlanden mußten, nicht nur um Verstärkung ihrer militärischen Kräfte ging: Ihnen fehlte Mitteleuropa als Aufmarschgebiet und Kriegsschauplatz, der es ihnen ermöglicht hätte, Rußland aus der Weite des Raumes an seiner Westgrenze anzugreifen. Für Deutschlands Ringen um den eigenen Staat war der Krimkrieg innnenpolitisch bedeutsam, weil er half, im Bewußtsein der Öffentlichkeit in nationaler Hinsicht die Fronten zwischen Preußen und Österreich zu klären. Noch gewichtiger aber für die künftige deutsche Einheit waren seine außenpolitischen Folgen, denn er veränderte das politische Beziehungsgeflecht der europäischen Mächte von Grund auf und schuf so langfristig eine internationale Lage, die der späteren Staatsgründung BISMARCKS günstig war.

In Preußen gab es zeitweilig Kräfte, die hofften, im Gegenzug für eine Unterstützung der Westmächte gegen Rußland mit englischer Hilfe die Unionspläne wiederaufgreifen zu können. Ohnehin gegen den zaristischen Konservativismus eingestellt, sahen sie zugleich eine Gelegenheit, Rußlands Machtentfaltung einzudämmen und es für seine antideutsch-preußische Rolle in Olmütz zu bestrafen. Andererseits aber machten sie Vorbehalte gegen den Durchmarsch französischer Truppen durch deutsches Gebiet geltend, was den Wert eines Bündnisses mit Preußen für die Westmächte relativiert hätte. Überdies beabsichtigten sie, das ebenfalls auf westlicher Seite stehende Österreich mit Duldung der Westmächte, denen sie Preußen als den besseren Bündnispartner andienen wollten, aus dem Deutschen Bunde herauszudrängen.

Diese in sich widerspruchsvolle Politik jedoch konnte sich nicht durchsetzen. Es lag nicht im Interesse der Westmächte, die pro-westliche Donaumonarchie zu düpieren, um ersatzweise die Unterstützung Preußens zu gewinnen. Die Exponenten einer solchen preußischen Politik, der Kriegsminister Eduard VON BONIN und der preußische Botschafter in London Karl Josias Freiherr VON BUNSEN, fielen in Ungnade und wurden im Frühjahr 1854 entlassen. Der preußische König sah keinen Grund für eine Parteinahme im Krimkrieg. Sein Interesse war es, nicht in den fernliegenden kriegerischen Konflikt um Balkan, Bosporus und Dardanellen hineingezogen zu werden.

Für die Politik Österreichs im Krimkrieg waren seine Stellung gegenüber Rußland und seine Beziehungen zu den Westmächten, die es neu gestalten wollte, sowie seine imperialen Interessen auf dem Balkan und in Oberitalien die bestimmenden Faktoren. Es sah durch Rußlands Vorstoß auf den Balkan seine dortigen eigenen Positionen bedroht. Zudem widersprach Rußlands Absicht, die Nationen des Balkan von türkischer Herrschaft zu befreien, grundsätzlich der Staatsräson der multi- und daher antinationalen Donaumonarchie, die überdies danach strebte, sich aus der bisherigen Bindung an die östliche Vormacht zu lösen. So wartete Zar NIKOLAUS vergeblich auf Österreichs Waffenbrüderschaft, auf den, wie damals ein geflügeltes Wort sagte, »Dank des Hauses Habsburg« für die Hilfe, die Rußland dem Wiener Kaiserstaat bei der Niederwerfung der Revolution in Ungarn hatte angedeihen lassen. Ein bitteres, dauerhaftes Zerwürfnis zwischen den beiden Reichen war die Folge.

Indes war Österreichs Parteinahme für die Westmächte ebenfalls von einem Interessengegensatz belastet, denn das von NAPOLEON III. als Fanal geschwungene Banner der Befreiung aller Nationen berührte nicht minder die Staatsräson des Wiener Imperiums. Konkret bedrohte Frankreich durch Unterstützung der italienischen Freiheitsbewegung Habsburgs Position in Norditalien. Gleichwohl entschied sich Österreich für eine pro-westliche Haltung mit dem Ziel, Rußland durch militärischen Druck zum Einlenken zu bewegen. Durch ein Ultimatum – freilich bei gleichzeitiger mäßigender Einwirkung auf die Pforte – veranlaßte es den Zaren, die von ihm besetzten Donaufürstentümer zu räumen. Mit bedrohlichen Truppenkonzentrationen in den Grenzregionen band es zudem starke russische Kräfte. Am 2. Dezember 1854 näherte sich Österreich dem unmittelbaren Kriegseintritt um einen weiteren Schritt: Es schloß einen Bündnisvertrag mit den Westmächten ab und stellte ihnen in Aussicht, auch aktiv in die Kampfhandlungen gegen Rußland einzugreifen, falls dieses nicht nachgebe. Doch schreckte es letztlich vor dem heißen Krieg mit der östlichen Großmacht zurück, so daß Mitteleuropa von der Kriegsfurie verschont blieb.

Um seiner pro-westlichen Politik des miliärischen Druckes auf Rußland mehr Gewicht und Nachdruck zu verleihen und sich zugleich gegen das eingegangene Risiko eines existenzbedrohenden militärischen Schlagabtausches mit der östlichen Großmacht rückzuversichern, versuchte Österreich, den politischen und militärischen Beistand des Deutschen Bundes und insbesondere Preußens für seine Zwecke zu mobilisieren. So gelang es Wien, den Bund im Frühjahr 1854 auf die

Unterstützung seiner Pression gegen Rußland festzulegen und Preußen für den Fall einer kriegerischen Verwicklung zu militärischer Hilfe zu verpflichten. Am 20. April 1854 schlossen Österreich und Preußen ein Schutz- und Trutzbündnis, nach welchem Preußen erforderlichenfalls binnen 36 Tagen 100 000 Mann bereitzustellen und sein Kontingent notfalls auf 200 000 Mann aufzustocken hatte. Auch beteiligte sich Preußen im Sommer 1854 an dem erwähnten Ultimatum an Rußland, die Donaufürstentümer zu räumen.

Doch herrschte die Einigkeit im Deutschen Bund nur an der Oberfläche. Tatsächlich bestand ein tiefgreifender Interessengegensatz zwischen der Donaumonarchie und den übrigen Mitgliedern des Bundes, der scharf zutage trat, als Wien sich mit dem Bündnisvertrag vom 2. Dezember 1854 auch förmlich ganz ins westliche Lager schlug und in der Folge von den übrigen deutschen Staaten unter Berufung auf deren Bundesverpflichtungen verlangte, zu mobilisieren und sich seinem militärischen Oberbefehl zu unterstellen. Unter Ausnutzung der von ihm selbst durch sein Engagement im Krimkrieg für Mitteleuropa geschaffenen militärischen Bedrohungslage versuchte der Kaiserstaat hier unverblümt, seinen gesamtdeutschen Hegemonialanspruch rücksichtslos durchzusetzen.

Preußen und alle anderen deutschen Staaten des Bundes lehnten es jedoch ab, sich von Österreich für dessen Belange in das blutige Ringen hineinziehen zu lassen. Sie waren weder am Balkan, noch an der Neutralität des Schwarzen Meeres und seiner Ausgänge, noch an einer Stützung der Türkei oder an einem Krieg gegen Rußland interessiert. Ebensowenig waren sie gewillt, einer militärischen Allianz mit Frankreich beizutreten, der Macht, die notorisch und nahezu unausgesetzt die deutschen Westgrenzen bedrohte. Das vitale Interesse der deutschen Staaten außerhalb Österreichs war es vielmehr, ihre Neutralität zu wahren. Nur für dieses Ziel waren sie erklärtermaßen auch bereit zu kämpfen. Die Donaumonarchie hingegen wollte die deutsche Neutralität unterlaufen und sich Preußen und die anderen Bundesstaaten zur Unterstützung der eigenen übernationalen Großmachtinteressen dienstbar machen.

Für die Staaten des Deutschen Bundes und für die deutsche Öffentlichkeit wurde es überdeutlich: Die Interessen des rein deutschen Staates Preußen deckten sich mit denjenigen der übrigen deutschen Länder mit Ausnahme Österreichs; BISMARCK konnte sich aktuell in seinem Kernsatz bestätigt fühlen. Die übernationalen Interessen der Donaumonarchie hingegen waren auf europäischer Ebene angesiedelt, mit den deutschen Interessen insgesamt und denen der Einzelstaaten nicht dekkungsgleich und in der Frage der Neutralität im Krimkrieg unvereinbar. So gewann Preußens kleindeutscher Führungsanspruch deutlich an Überzeugungskraft: Denn ohne seine Rückendeckung hätten sich die Mittelstaaten dem österreichischen Anspruch und Druck kaum widersetzen können.

Welch nichtigen Stellenwert deutsche Interessen als solche für die Donaumonarchie hatten, zeigt schlaglichtartig eine Erwägung ihres Außenministers BUOL (Karl Graf VON BUOL-SCHAUENSTEIN) angesichts der Tatsache, daß sich Preußen nicht für seine Politik einspannen ließ: Österreich solle, so meinte er zynisch, Preußen auf die Seite Rußlands treiben und es dann mit französischer Hilfe niederringen. Österreich könne sich dann Schlesien nehmen, Sachsen werde (durch Rückgabe der 1815 abgetrennten preußischen Provinz Sachsen) wiederhergestellt, und Frankreich könne sich die Rheinlande nehmen – was liege daran, ob diese deutsch oder französisch seien.

Für die innere Entwicklung Deutschlands lag die nationalpolitische Bedeutung des Krimkrieges also in einer wachsenden Desillusionierung des großdeutsch eingestellten Teiles der Öffentlichkeit und der Regierungen der deutschen Mittel- und Kleinstaaten über die wahre Natur der Machtpolitik der Donaumonarchie sowie in der Festigung des deutschen Führungsanspruchs Preußens.

In Europas Staatenwelt hinterließ der Krimkrieg überdies neue Perspektiven für die deutsche Einigung, einen neuen Freiraum für die preußische Politik, die sich in den folgenden anderthalb Jahrzehnten auf die Gründung des kleindeutschen Nationalstaates hinbewegte. Die Solidargemeinschaft der konservativ-legitimistischen östlichen Mächte Rußland, Österreich und Preußen war zerbrochen. In Olmütz hatten Rußland und Österreich gemeinsam durch massiven Druck Preußens nationale Pläne vereitelt. Im Krimkrieg war auch die russisch-österreichische Partnerschaft langfristig zu Bruch gegangen; Rußland war durch den Krimkrieg geschwächt und isoliert. Einen Einfluß auf die deutschen Dinge konnte es allenfalls noch über Preußen nehmen; seine vorteilhafte Position als Schiedsmacht über den deutschen Dualismus war dahin.

Auch die Donaumonarchie war isoliert. Mit ihrer bedingten Parteinahme hatte sie auch im Westen keine Freunde gewonnen, denn die dort in sie gesetzten Erwartungen hatte sie nicht erfüllt. England und Rußland waren langfristig verfeindet, denn ihr imperialer Konflikt im Südosten überdauerte naturgemäß den Krimkrieg. Einander argwöhnisch beäugend, richteten sie ihre Blicke mehr auf den Bosporus und das Schwarze Meer als auf Schleswig-Holstein, den Belt und unerwünschte deutsche Einigungsbestrebungen. Zudem betrachtete Britannien die hegemonialen Bemühungen seines französischen Waffenbruders von Sewastopol, die sich im Italienischen Krieg von 1859 offenbarten und auch die deutschen Staaten bedrohten, mit wachsendem Unbehagen. Kurzum: Von der 1815 durch den Wiener Kongreß festgefügten Ordnung der Heiligen Allianz, die für lange Zeit Deutschlands Zersplitterung besiegelt hatte, war nichts geblieben. Die zwischenstaatlichen Beziehungen befanden sich im Fluß, eine wie auch immer geartete *entente cordiale* der etablierten Mächte gegen den deutschen Neuankömmling war nicht in Sicht, und Preußens deutschlandpolitischer Handlungsspielraum war größer als je zuvor. In einem gern benutzten Bild wird von einem Wellental gesprochen, das sich im Gefolge des Krimkrieges in Europa aufgetan und das große Mächte um einiges kleiner und die kleinen um vieles größer habe erscheinen lassen.[43]

D. Im Vordergrund die deutsche Frage – von 1858 bis 1864

1. Die »Neue Ära«

Am 26. Oktober 1858 übernahm Kronprinz WILHELM anstelle des unheilbar erkrankten FRIEDRICH WILHELM IV. die Regentschaft in Preußen. Der König war nicht, wie bisweilen von der Geschichtsschreibung überliefert, geisteskrank; er litt an den Folgen eines Schlaganfalls und war »dispositionsfähig, aber regierungsunfähig«.[44] Der Prinzregent, als WILHELM I. nachmaliger preußischer König und späterer deutscher Kaiser bis 1888, war zielstrebiger, praktischer und nüchterner als sein Bruder FRIEDRICH WILHELM IV. Im Preußentum verwurzelt und von soldatischer Wesensart, neigte er einem gemäßigten und konservativen Liberalismus zu. In dieser zugleich englandfreundlichen, ›Coburgischen‹ Tendenz wurde er nach Kräften von seiner Ehefrau AUGUSTA von Sachsen-Weimar und deren Familie bestärkt. WILHELM I. war kein Hohenzoller vom Schlag des Großen Kurfürsten, FRIEDRICHS DES GROSSEN oder auch nur des Soldatenkönigs FRIEDRICH WILHELM I., doch kennzeichneten Pflichtbewußtsein, gesunder Menschenverstand und menschlicher Anstand den persönlich bescheidenen preußischen Aristokraten. Mit BISMARCKS Wirken seit 1862 schicksalhaft verbunden, war er für diesen der Monarch, der den Mut hatte zu befehlen, was BISMARCKS Politik ihm nahelegte.

Der Regierungsantritt des Prinzregenten, der seinem Bruder erst gut 2 Jahre später, am 2. Januar 1861, als König auf den Thron Preußens folgte, markierte eine neue Ausrichtung der preußischen Politik, der WILHELM in einer programmatischen Rede die Bezeichnung »Neue Ära« verlieh. Ein konkretes Programm mit deutlich umrissenen Alternativen stellte die Neue Ära nicht dar. Bei überwiegend gutgemeinten, doch recht eklektisch zusammengefügten Grundmotiven blieb vieles Phrase, war unklar, verschwommen und in sich widersprüchlich. Innenpolitisch war von weiser Gesetzgebung, Hebung aller sittlichen Elemente, von gesunden, kräftigen, konservativen Grundlagen des Staates die Rede. Die Kräfte des bürgerlichen Liberalismus und die Monarchie sollten aufeinander zugehen, die Versöhnung und den Kompromiß miteinander suchen. Die Religion dürfe nicht als Deckmantel der Politik herhalten. Reformen sollten den berechtigten Forderungen der Zeit Rechnung tragen. Das Heer sollte reformiert, Schulen und Universitäten gefördert werden. WILHELM setzte eine neue, liberal-konservative Regierung zur Verwirklichung seiner politischen Vorstellungen ein. Er selbst leistete entgegen der ausdrücklichen testamentarischen Anordnung seines ungeschmälert legitimistisch verhafteten Vorgängers bei seinem Amtsantritt auch den Eid auf die Verfassung, die, so gestand er zu, ja nun einmal vorhanden sei und mit der man leben müsse.

Zur nationalen Politik der »Neuen Ära« hieß es merkwürdig nebelhaft, Preußen müsse »in Deutschland moralische Eroberungen machen«. Dies solle vorwiegend durch seine innenpolitische Vorbildlichkeit und seine sittlich hochstehenden Ideale geschehen – die Welt müsse wissen, daß Preußen überall das Recht zu schützen bereit sei. Etwas konkreter war die Absicht, »Einigungselemente wie den Zollverband (Zollverein) zu ergreifen«. Hinter alledem stand ein bei dem Prinzregenten WILHELM durchaus lebendiges Nationalbewußtsein. Er sympathisierte mit den Einigungsvorstellungen der kleindeutsch-preußischen Richtung. Die demütigende Niederlage von Olmütz hatte ihn persönlich getroffen. Während des Krimkrieges hatte er auf seiten der dann gescheiterten anglophilen Befürworter eines preußischen Engagements für die Partei der Westmächte gestanden, weil er auf die Unterstützung Englands für eine kleindeutsche Lösung gehofft hatte. Gemäßigt national, bejahte er den »deutschen Beruf« Preußens im Sinne des liberalen Bürgertums. Doch war auch er innerlich noch tief im monarchistisch-legitimistischen Bewußtsein, in brüderlicher Solidarität mit den anderen deutschen Fürsten und dem habsburgischen Kaiser sowie im angestammten preußischen Partikularismus verwachsen. Seinen inneren Zwiespalt zwischen den liberalen, nationalen Tendenzen und den reaktionären Wurzeln hat er bis zur Reichsgründung nicht aufzulösen und zu bewältigen gewußt; der klaren kleindeutschen Linie der preußischen Politik hat BISMARCK bei ihm gelegentlich in bitteren Auseinandersetzungen Geltung verschaffen müssen.

Auch im Deutschen Bund setzte Preußen in der Neuen Ära auf Kompromiß. Ziel seiner amtlichen Politik war hier die mit Österreich gleichberechtigte, gemeinschaftliche Führungsrolle: In brüderlicher Eintracht sollten Preußen und Österreich die Geschicke der Nation lenken. Überdies sollte Wien Preußens Vormachtstellung nördlich der Mainlinie respektieren. Das Bundespräsidium sollte zwischen den beiden Hegemonialmächten abwechseln, die sich überdies in allen den Bund und seine Mitglieder betreffenden Fragen im Vorfeld der Entscheidung des Bundestages miteinander verständigen sollten. Der Bund sollte überdies eine gegenüber der französischen Bedrohung taugliche Kriegsverfassung erhalten.

Mit solchen Vorstellungen und Zielsetzungen war BISMARCK bereits ein Jahrzehnt zuvor als Gesandter Preußens am Bundestag nach Frankfurt gereist, hatte dort aber bald feststellen müssen, daß die österreichische Diplomatie keine Politik gleichberechtigter Kooperation wollte und zuließ. Folgerichtig hatte er sich daher auf die Obstruktion des österreichischen Reformkurses im Bunde verlegt. Die auf Erfahrung begründete Politik BISMARCKS am Bundestag gegenüber Österreich war nun, unter den Auspizien der »Neuen Ära«, nicht mehr gefragt. BISMARCK wurde als Gesandter nach St. Petersburg versetzt oder, wie er wohl zu Recht argwöhnte, abgeschoben. Verdientermaßen jedoch blieb es der preußischen Politik in der Folgezeit nicht erspart, BISMARCKS Erfahrungen in Frankfurt zu wiederholen. Zwar gab es auch auf österreichischer Seite gelegentlich Anzeichen für Kooperationsbereitschaft auf gleichberechtigter Ebene. Doch kamen für Wien letztlich eine einträchtige gesamtdeutsche Zweiherrschaft mit Preußen, eine Teilung der Einflußsphären im Lande und ein Verzicht auf den eigenen hegemonialen Anspruch auf ganz Deutschland als Lösungsmodell für die nationale Frage bis Königgrätz nie wirklich ernsthaft in Betracht.

Auch die Triasvorstellungen spielten in den Jahren der preußischen »Neuen Ära« weiterhin eine gewisse Rolle in Deutschland. Beauftragte der Mittelstaaten trafen sich zu regelmäßigen Kontakten in Würzburg. Ihre Regierungen waren an wesentlichen Änderungen im Bunde nicht interessiert, sahen aber die Notwendigkeit gewisser Reformen, etwa Vereinheitlichungen im Rechtswesen. Der sächsische Ministerpräsident von Beust machte 1861 mit dem Vorschlag auf sich aufmerksam, dem Deutschen Bund eine Exekutive in Form eines »Triumvirats« beizugeben, ein dreiköpfiges Führungsgremium also, in dem die zusammengeschlossenen Mittelstaaten, Preußen und Österreich gleichberechtigt vertreten waren. Ferner bereicherte er die Diskussion durch die Idee, der Nationalbewegung ein politisches Almosen in Form eines Quasi-Parlamentes auf Bundesebene zukommen zu lassen, das aus entsandten Abgeordneten der partikularen Landtage bestehen sollte. Aus alledem wurde auch diesmal nichts, denn wie zuvor waren die auseinander strebenden Interessen der einzelnen Mittelstaaten stärker als das gemeinsame Anliegen. Überdies strebte Bayern die Führungsrolle unter den Mittelstaaten an, die ihm die anderen nicht gönnten.

Insgesamt brachte die »Neue Ära« in Preußen, aber auch in den übrigen deutschen Staaten, einen neuen Aufbruch der nationalen Bewegung. Die deutsche Frage schob sich wieder in den Vordergrund der Politik, des Bewußtseins der Menschen, der Öffentlichkeit. Diesem Einfluß konnten sich auch die Regierungen nicht entziehen. Der Liberalismus habe, schreibt Bismarck über jene Zeit im Vorfeld des Dänischen Krieges 1864, »einen Druck auf die Fürsten (ausgeübt), der sie zu Concessionen für das Reich geneigter machte«. Und in diesem Sinne weiter: Es sei »nicht wahrscheinlich, daß Kaiser Wilhelm als Regent und später als König auf dem Wege, den er zuerst unter dem Einflusse seiner Gemahlin mit der neuen Aera betreten [habe], je dahin gebracht worden wäre, das zur Erreichung der Einheit Nothwendige zu thun, indem er dem Bunde absagte und die preußische Armee für die deutsche Sache einsetzte. Auf der anderen Seite aber [sei] es auch nicht wahrscheinlich, daß er ohne seine vorhergehenden Versuche und Bestrebungen in liberaler Richtung. . . in die Wege zum dänischen und damit zum böhmischen Kriege hätte geleitet werden können. . . Die holsteinische Frage, der dänische Krieg, Düppel und Alsen, der Bruch mit Östreich und die Entscheidung der deutschen Frage auf dem Schlachtfelde: in dieses ganze Wagesystem wäre er ohne die schwierige Stellung, in die ihn die neue Aera gebracht hatte, vielleicht nicht eingegangen«.[45]

Bismarck dürfte die Macht des Liberalismus, der im damaligen Sprachgebrauch ohne weiteres die Nationalbewegung einschloß, sowie dessen Bedeutung für die deutsche Einigung kaum überschätzt haben, denn er stand dieser politischen Strömung mit deutlicher, oft sarkastischer Distanz gegenüber (»Wenn auch durch Landtagsbeschlüsse, Zeitungen und Schützenfeste die deutsche Einheit nicht hergestellt werden konnte. . .«[46]). Und er überzeichnete auffällig weit und oft die »deutsche Gesinnung« der Fürstenhöfe und deren vermeintliche Bedeutung für die Gründung des deutschen Nationalstaates. Um so bemerkenswerter erscheint es, wie er hier die maßgebliche Einwirkung des Liberalismus auf die deutschen Fürsten im allgemeinen und WILHELM I. im besonderen sowie auf die weitere Entwicklung zur Einheit schildert und wie er bei der Darstellung der fortwirkenden Einflüsse der »Neuen Ära« auf den preußischen Monarchen einen weiten Bogen über den Dänischen Krieg 1864, den ›böhmischen‹ Krieg 1866 und den Krieg 1870/71 schlägt.

Letztlich waren es die nationalen und freiheitlichen Strömungen des Vormärz und der Revolution des Jahres 1848, die sich, erholt von der Resignation ihrer Niederlage gegenüber der Gegenrevolution, in der Zeit der preußischen »Neuen Ära« in ganz Deutschland wieder deutlicher und politisch wirksamer zur Geltung brachten und der Entwicklung der Dinge bis zur Reichsgründung Schubkraft und Richtung verliehen. Mit dem Ende der achtzehnhundertundfünfziger Jahre ging eine allgemeine Politisierung des Volkes im nationalen Sinne einher. Das Vereinsleben blühte auf, vielfach durchwirkt und motiviert von vaterländischem Gedankengut. Volksfeste, Umzüge, Schützenfeste, Gedenkfeiern aller Art wurden zu patriotischen Gemeinschaftserlebnissen, anläßlich derer man die deutsche Gesinnung bekennen konnte. Der hundertste Geburtstag Friedrich SCHILLERS am 10. November 1859 gab Anlaß und Gelegenheit, den Dichter auf zahlreichen Festveranstaltungen im ganzen Land als literarischen Wegbereiter der deutschen Einheit zu feiern. Dabei war die Verehrung für den genialen Schwaben keineswegs auf die gebildeten Schichten beschränkt. Man mußte nicht alle seine Werke gelesen haben, um in ihm eine Symbolfigur der Nation verehren zu können.

2. Der Italienische Krieg 1859 und die hegemonialen Pläne Napoleons III.

Wie dringlich es war, die deutsche Frage endlich zu lösen, die Einheit allein schon als unverzichtbare sicherheitspolitische Notwendigkeit für die ganze Nation zu verwirklichen, brachte eindrücklich der Italienische Krieg des Jahres 1859 ins Bewußtsein der Deutschen.

Zum Kerngeschehen dieses Konfliktes: Im Jahre 1848 war es der habsburgischen Fremdherrschaft gelungen, die revolutionäre italienische Nationalbewegung in Norditalien militärisch zu besiegen. Einen staatlich organisierten nationalen Rückhalt besaß das italienische Volk nur in Sardinien-Piemont, das von dem einheimischen Grafen Camillo CAVOUR als Ministerpräsidenten regiert wurde. Dieser teilte die Ziele der italienischen Freiheitsbewegung, konnte sich aber allein mit seinen geringen Machtmitteln nicht auf einen Befreiungskampf gegen die Donaumonarchie einlassen. Die erforderliche militärische Unterstützung erhielt er im Jahre 1859 von NAPOLEON III. Am 20. Juli 1858 hatten Frankreich und Sardinien-

Piemont in Plombières ein Offensiv-Bündnis gegen Österreich geschlossen. Wegen der nachfolgenden offensichtlichen Kriegsvorbereitungen auf der Gegenseite stellte Wien ein Ultimatum und eröffnete den Krieg am 29. April 1859 . Nach schweren Niederlagen gegen die italienisch-französischen Streitkräfte unter dem französischen Marschall MAC-MAHON am 4. Juni 1859 bei Magenta in der Provinz Mailand und am 24. Juni 1859 bei Solferino in der Provinz Mantua schlossen Frankreich und Österreich, obgleich der Krieg militärisch noch keineswegs entschieden war, am 11. Juli 1859 in Villafranca di Verona einen Vorfrieden. Österreich trat die Lombardei an Frankreich ab, das sie seinerseits an Sardinien-Piemont weitergab. Venetien hingegen blieb – für wenige Jahre noch – unter österreichischer Herrschaft. Frankreich erhielt von seinem Bündnispartner Piemont-Sardinien Nizza und Savoyen als ›Kompensationen‹, ohne die mit NAPOLEON III. kein Handel zu machen war.

Die italienische Freiheitsbewegung und CAVOUR hatten zwar mit Frankreichs Hilfe Wien aus der Lombardei, wenn auch nicht aus Venetien verdrängt, befanden sich nun aber in hegemonialer Abhängigkeit von NAPOLEON III. Seine staatliche Einheit konnte Italien erst 1861 im wesentlichen verwirklichen, nachdem Volksaufstände in der Toskana, in Modena und Parma und in der Romagna zur Vereinigung mit Sardinien geführt hatten und es dem italienischen Freiheitshelden Giuseppe GARIBALDI mit CAVOURS Hilfe gelungen war, das Königtum der Bourbonen in Neapel und Sizilien zu stürzen.

Für die Geschichte Europas liegt die Bedeutung des Italienischen Krieges vorwiegend in der staatlichen Einigung dieser südeuropäischen Nation. Für die damaligen deutschen Staaten allerdings und für den Entwicklungsprozeß zum deutschen Nationalstaat steht ein anderer Aspekt im Vordergrund: derjenige nämlich, daß dieser Krieg ein Teil der kontinentalen Macht- und Hegemonialpolitik war, mit der sich NAPOLEON III. in die lange Tradition französischer Herrscher einreihte. Für diese Politik der Vorherrschaft über Europa war ein deutscher Nationalstaat wegen seiner großen Bevölkerungszahl und seines wirtschaftlichen und militärischen Gewichtes ein schlechthin unerträgliches Hindernis. Um so bedrohlicher mußte ihr Wiederaufleben unter NAPOLEON III. und insbesondere im Italienischen Krieg auf die deutsche Nationalbewegung wirken, die ebendiesen deutschen Staat anstrebte. Aber auch bei den deutschen Regierungen löste der erneut zutage getretene unruhige, aggressive Expansionismus Frankreichs, der alsbald auch wieder die nordöstliche Richtung würde einschlagen können, große Besorgnisse aus und zwang zu Überlegungen, wie man ihm gemeinsam begegnen könne. Welcher Art die Pläne NAPOLEONS III. seinerzeit tatsächlich waren, erhellt eine von BISMARCK geschilderte Episode:[47]

Im März 1857, wenig mehr als ein Jahr vor dem französischen Offensivpakt mit Sardinien-Piemont und zwei Jahre vor dem Ausbruch des Italienischen Krieges, wurde BISMARCK, der sich in diplomatischer Mission in Paris aufhielt, von NAPOLEON III. in ein außenpolitisches Grundsatzgespräch verwickelt. NAPOLEON schätzte ihn als Kandidaten für ein preußisches Ministeramt ein und hielt ihn für einen wichtigen, beim preußischen König einflußreichen Mann. Der Kaiser erklärte – laut BISMARCKS Schilderung –, es sei ungerecht, ihn zu beschuldigen, er strebe die Rheingrenze an. Das linksrheinische deutsche Ufer mit 3 Millionen Einwohnern würde für Frankreich eine Europa gegenüber unhaltbare Grenze sein. Die Natur der Dinge nämlich würde Frankreich dann dahintreiben, auch Luxemburg, Belgien und Holland zu erwerben oder doch in sichere Abhängigkeit zu bringen. Das Unternehmen hinsichtlich der Rheingrenze würde Frankreich daher früher oder später eine Vermehrung um 10 bis 11 Millionen tätige, wohlhabende Einwohner einbringen. Ein solcher französischer Machtzuwachs würde von Europa als unerträglich befunden werden, würde gegen eine europäische Koalition schwerer zu behalten als zu nehmen sein. Eine solche an NAPOLEON I. erinnernde Prätention sei für die gegenwärtigen Verhältnisse zu hoch. Vielleicht werde er allerdings zur Befriedigung des Nationalstolzes »une petite rectification des frontières«, eine kleine ›Berichtigung‹ der Grenzen verlangen, könne aber auch ohne eine solche leben. Wenn er wieder eines Krieges bedürfe, werde er diesen eher in Richtung Italien suchen. In einer Ausdehnung ihrer Seemacht würden die an Siegen zu Lande reichen Franzosen eine viel pikantere Befriedigung finden. Er denke nicht daran, das Mittelmeer geradezu zu einer französischen See zu machen, »mais à peu près«, aber so ungefähr eben doch.

Als Ergebnis eines nächsten Krieges denke er sich ein Verhältnis der Intimität und Abhängigkeit Italiens mit bzw. von Frankreich, vielleicht die Erwerbung einiger Küstenpunkte. Zu diesem Programm gehöre, daß Preußen ihm nicht entgegen sei. Er halte es für einen Fehler, daß Preußen 1805 nicht wie andere deutsche Mächte zu NAPOLEON I. gehalten hätte. Es sei wünschenswert, Preußen durch den Erwerb Hannovers und der Elbherzogtümer zu konsolidieren, um so die Grundlage für eine stärkere preußische Seemacht zu gewinnen. Es fehle an Seemächten zweiten Ranges, die durch Vereinigung ihrer Streitkräfte mit den französischen das jetzt erdrückende Übergewicht Englands aufhöben. Zunächst wünsche er sich der Neutralität Preußens für den Fall zu versichern, daß er wegen Italien mit Österreich in Krieg geriete. Er, BISMARCK, möge seinen König über all dies sondieren.

In die offizielle Geschichte der preußisch-französischen Diplomatie sind diese Vorschläge NAPOLEONS III. nicht eingegangen, und es ist für die Nachwelt schwer zu überprüfen, inwieweit etwa subjektive Momente und Akzentverschiebungen aus der Rückschau in BISMARCKS *Erinnerung und Schilderung* eingeflossen sind. Dieser jedenfalls entgegnete auf NAPOLEONS Vorschläge, er sei vielleicht der einzige preußische Diplomat, der es auf sich nehmen würde, diese Gedanken NAPOLEONS seinem Souverän zu verschweigen. FRIEDRICH WILHELM IV. könne auf dergleichen unmöglich eingehen. Eine Ablehnung aber könne, wenn sie durch Indiskretion bekannt werde, das gute Einvernehmen zwischen Preußen und Frankreich stören. NAPOLEON habe ihm, so BISMARCK weiter, daraufhin für seine Offenheit gedankt und er, BISMARCK, habe NAPOLEON Stillschweigen zugesagt.

Zu S. 71 ff.: Der Funke der französischen Revolution im Februar 1848 sprang auf Deutschland über. Im März forderten blutige Kämpfe allein in Berlin 230 Tote (›März-Gefallene‹).

Links, zu S. 88–91: FRIEDRICH WILHELM IV., der 1840 seinem Vater als König von Preußen gefolgt ist, gilt als entscheidungsschwach und labil.

Das Straßenplakat (vom 21. März 1848) nimmt Bezug auf die Ereignisse des 19. März, als König FRIEDRICH WILHELM IV. den Kampf einstellen läßt und den Bürgern mit einem liberalen Programm zu gefallen sucht. Er verkündet: »An die deutsche Nation! Eine neue, glorreiche Geschichte hebt mit dem heutigen Tage für Euch an!« Dann unternimmt er seinen »Umritt durch die Residenzstadt«, am Arm die schwarz-rot-goldenen Farben.

Zu S. 86–93: Am 28. März 1848 war in der Nationalversammlung die Wahl Friedrich Wilhelms IV. zum erblichen deutschen Kaiser beschlossen worden. Hier bietet eine Abordnung der Nationalversammlung unter Eduard Simson am 3. April dem preußischen König die deutsche Kaiserkrone an. Doch lehnt Friedrich Wilhelm das »Hundehalsband«, den aus »Dreck und Letten gebackenen Reif« ab. Der »Ludergeruch der Revolution«, der dieser Krone anhänge, sei ihm Grund genug, sich nicht an die Spitze eines Nationalstaats zu stellen.

Zu S. 86–93: Karikatur auf Friedrich Wilhelms IV. Ablehnung einer Verfassung 1848. Hier sucht er, unterstützt durch seinen Bruder (Kronprinz Wilhelm), die Volksvertreter von der Macht auszusperren. Am 11. April 1847 hatte der König geäußert: »Zwischen unseren Herrgott im Himmel und dieses Land« dürfe kein »beschriebenes Blatt eindrängen«.

Zu S. 42: Am 11. Mai 1848 trat in der Frankfurter Paulskirche die erste Deutsche Nationalversammlung zusammen. In seiner Antrittsrede beteuerte der Präsident Heinrich von Gagern: »Wir haben die größte Aufgabe zu erfüllen. Wir sollen eine Verfassung für Deutschland schaffen, für das gesamte Reich. . . Deutschland will eins sein, ein Reich, regiert vom Willen des Volkes. . . Über die Forderung der Einheit ist kein Zweifel. Es ist die Forderung der ganzen Nation.«

Zu S. 97–100: Ausgangspunkt des Schleswig-Holsteinischen Kriegs (1848–1851) war die Ankündigung Dänemarks Anfang 1848, Schleswig zu annektieren. Zu den bedeutendsten Gefechten zählte das von Eckernförde, wo am 5. April 1849 ein Landungsversuch dänischer Truppen erfolgreich abgewehrt wurde; hier der Untergang des Schiffes ›Christian VIII.‹ (Lithographie koloriert).

Zu S. 110 ff.: Rückkehr der dänischen Truppen nach Kopenhagen 1849 (Museum of National History at Frederiksborg Castle). In der Konvention von Olmütz vom 29. November 1850 wurde Preußen von Österreich und Rußland dazu gedrängt, die schleswig-holsteinische Frage im Interesse Dänemarks zu lösen.

Henry Ritters Karikatur (»Oestreichs Adler in den letzten Zügen liegend, wird von seinen Stiefkindern geplündert und verlassen«) symbolisiert die fast aussichtslose politische Lage der habsburgischen Monarchie im Frühjahr 1848. Ganz rechts freuen sich zwei Franzosen mit einem Geldsack auf die Beute. In allen Ländern der böhmischen Krone wurde eine freiheitliche Verfassung gefordert.

Felix zu Schwarzenberg, österreichischer Ministerpräsident von November 1848 bis April 1852, rang die Revolution nieder, unterdrückte die Autonomiebestrebungen in Norditalien und Ungarn und setzte sich für eine großösterreichische Lösung der deutschen Frage ein.

Der junge Kaiser Franz Joseph I., Porträt von Anton Einsle (1801–1871). Der Thronverzicht des bisherigen Kaisers Ferdinand I. (1793–1875) zugunsten seines achtzehnjährigen Neffen Franz Joseph sollte als Bruch mit der Revolution 1848/49 und als außenpolitische Äußerung der Stärke gedeutet werden.

Gibt nach alledem auch kein förmliches Protokoll, kein diplomatischer Schriftwechsel und keine Presseveröffentlichung Auskunft über den Inhalt dieses Gespräches, so besteht doch kein vernünftiger Anlaß, den Wahrheitsgehalt der Bismarckschen Schilderung in ihrem Kerngehalt anzuzweifeln.

Von diplomatischen Floskeln und Euphemismen entkleidet, lassen sich die Absichten und Bestrebungen des französischen Kaisers wie folgt in Klartext fassen:

Erstens: Zur Option auf Inbesitznahme des deutschen linken Rheinufers, Luxemburgs, Belgiens und der Niederlande: Diese französische Zielvorstellung war jahrhundertelang von französischen Herrschern verfolgt und von Napoleon I. gut ein halbes Jahrhundert zuvor bereits für einige Jahre verwirklicht worden. Seine Darlegung, daß er, Napoleon III., dieses Ziel derzeit nicht verfolge, könnte teils mit diplomatischer Vorsicht gegenüber dem deutschen Gesprächspartner zu erklären, möglicherweise aber auch auf eine eventuelle Bereitschaft zurückzuführen sein, sich tatsächlich mit einigen kleinen »Berichtigungen« der Grenzen – einem territorialen Bakschisch gewissermaßen – zufrieden zu geben, falls Preußen sich im übrigen für seine Pläne einspannen ließ. Insofern kann die Erwähnung einer französischen Besetzung des linken Rheinufers auch als eine versteckte Drohung Napoleons III. gegenüber dem für den militärischen Schutz der Rheinlande seit 1815 politisch verantwortlichen Preußen für den Fall zu verstehen sein, daß sich Preußen den französischen Plänen verschlösse.

Zweitens: Ausdehnung der französischen Hegemonie auf Italien durch militärische Unterstützung der Freiheits- und Einheitsbewegung gegen die dortigen Unterdrückungsregimes, insbesondere die Donaumonarchie: Diese würde durch eine Verdrängung aus Norditalien geschwächt, ein italienischer Nationalstaat von Napoleons Gnaden aber abhängig von Frankreich sein. Italien wäre dann auch Basis einer französischen Vorherrschaft im Mittelmeer, das ein französisches Meer werden und aus dem England verdrängt werden sollte.

Drittens: Preußen wird nahegelegt, im bereits geplanten Italienischen Krieg gegen Österreich neutral zu bleiben. Überdies soll das französisch-preußische Verhältnis im Sinne einer kontinentalen Hegemonie Frankreichs unter gleichzeitiger Verdrängung der englischen Seemacht neu definiert werden. Preußen soll als Juniorpartner Frankreichs dessen Interessen im Norden, insbesondere gegenüber England, wahrnehmen. Hierzu soll es seine Flotte verstärken und als Seemacht zweiten Ranges mit der französischen Seestreitmacht gegen England kooperieren. Zur Belohnung für seine Unterwerfung unter die französische Führung soll Preußen Hannover und Schleswig-Holstein erhalten, wodurch zugleich seine seestrategische Position gegenüber England verbessert werden würde. Bemerkenswert erscheint hier der abmahnende und zugleich versteckt drohende Hinweis Napoleons III. auf Preußens Verweigerungshaltung 1805 gegenüber der Rheinbundpolitik seines Onkels Napoleons I. . Die Folge hiervon waren die militärische Niederwerfung Preußens 1806 und der demütigende Frieden zu Tilsit 1807.

Wäre dieses Programm Napoleons III. verwirklicht worden, so hätte dies die Erfüllung fast aller Expansionswünsche des damaligen französischen Imperialismus bedeutet. Da Spanien bereits der französischen Einflußsphäre zugehörte, wäre mit dem italienischen Nationalstaat nahezu ganz Südeuropa zu einem französisch dominierten Territorium geworden. Die Donaumonarchie wäre, seit dem Krimkrieg isoliert, militärisch durch eine Niederlage in Italien geschwächt und seiner dortigen Besitzungen verlustig, kein ernsthafter Konkurrent mehr für Frankreich gewesen – ebenso wenig Preußen in seiner angenommenen Rolle als Juniorpartner, als mit Ländereien reich beschenkter Rheinbundstaat neuer Art.

Ohne Preußen und Österreich aber hätten sich auch die deutschen Mittelstaaten der französischen Dominanz nicht entziehen können. Englands Einfluß wäre durch das napoleonische Expansionskonzept in Nord und Süd vom Kontinent verdrängt worden, und die Zone französischer Hegemonie hätte sich vom Mittelmeer bis zur jütländischen Halbinsel, vom Atlantik bis an die Grenzen Rußlands erstreckt. In einem solchen Europa nach französischer Façon war es erst einmal konsolidiert, wäre auch die Gefahr einer deutschen Nationalstaatsgründung auf Dauer gebannt gewesen. Napoleon III., Neubegründer französischer Grandeur, Held neuer Tage des Ruhmes, wäre als würdiger Nachfolger seines großen korsischen Verwandten in die Geschichte Frankreichs eingegangen.

Dies ist der Hintergrund, vor dem der Italienische Krieg aus dem Blickwinkel Deutschlands und seiner Einigungsbestrebungen gesehen werden muß. Als Teil einer französischen Expansionsstrategie, deren Planungen man nicht näher kannte, die aber jedenfalls auch deutsche Territorien und den Weg zur deutschen Einigung bedrohte und gegen die man sich zur Wehr setzen mußte, sahen ihn auch die Zeitgenossen in den deutschen Staaten. Die französische Bedrohung ließ die Sympathie, die die nationalliberalen Kräfte in Deutschland der italienischen Befreiungsbewegung eigentlich entgegenbrachten, in den Hintergrund treten und verblassen. Denn Napoleon III. konnte, so fürchtete man in eigener Sache nicht ohne Grund, seine zunächst auf Norditalien beschränkten militärischen Operationen jederzeit etwa auf die linksrheinischen deutschen Regionen ausdehnen, die Frankreich nach dem Zusammenbruch des Imperiums Napoleons I. hatte zurückgeben müssen. Diese Gefahrenlage war der für die deutsche Nationalbewegung näherliegende und vorrangige Gesichtspunkt – und zwar um so mehr, als sich die italienische Freiheitsbewegung sehenden Auges und willig für Napoleons III. imperialistische Umtriebe einspannen ließ.

Aber auch wenn dieser Krieg auf Oberitalien beschränkt blieb, so bedeutete ein dortiger Sieg Napoleons gegen Österreich im Hinblick auf den französischen Erwerb der italienischen Einflußzone und wegen des verringerten machtpolitischen Gewichtes der Donaumonarchie jedenfalls einen Machtzuwachs für Frankreich, der dessen Bedrohlichkeit besonders für die deutschen Rheinlande und die Südwestprovinzen besorgniserregend gesteigert hätte.

Durch die Bedrängnis entfacht, flammten in ganz Deutschland die nationalen

Empfindungen auf. Man war sich über alle innerdeutschen Staatsgrenzen und alle politischen Lager und Gruppierungen hinweg dahin einig, daß das Problem der deutschen Einheit nun mit höchster Dringlichkeit zur Lösung anstand, daß eine Wiederholung der Napoleonischen Fremdherrschaft, die vom Anfang des Jahrhunderts her noch in frischer Erinnerung war, unter allen Umständen verhindert werden müsse.

Doch auf welchem Wege man dieses Ziel in der konkreten Situation des Frühjahrs und Sommers 1859 am besten erreichen konnte, war eine Frage, auf die es die widersprüchlichsten Antworten gab – was angesichts der komplizierten Gemengelage der verschiedenartigen Interessen deutscher Staaten und politischer Richtungen im Lande freilich nicht verwundert. Schon geographische Unterschiede spielten eine Rolle: So war die Furcht vor dem französischen Übergriff und damit die hitzige Entschlossenheit zu seiner Abwehr wegen der räumlichen Nähe zur Quelle des Übels im Südwesten des Landes naturgemäß ausgeprägter als im entfernteren Norden und Nordosten Deutschlands.

In politischen Kreisen und in der Öffentlichkeit, die sich das nationale Anliegen leidenschaftlich zur ureigensten Sache machten, gab es mehrere Grundauffassungen darüber, wie man sich angesichts der nationalen Herausforderung gegenüber der in den Krieg verwickelten Donaumonarchie zu verhalten habe. Einer zahlenmäßigen Meinungsminderheit gehörte Otto von Bismarck an, nach langen Jahren als Gesandter am Frankfurter Bundestag scharfsichtiger und intimer Kenner der Wiener Politik. Seit Beginn der »Neuen Ära« auf den an sich ehrenvollen Posten des preußischen Gesandten in St. Petersburg versetzt, politisch damit aber kaltgestellt, lehnte er in gereizten Formulierungen kategorisch jegliche Unterstützung Österreichs gegen Frankreich ab: Man solle sich doch nicht durch ein nachgemachtes 1813 »besoffen machen« lassen, Österreichs Kastanien aus dem Feuer zu holen, meinte er. Bismarck sprach sich dafür aus, den Krieg zwischen Frankreich und der Donaumonarchie handstreichartig zu einer Ausdehnung des preußischen Machtbereiches im kleindeutschen Sinne zu nutzen, wobei damals anscheinend seine preußische Motivation die kleindeutsch-nationale noch deutlich überwog. Beide Antriebe, so lautete allerdings einer seiner deutschlandpolitischen Kernsätze, liefen im Ergebnis ja auf denselben Erfolg hinaus, so daß der Unterschied letztlich unerheblich sei. An Generalmajor Gustav von Alvensleben schrieb er am 5. Mai 1859: »Die gegenwärtige Lage hat wieder einmal das große Los für uns im Topf, falls wir den Krieg Östreichs mit Frankreich sich scharf einfressen lassen, und dann mit unseren ganzen Armeen nach Süden aufbrechen, die Grenzpfähle im Tornister mitnehmen und sie entweder am Bodensee oder da, wo das protestantische Bekenntnis aufhört vorzuwiegen, wieder einschlagen. Wo ist denn außer uns noch ein europäischer Staat, dem 18, oder wenn ich die Katholiken in Oberbayern und Oberschwaben abrechne, 14 Millionen zwischen seinen eigenen schlecht zusammengefügten Gliedern umherliegen, und nichts weiter von ihm wollen, als ihm anzugehören.«

Diese deutschen Bevölkerungen, so mutmaßte BISMARCK, würden Preußens Tat begeistert unterstützen, würden sich für Preußen besser schlagen als für ihre bisherigen Obrigkeiten, besonders wenn Prinzregent WILHELM ihnen den Gefallen tue, das Königreich Preußen in »Königreich Deutschland« »umzutaufen«.[48]

Von Rußland hätte Preußen angesichts des seit dem Krimkrieg bestehenden österreichisch-russischen Zerwürfnisses bei einem solchen Vorstoß nichts zu befürchten gehabt; ebensowenig von Frankreich, das ja gegen Österreich im Krieg stand und die Entlastung, die ihm das Vorgehen Preußens gegen Österreichs Machtposition dabei brachte, kaum mit einer militärischen Gegenreaktion unterlaufen hätte. So bot sich für die Dauer einer eng begrenzten Frist in der Tat die epochale Gelegenheit, das deutsche Nationalproblem auf genial einfache Weise zu lösen, den kleindeutsch-preußischen Nationalstaat zu schaffen, und zwar angesichts der Gesamtlage vermutlich sogar, ohne daß die nach Süden vorrückenden preußischen Truppen auf bedeutenderen Widerstand gestoßen und in blutige Kampfhandlungen verwickelt worden wären.

Im kleindeutsch-nationalen Lager dachte mancher so oder ähnlich. Auf der gemäßigten Linken war es Ferdinand LASSALLE, der sogar forderte, die Donaumonarchie müsse »zerfetzt und zerschmettert« werden. Ein völliger Zusammenbruch des Habsburger Imperiums, den diese Meinungsvariante anstrebte oder in Kauf nahm, hätte damals – über BISMARCKS Vorstellungen weit hinaus – vielleicht sogar den Weg für die Deutschen Österreichs in einen deutschen Nationalstaat frei gemacht. Insofern bestach sie nicht nur durch Realismus, sondern besonders durch ihren im ursprünglichen, rein ethnischen Sinne großdeutschen Aspekt. Der italienische Krieg Frankreichs gegen die Donaumonarchie war nach 1848 vielleicht eine weitere Chance einer großdeutsch-nationalstaatlichen Lösung der deutschen Frage auf dieser Grundlage.

Eine deutliche Mehrheit der in Deutschland politisch maßgeblichen Meinungsträger jedoch tendierte im Italienischen Krieg dazu, Österreich, dem, wie man es sah, deutschen Staat des Brudervolkes, im Kampf gegen den notorisch bedrohlichen Störenfried im Westen im gesamtnationalen Interesse militärisch beizustehen. Die angespannte Lage ließ wenig Raum für rational abwägendes politisches Kalkül in den nationalen Angelegenheiten. Die vaterländischen Gefühle und eine aufschäumende nationale Ergriffenheit, das brüderlich-deutsche Wir-Gefühl überwogen; es war die Stunde der »Wacht am Rhein« und anderer Schutz- und Trutzlieder, die den gesamtdeutschen Einheits- und Abwehrwillen beflügelten.

Die akute militärische Bedrohung fokussierte die Gedanken und Blicke aller nach Südwesten auf NAPOLEON III., und die vom Widersacher der Deutschen erzeugte nationale Gemeinsamkeit verwischte teilweise auch die Gegensätze zwischen Parteien und Auffassungen: Hochkonservative, Nationalkonservative, Liberale, Katholiken, Kleindeutsche und Großdeutsche, auch prominente Linke, traten gemeinsam für den nationalen Schulterschluß mit Österreich ein. Generalstabschef Helmuth Graf VON MOLTKE sah Preußen nicht unmittelbar bedroht, befürwortete aber einen in seiner Zielsetzung präventiven deutschen Nationalkrieg an der Seite Österreichs gegen Frankreich, das im Erfolgsfall auch das Elsaß und Lothringen zurückgeben sollte. Er schrieb: »Wenn Preußen sich gegenwärtig für den Krieg entscheidet, so geschieht dies nicht zur Abwehr einer unmittelbar zwingenden Bedrohung, sondern zur Vorbeugung künftiger Gefahren, im Interesse Deutschlands, nicht für, aber mit Österreich.«[49]

Diese Mehrheitsmeinung war nachvollziehbar, ihre Denkansätze verständlich und ihre Motive ehrenwert. Doch gründete sie auf einem Irrtum in ihrer Einschätzung Österreichs. Freilich war das Reich der Habsburger historisch und ethnisch gesehen insoweit ein deutscher Staat, als es zum geschichtlichen Bestand der deutschen Nation gehörte, und zwar als eine ihrer Kernregionen – mit der alten deutschen Kaiserstadt Wien, die bis 1806 jahrhundertelang die Hauptstadt des Heiligen Römischen Reiches Deutscher Nation gewesen war. Das deutsche Element dominierte das Donaukaiserreich auch jetzt noch und besaß in Deutsch-Österreich ein geschlossenes und ausschließliches Siedlungsgebiet.

Doch politisch betrachtet war das Habsburger Imperium keineswegs ein deutscher, sondern ein anationaler und antinationaler Vielvölkerstaat, in dem die deutschen Österreicher letztlich ebenso eingekerkert saßen wie die übrigen Nationalitäten des Gebildes. Noch wenige Jahre zuvor, während des Krimkrieges, hatte Wien der deutschen Nation vor Augen geführt, wie es eine ausschließlich auf seine eigenen europäischen Großmachtinteressen ausgerichtete Außenpolitik betrieb und dabei versuchte, die deutschen Staaten zu deren eindeutigem Nachteil und zum eigenen Vorteil in den internationalen Konflikt hineinzuziehen.

Diese Erfahrung war im Drange der Emotionen des Jahres 1859 anscheinend verblaßt und nur noch wenigen Deutschen bewußt. Nationale Solidarität gegenüber der Donaumonarchie war gänzlich fehl am Platze und zudem schädlich, denn der Kaiserstaat war, dies wurde vielfach übersehen, seit seinem Wiedererstarken Ende 1848 eines der wesentlichen Hindernisse auf dem Weg zur nationalstaatlichen Einheit. Im Jahre 1859 war Habsburgs verhängnisvolle Rolle für Deutschland als Ganzes vielleicht noch nicht so klar erkennbar wie aus späterer Sicht: Das Donauimperium mußte, damit der Nationalstaat möglich wurde, 1866 gewaltsam aus Deutschland verdrängt werden. Und es hielt seinen deutschen Bevölkerungsanteil auch über die Gründung des kleindeutschen Nationalstaates hinaus weiterhin in gleichsam babylonischer Gefangenschaft und stellte so die Weichen für das nationalpolitische Schicksal Deutsch-Österreichs bis in die Gegenwart.

Die Politik Preußens im Italienischen Krieg war von eigenen Staatsinteressen, deutlich aber auch von nationalen Gesichtspunkten bestimmt. Am 9. März 1859 erklärte der preußische Außenminister von Schleinitz vor dem Landtag zur italienischen Krise: »Über diesen Bemühungen, als europäische Macht eine bedeutungsschwere europäische Verwicklung lösen zu helfen, wird aber Preußen niemals seines deutschen Berufes vergessen. Wie die preußische Regierung sich der gewissenhaftesten Achtung vor den europäischen Verträgen und vor dem auf diesen letzteren beruhenden europäischen Rechtszustande bewußt ist, so ist sie in gleichem Maße von der Überzeugung getragen, daß die Politik Preußens, soll sie dem hohen Berufe unseres Landes entsprechen, stets eine nationale sein muß. Jedes wahrhaft deutsche Interesse wird stets in Preußen seinen wärmsten Vertreter finden, und überall, wo es die Aufrechterhaltung des Rechtes, der Ehre und der Unabhängigkeit des gemeinsamen Vaterlandes gilt, wird Preußen nicht einen Augenblick anstehen, für diese höchsten Güter das Gewicht seiner gesamten Kraft in die Wagschale zu legen.«[50]

Mit dieser Erklärung hatte sich die preußische Regierung offiziell die These von der deutschen Berufung Preußens zu eigen gemacht, sie zu einer der Richtlinien ihrer Politik erhoben. Dies war weit mehr als bloße Rhetorik. Die deutsche Berufung Preußens und seine eigenstaatlichen Interessen stießen nicht miteinander zusammen, denn hier bestand in der Tat die Übereinstimmung, auf die BISMARCK hinzuweisen pflegte. Den von diesem befürworteten und naheliegenden Schritt, die gegebene Situation zur handstreichartigen Schaffung eines kleindeutsch-preußischen Gebildes zu nutzen, tat Preußen allerdings nicht. Noch weniger dachte man in Berlin daran, militärisch offensiv gegen das Donaureich selbst vorzugehen, zumal dies in der deutschen Öffentlichkeit den fatalen Eindruck hätte erwecken können, Preußen mache sich zum Verbündeten Frankreichs. Im Einklang mit der vorherrschenden Stimmung im Lande war man vielmehr grundsätzlich geneigt, Wien zu unterstützen. Als deutsche Macht sah Preußen seine Aufgabe nicht nur im Schutz der Rheinlande, sondern auch in der Wahrung der habsburgischen und damit – wie man meinte – deutschen Position in Oberitalien. Den militärischen Einsatz für die letztere machte Preußen allerdings von Bedingungen abhängig. Es verlangte, daß Österreich ihm nicht weiterhin den Anspruch auf volle Gleichberechtigung im Deutschen Bund und die Vormachtstellung in Norddeutschland streitig machte. Überdies bestand es auf dem Oberbefehl bei der Verteidigung des Rheines, deren Hauptlast es schließlich zu tragen haben würde. Österreich jedoch war, wie der Gang der Dinge zeigen sollte, zu diesen Zugeständnissen gegenüber Preußen letztlich nicht bereit.

Auch im Italienischen Krieg versuchte die Donaumonarchie, den Deutschen Bund für ihre Zwecke als europäische Großmacht einzuspannen und alle deutschen Staaten unter seinem Oberbefehl in den Krieg – diesmal gegen Frankreich – zu führen. Zwar gehörte ihr in Oberitalien bedrohter Herrschaftsbereich nicht dem Gebiet des Deutschen Bundes an, so daß sie insoweit keinen Rechtsanspruch auf Beistand besaß. Doch, so argumentierte Wien, gefährde die Bedrohung seiner dortigen Stellung zugleich den Bestand des Bundes. Preußen sollte, so versprach es, im Deutschen Bund Gleichberechtigung erhalten, wenn es dem österreichischen Ansinnen folgte, und im Falle eines gemeinsamen Sieges über Frankreich überdies Elsaß-Lothringen zur freien Verfügung in Besitz nehmen dürfen.

Preußen hingegen, das zur Hilfe nur unter den obigen eigenen Bedingungen bereit war, widersetzte sich dem Hilfeersuchen und erreichte, daß der Bund neutral blieb, indem es für den Fall, daß es in dieser Sache im Bundestag überstimmt würde, seinen Austritt androhte. Es setzte auf Zeitgewinn und nahm dabei das Risiko in Kauf, daß NAPOLEON III. auch im Norden die Initiative ergriff und französische Truppen den Rhein überschritten. Erst wenn sich die Kräfte Österreichs und Frankreichs im Kriege gegenseitig abgenutzt haben würden, wollte es mit seinen frischen militärischen Kräften auf österreichischer Seite eingreifen und den Kontrahenten einen Frieden nahelegen, der auch die preußischen Interessen gegenüber der Donaumonarchie durchsetzte.

Für Wien hätte dies bedeutet, daß es zwar sein Herrschaftsgebiet in Oberitalien ungeschmälert behalten, seine Vormachtstellung im deutschen Raum aber weitgehend an Preußen verloren hätte. Dessen Kalkül schien aufzugehen: Nach den militärischen Niederlagen gegen die französisch-italienischen Truppen sah sich Österreich nicht mehr in der Lage, das preußische Hilfsangebot nebst den daran geknüpften Bedingungen weiterhin abzulehnen. Im Frühsommer 1859 machte Preußen mobil, sein militärisches Eingreifen, seine »bewaffnete Vermittlung« schien greifbar nahe.

Doch es kam anders. Ehe sich die Donaumonarchie bereitfand, die Hilfe des preußischen Rivalen im Krieg gegen Frankreich tatsächlich anzunehmen und dafür in Deutschland zurückzustecken, zog sie es vor, die deutsche Staatenwelt am 11. Juli 1859 mit dem Waffenstillstand von Villafranca zu überraschen. Wien überließ die Lombardei dem Gegner, der seinerseits darauf verzichtete, auch Venetien für den italienischen Nationalstaat zu erobern. Denn die gegen ihn gerichtete preußische Mobilmachung hatte auch dem Kaiser der Franzosen Sorge bereitet. Die Aussicht, gegen eine österreich-preußische Kriegskoalition kämpfen zu müssen, hatte es ihm angeraten erscheinen lassen, seine militärischen Bemühungen in Oberitalien vorzeitig zu beenden und Frieden zu machen.

So war es letztlich die preußische Initiative, die den Waffenstillstand bewirkte. Ihre Zwecke, insbesondere die Verbesserung und Festigung der Stellung Preußens in Deutschland auf Kosten der Donaumonarchie, hatte die Mobilmachung damit verfehlt. Wien hingegen nahm mit seinem Winkelzug den Verlust der Lombardei und die Rolle des militärischen Verlierers gegen Frankreich in Kauf, nur um den Habsburger Träumen von der Hegemonie über die deutsche Staatenwelt weiter nachjagen zu können. Einmal mehr hatte sich die Donaumonarchie als Hindernis auf dem Wege zur nationalen Einheit erwiesen: Denn ein preußisch-österreichischer Sieg in Oberitalien zu den Bedingungen Preußens, zu denen insbesondere die Rücknahme der Habsburger Vormachtansprüche über ganz Deutschland gehörte, wäre einer kleindeutschen Lösung zweifelsfrei förderlich gewesen.

Die mit dem Ende des Krimkrieges entstandene gesamteuropäische Lage wurde durch den Italienischen Krieg insofern verändert, als Frankreich und NAPOLEON III. weiter in den Mittelpunkt der kontinentalen Politik rückten. Auf seinem Wege zur Hegemonialmacht durch Unterstützung nationalrevolutionärer Bewegungen war Frankreich mit seinem Sieg in Norditalien deutlich vorangeschritten. Die deutschen Rheinlande, aber auch Belgien, konnten die Opfer der nächsten Unternehmungen NAPOLEONS sein. Dies rief die insbesondere um ihre Gegenküste besorgten Briten auf den Plan. NAPOLEONS Machtstreben erzeugte allenthalben Unruhe, lenkte die Aufmerksamkeit auf Frankreich und ließ den Argwohn gegen die deutschen Einigungsbestrebungen in den Hintergrund treten.

Im übrigen hatte der Italienische Krieg die Lage der europäischen Mächte und ihre Beziehungen zueinander nicht wesentlich verändert. Die Donaumonarchie war weiterhin isoliert; durch die Niederlage geschwächt, sah sie sich im Süden jetzt einem neuen Gegner gegenüber, dem zum französischen Einflußbereich gehörigen italienischen Nationalstaat. Um so beträchtlicher war Preußens deutschlandpolitischer Spielraum. An seiner Politik gegenüber Wien und im Deutschen Bund änderte sich zunächst jedoch nichts – Preußen erstrebte weiterhin die Gleichberechtigung mit Österreich und die Anerkennung als norddeutsche Führungsmacht. Von den Flügelmächten Rußland und England hatte es keine Hemmnisse zu erwarten. Seine Beziehungen zu Frankreich, das Preußen als Gegengewicht zu Österreich schätzte, waren nicht schlecht.

In Deutschland ließ das Ergebnis des Italienischen Krieges die aufgewühlten Emotionen nicht zur Ruhe kommen. Diejenigen, die in ihm eine Gelegenheit zu einer klein- oder ethnisch-großdeutschen militärischen Lösung der deutschen Frage auf Kosten des habsburgischen Imperiums gesehen hatten, waren ob der vertanen Chance enttäuscht. Die Mehrheitsmeinung aber sah in der Niederlage Österreichs gegenüber Frankreich zugleich eine deutsche Niederlage. Die einen warfen Preußen vor, es habe seinen Preis für die Hilfeleistung gegenüber dem ›Bruderland‹ zu hoch geschraubt und sein Eingreifen auf seiten Wiens zu lange hinausgezögert. Andere beschuldigten Österreich, es habe Deutschland aus Gründen seiner Rivalität mit Preußen verraten, weil es, anstatt sich von diesem militärisch unterstützen zu lassen, lieber die Niederlage gegen NAPOLEON III. und den Verlust der ›deutschen‹ Position in Oberitalien in Kauf genommen hatte.

Alles in allem erschien die deutsche Sicherheitslage nach dem Ende des Waffenganges in Oberitalien dramatisch. Das dem zählebigen deutschen Partikularismus zuzuschreibende, begründete Gefühl der Hilflosigkeit gegenüber den besorgniserregenden außenpolitischen Vorgängen wurde gesteigert durch die Verbreiterung der Machtbasis NAPOLEONS III. in Oberitalien und die damit um so bedrohlichere Propaganda des französischen Chauvinismus von den ›natürlichen Grenzen‹ Frankreichs am Rhein. Allen politischen Richtungen und Parteiungen gemeinsam war nun die auch in der Öffentlichkeit weiter verfestigte Überzeugung, daß die deutsche Frage jetzt endlich gelöst werden müsse und daß überdies vordringlich, zunächst vielleicht nur im Rahmen des Deutschen Bundes, gegen neuerliche militärische Bedrohungen durch den westlichen Nachbarn eine die deutschen Staaten übergreifende Wehrverfassung zu schaffen sei.

3. Der Deutsche Nationalverein, die Deutsche Fortschrittspartei und der Deutsche Reformverein

Die neue Dynamik, die der Italienische Krieg der nationalen Bewegung in Deutschland verliehen hatte, gab zugleich den Anstoß, die Einigung durch die Tat voranzutreiben. Für die nationalrevolutionären Bestrebungen des Jahres 1848 war dabei kein Raum mehr. Nur im Bündnis mit einem der deutschen Staaten, der hierzu bereit und geeignet war, konnte man die deutsche Einheit erringen. Hierzu aber bedurfte es in erster Linie auch einer mächtigen, organisiert tätigen Nationalbewegung. Man mußte auf dem Boden der bestehenden Verhältnisse einen Zusammenschluß begründen, mit dem man Breitenwirkung auf das Volk und die öffentliche Meinung erzielen und zugleich Druck auf die Partikularregierungen ausüben konnte.

Aus solchen Überlegungen entstand der ›Deutsche Nationalverein‹, zu dessen Gründung auch das Beispiel der 1856 entstandenen Organisation der italienischen Nationalbewegung, der ›Società Nacionale‹, angeregt haben mochte. Sogleich nach dem Waffenstillstand von Villafranca trafen sich führende Liberale in verschiedenen deutschen Städten, so am 17. Juli 1859 in Eisenach und am 19. Juli in Hannover. Sie forderten einen deutschen Nationalstaat, eine Nationalversammlung mit entscheidenden Kompetenzen und ein allgemeines Wahlrecht. Vertreter des ganzen Volkes sollten an der Leitung seiner Geschicke beteiligt werden, und eine »feste, starke und bleibende« deutsche Zentralregierung sollte den als Exekutivorgan schlechthin untauglichen deutschen Bundestag ersetzen. Das Land sollte eine einheitliche Konstitution nach dem Vorbild der Paulskirchenverfassung des Jahres 1849 erhalten. Die Führung in diesem Deutschland sollte Preußen zufallen.

Bei einer weiteren Zusammenkunft in Eisenach vom 12. bis zum 14. August 1859 nahm man die Gründung einer deutschen Nationalpartei in Aussicht, die als Sammelbecken alle Richtungen des deutschen Liberalismus, Altliberale und Demokraten, bündeln sollte. Die Anwesenden konstituierten sich als vorbereitender Ausschuß dieser Parteigründung und appellierten in einem öffentlichen Aufruf, der starken Widerhall fand, an »alle deutschen Vaterlandsfreunde, mögen sie demokratischen oder konstitutionellen Parteien angehören, die nationale Unabhängigkeit und Einheit höher zu stellen als die Forderungen der Partei. . .«[51]

Im September 1859 wurde der Deutsche Nationalverein in Frankfurt sodann förmlich gegründet. Er war nach Organisationsgrad und Größenordnung der Mitgliederzahl – bald nach seiner Gründung gehörten ihm zwischen 25 000 und 30 000 Menschen an – keine politische Massenpartei im heutigen Sinne. Seine Mitglieder aus bürgerlichem Umfeld hatten Rang und Namen, waren Honoratioren und Meinungsführer aller Art – arrivierte Freiberufler und Kaufleute, Akademiker wie Lehrer und Professoren, Richter und höhere Beamte. Sie verstanden sich als überregionalen, gesamtdeutschen Verband, der sich der Öffentlichkeitsarbeit zur Verbreitung der nationalen Anliegen im Volk verschrieben hatte.

Er arbeitete zentral und durchaus effektiv über ein Netzwerk von Verbindungen zu verschiedenstartigen lokalen Vereinigungen politischer, kultureller oder wirtschaftlicher Art, die seine nationalpolitischen Ziele ihrerseits in den jeweiligen Mitgliederkreisen verbreiteten. Auch an publizistischen und propagandistischen Mitteln bestand kein Mangel: Der Nationalverein besaß eine eigene Wochenschrift, setzte Hunderte von ›Lokalagenten‹ vor Ort ein, verbreitete Flugschriften und fand überdies lebhafte Unterstützung in der gesamten liberalen Presse. Seine überregionale Organisation auf nationaler Ebene ermöglichte es ihm überdies, sich unbeschadet örtlicher Repressionsmaßnahmen partikularer Obrigkeiten nach Belieben öffentliches Gehör zu verschaffen. Sie konnten ihm nichts anhaben, weil er in der Lage war, sich andernorts um so lautstärker vernehmen zu lassen. Lokaler Druck war darum eher geeignet, dem Nationalverein unfreiwillig Schützenhilfe zu leisten. So erzielten die erzreaktionären Regierungen in Hannover und in Kurhessen, die den Zusammenschluß alsbald nach seiner Gründung verboten, mit diesen Maßnahmen in der deutschen Öffentlichkeit eine unverhoffte propagandistische Breitenwirkung zum eigenen Nachteil, denn der Nationalverein versäumte nicht, für ein vernichtendes öffentliches Echo zu sorgen.

Der Deutsche Nationalverein war in seiner Grundtendenz kleindeutsch-preußisch eingestellt. Sein Vorsitzender, der Hannoveraner Liberale Rudolf von Bennigsen, sah Preußens geschichtliche Sendung in der Wiedererrichtung Deutschlands auf den Trümmern des gescheiterten alten Reiches: »Dieser Weg [sei] Preußen vorgezeichnet, in ihm [sei] die künftige deutsche Geschichte enthalten, zugleich aber auch für alle nationalen Bestrebungen damit ein fester Mittelpunkt gewonnen.«[52]

Man war – auch aus heutiger Sicht berechtigterweise – im Nationalverein davon überzeugt, daß es einen Weg in einen freiheitlich verfaßten und notgedrungen kleindeutschen Gesamtstaat nur über und mit Preußen geben konnte und daß eine Alternative hierzu nicht bestand, insbesondere nicht in Form des ›großdeutschen‹, von der Donaumonarchie angebotenen anachronistischen und reaktionären Modells eines ›70 Millionen-Reiches‹, das in sich alle Fehler unglückseliger deutscher Reichsvergangenheit verkörpern würde. Angesichts nicht zu leugnender Defizite an Liberalität, die das als kleindeutsche Führungsmacht ausersehene Preußen aufwies, mußte man Prioritäten setzen, eine Kompromißformel finden. Diese lautete dahin, daß »die Einheit, als die Bedingung der Unabhängigkeit und Freiheit, das erste notwendige Ziel sein«[53] müsse. Erst Einheit, dann Freiheit – diese Rangfolge hat dem deutschen Liberalismus der damaligen Zeit den Vorwurf der Prinzipienlosigkeit eingebracht. Aber wäre es denn richtiger gewesen, ›prinzipienfest‹ ganz zu resignieren und sowohl auf die Einheit als auch auf die Freiheit völlig zu verzichten? Einen dritten Weg gab es eben nicht.

Mit seiner preußisch-kleindeutschen Ausrichtung befand sich der Nationalverein in einem vorgegebenen Dilemma. Man hatte sich zum Ziel gesetzt, möglichst alle national, liberal und demokratisch orientierten Parteiungen zusammenzuführen. Preußen als deutsche Führungsmacht aber war den Patrioten des linken Spektrums sowie den eher großdeutsch gesinnten süddeutschen und katholischen Nationalliberalen suspekt. Nicht nur war es protestantisch und galt als autoritär; überdies wurde es von linker und von süddeutsch-katholisch-großdeutscher Seite trotz oder gerade wegen seiner eher positiven Haltung zur deutschen Sache und wegen gewisser Verdienste um diese argwöhnisch beobachtet. Man sah mehr Machtlüsternheit als deutsche Berufung und fürchtete den preußischen Stiefeltritt der Ordnung.

Programmatisch der Integration verpflichtet, legte sich der Deutsche Nationalverein daher nicht förmlich auf das kleindeutsche Einigungskonzept fest, ließ die konzeptionelle Frage nach außen hin vielmehr völlig offen. Ein führender Liberaler, Johannes MIQUEL, formulierte den offiziellen Standpunkt des Verbandes so: »Wir sind in einem Vereine, der nur vorbereitet, keine reale Macht besitzt, nur die Nation geistig heranbilden will, der die Hoffnung auf die Zukunft setzen soll. . . Wir können nicht absehen, welches der letzte Ruck sein wird, der angesetzt werden muß, um zur Einheit zu gelangen – ob mit Hilfe Preußens, ob durch die Revolution oder durch die öffentliche Meinung. . . Was wir tun wollen und können, ist, die Frucht reif zu machen und den Boden zurechtzulegen für den Moment, der da kommen muß. Ob wir uns für die Reichsverfassung erklären, ob für Preußen, das ist alles nicht entscheidend wichtig.«[54]

Ein realpolitischer Standpunkt, von dem aus die unerträgliche Lage der deutschen Dinge schnell hätte verbessert und das Problem der nationalen Einheit einer vernünftigen, raschen und annehmbaren Lösung zugeführt werden können, war dies freilich keineswegs. Ein klares Bekenntnis zur kleindeutschen Position hätte der deutschen Sache besser gedient, auch wenn es einige Mitglieder gekostet hätte. Das unoffene Taktieren hat dem Deutschen Nationalverein auch nichts eingebracht. Als der Verfassungskonflikt des Jahres 1862 Preußen und folglich die kleindeutsche Lösung im Lager der Nationalbewegung in Verruf brachte – wovon noch zu berichten sein wird –, mußte auch der Nationalverein schwere Einbußen hinnehmen, weil man ihn zu Recht mit dem kleindeutschen Konzept identifizierte.

Der Deutsche Nationalverein war nicht die einzige Gründung seiner Art in jener Zeit. Im Juni 1861 gründeten verschiedene Gruppen preußischer Liberaler unter der Führung des berühmten Arztes und Forschers Rudolf VIRCHOW die ›Deutsche Fortschrittspartei‹. Ihr Programm forderte ebenfalls einen deutschen Nationalstaat als ausgeprägten Verfassungsstaat unter der Führung Preußens, ein nationales Parlament und eine machtvolle konstitutionelle Zentralregierung.

Auch die großdeutsche Seite wartete mit einer eigenen Organisation auf. Mit der brennenden Aktualität, die das deutsche Nationalproblem im Italienischen Krieg gewonnen hatte, verschärfte sich auch der Konflikt zwischen den Groß- und den Kleindeutschen, der das politische Deutschland über Parteigrenzen und Interessengruppen hinweg polarisierte. Ermutigt durch gewisse Reformbestrebungen der Donaumonarchie im Deutschen Bund, gründeten großdeutsch eingestellte

Politiker im Oktober 1862 den ›Deutschen Reformverein‹. Seine Zielsetzung war nicht radikal wie die des ›Deutschen Nationalvereins‹ oder gar diejenige der ›Deutschen Fortschrittspartei‹. Nicht die Beseitigung des Partikularismus und die Gründung eines zentralen, nationalen Verfassungsstaates war das Ziel des großdeutschen Zusammenschlusses, sondern, wie schon die Namensgebung ausdrückte, eine Reform des Bestehenden: die Beseitigung von Auswüchsen des Partikularismus und die Förderung des Zusammenhaltes der souveränen deutschen Staaten, dazu die Gewährung von mehr Bürgerfreiheit. In diesem Sinne sollte die alte staatenbündische Ordnung von 1815, der Deutsche Bund, reorganisiert und liberalisiert, in seinen Grundstrukturen aber nicht angetastet werden. Die Exekutivgewalt des Bundes sollte ein Direktorium ausüben. Ein unmittelbar gewähltes, nationales Parlament und damit eine echte Volksvertretung sollte es nicht geben. Vielmehr gedachte man, den demokratischen Bedürfnissen der Zeit durch ein aus delegierten Abgeordneten der Partikularstaaten zusammengesetztes Gremium Rechnung zu tragen. Die preußisch-österreichischen Gegensätze sollten überwunden, die beiden Führungsmächte miteinander versöhnt werden, was im Ergebnis auf eine hegemoniale Stellung Habsburgs hinauslief. Insgesamt war das Programm des Deutschen Reformvereins wenig mehr als ein kaum verbesserter Aufguß des SCHWARZENBERGschen Planes eines ›Siebzig Millionen-Reiches‹.

In seiner politischen Zusammensetzung wirkte der Deutsche Reformverein, der ebenfalls breiten Zuspruch im Volk fand, seltsam inhomogen. Ein wesentlicher Teil seiner Mitglieder war aufrichtig national gesonnen, vermochte sich mit der sich abzeichnenden kleindeutsch-preußischen Lösung der deutschen Frage aus verschiedenartigsten Motiven aber nicht anzufreunden: Vielen erschien der Gedanke unerträglich, die Deutschen Österreichs aus dem nationalen Verband auszusperren. Mancher mochte auch von der Faszination der Macht geblendet sein, die von der Vorstellung eines deutsch-mitteleuropäischen Blockes unter Einschluß des Wiener Vielvölkerstaates auszugehen schien. Andere ließen sich von antiborussischen Ressentiments oder konfessionellen Bindungen und Vorlieben dazu bestimmen, gegen ein preußisch-protestantisches und für ein katholisch-österreichisches Deutschland einzutreten. Liberale linker und rechter Prägung, Demokraten und Radikale, auch ehemals kleindeutsche Politiker wie Heinrich VON GAGERN stießen zum Deutschen Reformverein. Sie alle verschlossen sich der Einsicht, daß eine nationalstaatliche Lösung mit der Donaumonarchie nicht zu verwirklichen war und daß die Pläne der habsburgischen Deutschlandpolitik die deutsche Frage nicht lösten.

Allerdings war der Reformverein auch ein Sammelbecken partikularistischer, antinationaler und universalistischer Kräfte, die das Rad der Geschichte gern hinter die Märzrevolution zurückgedreht hätten und die ihre reaktionäre Einstellung in Anpassung an den Trend der Zeit mit nationalem Beiwerk vertuschten. Sie waren es, denen der Reformverein tatsächlich diente und ein Forum bot, die ihn programmatisch bestimmten und auf dem Habsburger Geleise hielten.

Insgesamt zeitigte dieser Zusammenschluß eine merkwürdig eklektische Verwirbelung miteinander eigentlich unvereinbarer politischer Grundpositionen. Einig war man sich nur in der Ablehnung des preußisch-kleindeutschen Nationalstaates, zu dem es doch keine Alternative gab, wenn man auf die Lösung der deutschen Frage nicht ganz verzichten wollte. Eine emotionale Dominanz dieser Gegnerschaft muß die unüberbrückbare Kluft wohl verdeckt haben, die Liberale und Demokraten von links bis rechts von den reaktionären Verfechtern eines vorsichtig reformierten Status quo trennte. Nur Ressentiments oder Illusionen konnten bewirken, daß entschiedene Befürworter eines einheitlichen, zentral regierten, parlamentarisch-demokratischen Verfassungs-, Rechts- und Nationalstaates des ganzen deutschen Volkes sich einer als ›großdeutsch‹ bezeichneten Bundesreform wegen mit denjenigen verbündeten, die im Sinne Habsburgs eine Politik des staatenbündisch verbrämten, antinationalen Partikularismus und des legitimistischen monarchischen Prinzips betrieben; und mit reaktionären Kräften, denen der Anspruch auf verfassungsmäßige Garantie der Volksherrschaft, der Bürgerrechte und der Rechtsstaatlichkeit als blasphemische Anmaßung erschien. So war der Reformverein auch nur kurzlebig, verlor seine politische Bedeutung schon bald, als die österreichische Bundesreformpolitik 1863 nach dem Frankfurter Fürstentag im Sande verlaufen war – und nicht erst 1866, als die großdeutschen und großhabsburgischen Träume eines Bundes deutscher Partikularstaaten ohnehin ausgeträumt waren.

4. Wiens letzte wirtschaftspolitische Offensive; Cobden- und Freihandelsvertrag

Mit dem oben erörterten Zoll- und Handelsvertrag vom 19. Februar 1853 war der Versuch der Donaumonarchie, dem Deutschen Zollverein beizutreten und so dem Wunschbild eines ›70 Millionen-Reiches‹ in Mittel- und Südosteuropa eine wirtschafts- und zollpolitische Ausgangsbasis zu schaffen, zunächst fehlgeschlagen, allerdings mit der Maßgabe, daß ab 1860 erneut über Österreichs Beitrittswunsch weiter verhandelt werden sollte. Mit derselben, unveränderten wirtschafts- und staatspolitischen Zielsetzung einer Umgestaltung des Zollvereins nahm Wien dementsprechend seine Beitrittsoffensive im Jahre 1859 wieder auf. Aus bundespolitischen Gründen – partikularistisch motivierter Sympathie für Österreichs reaktionäre Deutschlandpläne – erhielt es auch diesmal breite Unterstützung von seiten der süddeutschen und der Mittelstaaten. Doch hatte der Kaiserstaat diesen auch jetzt wirtschaftlich im Vergleich mit Preußen wenig zu bieten. Ökonomisch rückständig und auf protektionistische Schutzzölle angewiesen, konnte es mit dem industriell entwickelten und modern strukturierten Preußen nicht konkurrieren, das in einer Position wirtschaftlicher Stärke dem Freihandelssystem den Vorzug gab. Dies gab letztlich den Ausschlag.

Preußen parierte den österreichischen Vorstoß, indem es mit Frankreich Verhandlungen über einen Beitritt zum sogenannten ›Cobden-Vertrag‹ aufnahm, einem englisch-französischen Freihandelsabkommen, das, nach dem liberalen britischen Wirtschaftspolitiker Richard Cobden benannt, 1860 abgeschlossen wurde. Für Preußen und die übrigen Staaten des Deutschen Zollvereins bedeutete dies einen recht vorteilhaften Anschluß an eine großräumige westeuropäische Freihandelszone, für Österreich aber, falls es dem Zollverein beitrat, die Überschwemmung seines Binnenmarktes mit Waren nicht nur aus dem Gebiet des Zollvereins, sondern auch aus Frankreich. Wien forderte Preußen daher auf, von dem Freihandelsprojekt Abstand zu nehmen und seinem, Österreichs, Beitritt zum Deutschen Zollverein im Jahre 1865 zuzustimmen. Unterstützung fand die Donaumonarchie bei einigen Mittelstaaten, die drohten, den Zollvereinsvertrag, über dessen Fortdauer 1865 zu beschließen war, nicht zu verlängern und statt dessen einen neuen, eigenen Zollverbund zu begründen, wenn Preußen Österreich mit seinem Beitrittswunsch scheitern ließ.

Doch muß die Ernsthaftigkeit der Drohung bezweifelt werden. Denn Preußen kündigte an, den Zollverein seinerseits nur fortsetzen zu wollen, wenn dessen sämtliche Mitglieder dem Freihandelsvertrag mit Frankreich zustimmten – und setzte sich durch. Der wirtschaftliche Sachzwang gerade für die industrialisierten Mittelstaaten, ihr Interesse nämlich an der Zugehörigkeit zum preußischen Wirtschaftsraum, der überdies Zugang zu den französischen Märkten gewährte, war stärker als die machtpolitische und weltanschauliche Sympathie der partikularistischen mittelstaatlichen Regierungen für die Donaumonarchie. So konnte Preußen den wirtschafts- und zollpolitischen Kampf, hinter dem letztlich das Ringen um die gegensätzlichen Konzepte in der deutschen Frage stand, für sich entscheiden. Am 2. August 1862 ratifizierte es den Freihandelsvertrag mit Frankreich. Damit war der wirtschaftspolitische Angriff der Donaumonarchie auf die preußisch-deutsche Entwicklung zum Nationalstaat abgewehrt, und zwar nunmehr endgültig. Nicht nur ein ökonomischer Konflikt war nun ausgetragen – es war eine gewichtige nationalpolitische Vorentscheidung gefallen.

5. Heeresreform und Verfassungskonflikt in Preußen

a. Die preußische Heeresreform

Die Neue Ära brachte Preußen innenpolitisch nicht, wie man es nach ihren Vorgaben hätte erwarten können, eine Phase der Entspannung und des evolutionären Ausgleichs zwischen den beharrenden, monarchisch-feudalen Strukturen und den modernen Kräften des Liberalismus, sondern eine schwere innere Staatskrise, für die die Stichworte ›Heeresreform‹ und ›Verfassungskonflikt‹ stehen.

Für die hier maßgebliche Thematik des dornigen Weges zur nationalen Einheit ist die Krise in doppelter Hinsicht von hervorragender Bedeutung: Mit der Heeresreform schuf König Wilhelm I. seinem Staat den für die preußische ebenso wie für eine nationale Politik, die den Namen verdiente und ernstgenommen werden wollte, unabdingbaren machtpolitischen Rückhalt. Nur ein Heer, das dem politischen und wirtschaftlichen Gewicht Preußens entsprach, konnte dessen Sicherheit und diejenige der Staaten des Deutschen Zollvereins garantieren, konnte gewährleisten, daß der »deutsche Beruf« Preußens als einigende Führungsmacht vor französischen Drohgebärden oder den rückwärtsgewandten Ansprüchen der Donaumonarchie nicht zur leeren Phrase wurde.

Auf der anderen Seite aber erlitt die deutsche Nationalbewegung durch den preußischen Verfassungskonflikt, der aus eben dieser Heeresreform erwuchs, einen empfindlichen Rückschlag: Der Vorwurf des Verfassungsbruches, der dem König im Streit mit dem Abgeordnetenhaus im Zusammenhang mit der Budgetierung der Kosten der Heeresreform gemacht wurde, diskreditierte Preußen in ganz Deutschland gerade bei den nationalliberalen Schichten, die dem Einigungsprozeß die Schubkraft verliehen. Er war ein Makel, der Preußens Eignung als Führungsmacht bei der Errichtung des nationalen Rechts- und Verfassungsstaates in Zweifel geraten ließ. Hierdurch verlor zugleich das kleindeutsche Konzept, nach welchem der nationale deutsche Staat nach dem Scheitern der Revolution des Volkes im Jahre 1848 nunmehr nur durch ein Bündnis des Liberalismus mit einem hierzu geeigneten – das heißt reformfähigen und rechtsstaatlich orientierten – Preußen geschaffen werden könne, deutlich an Glaubwürdigkeit und Boden.

Bereits mit seinem militärischen Eingreifen im Frühling des Revolutionsjahres 1848 in Schleswig Holstein, dann bei der Konfrontation mit dem Donauimperium wegen seiner kleindeutschen Unionspläne und schließlich mit seiner Mobilmachung im Italienischen Krieg 1859 war Preußen nicht nur dem eigenen Machtstreben, sondern ebenso seinem »deutschen Beruf« gefolgt. Dabei waren Mängel der Wehrorganisation und -verfassung zutage getreten, die unter anderem zur Verlängerung der Wehrdienstzeit – 1852 auf zweieinhalb und 1856 auf drei Jahre – geführt hatten. Die Mobilmachung des Jahres 1859 hatte die militärische Leistungsfähigkeit des Heeres nur unbefriedigend zur Entfaltung gebracht, so daß sich die Frage gestellt hatte, ob die schweren Einschnitte dieser Maßnahme in das Wirtschaftsleben überhaupt noch als gerechtfertigt und verhältnismäßig betrachtet werden konnten. Die preußische Heeresverfassung stammte aus dem Jahr 1814. Seither war die Bevölkerung des Königreiches von 11 auf 18 Millionen Menschen angewachsen, ohne daß dies zu einer Anpassung der Personalstärke des Heeres geführt hatte. Nur etwa ein Drittel der wehrfähigen Männer konnte eingezogen werden. Frankreichs und Rußlands Heere, auch das der Donaumonarchie, waren dem preußischen an Zahl weit überlegen. Zudem war die preußische Landwehr von geringem militärischem Wert. Ihre Offiziere waren unzureichend ausgebildet, die organisatorische Anbindung der Reserveverbände an das Heer unbefriedigend. Eine Reform des preußischen Militärwesens war daher überfällig, ihre Notwendigkeit dem Grunde nach allseits anerkannt.

Prinzregent WILHELM, der bereits bei seinem Amtsantritt entschlossen gewesen war, die Reform in Angriff zu nehmen, leitete nach der Mobilmachung 1859 die erforderlichen Maßnahmen ein. Die dazu benötigten finanziellen Mittel wurden in den Jahren 1860 und 1861 vom preußischen Abgeordnetenhaus, in dem die liberal-konservativen Kräfte noch überwogen, unter Zurückstellung großer Bedenken ›provisorisch‹ bewilligt.

Die Wahlen im Dezember 1861 jedoch führten zu einer Mehrheit der linksliberalen Fortschrittspartei des Professors Rudolf VIRCHOW, die den bereits schwelenden Konflikt zwischen Parlament und Krone über die Heeresreform offen ausbrechen ließ. Dabei ging es keineswegs um die Reform als solche. Alle Liberalen von rechts bis links waren nicht weniger als König und Regierung von der Notwendigkeit einer grundlegenden Heeresreform überzeugt und grundsätzlich auch bereit, die hierzu erforderlichen Haushaltsmittel zu bewilligen. Sie waren überzeugte deutsche und preußische Patrioten; weltfremder Pazifismus lag gerade ihnen ebenso fern wie egomanischer Zynismus gegenüber der überindividuellen Werteskala der Nation und des Staates.

Der Konflikt entzündete sich vielmehr am unterschiedlichen Grundverständnis von der Rolle der Streitkräfte. Für WILHELM I., seinen Kriegsminister Albrecht Graf VON ROON und die führenden Militärs sollte das Heer vor allem ein zuverlässiges, allen politischen Einflüssen oder Mitwirkungsrechten entzogenes Machtinstrument allein in der Hand des Monarchen sein. Nur ein nicht bloß schlagkräftiges, sondern auch ihm allein bedingungslos ergebenes Heer gab dem König, so sah er es, die für den Staat lebensnotwendige Freiheit, unabhängig von Erwägungen über die politische Zuverlässigkeit der Truppe nach bestem Gewissen und seiner Einsicht in die Notwendigkeiten über den militärischen Einsatz zu entscheiden.

Ein anderweitigen Einflüssen und Mitwirkungsbefugnissen ausgesetztes, politisiertes Heer erschien dem König, so hoch seine politischen Ideale auch stehen mochten, als Unsicherheitsfaktor, gerade auch im Falle revolutionärer Unruhen. Die Werte, für die der Soldat kämpfen und notfalls sterben sollte, waren in den Augen der Konservativen weniger Volk und Vaterland, die Heimat, die eigene Familie, sondern allein sein König und oberster Kriegsherr, seine Fahne und seine soldatische Ehre sowie die militärischen Tugenden Treue und Pflichterfüllung, Disziplin und Gehorsam. Die bürgerlichen Tugenden, Werte und Bindungen sollten im Bewußtsein des Soldaten möglichst in den Hintergrund treten, seine Verwurzelung im zivilen Leben, in Volk, Heimat, im privaten, beruflichen und politischen Umfeld sowie die aus ihr erwachsenen Haltungen und Einstellungen sollten durch intensive und anhaltende militärische Erziehung soweit wie möglich verblassen. Deshalb war WILHELM I. unbedingt entschlossen, an der dreijährigen Dienstzeit der Wehrpflichtigen festzuhalten, denn kürzere Zeit, so meinte er, reiche nicht hin, aus einem Zivilisten einen Soldaten zu machen. Aus denselben Gründen wollten WILHELM I. und seine Militärs die Landwehr, in ihren Augen eher eine bürgerliche als eine militärische Organisation, in ihrem Sinne völlig umgestalten und dem aktiven Heer angleichen.

Dem noch ganz im konservativen Machtbewußtsein des Gottesgnadentums verhafteten Verständnis von der Rolle des Militärs im Staat setzten die Parlamentarier des liberalen preußischen Abgeordnetenhauses ein moderneres Bild vom Soldaten, seiner Bestimmung und seinen Aufgaben entgegen. In der guten Tradition des Freiheitskrieges von 1813 war ihre Leitvorstellung das Volksheer: die Idee vom Volk, das in der von Wehrverfassung und Gesetz vorgegebenen militärischen Ordnung und Organisation zu den Waffen greift, um sich selbst, seine Freiheit und seinen Staat in seiner Unabhängigkeit und territorialen Unversehrtheit gegen feindliche Angriffe zu verteidigen. Allein diese Zweckrichtung – und nicht die Gefolgschaftstreue der Mannen zu ihrem Heerkönig – gab dem Soldatentum und Militärwesen in den Augen der Liberalen Sinn, Aufgabe und Daseinsberechtigung.

Eine Armee nach den Vorstellungen des Königs hingegen bedrohte aus der Sicht der Liberalen als monarchisches Willkürinstrument sogar potentiell die Verfassung und die Rechtsordnung, barg in sich die Gefahr eines Staatsstreiches von oben. Einer Heeresreform mit derartiger Zielrichtung widersetzten sich die Parlamentarier entschlossen. Als Ansatzpunkt für ihren Widerstand bot sich die dreijährige Dienstzeit an, die sie mit einer derjenigen WILHELMS I. im umgekehrten Sinn entsprechenden Argumentation verkürzen wollten. Den Liberalen galt es zu gewährleisten, daß der Rekrut auch in Uniform Bürger blieb und nicht drei lange Jahre im erörterten reaktionären Sinne umerzogen wurde.

Auch ein finanzieller Gesichtspunkt wurde dabei angeführt: Bei der von den Abgeordneten bevorzugten zweijährigen Dienstzeit konnte man zu geringeren Kosten eine wesentlich größere Anzahl von Soldaten gleicher militärischer Leistungsfähigkeit ausbilden. Überdies wollten die Liberalen auch die Landwehr, die ihren Vorstellungen vom Volk in Waffen am ehesten entsprach, fördern, stärken und reformieren, nicht aber im Sinne der vom König und den Militärs angestrebten Entpolitisierung, Disziplinierung und Professionalisierung bis zur Unkenntlichkeit umgestaltet sehen.

Das Kampfinstrument der Abgeordneten in dieser Auseinandersetzung aber war das ureigenste und wesentlichste Recht damaliger Parlamente, das Budgetrecht: ihre Macht, die Haushaltsmittel für die Reform zu gewähren oder zu versagen. Indem die liberalen Parlamentarier dieses zentrale Recht als Waffe in einem so grundlegenden Konflikt mit der Krone rückhaltlos und schonungslos zum Einsatz brachten, setzten sie es freilich zugleich den Abwehrschlägen der Gegenseite aus und riskierten dabei zumindest seine Beschädigung. Wie in einem Vabanque-Spiel setzten sie mit ihrem Kernrecht aus der Verfassung zugleich das verfassungspolitische Gewicht des Parlamentes überhaupt aufs Spiel. Denn auch auf seiten des Königs ging es um eine wesentliche Position: das der Krone traditionell innewohnende Recht des Königs als obersten Kriegsherrn, nicht nur über sein Heer zu befehlen, sondern über alle es betreffenden Angelegenheiten souverän zu bestimmen. Der einschränkende parlamentarische Zugriff auf dieses Recht wurde von

Wilhelm I. und dem konservativen Teil Preußens als anmaßender, revolutionärer Angriff auf den Kernbereich des königlichen Rechtskreises empfunden. Auf beiden Seiten also ging es um Essentialia. Dies erklärt die Schärfe und Erbitterung, mit der die Auseinandersetzung beiderseits überspitzt und mit ungerechten Verdächtigungen geführt wurde. Bei Wilhelm I. wurde die dreijährige Dienstzeit nachgerade zur fixen Idee.

Die preußischen Liberalen jener Zeit wollten das Heer in der von ihnen angestrebten Verfassung keineswegs, wie ihnen seitens der Krone und der Parteigänger des Königs teilweise unterstellt wurde, zur Revolution, zum Sturz der Monarchie mißbrauchen, sie wollten ja längst keine Revolution mehr. Die Behauptung, die Landwehr, die die Liberalen gestärkt sehen wollten, sei anfällig für politische Unzuverlässigkeit, entbehrte ebenfalls der Grundlage, denn auch während der Revolutionszeit 1848/49 hatte die preußische Landwehr, von wenigen Ausnahmen abgesehen, nicht gemeutert, war nicht zu den Bürgerwehren übergelaufen, sondern königstreu geblieben, während sogar der damalige König selbst es für kurze Zeit mit den Revolutionären gehalten hatte. Auf der anderen Seite unterstellten die Liberalen der Seite des Königs im wesentlichen ungerechtfertigt böse Absichten bis hin zu Staatsstreichgelüsten. Wilhelm I. lag dergleichen fern. Immerhin hatte der rechtlich denkende und politisch gemäßigte Monarch bei seinem Regierungsantritt aus freien Stücken den Eid auf die Verfassung geleistet und die Verständigung mit den Liberalen sogar zum Programm der von ihm inaugurierten »Neuen Ära« erhoben.

b. Der preußische Verfassungskonflikt; Bismarcks Antritt als Ministerpräsident; »Eisen und Blut«

Solange in diesem Streit noch die Heeresreform, die Rolle des Militärs im Staate und in diesem Zusammenhang die dreijährige Dienstzeit im Vordergrund standen, wäre bei etwas Vernunft auf beiden Seiten vielleicht noch ein tragfähiger Kompromiß zu finden gewesen. Die Situation änderte sich jedoch qualitativ grundlegend, als der Konflikt in die Dimension einer Verfassungs- und Staatskrise aufstieg, in der es letztlich gar nicht mehr um die militärischen Ausgangsfragen ging, sondern um einen vor der deutschen und internationalen Öffentlichkeit ausgetragenen Machtkampf – fast wie um Sein oder Nichtsein – zwischen Parlament und Krone.

Am 6. März 1862 lehnte der Landtag den vorgelegten Haushalt aus formalen Gründen brüsk ab, obwohl die Regierung zu Änderungen und Zugeständnissen bereit war. Eine ›Ministerkrise‹ war die Folge; der König fand im Kabinett im wesentlichen nur noch bei seinem Kriegsminister von Roon Unterstützung. Am 11. März wurde das Abgeordnetenhaus aufgelöst, am 6. Mai Neuwahlen abgehalten, die allerdings den ›linken‹ liberalen Kräften weitere Verstärkung brachten und einen Kompromiß in noch weitere Ferne rücken ließen. Entsprechende Verhandlungen der Regierung mit den Abgeordneten scheiterten. Am 23. September

1862 verweigerte das Abgeordnetenhaus für das laufende Jahr die Bewilligung sämtlicher Ausgaben für die Heeresreform. WILHELM I. war nicht bereit, in diesem nahezu mit Ausschließlichkeitsanspruch geführten Kampf des Parlamentes um die Macht im Staate zurückzuweichen. Da er aber keine Minister fand, die bereit waren, auch ohne einen verfassungsgemäß bewilligten Haushalt zu regieren, blieb ihm, so meinte er, nur die Abdankung zugunsten seines liberaler eingestellten Sohnes, des Kronprinzen FRIEDRICH WILHELM.

In dieser zugespitzten Krisenlage präsentierte VON ROON als ›letzte Rettung‹ seinen politischen Weggefährten Otto VON BISMARCK als Kandidaten für das Amt des Ministerpräsidenten. Telegraphisch herbeigerufen[55] – »Berlin le 18. Septembre. Periculum in mora. Dépêchez vous. L'oncle de Maurice Henning« (»Gefahr im Verzuge. Beeilen Sie sich. Der Onkel von. . .«) –, reiste BISMARCK unverzüglich aus Paris an, wo er seinerzeit als preußischer Gesandter tätig war. Er suchte den König, der seine Abdankungsurkunde bereits handschriftlich abgefaßt, vielleicht sogar schon unterschrieben hatte, am 22. September 1862 im Schloß zu Babelsberg bei Potsdam auf und erklärte sich in einer längeren, dramatisch verlaufenden Unterredung bereit, das Amt des Ministerpräsidenten zu übernehmen und die Heeresreform notfalls auch gegen den Willen und die Mehrheitsbeschlüsse des Landtages durchzusetzen. Es gehe, so legte er in dem Gespräch mit WILHELM I. dar, »um Königliches Regiment oder Parlamentsherrschaft«. Letztere sei »unbedingt auch durch eine Periode der Diktatur abzuwenden«. Er versicherte den Monarchen nach Art eines Gefolgsmannes früherer Jahrhunderte seiner Treue und Ergebenheit. Selbst wenn der König ihm Dinge befehle, die er, BISMARCK, nicht für richtig halte, werde er, wenn der König trotz offener Gegenvorstellungen schließlich auf seiner Meinung beharre, lieber mit ihm untergehen, als ihn im Kampf gegen die Parlamentsherrschaft im Stich zu lassen.[56]

Solcher Art war die persönliche und ideelle Grundlage für das nahezu drei Jahrzehnte überdauernde Zusammenwirken zweier geschichtlicher Persönlichkeiten, die ohne einander vermutlich beide bedeutungslos geblieben wären. Noch am 22. September – veröffentlicht am 23. September – ernannte der König BISMARCK zum Staatsminister und vorläufigen Vorsitzenden des Staatsministeriums. Die förmliche Ernennung zum Ministerpräsidenten erfolgte am 8. Oktober 1862.

Bei BISMARCKS Antritt war seine Ausgangslage für eine erfolgreiche Amtsführung denkbar schlecht. Der König begegnete ihm mit deutlichen Vorbehalten, hatte er ihn doch nur ernannt, weil es keine andere Wahl gab. WILHELMS liberale Ehefrau Augusta, die starken Einfluß auf den König ausübte, haßte BISMARCK. Seine konservativen politischen Freunde und Standesgenossen hatte dieser oftmals mit unkonventionellen Ansichten und Verhaltensweisen befremdet, manchem von ihnen war er unheimlich. Dem nationalliberalen preußischen Landtag war bekannt, daß BISMARCK vom König in verzweifelter Lage, als letzte Rettung vor der Kapitulation, als Schachfigur im Kampf gegen das Parlament berufen worden war. Für die Abgeordneten, darüber hinaus für alle Nationalliberalen im Lande und die von ihnen beherrschte Presse und öffentliche Meinung war er daher ein natürlicher Feind, der Konfliktminister, der auf seiten der reaktionären Krone gegen alle ihre hohen Ziele und Ideale angetreten war.

Hinzu kam das Bild, das man sich von BISMARCK ohnehin aufgrund seiner bisherigen politischen Tätigkeit bereits seit den Tagen der Märzrevolution machte. Er galt als stockpreußischer Landjunker, erzreaktionärer Scharfmacher, gewaltbereiter, grobschlächtiger, brutaler Machtmensch von zweifelhaften Gewissensqualitäten. Heinrich VON TREITSCHKE, nationalliberal und kleindeutsch eingestellter Historiker und politischer Publizist, der BISMARCKS Politik später entschieden unterstützte, schrieb von dem neuen Ministerpräsidenten als »der vollendeten Frivolität am Ruder«.[57]

So war es nicht verwunderlich, daß das erste politische Auftreten des dergestalt vorverteufelten neuen preußischen Regierungschefs, so konziliant dieser auch um Wohlverhalten bemüht war, zum Debakel geriet. Als der Landtag am 23. September 1862 die Bewilligung der Ausgaben für das laufende Jahr ablehnte, war bereits der Haushaltsentwurf der Regierung für 1863 eingebracht worden, über den das Parlament ab dem 25. September beraten wollte. BISMARCK war sich der unversöhnlichen Haltung der Abgeordneten bewußt, wollte den Versuch einer einvernehmlichen Konfliktlösung aber dennoch nicht versäumen. So erwirkte er beim Präsidenten des Abgeordnetenhauses GRABOW die Verschiebung des Beginns der Beratungen um drei Tage und beim König die Erlaubnis, den Regierungsentwurf des Haushaltes wegen des darin enthaltenen Konfliktstoffes zurückzuziehen. Am 29. September gab er die Rücknahmeerklärung ab und fügte hinzu, die Regierung wolle hierdurch allerdings nicht von dem Grundsatz der rechtzeitigen Einbringung des Haushaltes abrücken. Vor dem sogleich darauf zusammentretenden Haushaltsausschuß des Landtages erklärte BISMARCK, daß mit der Zurückziehung nur »Frieden und Versöhnung«, »eine Art Waffenstillstand« bezweckt seien.

Der Ausschuß vertagte sich und trat am 30. September wieder zusammen. Nach Erörterung haushaltsrechtlicher Fragen zu Beginn der Sitzung nahm BISMARCK die Gelegenheit wahr, sich als neuer Ministerpräsident auch allgemeinpolitisch zu äußern und einzuführen. Er wies böswillige Kommentare zu seiner Person in der Presse zurück; diese verkörpere auch nicht die öffentliche Meinung. Er verwahrte sich gegen die Unterstellung, er suche außenpolitische Konflikte, um von den inneren Problemen abzulenken, und mahnte die Abgeordneten im Zusammenhang mit dem Konflikt um die Heeresreform: »Wir sind Kinder desselben Landes.« Insgesamt waren seine Ausführungen moderat und auf Versöhnung angelegt.

Zu politischen Grundfragen freilich nahm er in einer für einen damaligen Ministerpräsidenten der Sache nach ungewöhnlich offenherzigen Weise Stellung. Äußere Konflikte würden kommen, so erklärte er, ohne daß Preußen Händel suche. Deutschland sehe nicht auf Preußens Liberalismus, sondern auf seine Macht. Preußens Grenzen nach den Wiener Verträgen (1815) seien einem gesunden Staatsleben nicht günstig, es trage eine zu große Rüstung für seinen schmalen Leib. Es folgte der vielzitierte, erst in die damaligen deutschen Zeitungen und dann in die Geschichtsliteratur eingegangene berühmte Satz: »Nicht durch Reden und Majoritätsbeschlüsse werden die großen Fragen der Zeit entschieden – das ist der große Fehler von 1848 und 1849 gewesen –, sondern durch Eisen und Blut.«

Die Formulierung löste in der Presse ein geradezu dröhnendes Echo aus. Gutgläubigen Nationalliberalen bot sie Anlaß zu ehrlicher Entrüstung – für Heinrich von Treitschke war Bismarck ein flacher Junker, der mit Eisen und Blut prahle, womit er Deutschland unterjochen wolle. Andere hingegen nutzten den Ausspruch als willkommenen Stoff für hämische Agitation. Wilhelm I. war entsetzt über die Reaktionen, die sein Nothelfer ausgelöst hatte. Als der König am 4. Oktober von einer Familienfeier in Baden-Baden mit der Bahn heimwärts nach Berlin reiste, fuhr ihm Bismarck bis Jüterbog entgegen und stieg zu ihm ins Abteil, um seinen Herrn zu besänftigen und die eigenen Erklärungen vor dem Budgetausschuß vor ihm zu rechtfertigen. Der König unterbrach ihn sogleich: »Ich sehe ganz genau voraus, wie das alles endigen wird. Da vor dem Opernplatz, unter meinen Fenstern, wird man Ihnen den Kopf abschlagen und etwas später mir.«[58] Doch mit der ihm eigenen Überzeugungskraft gelang es Bismarck bis zum Ende der Reise, den König abzulenken, ihn bei seiner Offiziersehre zu fassen und auf den gemeinsamen Kampf gegen die Parlamentsherrschaft einzustimmen.

Der Anstoß, den Bismarck bei seinen liberalen Zeitgenossen erregt hatte, ist heute nicht ganz leicht nachzuvollziehen. Was war so skandalös an Bismarcks Äußerungen? Er hatte zur Lage Preußens vor dem Hintergrund der deutschen Frage nur gesagt, was jeder seiner Zuhörer wußte und niemand ernsthaft bezweifeln konnte: Es traf zu, daß es für Preußens Politik nicht reichte, liberal zu sein und keine äußeren Händel zu suchen, daß Deutschland vielmehr auf Preußens – militärische – Macht blickte. Die »große Frage der Zeit«, die zur Entscheidung anstand, war die deutsche Frage. Die kleindeutsche Lösung, auf die allem Anschein nach die Entwicklung hintrieb, war ohne schlagkräftigen militärischen Rückhalt der preußischen Führungsmacht nicht zu verwirklichen. Die Heeresreform hatte dabei rein defensiven Charakter. Wenn sich die deutschen Staaten außer Österreich unter Preußens Schutz und Leitung friedlich zusammenschließen wollten, so hatten sie mit kriegerischen Interventionen feindlicher Mächte zu rechnen. Die Donaumonarchie würde ihren Einfluß in Deutschland und ihre Hegemonialpläne in Mitteleuropa sicher nicht kampflos preisgeben, Frankreich nicht friedlich zusehen, wie an seiner Ostgrenze ein großer Nationalstaat entstand, der seine Träume von seiner ›natürlichen‹ Rheingrenze und von kontinentaler Hegemonie zu Nichts zerstieben ließ. Die Reaktion Englands und Rußlands auf eine deutsche Staatsgründung erschien aus der Sicht des Jahres 1862 ungewiß. Die nordelbischen deutschen Herzogtümer boten angesichts der Vorgänge von 1848 bis 1851 ebenfalls durchaus Grund zur Kriegsbesorgnis. Dies war die Gesamtlage, in der mit »Eisen und Blut« zu bestehen das preußische Heer durch die anstehende Reform befähigt werden sollte und mußte. Mit diesen Argumenten und der plakativen Formel von »Eisen und Blut« warb Bismarck bei den Abgeordneten um Bewilligung der Gelder für die Reform, ohne die eine erfolgreiche kleindeutsche Politik Preußens nicht möglich war. All dies wußten die Nationalliberalen, die ja selbst das ehrende Gedenken an den Einsatz von »Eisen und Blut« in den Befreiungskriegen gegen Napoleon I. ihren identitätsstiftenden Traditionen zurechneten. Auch ihre Märzrevolution des Jahres 1848 war doch nur wegen des schnellen, fast widerstandslosen Zusammenbrechens der alten Ordnung vergleichsweise unblutig verlaufen und wahrlich kein pazifistisches Unterfangen gewesen. Wie also erklärt sich ihre Reaktion auf Bismarcks Worte?

Bismarck mag durch die Offenheit Anstoß erregt haben, mit der er Tatsachen beim Namen nannte, die Diplomaten und Politiker bei offiziellen Äußerungen üblicherweise nicht oder nur verklausuliert zu sagen pflegten. Mit seiner Offenheit zu verblüffen, war eine von Bismarcks persönlichen Eigenarten. Die auch bei damaligen Politikern und Diplomaten verbreitete Taktik der Verschleierung war in seinen Augen ein oft wenig taugliches Mittel der Politik. »Take care of that man! He means what he says« (»Hüten Sie sich vor diesem Mann! Er meint, was er sagt«), hatte der konservative britische Oppositionsführer Disraeli, dem Bismarcks offene Redeweise unheimlich erschienen war, kurze Zeit zuvor bemerkt. Doch reicht dies zur Erklärung der kollektiven Entrüstung der Liberalen nicht hin. Vielmehr wurde Bismarck wohl vor dem Hintergrund des Bildes, das man allgemein von ihm hatte und seiner aktuellen Rolle, die ihm als Ministerpräsident zugedacht war, weithin mißverstanden: Ein stockpreußischer Landjunker – dies war er für die Öffentlichkeit noch –, der als Speerspitze des Königs gegen die verfassungsmäßigen Rechte des Parlamentes eingesetzt war und sich einer solchen Sprache bediente, verhöhnte den Liberalismus, machte die Reden und Majoritätsbeschlüsse der Abgeordneten verächtlich und verkündete den Vorrang von Eisen und Blut, offenbarte sich damit als zynischer Apostel der Gewalt, der, wie man von ihm ja schon immer gewußt hatte, Macht vor Recht setzte. Hier lag der Kern des Mißverständnisses und der zwar als Vorurteil nachvollziehbaren, der Sache nach aber unberechtigten Kritik an Bismarck.

So hatten die versöhnlichen Bemühungen des neuen Ministerpräsidenten die Verfassungskrise nicht beizulegen vermocht, sie im Ergebnis vielmehr noch verschärft. Auch ein von diesem gleichwohl noch angestrebter Kompromiß in der Frage der dreijährigen Dienstzeit kam nicht zustande. Bismarck bot den Liberalen drei Ministersessel in seinem Kabinett an und signalisierte Verständigungsbereitschaft in der Frage der Dienstzeit, die er selbst nicht für wesentlich hielt. Der Landtag jedoch war an einer einvernehmlichen Lösung nicht interessiert, und der König beharrte weiterhin starr auf der dreijährigen Dauer. Der Machtkampf zwischen Krone und Parlament war nun zur auf unabsehbare Zeit verfahrenen Dauerkrise des preußischen Staates geworden. Der König war nicht bereit, sich den Vorgaben des Landtages zu beugen, der seinerseits jegliches Entgegenkommen gegenüber der Krone sperrig und nachhaltig verweigerte.

Bei dieser Sachlage aber galt Bismarcks Versprechen gegenüber dem König, notfalls auch ohne einen vom Landtag verabschiedeten Haushalt zu regieren und die Heeresreform ohne verfassungsgemäße Grundlage zu finanzieren. Für dieses Vorgehen, das auf den ersten Blick als glatter Verfassungsbruch erscheinen mochte, führte er gute Gründe an: Zwar schrieb die Verfassung vor, daß die Ausgaben der Regierung, der Haushalt, in einem rechtsförmigen Verfahren vom Landtag gebilligt werden mußten. Sie traf aber keine Regelung für den nun eingetretenen Fall, daß ein unüberwindbarer Meinungsgegensatz die vorgesehene Einigung zwischen Krone und Parlament verhinderte. Insofern wies das Regelungswerk der Verfassung eine Lücke auf. Denn, so argumentierte Bismarck, die Staatsgeschäfte, die naturgemäß mit Ausgaben verbunden waren, dürften ja nicht ruhen, wenn der Staatsapparat nicht stillstehen, nicht kollabieren sollte. So müßten beispielsweise die Beamtengehälter weitergezahlt werden – und, worauf Bismarck im Landtag nicht ohne Süffisanz hinwies, auch die Diäten der Abgeordneten. Dies aber könnten nur der König und seine Regierung, die daher, so Bismarck weiter, berechtigt und verpflichtet seien, die mit den laufenden Regierungsgeschäften verbundenen Ausgaben auch ohne Billigung des Landtages zu tätigen, bis das Einvernehmen über den Haushalt, wie es in der Verfassung vorgeschrieben sei, wieder hergestellt werden könne.

Auf der Grundlage dieser als ›Lückentheorie‹ bezeichneten Rechtsauffassung wurde Preußen in den nächsten vier Jahren ohne verfassungsgemäßen Haushalt regiert. Im Grunde handelte es sich um einen Rückfall in vorkonstitutionelle Verhältnisse, denn das Parlament war praktisch entmachtet. Ob diese ›Lückentheorie‹ zur Lösung eines unlösbaren Konfliktes rechtlich tragfähig war oder man das Vorgehen Bismarcks als Verfassungsbruch bewerten muß, wird je nach politischem Standpunkt seit eh und je unterschiedlich beantwortet. Eine eindeutige juristische Bewertung ist indes nicht möglich.[59] Bismarck selbst hat nach dem Erfolg im ›böhmischen‹ Krieg gegen die Donaumonarchie im Jahre 1866 den preußischen Landtag in dieser Sache zwar um »Indemnität« gebeten. Hierin kam jedoch kein ernsthaftes Schuldeingeständnis, sondern das Bestreben Bismarcks zum Ausdruck, den Liberalismus zu versöhnen und als Bundesgenossen für seine weitere Deutschlandpolitik zu gewinnen, als deren nächster Schritt zu dieser Zeit die Gründung des Norddeutschen Bundes bevorstand.

Die Folgen von Heeresreform und Verfassungskrise für die Entwicklung in der deutschen Frage waren seltsam zwiespältig. Der für eine deutsche Politik Preußens im Sinne der kleindeutschen Lösung unerläßliche militärische Rückhalt war nunmehr gesichert. Andererseits aber war die breite und mächtige politische Strömung des kleindeutsch-nationalen Liberalismus in allen seinen Schattierungen, das gesellschaftspolitische Substrat des zur Entstehung drängenden deutschen Nationalstaates, enttäuscht, orientierungslos und entmutigt: Der Staat, den man allein für befähigt und geeignet gehalten hatte, den einigen, nationalen Rechts- und Verfassungsstaat zu verwirklichen, war in den Augen der Liberalen unter einer nahezu absolutistischen, reaktionären Regierung staatsstreichartig auf einen verfassungszivilisatorischen Stand der Zeit vor 1848 zurückgeworfen worden.

Wie sollte dieses Preußen, das nach den jetzt wie Hohn klingenden programmatischen Worten des Prinzregenten Wilhelm bei seiner Regierungsübernahme »überall das Recht zu schützen bereit« sei, nun noch »in Deutschland moralische Eroberungen machen«? Und wie sollte die Nation nun überhaupt noch staatlich vereint werden, nachdem nicht nur die Märzrevolution gescheitert war, sondern sich auch der Weg zur Einheit über ein Bündnis des Liberalismus mit der norddeutschen Führungsmacht als nicht gangbar erwiesen hatte? Das großdeutsche Lager erhielt jetzt Auftrieb, erschien manchem gegenüber den kleindeutschen Bestrebungen als das kleinere Übel. Die preußische Verfassungskrise war zur Krise auch der deutschen Nationalbewegung geworden.

Andererseits hatte derselbe Verfassungskonflikt, der die liberalen Hoffnungen auf den nationalen Einheitsstaat zu zerstören schien, mit dem verhaßten ›Junker‹ Otto von Bismarck genau jenen Mann an die Schalthebel preußischer Macht gehoben, der – wenn auch ohne konkrete Vorplanung, ohne kalkuliertes Szenario und ohne Festlegungen im einzelnen, überdies auch mit teilweise abweichenden innenpolitischen Zielvorgaben – letztlich das Nämliche anstrebte und genial in die Tat umsetzte, was die Nationalliberalen wollten: eine deutsche Vereinigung.

Der Verfassungskonflikt 1862 brachte den Liberalen als parlamentarische Kraft in Preußen und als Nationalbewegung in Deutschland die schwerste Niederlage seit dem Scheitern der Frankfurter Nationalversammlung und der Revolution im Jahr 1849, bedeutete zugleich aber objektiv den Beginn der Phase, in der für ihr nationales Anliegen erstmals die wirksamen Mittel staatlicher preußischer Diplomatie und Machtpolitik zum Einsatz kommen konnten. Denn der preußische Ministerpräsident war es, der fortan die nationalen Ziele bis 1871 in Etappen auf seine Weise verwirklichte, und zwar anfangs keineswegs mit den Liberalen, sondern teilweise sogar unter deren Widerspruch. Erst im Laufe der Ereignisse der folgenden Jahre bemerkte man in der Nationalbewegung allmählich: *nostra res agitur* (unsere Sache wird betrieben). Bismarcks offensichtliche deutschlandpolitische Erfolge im Zusammenhang mit dem Dänischen Krieg 1864 und dem innerdeutschen Krieg 1866 kitteten den Riß, ließen das faktische Bündnis zwischen ihm und der Mehrheit der Liberalen Wirklichkeit werden.

Die Bedeutsamkeit des preußischen Verfassungskonfliktes für die weitere deutsche Entwicklung rechtfertigt es, dessen Schilderung mit einigen Gedanken zur Verschuldensfrage abzuschließen. Es mag sein, daß die Liberalen im preußischen Landtag ihren Staat gerade im Hinblick auf die führende Rolle, die er bei der Gründung des erstrebten Nationalstaates spielen sollte, auf dem Weg zur innenpolitischen Modernisierung energisch voranbringen und ihn so auch auf seine Vorreiterrolle im Sinne der Fortentwicklung der konstitutionellen Monarchie in Deutschland vorbereiten wollten. Grundsätzlich waren sie mit ihren Vorstellungen über die Nation und das Volksheer und ganz besonders mit ihrem Anliegen, die Macht des Parlamentes und damit die des Volkes gegenüber der Krone durchzusetzen, historisch durchaus im Recht. Mochte der wünschenswerte Endpunkt einer solchen Entwicklung auch in einer demokratisch-parlamentarischen konstitutionellen Monarchie liegen, wie sie im 21. Jahrhundert in Europa teilweise noch anzutreffen ist – der Prozeß mußte sich, sollte er zum Erfolg führen, jedenfalls evolutionär und ohne Bruch vollziehen. Einen solchen aber haben die preußischen liberalen Abgeordneten des Jahres 1862 vorwerfbar herbeigeführt. Am 27. Januar 1863 erklärte BISMARCK vor dem Landtag im Zusammenhang mit dem Verfassungskonflikt: »Das preußische Königtum hat seine Mission noch nicht erfüllt; es ist noch nicht reif dazu, einen rein ornamentalen Schmuck Ihres Verfassungsgebäudes zu bilden, noch nicht reif, als ein toter Maschinenteil dem Mechanismus des parlamentarischen Regiments eingefügt zu werden.«[60]

BISMARCKS Rolle als Parteigänger der Krone ist hinlänglich bekannt, die obigen vielzitierten Worte waren dementsprechend Teil einer subjektiv kämpferischen Rede. Und doch kennzeichnen sie die Sachlage völlig treffend: Im Bewußtsein des Volkes – nicht nur dem der Hohenzollerndynastie, des Adels und des Offizierskorps – hatte das Königtum damals in der Tat noch seinen festen Platz als reales Machtorgan an der Spitze des Staates. Über Art und Umfang von Mitwirkungsrechten des Volkes und seiner Vertreter im Parlament bestanden vielerlei Ansichten. Aber nur eine intellektuelle Minderheit wollte die Macht der Krone so durchgreifend einschränken wie die Abgeordneten von Prof. VIRCHOWS Fortschrittspartei. Zwar ging diese nicht so weit, die gänzliche Entmachtung des Königs und die Rückführung seiner Funktionen auf rein repräsentative Aufgaben zu fordern. Doch lag eine wie auch immer geartete Vorrangstellung des Parlamentes eindeutig im Bereich ihrer im Verfassungskonflikt aktuell verfolgten politischen Absichten. Entsprechendes galt für die Rolle des Heeres im Staat. Zwar hatte der Gedanke des Volksheeres eine Tradition auf Massenbasis seit 1813. Doch war die uralte Vorstellung vom Heerkönig und seinen Kämpfern, die nur seiner Fahne folgen, damals im Volk noch tief verwurzelt.

Kurzum: Der preußische Landtag hat, auch wenn seine Ziele an sich legitim waren, den Bogen unter Fehleinschätzung des unter den damaligen Verhältnissen Erreichbaren schlicht überspannt, den Bruch einer organischen Entwicklung zum Primat der Volksvertretung und damit wohl auch eine nachhaltige Disharmonie in der kommenden innenpolitischen Entwicklung Deutschlands verschuldet – was hier allerdings nicht näher zu erörtern ist.

6. Exkurs: Otto von Bismarck – zur Person des Reichsgründers

Mit BISMARCKS Antritt als preußischer Ministerpräsident im Jahre 1862 begann der letzte und entscheidende Abschnitt auf der Wegstrecke zur deutschen Einheit. War die Entwicklung zur Reichsgründung im Grunde auch vom breiten Strom der Zeit und der Geschichte getragen, so wirkte BISMARCK doch mehr als jeder andere Politiker auf die Ereignisse in dieser Phase ein. Als Mensch, politische Persönlichkeit und Hauptakteur auf der Bühne deutscher Politik steht er im Mittelpunkt der Erörterung jener Jahre. An dieser Stelle ist es daher an der Zeit, die Schilderung des Geschehens zu unterbrechen und auf die Person des Reichsgründers näher einzugehen.

a. Biographisches

Otto von Bismarck, Sproß eines urmärkischen Adelsgeschlechtes, das schon vor der Dynastie der Hohenzollern im Brandenburgischen ansässig gewesen war, wurde am 1. April 1815 auf dem väterlichen Rittergut Schönhausen an der Elbe geboren. Der Vater, Ferdinand von Bismarck, ein schlichter preußischer Landedelmann, war in jungen Jahren Offizier gewesen. Die Mutter, eine geborene Mencken, die dem akademischen Bildungsbürgertum entstammte, war eine geistig sehr begabte, gebildete und ehrgeizige Frau. Otto von Bismarck genoß auf Betreiben der Mutter eine vergleichsweise qualifizierte Schulausbildung und studierte danach ab 1832 in Göttingen und Berlin ohne übermäßigen Eifer die Rechte, tat sich dabei eher als der ›tolle Bismarck‹ im studentischen Leben und Treiben hervor. Nach dem Referendarexamen 1835 versuchte er sich einige Jahre lang mit geringer Neigung als Kammergerichts-Auscultator und Regierungsreferendar. Geregelte Dienstzeiten und die formalen Zwänge administrativer Tätigkeit und Bürokratie widerstrebten ihm, seine Abneigung gegen jede Art von Vorgesetzten war unüberwindlich. »Ich will aber Musik machen wie ich sie für gut kenne, oder gar keine«, beschrieb er seinen Standpunkt.

So quittierte er gegen den Willen seiner Eltern den Staatsdienst als »abgebrochener Jurist« und zog sich – bis dato also eine nicht eben erfolgreiche Existenz – auf den ländlichen Familienbesitz zurück, betrieb Landwirtschaft und machte seinem Ruf als ›toller Bismarck‹ weiterhin alle Ehre. Eine hochbegabte, kraftstrotzende Persönlichkeit schien zu stranden. Schon als Student hatte er 1834 an einen Freund geschrieben: »Ich werde entweder der größte Lump oder der größte Mann Preußens.« Nun beschrieb er seinen Zustand, er treibe »willenlos auf dem Strom des Lebens, ohne anderes Steuer als die Neigung des Augenblicks«. Doch nutzte er diese Zeit auch dazu, sich mit Werken der Geschichte und der Philosophie, aber auch schöngeistiger Literatur autodidaktisch zu bilden, und zwar bei weitgefächerter, hoher natürlicher Begabung mit großem Erfolg. Seinen Wehrdienst hingegen, der ihm aus ähnlichen Gründen mißhagte wie der Staatsdienst, leistete er nur widerwillig ab.

Die Phase der Orientierungslosigkeit ging schließlich zu Ende, als Bismarck Zugang zu einem christlich ausgerichteten Freundeskreis fand, in dem er auch seine künftige Ehefrau kennenlernte. Seine politische Laufbahn begann, als Friedrich Wilhelm IV. ihn im Februar 1847 als Vertreter der ostelbischen Ritterschaft in den Vereinigten Landtag berief, nachdem Bismarck zuvor schon gewisse politische und administrative Erfahrung als Deichhauptmann, Abgeordneter des sächsischen und des pommerschen Provinziallandtages, als stellvertretender Landrat und als Kreisdeputierter gesammelt hatte. Im Vereinigten Landtag, den FRIEDRICH WILHELM IV. seinen ständestaatlichen Idealen entsprechend gegründet hatte, tat BISMARCK sich durch Streitlust und Brillanz hervor, wenn er seinen damals noch bedingungslos konservativen und antiliberalen Standpunkt rhetorisch vertrat.

Von Gestalt hochgewachsen, war BISMARCK ein ausgezeichneter Reiter, naturverbunden, liebte er Feld, Wald und Tier, war zugleich sensibel und feinnervig, reizbar und angriffslustig, eine geradlinige Kämpfernatur mit langem Atem, doch auch geschmeidig und anpassungsfähig, wenn die Lage es gebot. Er liebte und beherrschte meisterlich in Wort und Schrift eine nuancenreiche, bildhafte Sprache, aber auch, nicht immer zu seinem Vorteil, die geschliffen, pointiert und temperamentvoll formulierte verbale Attacke bis hin zu verletzender Schärfe und beißendem Spott.

Ein scharfer Verstand, gepaart mit unbestechlichem Wirklichkeitssinn und sicherem politischem Instinkt kennzeichneten das staatsmännische Genie. Willensstark, originell und einfallsreich, leidenschaftlich und selbstbewußt bis zur Anmaßung spielte er seine Überlegenheit im politischen Kampf oft voll aus. Doch bewahrte ihn sein realitätsbezogener Intellekt vor hybrider Verstiegenheit und persönlicher Eitelkeit, ließ ihn die eigenen Grenzen und die Bedingtheit eines jeglichen staatsmännischen Handelns nie aus den Augen verlieren.

Verheiratet seit 1847 mit Johanna, geborener VON PUTTKAMER, Mutter seiner drei Kinder, die ihm weit über das konventionelle Maß hinaus Lebensgefährtin und persönliche Stütze war, führte der private BISMARCK als liebevoller Ehemann und Vater ein harmonisches Familienleben. Rückhalt und Orientierung fand er überdies auch im Christentum protestantisch-pietistischer Prägung.

b. Politische Motive, Maximen und Einsichten

Bei der Befassung mit dem Werden des deutschen Nationalstaates steht, wenn es um dessen Architekten und Gründer geht, die Frage im Vordergrund, welche Motive ihn antrieben und welche politischen Werte, Handlungsmaximen und Grundeinsichten ihn leiteten.

Wie stand es um das von Historikern der Gegenwart oft bestrittene Nationalgefühl BISMARCKS, dieses Kernpreußen, der sich überdies zeitlebens niemals dem politischen Liberalismus zurechnete, zu dessen Gedankengut die nationale Idee ja gehörte? In der deutschen Geschichtsliteratur nach dem Zweiten Weltkrieg hat es sich weitgehend eingebürgert, BISMARCK als einen Gewaltpolitiker darzustellen, der skrupel- und rücksichtslos seinen Machtinstinkten frönte und, ohne an die bösen Folgen zu denken, auf schwankendem Grund ein zivilisatorisch und moralisch rückständiges, international dissoziales und aggressives deutsches Reich gründete, das wegen dieser immanenten Defizite von vornherein eine Bedrohung des Friedens seiner Umwelt darstellte und eine Spannungslage in der Staatenwelt schuf, die sich in zwei Weltkriegen entlud und entladen mußte.

Genial wird von Vertretern solcher Weisheiten, die in westalliierter, insbesondere anglo-amerikanischer Propaganda der ersten Hälfte des 20. Jahrhunderts ihren Ursprung haben und nach 1945 von deutschen Historikern eilfertig rezipiert wurden, ein geistesgeschichtlich-politischer Bogen von LUTHER über FRIEDRICH DEN GROSSEN, BISMARCK, WILHELM II. bis HITLER geschlagen, ein deutscher Sonderweg bis hin zum, wie man meint, wohlverdienten und zwangsläufigen Zusammenbruch des Deutschen Reiches im Jahre 1945 konfabuliert.

Es verwundert nicht, daß bei einer solchen Sicht der Dinge dem Reichsgründer BISMARCK – als dem Vater aller kriegerischen Schrecknisse seit 1870 – keine über einen ehrgeizigen persönlichen Machtwillen und ein dumpfes, gewalttätiges, halbzivilisiertes Preußentum hinausgehenden Qualitäten, insbesondere keine Regungen und Antriebe positiver Art, zuerkannt werden können – nicht einmal eine in den Augen des ›Fortschritts‹ so verstaubte und vielbelächelte Tugend wie Vaterlandsliebe.

Keineswegs alle deutschen Nachkriegshistoriker folgten dieser Linie. Allerdings ist auch in den Schriften derjenigen, die mit Anstand um Gerechtigkeit bemüht sind, oftmals der politisch-moralische Druck offen oder zwischen den Zeilen zu spüren, nur ja das subjektive nationale Moment in BISMARCKS politischem Werk nach Möglichkeit zu verkleinern, abzuschwächen, in Frage zu stellen. Hierzu nur ein wahllos unter ungezählten in Frage kommenden Beispielen herausgegriffenes Zitat aus einem Text eines maßgeblichen deutschen Nachkriegshistorikers: »Da er [BISMARCK] stets vom Staat und der europäischen Staatenwelt, nicht von Nationen aus dachte, und nationale Bewegungen für ihn im besten Falle, wie bei der deutschen Nationalbewegung, die Funktion eines Hilfsmittels zur Durchsetzung staatlicher Machtpolitik einnahmen. . .«[61]

Ob dergleichen denn wirklich immer wieder sein müsse, fragt sich mit einem Stoßseufzer der unbefangene, nicht im Milieu des etablierten Berufshistorikertums betriebsblind gewordene, solcher Stereotype überdrüssige Leser. Natürlich betrieb BISMARCK, wie jeder bedeutende Staatsmann vor und nach ihm, staatliche Machtpolitik. Dies gilt um so mehr für die politischen Prozesse, die der Reichsgründung vorangingen, handelte es sich bei ihnen doch gerade darum, der deutschen Nation ein staatliches Haus zu errichten, also um einen der Natur der Sache nach machtpolitischen Vorgang. Warum aber sollten BISMARCKS Beweggründe, seine Antriebe zu dieser Staats- und Machtpolitik nicht naturgemäß ganz wesentlich auch nationaler Art gewesen sein? Erscheint es nicht schon *prima facie,* dem ersten Anschein nach, geradezu als absurd, einem Staatsmann die nationale Motivation abzusprechen, der aus einem verfestigten System einer Vielzahl deutscher Partikularstaaten in jahrelangem, leidenschaftlichem Einsatz aller seiner Kräfte und Fähigkeiten einen Nationalstaat zusammenfügte, in dem auch sein eigener, preußischer Heimatstaat selbst aufging, der, wenn auch prägend und dominant fortwirkend, seine Souveränität letztlich doch weitgehend an das Reich verlor?

Gern werden dem Bild BISMARCKS als eines bis zum Zynismus anationalen Machtpolitikers vereinzelte Aussprüche aus seinem langen Leben unterlegt, die in der Tat in diese Richtung zu weisen scheinen. Dies gilt etwa für seinen Satz über die schon vor 1866 stets latent drohende militärische Auseinandersetzung mit Österreich: »Für die Phrasen vom Bruderkrieg bin ich stichfest und kenne keine andere als ungemütliche Interessenpolitik, Zug um Zug und bar.«[62]

Doch muß man diesen Ausspruch vor dem Hintergrund der damaligen Realität der Donaumonarchie sehen, die trotz ihres deutschen Bevölkerungsanteiles wahrlich kein Bruderstaat war. Wie sich bereits im Krimkrieg und im Italienischen Krieg erwiesen hatte, betrieb sie grundsätzlich eine ausschließlich an ihren eigenen imperialen Interessen als europäische Großmacht orientierte, gänzlich anationale Politik, die zu brüderlichen Gefühlen deutscherseits keinerlei Veranlassung bot. Daß auf ihrer Seite auch Deutsche in einem Krieg gegen Preußen zu kämpfen haben würden, war nicht zu ändern, so sehr es zu bedauern war. Auch in den Freiheitskriegen gegen NAPOLEON I. hatten deutsche Freiheitskämpfer bedenkenlos gegen die auf dessen Seite stehenden deutschen Truppenkontigente gekämpft, ohne daß dies zu dem abwegigen Gedanken geführt hätte, ihnen die nationale Motivation abzusprechen.

Im übrigen gehörte es zu BISMARCKS Gewohnheiten, seine moderneren Vorstellungen von Interessenpolitik sprachlich in pointierter Form zum Ausdruck zu bringen. Gern wird BISMARCK in diesem Zusammenhang auch mit einem Ausspruch gegenüber dem italienischen General Guiseppe GAVONE zitiert, mit dem er Anfang April 1866 über einen preußisch-italienischen Militärpakt im Konflikt mit Österreich verhandelte. Er sei, soll BISMARCK gesagt haben, für seine Person viel weniger Deutscher als Preuße und würde daher ohne Schwierigkeit der Abtretung des ganzen Gebietes zwischen Rhein und Mosel an Frankreich zustimmen.[63] Aus seinem historischen Zusammenhang gerissen, wirkt dieses Zitat in der Tat höchst beeindruckend im Sinne des mit ihm propagierten BISMARCK-Bildes. Näheres Hinsehen freilich erbringt ein Lehrstück für den Umgang mit Zitaten: NAPOLEON III. forderte zu jener Zeit für seine Neutralität im preußisch-österreichischen Konflikt »Kompensationen« in Form von Gebietsabtretungen im Rheinland. Da Preußen auf Frankreichs Neutralität unbedingt angewiesen war, hatte BISMARCK, der tatsächlich zur Preisgabe deutschen Gebietes keineswegs bereit war, aus taktischen Gründen seinem Widerpart NAPOLEON insoweit mehrfach durchaus Hoffnungen gemacht, ohne sich indes konkret festzulegen. Dies ist der Hintergrund dafür, daß dieses Thema zwischen BISMARCK und dem Unterhändler Italiens, des damaligen Juniorpartners Frankreichs, überhaupt zur Sprache kam. NAPOLEON war es auch gewesen, der Italien zu den Bündnisverhandlungen mit Preußen ermuntert hatte. Es versteht sich von selbst, daß sich BISMARCK gegenüber GAVONE nicht in anderem Sinne äußern konnte als gegenüber LOUIS NAPOLEON selbst.

BISMARCK beginnt sein biographisches Alterswerk *Gedanken und Erinnerungen* mit einer kurzen Schilderung seiner politisch-weltanschaulichen Einstellung in der Jugendzeit und teilt unter anderem mit, er habe von »der turnerischen Vorschule Plamann mit Jahn'schen Traditionen«, in der er von seinem sechsten bis zum zwölften Jahr gelebt habe, deutsch-nationale Eindrücke mitgebracht. Diese seien jedoch im Stadium theoretischer Betrachtungen geblieben und nicht stark genug gewesen, »angeborne« preußisch-monarchische Gefühle auszutilgen. Doch sei sein deutsches Nationalgefühl so stark gewesen, daß er zu Beginn seiner Universitätszeit zunächst in Beziehung zur Burschenschaft »geraten« sei, die die Pflege des nationalen Gefühles als ihren Zweck bezeichnet habe.

Bismarck schildert dann, wie die Burschenschaft durch ihren Mangel an Stil und Niveau seinen Anstoß erregt, er sich jedoch gleichwohl innerlich seine nationalen Empfindungen bewahrt habe, ebenso wie den Glauben, daß die Entwicklung der nächsten Zukunft zur deutschen Einheit führen werde. Mit einem Freund habe er damals gewettet, daß dieses Ziel in zwanzig Jahren erreicht sein werde. Beim Blick auf die Landkarte habe ihn der französische Besitz von Straßburg geärgert, und der Besuch von Heidelberg, Speyer und der Pfalz habe ihn »rachsüchtig und kriegslustig« gestimmt.[64]

Zu Beginn seiner politischen Laufbahn war Bismarck sodann der hochkonservative, stockpreußische Landjunker, dessen Charakteristika sein Bild in der Öffentlichkeit teilweise noch Jahrzehnte später prägen sollten, als er sich längst von diesem politischen Spektrum gelöst, sich geistig und emotional weiterentwickelt und in seinen politischen Auffassungen emanzipiert hatte. Entschiedener Feind jeglichen Liberalismus, bekämpfte der junge Politiker auch dessen konkretes nationalstaatliches Anliegen. Bismarcks alleiniges Staatsidol war Preußen. »Preußen sind wir, und Preußen wollen wir bleiben«, setzte er dem »deutschen Schwindel« der Liberalen entgegen. Als die Frankfurter Nationalversammlung ihre Verfassung verkündet hatte und seinem König Friedrich Wilhelm IV. im Frühjahr 1849 die Kaiserkrone antrug, meinte Bismarck: »Die deutsche Einheit will ein jeder, den man darnach fragt, sobald er nur Deutsch spricht; mit dieser Verfassung aber will ich sie nicht.«[65]

Die deutsche Nation und ihre staatliche Einheit konnten für ihn damals jedenfalls nicht so Gegenstand und Ziel preußischer Politik sein, wie die Liberalen es wollten. Zahlreiche seiner Äußerungen aus dieser Zeit spiegeln diese Haltung. Die Einigkeit und sogar einen Zusammenschluß der deutschen Staaten allerdings, der Preußens Macht und Selbständigkeit nicht einschränkte, wollte Bismarck schon damals durchaus.[66]

Bismarck war zugleich preußischer und deutscher Patriot, ohne daß dies bei ihm zu einem inneren Zwiespalt geführt hätte. In dieser Doppelgleisigkeit war sein Patriotismus einer lebenslangen Entwicklung unterworfen, während der die Gewichtung und Prävalenz zwischen den beiden Polen sich deutlich verlagerten. In Kindheit und Jugend und im jüngeren Mannesalter stand das deutsche Nationalbewußtsein in Bismarcks Werteskala durchaus im Hintergrund. Dies änderte sich langsam im Laufe der Jahre, zunächst hin zur Gleichgewichtigkeit, dann zu einem wohl überwiegenden deutschnationalen Bewußtsein des älteren und alten

BISMARCK, der allerdings bis zu seinem Lebensende auch immer Preuße blieb. Mit den Lebensjahren und seiner staatsmännischen Entwicklung erweiterte sich sein politischer Horizont über Preußen hinaus auf Deutschland – und mit diesem Wandel verlagerte sich der Schwerpunkt seines vom persönlichen Naturell her stark ausgeprägten Patriotismus von seinem Herkunftsland auf die Nation und ihren Staat.

Mit dem ›böhmischen‹ Krieg 1866 und der nachfolgenden Gründung des Norddeutschen Bundes als Vorstufe des Deutschen Reiches erscheint diese Schwerpunktverlagerung als vollzogen. So führte BISMARCK vor dem Norddeutschen Reichstag nach Inhalt und Diktion ganz im deutsch-nationalen Sinne aus: »Einst mächtig, groß und geehrt, weil einig und von starken Händen geleitet, sank das deutsche Reich, nicht ohne Mitschuld von Haupt und Gliedern, in Zerrissenheit und Ohnmacht. Des Gewichtes im Rate Europas, des Einflusses auf die eigenen Geschicke beraubt, ward Deutschland zur Walstatt der Kämpfe fremder Mächte, für welche es das Blut seiner Kinder, die Schlachtfelder und die Kampfpreise hergab. Niemals aber hat die Sehnsucht des deutschen Volkes nach seinen verlorenen Gütern aufgehört, und die Geschichte unserer Zeit ist erfüllt von den Bestrebungen, Deutschland und dem deutschen Volke die Größe seiner Vergangenheit wieder zu erringen. . . Meine Herren, arbeiten wir rasch! Setzen wir Deutschland sozusagen in den Sattel. Reiten wird es schon können.«[67]

Doch auch preußischer Patriotismus ist zu dieser Zeit in BISMARCK noch durchaus wirksam. 1869 schreibt er an ROON: »Die Form, in welcher der König die Herrschaft in Deutschland übt, hat mir niemals eine besondere Wichtigkeit gehabt; an die Tatsache, daß er sie übt, habe ich alle Kraft des Strebens gesetzt, die mir Gott gegeben. . .«[68] Niemals hat BISMARCK den deutschen Nationalstaat ernsthaft als ein bloßes ›Großpreußen‹ gestalten wollen. Doch war es ihm wichtig, daß sein Monarch und dessen Dynastie an der Spitze des Reiches stehen sollten – eine Zielstellung, zu der es freilich auch keine politisch vernünftige Alternative gab.

In BISMARCKS Alterswerk *Gedanken und Erinnerungen* tritt sein vorwiegend deutsch-nationaler Patriotismus durchgängig an zahlreichen Stellen hervor. Dies ist die Folge der allmählichen Wandlung seines patriotischen Bewußtseins und nicht nur, wie gern unterstellt wird, davon, daß er für einen nationalen Leserkreis schrieb. Im Zusammenhang mit einem Gedankenspiel, in dem er sich vorstellt, Angehöriger der ausgeprägt partikularistischen hannoveranischen Welfenpartei zu sein, führt BISMARCK aus: »Aber ich würde. . . immer der Wirkung des nationalen deutschen Gefühls mich nicht entziehen können und mich nicht wundern, wenn die vis maior der Gesammtnationalität meine dynastische Mannestreue und persönliche Vorliebe schonungslos vernichtete. . . Ich sehe in dem deutschen Nationalgefühl immer die stärkre Kraft überall, wo sie mit dem Particularismus in Kampf geräth, weil der letztre, auch der preußische, selbst doch nur entstanden ist in Auflehnung gegen das gesammtdeutsche Gemeinwesen, gegen Kaiser und Reich, im Abfall von Beiden, gestützt auf päpstlichen, später französischen, in der

Gesammtheit welschen Beistand, die alle dem deutschen Gemeinwesen gleich schädlich und gefährlich waren.«[69]

Und er fährt fort: »So weit aber die dynastischen Interessen uns mit neuer Zersplitterung und Ohnmacht der Nation bedrohn sollten, müßten sie auf ihr richtiges Maß zurückgeführt werden. Das deutsche Volk und sein nationales Leben können nicht unter fürstlichen Privatbesitz vertheilt werden. Ich bin mir jeder Zeit klar darüber gewesen, daß diese Erwägung auf die kurbrandenburgische Dynastie dieselbe Anwendung findet wie auf die bairische, die welfische und andre; ich würde gegen das brandenburgische Fürstenhaus keine Waffen gehabt haben, wenn ich ihm gegenüber mein deutsches Nationalgefühl durch Bruch und Auflehnung hätte bethätigen müssen; die geschichtliche Prädestination lag aber so, daß meine höfischen Talente hinreichten, um den König und damit schließlich sein Heer der deutschen Sache zu gewinnen. Ich habe gegen den preußischen Particularismus vielleicht noch schwierigere Kämpfe durchzuführen gehabt als gegen den der übrigen deutschen Staaten und Dynastien, und mein angebornes Verhältniß zu dem Kaiser WILHELM I. hat mir diese Kämpfe erschwert. Doch ist es mir schließlich stets gelungen, trotz der starken dynastischen, aber dank der dynastisch berechtigten und in entscheidenden Momenten immer stärker werdenden nationalen Strebungen des Kaisers seine Zustimmung für die deutsche Seite unsrer Entwicklung zu gewinnen, auch wenn eine mehr dynastische und particularistische von allen andern Seiten geltend gemacht wurde.«[70]

Sollte dies alles geheuchelt sein? BISMARCK war als Mensch und Politiker nie eigentlich unwahrhaftig. Gewiß – einerseits bekannt für seine gelegentlich nahezu brutale Offenheit, verstand er es auf der anderen Seite vortrefflich, sich in seinen mündlichen und schriftlichen Äußerungen argumentativ, stilistisch und rhetorisch auf seine Gesprächspartner, Hörer oder Leser einzustellen, wenn er eine bestimmte Wirkung erzielen wollte. Doch ist es unehrlich, Akzente zu setzen, Stil und Argumente, sofern letztere eigener Überzeugung entsprechen, so auszuwählen, daß der Adressat überzeugt werden kann? Entsprechendes gilt ganz allgemein für die Bewertung von BISMARCKS Aufrichtigkeit in seinen *Gedanken und Erinnerungen*, die sich in der Tat an bestimmte Bevölkerungsschichten als Leserkreis richteten. Hinzu kommt, daß politisch-biographische Lebensrückschauen dieser Art stets von dem nicht unbedingt immer bewußten Bemühen des emeritierten Staatsmannes getragen werden, sein früheres Tun rückschauend nach den eigenen Leitgesichtspunkten gedanklich zu ordnen, zu systematisieren, stimmig zu machen, ihm wichtig Erscheinendes zu betonen, Unwesentliches wegzulassen. Eine solche selektiv ordnende Arbeit am Rohstoff der Erinnerungen leistet das menschliche Gedächtnis besonders bei länger zurückliegenden Zeiträumen schon seiner Natur nach und von selbst.

BISMARCK stellt hier letztlich keine Ausnahme dar, auch wenn sein schriftlicher Rückblick mit dem stets kritischen Beistand des ehemaligen liberalen Revolutionärs und geschichtskundigen Intellektuellen Lothar BUCHER zustande kam und sich von anderen Arbeiten dieses Genres wohltuend durch nüchterne Sachbezogenheit unterscheidet. Wilhelm MOMMSEN weist nicht völlig zu Unrecht auf eine Neigung BISMARCKS hin, »auch in die früheren Jahrzehnte das Ergebnis des 1871 Erreichten hineinzudeuten«, wertet das gezeichnete Gesamtbild aber zutreffend als »wahrhaftig und ehrlich«.[71] Als Quelle historischer Kenntnis und Meinungsbildung sind BISMARCKS politische Memoiren von kaum zu überschätzendem Wert.

Eine Ursache für die heute verbreitete Skepsis gegenüber BISMARCKS nationaler Haltung mag auch darin liegen, daß eine solche Triebfeder seines politischen Handelns dem weltanschaulich-politischen Spektrum seiner Persönlichkeit nicht ohne weiteres als selbstverständlicher Bestandteil zuzuordnen zu sein scheint. Heimat und Umfeld des nationalen Gedankens als maßgeblicher politischer Volksbewegung des 19. Jahrhunderts war der Liberalismus. Die Aufklärung des 18. Jahrhunderts hatte den hohen Stellenwert der Rechte und der Würde des Menschen, des Einzelnen und der Nation, hatte ebenso deren Souveränität erkannt und mit der Französischen Revolution und den ganz Europa ergreifenden revolutionären Erhebungen des Jahres 1848 gewaltige politische und gesellschaftliche Umwälzungen in Gang gesetzt.

Der deutsche Liberalismus und mit ihm die Nationalbewegung des 19. Jahrhunderts waren ein Zweig dieses breiten geschichtlichen Entwicklungsstromes. BISMARCK aber – welche Wandlungen während seiner langen und lebendigen persönlichen und politischen Entwicklung sich in ihm auch vollzogen haben mögen – war jedenfalls nie in seinem Leben ein Liberaler. Daß er dennoch deutsch-national eingestellt und motiviert war, ist ein weiteres Charakteristikum seines Patriotismus. Und die Fragestellung, wie er denn – abseits vom Liberalismus seiner Zeit – ein wirklich im Innersten überzeugter deutscher Patriot sein konnte, beruht auf einem verengten kulturhistorischen Blickwinkel.

Der nationale Gedanke hat seinen Ursprung ebenso wenig in der Aufklärung des 18. Jahrhunderts wie die Nationen selbst. Von einer gewissen zivilisatorischen Entwicklungsstufe ab ist die Nation eine der wesentlichen Grundgegebenheiten in der politischen Dimension menschlichen Daseins. Die hervortretenden Nationen der Deutschen und der Franzosen bildeten den Hintergrund der Teilung des karolingischen Reiches unter den Enkeln KARLS DES GROSSEN. Die französische und die englische Nation fochten gegeneinander im Hundertjährigen Krieg. Die europäische Staatenwelt des Mittelalters entstand auf der Grundlage der Nationen.

In Deutschland und anderswo gab es nationales Bewußtsein und nationale Bekenntnisse lange vor dem Zeitalter der Aufklärung und außerhalb des politischen Liberalismus. Anstelle näherer Erörterungen, die den Rahmen dieses Buches sprengen würden, seien nur einige Namen und kurze Zitate angeführt: WALTHER VON DER VOGELWEIDE: »Deutsche Zucht steht über allem«; Martin LUTHER: »Ich wünsche aus innerstem Seufzen meines Herzens, daß Deutschland, meinem Vaterland, geraten und geholfen werde«; Ulrich VON HUTTEN: »Also Mut, Ihr, denen des Vaterlandes Freiheit am Herzen liegt!«; Martin OPITZ: »Das edle deutsche Land«; Gottfried Friedrich Wilhelm LEIBNIZ: »Deutschland wird nicht aufhören, seines und fremden Blutvergießens Materie zu sein, bis es aufwacht, sich gesammelt, sich vereinigt«; der Große Kurfürst FRIEDRICH WILHELM von Brandenburg: »Gedenke ein jeder, was er für die Ehre des deutschen Namens zu tun habe«; Johann Wolfgang VON GOETHE: »Alle Versuche, irgendeine ausländische Neuerung einzuführen, wozu das Bedürfnis nicht im tiefen Kern der eigenen Nation wurzelt, sind daher töricht«; MARIA THERESIA: »Vergiß niemals, daß Du als Deutsche geboren bist.«[72]

Auch im 19. Jahrhundert besaß der Liberalismus kein Monopol auf den nationalen Gedanken, erinnert man sich nur an Joseph VON EICHENDORFF oder FRIEDRICH WILHELM IV., die keineswegs Liberale waren. Es gab nach alledem eine weitgefächerte Tradition des deutschen Patriotismus, die unabhängig vom Liberalismus seiner Zeit und von den »JAHN'schen Einflüssen« seiner Kindheit in BISMARCK wirksam werden konnte.

BISMARCKS preußischer und deutscher Patriotismus also war es, der die Triebfeder und zugleich den obersten Leitwert seines im übrigen an den christlichen Grundwerten orientierten politischen Handelns bildete. Politische Leitwerte waren ihm zugleich die Treue zu seinem König, diejenige eines Vasallen zu seinem Lehnsherrn, und sein strenges, rechtstreues Pflichtgefühl gegenüber dem Staat, dem preußischen zunächst und später dem deutschen. In diesem Sinne sicherlich konservativ, läßt er sich im übrigen keiner der politischen Parteiungen seiner Zeit zurechnen. Er lehnte es ab, sich in seinem Dienst für König und Staat von politischen Vorlieben und Abneigungen, Tendenzen und Prinzipien beeinflussen zu lassen, die jenseits der genannten Leitwerte angesiedelt waren. Solchen Beinflussungen Raum zu geben trug nach seiner Meinung bereits den Keim der Untreue gegenüber Staat und Souverän in sich.

Natürliche Folge dieser Haltung war BISMARCKS gelegentlich nahezu missionarisch wirkendes Eintreten für eine Interessenpolitik, die ihn in Konflikt mit der freilich aus heutiger Sicht schwer nachvollziehbaren Prinzipienpolitik der im preußischen Konservativismus tonangebenden Kreise brachte. Mit den liberalen und den linken Kräften in Preußen und auf der Ebene des Deutschen Bundes, mit dem revolutionären, cäsaristischen Parvenü NAPOLEON III. redete, verhandelte, paktierte er gar, wenn und soweit dies nach seiner Meinung dem preußischen Interesse diente. Am Bundestag in Frankfurt trat er dafür ein, Angriffe der Presse auf den Deutschen Bund, den er als von Österreich gegen Preußen benutzes Instrument erkannt hatte, straffrei zu stellen, und setzte damit eine liberale Position durch, weil dies im politischen Interesse Preußens lag.

Den Kaiser der Franzosen schätzte BISMARCK im Gegensatz zur Meinung seiner konservativen Standesgenossen als eher durchschnittlichen und keineswegs ganz unangenehmen Menschen ein, dessen Gefährlichkeit und revolutionäre Verderbtheit durchaus zu Unrecht dämonisiert werde. Deshalb und wegen seiner Kontakte zu NAPOLEON mußte er sich in höfischer Runde spitze Bemerkungen und befremdetes Gehabe gefallen lassen. In der brieflichen Auseinandersetzung mit seinem Freund Leopold von Gerlach, einem Vordenker der Prinzipienpolitik monarchistisch-hochkonservativer Weltanschauung, schrieb er: »Sympathien und Antipathien in Betreff auswärtiger Mächte und Personen vermag ich vor meinem Pflichtgefühl im auswärtigen Dienste meines Landes nicht zu rechtfertigen, weder an mir noch an andern. Es ist darin der Embryo der Untreue gegen den Herrn oder das Land, dem man dient«, und ermahnte: »Wir müssen mit den Realitäten wirtschaften und nicht mit Fiktionen.«[73]

Während des Italienischen Krieges schrieb er in diesem Sinne bildhaft an Leopold von Gerlach, man müsse sich die Möglichkeit eines Bündnisses mit Frankreich offenhalten, »weil man nicht Schachspielen kann, wenn einem 16 Felder von 64 von Hause aus verboten sind«.[74]

Im Dezember 1860 schrieb Bismarck, innenpolitisch sei er so konservativ, wie ihm sein Landes- und Lehnsherr nur irgend gestatte, und fuhr fort: »In Betreff der Zustände aller andern Länder aber erkenne ich keine Art prinzipieller Verbindlichkeit für die Politik eines Preußen an; ich betrachte sie lediglich nach Maßgabe ihrer Nützlichkeit für preußische Zwecke.«[75] Diese Stellungnahme mag heute überspitzt erscheinen; doch muß man sie vor dem Hintergrund einer damals in Preußen ebenso überspitzt formulierten und praktizierten Prinzipienpolitik sehen, gegen die Bismarck anging.

Im übrigen ist zu bezweifeln, daß er zu jener Zeit innenpolitisch tatsächlich noch so bedingungslos konservativ war, wie er sich selbst in jenem Brief sah. Gerade durch sein Bekenntnis zur Interessenpolitik als der richtigen Alternative zur überkommenen Prinzipienpolitik der reaktionären Kräfte hatte Bismarck sich seinen konservativen Wurzeln deutlich entfremdet, und zwar nicht nur gedanklich, sondern auch durch die Tat, wie etwa seine Kontakte zu Napoleon III. zeigen. Den Hochkonservativen hatte schon seine rein am preußischen Staatsinteresse orientierte offensive Haltung gegenüber Österreich am Bundestag in Frankfurt nicht behagt, die die monarchisch-legitimistische Solidarität zu beschädigen schien. Im Italienischen Krieg hatte er sie mit seinen entschieden formulierten Vorstellungen irritiert, die Donaumonarchie im Kampf gegen das revolutionäre Frankreich und die ebenfalls revolutionäre italienische Bewegung nicht nur im Stich zu lassen, sondern darüber hinaus die Notlage Wiens zu einem militärischen Handstreich in Deutschland auszunutzen, die »Grenzpfähle im Tornister« mitzunehmen und sie »am Bodensee oder da, wo das protestantische Bekenntnis aufhört vorzuwiegen«, wiedereinzuschlagen.

Wie weit Bismarck sich im Laufe der Jahre von seinen ehemaligen Gesinnungsfreunden der preußischen Konservativen entfernte, zeigt ein späteres Zitat aus der Zeit des Norddeutschen Bundes: »Ich habe nicht geglaubt, daß ein so bornierter Partikularismus. . . *in politisch gebildeten preußischen* Kreisen so gewurzelt wäre. Zum Glück ist es für den Bund ganz gleichgültig, was die Herren beschließen, die Abnutzung des Herrenhauses in dieser unverständigen Weise ist aber, bei dem

Mangel an Maß und Takt im andern Hause, ein Schaden für den Gang unsrer Entwicklung.«[76]

Daß BISMARCK seine politischen Ziele als »ein Mann zwischen den Fronten«[77] nach gänzlich eigenständiger Wertorientierung im erörterten Sinne verfolgte und letzlich keiner der politischen Gruppierungen seiner Zeit zugeordnet werden kann, verdeutlicht auch sein freilich Episode gebliebenes, im Frühjahr 1863 angebahntes Interessenbündnis mit Ferdinand LASSALLE, dem Präsidenten des von diesem am 23. Mai 1863 gegründeten ›Allgemeinen Deutschen Arbeitervereins‹. LASSALLE, gemäßigter Sozialist, oft als Gründer der sozialdemokratischen Bewegung in Deutschland bezeichnet, verfolgte ebenso wie BISMARCK, wenn auch aus anderen Beweggründen, das Ziel allgemeiner, gleicher Wahlen in Preußen. BISMARCK waren überdies die staatssozialistischen Vorstellungen LASSALLES nicht ganz fremd. »Der Staat kann!« betonte BISMARCK, späterer Gründer des staatlich verordneten vorbildlichen deutschen Sozialversicherungssystems, auf Bedenken LASSALLES, ob der Staat denn überhaupt fähig sei, in das Verhältnis von Arbeitgebern und Arbeitnehmern regelnd einzugreifen.

BISMARCK und LASSALLE hatten jeweils gute Gründe, gegen das in Preußen geltende Dreiklassenwahlrecht gemeinsam vorzugehen, das einseitig das gebildete und besitzende liberale Bürgertum begünstigte, und es durch ein allgemeines, gleiches Wahlrecht zu ersetzen. LASSALLE wollte die Stimmen der Arbeiter für eine sozialistische Partei mobilisieren und parlamentarisch gegen die Liberalen wirksam machen, die dem arbeitenden Stand nichts zu bieten hatten außer der wohlmeinenden Empfehlung, seine Angehörigen sollten sich selbst helfen und sich bilden. BISMARCK hingegen ging es darum, den Stimmen der konservativen Landbevölkerung größeres Gewicht zu verleihen, um die Herrschaft der Liberalen im Landtag zu brechen, durch deren Verweigerungshaltung er sich gezwungen fühlte, ohne verfassungsgemäßen Haushalt zu regieren. Der Kontakt mit LASSALLE führte zunächst nicht zum Erfolg und wurde durch den frühen Tod des sozialistischen Hoffnungsträgers beendet, der am 31. August 1864 nach einem Duell starb. Welche Entwicklung ein Bündnis der beiden anscheinend so ungleichen Politiker hätte nehmen können, bleibt somit eine offene Frage, die eines gewissen Reizes nicht entbehrt.

BISMARCKS unbestechlicher und nüchterner Wirklichkeitssinn bewahrte ihm stets seine Grundeinsicht in das Eigengewicht und die Eigengesetzlichkeit historischer Vorgaben und Prozesse und in die beschränkten Möglichkeiten des Einzelmenschen, auch des Staatsmannes an führender Stelle, den Gang der Geschichte zu beeinflussen. Naiver Dünkel nach dem Motto »Männer machen Geschichte« war ihm fremd. »Man kann nur abwarten, bis man den Schritt Gottes durch die Ereignisse hallen hört, dann vorspringen, um den Zipfel seines Mantels zu fassen«,[78] formulierte er als Staatsmann, und gestand ein: »Das lernt sich in diesem Gewerbe recht, daß man so klug sein kann wie die Klugen dieser Welt, und doch jederzeit in die nächste Minute geht wie ein Kind ins Dunkle.«[79]

Zur Zeit des Norddeutschen Bundes warnte er in einer Rede am 16. April 1869 vor dem Norddeutschen Reichstag mit Blick auf die erhoffte baldige Reichsgründung: »Wir können die Geschichte der Vergangenheit weder ignorieren, noch können wir, meine Herren, die Zukunft machen; und das ist ein Mißverständnis, vor dem ich auch hier warnen möchte, daß wir uns nicht einbilden, wir können den Lauf der Zeit dadurch beschleunigen, daß wir unsere Uhren vorstellen. Mein Einfluß auf die Ereignisse, die mich getragen haben, wird zwar wesentlich überschätzt, aber wird mir gewiß keiner zumuten, Geschichte zu *machen*. . . die Geschichte können wir nicht machen, sondern nur abwarten, daß sie sich vollzieht. Wir können das Reifen der Früchte nicht dadurch beschleunigen, daß wir eine Lampe darunter halten, und wenn wir nach unreifen Früchten schlagen, so werden wir nur ihr Wachstum hindern und sie verderben.«[80]

c. Bismarck und Wilhelm I.

Diese Einsichten trafen durchaus auch für BISMARCKS politische Lebensleistung zu, die nur in seiner Zeit mit ihren spezifischen politisch-gesellschaftlichen Verhältnissen möglich war, nur in dem individuellen Umfeld, in das er hineingeboren wurde, nur im Zusammenwirken und der Auseinandersetzung mit den Menschen, auf die sein Lebensweg ihn treffen ließ.

Zu dieser Thematik, die einer umfangreichen Biographie zugrunde gelegt werden könnte, hier nur einige Anmerkungen: Ohne seine Abstammung aus urpreußischem Adel wäre schon der Beginn von BISMARCKS politischer Karriere nicht denkbar gewesen, seine Berufung ohne besonderes eigenes Zutun nämlich in den preußischen Vereinigten Landtag als Vertreter der ostelbischen Ritterschaft durch FRIEDRICH WILHELM IV. im Februar 1847. Seine Ernennung zum preußischen Ministerpräsidenten verdankte er seinem Freunde ROON sowie insbesondere der Verfassungs- und Kabinettskrise. Ohne diese würde WILHELM I. für das hohe Amt auf den zwar der Krone treu ergebenen, sonst aber unberechenbaren, schon etwas ältlichen Nachwuchspolitiker mit den unorthodoxen und gefährlichen Ideen – in den Augen des Königs »Gymnasiastenpolitik« – kaum jemals zurückgegriffen haben.

Die folgenden Jahrzehnte sahen das einzigartige, so nur in jener Zeit und nur in dieser persönlichen Konstellation mögliche, weltgeschichtlich folgenreiche Zusammenwirken BISMARCKS mit seinem König und Kaiser. BISMARCKS politischem Wollen, seiner Zielstrebigkeit und seinem scharfen politischen Intellekt verlieh der preußische König das Instrumentarium seiner nachabsolutistischen Macht. Nur dieser einmalige, souveräne Verbund politischen Genies mit monarchischem Machtmonopol ermöglichte die umwälzenden historischen Veränderungen in vergleichsweise humaner, geordneter Form: Nach drei wohl unvermeidbaren, nach räumlicher und zeitlicher Erstreckung und Zahl der Opfer durchaus begrenzten Kriegen wurde erreicht, was unter weniger günstigen Verhältnissen vermutlich erst nach Jahren nicht enden wollender Kriege und/oder blutigen revolutionären Chaos möglich geworden wäre: die Gründung des deutschen Nationalstaates.

Im Innenverhältnis war dieser Verbund nicht frei von Gefährdungen. WILHELM I. machte es BISMARCK oft nicht leicht, ihm seine Überlegungen und Entscheidungsvorschläge zu vermitteln; Konflikte und Meinungsverschiedenheiten, zu denen auch – in BISMARCKS Diktion – die »gekrönten Weiberröcke« in des Königs Umgebung beitrugen, waren an der Tagesordnung. BISMARCK mußte, um nur einige Beispiele zu nennen, darum kämpfen, daß sein König 1863 dem Fürstentag in Frankfurt fernblieb, daß WILHELM I. 1866 nach dem Sieg von Königgrätz seinen militärischen Siegeslauf nicht fortsetzte, daß er 1870 nicht aus Schwäche vor Frankreichs kriegsprovokatorischer Demütigung zurückwich, daß er 1871 den ungeliebten Kaisertitel annahm.

Doch gelang es BISMARCK immer wieder, den widerstrebenden König mit dem ihm eigenen Argumentationstalent und seinem Durchsetzungsvermögen zu überzeugen. Und WILHELM I. besaß durchaus das menschliche Format, ohne verletzte monarchische Eitelkeit BISMARCKS Überlegenheit zu akzeptieren und sich den besseren Argumenten zu beugen. Für BISMARCKS Amt gab es kein rechtliches Netz, keine institutionelle Absicherung gegenüber dem Monarchen. Dem Ministerpräsidenten und Kanzler konnte nach Gutdünken des Königs jederzeit ohne Begründung »der Stuhl vor die Tür« gesetzt werden. Hierzu kam es jedoch nie in all den Auseinandersetzungen, wenngleich die emotionalen Wogen oft hoch gingen und BISMARCK seinerseits mehrfach seinen Rücktritt androhte.

Es war nicht nur das Wissen des Königs um BISMARCKs Befähigung und seinen Wert für Preußen, das beide zusamenhielt. Es war auch die in ihnen noch lebendige Verbundenheit zwischen dem Lehnsherrn und seinem Vasallen. BISMARCK war – in seiner Diktion – ein treuer Diener seines Herrn. Und WILHELM I. wußte: Treue Diener verdienen treue Herren. Dieses Band erwies sich als haltbar – mehr, als eine verfassungsrechtliche Absicherung es hätte sein können.

In welch hohem Maße das im Ergebnis so erfolgreiche Zusammenwirken zwischen BISMARCK und seinem König auch individuell bedingt war, zeigt der gedankliche Versuch, an die Stelle WILHELMS I. etwa dessen Vorgänger FRIEDRICH WILHELM IV. oder seinen Nachfolger WILHELM II. zu setzen. FRIEDRICH WILHELM IV. hatte eine zu hohe Meinung von seiner eigenen intellektuellen Vorzüglichkeit, als daß er sich einsichtig von BISMARCK hätte lenken lassen. Zudem wäre seine romantische Natur kaum fähig gewesen, BISMARCKS langfristig angelegte, Mitteleuropa revolutionierende Politik mit Mut und nüchterner Stetigkeit durchzuhalten. Und WILHELM II., kein schlechter, aber in jeder Hinsicht durchschnittlicher und gelegentlich törichter junger Mensch, den Johanna VON BISMARCK gelegentlich, aus ihrer Sicht nicht ganz unzutreffend, als »Schnösel« bezeichnet haben soll? Der Thronerbe entließ seinen ersten Diener nach kurzer Zeit, weil seine monarchische Eitelkeit die Überlegenheit des greisen Reichskanzlers nicht ertrug. Alles in allem: Das Zusammentreffen BISMARCKS und WILHELMS I. war ein einzigartiger Glücksfall für Deutschland gewesen.

7. Bismarcks Deutschlandpolitik seit September 1862; Gespräch mit dem Grafen Karolyi; Vorstoß Wiens in Sachen Bundesreform; Bismarcks kleindeutsche Gegeninitiative

Zurück zu den deutschlandpolitischen Entwicklungen der frühen 1860er Jahre: Im Sommer 1861 hatten die nationalliberalen Vorstellungen einer kleindeutsch-preußischen Lösung wieder an Gewicht gewonnen. Der badische Minister Franz Freiherr von Roggenbach hatte dem preußischen König eine solche Staatsgründung vorgeschlagen, die eine Verfassung und ein Parlament besitzen und sich konföderativ mit der Donaumonarchie zusammenschließen sollte – eine Alternative, die bereits in der Paulskirche diskutiert worden war.

Auch Bismarcks Bestrebungen wiesen in die bundesstaatlich-kleindeutsche Richtung und deckten sich mit nationalliberalen Zielen: Im September 1861 kritisierte er scharf das sich in Negation erschöpfende Programm der preußischen Konservativen, bezeichnete das Prinzip der konservativen Solidarität als gefährliche Fiktion und den Partikularismus der deutschen Fürsten als »Souveränitätenschwindel«. Er bejahte die Idee einer Volksvertretung und einen Zusammenschluß Deutschlands ohne Österreich durch bilaterale Verhandlungen Preußens mit den Einzelstaaten außerhalb des Deutschen Bundes. Bismarck befürwortete bzw. suchte jetzt und in der Folgezeit das Bündnis mit den Liberalen zur Verwirklichung seiner kleindeutsch-preußischen Vorstellungen, verlor allerdings auch die Möglichkeit eines Ausgleichs zwischen Preußen und der Donaumonarchie nicht völlig aus den Augen. Hinsichtlich seiner differenzierten Beweggründe für seinen kleindeutschen Kurs gilt das oben Gesagte. Es dient nicht der historischen Wahrheitsfindung, in Bismarck voreingenommen allein machiavellistische Staatsräson preußischen Hegemonialstrebens am Werk zu sehen.

Nach seiner Ernennung zum Ministerpräsidenten im September 1862 setzte Bismarck die bisherige Linie der offiziellen preußischen Deutschlandpolitik zunächst fort, die seit Olmütz auf Ausgleich mit Österreich im Deutschen Bund unter Respektierung beidseitiger innerdeutscher Interessensphären entlang der Mainlinie gerichtet war. Mit dieser Politik war das bislang allerdings nie erreichte Ziel verbunden, von Wien als gleichberechtigte deutsche Führungsmacht und zugleich als Vormacht in Norddeutschland anerkannt zu werden. Am 4. Dezember 1862 hatte Bismarck mit dem österreichischen Gesandten in Berlin, dem Grafen Karolyi, mit dem er persönlich gut bekannt war, eine ins Grundsätzliche gehende Unterredung über die preußisch-österreichischen Beziehungen und die beiderseitige Deutschlandpolitik.

In der Geschichtsschreibung wird über dieses Gespräch und seine Hintergründe teilweise wild spekuliert: Bismarck habe mit Krieg gedroht,[81] wenn Österreich nicht die Parität im Bund und Preußens Hegemonie im Norden anerkenne. Er habe so eine Art »Flucht nach vorn« angetreten und auf nichts Geringeres abgezielt als auf eine schnelle Entscheidung in der Auseinandersetzung mit Österreich auf dem deutschen Felde. Er habe gegenüber KAROLYI drohende Töne angeschlagen: Sein Ziel, die Beherrschung Norddeutschlands durch Preußen, könne »so oder so«, mit oder gegen die Donaumonarchie erreicht werden. Im Falle eines Krieges würde Hannover »beim ersten Kanonenschuß« von Preußen besetzt werden. Aber auch eine friedliche Lösung, eine preußisch-österreichische Allianz, sei bei Anerkennung der preußischen Forderungen möglich, wobei sich die Habsburger Monarchie politisch allerdings nach Südosten, weg von Deutschland, orientieren müsse. Sollte Wien Preußens Vorstellungen aber zurückweisen, so werde dieses aus dem Deutschen Bund ausscheiden und mit Österreich die Bajonette kreuzen.

Im Zusammenhang mit der Darstellung des Gespräches BISMARCKS mit KAROLYI werden von heutiger Geschichtsschreibung gar Assoziationen mit HITLER erweckt: BISMARCK habe gehofft, auf diesem machtpolitisch-militärischen Wege »blitzkriegsartig« zum Hauptziel zu gelangen.[82] Eine insgesamt verzerrte Darstellung aus Tatsachen und unbewiesenen Behauptungen ist hier bestens geeignet, das Klischee von »Eisen und Blut« zu bedienen, vom reaktionären und brutalen Konfliktminister, der in Preußen zur Macht gekommen war. Was aber war wirklich geschehen?

Die Donaumonarchie hatte zur Festigung ihrer durch den Verlauf des Italienischen Krieges von 1859 angeschlagenen inneren Stabilität, insbesondere aber auch zur Erhöhung ihrer Attraktivität für den deutschen Liberalismus im Konkurrenzkampf mit Preußen, im Februar 1861 eine neue Verfassung verabschiedet. Diese gewährte den Völkern des Kaiserstaates eine scheinparlamentarische Vertretung, eine Versammlung von Delegierten der verschiedenen Nationalitäten, die großartig ›Reichsrat‹ genannt wurde. Die Verfassungskrise Preußens, dessen augenscheinlicher Rückfall in die Reaktion, so meinte man in Wien, mußte die österreichische Liberalität in Deutschland in um so strahlenderem Licht erscheinen lassen; sie bot Österreich einen willkommenen Kontrast zur eigenen Liberalisierung. Preußens Ansehensverlust beim nationalen Liberalismus war eine unverhoffte Chance, dem norddeutschen Rivalen eine Niederlage im Deutschen Bunde beizubringen.

Zu letzterem Zweck wurde in Wien seit Juli 1862 ein Plan zur Reform des Bundes auf der Grundlage der staatenbündischen, hegemonialen Vorstellungen der habsburgischen Deutschlandpolitik ausgearbeitet, welcher der preußischen Regierung zur Kenntnis gebracht wurde. Naturgemäß stieß er in Berlin keineswegs auf Zustimmung. Preußischer Außenminister war seinerzeit noch der Graf BERNSTORFF, ein vorsichtiger Befürworter der kleindeutsch-preußischen Lösung, der einen solchen Bundesstaat, wenn auch ohne Parlament, noch Ende des Jahres 1861 zur Sprache gebracht hatte. Sein Vorgänger VON SCHLEINITZ hatte bereits am 9. März 1859, zur Zeit des Italienischen Krieges, ein – wenn auch sorgfältig abgewogenes – preußisches Bekenntnis zu den nationalen Zielen der Deutschen abgelegt.[83]

BERNSTORFF lehnte das aus den erörterten durchsichtigen Gründen vorgelegte österreichische Elaborat erwartungsgemäß ab: Preußen werde bemüht sein, über die anstehenden bundespolitischen Fragen Verträge mit den Einzelstaaten zu schließen. Ohne sich, wie von Preußen oft gefordert, mit diesem zuvor abzustimmen, brachte Österreich seinen Reformentwurf nunmehr als Antrag beim Frankfurter Bundestag ein. Dies war der Sachstand, den BISMARCK vorfand, als er am 22. September 1862 zum Ministerpräsidenten und Außenminister berufen wurde.

Hintergrund der Unterredung zwischen BISMARCK und KAROLYI vom 4. Dezember 1862 war diese neuerliche antipreußische Offensive der Donaumonarchie, mit der diese ihre Vorherrschaft im Bund verfestigen und Preußen noch weiter, möglichst auf einen mittelstaatlichen Status, zurückdrängen wollte. Angesichts der Gesamtsituation ist davon auszugehen, daß BISMARCK daran gelegen war, dem Gesandten der Gegenseite zu demonstrieren, daß Preußen trotz seiner schweren innenpolitischen Verfassungs- und kaum überstandenen Kabinettskrise mit seinem neuen Ministerpräsidenten nach außen hin ungeschmälert handlungsfähig und durchaus in der Lage war, sich der österreichischen Initiative zu erwehren. Er mag den preußischen Standpunkt daher mit besonderer Vehemenz vertreten haben.

Zu seinen Äußerungen in dieser Unterredung und über ein gleichgelagertes Gespräch, das er wenige Tage später mit seinem früheren österreichischen Widerpart am Bundestag, dem Grafen THUN, zu dieser Thematik geführt hatte, nahm er kurz darauf in einem Rundschreiben vom 24. Januar 1863 Stellung, das er an Preußens Vertreter bei den Staaten des Deutschen Bundes richtete. Den Anlaß gaben unfreundliche Gerüchte, die von der Presse verbreitet worden waren. Nach seiner Darstellung hatte BISMARCK in den Gesprächen ausgeführt, die österreichisch-preußischen Beziehungen müßten entweder besser oder schlechter werden; seine Regierung wünsche ersteres, müsse sich aber, wenn sie kein Entgegenkommen finde, auch auf den zweiten Fall einrichten. Vor 1848 habe Österreich Preußen in Deutschland nicht beirrt und habe dafür dessen Unterstützung in europäischen Fragen genossen; jetzt sehe die Donaumonarchie es als ihre Aufgabe an, sich preußischem Einfluß hemmend in den Weg zu stellen, und zwar sogar in Staaten, die, wie Hannover und Hessen, im natürlichen Wirkungsbereich Preußens gelegen, seit langem zu diesem in nahen Beziehungen gestanden hätten. Es sei ein Irrtum zu glauben, daß Preußen seine Interessen nicht geltend machen, Verlegenheiten Österreichs nicht ausnutzen könne oder werde. Ein Bündnis Preußens mit einem Gegner Österreichs sei ebenso wenig ausgeschlossen wie, bei angemessenem Entgegenkommen, eine treue, feste Verbindung beider deutscher Großmächte gegen gemeinsame Feinde.

Auch in *Gedanken und Erinnerungen* kommt BISMARCK auf diese Episode zu sprechen: »Ich hatte am 4. December 1862 gegenüber dem Grafen KAROLYI, mit dem ich auf vertrautem Fuß stand, mit offnen Karten gespielt. Ich sagte ihm: ›Unsre Beziehungen müssen entweder besser oder schlechter werden, als sie sind. Ich bin bereit zu einem gemeinschaftlichen Versuche, sie besser zu machen. Mißlingt derselbe durch Ihre Weigerung, so rechnen Sie nicht darauf, daß wir uns durch bundesfreundliche Redensarten werden fesseln lassen. Sie werden mit uns als europäische Großmacht zu thun bekommen; die Paragraphen der Wiener Schlußacte haben nicht die Kraft, die Entwicklung der deutschen Geschichte zu hemmen‹. Graf KAROLYI, ein ehrlicher und unabhängiger Charakter, hat ohne Zweifel genau berichtet, was wir unter vier Augen vertraulich besprochen haben. In Wien aber hatte man seit der Olmützer und Dresdner Zeit und der Präpotenz SCHWARZENBERG's eine irrige Ansicht gewonnen; man hatte sich gewöhnt, uns für schwächer und namentlich für furchtsamer zu halten, als wir zu sein brauchen, und das Gewicht fürstlicher Verwandtschaft und Liebe in Fragen internationaler Politik für die Dauer zu hoch in Ansatz gebracht.«[84]

Nach alledem dürfte BISMARCK mit der Aussprache vom 4. Dezember 1862 konkret den Zweck verfolgt haben, der Wiener Regierung nahezulegen, den Reformantrag im Bundestag und die mit diesem verbundene diplomatische Offensive gegen Preußen nicht weiter zu verfolgen. Alles spricht gegen die Behauptung, er habe mit Krieg gedroht und in Aussicht gestellt, er werde nunmehr die militärische Entscheidung suchen, falls Wien den preußischen Forderungen nicht nachkomme. Schon seine noch ungefestigte Stellung als Ministerpräsident spricht gegen solch ein martialisches Vorpreschen. WILHELM I. schätzte BISMARCK derzeit noch wenig, hatte ihn *nolens volens,* wohl oder übel, als letzte Notlösung, als unvermeidliche Alternative zum eigenen Rücktritt berufen. Die »Eisen-und-Blut«-Affäre lag noch nicht lange zurück und hatte den König in seiner Skepsis gegen BISMARCKS Qualifikation allenfalls noch bestärkt.

Auch war ein Krieg gegen Österreich zu diesem Zeitpunkt durch Preußen diplomatisch und politisch in keiner Weise vorbereitet und abgesichert, insbesondere was die französische, aber auch was die russische Reaktion angeht. Zwar hatte BISMARCK in den Jahren zuvor in mehrfachen schriftlichen und mündlichen Äußerungen nie einen Hehl daraus gemacht, daß nach seiner Einschätzung ein preußisch-österreichischer Krieg vielleicht einmal unvermeidbar sein werde. In diesem Sinne hatte er sich ein Jahrzehnt früher zu Beginn seiner Tätigkeit am Bundestag in Frankfurt etwa gegenüber dem Grafen THUN erklärt.[85] Daß BISMARCK in seinem Gespräch mit KAROLYI im Dezember 1862 eine dem entsprechende Bemerkung hat einfließen lassen, ist durchaus denkbar. Jedoch wäre dies keineswegs eine auf die Situation bezogene, konkrete Kriegsdrohung gewesen. BISMARCKS Schilderung ist glaubhaft, weil sie inhaltlich mit dem damaligen Stand des preußisch-österreichischen Konfliktes, der preußischen Interessenlage und derjenigen BISMARCKS selbst als neuen Ministerpräsidenten in vollem Einklang steht. Eine in der gegebenen Lage unmotivierte und törichte Kriegsdrohung hingegen erschiene persönlichkeitsfremd. Wie der weitere Gang der Dinge zeigt, dachte BISMARCK damals gar nicht daran, den von Österreich initiierten anstehenden Konflikt im Bund mit kriegerischen Mitteln auszufechten. Er setzte vielmehr auf diplomatische Abwehr und eine Gegenoffensive im Bundestag.

Am 18. Dezember 1862 verhandelte dieser über den Wiener Reformantrag. Durch den preußischen Beauftragten VON SYDOW ließ BISMARCK erklären, Preußen könne in der österreichischen Vorlage keine Annäherung an das Ziel der staatlichen Einheit und keinen Fortschritt der nationalen Bewegung erblicken. Eine Delegiertenvertretung am Bunde (nach Maßgabe des österreichischen Antrages) berge die Gefahr in sich, »daß eine große Mehrheit an Volkszahl und staatlicher Kraft einer Kombination von Stimmen unterliege, welche tatsächlich eine Minderheit an Zahl und Macht vertrete«.[86]

Die preußische Stellungnahme schloß im Hinblick auf die anstehende Abstimmung des Bundestages mit der Warnung, daß sich die dissentierende (preußische) Regierung bei Fortsetzung des eingeschlagenen Verfahrens außerstande gesetzt sehen könne, »in einer im Widerspruch mit den Bundesgrundsätzen verfahrenden Versammlung noch das Organ des Bundes zu erkennen, an dessen Schließung sie sich beteiligt habe«.[87] Dies bedeutete nichts anderes als die Ankündigung, daß Preußen im Falle einer Abstimmungsniederlage den Deutschen Bund verlassen werde. Dies freilich wollte die Mehrzahl der deutschen Kleinstaaten durchaus nicht, und in der auf den 22. Januar 1863 angesetzten Abstimmung wurde der Wiener Reformantrag vom Bundestag abgelehnt.

Damit war dieser Versuch der Donaumonarchie, Preußen im Bund zu majorisieren und ihm eine Niederlage beizubringen, gescheitert. Zugleich ging Bismarck zum Gegenangriff über: Der Gesandte Usedom, der Preußen an jenem Tag vertrat, verlas eine vorbereitete Grundsatzerklärung zur Deutschlandpolitik. Darin trat Preußen für ein nationales deutsches Parlament ein, das aus geheimen, direkten und gleichen Wahlen hervorgehen müsse. Solche Wahlen und eine solche Volksvertretung seien allerdings nur in den deutschen Staaten möglich. Nichtdeutsche Stämme könnten daran nicht beteiligt werden. Dies war letztlich ein klares und offenes Bekenntnis Bismarcks zur kleindeutschen Lösung. Es verstand sich von selbst, daß die Habsburgermonarchie unter solchen Voraussetzungen auch eine Beteiligung der deutschen Österreicher an einem nationalen Parlament nicht zulassen würde. Die Grundsatzerklärung markierte eine Trendwende in der bisherigen preußischen Außenpolitik: weg vom Modell eines einvernehmlichen, gleichberechtigten Dualismus mit dem Habsburger Reich und hin zum Ziel eines preußisch-deutschen Nationalstaates ohne Österreich.

Bismarck traf mit seinem deutschlandpolitischen Vorstoß freilich nirgends auf Gegenliebe. Für den Vielvölkerstaat an der Donau war der Gedanke gesamtdeutscher freier Wahlen, erfaßte und begeisterte er die Deutschen auch in seinem eigenen Machtbereich, schlechthin lebensbedrohlich. Die Mittelstaaten waren durch einen nationalen deutschen Staat mit übergreifendem Parlament in ihrer partikularistischen Souveränität bedroht, und die Konservativen in Preußen und anderswo sahen ihre Welt des monarchistischen Gottesgnadentums in einer solchen Entwicklung ohnehin untergehen. Und die Liberalen, die im Ergebnis dieselben Ziele verfochten wie Bismarck? Sie glaubten dem Konfliktminister kein Wort, hielten die Erklärung vor dem Bundestag für eine bloße diplomatische Finte und reagierten mit Spott und Hohn.

Damit irrten sie, denn Bismarck war bereits vor seinem Antritt als preußischer Ministerpräsident zu der Überzeugung gelangt, daß eine deutsche Nationalstaatsgründung ohne und gegen Österreich im Bündnis mit der nationalliberalen Bewegung eine gangbare, vielleicht sogar notwendige Alternative für die preußische Politik bildete. Freie, gleiche, allgemeine Wahlen und ein nationales Parlament besaßen für ihn persönlich angesichts seiner konservativen Ursprünge zwar keinen ideellen Selbstwert, widersprachen zu dieser Zeit aber keineswegs mehr seinen politischen Maximen. In seinen *Gedanken und Erinnerungen* schrieb er gar: »Außerdem halte ich noch heut das allgemeine Wahlrecht nicht blos theoretisch, sondern auch praktisch für ein berechtigtes Princip, sobald nur die Heimlichkeit beseitigt wird, die außerdem einen Charakter hat, der mit den besten Eigenschaften des germanischen Bluts in Widerspruch steht.«[88]

Jedenfalls lagen die demokratisch-liberalen Strömungen für den Bismarck der Jahre 1862/63 im Zuge der Zeit, mit dem er als Realpolitiker allgemein, aber auch besonders deswegen rechnen mußte und rechnete, weil er ohne die Kräfte des politischen Liberalismus nicht hoffen durfte, einen Nationalstaat nach seinen Vorstellungen errichten zu können. Im liberalen Gedankengut, insbesondere in dessen nationalem Aspekt und in der Forderung nach demokratischen Wahlen auf nationaler Ebene sah er zutreffend eine scharfe Waffe gegen die natürlichen Gegner eines preußisch-deutschen Bundesstaates: insbesondere gegen die multinationale Donaumonarchie, aber auch gegen den Partikularismus der deutschen Mittelstaaten.

Mit seiner Befürwortung des allgemeinen und gleichen Wahlrechtes auch für die »kleinen Leute«, die Land- und Industriearbeiter, überholte Bismarck die liberalen Parlamentarier, die vom Drei-Klassen-Wahlrecht als Privilegierte profitierten, sogar »linker Hand«, brachte sie in Verlegenheit. Ein Bündnis mit der nationalliberalen Bewegung stand nun als reale Alternative auf seinem Programm. Er ließ sich darin durch die schroffe Absage, welche die Liberalen des preußischen Landtages im Verfassungskonflikt seinem Kompromißvorschlag vom September 1862 erteilt hatten, ebenso wenig beirren wie durch das ungläubige Mißtrauen, mit dem der deutsche Liberalismus seinem Vorstoß vom 22. Januar 1863 begegnete.

8. Lassalle und die kleindeutsche Lösung

Auch in der Arbeiterbewegung suchte Bismarck zu jener Zeit Verbündete, wie sein oben angesprochener, im Frühjahr 1863 aufgenommener Kontakt mit Ferndinand Lassalle zeigt. Jüdischer Herkunft, war Lassalle ein deutsch-national eingestellter Bewunderer Fichtes und Befürworter eines deutschen Nationalstaates unter preußischer Führung. Überdies war er als Sozialist aus Bismarcks Sicht ein mögliches Gegengewicht gegen die störrischen Liberalen, so daß sich der Gedanke an einen Versuch eines Zusammengehens mit ihm geradezu aufdrängen mußte. Bismarck bezeichnete Lassalle später als »einen der geistreichsten und liebenswürdigsten Menschen, die ich gekannt habe«. Gelegentlich ist zu lesen, für das Scheitern dieses Versuches einer Koalition der Interessen sei letztlich nicht der frühe Tod LASSALLES ursächlich gewesen; vielmehr habe BISMARCK auf dem Höhepunkt des Verfassungskonfliktes nur aus Nervosität und Verunsicherung politische Unterstützung in der Arbeiterbewegung gesucht, jedoch bald das Interesse hieran verloren, als er im weiteren Verlauf gemerkt habe, daß es sich auch ohne legalen Haushalt und im Dauerkonflikt mit dem Landtag recht gut regieren lasse.

Diese eher einfältige Sicht der Dinge greift zu kurz. LASSALLES Auffassungen in der deutschen Frage und hinsichtlich des allgemeinen, gleichen, unmittelbaren Wahlrechtes mußten ihn und die ihm zuzuordnenden Kräfte in der deutschen Arbeiterbewegung aus der Sicht BISMARCKS als Bundesgenossen bei der sich als Lösung der deutschen Frage immer mehr abzeichnenden preußisch-deutschen Staatsgründung geradezu prädestinieren. Die von der Verfassungskrise ausgelösten kurzfristigen Probleme des preußischen Ministerpräsidenten dürften bei der Annäherung eher eine Nebenrolle gespielt haben. Die Einbeziehung der gemäßigten, staatsbejahenden, national eingestellten Teile der Arbeiterbewegung – der frühen Sozialdemokratie also – bei der Gründung des Staates der Deutschen wäre ein nicht nur natürlicher und selbstverständlicher, sondern auch ein notwendiger Vorgang gewesen. Denn das liberale Bürgertum war nicht ausschließlicher Träger des Nationalstaatsgedankens im deutschen Volk.

Der durch den Tod beendete Kontakt BISMARCKS zu LASSALLE kann als durchaus hoffnungsvoller Ansatz in dieser Richtung angesehen werden. Warum es nicht weitere Versuche der Annäherung und Zusammenarbeit gegeben hat, wie es dazu kommen konnte, daß die Arbeiterbewegung dem BISMARCK-Reich später teilweise in völliger Opposition gegenüberstand und darum wegen staatsfeindlicher Umtriebe Repressionen ausgesetzt war, steht auf einem anderen Blatt – ebenso wie die Frage, in welchem Maße die Verantwortung für diese folgenschwere Fehlentwicklung BISMARCK und/oder den Führern der Arbeiterbewegung zuzurechnen ist.

9. Die Alvenslebensche Konvention

Im Januar 1863, zur selben Zeit, als BISMARCK den deutschlandpolitischen Vorstoß der Donaumonarchie im Bundestag zu Fall brachte und mit einem diplomatischen Gegenstoß in kleindeutscher Richtung konterte, brach im russisch beherrschten ›Kongreßpolen‹ ein Aufstand der polnischen Nationalbewegung los, der eine internationale Krise auslöste und dem neuen preußischen Ministerpräsidenten eine erste außenpolitische Bewährungsprobe auf europäischer Ebene abforderte.

Zum historischen Hintergrund: Polen hatte seine staatliche Selbständigkeit im 18. Jahrhundert eingebüßt, war 1772, 1793 und 1795 unter Rußland (zu etwa 2/3), Österreich und Preußen (zu je ca. 1/6) aufgeteilt worden. Der Wiener Kongreß hatte es 1815 bei der Teilung belassen und im russisch beherrschten Teil Polens ein ›Königreich Polen‹ (›Kongreßpolen‹) errichtet, das jedoch seiner ihm zugebilligten geringen eigenstaatlichen Elemente nach einem fehlgeschlagenen nationalen Aufstand 1830/31 verlustig gegangen war. Das polnische Galizien stand unter österreichischer Herrschaft, während die polnischen Siedlungsräume in Posen und Westpreußen zum preußischen Staatsgebiet gehörten.

Die nationale Misere des geteilten Polen bildete den Hintergrund einer starken und hochmotivierten Nationalbewegung, deren Aufstände bereits mehrfach – in den Jahren 1793/94, 1830/31 sowie 1846 und 1848 (in Galizien und Posen) – niedergeschlagen worden waren. Der aktuelle Aufstand des Jahres 1863 in Kongreßpolen drohte auf die Provinzen Posen und Westpreußen überzugreifen, gefährdete damit preußisches Staatsgebiet.

Am 8. Februar 1863 schloß Preußen auf BISMARCKS Initiative daher mit der Regierung des Zaren in St. Petersburg durch den General Gustav VON ALVENSLEBEN eine nach diesem benannte Militärkonvention ab, durch die beide Seiten sich verpflichteten, einander bei der Niederschlagung des polnischen Aufstandes grenzüberschreitend Hilfe zu leisten. Das Abkommen löste heftige Ablehnung in London und Paris sowie helle Empörung bei den deutschen Nationalliberalen aus. Zum Einsatz preußischer Truppen kam es indes nicht, da sich die russischen Besatzer als Herren der Lage in Kongreßpolen erwiesen. Im übrigen handhabte BISMARCK die Frage eines preußischen Eingreifens nicht nur wegen der westlichen Reaktionen behutsam: Er verfolgte mit der ALVENSLEBENschen Konvention weniger militärische als weitergreifende politische Ziele.

Nicht allein wegen eines möglichen Ausgreifens der Aufständischen über seine Grenze bildete die polnische Nationalbewegung ein Problem für Preußen. Deren Forderungen nämlich waren alles andere als maßvoll. Sie beschränkten sich nicht auf die nach den Prinzipien der Volkssouveränität und der Einheit der Nation legitimen Ansprüche auf die polnischen Siedlungsgebiete in Preußen. Vielmehr richtete sie Begehrlichkeiten auf weite deutsch besiedelte und traditionell deutsche Regionen und begründete dies in nicht nachvollziehbarer Überdehnung des Gesichtspunktes historisch-geographischer Legitimation mit irgendwann in der Geschichte tatsächlich oder angeblich einmal vorhanden gewesenen Anbindungen an polnisches Herrschaftsgebiet.

BISMARCK war zu keinerlei Entgegenkommen zu Lasten des preußischen Staates bereit. Er faßte seine Beurteilung der polnischen Bestrebungen in einer Weisung an den preußischen Gesandten in London vom 7. Februar 1863 zusammen: »Die Herstellung eines unabhängigen polnischen Staates zwischen Schlesien und Ostpreußen mit der konsequenten Begehrlichkeit nach Posen und nach der für ein selbständiges Polen unentbehrlichen Weichselmündung würde eine permanente Drohung gegen Preußen bilden und einen der äußersten militärischen Leistung, zu welcher das neue Polen fähig wäre, gleichkommenden Teil der preußischen Armee dauernd neutralisieren. Befriedigen könnten wir die Ansprüche, welche dieser neue Nachbar auf unsere Kosten erheben würde, niemals. Sie würden außer Posen und Danzig sich demnächst auf Schlesien und Ostpreußen richten, und die Landkarten, in welchen die Träume der polnischen Insurrektion ihren Ausdruck finden, bezeichnen Pommern bis an die Oder als polnische Provinz.«[89]

BISMARCK lehnte die Schaffung eines polnischen Nationalstaates aus diesen Gründen rundweg ab, da sie unter allen denkbaren Umständen eine Gefahr für Preußen darstelle. Selbst die bloße Erörterung der polnischen Frage in Verhandlungen erschien ihm untunlich. Vielmehr mußte der preußischen Politik nach seiner Auffassung vornehmlich an einer raschen Unterdrückung des polnischen Aufstandes gelegen sein, ehe dieser die Polen in Westpreußen und Posen erfassen konnte.

Auch die deutsche nationale und liberale Bewegung in Preußen und anderswo, die sich, wie stets, leidenschaftlich für die Rechte der polnischen Nation einsetzte, konnte chauvinistische Ansprüche, die unmittelbar gegen das eigene Volk und dessen Lebensraum gerichtet waren (und die bereits an gewisse großpolnische Expansionsforderungen der Zwischenkriegszeit des 20. Jahrhunderts erinnern), nicht gutheißen. Derartige polnische Vorstellungen schlossen auch jegliche Kompromißregelung von vornherein aus, die sowohl Preußens legitimen Sicherheitsinteressen als auch dem nationalen Recht der polnischen Bevölkerungsteile in Posen und Westpreußen hätten Rechnung tragen und etwa von den preußischen Liberalen hätten unterstützt werden können.

Zu einer völligen Preisgabe Posens und Westpreußens waren im übrigen auch diese nicht bereit. Ihre lautstark öffentlich geäußerte Solidarität galt aber einschränkungslos den ›Kongreßpolen‹ im russischen Machtbereich und richtete sich gegen die dortige ›zaristische Tyrannei‹ sowie gegen BISMARCK, soweit er diese zu unterstützen schien. BISMARCK wehrte sich mit seinem bekannten Ausspruch in einer Rede vor dem preußischen Abgeordnetenhaus am 26. Februar 1863: »Die Neigung, sich für fremde Nationalbestrebungen zu begeistern, auch dann, wenn dieselben nur auf Kosten des eigenen Vaterlandes verwirklicht werden können, ist eine politische Krankheitsform, deren geographische Verbreitung sich auf Deutschland leider beschränkt.«[90]

Allerdings war die Erhebung der polnischen Nationalbewegung kein nur lokales Problem im preußisch-russisch-österreichischen Grenzbereich. Die eigentliche historische Bedeutung des Aufstandes und der ALVENSLEBENschen Konvention beruhte vielmehr in der engen Verquickung der polnischen Frage mit einander widerstreitenden europäischen Großmachtinteressen. Für NAPOLEON III., der angetreten war, in der Rolle des Bannerträgers der nationalrevolutionären Erhebungen sein Kaiserreich als Hegemonialmacht an die Spitze der kontinentaleuropäischen Staatenwelt zu setzen, war die polnische Freiheitsbewegung – wie zuvor die italienische im Jahre 1859 – eine willkommene Dependance französischer Macht, geographisch günstigst im Osten positioniert zwischen den konservativen Mächten Preußen und Rußland.

Ein von der Schirmherrschaft Frankreichs abhängiger, im übrigen aber selbständiger polnischer Nationalstaat konnte von Paris aus sowohl gegen Preußen als auch gegen Rußland wirksam als Hebel französischer Interessen eingesetzt werden. Es lag also nahe, daß NAPOLEON III. leidenschaftlich Partei für die polnischen Aufständischen ergriff.

Doch hatte die Medaille für Frankreich eine zweite Seite. Nach dem Tod von Zar NIKOLAUS I. im Jahre 1855 und seit dem Ende des Krimkrieges hatte sich zwischen Rußland und Frankreich eine vorsichtige, aber anscheinend längerfristige Annäherung vollzogen, die NAPOLEON III. nun keinesfalls aufs Spiel setzen, sondern eher noch festigen wollte. Seine Aussichten, mit Erfolg auf einen machtpolitisch von Frankreich abhängigen polnischen Nationalstaat bei gleichbleibend guten oder gar weiter verbesserten Beziehungen zu Rußland hinzuarbeiten, waren vor dem Abschluß der ALVENSLEBENschen Konvention nicht schlecht gewesen.

Es gab im damaligen Rußland in Gesellschaft und Politik eine starke liberale Strömung, die zugleich panslawistisch, propolnisch, profranzösisch, antipreußisch und wohl auch antideutsch eingestellt war. Ihr wohl einflußreichster Vertreter war der Außenminister Fürst GORTSCHAKOW. Hätte dieser die liberale Linie im russischen Kabinett und in der Regierungspolitik des Zaren durchgesetzt, so hätte NAPOLEON III. seine machtpolitischen Ziele hinsichtlich Polens im Zuge der Ereignisse des Aufstandes von 1863 durchaus verwirklichen können. Selbst der eigentlich konservative Zar ALEXANDER, so berichtet BISMARCK in seinen *Gedanken und Erinnerungen* aus seiner St. Petersburger Zeit, sei nicht abgeneigt gewesen, Polen teilweise – bis zur Weichselgrenze nämlich und mit Warschau als russisch verbleibender Garnison – freizugeben.[91]

Hätten sich Fürst GORTSCHAKOW und die hinter ihm stehenden politischen Kräfte beim Zaren durchgesetzt, so wäre ein antipreußisches russisch-polnisch-französisches Bündnis zu besorgen gewesen, das die außen- und deutschlandpolitische Handlungs- und Bewegungsfreiheit Preußens nachhaltig eingeschränkt, wenn nicht aufgehoben hätte. Eingezwängt im Zangengriff der mächtigen Flankenstaaten Rußland und Frankreich, zusätzlich mit territorialen Forderungen bedroht durch einen feindseligen neuen polnischen Nationalstaat, im Süden dem ständigen Druck der Donaumonarchie ausgesetzt, hätte Preußen mit allen seinen Kräften um das nackte Überleben ringen müssen.

Die Lösung der deutschen Frage in Form eines kleindeutsch-preußischen Nationalstaates wäre in eine unbestimmte, ferne Zukunft gerückt worden. Mit dem Angebot an den Zaren, ein Militärbündnis gegen den polnischen Aufstand zu schließen, wendete BISMARCK eine solche Entwicklung ab. Hierin liegt die oft nicht hinreichend gewürdigte Bedeutung der ALVENSLEBENschen Konvention für die deutsche Geschichte. Das Bündnis stieß im russischen Kabinett auf heftigen Widerstand der liberalen Kräfte um GORTSCHAKOW. Der Abschluß der Konvention wurde auf russischer Seite durch den Zaren persönlich angeordnet. Wie dieser genial berechnete Schachzug, der den polnischen Aufstand zur internationalen Krise werden ließ und den BISMARCK selbst als »einen im Cabinet des russischen Kaisers erfochtnen Sieg der preußischen Politik«[92] bezeichnete, sich konkret auswirkte, soll im folgenden gezeigt werden.

Mit dem Abschluß der Konvention und der mit dieser verbundenen Niederlage der polen- und frankreichfreundlichen Richtung in der russischen Politik hatte NAPOLEONS III. Hegemonialpolitik, seine Hoffnung, im Einvernehmen oder gar im Bündnis mit einer liberalen russischen Regierung ein neues Polen von Frankreichs Gnaden zu errichten, einen herben Rückschlag erlitten. Obwohl letztlich Rußland und nicht Preußen es war, das den Aufstand der Polen blutig niederschlug, wandte der Kaiser der Franzosen seinen veröffentlichten Zorn nicht etwa gegen den Zaren, sondern – zunächst – nur gegen BISMARCK und Preußen, um Frankreichs Verhältnis zu Rußland nicht zu beschädigen. Er setzte sich an die Spitze einer Kampagne gegen Preußen, das er im Zusammenwirken mit England und der Donaumonarchie zu isolieren und als Großmacht zu demontieren trachtete. Schon stellte seine Gattin, die Kaiserin EUGENIE, halboffiziell ein mitteleuropäisches Gebietsrevirement nach französischen Wunschvorstellungen zur Diskussion: Nach dem Sieg einer antipreußischen Koalition aus den genannten Mächten sollte ein selbständiges Polen erstehen. Der Habsburger Kaiserstaat sollte Schlesien, Frankreich aber das langersehnte deutsche linke Rheinufer erhalten.

Seine Wiener und Londoner Wunschkoalitionäre indes bereiteten NAPOLEON Verdruß. In Wien meinte man, aus einem Zusammengehen mit Frankreich in der polnischen Frage dessen Zustimmung dazu herleiten zu dürfen, daß Österreich seine eigene Machtposition in Mitteleuropa durch eine Reform des Deutschen Bundes (Fürstentag zu Frankfurt im August 1863) stärkte. Dergleichen hinzunehmen, war NAPOLEON III. freilich keineswegs bereit, denn jeder Kräftezuwachs einer anderen Großmacht in Mitteleuropa gefährdete Frankreichs paneuropäisches hegemoniales Streben. Und London lehnte eine Isolierung und Schwächung Preußens ebenso ab wie den von NAPOLEON angestrebten französischen Machtzuwachs auf dem Kontinent. Zwar hatte England die ALVENSLEBENsche Konvention zunächst scharf kritisiert. Und als BISMARCK verlautbart hatte, preußische Truppen würden eventuell in Kongreßpolen einrücken, falls sich die russischen Truppen nach Osten zurückzögen, hatte der britische Botschafter ihn nebulös drohend gewarnt, »Europa würde eine solche Eroberungspolitik nicht dulden«. Auf BISMARCKs Frage »Wer ist Europa?« antwortete der Brite: »Europa bedeutet: mehrere große Nationen.«[93]

Doch wurde durch den Verlauf der Krise offenbar, daß dem Inselreich vornehmlich daran lag, ein Anwachsen der französischen Macht auf dem Kontinent zu bremsen. England mochte auf die Rolle Preußens als Gegengewicht zu Frankreich keineswegs verzichten. Dies galt auch im Hinblick auf den Schutz des an seiner Gegenküste drei Jahrzehnte zuvor gegründeten Staates Belgien vor französichem Zugriff.

Den Briten konnte die Störung der russisch-französischen Beziehungen, die naturgemäß aus der Polenkrise erwuchs, im übrigen nur recht sein. Schon der Gedanke an die vom französischen Kaiser angestrebte französisch-polnisch-russische Koalition mußte jedem um das kontinentale Gleichgewicht besorgten echten Briten den Nachtschlaf rauben. BISMARCK schrieb am 9. März 1863 zur englischen Interessenlage an den Grafen Bernstorff: »Man kann sich in London doch nicht darüber täuschen, daß alles, was man für Polen thut, wenn es Erfolg hat, nur dazu dient, die Stellung Frankreichs auf dem Continent zu stärken. Polens Unabhängigkeit ist gleichbedeutend mit einer starken französischen Armee in der Weichsel-Position, und jede Verlegenheit, die man Rußland in Polen bereitet, ist ein Zwang Rußlands zur Verständigung mit Frankreich.«[94]

Dies dürfte die britische Sicht der Dinge im Kern genau getroffen haben. So verlief die französisch-britisch-österreichische Koalition gegen Preußen, die Napoleon III. hatte begründen und anführen wollen, im Sande, scheiterte an den mitteleuropäischen Ambitionen Wiens und den Vorbehalten Londons.

Zuvörderst ging es Napoleon III. schließlich nur noch darum, den Mißerfolg und das Dilemma, in das seine abenteuerliche Politik mit dem polnischen Aufstand und die Alvenslebensche Konvention ihn gebracht hatten, ohne eigenen Gesichtsverlust und ohne politischen Schaden für Frankreich zu überstehen. »Er will jetzt nur aus der Sache mit Ehren herauskommen«, schrieb Graf von der Goltz am 31. August 1863 über Napoleon III. an Bismarck.[95] Auch dies allerdings mißriet dem Kaiser gründlich. Sein lautstarker Protest, seine diplomatische Initiative gegen die preußische ›Intervention‹ und gegen dessen ›Neutralitätsbruch‹ gegenüber den polnischen Aufständischen gingen schon deshalb ins Leere, weil die Alvenslebensche Konvention überhaupt nicht zu einem Einsatz preußischer Truppen führte. Zudem war die russische Seite wegen Napoleons letztlich doch massiver Einmischung in ihre polnische Interessensphäre verstimmt, denn dieser hatte seinen Kurs, nur Preußen und Bismarck anzugreifen, nicht durchhalten können und schließlich auch gegen Rußland deutlich Stellung beziehen müssen.

Die stark öffentlichkeitswirksame französische Parteinahme für die polnischen Aufständischen und gegen das Vorgehen des Zaren hatte in Rußland eine emotional geladene antipolnische und antifranzösische Wirkung sowie eine Hinwendung zu Preußen zur Folge. In der russischen Politik waren die frankophilen und polenfreundlichen liberalen Kräfte durch den Abschluß der Alvenslebenschen Konvention ausmanövriert und an den Rand gedrängt worden. Insgesamt war Napoleons Verhältnis zu Rußland deutlich getrübt. Daß auch eine diplomatische Partnerschaft Frankreichs mit Preußen vorerst ausgeschlossen war, versteht sich von selbst. Auch des französischen Herrschers Ruf als Schutzherr der nationalen Freiheitsbewegungen war beschädigt, hatte er doch zur wirksamen Unterstützung der aufständischen Polen rein gar nichts zuwege gebracht. Und sein österreichischer Wunschpartner nutzte die einmal ergriffene Gelegenheit zu eigener Machtpolitik in Deutschland auf Kosten des französischen Einflusses unverdrossen weiter; nicht die französische Diplomatie, sondern Bismarck bereitete der habsburgischen Bundesreformpolitik auf dem Frankfurter Fürstentag eine Niederlage. England aber hatte sich nicht nur der antipreußischen Koalition versagt, sondern Napoleon III. vor den Augen der europäischen Öffentlichkeit auf den zweitrangigen Platz im Konzert der Mächte verwiesen, den die britische Gleichgewichtspolitik ihm zuzubilligen bereit war. Nach alledem hatte sich NAPOLEONS Poleninitiative in jeder nur denkbaren Hinsicht als Fehlschlag erwiesen, sein Ruf als Schiedsrichter in den Angelegenheiten des Kontinents war verspielt.

Im Ergebnis hat BISMARCK durch die ALVENSLEBENsche Konvention den politischen Handlungsspielraum Preußens – gerade auch in deutschland- und einigungspolitischer Hinsicht – nicht nur bewahrt und gerettet, sondern deutlich erweitert. Die drohende französisch-russisch-polnische Einkreisung Preußens war abgeblockt, die Machtentfaltung Frankreichs in den osteuropäischen Raum hinein vereitelt. Zwar war das preußisch-französische Verhältnis deshalb getrübt. Doch widerlief die preußische Expansionspolitik mit dem Ziel einer kleindeutschen Nationalstaatsgründung so wesentlich der kontinentalen Hegemonialpolitik Frankreichs, daß mit Kooperation und tragfähigen Kompromissen mit diesem ohnehin nicht zu rechnen war. Überdies hatten die in der Polenkrise aufgebrochenen Interessengegensätze Frankreich und Rußland einander entfremdet, Frankreich und England auf größere Distanz zueinander gebracht.

Entsprechendes galt für das österreichisch-russische Verhältnis: Die Donaumonarchie hatte sich den polenfreundlichen diplomatischen Appellen Englands und Frankreichs an St. Petersburg angeschlossen und sich insoweit ein Sechs-Punkte-Programm zugunsten der polnischen Nationalbewegung ausdrücklich zu eigen gemacht. Einen Vorschlag des russischen Außenministers, daß die drei an der polnischen Frage unmittelbar beteiligten Mächte Rußland, Österreich und Preußen miteinander über das Problem verhandeln sollten, hatte sie brüsk mit der Begründung zurückgewiesen, daß das zwischen Wien, London und Paris hergestellte Einverständnis ein Band bilde, von dem Österreich sich nicht loslösen könne, um abgesondert mit Rußland zu verhandeln. Dies hatte in St. Petersburg, auch beim Zaren ALEXANDER, tiefe Verstimmung ausgelöst, die das seit dem Krimkrieg ohnehin gestörte russisch-habsburgische Verhältnis weiter verschlechterte. Eine Situation wie die von Olmütz, als Rußland und Österreich gemeinsam Preußen zur diplomatischen Kapitulation und zur Aufgabe der kleindeutschen Unionspläne gezwungen hatten, war nun unwahrscheinlicher denn je.

Die ALVENSLEBENsche Konvention hatte auf absehbare Zeit sämtliche denkbaren Einkreisungsbedrohungen für Preußen beseitigt und nicht nur verhindert, daß der Weg in den Nationalstaat verschüttet wurde, sondern ihn sogar weiter geöffnet; letzteres nicht zuletzt auch im Hinblick darauf, daß Rußland sich dem verläßlichen Partner Preußen nunmehr langfristig verbunden fühlte und dessen Absichten zur Lösung der deutschen Frage mit wohlwollender Neutralität gegenüberstand – auch in den Einigungskriegen von 1864, 1866 und 1870/71.

Der deutsche Liberalismus in Politik, Medien und Öffentlichkeit freilich bewertete die ALVENSLEBENsche Konvention völlig anders. Deren Bedeutung für die Chancen einer deutschen Nationalstaatsgründung wurde allgemein verkannt. BISMARCK zehrte weiter nachhaltig von seinem schlechten Ruf. In den Augen der Liberalen hatte er sich als brutaler und bedenkenloser Komplize der russischen

Gewaltherrschaft in Polen erwiesen und die Not der polnischen Nation skrupellos für diplomatische Kabinettstückchen mißbraucht. Allerdings mochte sich auch bei einem gerechteren liberalen Betrachter, dem es Ernst war mit den Rechten der Nationen, ein gewisses Unbehagen daran einstellen, daß in diesem Fall – objektiv und vom Ergebnis her betrachtet – das nationale Recht der Deutschen auf Kosten desselben Rechtes der polnischen Nation gewahrt wurde.

Doch hätte ein gemeinsamer Erfolg der polnischen Nationalbewegung, Napoleons III. und der russischen Liberalen – eine Achse St. Petersburg–Warschau–Paris also – sämtliche deutschen Einigungshoffnungen auf unabsehbare Zeit zunichte gemacht. Auch waren die teils chauvinistischen Gebietsforderungen der polnischen Nationalbewegung, die von den Prinzipien der Volkssouveränität und Einheit der Nation keineswegs mehr gedeckt waren, ein Problem für die deutschen Nationalinteressen. Im Grunde genommen ging es hier um einen Interessenkonflikt auf einem historischen »Brett des Karneades«, ähnlich wie im Italienischen Krieg des Jahres 1859: Damals hatte die deutsche Nationalbewegung überwiegend für die reaktionäre Donaumonarchie und gegen die italienische Nationalbewegung Partei ergriffen, die sich mit dem für Deutschland akut bedrohlichen Napoleon III. verbündet hatte. Jetzt, in der Polenkrise, hatten die deutschen Liberalen die Solidarität mit der polnischen Nationalbewegung im wesentlichen gewahrt, während die deutschen Nationalinteressen objektiv von Bismarck wahrgenommen wurden.

10. Der Fürstentag zu Frankfurt

Die hartnäckige Wiener Diplomatie war durch die herbe Niederlage, die sie am 22. Januar 1863 im Bundestag mit ihrem offensiven Reformantrag erlitten hatte, keineswegs entmutigt worden. Nach der Verfassungskrise, die Preußen bei allen Liberalnationalen diskreditiert hatte, war es im Frühjahr 1863 die Alvenslebensche Konvention gewesen, die die norddeutsche Führungsmacht und Bismarck in der nationalen und internationalen liberal gestimmten öffentlichen Meinung und Presse noch tiefer in Verruf gebracht hatte. Das in den Augen des Liberalismus und der Westmächte abstoßend reaktionäre Erscheinungsbild Preußens bot nach Wiener Einschätzung weiterhin hervorragende Aussichten für einen erneuten, energischen Versuch, die eigenen deutschland- und machtpolitischen Ziele gegen den innerdeutschen Rivalen durchzusetzen. Dabei sollte Kaiser Franz Joseph höchstpersönlich als Akteur auftreten und auch sonst an diplomatischem Einfallsreichtum und dem Einsatz heute als geradezu modern anmutender psychologischer Finten nicht gespart werden.

Unter Leitung des österreichischen Ministerpräsidenten Anton Ritter von Schmerling arbeitete man in Wien bis Juli 1863 einen neuen Plan zur Reform des Deutschen Bundes aus. Dieser beruhte im Kern unverändert auf den alten Schwarzenbergschen Vorgaben: Die Hegemonie des Habsburger Kaiserstaates über ganz

Deutschland sollte – in leicht verschleierter Form – institutionalisiert und festgeschrieben, Preußen in der Bundeshierarchie auf einen Platz irgendwo zwischen den Mittelstaaten und Österreich zurückverwiesen werden. Die Souveränität der deutschen Einzelstaaten, die partikularistische, staatenbündische, monarchisch-dynastische Struktur des Deutschen Bundes und seiner Glieder sollten im Grundsatz erhalten bleiben. Doch sollten die konföderativen Elemente sowie die exekutiven Befugnisse des Staatenbundes verstärkt und die Bundesverfassung mit gewissen eher kosmetischen, aber öffentlichkeitswirksamen Zugeständnissen an großdeutschnationalliberale Wünsche garniert werden. Von einem Ausgleich mit Preußen, einem Modell gleichberechtigter, einvernehmlicher österreichisch-preußischer Führung in Deutschland konnte auch bei diesem Reformprojekt nicht im Ansatz die Rede sein, ebensowenig von einem staatlichen Hause für die deutsche Nation.

Im einzelnen waren folgende, teils umständlich ausgeklügelte Regelungen vorgesehen: Die Leitung im Bunde sollte ein Fünferdirektorium unter dem Vorsitz Österreichs innehaben. Nach anderem Verständnis ist von einem sechsköpfigen Direktorium die Rede.[96] Jedenfalls war gewährleistet, daß Preußen im Direktorium jederzeit überstimmt werden konnte. Von dessen fünf ständigen Mitgliedern sollten Preußen und Österreich je zwei, Bayern eines stellen. Die übrigen Mittelstaaten sollten zwei Mitglieder entsenden, die einander nach einem komplizierten Turnus abwechselten. Ein sogenannter ›Bundesrat‹ sollte eingerichtet werden, in dem die Regierungen der Mitgliedsstaaten durch Gesandte vertreten waren. Wie bei früheren habsburgischen Vorstößen war auch diesmal ein scheinbares Zugeständnis an den demokratischen Zeitgeist vorgesehen: Eine sogenannte ›Bundesversammlung‹ sollte liberalem Bedürfnis engegenkommen, die sich aus Delegierten der Parlamente der Einzelstaaten zusammensetzte. Überdies wollte man ein ›Bundesgericht‹ schaffen, das in den Bund betreffenden Konflikten unter anderem verfassungsrechtlicher Art entscheiden sollte.

Allerdings sollte dieser neu aufgegossene Reformplan diesmal nicht gemäß den Regularien des Deutschen Bundes als förmlicher Antrag dem Bundestag zur Beratung und Entscheidung zugeleitet werden. Denn dies hätte ihn der Gefahr ausgesetzt, erneut, wie zuvor die österreichische Initiative vom Herbst 1862, in der verstaubten, nüchternen Routine berechnender Diplomaten und an der rationalen Interessenpolitik des preußischen Ministerpräsidenten zu scheitern. Diesmal hatte die Wiener Hofburg vielmehr mit einem ganz besonderen Einfall aufzuwarten. In einer weihevollen, von hehren Gefühlen dynastischer Brüderlichkeit der gekrönten Häupter Deutschlands und von großdeutschem nationalem Pathos getragenen Atmosphäre nämlich sollten die Fürsten und Könige des Landes selbst unter dem Vorsitz des Ranghöchsten unter ihnen, seiner Majestät des Kaisers Franz Joseph, dessen Bundesreformvorschlag in erlauchter Runde absegnen, noch bevor er in den Niederungen diplomatischen, politischen und juristischen Sachverstandes zerredet werden konnte.

Die Idee des Fürstentages zu Frankfurt war geboren, zu dem Kaiser Franz Jo-

SEPH die deutschen Monarchen auf den 17. August 1863 lud. BISMARCK weist in seinen *Gedanken und Erinnerungen* darauf hin, daß »den übrigen deutschen Fürsten vor Empfang der vom 31. Juli datirten Einladung der östreichische Plan nicht bekannt gewesen« sei.[97] Dies entsprach genau dem Sinn des Unternehmens: Sie sollten keine Möglichkeit erhalten, den Plan mit den Diplomaten und Fachberatern in ihren Ministerien zu besprechen. BISMARCK erkannte im übrigen nicht nur den taktischen Zweck des österreichischen Überrumpelungsversuches, er zeigte auch Sinn für dessen komische Aspekte. An seine Frau schrieb er am 8. August: »Österreich macht Bocksprünge«, und am 12. August: »Ich kann wegen der Frankfurter Windbeuteleien nicht vom Könige fort.« Und an den preußischen Diplomaten VON SYDOW schrieb er: »Ich betrachte das österreichische Reformprojekt als eine Schaumwelle, mit welcher Schmerling mehr noch ein Manöver der inneren österreichischen Politik als einen Schachzug antipreußischer Diplomatie beabsichtigt. Er arrangiert dem Kaiser eine glänzende Geburtstagsfeier [18. August] mit weißgekleideten Fürsten und fingiert ihm Erfolge der konstitutionellen Ära Österreichs. Von dem Dampf der Phrasen entkleidet, ist des Pudels Kern ein so dürftiger, daß man dem Volke lieber nicht praktisch vordemonstrieren sollte, wie nicht einmal das zustande kommt.«[98]

König WILHELM I. von Preußen, der vom 21. Juli bis 15. August 1863 zur Kur in Bad Gastein weilte, war – das versteht sich von selbst – bevorzugter Gegenstand des kaiserlichen Bemühens. Am 2. August besuchte FRANZ JOSEPH ihn in dem Badeort und überraschte ihn mit der Einladung zum geplanten Fürstentreffen. WILHELM war angetan von der Ehre, daß der Wiener Kaiser höchstpersönlich ihm die Einladung überbrachte, und auch nicht abgeneigt, ihr Folge zu leisten, nicht zuletzt aus dem Gefühl der monarchischen Verbundenheit im gemeinsamen Kampf gegen den Liberalismus und parlamentarischen Konstitutionalismus.

BISMARCK hielt sich ebenfalls am Ort auf, war jedoch, als der Kaiser beim König vorsprach, nicht zugegen gewesen, sondern hatte freizeitlichen Naturbeobachtungen oblegen. Es gelang ihm aber, auf den König vor einer beabsichtigten zweiten Zusammenkunft mit dem Kaiser Einfluß zu nehmen und seinen Herrn zu einer Absage zu bewegen. Für BISMARCK war fraglos und eindeutig, was bei der gegebenen Sachlage politisch auf dem Spiel stand: Setzte sich Wien diesmal mit seinem Bundesreformplan durch, so würde dies die langfristige deutschlandpolitische Strategie Habsburgs mit Erfolg gekrönt haben – in Form der ›Lösung‹ der deutschen Frage nämlich nach dem Konzept SCHWARZENBERGS. Die Institutionalisierung der Hegemonie Habsburgs über einen im Zustand des Partikularismus verharrenden Bund deutscher Staaten und die Festschreibung preußischer Zweitrangigkeit im Bund hätte zugleich das Scheitern der preußischen Deutschlandpolitik in ihren beiden Hauptvarianten bedeutet: Der Traum von einer gleichberechtigten, einvernehmlichen preußisch-österreichischen Führungsrolle im Bund und einer gemeinschaftlichen Vertretung der deutschen Interessen durch die beiden Großmächte nach außen wäre zerstoben. Aber auch die realistischeren kleindeutsch-preußisch-nationalstaatlichen Hoffnungen hätte man endgültig zu Grabe tragen müssen.

Formell wandte BISMARCK seine Kritik an dem neuerlichen Reformplan Habsburgs gegen das Fünfer-Direktorium, dessen Struktur darauf angelegt war, Preußen zu majorisieren. Er forderte eine duale Führungsspitze auf der Grundlage preußisch-österreichischer Gleichberechtigung, ein ›Alternat‹. Insbesondere war für ihn ein preußisches Vetorecht bei Entscheidungen über Kriegserklärungen unabdingbar. Angesichts der von der Gegenseite gewählten ungewöhnlichen Verfahrensweise ging es diesmal nicht mehr darum, eine politische Offensive Habsburgs am Bundestag mit den üblichen diplomatischen Mitteln bis hin zu Austrittsdrohungen zu bekämpfen und einem förmlichen Antrag der rivalisierenden Macht eine Abstimmungsniederlage beizubringen.

Der von Wien eingeschlagene, raffiniertere Weg einer Überrumpelungspolitik mit psychologischen Mitteln machte aus BISMARCKS Sicht auch ungewöhnliche Abwehrmaßnahmen notwendig. Es bestand nach Lage der Dinge höchste Gefahr, daß WILHELM I., fand er sich erst einmal auf dem Fürstentag ein, dem einstimmigen Gefühlsappell seiner dynastischen Brüder von Gottes Gnaden und dem nationalen Antrieb dieser Versammlung nicht würde widerstehen können. Es galt, das Kalkül der Wiener Seite zu konterkarieren, der preußische König werde unter den emotionalen Eindrücken der erlauchten Runde die klare politische Linie seines Ministerpräsidenten nicht durchhalten und dem in seiner Tragweite von ihm noch nicht überschauten kaiserlichen Reformvorhaben zustimmen. BISMARCK konnte dem nur Paroli bieten, wenn es ihm gelang, WILHELM von dem Fürstentreffen fernzuhalten. Sein König durfte unter keinen Umständen nach Frankfurt!

Auf der gemeinsamen Reise von Gastein nach Baden-Baden, wo man am 19. August eintraf, gelang es BISMARCK, WILHELM I. nochmals von seiner Sicht der Dinge zu überzeugen. Doch Kaiser FRANZ JOSEH hatte sich durch die ihm in Bad Gastein erteilte Absage noch nicht entmutigen lassen und unternahm einen letzten Versuch. Er veranlaßte die seit dem 17. August in Frankfurt versammelten fürstlichen Herren, eine neuerliche, diesmal gemeinsame Einladung an WILHELM I. zu richten. Sachsens betagter König JOHANN reiste in Begleitung seines Ministerpräsidenten VON BEUST nach Baden-Baden und übermittelte den Appell dem dort inzwischen eingetroffenen preußischen König, dem er persönlich nahestand, am 19. August. Nochmals war WILHELM beeindruckt von soviel Ehre: »Dreißig regierende Herren und ein König als Kurier! Wie kann man da ablehnen?«[99] wiederholte er mehrmals im Gespräch mit BISMARCK.

Auch der stark gefühlsbetonte, zugleich dynastisch und national eingefärbte oratorische Appell, mit dem König JOHANN die Übermittlung der Einladung verbunden hatte, verfehlte seine Wirkung auf den preußischen König nicht. Er schien nun doch nach Frankfurt reisen zu wollen. Es folgten Stunden einer erregten und dramatischen Auseinandersetzung zwischen WILHELM I. und BISMARCK, die beide an den Rand der physischen Erschöpfung brachte. BISMARCK muß dabei auf den

König nach Form und Inhalt äußerst massiv eingedrungen sein. Für den Fall, daß WILHELM seine Absicht wahr machte, war BISMARCK zum Rücktritt entschlossen. Erst nach Mitternacht gelang es ihm, dem König die Unterzeichnung einer schriftlichen Absage an König JOHANN abzuringen. WILHELM I. brach zusammen und erlitt einen Weinkrampf; BISMARCKS Anspannung entlud sich an einem auf dem Tisch stehenden Teller mit Gläsern. König JOHANN und sein Ministerpräsident BEUST aber mußten am 21. August unverrichteter Dinge nach Frankfurt zurückkehren. Der preußische König verlautbarte zu seiner Absage, er sei nicht bereit, an Beratungen über Anträge teilzunehmen, von denen er zuvor keine amtliche Kenntnis erhalten habe und die nicht der unerläßlichen Prüfung durch seine Räte unterzogen worden seien.

Man mag angesichts dieser Begründung verwundert feststellen, hier habe sich der Monarch des Verfassungskonfliktes ein konstitutionalistisches Element liberaler Verfassungstheorie argumentativ zu eigen gemacht.[100] Zutreffender ist aber wohl die einfache Erklärung, daß WILHELM es ablehnte, sich ohne die notwendige gewissenhafte und sorgfältige Sachvorbereitung in eine derart bedeutsame und möglicherweise folgenschwere Verhandlung locken zu lassen. Am 31. August reiste er von Baden-Baden zurück nach Berlin und fuhr »so nahe an Frankfurt vorüber«, »daß der entschlossene Wille, sich nicht zu betheiligen, zu Tage lag«.[101]

Hat BISMARCK, der aristokratische Vasall seines Herrn, mit seinem Verhalten in diesem Fall den Schritt über die Grenze vom Berater zum Usurpator der königlichen Macht getan, hat er den Willen seines Königs gebrochen und diesem den eigenen aufgezwungen? Wohl kaum, denn WILHELM I., dessen Naturell eher zum Starrsinn neigte, war nicht der Mann, der sich zu Entscheidungen nötigen ließ, die er ernsthaft und eindeutig nicht wollte. Sicherlich hat BISMARCK mit leidenschaftlicher Energie auf ihn eingewirkt. Die Entscheidung des Monarchen aber beruhte letztlich nicht auf einem unzulässigen Übermaß an psychischem Druck, sondern auf den besseren Argumenten seines Ministerpräsidenten. Freilich dürfte es für ihn ein schmerzhafter Prozeß gewesen sein, die Unvereinbarkeit seiner Gefühle – dynastische Solidarität und Eingenommenheit für ein fürstliches Trutzbündnis gegen Konstitutionalismus und Liberalismus – mit dem preußischen Staats- und dem preußisch-deutschen Nationalinteresse zu erkennen und auf dieser Grundlage die richtige Entscheidung zu treffen. Vielleicht erklärt gerade dies zu einem guten Teil die Heftigkeit der turbulenten Auseinandersetzung mit BISMARCK.

Am 20. August schrieb WILHELM an König JOHANN von Sachsen: »Wenn ich nach harten Kämpfen aber bei meinem früheren Entschluß bleiben muß und Eurer Arbeit Vorlage abwarte, ohne mich an der Vorberathung zu betheiligen, so bin ich nur nach meines Gewissens Eingabe verfahren.«[102]

Aus den Beratungen der in Frankfurt versammelten Fürsten über den österreichischen Plan war ein Entwurf einer Reformakte des Deutschen Bundes hervorgegangen, der allerdings wegen der preußischen Absage nicht angenommen wurde.

Der Ausarbeitung war durch das Fernbleiben WILHELMS I. die Geschäftsgrundlage entzogen. Das Ansinnen Kaiser FRANZ JOSEPHS aber, die Bundesreform nunmehr unter Ausschluß Preußens zu beschließen und damit gleichsam ein habsburgisches »umgekehrtes Kleindeutschland«[103] zu begründen, lehnte die Mehrheit der übrigen Monarchen ab, die darauf bestand, daß mit Preußen neu verhandelt werden müsse.

Die Monarchen der Mittelstaaten hatten sich von der Reform eine Stärkung ihrer Position im erneuerten Deutschen Bund erhofft und sahen sich nun Gegenteiligem ausgesetzt. Ihre partikulare Souveränität und ihr Einfluß im Bunde lebten schließlich gerade von der Rivalität und dem Spannungsfeld zwischen der südlichen und der nördlichen deutschen Führungsmacht. Fiel das preußische Gegengewicht völlig aus, so mußten sie befürchten, von Österreich erdrückt zu werden. Der Kaiser war verstimmt, und der zur Gänze fehlgeschlagene Fürstentag endete mit einem Mißklang. Doch bereitete die Entfremdung zwischen Wien und den Mittelstaaten den Weg für das preußisch-österreichische Zusammengehen im Dänischen Krieg im folgenden Jahr.

BISMARCK hätte den Frankfurter Fürstentag wohl nicht scheitern lassen, wenn der habsburgische Reformvorschlag reale Chancen für eine gleichberechtigte Führungsrolle Preußens und Österreichs im Bund enthalten hätte. Nun aber wiesen seine Überlegungen wieder eindeutig in die kleindeutsch-preußische, nationalstaatliche Richtung. Er forderte erneut eine aus direkten Wahlen hervorgegangene deutsche Volksvertretung und betonte einmal mehr die Übereinstimmung zwischen den Interessen Preußens und denen des deutschen Volkes. Am 22. September 1863 stellte er fest, eine Bundesreform verdiene diese Bezeichnung nur, wenn sie ein unmittelbar vom Volk gewähltes Parlament vorsehe. »Die Interessen und Bedürfnisse des preußischen Volkes sind wesentlich und unzertrennlich identisch mit denen des deutschen Volkes; wo dies Element zu seiner wahren Bedeutung und Geltung kommt, wird Preußen niemals befürchten dürfen, in eine seinen eigenen Interessen widerstrebende Politik hineingezogen zu werden.«[104]

Die Forderung nach allgemeinen, gleichen, direkten Wahlen diente der kleindeutsch-nationalen Zielsetzung – als Waffe gegen die multi-ethnische Donaumonarchie und den Partikularismus der Mittelstaaten und zugleich als Werbung um die liberalen und nationalen Kräfte. BISMARCK rief mit dieser Politik »die Nation gegen die Fürsten an«.[105] Mit den Liberalen teilte er die Einsicht, daß die deutsche Frage ohne das politische Gewicht einer frei und unmittelbar gewählten gesamtdeutschen Volksvertretung nicht gelöst werden konnte; denn nur ein solches Parlament konnte die Machtgrundlagen der dynastischen Einzelegoismen im zersplitterten Deutschland soweit untergraben, wie es für die Gründung eines lebensfähigen zentralen Bundesstaates unerläßlich war.

Zu den damaligen Beweggründen, Zielen und Alternativen der preußischen Politik, auch zu der doppelschichtig patriotischen Motivation in der Person BISMARCKS ist im übrigen das Notwendige oben bereits gesagt. Die historische Ge-

genwartsliteratur verfolgt in Teilen die Tendenz, das nationale Element hier gänzlich zu leugnen. Doch werden entsprechende Behauptungen durch ständige, oft ebenso betonte wie unmotiviert wirkende Wiederholung nicht richtiger.[106]

Mit ihrer Fürstentagsinitiative schien die Donaumonarchie der Verwirklichung ihrer auf SCHWARZENBERGS Konzept fußenden Deutschland- und Mitteleuropapolitik zum Greifen nahegekommen. Ist es letztlich nur BISMARCKS Standfestigkeit im Streit mit WILHELM I., in dem er bis zur Grenze der Unziemlichkeit persönlichen Druck ausübte, zu danken, daß auch diese vor 1866 letzte diplomatische Offensive Habsburgs scheiterte? Oder wäre es auch bei einer Teilnahme WILHELMS I. am Fürstentag einfach deswegen nicht zu der von BISMARCK gefürchteten quasi-großdeutschen Einigung gekommen, weil die Positionen der Großmächte Preußen und Österreich schlicht zu weit auseinander lagen?[107]

Wie dem auch sei: Die Patt-Situation des preußisch-österreichischen Dualismus dauerte an, und der Weg zum modernen deutschen Nationalstaat, in den BISMARCKS Politik schließlich einmündete, war dank des habsburgischen Mißerfolges in Frankfurt weiterhin offen geblieben. Von den unterschiedlichsten Standpunkten her wird der Ausgang des Fürstentages bedauert. War der SCHMERLINGsche Plan einer Bundesreform wirklich eine realistische Alternative[108] zur nationalstaatlichen Lösung auf kleindeutscher Grundlage? Oder kann man – aus patriotischer Sicht – im Scheitern des Frankfurter Fürstentages eine tragisch verpaßte letzte Chance für die ungeteilte staatliche Einheit der Nation einschließlich der Deutschen Österreichs sehen?

Es gilt das oben Gesagte – einerseits zu der Faszination, die von den großdeutschen Vorstellungen ausging, und andererseits zu der geringen Aussicht, daß ein solches Gebilde von Dauer sein konnte. Im Ergebnis wäre ein Gelingen der SCHMERLINGschen Reform ein später Sieg der in ihren Zielen und Methoden ein wenig verfeinerten Gegenrevolution von 1848/49 gewesen, ein – wenn auch modifizierter – Schritt zurück in die Richtung vormärzlicher Verhältnisse. Denn das Deutschland SCHMERLINGS wäre, nicht anders als dasjenige SCHWARZENBERGS, ein Bund souveräner, partikularistischer Einzelstaaten unter habsburgischer Führung gewesen, nach außen den vitalen, modernen Nationalstaaten in der europäischen Nachbarschaft und deren Koalitionen auf Gedeih und Verderb als Verfügungs- und Konfliktmasse ausgeliefert, im Innern strukturell rückständig, scheinparlamentarisch und halbkonstitutionell, scheinliberal ohne wirkliche Bürgerrechte, beherrscht von legitimistischen Fürsten von Gottes Gnaden. Zu wiederholtem Male wäre die Uhr der Geschichte für Deutschland angehalten, wären den Kräften der Fortentwicklung restaurative Fesseln angelegt worden. Wer dies für eine »realistische Alternative« hält, meint es nicht gut mit der deutschen Nation.

E. Der Dänische Krieg 1864

1. Die Ausgangslage

Preußen hatte sich durch die Heeresreform die machtpolitische Grundlage für eine aktive Deutschlandpolitik geschaffen, BISMARCK überdies durch die ALVENSLEBENsche Konvention und die Sabotierung des Fürstentages zu Frankfurt verhindert, daß der Weg zu einer national-bundesstaatlichen Lösung der deutschen Frage verschüttet wurde. Im übrigen aber verhielt sich Preußen zu jener Zeit deutschlandpolitisch weiterhin eher abwartend. Gleichwohl kamen die deutschen Dinge im Jahre 1863 in rasanten Fluß. Den Anstoß gaben weder BISMARCK noch etwa die deutschen Liberalen: Er kam von außen. Dänemark löste durch erneuten Zugriff auf die Elbherzogtümer eine internationale Krise aus und setzte eine Kausalkette in Gang, die über den Dänischen Krieg 1864 und den deutschen Hegemonialkrieg 1866 in die Gründung des Norddeutschen Bundes einmünden sollte, der seinerseits die Vorstufe des Deutschen Reiches von 1871 bildete.

Nach den schleswig-holsteinischen Konflikten seit 1848 hatten die europäischen Großmächte am 8. Mai 1852 im sogenannten ›Zweiten Londoner Protokoll‹ die Rechtsverhältnisse der Elbherzogtümer für die Zukunft dauerhaft zu regeln versucht. Zu den Signatarmächten dieser Vereinbarung gehörten auch die Donaumonarchie und Preußen, nicht aber der Deutsche Bund. Die staatsrechtliche Selbständigkeit und ungeteilte Zusammengehörigkeit Schleswigs und Holsteins waren bestätigt worden. Doch hatte die Konferenz zugleich ein ›europäisches Interesse‹ am Fortbestand des Machtbereichs der dänischen Krone unter Einschluß der beiden deutschen Herzogtümer festgestellt und die dänische Herrschaft über diese für die Zukunft ohne Rücksicht auf die nationale Zugehörigkeit der deutschen Bevölkerungen festgeschrieben. Dementsprechend waren die rechtlich nicht haltbaren Erbansprüche des dänischen Thronerben, des Herzogs CHRISTIAN VON SCHLESWIG-HOLSTEIN-SONDERBURG-GLÜCKSBURG – des Ehemannes einer Schwestertochter des 1848 verstorbenen Dänenkönigs CHRISTIAN VIII. – auf die Elbherzogtümer in dem Protokoll anerkannt worden.

Die Londoner Regelung stellte daher trotz der Bestätigung des bisherigen Sonderstatus der Herzogtümer insgesamt eine empfindliche Niederlage für die Sache der deutschen Nationalbewegung dar, die 1848 gerade in der schleswig-holsteinischen Frage ihr ganzes Gewicht und viel Prestige eingesetzt hatte. Das ›europäische Interesse‹, das sich 1852 dann in London durchgesetzt hatte, war freilich nichts anderes gewesen als die grundsätzliche Aversion der etablierten europäischen Nachbarmächte gegen einen bevorstehenden gesamtdeutschen Zusammenschluß. Das Problem, daß gemäß dem anzuwendenden Erbrecht der Herzogtümer nach Mannesstamm mit dem Tod des dänischen Königs FRIEDRICH VII. die bisherige Personalunion und damit die Bindung der deutschen Herzogtümer an die dänische Krone durch Erbfolge der Augustenburger entfallen würde, hatte die Londoner Konferenz pragmatisch gelöst: Den zunächst als Erben berufenen Herzog CHRISTIAN VON SCHLESWIG-HOLSTEIN-SONDERBURG-AUGUSTENBURG hatte man in einem verklausulierten Vertrag vom 30. Dezember 1852 mittels einer Abfindung von 3 Millionen dänischen Talern für seine in Dänemark beschlagnahmten Besitzungen zur Anerkennung der im Londoner Protokoll vorgesehenen Erbfolge des dänischen Thronfolgers motiviert. Da der insoweit allerdings unklare Handel auch gegenüber den Erben dieses Herzogs CHRISTIAN wirken sollte, schien die Erbfolge des dänischen Thronerben hinsichtlich der deutschen Herzogtümer sichergestellt zu sein. Allerdings hatte man die Rechnung insoweit ohne den Wirt gemacht, als der Sohn und Erbe des Herzogs CHRISTIAN, FRIEDRICH VIII. von Augustenburg, sogleich erklärte, er fühle sich an den Verzicht seines Vaters nicht gebunden.

Insgesamt sind die dynastischen und erbrechtlichen Verhältnisse der Herzogtümer, die in den öffentlichen Diskussionen der Schleswig-Holstein-Frage in jenen Jahren bis 1865 eine hervorgehobene Rolle spielten und die Gemüter erhitzten, äußerst verwirrend. Erbansprüche wurden nicht nur geltend gemacht für den dänischen Thronfolger und die Augustenburger, wobei die Frage im Vordergrund stand, ob der Augustenburger Herzog CHRISTIAN einen auch für seine Erben wirksamen Erbverzicht geleistet habe. Auch brandenburgische Erbansprüche, die auf einem Ehevertrag vom 6. Februar 1500 beruhen sollten, und Ansprüche des Hauses Oldenburg, die auf einem russischen Erbverzicht aus dem Jahre 1773 gründeten, wurden diskutiert und wissenschaftlich von hochmögenden Juristen erörtert. Der damalige britische Premierminister Lord PALMERSTON ironisierte die konfuse erbrechtlich-dynastische Seite der schleswig-holsteinischen Frage dahin, nur drei Personen hätten sie je begriffen: Prinzregent ALBERT, und der sei jetzt tot; ein deutscher Professor, und der sei darüber verrückt geworden; und er, PALMERSTON, selbst, doch habe er alles wieder vergessen.[109]

Dennoch ging es in dem Konflikt, jenseits aller erbrechtshistorischen Rabulistik, letztlich um sehr einfache Dinge, die ein jeder begriff: um die Abwehr des Zugriffes eines überbordenden dänischen Nationalismus auf die beiden deutschen Herzogtümer, um deren wie auch immer gearteten deutschen Bestand. Und im Verhältnis der ihre staatliche Einheit suchenden Deutschen zu ihrem europäischen Umkreis ging es um die Auseinandersetzung mit dem allgegenwärtigen hinhaltenden Widerstand der Nachbarmächte gegen die Herausbildung der neuen Macht in ihrer Mitte. Dabei war die schleswig-holsteinische Frage, die die Gemüter in Deutschland immer wieder aufwühlte und je nach Sachlage mit Entrüstung, Sorge oder Hoffnung erfüllte, für das Bewußtsein der deutschen Öffentlichkeit in besonderem Maße Prüfstein und seismographischer Gradmesser für den Erfolg oder die Vergeblichkeit des nationalen Selbstbehauptungswillens, für die Durchsetzungsfähigkeit oder das Versagen seiner Kräfte.

Das Zweite Londoner Protokoll von 1852 ließ die angestrebte, den Rechtsfrieden schaffende Wirkung von Anfang an vermissen. Dabei war es nicht die durch das Abkommen benachteiligte deutsche Seite, die Unruhe stiftete, sondern die bevorteilte dänische. Die dänische Obrigkeit suchte die deutsche Bevölkerung Schleswigs, wo immer möglich, zu bedrücken und gab Grund zu ständigen Klagen.

Bereits am 26. Juli 1854 und in veränderter Form am 2. Oktober 1855 erregte Dänemark überdies Anstoß durch den Erlaß einer Gesamtstaatsverfassung, die den Sonderstatus der Herzogtümer mißachtete. Am 11. Februar 1858 stellte der Deutsche Bund die Unwirksamkeit der dänischen Gesamtstaatsverfassung fest, allerdings nur insoweit, als seine Mitglieder Holstein und Lauenburg betroffen waren. Zugleich verhandelte er über die Bundesexekution in diesen Herzogtümern, das heißt über die gewaltsame Durchsetzung von deren besonderem Rechtsstatus gegenüber Dänemark.

Die Dänen wichen dem sich abzeichnenden offenen Konflikt mit dem Deutschen Bund aus, regierten das betroffene Gebiet nun aber erst recht nach Willkür und Gutdünken in einem faktisch verfassungslosen Zustand. Das dänische Gebaren verstieß so offensichtlich gegen den im Londoner Protokoll garantierten Sonderstatus der Elbherzogtümer, daß England die dänische Krone mit Zustimmung Rußlands im September 1862 aufforderte, ihr Königreich und die drei deutschen Herzogtümer gesondert zu regieren.

2. Ein dänischer Willkürakt; die deutschen Reaktionen

Die dänische Politik jedoch, angetrieben von der Nationalbewegung der Eiderdänen – und sicherlich auch im Vertrauen auf die unverkennbare Parteilichkeit unter anderem Englands zuungunsten der deutschen Belange in der Schleswig-Holstein-Frage –, setzte sich offen über den Rechtsstatus der Herzogtümer und damit zugleich über das vom Londoner Protokoll geschaffene internationale Recht hinweg. Sie arbeitete langfristig auf die völlige Auflösung der staatsrechtlichen Verbindung Holsteins und Schleswigs und die Annexion zunächst des letzteren durch das Königreich Dänemark hin.

Am 30. März 1863 war es so weit: Durch Patent von diesem Tage verfügte Dänenkönig Friedrich VII. auf Veranlassung des Folketing das Ende des staatsrechtlichen Bandes zwischen den Herzogtümern und erklärte die Einverleibung Schleswigs in den dänischen Staat. Zugleich bereitete die dänische Regierung eine Neufassung der Gesamtstaatsverfassung vor, die diese Maßnahme sanktionierte und Sonderregelungen für Holstein und Lauenburg als Mitglieder des Deutschen Bundes enthielt. Diese Verfassung, die am 1. Januar 1864 in Kraft treten sollte, wurde am 13. November 1863 vom dänischen Reichstag förmlich verabschiedet. Zwei Tage später starb König Friedrich VII., dem der obengenannte Herzog Christian von Schleswig-Holstein-Sonderburg-Glücksburg als Christian IX. auf dem Thron nachfolgte. König Christian erteilte der neuen, Schleswig als Provinz einbeziehenden dänischen Verfassung sogleich nach seiner Thronbesteigung noch im November 1863 seine Zustimmung, die Voraussetzung für die Wirksamkeit war.

Die an Freibeutertum grenzende Machtpolitik Dänemarks, die offenkundig die überkommenen Rechte der Elbherzogtümer und deren Stände, das Recht des Deutschen Bundes und das internationale Recht des Londoner Protokolls verletzte und überdies den modernen Grundsätzen der nationalen Souveränität und Freiheit der betroffenen Bevölkerung hohnsprach, rief in der gesamten deutschen Öffentlichkeit, in nahezu allen politischen Parteien, gesellschaftlichen Gruppierungen und Schichten sowie in der Presse helle Empörung hervor. Der gekränkte und beleidigte nationale Stolz zeitigte eine Woge erregten Massenprotestes, eine Volksbewegung zur Rettung der Herzogtümer vor fremder Willkür. Der aufgestaute Zorn der Deutschen über die bisherigen ständigen Fehlschläge und Enttäuschungen in ihrer nationalen Sache machte sich Luft, nationale Kundgebungen und Agitation, Entschließungen und Appelle an die deutschen Regierungen zugunsten des schleswig-holsteinischen Freiheitskampfes prägten in vielfältigen Formen das Bild.

Groß war die Hoffnung, daß der aufschäumenden nationalen Bewegung diesmal der Durchbruch nicht versagt bleiben werde. Der Ruf nach der Bildung von Freikorps wurde laut. Preußen war nach Meinung weiter Kreise dazu ausersehen, sich an die Spitze einer bewaffneten Macht zu setzen und die Herzogtümer in einem Volkskrieg zu befreien. Freilich konnte dies in den Augen ressentimentgeladener Liberaler nur ein freiheitlich geläutertes Preußen sein, nicht dasjenige des verhaßten Konfliktministers, Reaktionärs und Verfassungsverächters BISMARCK, dessen längst überfälliger Sturz nunmehr um so inniger herbeigesehnt wurde. Einhellig über alle politischen Richtungen hinweg jedenfalls war die Forderung nach Unabhängigkeit der Herzogtümer von Dänemark ohne Wenn und Aber. Auf das Londoner Protokoll, in dem die Zugehörigkeit der deutschen Herzogtümer zur dänischen Krone als im »europäischen Interesse« liegend festgeschrieben worden war, konnte sich Dänemark nach allgemeiner Überzeugung der deutschen Öffentlichkeit jetzt keineswegs mehr berufen, nachdem es selbst dieses Abkommen ohne auch nur den Schein einer Rechtfertigung flagrant gebrochen hatte.

Über die politische Zukunft der von Dänemark loszulösenden Herzogtümer gab es in Deutschland zunächst keinerlei Diskussion. Zwar hätte eine irgendwie geartete enge Anbindung an Preußen nahegelegen, das sich in der Vergangenheit als einziger deutscher Staat unter anderem durch den Einsatz von Truppen, wenn letztlich auch erfolglos, für die Nordprovinzen eingesetzt hatte und auf dessen Schutz vor dänischem Zugriff diese auch in Zukunft angewiesen sein würden. Zur unangefochtenen Galionsfigur der gesamtdeutsch-nationalen Schleswig-Holstein-Bewegung wurde aber – merkwürdigerweise – FRIEDRICH VIII. von Augustenburg, obwohl dessen Vater – zumindest für seine eigene Person – den Thronansprüchen entsagt hatte. FRIEDRICH VIII., im Volksmund und der Öffentlichkeit ›der Augustenburger‹ genannt, meldete nunmehr nachdrücklich und in Deutschland unangefochten seine Rechte auf die Herzogswürde in den Herzogtümern an und bestritt insoweit das Erbrecht CHRISTIANS IX. von Dänemark. Der Augustenburger galt als ein Fürst von liberaler und deutscher Gesinnung. Die Heiligkeit seiner Sache, so erklärte er, sei zugleich die Sache seines Volkes. »Man hat die Schleswig-Holsteiner im Namen fürstlichen Rechtes lange unterdrücken dürfen. Im Namen desselben fürstlichen Rechtes werde ich sie befreien, und... ich werde sie, so Gott will, bald befreien.«[110]

In Frankfurt forderten gegen Ende 1863 an die 500 versammelte Abgeordnete aus allen deutschen Landtagen die Einsetzung des Augustenburgers als Herrscher in den von Dänemark loszulösenden deutschen Herzogtümern. Auf einer Volksversammlung bei Elmshorn Ende Dezember 1863 leisteten 15000 Holsteiner ihrem Herzog FRIEDRICH VIII. den Treueschwur.

In FRIEDRICH VIII. personalisierten sich alle Hoffnungen auf die Unabhängigkeit der Nordherzogtümer von Dänemark und auf die Wahrung ihrer deutschen Nationalität. Vordergründig mag die Rolle des Augustenburgers als Katalysator der deutschen Schleswig-Holstein-Bewegung der Jahre 1863/64 darauf beruhen, daß die seine Dynastie und deren Ansprüche betreffenden Fragen seit 1848 in der öffentlichen Erörterung anläßlich der mehrfachen zwischenstaatlichen Konflikte und Konferenzen über die staats- und erbrechtlichen Verhältnisse der Herzogtümer einen hervorragenden Platz eingenommen hatten. Persönlich verkörperte der Fürst weder die nationale noch die allgemeinpolitische Linie des Liberalismus. Die nationalen Bindungen dieses Angehörigen einer international versippten Hochadelsfamilie mußten von vornherein zweifelhaft erscheinen. Und wie war es um die liberale Überzeugung von der Freiheit und Souveränität der Nation bei einem monarchischen Herrscher bestellt, der, wie das obige Zitat zeigt, die Befreiung des Volkes anscheinend nur als Gnadengeschenk aus fürstlichem Recht betrachtete?

Entscheidend für die allgemeine Zustimmung, deren sich der Augustenburger erfreute, war letztlich wohl der Umstand, daß dieser Fürst mit seinem dynastischen Anspruch auf die Elbherzogtümer den kleinsten gemeinsamen Nenner für die nationalen und liberalen Strömungen und Standpunkte aller Schattierungen im deutschen Raum bildete. Wenigstens in der schleswig-holsteinischen Frage ermöglichte er die Einheit der sonst auseinander gehenden nationalen Bestrebungen. Mit ihm konnten sich Demokraten anfreunden, die eigentlich gegen jede Art von Monarchie waren, auch gegen die konstitutionelle, denn immerhin blieben Schleswig und Holstein deutsch und unabhängig vom Ausland, wenn der Augustenburger zu seinem Recht kam.

Es ging schließlich um die Bewahrung hergebrachter deutscher Rechtspositionen gegenüber einem ausländischen Gegner, also um ein Anliegen, für das sich auch radikal republikanisch eingestellte Demokraten erwärmen konnten. Für großdeutsches Denken gar, das seit langem den spröden Gegensatz zwischen Partikularismus und Nationalbewußtsein zu versöhnen trachtete, verkörperte der Augustenburger nahezu eine ideale Lösung: Das Deutschtum im Norden blieb gewahrt, zugleich wurde das konföderative (staatenbündische) Element im Deutschen Bund gestärkt, wenn ein Großherzogtum Schleswig-Holstein unter dem Augustenburger als neuer Mittelstaat die Bühne des Deutschen Bundes betrat und ein Gegengewicht zu Preußen und gegen eine von diesem zu erwartende kleindeutsch-einheitsstaatliche Politik bildete.

Weniger leicht nachzuvollziehen ist allerdings die Tatsache, daß auch die kleindeutschen Liberalen, darunter Vertreter wie Bennigsen und Miquel, die grundsätzlich einen einheitlichen nationalen Bundesstaat unter Ausschluß Österreichs und unter der Führung eines liberalen Preußen anstrebten, die augustenburgische Lösung der schleswig-holsteinischen Frage bevorzugten. Möglicherweise spielte hier ein zum irrationalen Selbstzweck verfestigtes Vorurteil der Liberalen gegen Bismarck und damit auch gegen seine Schleswig-Holstein-Politik, auf die noch einzugehen sein wird, eine entscheidende Rolle. Einzelne nationalliberale Stimmen für eine Annexion der Herzogtümer durch Preußen gab es nur in diesem Land selbst. Auch der kleindeutsch orientierte Deutsche Nationalverein und der großdeutsch gesonnene, von österreichischen und mittelstaatlichen Interessen gelenkte Deutsche Reformverein setzten sich in schöner Eintracht für den Augustenburger und für einen neuen Mittelstaat im Norden ein.

Weniger einhellig waren die Reaktionen der deutschen Regierungen und des Deutschen Bundes auf das dänische Vorgehen. Am 17. April 1863 protestierten Preußen und Österreich in Kopenhagen gegen das »Patent« König Friedrichs VII. vom 30. März 1863, durch das dieser die Trennung der Herzogtümer und die Einverleibung Schleswigs in das Königreich verfügt hatte. Die beiden deutschen Großmächte nahmen den ihnen als Signatarmächten des Londoner Protokolls von diesem vorgegebenen Standpunkt ein: Der Rechtszustand der staatsrechtlich eigenständigen und ungeteilten Herzogtümer müsse wiederhergestellt werden, allerdings bei Fortdauer der Personalunion mit der dänischen Krone nach Maßgabe dieses Abkommens.

Die Mittelstaaten hingegen ergriffen im Verein mit den Liberalen die Partei des Augustenburgers und forderten die völlige Loslösung der Herzogtümer von Dänemark. Dies entsprach ihrem Eigeninteresse: Ein selbständiges Großherzogtum Schleswig-Holstein unter dem Augustenburger als zusätzlicher partikularer Mittelstaat im Deutschen Bund würde ihr Gewicht in diesem insgesamt steigern und dessen staatenbündische Struktur festigen und unterstreichen.

Die Mittelstaaten sahen zudem die Chance, sich in den Augen der Nationalbewegung als das ›Dritte Deutschland‹ zu profilieren, das, anders als die beiden deutschen Großmächte, fähig sei, in der deutschen Frage erfolgreich und unabhängig von den internationalen Verflechtungen Preußens und Österreichs die Initiative zu ergreifen. Der Hannoversche Außenminister Adolf von Platen meinte damals, der Deutsche Bund könne, »ohne seine Würde zu vergeben und Gefahr zu laufen, daß er seine Autorität in Deutschland völlig« verliere, das dänische

Deutschland zu Beginn von Bismarcks politischer Laufbahn. Der Deutsche Bund wurde während des Wiener Kongresses durch die Bundesakte vom 8. Juni 1815 geschaffen und durch die Schlußakte vom 8. Juni 1820 endgültig bestätigt. Dieses lockere Bündnis von 38 größtenteils souveränen Staaten und Freien Städten, in denen die Nationalbewegung weitgehend unterdrückt wurde, bestand bis zum deutschen Hegemonialkrieg von 1866.

Kronprinz Wilhelm (um 1850), der spätere Deutsche Kaiser, war seit 1858 Regent und seit 1861 König von Preußen. An den deutschen Einheitsbestrebungen nahm er lebhaften Anteil. Im Gegensatz zu seinem Bruder Friedrich Wilhelm IV. wollte er die Revolution von 1848 niederschlagen.

Zu S. 162–173. Ein wenig bekanntes Porträt Bismarcks. Das Gemälde entstand um 1850 vor dem Tor des elterlichen Schlosses in Schönhausen (Ullstein Bild). Das die frühen Lebensjahrzehnte prägende politische Naturell des Landjunkers wurde zur Grundlage des Zerrbildes eines stockpreußischen skrupellosen Machtmenschen, das sich auch in ›moderner‹ Historiographie noch hartnäckig hält.

Konig Friedrich Wilhelm IV. ernennt Bismarck zum Geheimen Legationsrat und Rat bei der preußischen Gesandtschaft am Bundestag in Frankfurt/Main 1851. Bis 1859 sollte Bismarck Österreichs Bestreben um die Vorreiterrolle im Deutschen Bund bekämpfen.

Von oben: Kriegsminister Albrecht VON ROON; der nationalliberale Politiker, Rudolf VON BENNIGSEN, Präsident des Nationalvereins, der die Indemnitätsvorlage annahm.

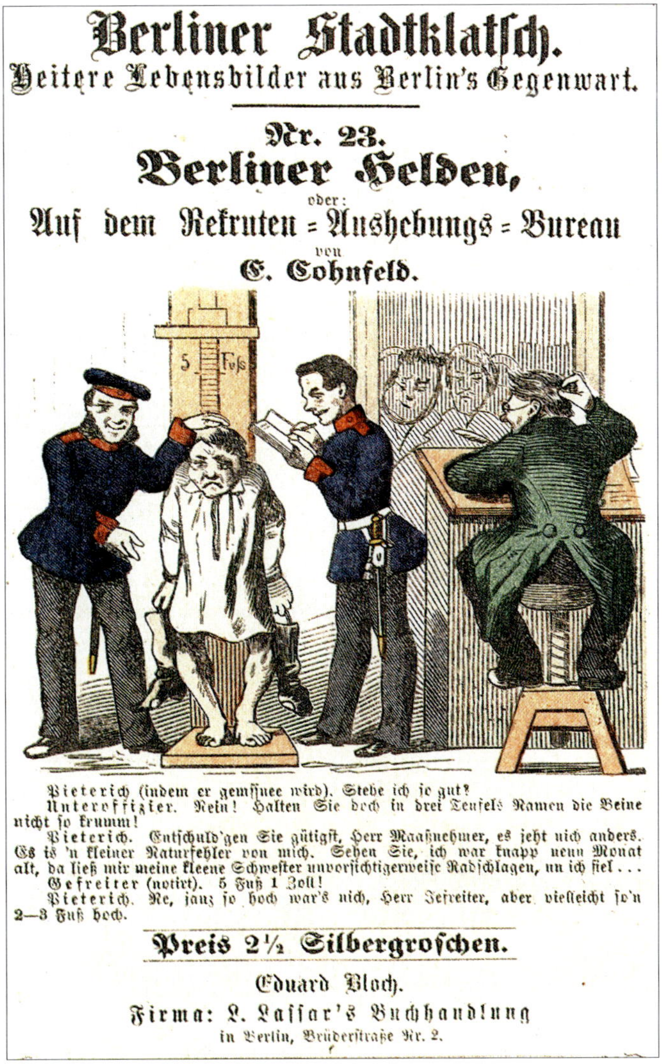

Berliner Stadtklatsch.
Heitere Lebensbilder aus Berlin's Gegenwart.

Nr. 23.
Berliner Helden,
oder:
Auf dem Rekruten = Aushebungs = Bureau
von
E. Cohnfeld.

Pieterich (indem er gemessen wird). Stehe ich so gut?
Unteroffizier. Nein! Halten Sie doch in drei Teufels Namen die Beine nicht so krumm!
Pieterich. Entschuld'gen Sie gütigst, Herr Maaßnehmer, es jeht nich anders. Es is 'n kleiner Naturfehler von mich. Sehen Sie, ich war knapp neun Monat alt, da ließ mir meine kleene Schwester unvorsichtigerweise Radschlagen, un ich fiel ...
Gefreiter (notirt). 5 Fuß 1 Zoll!
Pieterich. Ne, janz so hoch war's nich, Herr Jefreiter, aber vielleicht so'n 2–3 Fuß hoch.

Preis 2½ Silbergroschen.

Eduard Bloch.
Firma: L. Lassar's Buchhandlung
in Berlin, Brüderstraße Nr. 2.

Zu S. 150–161: In den Jahren 1860–1862 beherrschte die von Kriegsminister Albrecht VON ROON befürwortete umfassende Heeresreform die Innenpolitik. Obwohl sie einen rein defensiven Charakter hatte, stieß sie auf den Widerstand der liberalen Mehrheit im Bundestag, die in der Reform einen Machtzuwachs der ›Kronie‹ befürchtete. Hier Karikatur auf die Rekrutenaushebung aus dem *Berliner Stadtklatsch.*

Zu S. 172 f. u. 180: Ferdinand LASSALLE, der Vorsitzende des 1863 gegründeten ›Allgemeinen Deutschen Arbeitervereins‹, befürwortete einen deutschen Nationalstaat unter preußischer Führung. (Ausschnitt aus einer Fotographie von Philipp GRAFF, 1860)

Zu S. 181 f.: Die ALVENSLEBENsche Konvention zielte vor allem auf eine gegenseitige Unterstützung Rußlands und Preußens zur Niederschlagung des polnischen Aufstands von 1863. Sie führte außerdem zu einer Festigung der preußisch-russischen Freundschaft, die sich unter anderem in der neutralen Haltung Rußlands gegenüber Preußen im Deutschen Krieg 1866 sowie im Deutsch-Französischen Krieg 1870/1871 äußerte.

Gustav VON ALVENSLEBEN. Der preußische Generaladjutant schloß die nach ihm benannte Konvention mit Rußland.

Fürst Alexander Michailowitsch GORTSCHAKOW, damals Rußlands Vizekanzler.

Zu S. 188–194: Der von Kaiser FRANZ JOSEPH I. 1863 einberufene Fürstentag zu Frankfurt. Österreich wollte seine Vorherrschaft im Deutschen Bund demonstrieren. Preußen blieb dem Fürstentag fern. Der Fürstentag erwies sich für die SCHWARZENBERGsche Politik als herber Rückschlag.

Patent »nicht ohne scharfes Entgegentreten lassen«.[111] Und der sächsische Ministerpräsident von Beust forderte, der Bund dürfe »nicht mehr mit halben Maßregeln, mit Drohungen auftreten, sondern man müsse handeln, die Herzogtümer besetzen und durch Gewalt Dänemark zwingen, seinen früheren Versprechungen und den Forderungen Deutschlands gerecht zu werden«.[112]

Dementsprechend forderte der Deutsche Bund am 9. Juli 1863 unter dem maßgeblichen Einfluß der Mittelmächte die Rücknahme des Patents vom 30. März und eine eigene Verfassung für die Herzogtümer. Wegen der Verletzung von Bundesrecht wurde dem dänischen Monarchen, der über die Personalunion Mitglied des Bundes war, die Bundesexekution angedroht. Da dies nichts fruchtete, beschloß der Bund am 1. Oktober 1863 die Exekution für die ihm angehörenden Herzogtümer Holstein und Lauenburg.

Mit dem Tod des Dänenkönigs Friedrich VII. am 15. November 1863 und dem Antritt des Thronerben Christian IX. verschärfte sich die Lage dramatisch. Die für die deutsche Seite ohnehin anstehende Frage, ob man dessen Erbanspruch auf die Herzogswürde in Schleswig und Holstein in Form der Personalunion nach Maßgabe des Londoner Protokolls anerkennen müsse oder ob dieses durch das dänische Vorgehen überholt und gegenstandslos geworden sei, stellte sich nun in aller Schärfe. Im ersteren Fall, so sah man es vielfach, drohte der völlige Verlust nicht nur Schleswigs, sondern auch Holsteins und Lauenburgs. Im letzteren Fall hingegen hatte man den Augustenburger als rechtmäßigen nordelbischen Herzog anzusehen und würde sich jeglichen dänischen Zugriffs auf die Nordprovinzen zu erwehren haben, notfalls mit militärischer Gewalt.

Die Mittelstaaten verneinten schon mit Rücksicht darauf jegliche Verbindlichkeit des Londoner Protokolls für den Deutschen Bund, daß dieser nicht Signatarmacht war. Mit breiter öffentlicher Unterstützung erkannten sie den Augustenburger als legitimen Fürsten der Herzogtümer an. Dem neuen dänischen König wurde die nur den Bundesmitgliedern zustehende Vertretung durch einen Gesandten am Bundestag in Frankfurt verweigert. Dagegen erkannte der Bund einen Beauftragten des Augustenburgers, Robert von Mohl, als holsteinischen Gesandten an. Am 23. Dezember 1863 überschritten 6000 Mann Bundestruppen, Sachsen und Hannoveraner, die holsteinische Grenze. Am 30. Dezember ließ sich der Augustenburger als Landesherr der Herzogtümer in Kiel nieder.

Eine Rechtsfrage beschäftigte die Diplomaten des Bundes: Ging es nun bei den militärischen Maßnahmen überhaupt noch um eine Bundesexekution, also um Zwang gegen ein Bundesmitglied? Oder handelte es sich jetzt, da man dem dänischen Thronerben jegliche Rechte auf die Herzogtümer absprach, nicht vielmehr um die Durchsetzung der Rechte des Augustenburgers als deutschen Bundesfürsten gegen eine fremde Macht? Es war die deutschlandpolitische Stunde der Mittelstaaten, die sich in breiter Zustimmung der national gestimmten deutschen Öffentlichkeit sonnten. Doch konnte ein solcher Kurs die Intervention europäischer Großmächte provozieren, die auf das Londoner Protokoll pochten, insbesondere diejenige Englands. Preußen und Österreich hielten sich bei alledem daher im Hintergrund.

Für beide deutsche Großmächte als Signatare des Londoner Protokolls lag Zurückhaltung schon mit Rücksicht darauf nahe, daß sie sich zugunsten der fortdauernden Herrschaft der dänischen Monarchen über die Herzogtümer vertraglich verpflichtet hatten. Es hätte ihnen international schlecht angestanden, nunmehr die völlige Loslösung der Herzogtümer von der dänischen Monarchie unter dem Augustenburger zu fordern. Für die Donaumonarchie bot die augustenburgische Lösung zwar vordergründig den Vorteil einer Stärkung des partikularistischen Elementes im Deutschen Bund und die Chance, einen neuen mittelstaatlichen Bundesgenossen nördlich im Rücken des preußischen Konkurrenten zu gewinnen. Doch mußte die Woge nationaler Begeisterung, von der die Kampagne der Mittelstaaten zugunsten des Augustenburgers im Volk und in der deutschen Öffentlichkeit getragen war, existentielle Urängste des Vielvölkerstaates wecken, für den die Zügelung nationaler Kräfte und Bewegungen von vornherein zum Kernbestand der Staatsräson gehörte.

BISMARCKS Ziel in der schleswig-holsteinischen Frage war einfach, der Weg dahin jedoch dornenreich. Von Anfang an erstrebte er nichts anderes als die Annexion der Herzogtümer durch Preußen. Hieraus machte er später nie einen Hehl: »Die Abstufungen, welche in der dänischen Frage erreichbar erschienen und deren jede für die Herzogthümer einen Fortschritt zum Bessern im Vergleich mit dem vorhandnen Zustande bedeutete, gipfelten m. E. in der Erwerbung der Herzogthümer für Preußen, wie ich sofort nach dem Tode FRIEDRICHS VII. in einem Conseil ausgesprochen habe. Ich erinnerte den König daran, daß jeder seiner nächsten Vorfahren – selbst seinen Bruder nicht ausgenommen – für den Staat einen Zuwachs gewonnen habe, FRIEDRICH WILHELM IV. Hohenzollern und das Jahdegebiet, FRIEDRICH WILHELM III. die Rheinprovinz, FRIEDRICH WILHELM II. Polen, FRIEDRICH II. Schlesien, FRIEDRICH WILHELM I. Altvorpommern, der Große Kurfürst Hinterpommern und Magdeburg, Minden u.s.w., und ermunterte ihn, ein Gleiches zu thun. In dem Protokolle fehlte diese meine Äußerung. Der Geh. Rath COSTENOBLE, der die Protokolle zu führen hatte, sagte, von mir zur Rede gestellt, der König hätte gemeint, es würde mir lieber sein, wenn meine Auslassungen nicht protokollarisch festgelegt würden; Seine Majestät schien geglaubt zu haben, daß ich unter bacchischen Eindrücken eines Frühstücks gesprochen hätte und froh sein würde, nichts weiter davon zu hören. Ich bestand aber auf der Einschaltung, die auch erfolgte. Der Kronprinz hatte, während ich sprach, die Hände zum Himmel erhoben, als wenn er an meinen gesunden Sinnen zweifelte; meine Collegen verhielten sich schweigend.«[113]

BISMARCK war sich darüber klar, daß ein neues, von Preußen unabhängiges Großherzogtum Schleswig-Holstein unter dem Augustenburger nicht im preußischen Interesse lag. Die Herzogtümer würden nur mit preußischen Soldaten und preußischen Waffen zu befreien und auch in Zukunft auf deren Schutz vor einem grollenden dänischen Nachbarn angewiesen sein. Der gesunde preußische Staatsegoismus erforderte aus BISMARCKS Sicht daher wenn nicht ihren Besitz, so doch wenigstens ihre enge Anbindung an Preußen. Dies galt um so mehr, als für ein selbständiges Großherzogtum im Norden die Versuchung nahegelegen hätte, sich zur Wahrung seiner Unabhängigkeit von seinem großen preußischen Nachbarn an die Mittelstaaten und Österreich anzulehnen. Dies wiederum hätte deren Gewicht im Bund ebenso vermehrt, wie es das preußische vermindert hätte. »Ich weiß nicht, ob es heut noch jemanden gibt, der es für vernünftig hielte, wenn nach Befreiung der Herzogthümer aus ihnen ein neues Großherzogthum hergestellt worden wäre mit Stimmberechtigung am Bundestage und dem sich von selbst ergebenden Berufe, sich vor Preußen zu fürchten und es mit seinen Gegnern zu halten«, schrieb BISMARCK später.[114]

Seine Sicht der Dinge deckte sich im übrigen auch – objektiv – mit den wohlverstandenen Interessen der kleindeutschen Nationalbewegung: Ein selbständiges augustenburgisches Herzogtum hätte das partikularistische, staatenbündische Element im deutschen Raum entscheidend verstärkt und Preußen, den einzigen Staat, der als Führungsmacht bei der Gründung eines Nationalstaates überhaupt in Frage kam, in seinen deutschlandpolitischen Möglichkeiten entscheidend eingeengt und geschwächt. Der Hegemonialkrieg von 1866 wäre kaum mit dem bekannten Ergebnis zu führen gewesen, hätte sich im nördlichen Rücken Preußens etwa ein auch militärisch mit der Donaumonarchie verbündetes augustenburgisches Schleswig-Holstein befunden.

BISMARCK schloß zunächst allerdings auch eine Unterstützung des Augustenburgers keineswegs völlig aus, wenn dieser nur die preußischen Interessen berücksichtigte und die Bedingungen akzeptierte, die bald in einer Denkschrift des preußischen Kronprinzen vom 26. Februar 1864 formuliert werden sollten: Nach der Befreiung der Herzogtümer sollte Rendsburg Bundesfestung, Kiel preußische Marinebasis werden; Schleswig-Holstein sollte dem Zollverein beitreten und dem Bau eines Kanals zwischen Nord- und Ostsee zustimmen (Projekt des späteren Kaiser-Wilhelm-Kanals), durch den die Beweglichkeit der aufzubauenden preußischen Marine zwischen den beiden Meeren gewährleistet werden sollte; eine Militär- und Marinekonvention mit Preußen sollte dessen sicherheitspolitische und militärische Vorherrschaft über das nördliche Großherzogtum garantieren.

Wie die Zielvorgaben seiner Schleswig-Holstein-Politik erreicht werden konnten, war für BISMARCK eine Frage nüchternen Kalküls. Für ihn war offensichtlich, daß die Schleswig-Holstein-Frage infolge des dänischen Vorgehens auf eine Lösung zutrieb, die unumgänglich eine kriegerische sein würde. Ein militärischer Erfolg aber würde Preußen die Annexion der Herzogtümer oder eine vergleichbare Lösung nach Maßgabe der kronprinzlichen ›Februarbedingungen‹ ermöglichen. Allerdings war sich BISMARCK der Gefahr bewußt, daß ein militärischer Konflikt mit Dänemark die europäischen Großmächte, allen voran England, auf den Plan rufen könnte, und zwar auf seiten Dänemarks. Dem galt es in zweifacher Hinsicht vorzubeugen.

Erstens mußte sich die deutsche Seite hüten, den mit Dänemark sympathisierenden Großmächten durch Mißachtung des Londoner Protokolls einen Vorwand zur Intervention zu liefern; sie würden sich durch den Hinweis, daß dieses Abkommen durch Dänemarks eigenes Vorgehen obsolet geworden sei, von einer Einmischung kaum abhalten lassen. Auch durfte man deutscherseits den nationalen Kern des Konfliktes aus psychologisch-taktischen Gründen nicht hervorkehren, denn genau dies war der neuralgische Punkt in den Reaktionen der etablierten europäischen Nachbarn, denen alles ein Greuel war, was die Entwicklung eines neuen Nationalstaates in ihrer Mitte fördern konnte.

Preußische und deutsche Politik mußte den Konflikt kühl auf der Grundlage der internationalen Rechtsvereinbarungen angehen, sich bei ihren Forderungen und Kriegszielen gegen Dänemark also strikt am Londoner Protokoll ausrichten: Sie durfte nicht mehr verlangen als die Wiederherstellung des staatsrechtlichen Sonderstatus der Herzogtümer, durfte insbesondere die Personalunion mit der dänischen Krone, die Stellung CHRISTIANS IX. als Herzog von Schleswig und Holstein nicht in Frage stellen. Eine solche Beschränkung der zunächst erklärten Zielsetzung, so vermutete BISMARCK zu Recht, würde dem Ziel einer Annexion der Herzogtümer letztlich kaum entgegenstehen. Die unter dem Einfluß der Eiderdänen erhitzte und maßlos gewordene dänische Politik würde auch den bescheidenen deutschen Forderungen, die sich aus dem Londoner Protokoll herleiten ließen, nicht entsprechen und es darüber zum Kriege kommen lassen. Bei erfolgreichem Verlauf würde dieser aber neue Tatsachen schaffen und das Londoner Protokoll hinfällig werden lassen. Ein Sieg über Dänemark würde die Annexion der Herzogtümer durch Preußen oder eine vergleichbare Lösung also in den Bereich des Möglichen rücken.

Zweitens kam es darauf an, daß die militärischen Machtmittel, die deutscherseits für den Schleswig-Holstein-Konflikt zur Verfügung standen, nicht nur ausreichten, gegen Dänemark zu siegen, sondern darüber hinaus auch stark genug waren, die benachbarten europäischen Mächte nachhaltig von einer militärischen Intervention zugunsten Dänemarks abzuschrecken. Es reichte nicht, daß man auf preußischer Seite im Verein mit dem Augustenburger, den deutschen Klein- und Mittelstaaten und der nationalen öffentlichen Meinung allein im Vertrauen auf sein gutes Recht gegen Dänemark antrat, ohne den Blick nach London, Paris und Moskau zu richten. Eine neue Variante des Debakels von Olmütz oder gar eine kriegerische Niederlage gegen eine Koalition der Nachbarmächte würde die wahrscheinliche Folge sein.

Preußen brauchte einen militärisch starken Bündnispartner, und der konnte nach Lage der Dinge nur Österreich sein. Dazu BISMARCK: »Ich habe von Anfang an die Annexion unverrückt im Auge behalten... Als die Situation, welche ich absolut glaubte vermeiden zu müssen, betrachtete ich diejenige, welche in der öffentlichen Meinung von unsern Gegnern als Programm aufgestellt war, d. h. den Kampf und Krieg Preußens für die Errichtung eines neuen Großherzogthums, durchzufechten an der Spitze der Zeitungen, der Vereine, der Freischaaren und der Bundesstaaten außer Östreich, und ohne die Sicherheit, daß die Bundesregirungen die Sache auf jede Gefahr hin durchführen würden. Dabei hatte die in dieser Richtung entwickelte öffentliche Meinung... ein kindliches Vertraun zu dem Beistande, den England dem isolirten Preußen leisten würde. Viel leichter als die englische wäre die französische Genossenschaft zu erlangen gewesen, wenn wir den Preis hätten zahlen wollen, den sie uns voraussichtlich gekostet haben würde. Ich habe nie in der Überzeugung geschwankt, daß Preußen, gestützt nur auf die Waffen und Genossen von 1848, öffentliche Meinung, Landtage, Vereine, Freischaaren und die kleinen Contingente in ihrer damaligen Verfassung, sich auf ein hoffnungsloses Beginnen eingelassen und unter den großen Mächten nur Feinde gefunden hätte, auch in England. Ich hätte den Minister als Schwindler und Landesverräther betrachtet, der in die falsche Politik von 1848/49/50 zurückgefallen wäre, die uns ein neues Olmütz bereiten mußte. Sobald aber Östreich mit uns war, schwand die Wahrscheinlichkeit einer Coalition der ändern Mächte gegen uns.«[115]

Und es gelang Bismarck, Österreich als Bundesgenossen zu gewinnen. Den seinerzeit von einer Woge des Nationalgefühls getragenen Augustenburger wollte die Wiener Hofburg aus den erwähnten Gründen zwar nicht unterstützen. Doch wollte sie auch die großdeutsch-liberale Bewegung nicht durch völlige Untätigkeit im schleswig-holsteinischen Nationalkonflikt verstimmen und enttäuschen, wollte sich nicht völlig aus der Deutschlandpolitik verabschieden und dieses Feld ganz den Mittelstaaten und dem preußischen Rivalen überlassen. Da lag es nahe, sich der von Preußen eingenommenen Haltung anzuschließen und auf der Grundlage des Londoner Protokolls von Dänemark unter Respektierung der Personalunion die Wiederherstellung des Status der Herzogtümer zu verlangen und diese Forderung, die sich auch Österreich als Signatarmacht problemlos zu eigen machen konnte, zusammen mit Preußen militärisch durchzusetzen.

Allerdings gab es darüber, was mit den fernen Herzogtümern im Falle eines gemeinsamen Sieges über Dänemark geschehen solle, in der österreichischen Politik keine klaren Vorstellungen. Von Bismarcks Endziel einer Annexion der Herzogtümer durch Preußen ahnte man in Wien nichts. Als habsburgisches Motiv für ein vereintes Vorgehen mit Preußen kam hinzu, daß Österreich nach dem völligen Fehlschlag, mit dem der Frankfurter Fürstentag geendet hatte, jetzt nach neuen politischen Partnerschaften suchte. Seine Beziehungen zu den deutschen Mittelstaaten waren durch deren brüske Absage an eine Bundesreform unter Ausschluß Preußens gestört. Der österreichische Außenminister Graf Rechberg hatte nach dem Scheitern des Frankfurter Fürstentages erklärt, der Weg nach Berlin sei für Österreich nicht weiter und nicht schwieriger als für die Mittelstaaten. Die tendenzielle Hinwendung Österreichs zu Preußen wurde nun Wirklichkeit. Eine solche Zweckkoalition lag um so näher, als auch das Verhältnis Wiens zu Frankreich nach vorübergehender Annäherung in der Polenkrise im Frühjahr 1863 infolge der Fürstentagspolitik des Kaisers Franz Joseph merklich abgekühlt war. Der Versuch Österreichs, sein gutes Einvernehmen mit Frankreich zu eigener Machterweiterung in Mitteleuropa zu nutzen, hatte Napoleon III. nachhaltig verstimmt.

Die am Londoner Protokoll orientierte einvernehmliche Haltung der beiden deutschen Großmächte in der Schleswig-Holstein-Frage hatte sich schon bei dem gemeinsamen Einspruch in Kopenhagen vom 17. April 1863 gegen das königliche Patent vom 30. März 1863 abgezeichnet. Gegen Ende jenes Jahres war sie voll in das Bewußtsein der preußischen und der deutschen Öffentlichkeit getreten. In einem Rundschreiben vom 4. Dezember 1863 erläuterte Bismarck die Politik seiner Regierung dahin, daß nur ein Festhalten am Londoner Protokoll die Aussicht böte, wirksam für Schleswig einzutreten. An der Personalunion der Herzogtümer mit dem dänischen Monarchen müsse festgehalten werden.

Am 28. Dezember beantragten Preußen und Österreich am Bundestag auf gemeinsamer politischer Grundlage die pfandweise Besetzung des Herzogtums Schleswig, das Dänemark sich rechtswidrig einverleibt hatte. Andererseits beantragten sie am 31. Dezember beim Bund, dieser möge den Erbprinzen Friedrich VIII., den Augustenburger also, der tags zuvor in Kiel Residenz genommen hatte, zum Verlassen des Landes auffordern, denn diese demonstrative augustenburgische Geste stellte die nach dem Londoner Protokoll vorgesehene Erbfolge zugunsten Christians IX. von Dänemark in Frage.

Mit seiner Politik war Bismarck weitgehend isoliert, stieß bei der liberalen Nationalbewegung, die die öffentliche Meinungsführerschaft innehatte, auf Unverständnis, Haß, Spott und Hohn. Beispielhaft für die auch von der Presse geschürte allgemeine Hetze schrieb August Ludwig von Rochau wortgewaltig an Johannes Miquel – beide waren profilierte und führende Vertreter des Deutschen Nationalvereins: »In Preußen muß der Schrei: Nieder mit Bismarck! organisiert werden, zunächst in Berlin, was binnen drei Tagen geschehen kann und wird, wenn die Herren dort einen Funken von richtiger Erkenntnis der Lage und ihrer Schuldigkeit haben. Man erfülle die Straßen von Berlin vom Morgen bis zum Abend mit diesem Rufe und binnen weiterer drei Tage ist die Sache fertig. . . Was nützen uns Freiwillige und Geldsendungen, solange der Verrat am Staatsruder sitzt!«[116]

Verrat also! Im preußischen Landtag stellte Dr. Virchow am 1. Dezember den Antrag, den Augustenburger als Herzog von Schleswig-Holstein anzuerkennen; Bismarck warf er vor, russische Politik zu betreiben. Am 9. Dezember tat Virchow sich mit dem Ausspruch hervor, Bismarck habe von nationaler Politik keine Ahnung. Und der Abgeordnete Loewe stellte Bismarcks fachliche Qualifikation in Frage: Das Ministerium stolpere und stürze fortgesetzt, man wisse nicht, welche besonderen Studien Bismarck, der ein »unzünftiger Politiker« sei, in der Diplomatie gemacht habe und wie er in die diplomatische Karriere hineingekommen sei.

Man sieht: Bismarcks Politik wurde gerade von denen nicht einmal ansatzweise verstanden, die im Ergebnis nichts anderes wollten als er selbst: Bismarck und seine liberalen Kritiker wollten verhindern, daß die Herzogtümer an Dänemark verlorengingen, wollten sie für Deutschland retten, wobei Bismarck als preußischer Staatsmann naturgemäß ebenso die preußischen Interessen im Auge hatte – eine Haltung, die auch bei preußischen Liberalen durchaus verbreitet war. Die Tragik der Situation lag in der fehlenden Einsicht der liberalen Nationalbewegung, der augustenburgisch gestimmten Öffentlichkeit und der deutschen Mittelstaaten in die Gefährlichkeit und Untauglichkeit des nach ihren Vorstellungen einzuschlagenden Weges zum Ziel – und darin, daß sie vorurteilsbedingt nicht bereit waren, über die Absichten und die Politik des preußischen Ministerpräsidenten auch nur ernsthaft nachzudenken.

Es erscheint menschlich verständlich, daß die Anwürfe, mit denen man ihn allseits bedachte, Bismarck persönlich erbitterten. So behandelte er seine Kontrahenten im preußischen Landtag, die er als ebenso dumm wie arrogant empfand, nicht eben glimpflich, verletzte sie seinerseits mit der ätzenden Rhetorik, über die er verfügte. Und über die politische Einsichtsfähigkeit der gebildeten Allgemeinheit in der schleswig-holsteinischen Frage schrieb er noch Jahrzehnte später bissig: »Die öffentliche Meinung war in den gebildeten Mittelständen Deutschlands ohne Zweifel augustenburgisch, in der selben Urtheilslosigkeit, welche sich früher den Polonismus und später die künstliche Begeisterung für die battenbergische Bulgarei als deutsches Nationalinteresse unterschieben ließ. Die Mache der Presse war in diesen beiden etwas analogen Lagen betrübend erfolgreich und die öffentliche Dummheit für ihre Wirkung so empfänglich wie immer. Die Neigung zur Kritik der Regirung war 1864 auf der Höhe des Satzes: Nein, er gefällt mir nicht, der neue Bürgermeister.«[117]

Auch bei seinem König fand Bismarck keine uneingeschränkte Unterstützung. Wilhelm I. trug zwar die nach den Plänen seines Ministerpräsidenten zunächst anstehenden politischen und militärischen Entscheidungen mit. Dessen langfristige Absicht, die Herzogtümer für Preußen zu annektieren, teilte er vorerst jedoch nicht. Hierzu, so meinte er schlicht, habe er kein Recht. Unter liberalen Einflüssen aus seinem familiären Umkreis favorisierte auch er den Augustenburger. Doch war seine Haltung letztlich keineswegs von liberaler Sympathie für den als fortschrittlich geltenden Augustenburger motiviert. Auch spielte es für ihn kaum eine Rolle, daß die Annexion der Herzogtümer die für eine preußische Machterweiterung in Deutschland und die Gründung eines preußisch-kleindeutschen Nationalstaates günstigste Lösung des Problemes darstellte. Der altmodische Hohenzoller ließ sich hier vielmehr überwiegend von überkommenen, rein dynastisch-feudalen Anspruchs- und Rechtskategorien leiten.

3. Der Kriegsverlauf, die Londoner Konferenz und der Frieden von Wien 1864

Die entscheidenden politischen und militärischen Ereignisse nahmen unterdes ihren Gang: Am 11. Januar 1864 wiederholten Preußen und Österreich am Bund ihren Antrag vom 28. Dezember 1863 (pfandweise Besetzung Schleswigs). Dieser wurde am 14. Januar abgelehnt. Da eine einheitliche Linie mit dem Bund nicht zu erzielen war, gingen die beiden deutschen Großmächte von nun an ohne Rücksicht auf diesen vor. Am 16. Januar forderten sie ultimativ – und, wie zu erwarten stand, vergeblich – den Dänenkönig CHRISTIAN IX. auf, den alten Status der Herzogtümer wiederherzustellen und die neue dänische Gesamtstaatsverfassung zurückzunehmen.

Preußische Truppen unter dem General WRANGEL überschritten sodann die holsteinische Grenze, und am 1. Februar begann die ›Pfandbesetzung‹ Schleswigs mit dem erklärten Ziel beider deutscher Großmächte, den Status quo ante im Sinne des Londoner Protokolls von 1852 wiederherzustellen. Die Dänen leisteten heftigen Widerstand. In den ersten Februartagen kämpften preußische und österreichische Truppen gemeinsam an der Schlei und am Danewerk, einem alten dänischen Befestigungswall, und am 7. Februar wurde Flensburg besetzt. Die sächsischen und hannoveranischen Bundestruppen, die zuvor am 23. Dezember 1863 zur Bundesexekution nach Holstein eingerückt waren und nun ohne Perspektiven für ihre weitere Verwendung dort standen, wichen den Kampfhandlungen aus und zogen sich teilweise auf hannoversches Gebiet zurück.

Jetzt und in der Folgezeit erwies sich zur Enttäuschung derjenigen liberalen und nationalen Hoffnungen, die sich auf großdeutschen oder Trias-Vorstellungen gründeten, daß der Deutsche Bund und das sogenannte ›dritte Deutschland‹, die Mittelstaaten, angesichts der gemeinsamen Initiative Preußens und Österreichs zur Bedeutungs- und Wirkungslosigkeit verurteilt waren. Die militärischen Operationen der verbündeten deutschen Großmächte wurden so abgestimmt, daß sie den europäischen Nachbarn, insbesondere England, keinen Vorwand für eine Intervention lieferten.

Als der preußische Befehlshaber General WRANGEL, da militärisch alles so glatt lief, sogleich auch noch in Jütland einrücken wollte, mußte er von Berlin aus gebremst werden. Wütend telegraphierte der Haudegen an WILHELM I.: »Diese Diplomaten, welche die schönsten Operationen stören, verdienen den Galgen« – womit vornehmlich der Ministerpräsident VON BISMARCK gemeint war. Eine jahrelange Verstimmung zwischen diesem und WRANGEL war die Folge. Es sollte keineswegs das einzige Mal bleiben, daß BISMARCK den Vorrang der Politik gegen militärisches Selbstläufertum durchsetzen mußte.

Mit der Erstürmung der Düppeler Schanzen am 18. April 1864 war der Krieg militärisch entschieden, doch noch keineswegs beendet. Die außerdeutschen Großmächte hatten, wie es BISMARCKS Kalkül entsprach, nicht interveniert, womit zu rechnen gewesen wäre, hätte die deutsche Seite mit einem militärischen Vorstoß in gleicher Weise wie die Dänen gegen das Londoner Protokoll verstoßen. Doch war die Interventionsgefahr noch keineswegs gebannnt, denn nun begann die Phase internationaler Verhandlungen über den Konflikt, und zwar in London – ein Poker mit offenem Ende am Ort des Protokolls von 1852.

Schon bald nach Beginn der Kampfhandlungen gegen Dänemark waren Preußen und Österreich zu Verhandlungen aufgefordert worden. Für die Grundtendenz, von der sich die Briten in dem deutsch-dänischen Konflikt leiten ließen, steht typisch eine Äußerung des Premierministers Lord PALMERSTON: Preußen werde »von einem der schwächsten Könige und einem der törichtsten Minister« regiert. Preußen erklärte sich zu Verhandlungen bereit, allerdings mit der Maßgabe, daß den Dänen ein förmlicher Waffenstillstand deshalb nicht gewährt werde. Außerdem schloß es in der »Berliner Punktation« vom 6. März 1864, der sich Österreich anschloß, das Londoner Protokoll von 1852 als Grundlage der Verhandlungen aus, da dieses Abkommen durch den Krieg gegenstandslos geworden sei.

Die Westmächte konnten sich dieser Sicht der Dinge nicht verschließen, nachdem Dänemark die Londoner Regelungen nicht nur gebrochen, sondern sich gegen deren Wiederherstellung gewaltsam zur Wehr gesetzt hatte. So begannen die internationalen Verhandlungen am 25. April 1864 ohne jegliche Vorbedingungen. Das Londoner Protokoll konnte als endgültig überholt betrachtet werden, wie es BISMARCKS Zielen entsprach. Die Anerkennung der Rechte des Dänenkönigs CHRISTIAN IX. und der Zuordnung der Herzogtümer zu dessen Krone »im europäischen Interesse« war nun hinfällig. Schon dies war ein erster großer Erfolg, mit dem sich der gegen die preußische Politik erhobene Vorwurf des Verrates an der deutschen Sache in Luft auflöste. Am 12. Mai 1864 wurde doch noch ein auf vier Wochen befristeter Waffenstillstand vereinbart, der sodann um weitere zwei Wochen verlängert wurde. An der Londoner Konferenz, die sich bis zum 25. Juni 1864 hinzog und ohne Ergebnis zu Ende ging, war neben den europäischen Großmächten, anders als 1852, nunmehr auch der Deutsche Bund beteiligt, der durch den sächsischen Ministerpräsidenten VON BEUST vertreten wurde.

Bei dieser Konferenz ging es freilich nur vordergründig um die als solche international unbedeutenden kleinen deutschen Elbherzogtümer und das kleine Dänemark. Im Hintergrund der Tagesordnung stand ein Tauziehen um die Verteilung und das Gleichgewicht der Macht in Europa, um den Erhalt oder die Verschiebung der Kräfteverhältnisse.

Bereits im Vorfeld der Konferenz hatte die europäischen Nachbarmächte das ungewöhnliche Erlebnis alarmiert, daß die beiden deutschen Hauptmächte, die sonst in beruhigender Zwietracht miteinander rivalisierten, sich überraschend zu einer gemeinsamen, im deutschen Nationalinteresse liegenden militärischen Aktion zusammengefunden hatten. Begleitet war dieses Zusammengehen von einer öffentlichen Woge überschäumenden nationalen Gefühles in allen deutschen Ländern, was der preußisch-österreichischen Verhandlungsposition in London keineswegs abträglich war. »Laßt alle Hunde bellen!« meinte BISMARCK dazu in studentischer Schnoddrigkeit. Der als bedrohlich empfundene Schatten einer künftigen staatlichen Machtkonzentration deutscher Nation in ihrer Mitte war erstmals seit 1848/49 und den anschließenden Unionsbemühungen Preußens wieder konkreter am politischen Horizont der Nachbarmächte aufgetaucht. Gab es eine Möglichkeit, ihn zu bannen? In dieser Frage trafen sich Englands, Frankreichs und Rußlands gemeinsame Interessen.

Darüber hinaus und daneben aber ging es diesen Staaten um jeweils eigene grundsätzliche und ihnen wichtige Zwecke: NAPOLEON III. wollte aus der Krise um Schleswig-Holstein für seine kontinentalen hegemonialen Hoffnungen und sein Streben nach den deutschen Rheinlanden Kapital schlagen. PALMERSTON wollte ebendies verhindern, um Frankreichs Macht einzudämmen. Rußland fürchtete die nationalrevolutionären Impulse, die von einer napoleonischen Expansion ausgehen könnten. Es stützte BISMARCK, dem es sich wegen der ALVENSBENschen Konvention verbunden fühlte und von dem es erhoffte, er werde die liberale Nationalbewegung in Deutschland zügeln. Auch die Gefahr eines Zusammengehens BISMARCKS mit NAPOLEON III. zog Rußland in Betracht und war bestrebt, eine solche Konstellation zu verhindern.

Preußens Ziel in den Londoner Verhandlungen war vorderhand die vollständige Lösung der Herzogtümer von Dänemark und von dessen Krone. Doch zeigte sich BISMARCK den Dänen gegenüber kompromißbereit. Er schloß selbst eine Personalunion der Herzogtümer mit der dänischen Krone unter Umständen, die den preußisch-deutschen Interessen Rechnung trugen, nicht völlig aus. Einer Teilung Schleswigs entlang der Nationalitätengrenze, also der Überlassung des überwiegend dänisch besiedelten Nordschleswig an Dänemark, hätte er noch eher zugestimmt. Bereits im Juli 1862 in Paris hatte er eine solche Lösung erörtert – einschließlich des nach den ethnischen Gegebenheiten festzulegenden Grenzverlaufes.

Eine solche Teilung wäre ein berechtigtes und vernünftiges Zugeständnis an die dänische Nationalbewegung gewesen, und auch für die deutsche Seite wäre der Verlust Nordschleswigs zu verschmerzen gewesen, da sie ihren Anspruch insoweit nicht ethnisch, sondern lediglich historisch-geographisch begründen konnte. Doch beharrten die Dänen unter dem Einfluß chauvinistischer Kräfte starr und kompromißlos auf den handstreichartig durch das Patent König FRIEDRICHS VII. vom 30. März 1863 und die neue Gesamtstaatsverfassung geschaffenen Tatsachen. Zugeständnisse an die deutsche Seite kamen für sie nicht in Betracht, zumal sie darauf vertrauten, daß die Westmächte, England voran, das ersichtlich auf ihrer Seite stand, ihnen letztlich bei der Durchsetzung ihrer Positionen beistehen würden, erforderlichenfalls auch mit einer Intervention wie im Jahre 1848.

Mit dieser Erwartung lagen die Dänen an sich keineswegs völlig falsch, denn der britische Premier PALMERSTON befürwortete die Eindämmung der deutschen Bestrebungen. Er forderte Druck auf Preußen und Österreich zugunsten Dänemarks, dessen Interessen er, allerdings im Gegensatz zur Königin VIKTORIA, notfalls gewaltsam im Wege einer Intervention durchsetzten wollte. Und doch hatten die Dänen mit ihrer kompromißlosen Haltung zu hoch gepokert: Die Intervention unterblieb, weil NAPOLEON III. sich ihr versagte. England benötigte, um der geballten Militärmacht Preußens und Österreichs gewachsen zu sein, starke Truppen auf dem Festland, die es selbst nicht besaß. Mit einer britischen Armada, die vor der Küste der jütländischen Halbinsel kreuzte, war das Problem diesmal nicht zu lösen. PALMERSTON war somit auf Frankreich als Festlandsdegen gegen die deutschen Mächte angewiesen. NAPOLEON III. aber hatte gute Gründe, sich auf ein solches britisches Ansinnen nicht einzulassen.

Seit seinen Annäherungsversuchen an Preußen, deren Adressat BISMARCK im März 1857 in Paris gewesen war,[118] hatten sich die machtpolitischen Grundziele NAPOLEONS III., die er im Italienischen Krieg bereits ansatzweise verwirklicht hatte, nicht wesentlich verändert. Es waren dies weiterhin die Ausdehnung des französischen Staatsgebietes auf die deutschen Rheinlande und eine möglichst weit nach Osten ausgedehnte Hegemonie auf dem europäischen Festland unter Eindämmung des Einflusses Englands auf dem Kontinent. Seine Deutschland betreffenden Planungen lebten von der Rivalität zwischen Preußen und Österreich, die er gegeneinander auszuspielen trachtete. Ein Krieg zwischen den beiden Mächten, in den er zur rechten Zeit und auf der richtigen Seite entscheidend eingreifen würde, sollte Frankreich den gewünschten Gebietszuwachs verschaffen und die beiden geschwächten, sich gegenseitig neutralisierenden Kontrahenten unter seine Vorherrschaft bringen.

Bis dahin hatte er Preußen vorerst die Rolle eines Juniorpartners Frankreichs zugedacht, den er sich mit dem Versprechen beschränkten Gebiets- und Machtzuwachses in Deutschland geneigt machen wollte. Er ermunterte Preußen daher verbal auch zur Lösung der deutschen Frage. Beim Dienstantritt BISMARCKS als preußischer Gesandter in Paris hatte NAPOLEON III. feierlich erklärt, er hoffe, daß Preußen die große ihm gestellte Aufgabe, die deutsche nämlich, mit Erfolg lösen werde. BISMARCK schilderte in einem Bericht vom 28. Juni 1862 an seinen damaligen Vorgesetzten, den preußischen Außenminister Graf BERNSTORFF, das heftige Werben des französischen Kaisers um Preußen: »Vorgestern beim Kaiser kam ich etwas in die Lage Josephs bei der Frau von Potiphar. Er hatte die unzüchtigsten Bündnisvorschläge auf der Zunge; wenn ich etwas entgegengekommen wäre, so hätte er sich deutlicher ausgesprochen. Er ist ein eifriger Verfechter deutscher Einheitspläne, d. h. kleindeutscher, nur kein Österreich darin; wie schon einmal vor fünf Jahren mir gegenüber, wollte er, daß Preußen eine Seemacht wenigstens zweiten Ranges werden und die dazu nötigen Häfen besitzen müsse. Er ließ sich von mir den Jadebusen auf der Karte zeigen und fand die Einschachtelung in Oldenburg und dann in Hannover eine Absurdität.«[119]

Am folgenden Tag versäumte es der Kaiser überdies nicht, BISMARCK von dem dringenden Wunsch Österreichs nach einem Bündnis mit Frankreich Kenntnis zu geben. Bei alledem freilich war NAPOLEON III., wie seine vorangegangene und seine nachfolgende Politik beweist, fest entschlossen, das etwaige Anwachsen der preußischen Macht auf ein ebenbürtiges Niveau oder gar einen kleindeutschen Nationalstaat unter Einbeziehung auch der deutschen Mittel- und Kleinstaaten mit allen Mitteln zu verhindern. Er war, wie seine Vorgänger seit LUDWIG XIV., ein glühender Verfechter der ›deutschen Libertät‹, womit im Klartext stets die Zerstrittenheit der deutschen Territorialherren gemeint gewesen war.

Vor dem Hintergrund dieser politischen Gesamtstrategie Napoleons III. ist das französische Taktieren auf der Londoner Konferenz des Jahres 1864 über die Schleswig-Holstein-Frage zu sehen. Selbstverständlich war ein haltbarer, auf Dauer angelegter preußisch-österreichischer Block wie jeglicher irgendwie gearteter gesamtdeutscher Zusammenschluß für Napoleon III. eine Horrorvision. Doch sah dieser keinen Anlaß, etwa den Anfängen einer solchen Entwicklung im schleswig-holsteinischen Konflikt militärisch entgegenzutreten, denn eine diesen überdauernde stabile preußisch-österreichische Koalition war konkret nicht zu befürchten. Vielmehr würde sich, so hoffte Napoleon zu Recht, der Dauerkonflikt der beiden deutschen Führungsmächte gerade im Falle eines gemeinsamen Sieges über Dänemark mit besonderer Heftigkeit an den gewonnenen Elbherzogtümern erneut entzünden und vielleicht sogar zu Frankreichs Vorteil in den erwünschten preußisch-österreichischen Krieg einmünden.

In diesem Sinne hatte er im Frühjahr 1864, der Zeit der Kämpfe auf der jütländischen Halbinsel, dem preußischen Botschafter in Paris nahegelegt, Preußen möge die Herzogtümer doch annektieren, wobei er wußte, daß die Donaumonarchie einen solchen einseitigen Machtzuwachs des norddeutschen Konkurrenten niemals freiwillig hinnehmen werde. Warum sollte er, Napoleon, Preußen und Österreich im Konflikt mit Dänemark militärisch in den Arm fallen und ihr bislang nur temporäres Bündnis dadurch gar noch festigen? Auch sah Napoleon keinen Anlaß, die militärische Hauptlast einer Intervention zu tragen, die in erster Linie eine Demonstration der Macht Englands darstellen würde, des schärfsten Rivalen Frankreichs. Überdies hätte es dem napoleonischen Ansehen eines Schutzherrn der Nationalbewegungen in Europa schlecht angestanden, seine Hand zur machtpolitischen Vergewaltigung der deutschen Bevölkerungen Schleswigs und Holsteins zu reichen.

Freilich wäre Napoleon III. 1864 zu einem militärischen Vorgehen gegen Preußen und Österreich gemeinsam mit England und mit dessen Rückendeckung unter gewissen Umständen durchaus bereit gewesen. Wäre eine solche Unternehmung der Westmächte nicht lokal auf die jütländische Halbinsel beschränkt geblieben und hätte sie zu einem großen und entscheidenden Krieg gegen die deutschen Mächte ausgeweitet werden können, so wäre dies eine einmalige Chance für Napoleon gewesen, die kontinentale Hegemonie mit Englands Hilfe zu erringen, ohne auf einen preußisch-österreichischen Krieg warten zu müssen. Einem solchen europäischen Krieg, der großräumig, auch am Rhein und in Oberitalien, zu führen gewesen wäre, konnte England jedoch unter keinen Umständen zustimmen. Denn im Erfolgsfalle würde er Napoleons Macht unermeßlich steigern und Frankreichs westeuropäische Hegemonie, die bereits die Iberische Halbinsel und Italien umfaßte, bis zur Weichsel ausdehnen. Dem Vorschub zu leisten aber hätte allen Prinzipien britischer Gleichgewichtspolitik widersprochen.

So ging die Londoner Konferenz denn ergebnislos auseinander. Die Intervention gegen die Koalition der deutschen Großmächte unterblieb – nicht mit Rücksicht auf das Selbstbestimmungsrecht der Deutschen in Schleswig und Holstein oder auf das Völkerrecht, ebenso wenig etwa aus Nachgiebigkeit gegenüber deutschem Einheitsstreben, sondern wegen gegensätzlicher machtpolitischer Großrauminteressen der Westmächte.

Freilich ist davon auszugehen, daß bei allen anglo-französischen Erwägungen auch das militärische Risiko eines Krieges gegen die vereinigten deutschen Großmächte eine Rolle spielte. Ohne die abschreckende Zusammenfassung der preußischen und österreichischen Militärmacht wäre selbst eine lediglich britische Intervention, an der sich eventuell noch Schweden hätte beteiligen können, vielleicht nicht zu verhindern gewesen. Dazu meinte BISMARCK: »Daß Östreich und Preußen, sobald sie einig, eine Macht in Europa darstellen, welche leichtfertig anzugreifen keine der anderen Mächte geneigt war, hat der ganze Verlauf der dänischen Verwicklungen gezeigt. So lange Preußen allein,wenn auch in Verbindung mit dem stärksten Ausdruck der öffentlichen Meinung des deutschen Volkes, einschließlich der Mittelstaaten, die Sache in der Hand hatte, kam sie nicht vorwärts und führte zu Abschlüssen, wie der Waffenstillstand von Malmö (26. 8. 1848) und die Olmützer Convention (29. 11. 1850). Sobald es gelungen war, Östreich unter Rechberg für eine mit Preußen übereinstimmende Action zu gewinnen, wurde das Schwergewicht der beiden deutschen Großstaaten stark genug, um die Einmischungsgelüste, welche andre Mächte haben konnten, zurückzuhalten. England hat im Laufe der neuern Geschichte jederzeit das Bedürfnis der Verbindung mit einer der continentalen Militärmächte gehabt und die Befriedigung desselben, je nach dem Standpunkt der englischen Interessen, bald in Wien, bald in Berlin gesucht, ohne, bei plötzlichem Übergang von einer Anlehnung an die andre, wie im Siebenjährigen Kriege, scrupulöse Bedenken gegen den Vorwurf des Imstichlassens alter Freunde zu hegen. Wenn aber die beiden Höfe einig und verbündet waren, so fand die englische Politik nicht ihres Dienstes, ihnen etwa im Bunde mit einer von den ihr gefährlichen Mächten, Frankreich und Rußland, feindlich gegenüber zu treten. Sobald aber die preußisch-östreichische Freundschaft gesprengt worden wäre, würde auch damals das Eingreifen des europäischen Seniorenconvents in der dänischen Frage *unter englischer Führung* erfolgt sein. Es war deshalb, wenn unsre Politik nicht wiederum entgleisen sollte, von höchster Wichtigkeit, das Einverständniß mit Wien festzuhalten; in ihm lag unsre Deckung gegen englisch-europäisches Eingreifen.«[120]

Sogleich nach dem Ende der Londoner Verhandlungen, Ende Juni 1864, wurden die preußisch-österreichischen militärischen Operationen wieder aufgenommen. Am 29. Juni wurde Alsen genommen. Auch Jütland wurde nun vollständig besetzt. Am 12. Juli bat Dänemark um Friedensverhandlungen, und am 18. Juli wurden die Kampfhandlungen eingestellt. Am 1. August wurde in Wien ein Präliminarfrieden und am 30. Oktober 1864 Frieden geschlossen, wobei der Deutsche Bund, der am militärischen Verlauf des Krieges keinen Anteil gehabt hatte, weiterhin nicht als Vertragspartei hinzugezogen wurde. Dänemark überließ Preußen und Österreich unter gewissen nördlichen Grenzkorrekturen Schleswig, Holstein und Lauenburg und entsagte allen Rechten an den Herzogtümern. Demütigungen und abstrafende Belastungen wurden den Dänen nicht auferlegt.

BISMARCK war, wie sich auch 1866 und 1871 zeigen sollte, auch als Sieger maßvoll und vernünftig, ein Mann von mitteleuropäischer Gesittung. Hybris, Haß, Geifer und Rachsucht gegenüber den Besiegten waren ihm fremd. Als in der als ›offiziös‹ geltenden *Norddeutschen Allgemeinen Zeitung* vom 7. August 1864 ein antidänischer Artikel chauvinistischen Charakters erschienen war, telegraphierte BISMARCK: »Der gereizte und feindliche Ton gegen Dänemark nach dem Sieg nicht würdig. Der Kampf nicht aus Haß geführt, sondern für Regelung und Abwehrung. Härte gegen Dänemark nicht beabsichtigt, keine Bedingungen eines übermütigen Siegers, die durch Verletzung berechtigter nationaler Gefühle künftige freundliche Verhältnisse unmöglich machen. Abtrennung der Herzogtümer vollständig erlangt. Die genügt. . .« Der Sieger habe keinen Anlaß, Erbitterung zu hegen oder zu provozieren.[121]

4. Nachdenklichkeit im liberalen Lager

Im nationalen und liberalen Lager regte der Erfolg BISMARCKS nun endlich zum Denken an. Man hatte den Konfliktminister angefeindet, weil er die Auseinandersetzung mit Dänemark entnationalisiert, auf den Boden des überwiegend antideutschen internationalen Vertragswerkes von London gestellt und dem Krieg damit eine falsche Richtung aufgeprägt habe. Und nun hatte BISMARCK mit eben dieser Politik den vollen Erfolg im nationalen Sinne erzielt, hatte ein die Nationalbewegung seit Jahrzehnten in besonderem Maße bedrückendes Problem mit einem Ergebnis gelöst, das – unbeschadet der Frage, wie die innerdeutsche Zukunft der Herzogtümer gestaltet sein sollte – keine Wünsche offen ließ, hatte einen Kristallisationspunkt nationaler Empfindlichkeit der Deutschen durch einen sorgfältig geplanten und begrenzten Kabinettskrieg bereinigt. Der drohenden Intervention europäischer Nachbarmächte, durch deren anglo-russische Phalanx Preußen und die deutsche Sache 1848 ff. in die Schranken gewiesen worden waren, hatte er durch Beschränkung des Kriegszieles auf die Wiederherstellung des internationalen Rechtes und durch Gewinnung der österreichischen Militärmacht als Bündnispartner klug vorausschauend vorgebeugt. Viele – aber bei weitem nicht alle – Nationalliberale verschlossen sich nun nicht mehr der Erkenntnis, daß BISMARCK, der ›unzünftige‹ Politiker, ihnen tatsächlich weit überlegen war. Denn er hatte ihr ureigenstes Ziel, das zu erreichen sie selbst nicht fähig gewesen waren, auf von ihnen nicht einmal verstandenen Wegen glänzend verwirklicht. Das nationale und liberale Lager in Deutschland begann sich an BISMARCK zu spalten.

5. Der Dänische Krieg – erste Etappe von drei geplanten Einigungskriegen?

War der Dänische Krieg, wie oft angenommen worden ist, der erste von drei gezielt herbeigeführten Einigungskriegen? Hat Bismarck die Reichsgründung planvoll nach einem im vorhinein ausgeklügelten Gesamtkonzept durch Kriege herbeigeführt, deren erster derjenige von 1864 war? Eine solche Sicht verkennt schon im Ansatz die Wesensmerkmale Bismarckscher Politik. Deren Erfolge lagen gerade darin begründet, daß Bismarck es verstand, ohne Überschätzung der eigenen Möglichkeiten den »Zipfel des Mantels Gottes« im Laufe der Dinge abzuwarten, die Chancen zu erkennen und geschickt zu ergreifen.

Selbstverständlich war der Dänische Krieg ein entscheidender Meilenstein auf dem Wege zur deutschen Einheit. Aber Bismarck hat ihn nicht geplant und herbeigeführt. Wer das behauptet, vergewaltigt die Tat- und Ursachen, die dem deutsch-dänischen Konflikt zugrunde lagen und die 1864 zum Kriegsausbruch führten. Der Konflikt mit Dänemark war alt, hatte schon 1848 ff. zu militärischer Konfrontation geführt. Durch die dänische Politik des Jahres 1863 war er dann aktualisiert worden. Preußen als norddeutsche Führungsmacht hätte die Provokation damals nur um den Preis der Selbstverleugnung hinnehmen können, und dänischer Starrsinn machte den Krieg unvermeidlich. Allerdings hat Bismarck den Ausbruch, die außenpolitischen Begleitumstände und den Verlauf des Krieges so beeinflußt, wie es einer Machterweiterung Preußens in Deutschland und preußischer Nationalpolitik dienlich war, gleich ob diese auf eine bundesstaatliche Zusammenfassung der deutschen Länder ohne Österreich oder auf eine preußisch-österreichische Zweiherrschaft in Deutschland abzielte. Beide Optionen ließ der Krieg im übrigen offen.

In diesem Zusammenhang muß auch der Gedanke verworfen werden, Bismarck habe Österreich als Bündnispartner in den Konflikt mit einbezogen, um über den nach einem gemeinsamen Sieg zu erwartenden Streit um die Herzogtümer einen erwünschten innerdeutschen Hegemonialkrieg Preußens gegen die Donaumonarchie in die Wege zu leiten. Auf den ersten Blick mag diese Annahme sogar unabweisbar erscheinen, denn daß der Zwang zur preußisch-österreichischen Kooperation, der aus der gemeinsamen Verantwortlichkeit über die befreiten Herzogtümer folgen mußte, zum Aufflammen der alten Rivalität führen würde, wurde auch von weniger weitschauenden Politikern als Bismarck vorausgesehen.

Überdies ist aus zahlreichen Äußerungen bekannt, daß dieser einen preußisch-österreichischen Entscheidungskrieg auf lange Sicht ohnehin für wahrscheinlich, wenn nicht gar für unvermeidlich hielt. Doch war diese Einschätzung nicht von freudiger Erwartung, sondern eher fatalistisch von resignierendem Bedauern begleitet. Man muß wohl davon ausgehen, daß Bismarck Reibungen um die Herzogtümer vorausgesehen, aber gehofft hat, daß es darüber (noch) nicht zum preußisch-österreichischen Krieg kommen werde. Zuvörderst beweist dies der zwischen den Mächten am 14. August 1865 geschlossene Vertrag von Gastein, über den noch zu berichten sein wird.

Die Tendenz, einen Hegemonialkrieg gegen Österreich zu vermeiden, auch wenn dieser letzlich wohl ohne Alternative sein würde, entsprach BISMARCKS Grundhaltung. Bereits zur Zeit des Krimkrieges hatte er im Anschluß an eine pessimistische Analyse des preußisch-österreichischen Verhältnisses geschrieben, es könne sein, »daß wir in nicht zu langer Zeit für unsere Existenz gegen Österreich werden fechten müssen und daß es nicht in unserer Macht liegt, dem vorzubeugen, weil der Gang der Dinge in Deutschland keinen anderen Ausweg hat«. Jedoch fügte er hinzu: »Ich beabsichtige mit diesem Raisonnement keineswegs zu dem Schlusse zu gelangen, daß wir jetzt unsere Politik darauf einrichten sollten, die Entscheidung zwischen uns und Österreich unter möglichst günstigen Umständen herbeizuführen.«[122]

BISMARCK lehnte den Präventivkrieg nicht nur gegen Österreich, sondern generell ab: »Der Erwägung, ob es sich empfehle, einen Krieg, der uns früher oder später wahrscheinlich bevorstand, antecipendo herbeizuführen«, begegnete er mit »der Überzeugung, daß auch siegreiche Kriege nur dann, wenn sie aufgezwungen sind, verantwortet werden können und daß man »der Vorsehung nicht so in die Karten sehn kann, um der geschichtlichen Entwicklung nach eigner Berechnung vorzugreifen«.[123] Keinen der drei Kriege, denen er sich als politisch Verantwortlicher zu stellen hatte, hat BISMARCK zielgerichtet geplant und herbeigeführt, doch ihre Modalitäten hat er so beeinflußt, daß sie die deutsche Einheit brachten.

F. Das schleswig-holsteinische Kondominium

1. Dissens über die staatsrechtliche Zukunft Schleswigs und Holsteins; der Augustenburger und die preußischen ›Februarbedingungen‹

Nach dem Wiener Frieden vom 30. Oktober 1864 mit Dänemark war die Sicht der deutschen Öffentlichkeit vom weiteren Verlauf der Dinge ebenso einhellig wie illusionär: Der Augustenburger sollte in einem neuen deutschen Mittelstaat Schleswig-Holstein in seine herzoglichen Rechte eingesetzt werden; Preußen und Österreich aber würden sich nach selbstlos vollbrachter Befreiungstat entsagungsvoll zurückziehen.

Die deutschen Großmächte freilich sahen das anders. Bereits vor Beginn der militärischen Operationen gegen Dänemark, am 15. Januar 1864, hatten sie vereinbart, nach einem Sieg nur gemeinsam über die Herzogtümer zu verfügen. Auf eine endgültige Lösung hatten sie sich dabei nicht festgelegt. Dabei blieb es zunächst auch nach der Befreiung der Herzogtümer. Die beiden Mächte übernahmen gemeinsam die Verwaltung des Gebietes, die sie beiderseits zivilen Kommissaren übertrugen.

Ein bereits während des Dänischen Krieges begonnenes diplomatisches Tauziehen um die Zukunft des Kondominiums nahm nun seinen sich verschärfenden Verlauf. BISMARCKS Ziel der Annexion oder einer ihr gleichkommenden augustenburgischen Lösung trat zunehmend deutlich hervor. Die österreichische Politik jedoch setzte einer solchen Vermehrung der preußischen Macht ein augustenburgisches Modell eines neuen, souveränen Mittelstaates entgegen, der sich bei Bedarf im Deutschen Bund gegen Preußen instrumentalisieren ließ. Der Augustenburger selbst hielt es bei dieser Sachlage mit der habsburgischen Seite, auf der er naturgemäß seinen Vorteil sah. Wien hatte ihm bereits zu Beginn des Jahres 1864 nahegelegt, keine Zugeständnisse an Preußen im Sinne von Souveränitätsbeschränkungen zu machen.

Am 1. Juni 1864 kam es zu einer dreistündigen Unterredung BISMARCKS mit dem Augustenburger über die Voraussetzungen, unter denen dieser mit einer Unterstützung Preußens rechnen konnte. Es waren dies im wesentlichen die ›Februarbedingungen‹, die der preußische Kronprinz in seiner o. a. Denkschrift vom 26. Februar 1864 festgelegt hatte und die eine weitgehende Abhängigkeit eines augustenburgischen Schleswig-Holstein von Preußen in militärischer, aber auch in wirtschafts- und zollpolitischer Hinsicht vorsahen. Wohl mit Rücksicht auf den österreichischen Rückhalt zeigte sich der Augustenburger unzugänglich. Die in freundlicher Atmosphäre begonnene Verhandlung endete kühl. Im weiteren Verlauf der Dinge sollte der augustenburgische Erbprinz keine erneute Chance erhalten, Herzog oder Großherzog von Schleswig-Holstein zu werden. Er hatte auf das falsche Pferd gesetzt.

2. Preußisch-österreichische Verhandlungen in Karlsbad und Schönbrunn ohne Ergebnis

Die Bemühungen Preußens und der Donaumonarchie, sich über die Zukunft der Herzogtümer zu einigen, gingen auf höchster Ebene vonstatten. Im Juni 1864 trafen sich König WILHELM I. und Kaiser FRANZ JOSEPH zu Besprechungen in Karlsbad, im August in Wien/Schönbrunn, wo BISMARCK auf Außenministerebene mit dem österreichischen Grafen RECHBERG verhandelte.

Am 22. August 1864 hatte BISMARCK Gelegenheit, die anstehenden Fragen persönlich mit beiden Monarchen zu erörtern. Dabei ging es ihm letztlich um die von der preußischen Politik und von ihm selbst immer wieder alternativ gehegte Hoffnung, die deutsche Frage durch eine die gleichberechtigte, einvernehmliche, gegenseitige Unterstützung einschließende Zweiherrschaft der beiden Führungsmächte über die Nation zu lösen, wobei die Interessensphären durch die Mainlinie abgegrenzt werden sollten, Preußen also in Norddeutschland und damit auch in Schleswig-Holstein freie Hand haben würde. Er habe, so berichtet BISMARCK später über diese Begegnung, die folgenden Worte an Kaiser FRANZ JOSEPH gerichtet: »Zu einer politischen Gemeinschaft geschichtlich berufen, machen wir dynastisch und politisch beiderseits bessere Geschäfte, wenn wir zusammenhalten und diejenige Führung Deutschlands übernehmen, welche uns nicht entgehn wird, sobald wir einig sind. Wenn Preußen und Östreich sich die Aufgabe stellen, nicht blos ihre gemeinsamen Interessen, sondern auch beiderseits jedes die Interessen des andern zu fördern, so kann das Bündniß der beiden deutschen Großstaaten von einer weittragenden deutschen und europäischen Wirksamkeit werden.«[124]

BISMARCK schlug Kaiser FRANZ JOSEPH dann weiter vor, Schleswig-Holstein seiner für Österreich weit abgelegenen geographischen Lage wegen entschädigungslos Preußen zu überlassen. Dafür stellte er – nach Erwähnung österreichischen Interessengebietes im Süden, Italiens und der Lombardei – sinngemäß in Aussicht, daß sich Preußen in einem späteren, umgekehrten Fall als selbstloser Bundesgenosse erweisen werde. Diese Perspektive sei, so BISMARCK weiter, nicht ohne Eindruck auf FRANZ JOSEPH gewesen, der allerdings auf seine Schwierigkeit hingewiesen habe, angesichts des preußischen Gewinnes von Schleswig-Holstein vor der öffentlichen Meinung in Österreich ohne Äquivalent dazustehen.

Im weiteren Verlauf dieser Unterredung fragte Kaiser FRANZ JOSEPH, ob denn Preußen tatsächlich fest entschlossen sei, die Herzogtümer zur preußischen Provinz zu machen oder ob es mit gewissen Rechten in ihnen (entsprechend den o. a. Februarbedingungen für den Augustenburger) zufrieden sein würde. Diese Frage mußte BISMARCK an seinen König weitergeben, der sich insoweit auch gegenüber seinem Ministerpräsidenten noch nicht unumwunden erklärt hatte. Überrascht und auf eine solche Wendung des Gespräches unvorbereitet, antwortete WILHELM I. zögernd und verlegen, er habe schließlich gar kein Recht auf die Herzogtümer, könne deshalb auch keinen Anspruch auf sie erheben.

Wilhelm I. war Bismarck mit dieser Reaktion recht ungeschickt in den Rücken gefallen und hatte überdies erkennbar werden lassen, daß die preußische Seite selbst noch nicht wußte, was sie eigentlich wollte, daß der Ministerpräsident mit seinem Verhandlungsziel nicht die volle Rückendeckung seines unentschlossenen Königs besaß. Damit war weiteren substantiellen Verhandlungen der Boden entzogen. Die Zukunft Schleswig-Holsteins blieb weiterhin unentschieden. In einer nichtssagenden »Redaction« wurde als Ergebnis der Besprechungen von den beiden diplomatischen Verhandlungsführern Bismarck und Graf Rechberg festgehalten, die beiden deutschen Großmächte seien einig. So waren die Schönbrunner Gespräche gescheitert.

Freilich ist offen, ob die Verhandlungen über einen deutschlandpolitischen Pakt konservativer Solidarität bei einem anderen Verlauf der Unterredung der Monarchen vom 22. August zu einer preußisch-österreichischen Einigung geführt hätten. Bismarcks Vorschlag, Österreich möge Preußen die Elbherzogtümer ohne jegliche konkrete und gegenwärtige Kompensation überlassen und sich mit der bloßen Hoffnung auf ungewisse preußische Bündniswohltaten in der Zukunft zufrieden geben, hatte für ernsthafte Verhandlungen allenfalls den Charakter einer Ausgangsposition. Auf der anderen Seite standen im österreichischen Forderungskatalog preußische Gegenleistungen für die Überlassung der Herzogtümer, über die Preußen zwar verhandeln, auf die es sich jedoch letztlich kaum ernsthaft einlassen konnte: Gebietsabtretungen in Schlesien nämlich und dazu die vertragliche Zusicherung Preußens, die Donaumonarchie bei der Rückgewinnung der im Italienischen Krieg verlorenen Lombardei zu unterstützen. Erstere Forderung, ein besonderes Anliegen Kaiser Franz Josephs, widerlief dem preußischen Selbstverständnis, letztere bedeutete Krieg der konservativen deutschen Mächte gegen Frankreich und den italienischen Nationalstaat für ein kraß reaktionäres Ziel.

Bismarck konnte aber einen daraus folgenden völligen Bruch mit der nationalen und liberalen Bewegung in Deutschland schon mit Rücksicht darauf nicht wollen, daß er auf diese für die Alternative einer antiösterreichischen Machterweiterung Preußens und einer kleindeutsch-preußischen Lösung der deutschen Frage angewiesen blieb. Diese Alternative würde sogleich nach einem etwaigen Auseinanderbrechen einer preußisch-österreichischen Doppelspitze wieder ihre Aktualität gewinnen. Nach alledem bleibt ein Erfolg der Schönbrunner Gespräche auch bei größerem Verhandlungsgeschick Wilhelms I. zweifelhaft.

Die kleindeutsch-preußische Alternative war in der Euphorie des ausnahmsweise zustande gekommenen Zusammengehens mit Österreich im Falle des Dänischen Krieges in Bismarcks Denken und Handeln zwar in den Hintergrund getreten. Auf das Ganze gesehen, bildete sie jedoch den Hauptstrang seiner preußischen Interessenpolitik, die zugleich seine Deutschlandpolitik war. Er hatte sie auch jetzt keineswegs völlig aus den Augen verloren: Als König Wilhelm ihm zu Weihnachten 1864 einen Stab geschenkt hatte, stattete Bismarck seinen Dank ab, indem er wünschte, »daß Euer Majestät Stab in deutschen Landen blühen werde wie der

Stecken Aarons laut dem 4. Buch Mosis im 17. Kapitel, und daß er zur Not sich auch in die Schlange verwandeln werde, welche die übrigen Stäbe verschlingt, wie es im 7. Kapitel des 2. Buches erzählt ist«.[125] Diesen ebenso bibelfest-poetischen wie handfest preußisch-deutschen Wunsch ergänzte ein am 20. Februar 1865 in gleicher deutschlandpolitischer Richtung von Bismarck geprägtes Bild: »Wenn es einmal Sturm gibt, wird es sich zeigen, daß wir auf hohen Wellen besser schwimmen können als andere Leute.«[126]

Der Dissens zwischen Bismarck und seinem König während der Schönbrunner Gespräche mag Anlaß zu der allgemeineren Überlegung geben, ob die Rolle Wilhelms I. in der preußischen und deutschen Politik mindestens des ersten Jahrzehntes der Bismarck-Zeit von der modernen Geschichtsschreibung nicht unterschätzt wird. Wilhelm war nicht, wie schon Zeitgenossen spotteten, die Uhr, die von Uhrmacher Bismarck allmorgendlich aufs neue aufgezogen werden mußte. Die politische Macht lag nicht nur theoretisch, sondern auch tatsächlich beim Monarchen. Bismarcks Macht leitete sich von diesem her, stets rücknehmbar und widerruflich. Die persönliche Macht des Ministerpräsidenten beruhte ausschließlich in seiner Überzeugungskraft und in seiner auf Leistung und Erfahrung beruhenden Autorität, die auf den König wirkten und ihn in eine gewisse Abhängigkeit brachten. Der durchaus eigenwillige König und Kaiser Wilhelm I. war, wie das Schönbrunner Beispiel zeigt, jedenfalls keineswegs nur eine Marionette in Bismarcks Händen. Der dennoch zumeist erzielte Gleichklang folgte aus übereinstimmenden Sichtweisen und Grundanschauungen und der überzeugenden Treue und Selbstlosigkeit, mit der Bismarck seine Person und seine hohen Fähigkeiten in den Dienst der Monarchie stellte.

3. Wachsende preußisch-österreichische Spannungen wegen der Elbherzogtümer

Im Herbst 1864 wurden Bismarcks Bemühungen, mit Österreich zu einer Übereinkunft in der Frage der Elbherzogtümer zu kommen, durch einen zusätzlichen, wirtschaftspolitischen Konflikt konterkariert, der ebenfalls die deutschlandpolitische Rivalität der beiden Mächte widerspiegelte. Wie vereinbart, wurde über die Erneuerung des Zoll- und Handelsvertrages vom 19. Februar 1853[127] verhandelt. Die österreichische Seite bestand darauf, auch in den neuen Vertrag die frühere Klausel aufzunehmen, daß nach 12 Jahren – der vorgesehenen Laufzeit des Vertrages – erneut über den Eintritt in den Zollverein verhandelt werden solle. Wien wollte sich hierdurch die Möglichkeit, dem Zollverein beizutreten, weiterhin offenhalten. Gegen Bismarcks Willen wurde das Ansinnen durch das preußische Handelsministerium endgültig abgelehnt. Auf österreichischer Seite bedeutete dies eine innenpolitische Niederlage des Außenministers Graf Rechberg, der daraufhin am 27. Oktober 1864 seinen Abschied nahm. Damit hatte Bismarck auf der österreichischen Seite einen Verbündeten verloren, den er von seinem Modell eines einvernehmlichen, gleichberechtigten Dualismus in Deutschland hatte überzeugen können.

Vor Ort, in Holstein, führte die ungeklärte politische Lage bald zu Turbulenzen. Dort standen immer noch, nunmehr wohl gleichsam als Unterpfand der augustenburgischen Lösung, die vor dem Dänischen Krieg zur Bundesexekution entsandten Bundestruppen, obwohl die zwischenzeitliche Entwicklung der Dinge die politischen und rechtlichen Voraussetzungen dieser Maßnahme längst hatte entfallen lassen. Die Verletzung von Bundesrecht in Holstein durch den Dänenkönig war Geschichte geworden, seitdem dieser besiegt und die Herzogtümer als Kondominium von preußischen und österreichischen Truppen besetzt waren.

Nun gab es Reibereien der Bundestruppen mit preußischem Militär und, angeregt durch die Anwesenheit der Bundestruppen, auch pro-augustenburgische Unruhen in der Zivilbevölkerung. Noch einmal kam es zu einer gemeinsamen Aktion der beiden Großmächte im Bund: Am 1. Dezember 1864 beantragten sie die Beendigung der Exekution in Holstein. Preußen drohte zudem, zur ›Selbsthilfe‹ zu schreiten. Mit der knappen Mehrheit von 9 gegen 6 Stimmen wurde der Antrag am 5. Dezember angenommen.

Anfang 1865 verhärteten sich die preußisch-österreichischen Fronten. Preußen verschärfte seine ›Februarbedingungen‹, unter denen es einer augustenburgischen Lösung zuzustimmen bereit war. Es forderte nun die Integration der Streitkräfte des künftigen Schleswig-Holstein in die preußische Armee nebst Einführung der allgemeinen Wehrpflicht. Es verlangte ferner für sich die Orte bzw. Festungen Düppel-Sonderburg, Rendsburg, Friedrichsort und Kiel, letzteres als Marinebasis, und das Recht, einen Kanal zwischen Nord- und Ostsee anzulegen. Außerdem bestand es auf dem Anschluß des schleswig-holsteinischen Zoll-, Telegraphen- und Postwesens an Preußen. Am 22. Februar 1865 wurde der preußische Gesandte in Wien angewiesen, diese Bedingungen, die freilich von einer augustenburgischen Souveränität über das evetuell zu errichtende neue Großherzogtum wenig übrig ließen, der österreichischen Regierung förmlich mitzuteilen. Diese wies eine solche Quasi-Annexion durch Preußen am 27. Februar 1865 zurück.

Im Gegenzug zu der preußischen Initiative unternahm Wien mit Rückendeckung der Mittelstaaten einen Vorstoß im Deutschen Bund zugunsten eines selbständigen, von Preußen unabhängigen augustenburgischen Nordstaates. Am 27. März 1865 stellte nicht Österreich selbst, sondern der Mittelstaat Bayern den mit Wien abgestimmten Antrag, der Bund möge Preußen und Österreich gegenüber die »vertrauensvolle Erwartung«[128] aussprechen, daß sie Holstein dem Augustenburger übergeben und den Bund ihre Entschließung über Lauenburg wissen lassen würden. Eine solche Erklärung des Bundes hätte das Bundesmitglied Preußen, wäre es ihr nicht entgegengetreten, auf eine bedingungslose Hinnahme jedenfalls eines selbständigen augustenburgischen Holstein festgelegt.

Dem preußischen Begehren, den Antrag an einen Ausschuß zu verweisen, folgte der Bund nicht, sondern beschloß, nach acht Tagen über ihn abzustimmen. Der preußische Vertreter von Savigny erklärte darauf für seine Regierung, daß diese von der »vertrauensvollen Erwartung« nicht erfüllt sei. Preußen verwies auf hohenzollernsche und oldenburgische Erbansprüche hinsichtlich der Herzogtümer und nahm den Standpunkt ein, das augustenburgische Erbrecht sei durch den Verzicht des Herzogs Christian im Jahre 1852 erloschen. Überdies schuf Wilhelm I. vollendete Tatsachen: Er verlegte die preußische Marinebasis von Danzig nach Kiel. Hingegen schürte Österreich im Norden die antipreußische, augustenburgische Unruhe in der Bevölkerung, unterstützt von einer entsprechend eingestellten örtlichen Verwaltung. Streit gab es dort auch um die Einberufung einer Ständeversammlung.

Eine preußisch-österreichische Einigung über Schleswig-Holstein und ein deutschlandpolitisches Zusammengehen insgesamt war nun in weite Ferne gerückt. Das diplomatische Gezerre hatte die Geduld Wilhelms I. strapaziert. Er machte sich nun endlich doch Bismarcks Ziel der Annexion der Herzogtümer zu eigen und beschloß, diese Politik zu betreiben, ohne Rücksicht auf das Risiko eines Krieges gegen Österreich zu nehmen. Am 29. Mai 1865 traf der preußische Kronrat einen entsprechenden Entscheid.

Dies war eine Abkehr der preußischen Politik von der offenbar nicht zu verwirklichenden Idee der einvernehmlichen, gleichberechtigten Zweiherrschaft der konservativen Mächte. Die Zeichen wiesen in die Richtung einer kleindeutschen Lösung im Konflikt mit Österreich. Bismarck bereicherte dieses Modell um eine neue Variante: Er suchte – allerdings vergeblich – Bayern als Juniorpartner zu gewinnen, mit dem Preußen die Macht in einem Deutschland ohne Österreich teilen könne. Bayern, so meinte er, sei der natürliche Bundesgenosse Preußens und könne auch militärisch eine führende Position im süddeutschen Raum einnehmen.

4. Innenpolitische Spannungen in Preußen

Während das preußisch-österreichische Verhältnis in der ersten Hälfte des Jahres 1865 auf die Krise zutrieb, bot auch die preußische Innenpolitik ein nicht eben friedliches Erscheinungsbild. Im preußischen Landtag war von einem Umdenken angesichts des nationalen Erfolges Bismarcks in Schleswig-Holstein wenig zu spüren. Vielmehr hatte man sich im Parlament geradezu hoffnungslos in eine Haltung fundamentaler Verneinung verrannt. Hatte die nationale und liberale Bewegung beispielsweise die Schaffung deutscher Seestreitkräfte zu einem ihrer vornehmsten Ziele erhoben, das sie mit schwärmerischem Enthusiasmus verfolgte, so lehnte der Landtag doch eine Anleihe von 10 Millionen Talern für die preußische Marine, insbesondere für den Kriegshafen Kiel und den Jadebusen ab, die in der Folge der im Norden gewonnenen neuen Stellung ausgebaut werden mußten.

Dabei waren die Parlamentarier keineswegs zu Marinegegnern oder zu antipreußischen Pazifisten mutiert. Uneingestandenermaßen einziger Grund der

Ablehnung war vielmehr, daß der Antrag von der Regierung BISMARCK gestellt wurde. Dementsprechend wurden die Mittel für Vorarbeiten an einem Nordostseekanal ebenso verweigert, wie die Finanzierung der Kosten des Dänischen Krieges aus Überschüssen der Jahre 1863/64 nicht genehmigt wurde. Nicht einmal Mittel für den auswärtigen Dienst zur Deckung der Kosten von Gehaltserhöhungen wurden bewilligt. Persönliche beleidigende Äußerungen rundeten das Bild ab; BISMARCK forderte den Abgeordneten Dr. VIRCHOW zum Duell – ein Spektakel, das der Mit- und Nachwelt freilich erspart blieb. »Diesem Ministerium keinen Groschen!« so lautete die einfache Richtschnur dieses Landtages. Gleichwohl mußte regiert werden; das Ministerium BISMARCK mußte die nach seinem Ermessen erforderlichen Ausgaben weiterhin ohne Genehmigung tätigen. Nicht zu Unrecht bezeichnete BISMARCK die Trotzhaltung der parlamentarischen Mehrheit als »impotente Negative«.[129]

Ein um das andere Mal demonstrierte der Landtag so seine in dieser krassen Form freilich selbstverschuldete völlige Machtlosigkeit. Der preußischen Öffentlichkeit wurde ein Schauspiel geboten, in dem das Parlament unfähig war, sich gegen König und Regierung auch nur annähernd zu behaupten, und es drängte sich die Frage auf, wozu eine solch kostspielige Institution wie der Landtag denn überhaupt tauge. Über BISMARCKS Defizite in liberaler Richtung und im Umgang mit Parlament und Verfassung ist viel geschrieben worden. Das Bild bedarf der abrundenden Ergänzung durch den Hinweis, daß auch der preußische Landtag jener Zeit wohl kaum zur Entwicklung konstitutioneller, parlamentarisch-demokratischer Staatlichkeit in Preußen und in Deutschland beigetragen hat.

5. Der Vertrag von Gastein: Bismarcks letzter Versuch einer einvernehmlichen dualistischen Lösung

BISMARCK wollte es trotz des Kronratsbeschlusses vom 29. Mai 1865 noch nicht zur militärischen Entscheidung des deutschen Dualismus kommen lassen. Er hielt die tatsächlichen Möglichkeiten, mit Wien doch noch zu einer einvernehmlichen Doppelführung der deutschen Nation zu gelangen, noch nicht für ausgeschöpft – eine Illusion, die wohl auf seiner eigenen emotionalen Wertschätzung für diese Lösung der deutschen Frage beruhte.

Den Durchbruch insoweit sollten Verhandlungen über die Zukunft der Elbherzogtümer mit Österreich in Gastein bringen. Doch war zunächst weiterhin Krieg in Sicht. »Mit dem Frieden sieht es faul aus; in Gastein muß es sich entscheiden«,[130] schrieb BISMARCK am 12. Juli 1865 an seine Schwester. Am 21. Juli hielt der preußische König Kabinettsrat, um die Marschroute für die Gasteiner Verhandlungen festzugelegen. Da ein Scheitern der Konferenz den Krieg bedeuten würde, wurde beschlossen, für einen solchen Fall die französische und die italienische Haltung zu sondieren. Von Frankreich erhoffte man sich Neutralität, von Italien militärischen Beistand gegen dessen österreichischen Erzfeind. Doch konnte weder der nach Florenz entsandte Diplomat USEDOM noch Botschafter VON DER GOLTZ aus Paris mit in diesem Sinne ermutigenden Nachrichten aufwarten. Um so mehr galt es, bei den bevorstehenden Verhandlungen zu einer Übereinkunft zu kommen.

Ein innenpolitisches Ereignis in Wien verbesserte BISMARCKS Aussichten auf einen Ausgleich in Gastein: Am 27. Juli 1865 trat der österreichische Ministerpräsident Ritter VON SCHMERLING zurück. Ehemals Abgeordneter der Frankfurter Paulskirche, hatte er, unter großdeutsch-liberaler Flagge segelnd, seit 1860 die letztlich auf den Fürsten SCHWARZENBERG zurückgehende hegemoniale und reaktionäre habsburgische Deutschlandpolitik betrieben, deren Ziel gegenüber Preußen dessen Verdrängung auf einen zweiten Platz im Deutschen Bunde war. Er war der Schöpfer des Konzeptes einer Bundesreform, das Kaiser FRANZ JOSEPH auf dem Frankfurter Fürstentag von 1863 hatte durchsetzen wollen. An SCHMERLING war letztlich auch der inzwischen zurückgetretene Wiener Außenminister Graf RECHBERG gescheitert, der zu einem Ausgleich mit Preußen in BISMARCKS Sinne bereit gewesen war und die gemeinsame militärische Aktion in Schleswig-Holstein mitgetragen hatte. In der Frage der Zukunft der norddeutschen Herzogtümer hatte SCHMERLING im Verein mit der überwältigenden Mehrheit des deutschen Liberalismus entschieden einen neuen, souveränen und von Preußen unabhängigen augustenburgischen Mittelstaat befürwortet.

SCHMERLINGS Nachfolger hingegen, ein Graf aus Mähren namens BELCREDI, huldigte klerikal-feudalen, konservativen Ordnungvorstellungen und war frei von großdeutsch-liberalen Ressentiments gegen Preußen. Dies mochte jedenfalls die atmosphärische Ausgangslage für eine Einigung in Gastein verbessern. Österreichs Verhandlungsführer dort war der in Wiener Diensten stehende holsteinische Graf BLOME, ein Diplomat, der nicht unbedingt zu den Freunden des Augustenburgers zählte. Auf habsburgischer Seite fielen im übrigen die Kosten eines Krieges angesichts der chronisch notleidenden Staatskasse als friedensförderndes Argument eigener Art in die Waagschale.

Angesichts solch günstiger Vorbedingungen war die Konferenz von Erfolg gekrönt. Am 14. August 1865 schlossen Preußen und Österreich den Vertrag von Gastein. Schleswig und Holstein wurden provisorisch zum Zweck getrennter Verwaltung geteilt. Preußen erhielt Schleswig, Österreich sollte Holstein in Besitz nehmen, ohne daß indes ein klarer staatsrechtlicher Status der Herzogtümer festgelegt wurde. Ein nicht näher bestimmtes gemeinsames Recht der Vertragschließenden sollte bestehen bleiben. Lauenburg wurde Preußen zugeschlagen; Österreich verzichtete insoweit auf seine Rechte. Das wohlhabende Preußen zahlte dafür 2 ½ Millionen Taler an die bedürftige Wiener Staatsschatulle. Es erhielt überdies Rendsburg und den Kieler Hafen, die es zuvor schon von dem Augustenburger gefordert hatte. Formell sollte Kiel Bundeshafen sein, militärisch und polizeilich aber unter preußischem Kommando stehen.

In der deutschen Öffentlichkeit stieß die Vereinbarung verbreitet auf Entrüstung. Wieder waren der Augustenburger, des deutschen Liberalismus Hätschelkind, und die schleswig-holsteinischen Stände nicht zu ihrem Recht gekommen. Die »op ewig ungedeelten« Herzogtümer waren nun doch, wenn auch nur verwaltungsmäßig, geteilt worden, die konservativen deutschen Großmächte hatten sich dort festgesetzt und ihre Macht auf Kosten des Selbstbestimmungsrechtes der Schleswiger und Holsteiner erweitert. Den ›Verkauf‹ Lauenburgs an Preußen sah man als dubiosen Kuhhandel an.

Aber auch außerhalb der deutschen Grenzen erhob sich Protest gegen den Vertrag: NAPOLEON III., der gehofft hatte, mit dem aufziehenden Krieg zwischen Preußen und der Donaumonarchie sei nun endlich die Stunde seiner hegemonialen Träume gekommen, sah sich durch den in Gastein erzielten Ausgleich bitter enttäuscht. In einem Rundschreiben vom 29. August 1865, das der französische Außenminister an die ihm unterstellten Gesandten richtete, wurde die Übereinkunft heftig angegriffen. NAPOLEONS III. anschließende Distanzierung von diesem Schreiben wirkte wenig glaubhaft.

Nach dem Beschluß des preußischen Kronrates vom 29. Mai 1865 wäre die Entwicklung, hätte BISMARCK den Dingen ihren Lauf gelassen, sicherlich sehr schnell auf einen Kriegsausbruch hingetrieben. Was hatte den preußischen Ministerpräsidenten motiviert, in den vorgezeichneten Ablauf einzugreifen und auf einen Ausgleich in Gastein hinzuarbeiten? Die Situation sei für einen Krieg aus BISMARCKS Sicht noch nicht günstig gewesen, schreiben Historiker. Außenpolitisch hätten eine französische Neutralitätszusage und ein militärischer Pakt mit Italien gefehlt. Überdies sei die pro-augustenburgische öffentliche Meinung in Deutschland gegen einen Krieg und gegen das preußische Ziel einer Annexion der Fürstentümer eingestellt gewesen.

Nach dieser Auffassung hätte BISMARCK also den Krieg gewollt und ihn lediglich aus taktischen Gründen kurzfristig aufgeschoben. Doch überzeugen die Argumente wenig, denn bald darauf, im Sommer 1866, ließ BISMARCK es zum Krieg kommen, obwohl Preußen keine Neutralitätszusage NAPOLEONS III. besaß. Im übrigen wurde wegen der französischen und italienischen Haltung erst unmittelbar vor der Konferenz von Gastein aufgrund des Beschlusses des preußischen Kabinettsrates vom 21. Juli 1865 auf Diplomatenebene sondiert. Hätte BISMARCK den Krieg zu dieser Zeit tatsächlich gewollt, so hätte er das Problem der außenpolitischen Absicherung vermutlich selbst und so rechtzeitig in die Hand genommen, wie er es wenige Monate später vor Ausbruch des Krieges von 1866 tatsächlich – und im Falle Italiens mit Erfolg – getan hat.

Und die öffentliche Meinung in Deutschland? Sie war vor dem Kriegsausbruch 1866 gegenüber einem preußisch-österreichischen Waffengang und einer Annexion der Herzogtümer durch Preußen keineswegs günstiger gestimmt als 1865. Dies hielt BISMARCK 1866 jedoch nicht davon ab, sich der militärischen Entscheidung zu stellen.

Oder hegte er die Erwartung, durch die Gasteiner Verhandlungen ohne Blutvergießen zu nennenswerten Erfolgen für Preußen zu kommen? Messen wir die

Erwartung am erzielten Ergebnis: Die Aufteilung der Herzogtümer in Verwaltungszonen verringerte zwar die Reibungsflächen zwischen den Mächten, wirkte konfliktvermeidend, brachte jedoch keinen Gebiets- oder Machtzuwachs für Preußen. Der Kauf von Lauenburg war eher ein Neben- und Zufallsprodukt der Gasteiner Verhandlungen und hatte überdies seinen erheblichen finanziellen Preis. Und der Kriegshafen Kiel befand sich ja ohnehin bereits fest in preußischer Hand, seitdem WILHELM I. seine Danziger Marinebasis dorthin hatte verlegen lassen. Was also motivierte BISMARCK dazu, den drohenden militärischen Konflikt zu verhindern und der Gasteiner Vereinbarung den Vorzug zu geben?

Der Gasteiner Vertrag, den er als wichtigen Schritt zu einer preußisch-österreichischen Zweiherrschaft in Deutschland unter Teilung in eine nördliche und eine südliche Interessensphäre ansah, zählt vielleicht zu den wenigen Ungereimtheiten in BISMARCKS politischem Lebenswerk. Zu jener Zeit schien er voller Zuversicht, eine solche einvernehmlich dualistische Lösung der deutschen Frage auf dem Verhandlungsweg erreichen zu können – und dies, obwohl er seit 1851 zunächst als preußischer Gesandter am Bundestag und später als Ministerpräsident persönlich und unmittelbar die im Großen und im Kleinen immer wieder bestätigte Erfahrung hatte machen müssen, daß Wien beharrlich und entschlossen die alleinige Hegemonie im deutschen Raum anstrebte, Preußen auf den zweiten Platz zu verdrängen suchte und es keineswegs als gleichberechtigte deutsche Führungsmacht neben sich zu dulden bereit war.

Dieser Erfahrung war sich BISMARCK auch voll bewußt, hat er sie doch immer wieder in verschiedenen Zusammenhängen formuliert. Er wußte auch, daß nationale Kategorien in den politischen Entscheidungen der Donaumonarchie die Bedeutung von Lippenbekenntnissen und verbalen Zugeständnissen an den Zeitgeist nicht überschritten. Auch aus diesem Grund konnte das nationale Modell eines preußisch-österreichischen Bündnisses zur Regelung der deutschen Angelegenheiten, einer doppelten Führungsspitze Deutschlands, kein eigentliches Ziel habsburgischer Politik sein. Für diese gab es keine deutsche Frage, die zur Lösung anstand. Deutschland war für die Donaumonarchie immer nur Objekt der Machtpolitik und hegemonialer Wünsche wie jedes andere Land, das sie beherrschte oder zu beherrschen trachtete. BISMARCK selbst hatte noch am 24. Dezember 1863 von der »Komödie« geschrieben, »die es [Österreich] mit deutschen Sympathien spielt«.[131]

Das erfolgreiche preußisch-österreichische Zusammengehen im Konflikt mit Dänemark hingegen, das er selbst nur mit äußerstem politischem Geschick hatte bewerkstelligen können und das ersichtlich Ausnahmecharakter besaß, motivierte BISMARCK zu einer nahezu euphorisch anmutenden Neubelebung seiner Hoffnungen auf einen harmonischen Dualismus. Wenn Preußen und Österreich einig seien, so seien sie Deutschland, betonte er in seiner damaligen Stimmungslage. Seien sie uneinig, so bestehe Deutschland politisch überhaupt nicht. Seien sie aber einig, so gebühre ihnen die Führung. In kriegerischen Zeiten komme es einem Verrat an der deutschen Sache gleich, neben dem preußisch-österreichischen ein anderes Deutschland aufzustellen. Nicht auf die staatliche Einheit, sondern auf die deutsche Einigkeit komme es an. Deren einzig mögliche Grundlage aber sei die Einigkeit der deutschen Großmächte.

Bismarck schien, unbeschadet seiner zwischenzeitlich mit der Donaumonarchie ständig gemachten trüben Erfahrungen, ganz zur Linie seiner berühmten Olmütz-Rede vom 3. Dezember 1850 zurückgekehrt zu sein: Zu einer deutschlandpolitischen Vorstellung, nach der in deutschen Landen »dasjenige, was Preußen und Österreich nach gemeinschaftlicher unabhängiger Erwägung für vernünftig und politisch richtig halten, durch die beiden gleichberechtigten Schutzmächte Deutschlands gemeinschaftlich ausgeführt« werden solle.

Das Modell eines von den einigen und gleichberechtigten Monarchien Preußens und Österreichs geführten Deutschland muß Bismarck in irrationalen Schichten fasziniert haben. Anders ist es kaum zu erklären, daß er, der sonst so rationale, realitätsbezogene Machtpolitiker, sich an diesem Gedanken aus Anlaß eines einzigen gelungenen gemeinsamen Unternehmens entgegen der eigenen sachlich fundierten Einsicht festklammerte. Der konservativ-patriarchalische, monarchische Teil seiner politischen Persönlichkeit, der älter und tiefer verwurzelt war als sein eher unwirsches Arrangement mit dem Liberalismus, war in diesem Modell beheimatet, fand hier ein Betätigungsfeld; desgleichen der rückwärtsgewandte Wunsch nach dem Kampf gegen die Revolution, nach der aus seiner Sicht heilen Welt einer unangefochten monarchisch-christlichen Staats- und Gesellschaftsordnung, in der alles und jeder seinen festen, gottgewollten Platz hatte. Seine vorrationalen politischen Lebensziele, die Mehrung der Macht der preußischen Krone und die Lösung der deutschen Frage, erschienen ihm im dualen Modell fraglos verwirklichbar. Für den preußischen Patrioten waren eine unangefochtene Hegemonie im norddeutschen Raum und die gleichberechtigte Teilhabe an der Führung Deutschlands als Ganzen durchaus zufriedenstellende Aussichten. Ebenso konnte der nationale, deutsche Patriotismus Bismarcks, der sich aus anderen Wurzeln speiste als derjenige des Liberalismus, in der konservativen Doppelspitzenlösung der deutschen Frage ein Wunschziel finden.

Ein auf österreichisch-preußischem Bündnis beruhender, gemeinsam und gleichberechtigt gelenkter deutscher Block, an seinen Außengrenzen markiert von Königsberg und dem Belt, von der Adria und dem Schwarzen Meer, würde in sich autonom und seiner Stärke wegen von keiner der damaligen Nachbarmächte angreifbar sein. Dies war eine Vision, die – allerdings vorwiegend in ihren macht- und außenpolitischen Aspekten – seit langem auch jene großdeutschen Liberalen fasziniert hatte, die sich bei ihrem Konzept eines künftigen Deutschland nicht auf die deutschen Stämme beschränken, sondern das Herrschaftsgebiet der Donaumonarchie ungeschmälert mit einbeziehen wollten. Eine deutsche Rolle des habsburgischen Reiches unter Einschluß seiner ausländischen Besitzungen hatte Bismarck schon eineinhalb Jahrzehnte vorher in seiner Olmütz-Rede vom 3. Dezember

1850 gesehen. Österreich sei, so hatte er damals betont, nicht Ausland. Sein Monarch sei Erbe einer langen Reihe von deutschen Kaisern. Es habe nur das Glück, fremde Völkerstämme zu beherrschen, die in alter Zeit durch deutsche Waffen unterworfen worden seien.

Widersprüchlich und illusionär waren diese Vorstellungen BISMARCKS im Jahre 1865 nicht nur, weil er nur zu gut wußte oder wissen mußte, daß sie angesichts der langfristigen Grundlagen der österreichischen Deutschlandpolitik jener Jahre keine Aussicht auf Verwirklichung besaßen. Der Realpolitiker BISMARCK dürfte überdies kaum verkannt haben, daß die vorrevolutionären Ordnungsvorstellungen von Staat und Gesellschaft, auf denen seine deutsche Welt im gemeinsamen Kampf der beiden konservativen Mächte gegen die Revolution wieder aufgebaut werden sollte, längst der Vergangenheit angehörten, daß sie durch den Gang der Geschichte überholt und nicht zukunftsfähig waren.

Seit Jahren hatte er, schon im Hinblick auf eine in welcher endgültigen Form auch immer sich abzeichnende kleindeutsch-preußische Lösung der deutschen Frage die Annäherung und die Versöhnung mit dem Liberalismus gesucht, denn er wußte letztlich, daß die Zukunft nicht mit den alten Eliten nach Art der ostelbischen feudalistisch-konservativen Agrarier gestaltet werden würde. In ganz Europa kam es jetzt und künftig rein praktisch auf Dinge an, für die der Liberalismus in allen seinen Facetten stand: auf freien und großräumigen Handel und Wandel auf nationalstaatlicher und internationaler Ebene, auf ungehinderten Ausbau und technische Fortentwicklung freier Verkehrs- und Transportwege, auf die Förderung der naturwissenschaftlich-technischen Entwicklung, auf freie Expansion einer nationalen, international konkurrenzfähigen Industrie, auf freies Unternehmertum und Konzentration von Kapital und wirtschaftlicher Macht, auf Strategien zur Lösung der sozialen Konflikte der neuen Zeit. Dies war nicht mehr die feudalistische, obrigkeitsstaatliche, agrarische Welt der Herren von Gottes Gnaden und deren getreuer und demütiger Untertanen.

Und doch hat sich BISMARCK – was zuletzt insbesondere im Zusammenhang mit dem Vertrag von Gastein sichtbar wird – bis zur endgültigen Entscheidung für die kleindeutsche Lösung im Jahre 1866 nicht von einem deutschlandpolitischen Modell zu trennen vermocht, das strukturell ohne Zukunft war. Die politische Mehrgleisigkeit BISMARCKS, seine Tendenz und Fähigkeit, immer mehrere Lösungsmöglichkeiten für ein Problem im Auge zu behalten, beruhte zunächst und in erster Linie auf seiner Weitsicht und Klugheit. Doch deutet dieser Zug anscheinend auch auf eine innere Zwiespältigkeit, die aufzulösen ihm nicht immer gelang. So schrieb er im August 1864, nach dem preußisch-österreichischen Erfolg gegen Dänemark: »Faust klagt über die zwei Seelen in seiner Brust; ich beherberge aber eine ganze Menge, die sich zanken. Es geht da zu, wie in einer Republik. . . Das meiste, was sie sagen, teile ich mit. Es sind da aber auch ganze Provinzen, in die ich nie einen anderen Menschen werde hineinsehen lassen.«[132]

6. Nach Gastein: Wien auf altem Konfrontationskurs

Der Gasteiner Vertrag erwies sich schnell, wie nicht anders zu erwarten gewesen war, als »verlor'ne Liebesmüh'« BISMARCKS, verschaffte kaum eine Atempause im preußisch-österreichischen Konflikt, denn die Wiener Hofburg, sekundiert von den Mittelstaaten und weiten Teilen der liberalen öffentlichen Meinung, setzte unverdrossen ihre antipreußische Schleswig-Holstein-Politik fort, als hätte es die Vereinbarung vom 14. August 1865 nie gegeben.

Der Bundestag in Frankfurt diente weiter als Forum pro-augustenburgischer Betriebsamkeit im Sinne der von der Donaumonarchie angestrebten Lösung. Man forderte die Einberufung der schleswig-holsteinischen Stände und die Aufnahme Schleswigs in den Deutschen Bund, das diesem, anders als Holstein, bisher nicht angehört hatte. Der österreichische Statthalter in Holstein, VON DER GABLENZ, ließ dort eine »herzogliche Regierung« schalten und walten und begünstigte die von der Presse und zahlreichen öffentlichen Institutionen wie privaten Initiativen getragene Dauerkampagne für den »rechtmäßigen Erben und Landesherrn«, den in Kiel residierenden augustenburgischen Erbprinzen FRIEDRICH. Auf einer Massenkundgebung am 23. Januar 1866 in Altona forderte die Volksmenge die Einberufung der Stände und brachte ein Hoch aus auf den »rechtmäßigen, geliebten Herzog Friedrich«.

Daß diese Politik Wiens den preußischen Annexionsplänen zuwiderlief, versteht sich von selbst. Sie verstieß aber nicht minder gegen Geist und Buchstaben des Gasteiner Abkommens, nach dem zwar die Verwaltung geteilt war, mit dem beide Mächte einander aber die gemeinsamen Rechte an beiden Herzogtümern bestätigt hatten. Das habsburgische Vorgehen, das faktisch auf die Errichtung eines augustenburgischen Herzogtums zunächst in Holstein hinauslief und mit dem letztlich die Bildung eines neuen, unabhängigen, mittelstaatlichen Bundesmitgliedes Schleswig-Holstein im Norden Deutschlands gegen den Willen Preußens angestrebt wurde, verfügte und entschied einseitig über das Kondominium und war unvereinbar mit dem kurz zuvor abgeschlossenen Vertrag.

Darüber hinaus aber hatte die Donaumonarchie mit dieser Politik zugleich ihre alte offensive Mitteleuropa-Strategie erneut wieder aufgenommen. Im Kern ging es auch im jetzigen Stand des preußisch-österreichischen Konfliktes weniger um die Elbherzogtümer als vielmehr um die deutsche Frage. Die vordergründige Absicht Wiens, im Verein mit den Mittelstaaten und geographisch im Rücken Preußens ein neues, unabhängiges Großherzogtum entstehen zu lassen, war Bestandteil seines größeren deutschlandpolitischen Gesamtkonzeptes eines reaktionären, dezentral und partikularistisch strukturierten Deutschen Bundes unter habsburgischer Hegemonie. Dabei sollte nunmehr das mittelstaatlich-partikularistische Element im Deutschen Bund durch einen weiteren Mittelstaat verstärkt werden.

Geschickt konnte Wien sich dabei auf die um ihre Selbständigkeit besorgten Mittelstaaten, auf antipreußische Ressentiments des nationalen Liberalismus, auf die großdeutschen Nationalliberalen, auf den politischen Katholizismus und nicht zuletzt auf die breite Popularität des Augustenburgers stützen, die diesem in seiner Rolle als Symbolfigur deutschen Selbstbehauptungswillens in der schleswig-holsteinischen Frage durch Geburt und politische Umstände zugefallen war. Das liberale Element in dieser ihr dienlichen Kräftekonstellation konnte durch die Wiener Führungsmacht durch kleinere Zugeständnisse in gemäßigt konstitutioneller Richtung leicht zufriedengestellt werden.

Die agitatorische pro-augustenburgische Massenveranstaltung in Altona vom 23. Januar 1866 hatte einen nachdrücklichen Protest Preußens zur Folge, den Wien nicht weniger nachdrücklich zurückwies. Der österreichische Ministerrat gab seiner Entschlossenheit Ausdruck, einem Krieg nicht auszuweichen. Ein von Wilhelm I. geleiteter preußischer Ministerrat kam daraufhin am 28. Februar 1866 zu dem Ergebnis, daß die Gewinnung der Elbherzogtümer einen Krieg wert sei, auf den man sich außenpolitisch durch Verhandlungen mit Frankreich und Italien vorbereiten müsse, daß aber dennoch auch weiterhin versucht werden solle, zu einer friedlichen Lösung zu kommen.

Angesichts der unbeirrt auf ihren hegemonialen Positionen verharrenden österreichischen Deutschlandpolitik gewann bei Bismarck in den Monaten nach dem Gasteiner Vertrag, ohne daß dies zeitlich genauer fixiert werden kann, die Einschätzung Oberhand, daß die konservative Wunschvorstellung eines einvernehmlichen, gleichberechtigten Dualismus nicht zu verwirklichen, ein Krieg mit Österreich um die Vorherrschaft in Deutschland also nicht mehr zu vermeiden sei. An den Grafen Bernstorff schrieb er am 20. März 1866: ». . . hinter dieser speziellen Frage der Elbherzogtümer steht die deutsche Frage. . . Sie ist wie eine chronische Krankheit, die man auf friedlichem Wege zu heilen versuchen kann und hoffen darf, solange sie nicht durch Komplikation mit anderen Fragen vergiftet wird, die aber sofort und stets akut wird, so oft irgend ein Anlaß die Unhaltbarkeit der gegenwärtigen Zustände und die Gefährdung unserer eigenen Stellung in Deutschland zu Tage treten läßt. Dies ist auch jetzt wieder der Fall.« Da Österreich in den Herzogtümern die Stellung Preußens in ganz Deutschland angreife, führte Bismarck weiter aus, müsse Preußen auf deren Sicherung bedacht sein. Den Versuch, die deutsche Frage im Verein mit Österreich im konservativen Sinne zu lösen, müsse man als gescheitert ansehen.[133]

G. Der innerdeutsche Hegemonialkrieg 1866

1. Die außen- und bündnispolitischen Gegebenheiten im Vorfeld des Krieges

a. Erwartungen und Rolle Napoleons III.

Diese desillusionierte Einschätzung war es wohl, die Bismarck bewog, sich nunmehr persönlich, rechtzeitig und nachdrücklicher als vor dem Vertrag von Gastein für den Kriegsfall um die außenpolitische Absicherung der preußischen Position zu bemühen. Bereits im Oktober 1865 hatte er den französischen Kaiser in Biarritz zu zwei längeren Unterredungen aufgesucht und ein drittes Gespräch mit ihm am 3. November in St. Cloud geführt. Bismarck wollte erfahren, ob und unter welchen Bedingungen Frankreich im Falle eines preußisch-österreichischen Krieges bereit sei, neutral zu bleiben. Napoleon III. zeigte sich »äußerst günstig« gestimmt und billigte eine Erwerbung Holsteins durch Preußen – eine Haltung, die auf der Bismarck bereits bekannten Erwartung des Kaisers beruhte, Preußen könne als Juniorpartner Frankreichs im Norden ein – wenn auch zweitrangiges – maritimes Gegengewicht zur britischen Seemacht werden. In der Kernfrage einer französischen Neutralität hingegen hielt Napoleon III. sich jetzt und auch in den folgenden Monaten bis zum Kriegsausbruch gänzlich bedeckt.

Der Imperator pflegte an Macht- oder Gebietszuwachs bei Frankreichs Nachbarstaaten, oft unabhängig davon, ob Frankreich hierzu beigetragen hatte oder nicht, die Forderung nach »Kompensationen« in Form von Gebietsabtretungen zu knüpfen. »Kompensationen« verlangte er auch sonst bei politischen Übereinkünften jeglicher Art zwischen Frankreich und seinen Nachbarstaaten, selbst wenn sich dies mit Inhalt und Gegenstand der jeweiligen Vereinbarung schon im Ansatz nicht rechtfertigen ließ. Mit Kompensation im Wortsinne – Ausgleichung einer Leistung durch eine Gegenleistung im Sinne eines ›do ut des‹ – hatte dies nur gelegentlich zu tun.

Die »Kompensation« in Napoleons III. Sprachgebrauch, der Sache nach bisweilen eher Schutzgeld oder Bakschisch, war eine euphemistische Wortschöpfung ähnlicher Qualität wie etwa die ›Reunion‹ (›Wiedervereinigung‹), die Bezeichnung Ludwigs XIV. im 17. Jahrhundert zur Bemäntelung des Raubes elsässischer Territorien. Im Verhältnis Napoleons III. zu Preußen und zu Österreich waren vornehmlich die deutschen Rheinlande wiederholt Gegenstand seiner Kompensationsbegehrlichkeiten. Auch in den Verhandlungen mit Preußen, die dem Krieg von 1866 vorangingen, wartete Napoleon III. mit territorialen Wünschen, aber auch Verlockungen auf. So soll er die Teilnahme Frankreichs am Krieg gegen Österreich mit 300 000 Mann auf Preußens Seite angeboten haben, das im Erfolgsfall auf einen deutschen Gebietszuwachs mit einer Bevölkerung von 6 bis 8 Millionen »Seelen« hoffen dürfe. Im Gegenzug solle Preußen einen Landstrich zwischen Rhein und Mosel an Frankreich abtreten.

Die preußische Diplomatie unter Bismarck hatte für derartige Offerten des französischen Kaisers bereits ein gewisses Reaktionsmuster entwickelt: Man pflegte darauf hinzuweisen, daß die Abtretung deutscher Gebiete auf größte Schwierigkeiten stoßen würde. Der König werde nicht einverstanden sein und die Nation empört reagieren. Von dieser Linie wich Bismarck auch bei den Verhandlungen mit Napoleon im Vorfeld des Krieges gegen Österreich nicht ab. Allerdings machte er Napoleon, um diesen nicht zu verstimmen, in allgemeiner Form Hoffnung auf deutsche Gebiete am Rhein. Als er die geweckten Erwartungen später nicht erfüllte, konnte er sich zu Recht und letztlich unwidersprochen darauf berufen, keine konkreten und festen Zusagen gemacht zu haben.

Auch über »Kompensationen« zugunsten Frankreichs auf Kosten luxemburgischen, schweizerischen und belgischen Gebietes verhandelte Napoleon III. zu jener Zeit mit Bismarck, der sich jedoch auch insoweit auf nichts festlegen ließ. Hinter allen diesen in östlicher und nördlicher Richtung ausgreifenden territorialen Ambitionen Napoleons III. stand ein Wunsch, der damals in weiten Kreisen des französischen Volkes lebendig war: die einst von Napoleon I. geschaffene Ostgrenze Frankreichs so weit wie möglich wiederherzustellen.

Napoleons III. weiteres, übergeordnetes Ziel, die Hegemonie über Kontinentaleuropa, schien greifbar nahe, als sich der Krieg von 1866 anbahnte. Wollte er seine Chance nutzen, so mußte er die beiden deutschen Großmächte gegeneinander treiben, deren nach seiner Meinung voraussichtlich langdauernden Krieg sorgfältig beobachten und, wenn die Waagschale sich nach der einen oder anderen Seite zu senken begann, auf der schwächeren Seite eingreifen, den Krieg beenden und den beiden abgekämpften Kontrahenten seinen Willen diktieren.

Insbesondere galt es zu verhindern, daß eine der Kriegsparteien als Siegerin dergestalt gestärkt aus dem Kampf hervorging, daß sie in der Lage war, sich seinem Hegemonialanspruch zu widersetzen. Nur wenn es in diesem Krieg zwei Verlierer gab, war Napoleons Zwecken gedient. Nur dann konnte er auch der Errichtung eines deutschen Nationaltstaates wirksam vorbeugen, die das Ende aller französischen Hoffnungen auf Hegemonie über Europa bedeuten würde.

Bei dieser Gestaltung seiner Interessenlage und seiner Absichten war ihm daran gelegen, daß sich beide Seiten vor Ausbruch des Konfliktes möglichst gleichstark fühlten, so daß keine von ihnen, etwa im Hinblick auf eine offen erklärte französische Neutralitätszusage gegenüber der anderen Seite, sich als so unterlegen ansah, daß sie doch noch vor einem Waffengang zurückschreckte. Eine Neutralitätszusage vor dem Konflikt verbot sich zudem, weil Napoleon sein Verhalten gegenüber den Kriegsparteien ja vom künftigen Verlauf des bevorstehenden Krieges abhängig machen und sich nicht in die Verlegenheit bringen lassen wollte, vor der internationalen Öffentlichkeit an einem zur Unzeit gegebenen Versprechen festgehalten zu werden.

Diese Überlegungen und Motive bestimmten die Politik Napoleons III. gegenüber Preußen und Österreich im Vorfeld des Krieges von 1866. In diesem Sinne

Zu S. 195–220: Der Dänische Krieg 1864 hatte folgende Ursache: Nach dem verlorenen Ersten Schleswig-Holsteinischen Krieg (1848–1851) verpflichtete sich Dänemark, die Herzogtümer Schleswig, Holstein und Lauenburg weiterhin als selbständige Einheiten innerhalb des Gesamtstaates zu behandeln. Dessen ungeachtet bezog die dänische Novemberverfassung von 1863 Schleswig vertragswidrig mit in den dänischen Kernstaat ein. Hier abgebildet. Herzog CHRISTIAN VON SCHLESWIG-HOLSTEIN-SONDERBURG-AUGUSTENBURG.

S. 195–220: Szene aus dem Dänischen Krieg. Österreichische Jäger erstürmen eine Windmühle in Vejle (Hauptstadt der dänischen Region Syddanmar). Gemälde eines unbekannten Malers (Heeresgeschichtliches Museum Wien).

Von oben: Heerführer im Dänischen Krieg 1864. August Karl von Goeben, Edwin von Manteuffel und Friedrich Graf von Wrangel.

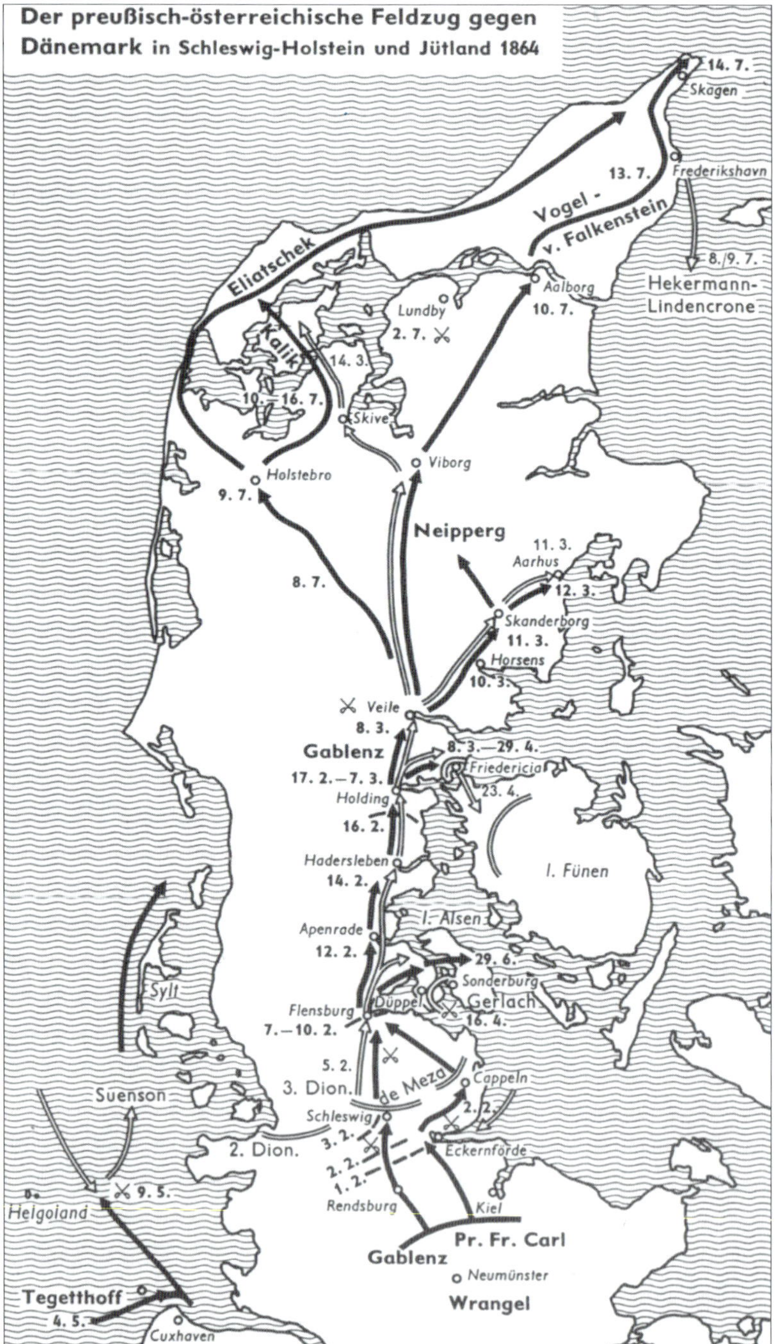

Der preußisch-österreichische Feldzug gegen Dänemark in Schleswig-Holstein und Jütland 1864. Aus: Hans Dollinger (Hg.), *Das Kaiserreich*, Wiesbaden 1966.

Zu S. 212 f.: Die Erstürmung der Düppeler Schanzen am 18. April 1864 gilt als entscheidendes Gefecht im Dänischen Krieg. Zu Beginn der 1860er Jahre hatten die Dänen begonnen, den alten Grenzwall zwischen Dänemark und Deutschland zu einer Verteidigungsanlage auszubauen. Die Hauptlinie der Düppel-Stellung bildeten zehn Schanzen unterschiedlicher Größe und Stärke.

Die Erstürmung der Insel Alsen durch die Preußen, Gemälde von Wilhelm CAMPHAUSEN, 1866. Nach dem Sturm auf die Düppeler Schanzen eroberten die Preußen die Insel Alsen, im Sund zwischen Jütland und der Insel Fünen gelegen und der strategische Schlüssel zu beiden.

Karte der Grenzänderungen durch den Deutsch-Dänischen Krieg – ohne Einbeziehung der Königlichen Enklaven (aus: *Großer Atlas zur Weltgeschichte*, Westermann Schulbuchverlag).

taktierte er gegenüber den beiden Mächten bis kurz vor Kriegsausbruch, spielte sie gegeneinander aus, redete ihnen in den Verhandlungen – selbst oder durch seine Diplomaten – jeweils nach dem Mund und suchte sie zu »Kompensationen« geneigt zu machen, ohne selbst substantielle und verbindliche Erklärungen abzugeben.

b. England und Rußland abseits

Die europäischen Flügelmächte England und Rußland hingegen hielten sich in dem Konflikt zwischen den beiden deutschen Großmächten zurück, auch wenn sie erkannten, daß sich hier eine deutschlandpolitische Entwicklung anbahnte, die Europa verändern und ihre Interessen nachhaltig tangieren konnte. Englands besorgte Blicke richteten sich vornehmlich auf das Frankreich NAPOLEONS III., auf seine unruhestiftenden Hegemonial- und Expansionsbestrebungen. Rußland verhielt sich neutral, gegenüber Preußen eher wohlwollend. An eine Neuauflage der österreichisch-russischen Pressionskoalition von Olmütz war seit dem Zerwürfnis im Krimkriege nicht zu denken. Doch mußte Preußen auch gegenüber dem Zaren auf der Hut sein, denn nicht nur Frankreich, sondern auch Rußland hatte vom deutschen Dualismus stets profitiert und konnte einer Bereinigung dieses vorteilhaften Antagonismus durch ein im Krieg obsiegendes Preußen nicht gleichgültig gegenüberstehen.

c. Militärbündnis mit Italien

Einen militärischen Verbündeten suchte BISMARCK in Italien, dem historisch zum Gegner der Donaumonarchie geradezu prädestinierten neuen Nationalstaat im Süden. Wien hielt in Norditalien noch immer Venetien im Griff, nachdem man ihm die Lombardei im Italienischen Krieg bereits hatte entwinden können. BISMARCK hatte das Terrain bei der Regierung in Florenz – die ›natürliche‹ Hauptstadt Italiens, Rom, hielt Frankreich damals militärisch besetzt – bereits im Spätherbst 1865 vorbereitet. Er brachte einen Handelsvertrag Italiens mit dem Deutschen Zollverein zustande, der am 31. Dezember 1865 unterzeichnet wurde und die italienischen Sympathien für Preußen ungemein steigerte. NAPOLEON III. unterstützte den preußischen Wunsch nach einem Militärbündnis bei seinem italienischen Juniorpartner. Er hielt die Donaumonarchie für die stärkere Militärmacht, so daß es ihm ratsam erschien, Preußen den Rücken durch einen Pakt mit Italien zu stärken, damit es nicht doch noch einem Krieg gegen das Donaureich auswich. Ein Motiv für die Einflußnahme NAPOLEONS auf Italien mag auch darin zu sehen sein, daß er das im Jahre 1859 verfehlte Kriegsziel, auch Venetien zu befreien, nunmehr auf diesem Weg zu verwirklichen hoffte.

Für die Verhandlungen über den Militärpakt in Florenz wurde auf preußischer Seite Anfang März 1866 der Chef des Generalstabes Helmuth Graf VON MOLTKE ausersehen. In der Weisung an diesen vom 12. März 1866 ist ausgeführt: »Die Verhältnisse Deutschlands bedürfen nach dem Verfall, welchen das Ansehen der

Bundesinstitutionen in den letzten Jahren erlitten hat, mehr als je einer den berechtigten Forderungen der Nation entsprechenden Neugestaltung. . . Wir werden uns, wenn der über ein Jahrhundert währende Antagonismus zwischen Preußen und Österreich einmal zum Austrag gebracht wird, nicht mehr mit den geringen Vorteilen, welche uns z. B. der bloße Besitz der Elbherzogtümer bieten könnte, um unserer selbst willen begnügen dürfen, weil dadurch nur eine Reihe fortdauernder Kämpfe und unverminderter Lasten in Aussicht gestellt würde.«[134]

Dies waren klare Worte über die preußischen Kriegsziele am Vorabend des deutschen Hegemonialkrieges: eine Absage an den Dualismus und an den Deutschen Bund, keine Beschränkung auf bloße territoriale Gewinne für Preußen etwa in Gestalt der Elbherzogtümer. Ziel war jetzt die Neugestaltung der Verhältnisse Deutschlands entsprechend den berechtigten Forderungen der Nation – womit nur die Errichtung des künftigen preußisch-kleindeutschen Nationalstaates gemeint sein konnte.

Die Reise MOLTKES nach Florenz erübrigte sich, denn am 14. März 1865 erschien in Berlin als Bevollmächtigter des italienischen Regierungschefs LAMARMORA der General GOVONE zu den Verhandlungen. Mit ihm wurde sodann am 8. April 1866 der Militärpakt geschlossen, durch den sich Italien verpflichtete, Österreich anzugreifen, wenn zwischen Preußen und Österreich innerhalb der nächsten drei Monate Krieg geführt werden würde. Italien hatte sich zunächst nur für die Dauer von zwei Monaten verpflichten wollen; die Verlängerung auf drei Monate hatte BISMARCK ausbedungen, um Zeitdruck zu vermeiden. Italien begann sogleich nach Vertragsschluß unverhohlen für den Krieg zu rüsten. Österreich mobilisierte daraufhin am 21. April 1866 seine Süd- und Ende April die Nordarmee.

d. Nationalrevolutionäre Bewegungen in Bismarcks Kalkul

Operativ war zwischen Preußen und Italien abgesprochen, daß die italienische Armee nicht nur in Richtung Wien, sondern auch nach Ungarn vorstoßen sollte, wo BISMARCK durch die ungarischen Nationalisten KOSSUTH und KLAPKA, mit denen er seit Jahren Kontakt hatte, erforderlichenfalls einen nationalrevolutionären Aufstand gegen die Wiener Zentralgewalt zu entfesseln gedachte. Die beiden Emigranten sollten mit einer im preußischen Schlesien aufgestellten ungarischen Freischar von dort aus in ihr Land vordringen. Mit dieser unorthodoxen Methode, den habsburgischen Gegner an seiner schwächsten Stelle, seiner multinationalen Struktur, zu treffen und ihn gleichsam von innen auszuhebeln, verließ BISMARCK radikal und drastisch die Formen und Bahnen traditioneller Kabinettspolitik. Auch eine italienische Legion sollte in Schlesien aufgestellt werden. Zugleich wurden in serbischen, rumänischen und tschechischen Regionen nationale Erhebungen gegen Wien vorbereitet. Selbst dem Zaren drohte Unbill: Für den Fall, daß er die erwartete, gegenüber Preußen wohlwollende Neutralität nicht wahrte, plante man in Berlin einen nationalen Aufstand in Polen.

Die Entfesselung nationalrevolutionärer Aufstände als Waffe im Kampf gegen die Donaumonarchie muß von der Regierung Bismarck seit längerer Zeit in Betracht gezogen worden sein. Sie besaß dafür ein Instrumentarium, das sich nicht von heute auf morgen aufbauen läßt: Verbindungen zu revolutionären Zirkeln und Emigrantenkreisen, eingehende Informationen über die Verhältnisse der Nationalbewegungen im Osten und Südosten, Agenten vor Ort. Auch die mächtige deutsche Nationalbewegung setzte Bismarck auf seine Weise als politisches Druckmittel ein: Gegenüber französischen und russischen Diplomaten drohte er damit, einen revolutionären Volkskrieg in Deutschland zu entfesseln, falls Frankreich in einen preußisch-österreichischen Krieg eingreife. Diese Drohung war nicht nur ernstgemeint, sie war auch geeignet, beide Adressaten zu beeindrucken: Rußland scheute ohnehin seit jeher jegliche revolutionäre Strebung wie der Leibhaftige das Weihwasser. Und Frankreich mußte um seine hegemonialen Hoffnungen bangen, wenn eine gesamtdeutsche nationalrevolutionäre Erhebung in die Gründung eines deutschen Nationalstaates, womöglich unter Einschluß Österreichs, einzumünden drohte.

Gemeinhin sieht ein wesentlicher Teil der Geschichtsschreibung einen Widerspruch zwischen den konservativ-monarchistisch-preußischen Grundpositionen Bismarcks einerseits und seinem Einsatz des nationalrevolutionären Momentes als Drohpotential und seinem Paktieren nicht nur mit dem revolutionären Italien, sondern auch mit den nationalen Befreiungsbewegungen im Machtbereich der Donaumonarchie andererseits. Dem skrupel- und letztlich prinzipienlosen Macht- und Realpolitiker, so meint man, sei eben jedes Mittel recht gewesen, wenn es ihm nur zweckdienlich erschien, cäsaristische Methoden eines Napoleon III. eingeschlossen.

Diese Sichtweise läßt sich nur schwer widerlegen, denn es gibt Aussprüche Bismarcks, die in diese Richtung weisen (etwa: man müsse die zur Erreichung eines politischen Zieles erforderliche Macht da suchen, wo man sie antreffe). Bismarcks politisches Handeln läßt sich im Einzelfall fast immer – nicht nur, aber auch – aus seinem Zweckdenken erklären. Und doch ergibt eine Gesamtschau seines staatsmännischen Lebenswerkes und seiner überlieferten Äußerungen ein deutlich weniger verkürztes und versimpeltes Bild als dasjenige eines moralisch stiernackigen Machtzynikers. Man sollte jenes Selbstbekenntnis ernster nehmen, in dem Bismarck über die große Anzahl der »Seelen in seiner Brust« klagt; es gehe da zu, wie in einer Republik; es seien da ganze Provinzen, in die er nie einen Menschen werde hineinsehen lassen.

Stößt man bei Bismarcks Instrumentalisierung nationalrevolutionärer Bewegungen auf eine dieser »Provinzen«? Gab es nationale und soziale Befreiungsbewegungen, die ihm im Innersten vielleicht sympathischer waren als der herrschende besitz- und bildungsbürgerliche Drei-Klassen-Wahlrechts-Liberalismus im Deutschland seiner Zeit? Und vielleicht auch sympathischer als die Sippen der gekrönten Häupter, vor denen er gemäß der Etikette stets »in Ehrfurcht zu ersterben« hatte, deren Mittelmäßigkeit er aber angesichts des offenbaren Mißverhältnisses zu ihren hohen monarchischen Ansprüchen verachten mußte? Gab es ein ›geistiges Band‹ zwischen Bismarcks Kontakten zu Lassalle, denjenigen seiner Regierung etwa zu anarcho-sozialistischen Nationalisten im Donauraum und seiner späteren einzigartigen und vorbildlichen Sozialgesetzgebung? Fragen, vielleicht eher Spekulationen, deren nähere Erörterung den hier gegebenen Rahmen sprengen würde. Das Anliegen ist nur: Man verschone den historisch interessierten Zeitgenossen mit einem politisch korrekt vereinfachten Bismarck-Bild.

2. Bismarcks Vorstoß vom 9. April 1866 zur kleindeutschen Umgestaltung des Bundes

Für Bismarck diente der bevorstehende Krieg gegen die Donaumonarchie um die Hegemonie in Deutschland der Macht der preußischen Krone, aber auch der deutschen Nation. Es war ein preußischer und ein nationaler Krieg zugleich – im Sinne von Bismarcks Grundsatz der grundsätzlichen Identität der preußischen Interessen mit denjenigen der deutschen Länder außer Österreich. Den nationalen Aspekt gedachte er durch einen spektakulären Vorstoß zur Reform des Deutschen Bundes zu unterstreichen und dabei erneut um ein Bündnis mit der national-liberalen Bewegung zu werben, und zwar öffentlichkeitswirksam. Denn er war sich der Schwierigkeit bewußt, einen Krieg wie den bevorstehenden ohne Rückhalt in der öffentlichen Meinung durchzustehen.

Einen Tag, nachdem er den Militärpakt mit Italien unter Dach und Fach gebracht hatte, am 9. April 1866, ließ er am Bundestag in Frankfurt durch den Gesandten von Savigny den Antrag stellen, »eine aus direkten Wahlen und allgemeinem Stimmrecht der ganzen Nation hervorgehende Versammlung einzuberufen, um die Vorlagen der deutschen Regierungen über eine Reform der Bundesverfassung entgegenzunehmen und zu beraten«.[135] Zugleich forderte er, den Oberbefehl über das Bundesheer Preußen und Bayern zu übertragen. Erneut hatte Bismarck den Bundestag mit seiner Forderung nach einem deutschen Parlament konfrontiert, das auf der Grundlage allgemeinen, unmittelbaren, gleichen Stimmrechtes auf nationaler Ebene gewählt werden sollte.

Die Zielrichtung des Antrages war auch diesmal gebündelt: Zunächst einmal, dies sollte man nicht in Zweifel ziehen, gehörte das allgemeine, gleiche, direkte Wahlrecht zu »den berechtigten Forderungen der Nation«, von denen Bismarck in seiner Weisung an Moltke vom 12. März 1866 gesprochen hatte, die er akzeptierte und die er auch um ihrer selbst willen verwirklichen wollte. Schon mehrfach hatte Bismarck ein nationales deutsches Parlament befürwortet, so etwa im Sommer 1861, im Jahre vor seiner Ernennung zum preußischen Ministerpräsidenten, gegenüber König Wilhelm I. Und bereits am 22. Januar 1863 hatte er in einer von dem preußischen Gesandten Usedom am Bundestag vorgetragenen Grundsatzerklärung ein nationales deutsches Parlament gefordert, das aus geheimen, direkten, gleichen Wahlen hervorgehen sollte.[136] Seine positive Einschätzung des Wahlrechtes, wie sie im Grundsatz bereits zu Beginn der 1860er Jahren bestanden haben dürfte, als »berechtigtes Prinzip« faßte Bismarck, wie erwähnt,[137] auch in seinen *Gedanken und Erinnerungen* zusammen. Schließlich verwirklichte er das gleiche, unmittelbare Wahlrecht dann auch schon ein Jahr später für das Parlament des Norddeutschen Bundes auf der Grundlage der Verfassung der Paulskirche von 1849 und anschließend in der Reichsverfassung von 1871.

Freilich verfolgte Bismarck mit dem Antrag vom 9. April 1866 auch durchaus handfeste und situationsbezogene politische Zwecke. Zunächst zielte er mit seiner nationenbezogenen Ausrichtung erneut auf das Mark der Donaumonarchie, deren Führung aus Gründen der Selbsterhaltung scharf gegen so weitgehende demokratische Zugeständnisse wie ein unmittelbares, gleiches und allgemeines Wahlrecht eingestellt sein mußte. Aus dem Stimmrecht der ganzen Nation – der deutschen zweifelsfrei – sollte das Parlament nach Bismarcks Antrag hervorgehen, womit auch die Deutschen Österreichs einbegriffen waren. Sollte der Kaiserstaat seine Deutschen an den Wahlen zu einem nationalen Parlament teilnehmen lassen, die Ungarn, Tschechen, Italiener und sonstigen Völker seines Machtbereiches hingegen ausschließen? Angesichts einer solchen Unmöglichkeit konnte eine Annahme des preußischen Antrages durch den Bundestag letztlich nur auf ein Ergebnis hinauslaufen: den Hinauswurf des habsburgischen Reiches aus dem Deutschen Bund.

Unterstrichen wurde diese kleindeutsche Ausrichtung durch die ebenfalls kleindeutsche Forderung, den militärischen Oberbefehl im Bunde zwischen Preußen und Bayern zu teilen. Den Deutschen Bund selbst hätte ein Erfolg des preußischen Antrages nicht nur durch das dann unvermeidliche Ausscheiden Österreichs mehr revolutioniert als reformiert: Denn an die Stelle der bisherigen Bundesversammlung aus Gesandten der deutschen Regierungen wäre eine wirkliche Volksvertretung, ein direkt gewähltes nationales Parlament getreten. Ein Erfolg des Antrages wäre eine Entscheidung des deutschen Hegemonialkonfliktes zugunsten Preußens zunächst auf politisch-diplomatischer Bundesebene gewesen, hätte zugleich die Voraussetzungen für eine kleindeutsch-preußische Lösung der deutschen Frage geschaffen. Freilich wäre es wohl auch in diesem Fall zum innerdeutschen Waffengang gekommen, denn das Donaukaiserreich hätte sich kaum freiwillig seiner machtpolitischen Positionen und Optionen in Deutschland begeben. Und mit einer militärischen Intervention Frankreichs gegen die deutsche Staatsgründung wäre bei einer solchen Entwicklung der Dinge ohnehin zu rechnen gewesen.

Daß Bismarck mit dem Reformantrag auch Beifall und Rückhalt in der nationalen und liberalen Bewegung suchte, ist bereits erwähnt. Zugleich ging es ihm darum, das tonangebende liberale Bildungs- und Besitzbürgertum, das ihm zudem im preußischen Landtag das Leben schwer machte, gleichsam ›links‹ zu überholen, um dem etablierten Fortschrittsgeist die alleinige Führungsrolle in der nationalen Frage streitig zu machen und zugleich breitere Bevölkerungsschichten für die eigene Politik zu gewinnen. Der Liberalismus der gebildeten und besitzenden Honoratioren, der in den Parlamenten und der Presse das Wort führte und die öffentliche Meinung prägte, bot in demokratischer und sozialer Hinsicht durchaus Schwachstellen und Angriffsflächen: Er empfahl den besitzlosen, ungebildeten, in abhängiger Stellung arbeitenden Menschen in Industrie, Handwerk und Landwirtschaft, sich doch zunächst einmal zu bilden und wirtschaftlich zu emanzipieren, bevor man ihnen volle politische Mitsprache einräumen könne.

Eine Konsequenz dieses heute zynisch wirkenden Standpunktes war das preußische mittelbare Dreiklassenwahlrecht von 1849/50, bei dem die Urwähler nur sogenannte ›Wahlmänner‹ und diese sodann die Abgeordneten wählten. Dabei war durch das Wahlverfahren dafür gesorgt, daß das Gewicht der einzelnen Urwählerstimme von der Höhe der von dem jeweiligen Wähler gezahlten Steuern abhing. So konnte eine Minderheit besitzender Wähler eines Wahlbezirkes ihre Wahlmänner gegen die Mehrheit der Urwähler durchsetzen.

Dem setzte Bismarck die Forderung nach dem bereits 1849 von der Frankfurter Nationalversammlung beschlossenen unmittelbaren, allgemeinen, gleichen Wahlrecht entgegen, durch das er die weniger bemittelten breiten Bevölkerungsschichten und zudem die politische Unterstützung von linken Liberalen und gemäßigten Sozialisten zu gewinnen trachtete. Nachteile für die Sache der konservativen Kräfte im Lande fürchtete er dabei keineswegs: »Direkte Wahlen aber und allgemeines Stimmrecht halte ich für größere Bürgschaften einer konservativen Haltung als irgendein künstlich auf Erzielung gemachter Majoritäten berechnetes Wahlgesetz. Nach unseren Beobachtungen sind die Massen ehrlicher bei der staatlichen Ordnung als die Führer derjenigen Klassen, welche man durch die Einführung irgendeines Zensus in der aktiven Wahlberechtigung privilegieren kann.«[138]

Überdies würde ein auf nationaler Ebene gewähltes Parlament auch starke integrierende Wirkung bei der Errichtung eines gesamtdeutschen Staatsgebildes haben, nicht zuletzt als Gegengewicht zum Partikularismus der Mittel- und Kleinstaaten. Auch diesen Gedanken hatte Bismarck bereits seit längerer Zeit in Betracht gezogen: 1861 schon hatte er eine nationale Vertretung des deutschen Volkes als das notwendige Bindemittel und als Gegengewicht zu den »divergierenden Tendenzen dynastischer Sonderpolitik« bezeichnet und vom »Souveränitätenschwindel der deutschen Fürsten« gesprochen.

Nicht zuletzt zielte Bismarck mit der Waffe des angekündigten Wahlrechtes auf nationaler Ebene auch auf Außenwirkung gegenüber den europäischen Großmächten. Der Antrag vom 9. April 1866 kann durchaus als ein mittelbarer Hinweis darauf verstanden werden, daß nicht nur die Donaumonarchie, sondern jede in den anstehenden innerdeutschen Konflikt gegen Preußen eingreifende Großmacht es tatsächlich mit der einigen deutschen Nation aufzunehmen haben werde. Dies sollte wohl vornehmlich die französische Führung unter Napoleon III. nachdenklich stimmen, der sich in der Frage seiner Neutralität sphinxhaft alle Optionen offen gehalten hatte. Rückblickend schrieb Bismarck: »Im Hinblick auf die Nothwendigkeit, im Kampfe gegen eine Übermacht des Auslands im äußersten Nothfall auch zu revolutionären Mitteln greifen zu können, hatte ich auch kein Bedenken getragen, die damals stärkste der freiheitlichen Künste, das allgemeine Wahlrecht... mit in die Pfanne zu werfen, um das monarchische Ausland abzuschrekken von Versuchen, die Finger in unsre nationale Omelette zu stecken... Die Annahme des allgemeinen Wahlrechts war eine Waffe im Kampfe gegen Östreich und weitres Ausland, im Kampfe für die deutsche Einheit, zugleich eine Drohung mit letzten Mitteln im Kampfe gegen Coalitionen.«[139]

In Frankreich wurden BISMARCKS deutschlandpolitische Absichten nur zu gut verstanden. Durch diplomatische Heuchelei kaum verschleiert, eher mit entwaffnender Offenheit, brachte der französische Historiker und liberale, republikanische Politiker Louis Adolphe THIERS empört auf den Punkt, was für die traditionelle französische Hegemonialpolitik auf dem Spiel stand: »Der oberste Grundsatz europäischer Politik seit dem Westfälischen Frieden ist, daß Deutschland sich aus unabhängigen Staaten zusammensetzt. Wenn die deutschen Einzelstaaten im einigen Deutschland aufgehen, so ist das ein Attentat gegen die deutsche Freiheit und gegen Europa.«[140] Noch den heutigen Zeitgenossen überkommt Rührung ob dieses Ausbundes an uneigennütziger Sorge um die deutsche Freiheit und um Europa.

König WILHELM I. nahm BISMARCKS Vorstoß im Bundestag hin, wenn auch mit Unbehagen. Er wußte, daß sein Ministerpräsident bereits seit 1861 ein nationales Parlament und allgemeine, gleiche Wahlen zu diesem befürwortete, und war auch der diesbezüglichen Grundsatzerklärung seines Ministeriums von Januar 1863 im Bundestag nicht entgegengetreten. Doch konnte er sich auch jetzt mit dem Gedanken nicht anfreunden und schauderte zurück: »Aber das ist ja die Revolution, die Sie mir vorschlagen!«[141] Auch das Wohlwollen Rußlands gegenüber Preußen setzte BISMARCK mit der Forderung nach einem nationalen Parlament und allgemeinen Wahlen einer Belastungsprobe aus. »Das ist nicht mehr Politik, das ist Revolution«, meinte der russische Kanzler Fürst GORTSCHAKOW.[142]

Von konservativer Seite erhielt BISMARCK nicht nur keine Unterstützung, sondern zog sich bittere Kritik zu. Ernst Ludwig VON GERLACH, ein prominenter Meinungsführer des preußischen Konservativismus, mit dem er bis dahin befreundet gewesen war, schrieb in einem am 8. Mai 1866 erschienenen Artikel unter der Überschrift »Krieg und Bundesreform«: »Preußen und Österreich erklären förmlich vor aller Welt, daß sie einander nicht angreifen wollen. Niemand hat ein Recht, diese Versicherungen Lügen zu strafen, weder nach der einen noch nach der anderen Seite hin. Hüten wir uns vor der scheußlichen Irrlehre, als umfaßten Gottes heilige Gebote nicht auch die Gebiete der Politik, der Diplomatie und des Krieges, und als hätten diese Gebiete kein höheres Gesetz als patriotischen Egoismus. Justitia fundamentum regnorum. Dem berechtigten Preußischen Berufe der Machtentfaltung in Deutschland steht der ebenso berechtigte österreichische Beruf der Machtentfaltung in Deutschland gegenüber. Dieser Dualismus ist der lebendige Grundcharakter, die reale Basis der Verfassung von Deutschland. Der Deutsche Bund hat große Mängel – aber ich zertrümmere meine Familie oder mein Vaterland nicht deshalb, weil sie Mängel haben. Die wesentlichsten Mängel des Bundes sind die Mängel Preußens und Österreichs selbst. Ein süddeutscher Demokrat hat einmal gesagt: Wenn nur Preußen und Österreich nicht wären, so würde es wohl stehen um den Bund. – Als ob jemand sagte: Um diese Ehe würde es wohlstehen, wenn nur Mann und Frau nicht wären. Preußen und Österreich sind der wesentliche Inhalt des Bundes. Wie kann der hoffen, neues Recht zu machen, der das alte nicht achtet?«[143]

Der Hinweis, daß Recht und Sittengesetz auch in Politik, Diplomatie und den Entscheidungen über Krieg und Frieden herrschen müssen, war unzweifelhaft ein zeitlos gültiger und ehrenwerter Ansatz in GERLACHS Kritik, dem BISMARCK in dieser allgemeinen Form sicher auch nicht widersprochen hätte. Doch welchen Sinn sollte es machen, die unhaltbaren und unerträglichen Zustände im Deutschen Bund, die feindselige Rivalität des Dualismus zu schützenswertem altem Recht, zur Grundlage der Verfassung Deutschlands zu überhöhen, das deutsche Grundübel der Zeit nachgerade zu heiligen? Es war ein sinnwidrig pervertierter Konservativismus um seiner selbst willen, Mißstände einzig und allein nur darum bewahren zu wollen, weil sie bestanden. Die bestehende Realität des Deutschen Bundes und des Dualismus konnten nur durch Schritte zur zeitgemäßen, nationalstaatlichen Form der Selbstorganisation eines Volkes überwunden werden.

Seit dem Wiedererstarken der Donaumonarchie nach der Revolution von 1848 aber hatte sich mehr als sattsam gezeigt, daß eine zufriedenstellende Lösung der deutschen Frage auf friedlichem Wege mit Wien nicht zu erreichen war. Dem stand schon die multinationale Struktur der Donaumonarchie zwingend entgegen. Es war nicht gerecht, BISMARCK in pastoralem Ton moralisch abzuqualifizieren, weil er, nach der fruchtlosen Friedensbemühung von Bad Gastein nunmehr endlich resignierend, die Dinge jetzt auf den Krieg gegen den Donaustaat zulaufen ließ. Die militärische Entscheidung mußte ihm nun endgültig als unvermeidlich erscheinen, nachdem sich der Traum vom einigen, gleichberechtigten Dualismus der geteilten Macht der deutschen Großmächte endgültig als Illusion erwiesen hatte.

Die Nationalliberalen in ganz Deutschland und die von ihnen beherrschte öffentliche Meinung demonstrierten in eindrucksvoller Weise, wie sehr sie sich in eine von rationalem Urteil kaum noch beeinflußte, blinde Anti-BISMARCK-Hysterie verrannt hatten. In liberalen Augen von Hause aus ein Mann von zweifelhaftem politischem Ruf, hatte BISMARCK auf dem Höhepunkt des preußischen Verfassungskonfliktes als des Königs letzte Hoffnung die preußischen Regierungsgeschäfte und damit für die Liberalen zugleich in dem ätzenden, über jede Vernunft erhabenen Dauerstreit die Rolle des ›Bösewichtes vom Dienst‹ übernommen. Offenbar aus Solidarität der Gesinnung hatten die liberalen Kräfte aller deutschen Lande Ressentiments und Vorurteile preußischer Abgeordneter der Fortschrittspartei ebenso bereitwillig wie ungeprüft übernommen. Dies gilt nicht nur für großdeutsche Liberale oder für solche aus den Mittelstaaten, bei denen auch antipreußische, partikularistische und klerikale Tendenzen eine Rolle spielen mochten. Es gilt auch für Liberale kleindeutsch-preußischer Richtung, die der Sache nach eigentlich dasselbe wollten wie BISMARCK und von denen nicht wenige den Krieg gegen Österreich für unvermeidlich hielten. Aber man wollte die deutsche Frage nicht unter der Führung des verhaßten preußischen Konfliktministers lösen, von dem nur Verruchtes kommen konnte.

Dementsprechend wurde der preußische Antrag vom 9. April 1866 gemeinhin als der »Schelmenantrag« apostrophiert. Man glaubte BISMARCK, dem reaktionären Junker, dem »Virtuosen der Maßregelung« schlicht und einfach nicht, daß er wirklich unmittelbare, gleiche, allgemeine Wahlen zu einem nationalen Parlament abhalten lassen und ein solches tatsächlich konstituieren wollte, und man sah in dem preußischen Vorstoß nichts als abgefeimten politischen Betrug und Gimpelfang, niederträchtiges und intrigantes Taktieren.

Wer den heimischen Landtag so mißachtete und ausmanövrierte wie BISMARCK, so meinte man, der konnte es auch mit einem frei gewählten nationalen Parlament nicht ernst meinen. Freilich übersah man dabei, daß BISMARCK den preußischen Verfassungskonflikt nicht ausgelöst, sondern bei seinem Amtsantritt bereits vorgefunden hatte und daß es nicht zuletzt rigoroser Starrsinn und kompromißlose Fundamentalopposition der preußischen fortschrittsliberalen Parlamentarier war, die ein gedeihliches Funktionieren und jede Weiterentwicklung des preußischen Konstitutionalismus unmöglich machten.

Das öffentliche Klima war politisch vergiftet, in der Presse wurde die preußische Initiative mit boshafter Polemik und Häme kommentiert. Ein Stuttgarter Blatt machte in BISMARCK gar den Teufel aus: »Es sind immer wunderliche Sprünge, die der Teufel macht, wenn er in einen Weihkessel fällt; aber possierlicher ist keiner als dieser Verzweiflungssprung des edlen Grafen BISMARCK.« Man solle diesen auf seinen Geisteszustand untersuchen lassen.[144] Eine württembergische Zeitung vermeldete »ein Lachen durch ganz Germanien«.[145] Eine augsburgische Zeitung verglich BISMARCK unter Anspielung darauf, wie er den preußischen Landtag kaltgestellt hatte, mit einem Arzt, der in der Zeitung inseriere: »Da alle meine Patienten gestorben sind, suche ich neue.«[146] Und der *Kladderadatsch*, das Traditionsblatt der politischen Satire, kündigte an, demnächst der BISMARCKschen Konkurrenz weichen zu müssen, wenn ausgerechnet dieser sich an die Nation wende, um sich für deren Rechte stark zu machen.[147]

In dieser öffentlichen Atmosphäre ressentimentgeladener, irrationaler Verhetzung konnte es nicht ausbleiben, daß ein gestörter junger Mensch Ernst machte mit den Totschlagevokabeln seiner geistig-moralischen Autoritäten: Am 7. Mai 1866 verübte der Student Ferdinand COHEN BLIND ›Unter den Linden‹ in Berlin aus unmittelbarar Nähe ein Revolverattentat auf BISMARCK. Drei Schüsse verfehlten diesen, die beiden letzten trafen, ohne ihn zu verletzen. Sein Leben verdankte er vermutlich dem Umstand, daß der Täter die Waffe fest auf den Mantel seines Opfers gesetzt hatte, als er die beiden letzten Schüsse abgab. So entstand im Lauf des Revolvers ein Luftrückstau vor den Geschossen, der die Beschleunigung der

Projektile behinderte. Situationstypische Reaktionen der Presse auf das Attentat gingen über »klammheimliche Freude« weit hinaus. Im Stuttgarter *Beobachter* stand zu lesen: »Das Attentat gegen diesen von einem ganzen Volk einmütig verdammten Attentäter BISMARCK hat nichts Überraschendes, und es wird sich niemand getrauen, den jungen Mann für einen schlechten Menschen zu erklären, der sein Leben drangegeben hat, um das Vaterland von einem solchen Unhold zu befreien.«[148] Und in München bedauerte eine Zeitung: »Schad um die Kugeln! Das Sprichwort sagt: Wer gehängt werden soll, ersäuft nicht.«[149]

Hervorstechendes Merkmal des politischen Deutschland der Vorkriegszeit des Jahres 1866 war eine kaum entwirrbare Vielheit von teils in sich widersprüchlichen Meinungen und Tendenzen, in der sich letztlich kollektive Ratlosigkeit über den einzuschlagenden Weg spiegelte. Der Volksmund spottete: »Deutschland muß geeinigt werden, aber niemand hat ein Recht, es zu tun.«[150]

BISMARCKS Versuch jedenfalls, durch die Forderung nach einem aus gerechten Wahlen hervorgegangenen nationalen Parlament in der deutschen Öffentlichkeit politischen Rückhalt für den bevorstehenden Krieg zu gewinnen, war ganz und gar gescheitert. Rudolf VON BENNIGSEN, der führende hannoveranische Liberale, hatte freudig festgestellt, BISMARCK könne schlechterdings keinen Krieg führen, da er »die öffentliche Meinung zu bestimmt und allgemein gegen sich«[151] habe. Zwar widersprach es BISMARCKS Selbstverständnis, das als richtig Erkannte mit Rücksicht auf die öffentliche Meinung zu unterlassen: »Man schießt nicht mit öffentlicher Meinung auf den Feind, sondern mit Pulver und Blei«, hat er einmal geäußert. Doch war dies nur einer seiner markig-bildhaften Sprüche, um die er nie verlegen war.

In Wahrheit wußte er sehr wohl, daß die Zeit der von oben dekretierten reinen Kabinettskriege sich ihrem Ende zuneigte und daß die öffentliche Ablehnung, die ihm jetzt entgegenschlug, seine Position fühlbar verschlechterte, nicht zuletzt gegenüber seinem König, zumal auch dessen familiärer Anhang ihm durchweg feindselig gesonnen war, allen voran Ehefrau Augusta, Sohn Fritz und Schwiegertochter Vicky. Von dem »waghalsigen und gewissenlosen Minister, der, um Schleswig-Holstein zu rauben, den Bruderkrieg entfesseln und um Preußens Dasein würfeln«[152] wolle, war in der königlichen Familie die Rede. Erfolg hatte BISMARCK mit seinem geradezu radikaldemokratischen Vorstoß allerdings bemerkenswerterweise bei einem Teil der politischen Linken: Der von Ferdinand LASSALLE gegründete Arbeiterverein befürwortete nachdrücklich den Krieg gegen Österreich. Seine Mitglieder demonstrierten am 16. Juni 1866 für BISMARCK und für den nationalrevolutionären GARIBALDI, mit dessen Land Preußen nun militärisch gegen Österreich verbündet war. BISMARCK empfand diese politische Nähe durchaus nicht als peinlich, sorgte vielmehr für die Entlassung von LASSALLES Nachfolger, eines Arbeiterführers namens SCHWEITZER, aus dem Gefängnis und zeigte sich überdies erkenntlich, indem er der Parteizeitung *Der Sozialdemokrat* ein Darlehen verschaffte. Karl MARX spottete in einem Brief an Friedrich ENGELS: »Welcher Verlust für den

Itzig (Marx meinte damit Ferdinand Lassalle), daß er maustot ist! Den hätte Bismarck jetzt Rolle spielen lassen.«[153]

Die bürgerlich-liberale Seite allerdings sah in Bismarcks Werben auch um die Linke, im militärischen Zusammengehen mit dem revolutionären Italien und in der doch sachlich längst fälligen endgültigen Absage an Donaumonarchie, Dualismus und Deutschen Bund nichts anderes als die Prinzipienlosigkeit eines Konservativismus, der sich nur noch an die Macht klammere. Begleitet wurde der anhaltende politische Grundsatzstreit von Demonstrationen einer besorgten Bevölkerung und öffentlichen Aufrufen gegen den bevorstehenden ›Bruderkrieg‹.

3. Internationale diplomatische Aktivitäten vor dem Kriegsausbruch

Außenpolitisch pokerten die Mächte bis zum Kriegsausbruch. Österreich erklärte sich bereit, Venetien abzutreten, um Italien den Kriegsgrund und Preußen den militärischen Bündnispartner zu nehmen. Napoleon III. unterstützte diese österreichische Initiative bei seinem Juniorpartner in Florenz. In seinem Bemühen um ein Kräftegleichgewicht der künftigen Kriegsparteien neigte er jetzt zunehmend zur Unterstützung Österreichs, denn er schätzte die preußische Stärke nunmehr höher ein als noch kurz zuvor, als er Italien zum Bündnis mit Preußen geraten hatte. Das revolutionäre Italien aber wollte sich mit einer im alten Stil diplomatisch ausgehandelten Gebietsabtretung nicht zufriedengeben; es forderte eine Volksabstimmung in Venetien, über deren Ausgang auch kein Zweifel bestehen konnte. Eine solche demokratisch-revolutionäre Legitimation der Abtretung Venetiens aber paßte nicht ins Weltbild des reaktionären habsburgischen Staates und hätte Signalwirkung auf weitere Teile des Vielvölkerstaates ausüben können. Wien lehnte ab, und es blieb beim preußisch-italienischen Militärbündnis.

Nunmehr wartete Napoleon III. mit einem Plan auf, der darauf abzielte, Frankreichs territoriale und hegemoniale Ziele unkriegerisch auf dem Verhandlungswege zu verwirklichen. Er schlug eine Konferenz der europäischen Großmächte zur Vermittlung in der deutschen und der italienischen Frage und zur Entscheidung über »Kompensationen« vor. Da Rußland und England Teilnahmebereitschaft signalisierten, lud er am 24. Mai 1866 förmlich zur Konferenz ein, wobei er sich in etwa folgendes Ergebnis vorstellte: Venetien sollte an Italien fallen, Österreich dafür Schlesien erhalten. Preußen sollte außer Schlesien auch rheinpreußische Gebiete abgeben, dafür aber norddeutsche Länder annektieren dürfen. Soweit Deutschland nach dieser ins Auge gefaßten Regelung nicht zum preußischen oder österreichischen Staatsgebiet gehörte, sollten seine Staaten eine mit dem Rheinbund Napoleons I. vergleichbare französische Einflußzone bilden.

Eine Konferenz mit einem derartigen Ergebnis hätte nicht nur ihren Initiator Napoleon III. zum unbestritten ersten Schiedsrichter Europas gemacht. Auch ein von Frankreich als Hegemonialmacht abhängiges Europa wäre die Folge gewesen. Frankreichs italienische Einflußzone wäre durch den Zugewinn Venetiens gestärkt worden. Im deutschen Raum wäre der Deutsche Bund entfallen. Preußen im Norden und Österreich im Süden wären als größere, wenn auch Frankreich unterlegene und gegeneinander ausspielbare Mächte verblieben, deren jeweilige innerdeutsche Einflußzonen aber entfallen wären. An deren Stelle wäre als Keil zwischen der nördlichen und der südlichen deutschen Macht ein breiter Streifen französischer Satellitenstaaten auf deutschem Boden getreten.

Die Konferenz kam nicht zustande, da Österreich seine Teilnahme davon abhängig machte, daß keine der am Konflikt beteiligten Mächte einen territorialen Zuwachs erlangen dürfe. Damit entfiel für Frankreich jegliches Interesse an der Konferenz. Freilich waren die Pläne Napoleons III., Mitteleuropa nach französischen Wunschvorstellungen neu zu ordnen, recht illusorisch. Weder dürfte Preußen im Verhandlungswege dazu zu bewegen gewesen sein, Schlesien abzutreten und den Deutschen Zollverein preiszugeben, noch Österreich dazu, seinen Hegemonialanspruch auf ganz Deutschland und den Deutschen Bund fallenzulassen, der ihm als Instrument seiner Vorherrschaftspolitik diente. Überdies mußten die an einem solchen internationalen antideutschen Schacher beteiligten Regierungen seitens der ohnehin gereizten deutschen Nationalbewegung mit Aufruhr bis hin zum Volkskrieg rechnen.

Kurz vor Kriegsausbruch beschäftigte ein innerdeutscher Vermittlungsversuch noch kurz die preußische und die österreichische Führung. Ein Adliger aus sächsisch-preußischer Familie, Anton von der Gablenz, schlug eine Teilung der Macht und der Hegemonie in Deutschland zwischen Preußen und Österreich an der Mainlinie vor. Diese wahrlich keineswegs neue Idee, zuletzt belebt im Vertrag von Gastein und mit diesem endgültig gescheitert, hatte nicht mehr die geringste Aussicht auf Verwirklichung. Der österreichische Kaiser lehnte die Vermittlung ab. Auch die preußische Seite hätte sich kaum mehr ernsthaft auf sie eingelassen.

Zu guter Letzt bewiesen österreichische und französische Kabinettspolitik noch einmal ihre Fähigkeit zu anrüchigen diplomatischen Arrangements: Am 12. Juni 1866, als Napoleon III. den nahen Kriegsausbruch als gesichert betrachten durfte, wurde ein Geheimvertrag zwischen Wien und Paris geschlossen, in dem Frankreich dem österreichischen Vertragspartner zusicherte, neutral zu bleiben und mit seinem Einfluß auf Italien zu versuchen, dieses aus dem Bündnis mit Preußen zu lösen. Österreich versprach, dafür Venetien abzutreten. Zum Ausgleich sollte es sich, ebenso wie Sachsen, Württemberg und Bayern, im erhofften Falle des Sieges auf Preußens Kosten in Deutschland vergrößern, allerdings nicht die Hegemonie dort erlangen, da dies den französischen Machtinteressen widersprochen hätte. Im Gegenzuge sagte Österreich dem französischen Vertragspartner die Rheingrenze in Form eines aus den preußischen Rheinprovinzen zu bildenden neuen, formal unabhängigen, faktisch jedoch zum französischen Machtbereich gehörigen Staates zu - eine Bereitschaft, die in der Diplomatie der Donaumonarchie bereits Tradition besaß. Andererseits sagte Napoleon III., vorgeblicher Schutzherr der europäischen Nationalbewegungen und Waffengefährte der italienischen Freiheitskämpfer von Magenta und Solferino, dem erzreaktionären Österreich die Wiederherstellung dessen Einflusses in Mittelitalien zu. Napoleons geheime Absicht, in den Krieg der deutschen Großmächte zu gegebener Zeit entscheidend und regelnd einzugreifen und aus ihm als eigentlicher und einziger Gewinner hervorzugehen, blieb von diesem Vertrag freilich unberührt.

4. Die diplomatische und militärische Eskalation zwischen Preußen und Österreich bis zum Kriegsausbruch

Den Beginn der diplomatischen und militärischen Präliminarien des Kriegsausbruches kann man bereits in dem oben erwähnten Beschluß des österreichischen Ministerrates erblicken, einem Krieg gegen Preußen nicht auszuweichen, auf den die preußische Ministerratssitzung vom 28. Februar 1866 mit einer ähnlichen Entschließung gefolgt war. Wenig später, Mitte März 1866, begann die Donaumonarchie, ihre Rüstungen auf Kriegsstärke zu bringen. Es gab auch Hinweise darauf, daß sie beim Deutschen Bund die Mobilmachung der nichtpreußischen Bundestruppen beantragen wollte. Im Zusammenhang mit einer Wiener Depesche vom 7. April an Preußen, deren Tonart ein russischer Diplomat mit der des römischen Kaisers gegenüber dem Markgrafen von Brandenburg verglich, fanden Abrüstungsverhandlungen statt, die allerdings fruchtlos blieben.

Nach dem Militärvertrag Preußens mit Italien vom 8., BISMARCKS Bundesreformantrag vom 9. April 1866 und der Mobilmachung Österreichs ebenfalls noch im April mobilisierte Preußen am 3. Mai fünf seiner neun Armeekorps. Auch die auf habsburgischer Seite stehenden Mittelstaaten hatten zu diesem Zeitpunkt bereits begonnen, sich militärisch auf den Krieg vorzubereiten. Alles in allem erschien Preußen als der reagierende, die österreichische Seite hingegen als der aggressivere Teil. Militärisch bedeutete dies für Preußen kein Risiko, denn seine Streitkräfte waren beweglicher und moderner in den Strukturen als diejenigen der Donaumonarchie und ihrer Parteigänger. Im Grunde steuerten beide Mächte auf den ihnen unausweichlich erscheinenden Krieg zu.

Auch auf diplomatischem Felde, dem Forum des Deutschen Bundes, lag die Initiative der Eskalation bei der Wiener Hofburg. Am 1. Juni 1866 erklärte Österreich, die Herstellung von Recht und Verfassung in den Elbherzogtümern sei Sache des Bundes. Es habe seinen Statthalter in Holstein angewiesen, die dortigen Stände einzuberufen. Dies war auch geschehen, und zwar zum 11. Juni. Das alles freilich war ein glatter Bruch des Gasteiner Vertrages, dem zufolge allein Preußen und Österreich gemeinsam, nicht aber der Bund, über die Herzogtümer und ihre politische Zukunft zu entscheiden hatten. Mit der Herstellung von Recht und Verfassung in den Herzogtümern meinte Wien nichts anderes als die einseitige Einsetzung des umstrittenen, aus preußischer Sicht keineswegs eindeutig berechtigten Augustenburgers. Als ebenfalls einseitiger Vorgriff hierauf war zudem die Einberufung der holsteinischen Stände zu sehen.

Preußen konterte, indem es die Verletzung des Vertrages von Gastein durch Österreich feststellte und auf das gemeinsame Recht der Vertragspartner zur Besetzung beider Herzogtümer verwies. Am 7. Juni ließ Preußen Truppen unter seinem Statthalter VON MANTEUFFEL in Holstein einmarschieren, wobei weisungsgemäß die Orte ausgespart wurden, an denen sich östereichische Garnisonen befanden. Gleichwohl zog Österreich seine Truppen unter seinem Statthalter VON DER GABLENZ in der Nacht zum 11. Juni aus eigenem Entschluß über die Elbe auf hannoversches Gebiet zurück; mit ihnen ging der Augustenburger. Die Verwaltung Holsteins übernahm Preußen, und die von Wien betriebene Versammlung der dortigen Stände unterblieb.

Am 10. Juni teilte BISMARCK allen deutschen Regierungen seinen nunmehr ausgearbeiteten Plan einer Bundesreform mit, die Konkretisierung seines am 9. April am Bunde eingebrachten Antrages. Damit war endgültig klargestellt, daß es in dem anstehenden Konflikt um mehr ging als um die Elbherzogtümer: nämlich um die nationale, durch den Volkswillen legitimierte Einigung Deutschlands unter Ausschluß der Donaumonarchie. Am 11. Juni beantragte Österreich darauf in Frankfurt, der Bund möge die Mobilmachung der nichtpreußischen Bundestruppen beschließen; dabei handelte es sich, mit Ausnahme der drei preußischen Korps, um sieben Armeekorps. Am 12. Juni rief Österreich seinen Botschafter aus Berlin zurück und legte dem preußischen Gesandten in Wien nahe, seinerseits abzureisen.

Preußen wies die deutschen Regierungen darauf hin, daß es einen Mobilmachungsbeschluß des Bundes gemäß dem österreichischen Antrag vom 11. Juni als Kriegserklärung ansehen werde. Trotzdem gab eine Mehrheit von neun gegen sechs Stimmen diesem Antrag am 14. Juni 1866 mit der einschränkenden Maßgabe statt, daß vier Armeekorps des Bundes mobil gemacht werden sollten. Württemberg, Bayern, Sachsen, Hannover und die hessischen Staaten stimmten in diesem Sinne für den Antrag, die nord- und mitteldeutschen Kleinstaaten dagegen; Baden enthielt sich. Damit war Krieg, ohne daß es weiterer förmlicher Akte bedurfte. Zugleich waren durch das Abstimmungsverhalten auch die Kriegsfronten geklärt. Auf den Mobilmachungsbeschluß des Bundestages teilte der preußische Gesandte VON SAVIGNY mit, daß seine Regierung den Deutschen Bund als aufgelöst betrachte, lud jedoch zugleich zu künftigen Verhandlungen über die Gründung eines neuen deutschen Zusammenschlusses auf der Grundlage des vorgelegten preußischen Planes einer Bundesreform.

Am 16. Juni beschloß der Bundestag, diesmal auch mit der Stimme Badens, noch die Bundesexekution gegen Preußen, obgleich an jenem Tag die militärischen Operationen bereits begonnen hatten: Am 15. Juni war Preußen in Sachsen, Hannover und Kurhessen einmarschiert. Im Vorfeld des Kriegsausbruches hatte BISMARCK noch versucht, Hannover und Kurhessen, die Preußens Verbindungswege zwischen seinen östlichen und westlichen Landesteilen sowie den Rücken der militärischen Operationen gegen die südlichen Mittelstaaten und Österreich bedrohten, zur Neutralität zu bewegen, doch waren seine Bemühungen vergeblich gewesen. Besonders das Königreich Hannover sollte diese Entscheidung später teuer bezahlen.

5. Die ›Kriegsschuldfrage‹

Der Ausbruch der Feindseligkeiten rief in der deutschen Öffentlichkeit mehr Entsetzen als Zustimmung hervor. Im Bewußtsein der Menschen stand der Gedanke im Vordergrund, daß es sich um einen inneren Bruderkrieg unter den deutschen Stämmen handelte. BISMARCK wandte sich daher mit einer Erklärung an das deutsche Volk, mit der er Österreich und dem von Wien für seine Zwecke mißbrauchten Deutschen Bund die volle Verantwortung und Schuld zuwies: »Nachdem der Deutsche Bund ein halbes Jahrhundert lang nicht die Einheit, sondern die Zerrissenheit Deutschlands dargestellt und gefördert, dadurch längst das Vertrauen der Nation verloren hatte und dem Auslande als Bürgschaft der Fortdauer deutscher Schwäche und Ohnmacht galt, hat er in diesen Tagen mißbraucht werden sollen, Deutschland gegen ein Bundesmitglied in die Waffen zu rufen, welches durch den Vorschlag der Berufung eines deutschen Parlaments den ersten und entscheidenden Schritt zur Befriedung der nationalen Forderungen getan hatte. Für den von Österreich erstrebten Krieg gegen Preußen fehlt jeder Anhalt in der Bundesverfassung wie jeder Grund oder auch nur scheinbare Vorwand.«[154] Hatte BISMARCK recht mit seiner Schuldzuweisung?

Gelegentlich wird der Versuch, bei Kriegen vergangener Zeiten nach Schuld, Verantwortlichkeit und Rechtfertigungsgründen zu suchen, als ahistorisch abgetan. Zu Unrecht sicherlich, denn der sittliche Aspekt ist eine wesentliche Dimension nicht nur gegenwärtigen, sondern ebenso jeden historischen menschlichen und politischen Handelns. Dies gilt insbesondere bei so einschneidenden Vorgängen wie Kriegen. Gelegentlich ist die Kriegsschuldfrage so leicht zu beantworten wie im Falle des Dänischen Krieges 1864, den – im blinden Vertrauen auf die Hilfe der europäischen Großmächte – aggressiver Chauvinismus des nördlichen Nachbarn verschuldet hatte. Wie aber stand es mit Schuld und Verantwortlichkeit, mit Recht und Unrecht im Falle des deutschen Hegemonialkrieges 1866? Die Antwort hängt von dem Blickwinkel ab, aus dem die Frage gestellt wird.

Aus rein machtpolitischer Sicht kann man feststellen: Es gab auf deutschem Boden zwei Großmächte, von denen jede mit dem gleichen Recht versuchte, die andere zu verdrängen. Eine versöhnliche nationale Verschmelzung beider miteinander kam schon mit Rücksicht darauf nicht in Betracht, daß die südliche Macht, so wie sie historisch gewachsen war, nach Territorium, Strukturen, Bevölkerungen und den Traditionen ihres Herrscherhauses vorwiegend multinational orientiert war. Die brüderliche Zweiherrschaft über Deutschland hatte sich aus eben diesen Gründen nachhaltig als konservative Illusion erwiesen. So blieb nur der Krieg als Mittel der Konfliktlösung zwischen zwei Mächten, die im deutschen Raum, wie BISMARCK es ausdrückte, einander die Luft wegatmeten. Diese politdarwinistisch anmutende Betrachtungsweise sieht den Konflikt als historisches Los und läßt keinen Raum für Schuld- und Unrechtszuweisungen. Von ihr suchte BISMARCK seinen König nach der Schlacht von Königgrätz zu überzeugen, indem er darauf hinwies, daß Österreich den Krieg mit demselben Recht geführt habe wie Preußen. Bezogen auf die dynastischen und staatsegoistischen Aspekte, die dieser Krieg für beide Seiten besaß, traf dies auch durchaus zu.

Unterlegt man der Frage nach Recht und Unrecht, Verantwortlichkeit und Schuld allerdings die Einsicht, daß den Völkern Europas die Bildung von Nationalstaaten als die normale und ihnen allein gemäße Organisationsform geschichtlich vorgezeichnet war und daß folglich auch die Deutschen ein Anrecht darauf hatten, sich entsprechend dieser Vorgabe historischer Evolution staatlich einzurichten, so führt dies zu einer differenzierteren Bewertung. BISMARCK, für den freilich auch der dynastisch-preußische Machtanspruch eine motivierende Rolle spielte, betonte stets den nationalen Aspekt des, wie er ihn zu nennen pflegte, »böhmischen« Krieges: »In dem Bestreben, der deutschen Nation die Möglichkeit einer ihrer geschichtlichen Bedeutung entsprechenden Existenz durch Einheit zu verschaffen, lag das gewichtigste Argument zur Rechtfertigung des geführten deutschen ›Bruderkriegs‹.«[155]

Die eigentliche Kriegsursache aus dem Blickwinkel des in seiner selbstorganisatorischen Entwicklung retardierten deutschen Volkes lag in der Beschaffenheit und in den machtpolitischen Zielen der Donaumonarchie. Denn diese war als historisch gewachsener Vielvölkerstaat in einen deutschen Nationalstaat schlechthin nicht integrierbar. Wäre Österreich ein deutscher Territorialstaat wie die anderen gewesen, so hätte es schon 1848/49 den damals nationalstaatlich-ethnisch verstandenen großdeutschen Vereinigungsplänen nicht entgegengestanden. Das Habsburger Imperium aber, so wie es beschaffen war, mußte sich um seiner Selbsterhaltung willen der Bildung eines großdeutschen zentralen Bundesstaates, der auch die Deutschen Österreichs einbezog, mit allen Mitteln widersetzen. Und selbst einen kleindeutschen Nationalstaat mußte es fürchten, denn dessen politisch-psychologische Ausstrahlung nationaler deutscher Staatlichkeit konnte seine multiethnischen Strukturen gefährlich destabilisieren.

Im übrigen stützte der Wiener Kaiserstaat seine traditionelle Politik der Vorherrschaft in Deutschland vornehmlich auf den Fortbestand des partikularistisch-reaktionären Deutschen Bundes. Ein kleindeutscher Nationalstaat aber bedeutete dessen Ende und damit zugleich die Verdrängung jeglichen hegemonialen Einflusses Wiens aus dem nicht-österreichischen deutschen Raum. Zum Verzicht auf diese machtpolitische Option aber war Habsburg mit friedlichen Mitteln nicht zu bewegen. Die längst überfällige Nationalstaatsgründung, auf die das deutsche Volk einen geschichtlichen Anspruch hatte, konnte nach alledem nur im Kampf gegen das habsburgische Reich verwirklicht werden. Das historisch begründete Recht stand im Krieg des Jahres 1866 daher allein auf der Seite des sich seiner deutschen Aufgabe dem Grunde nach auch durchaus bewußten Preußen.

Von einer Kriegsschuld der österreichischen Staatsführung im moralischen und personalen Sinne kann indes keine Rede sein. Auch die im Vergleich mit Preußen offensivere Rolle Wiens im letzten Halbjahr vor dem Kriegsausbruch rechtfertigt eine solche Beurteilung nicht, denn der deutsche Hegemonialkrieg des Jahres 1866 war für beide Seiten letzlich ohnehin unvermeidlich. Er war – für die verantwortlich beteiligten Personen beider Seiten – ein tragischer Konflikt. Denn er wurzelte in der reformunfähigen Struktur der Donaumonarchie selbst, für deren Traditionen eine andere als partikularistische Gestaltung der deutschen Staatenwelt nicht in Betracht kam. Dieses auf den Donaukaiserstaat überkommene Grundübel des 1806 untergegangenen Heiligen Römischen Reiches Deutscher Nation wirkte sich nunmehr sogar noch posthum als Erblast unheilvoll aus – nicht nur in Gestalt der kriegerischen Ereignisse von 1866, sondern auch in der nachfolgenden Aussperrung von Millionen deutscher Österreicher aus dem Nationalstaat.

6. Kriegsverlauf und preußischer Sieg bei Königgrätz

Zu Kriegsbeginn rechnete man allgemein mit einem langen, wechselvollen Kampf ungewissen Ausganges, einem zweiten Siebenjährigen Krieg vielleicht. Preußens Staatsgrenzen fehlte die strategische Arrondierung – zwischen die östlichen und die westlichen Teile seines Staatsgebietes schoben sich wie Keile zwei preußenfeindliche Staaten: im Norden das Königreich Hannover und im Süden das Kurfürstentum Hessen. Preußens Bevölkerungszahl blieb weit hinter derjenigen der Donaumonarchie und ihrer Verbündeten zurück. Österreichs Siegeschancen wurden gemeinhin, unter anderem in Finanzkreisen, höher eingeschätzt.

Doch gab es auch für den Kaiserstaat hohe, unkalkulierbare Risiken: Er hatte einen Zweifrontenkrieg zu führen, in Italien und im Norden. Seine zahlenmäßig starken Verbündeten, die Mittelstaaten, würden auch im Krieg partikularistisch bleiben; mit straffer und zentraler militärischer Gesamtführung war daher nicht zu rechnen.

Die Zeitgenossen erlebten einen jener spannungsgeladenen Momente in der Geschichte, in denen alles offen und nur weniges ausgeschlossen erscheint. Was etwa würde werden, wenn Preußen nach militärischen Rückschlägen tatsächlich seine Drohung wahrmachte, als letztes Mittel einen revolutionären gesamtdeutschen Volkskrieg zu entfesseln und sich überdies mit den Nationalbewegungen im Osten und Südosten des habsburgischen Kaiserreiches zu verbünden? Wie würde Rußland auf den Einsatz der nationalrevolutionären Waffe reagieren? Und was würden die Flügelmächte Rußland und England unternehmen, wenn es NAPOLEON III. im Kriegsverlauf tatsächlich gelänge, seine hochfliegenden Hegemonialwünsche der Verwirklichung näher zu bringen? Würde sich die Krise des deutschen Dualismus zu einem großen europäischen Krieg auswachsen, in dem Grenzen neu gezogen, die machtpolitischen Karten von Grund auf neu gemischt werden würden? Fragen über Fragen, über die auch heute nicht einmal annähernd plausibel spekuliert werden kann.

Eines allerdings steht fest: Jede ernsthafte militärische Niederlage Preußens, ein Sieg der Donaumonarchie und ein etwa von Frankreich diktierter Frieden nach den Vorstellungen NAPOLEONS III. wären ein schwerer Rückschlag in der deutschen Frage gewesen – mit der Folge zementierter Zersplitterung und verfestigter hegemonialer Fremdbestimmtheit Deutschlands, aber auch der Gefahr eines tiefen Falles in andauernde kriegerische Wirren und blutiges Chaos.

Mit Preußens Schicksal stand zugleich die deutsche Einheit auf des Messers Schneide. BISMARCK selbst war sich des Sieges der preußischen Waffen durchaus nicht gewiß. Dem englischen Gesandten gegenüber äußerte er bei Kriegsbeginn: »Der Kampf wird ernst werden. Es kann sein, daß Preußen verliert, aber wie es auch kommen mag, es wird tapfer und ehrenvoll kämpfen. . . Wenn wir geschlagen werden, werde ich nicht hierher zurückkehren. Ich werde bei der letzten Attacke fallen. Man kann nur einmal sterben; und wenn man besiegt wird, ist's besser zu sterben.«[156]

Doch nicht nur sein Wissen um das hohe Kriegsrisiko stimmte ihn düster. Auch das Widerstreben seines konservativen Wesenszuges gegen den Krieg unter den beiden großen deutschen Monarchien hat wohl angedauert, bis die Waffen sprachen. In einem Brief aus jenen Tagen zitierte er aus dem *Wallenstein*:

»Ich tat's mit Widerstreben,
Da es in meine Wahl noch war gegeben;
Notwendigkeit ist da, der Zweifel flieht,
Jetzt fecht ich für mein Haus und für mein Leben.«[157]

Auf Preußens Seite fochten außer Italien nur einige norddeutsche Kleinstaaten und Hansestädte; es stand in Deutschland nahezu allein. Die Donaumonarchie hingegen hatte mit Bayern, Württemberg, Hannover, Sachsen, den beiden hessischen Staaten, Baden, Nassau und der Reichsstadt Frankfurt die Mehrzahl der Mitglieder des Deutschen Bundes auf ihrer Seite, insbesondere diejenigen von militärischem Gewicht. Preußen und seine Alliierten verfügten über 302 000 Soldaten, während Österreich und seine Verbündeten 475 000 Mann ins Feld stellten, also zahlenmäßig weit überlegen waren. Doch schon in den ersten Kriegstagen hatte Preußen die Armeen Hannovers und Kurhessens besiegt. Die Mainlinie, Frankfurt und Würzburg wurden von preußischen Truppen genommen und besetzt, der Bundestag mußte nach Augsburg ausweichen. Gegen die südlichen Mittelstaaten wurden nur wenige preußische Divisionen eingesetzt, die deren Verbände einzeln schlugen. Die bayerischen Truppen wurden bei Kissingen besiegt. Am 24. Juni errang Österreich einen Sieg über Italien bei Custozza, mußte Venetien aber dennoch räumen, da es seine dortigen Truppen im Norden benötigte.

Die hier sogleich erzielten großen preußischen Erfolge ließen es dem österreichischen Oberbefehlshaber im Norden, Feldzeugmeister Ludwig Ritter VON BENEDEK, geraten erscheinen, seinem Kaiser Friedensverhandlungen mit dem ersichtlich überlegenen Gegner nahezulegen. FRANZ JOSEPH jedoch hoffte, in einer großen Entscheidungsschlacht, in der er alles auf eine Karte zu setzten gedachte, doch noch zu siegen. Diese Schlacht, an der insgesamt 450 000 Soldaten beteiligt waren, wurde am 3. Juli bei der böhmischen Festung Königgrätz geschlagen, auf preußischer Seite nach dem Konzept des Generalstabschefs und strategischen Genies Helmuth Graf VON MOLTKE. Gemäß dem geflügelten Wort »getrennt marschieren, vereint schlagen« drangen drei preußische Armeen nach Böhmen vor, vereinigten sich auf dem Schlachtfeld und bereiteten dem mit sächsischen Truppen vereinigten kaiserlichen Heer eine vernichtende Niederlage. Preußen verlor in dieser Schlacht 9000, Österreich 25 000 Mann. Die Österreicher entgingen mit knapper Not der Umfassung und Einschließung, so daß ein wesentlicher Teil ihres zerschlagenen Heeres entkommen konnte; dennoch war der preußische Sieg vollkommen.

Allerdings hatte dieser Sieg – und damit auch derjenige der BISMARCKschen Deutschlandpolitik – kurzfristig an seidenem Faden gehangen. Die vom preußischen Thronfolger FRIEDRICH WILHELM geführte Armee war durch Kämpfe aufgehalten worden und auf dem Schlachtfeld erst zu einem Zeitpunkt eingetroffen, als sich die Lage der preußischen Truppen dort bereits zur Krise zuspitzte; doch gab das Eingreifen dieser Armee dann den entscheidenden Ausschlag. Im Jahre 1879 reflektierte BISMARCK den Sieg von Königgrätz rückblickend: »Ich gehorchte unentrinnbaren Notwendigkeiten, als ich den alten Deutschen Bund zerriß, und ich tat es nicht, ohne mir die schweren Folgen dieses Bürgerkriegs vorzustellen, dieses Bruderkriegs, dieser endgültigen Scheidung, die dem häuslichen Zank des Frankfurter Bundestags folgte. Indem ich den Krieg von 1866 machte, marschierte ich gegen das öffentliche Gefühl, nicht nur das deutsche, auch das preußische, ich zog mir die ärgste Unpopularität zu, die schwerste Verantwortlichkeit meines Lebens. Der Sieg hat mich freigesprochen; in der Niederlage wäre der Tod meine Zuflucht gewesen, aber mein Gedächtnis wäre von der Nation verflucht worden.«[158] Der Flügeladjutant VON STEINÄCKER hatte sich BISMARCK gegenüber unter dem frischen Eindruck des Sieges schlichter ausgedrückt: »Exzellenz, jetzt sind Sie ein großer Mann. Wenn der Kronprinz zu spät kam, waren Sie der größte Bösewicht.«[159]

Die Ursachen der österreichischen Niederlage waren vielfältig. Erwartungsgemäß brachte die unkoordinierte Kriegskoalition mit den Mittelstaaten kaum militärische Vorteile. Die Truppen des Kaiserstaates selbst waren in Organisation und Befehlsstrukturen rückständig – wie dieser selbst – und schwerfällig. Der Ausbildungsstand und die Ausrüstung litten unter der ständigen Not der österreichischen Staatsfinanzen. Die unbezweifelbare soldatische Tapferkeit der Truppen konnte die Mängel der militärischen Führung nicht ausgleichen. Bei der Vergabe der maßgeblichen Kommandos spielten nicht nur die Qualifikation, sondern auch dynastische und Adelsprivilegien eine maßgebliche Rolle. Dem tüchtigsten österreichischen Strategen und Feldherrn, Erzherzog ALBRECHT, war das leichtere Oberkommando an der Südfront in Italien übertragen worden, da man den hohen Herrn nicht der Gefahr einer Niederlage gegen den stärkeren preußischen Gegner aussetzen wollte. Den widerstrebenden Feldzeugmeister von Benedek aber, dessen militärische Erfahrungen überwiegend auf dem italienischen Kriegsschauplatz lagen, hatte man zum Oberbefehlshaber in Böhmen gemacht. Er wurde nach der Niederlage sogleich zum Sündenbock gestempelt, seines Kommandos enthoben und mit einem Kriegsgerichtsverfahren überzogen.

Doch erwies sich Österreichs Niederlage nicht nur als Folge eigener Defizite, sondern auch als die Kehrseite preußischer Überlegenheit. Man kann Bismarck darum letztlich trotz aller ihm bekannten hohen Risiken nicht den Vorwurf gewissenlosen Hasardierens machen. Überlegen war nicht nur das militärische Genie Moltkes, der selbst zwar nicht ganz ohne Besorgnisse, aber doch im Grunde zuversichtlich in den Kampf gegangen war – anders als sein Gegenspieler Benedek, den von Anfang an starke Zweifel am Sieg geplagt hatten. Moltkes Fähigkeiten, Ausprägung strategischer Begabung, beruhten auch in prinzipiell moderneren methodischen Ansätzen. Er plante den Krieg rational auf wissenschaftlichem Niveau. Überdies hatte die Heeresreform Preußens Armeen auf den neuesten Stand modernisiert. Soldaten und Offiziere waren gut ausgebildet und motiviert. Die Befehlsstrukturen waren klar und effektiv.

Die militärische Führung lag im wesentlichen unangefochten allein bei Moltke als Chef des Generalstabes. Er hielt bis zur Schlacht bei Königgrätz alle Fäden in der Hand. Er hatte überdies die bedeutenden Möglichkeiten des Telegraphennetzes für präzise, konzentrierte und schnelle Befehls- und Nachrichtenübermittlung erkannt und voll zum Einsatz gebracht. Für die Truppenbewegungen setzte er gezielt und höchst effektiv das gut ausgebaute preußische Einsenbahnnetz ein. Österreich war insoweit nicht nur schlechter ausgestattet; es nutzte nicht einmal die vorhandenen Möglichkeiten vollständig aus. Auch die Infantriebewaffnung Preußens war überlegen. Seine Truppen führten das Zündnadelgewehr System Dreyse, eine Hinterladerwaffe für Einheitspatronen, die man im Hinblick auf ihre technischen Grundmerkmale bereits als Vorläuferin der bis 1945 in Europa geführten Infanteriegewehre bezeichnen kann und die insbesondere eine etwa dreimal größere Feuerkraft besaß als die damals noch allgemein üblichen und auch von den Österreichern geführten Perkussionsvorderlader. Insgesamt kann man sagen: Der preußische Sieg von Königgrätz war der keineswegs nur zufällige »Sieg der modernen Armee eines modernen Staatswesens über die altmodische Armee eines altmodischen Staatswesens«.[160]

Die umwälzende Bedeutung des preußischen Sieges von Königgrätz für die deutschen Einheitsbestrebungen und die revolutionären Folgen für das Staatengefüge Mitteleuropas wurden von der internationalen Öffentlichkeit klar erkannt. »Casca il mondo!« erschrak der vatikanische Kardinalstaatssekretär Giacomo Antonelli.[161] Und die Londoner *Times* schrieb am Tag der Schlacht über Bismarck: »Er ist der einzige Mensch in Deutschland, der wußte, was er wollte; ohne ihn würden bei dem sittlich-schüchternen Volk der Deutschen die Einheitsbestrebungen niemals Wirklichkeit geworden sein«[162] – wozu im nachhinein anzumerken wäre, daß die in nationaler Hinsicht »sittlich-schüchterne« deutsche Wesensart kein angeborener Zug des Volkscharakters war. Vielmehr fehlte der Nation seit Jahrhunderten mit dem angemessenen staatlichen Haus eine wesentliche Grundlage ungestörten Nationalempfindens. Der britische *Spectator* analysierte überschlägig: »Dreißig Dynastien sind beiseite gefegt worden. Das Schicksal von zwanzig Millionen Menschen hat sich auf immer verändert. Das politische Gesicht der Welt hat sich gewandelt, wie es sonst nur nach einer Generation des Krieges der Fall ist. Preußen ist in einem einzigen Augenblick der Sprung zur führenden Großmacht Europas geglückt.«[163]

7. Der ›Schiedsrichter‹ mischt sich ein: die Intervention Napoleons III. und ihre Konsequenzen aus preußisch-deutscher Sicht

Freilich war der Krieg, wenn auch die militärische Hauptentscheidung gefallen war, mit dem Sieg vom 3. Juli 1866 durchaus noch nicht zu Ende. Es lag nahe und entsprach den Gepflogenheiten der Kriegführung, daß die preußische Kavallerie den geschlagenen und flüchtenden Gegner verfolgen, daß Wilhelms I. Heer nach Süden vorrücken und den Sieg durch einen triumphalen Einzug in die Kaiserstadt Wien krönen würde. Doch wären der mit Königgrätz errungene Erfolg und Bismarcks Deutschlandpolitik insgesamt in höchstem Maße gefährdet gewesen, hätten die Dinge diesen militärisch üblichen Fortgang genommen. Der politisch verantwortungsbewußte Blick auf Frankreich und auf künftige Machtkonstellationen erzwang geradezu den Abbruch des Feldzuges und einen sofortigen Waffenstillstand zu Bedingungen, die Österreich schonten.

Bereits am 2. Juli 1866, dem Tag vor Königgrätz, hatte Österreich, vielleicht getrieben von dunklen Vorahnungen, Napoleon III. um Vermittlung ersucht und, in dem vorauseilenden Bemühen, ihn günstig zu stimmen, aber auch um Italien friedensbereit zu machen, die Abtretung Venetiens an Frankreich erklärt. Die große Stunde Napoleons III., auf die er seit Jahren hingearbeitet hatte, die Frankreich »Kompensationen« am Rhein, insbesondere aber eine hegemoniale Schiedsrichterstellung über die beiden deutschen Großstaaten und ein rheinbundartiges Glacis deutscher Klein- und Mittelstaaten im Westen und in der Mitte Deutschlands einbringen sollte, schien nun endlich gekommen.

Doch zeigte bereits der folgende Tag, daß die Chance verpaßt war, sofern sie objektiv überhaupt bestanden hatte. Napoleon brauchte, um in seinem Sinne erfolgreich ›vermitteln‹ zu können, wie gesagt, zwei Verlierer, einen ersten und einen zweiten vielleicht, aber keinesfalls einen Sieger. Nun aber hatte Preußen völlig überraschend und so schnell, wie niemand es hatte voraussehen können, einen überwältigenden militärischen Sieg und damit eine Machtstellung errungen, gegen welche die französischen Gebietsforderungen und hegemonialen Ordnungsvorstellungen nur sehr schwer und nur mit erheblichen Pressionen durchzusetzen sein würden.

Eine sofortige militärische Intervention Frankreichs zugunsten Österreichs kam in dieser Situation durchaus in Betracht und wurde von den ›Falken‹ in NAPOLEONS Umgebung auch befürwortet. Sie hätte Preußen unvorbereitet und empfindlich getroffen, denn dessen Hauptkräfte befanden sich nach Königgrätz auf dem Vormarsch in Böhmen mit südlicher Stoßrichtung, während andere erhebliche preußische Kontingente noch durch Kämpfe in Süddeutschland gebunden waren.

Allerdings konnte sich NAPOLEON III., der eine kurz zuvor angeordnete Teilmobilmachung widerrief, zu einem solch risikoreichen Schritt nicht entschließen. Er hoffte, seine machtpolitischen Ziele auch durch eine zunächst lediglich diplomatische Intervention verwirklichen zu können, der militärische Drohung im Hintergrund den erforderlichen Nachdruck verleihen würde. Falls er auf diesem Wege nicht zum Erfolg käme, bliebe ihm noch immer die militärische Option. Freilich war auch aus seiner Sicht Eile jedenfalls dringend geboten.

Bereits wenig mehr als einen Tag nach der böhmischen Entscheidungsschlacht, in der Nacht vom 4. auf den 5. Juli, ging dem in Horjitz nahe Königgrätz aufgeschlagenen königlich preußischen Hauptquartier ein an WILHELM I. gerichtetes Telegramm des französischen Kaisers zu, in dem dieser seine Vermittlung anbot. Kaiser FRANZ JOSEPH, so teilte LOUIS NAPOLEON weiter mit, habe ihm Venetien abgetreten und seine Vermittlung angerufen. Der glänzende Erfolg der preußischen Waffen nötige ihn, NAPOLEON, aus seiner bisherigen Zurückhaltung herauszutreten.

Auf Anraten BISMARCKS beantwortete WILHELM I. das Telegramm verzögernd, ohne nähere Darlegungen. Einen Waffenstillstand ohne Friedensbürgschaften lehnte er ab, nicht aber die französische Vermittlung als solche, denn letzteres hätte vermutlich ein sofortiges militärisches Eingreifen NAPOLEONS provoziert. Nur Stunden nach dem Eingang des französischen Telegramms, am 5. Juli, erschien im preußischen Hauptquartier als österreichischer Emissär der Generalleutnant VON GABLENZ und ersuchte um Waffenstillstand. BISMARCK hatte die neuesten Ereignisse bereits gedanklich klar analysiert und die sich aus ihnen ergebenden Notwendigkeiten und Möglichkeiten in seine Beurteilung der politischen und militärischen Gesamtlage eingepaßt. Der preußische General VON STOSCH, ein Vertrauter des Kronprinzen FRIEDRICH WILHELM und BISMARCK gegenüber eher kritisch eingestellt, berichtete über seine in dieser Situation gewonnenen Eindrücke von BISMARCKS überlegener Urteilskraft: »[BISMARCK] entwickelte... wundervoll klar und anregend die Forderungen, die einem Frieden zugrundezulegen wären: Ausschluß Österreichs aus Deutschland; Einigung des wesentlich protestantischen Norddeutschlands als Etappe zur großen Einheit... Es war das erstemal, daß ich BISMARCK im persönlichen Verkehr sah, und ich bekenne gern, daß der Eindruck, den ich von ihm empfing, mich geradezu überwältigte. Die Klarheit und die Größe seiner Anschauungen boten mir den höchsten Genuß; er war sicher und frisch in jeder Richtung, bei jedem Gedanken eine ganze Welt umfassend.«[164]

Dem General VON GABLENZ wurde mitgeteilt, daß über einen Waffenstillstand erst entschieden werden könne, wenn die Grundlagen eines Friedensschlusses ausgehandelt sein würden. Diese Verhandlungen allerdings waren zunächst nicht mit dem Kriegsgegner Österreich zu führen, den sie eigentlich in erster Linie angingen, sondern mit dem mächtigen französischen Nachbarn, der sich eingemischt hatte. Vordringlich mußte BISMARCK darauf bedacht sein, daß aus der diplomatischen Intervention NAPOLEONS nicht eine militärische wurde, daß Frankreich nicht auf seiten Österreichs in den Krieg eintrat. Zunächst verhandelte der preußische Gesandte Robert VON DER GOLTZ mit NAPOLEON III. in Paris.

Nach dem Sieg von Königgrätz, der Einmischung NAPOLEONS III. und dem österreichischen Waffenstillstandsersuchen bestimmten folgende Gesichtspunkte die preußische Verhandlungsposition: Den Status quo ante Königgrätz würde NAPOLEON III. nicht wiederherstellen können und wollen. Die Verhandlungen würden also von der Tatsache ausgehen, daß mit dem preußischen Sieg der deutsche Dualismus beendet war; in der preußisch-österreichischen Rivalität um die Vorherrschaft im deutschen Raum war Österreich unterlegen.

Ebenso war der Deutsche Bund hinfällig geworden. BISMARCK wußte aus seinen in der Vergangenheit aus verschiedenen Anlässen geführten eingehenden Verhandlungen mit dem französischen Kaiser, daß dieser gegen eine Stärkung der preußischen Position durch Machtzuwachs und Gebietserwerbungen nördlich der Mainlinie, etwa durch die Annektion Holsteins, grundsätzlich nichts einzuwenden hatte, wobei er Preußen allerdings in der Rolle eines Juniorpartners Frankreichs sah. Ein starkes Preußen im Norden würde überdies, so dachte NAPOLEON, die süddeutschen Staaten schrecken und sie Schutz in der Anlehnung an Frankreich suchen lassen. »Er hoffte wohl, einen süddeutschen Bund als französische Filiale auszubilden«, meinte BISMARCK.[165] So konnte letzterer damit rechnen, daß LOUIS NAPOLEON ihm in Deutschlands Norden weitgehend freie Hand lassen würde.

Zwei Ziele allerdings, auch das wußte BISMARCK, waren für NAPOLEON III. unabdingbar: Dieser war entschlossen, Schritte in die Richtung einer nationalen deutschen Staatsgründung zu unterbinden, die der traditionellen, Jahrhunderte alten französischen Hegemonialpolitik einen ebenso jähen wie endgültigen Riegel vorschieben würde. Und er gedachte die Weichen nach dem preußischen Sieg so zu stellen, daß die deutschen Staaten zwischen der Mainlinie und Österreich in eine rheinbundartige Region – eine ›Filiale‹ Frankreichs eben – transformiert werden konnten. Beide Ziele NAPOLEONS aber setzten voraus, daß Preußens Macht und Einfluß an der Mainlinie endete. Für BISMARCK bedeutete dies, daß er eine nachhaltige Einschränkung der territorialen Vorstellungen hinnehmen mußte, die seinem revolutionären Antrag vom 9. April 1866 am Bundestag und seinem ausgearbeiteten Plan einer Bundesreform vom 10. Juni zugrunde gelegen hatten. Denn der mit dieser Reform angestrebte neue Bund hatte alle deutschen Länder außer Österreich, also auch die süddeutschen Staaten, umfassen sollen.

Freilich stellte BISMARCK nunmehr und in der Folgezeit eine vorläufige räumliche Beschränkung des geplanten Bundes auf Norddeutschland als eine durchaus erträgliche, wenn nicht gar sinnvolle Zwischenlösung hin. Er verwies darauf, daß das innere Zusammenwachsen von Nord und Süd angesichts der konfessionellen Unterschiede und antipreußischer Tendenzen im Süden ohnehin eine gewisse Zeit dauern werde. In einer Dienstanweisung an seinen Verhandlungsführer in Paris, Robert VON DER GOLTZ, schrieb er am 9. Juli 1866: »Unser politisches Bedürfnis beschränkt sich auf die Disposition über die Kräfte Norddeutschlands in irgendeiner Form... Ich spreche das Wort *Norddeutscher* Bund unbedenklich aus, weil ich es, wenn die uns nötige Konsolidierung des Bundes gewonnen werden soll, für unmöglich halte, das süddeutsch-katholisch-bayrische Element hineinzuziehen. Letzteres wird sich von Berlin aus noch für lange Zeit nicht gutwillig regieren lassen.«[166]

Gewiß machte BISMARCK, dessen erklärte nationalpolitische Absichten ja noch am 9. April und am 10. Juni 1866 sehr viel weiter gegangen waren, hier angesichts der konkret drohenden Gefahren einer französischen Intervention in gewissem Maße ›aus der Not eine Tugend‹ und gewann der Beschränkung preußisch-deutscher Macht auf die Mainlinie, vielleicht auch aus Gründen der Gesichtswahrung, einen gewissen Vorteil ab. Wie schwer die Unterschiedlichkeiten zwischen Nord und Süd, denen er Wochen zuvor ja ersichtlich noch sehr wenig Bedeutung beigemessen hatte, in seinen Augen wirklich wogen, mag dahingestellt bleiben. In den folgenden Jahren des Norddeutschen Bundes nahm er das Problem jedenfalls durchaus ernst. Objektiv mag er es sogar überschätzt haben, denn die süddeutschen Länder standen den norddeutschen als Glieder des wenige Jahre später überraschend schnell ins Leben getretenen Deutschen Reiches an Standfestigkeit und Bundestreue in nichts nach. BISMARCKS Bereitschaft zur preußisch-deutschen Selbstbeschränkung auf die Maingrenze in der Zeit nach Königgrätz beruhte denn wohl auch entscheidend auf den Sachzwängen der tatsächlichen Machtverhältnisse, insbesondere der drohenden militärischen Intervention Frankreichs.

Er ging zwar davon aus, daß Frankreich der vollen kleindeutschen Einigung in jedem Fall militärisch entgegentreten werde und daß man sich diesem Konflikt künftig einmal werde stellen müssen. Da man dem jedoch unter den seinerzeitigen Kräfteverhältnissen noch nicht gewachsen war, galt es zunächst einmal, der drohenden Gefahr zu weichen. Gleich nach Königgrätz, so führte BISMARCK später aus,[167] sei ein Eingehen auf die erste Annäherung Österreichs, das um Friedensverhandlungen nachsuchte, angesichts der Einmischung Frankreichs geboten gewesen. »Die Einmischung [Telegramm vom 4./5. Juli] war hervorgerufen durch unsern Sieg, nachdem NAPOLEON bis dahin auf unsere Niederlage und Hilfsbedürftigkeit gerechnet hatte.« Er, BISMARCK, habe MOLTKE damals gefragt, was dieser tun würde, wenn Frankreich militärisch eingriffe. MOLTKES Antwort sei gewesen: eine defensive Haltung einnehmen gegenüber Österreich, mit Beschränkung auf die Elblinie, inzwischen Führung des Krieges gegen Frankreich.

Diese Sicht MOLTKES habe ihn, BISMARCK, in seinem Entschluß bestärkt, dem König zum Frieden auf der Grundlage der territorialen Integrität Österreichs zu raten. BISMARCKS Ansicht zur Lage ging dahin, im Falle der militärischen Einmischung Frankreichs müsse man entweder sofort mit Österreich einen maßvollen Frieden, wo möglich ein Bündnis schließen, um Frankreich anzugreifen; oder man müsse Österreich in raschem Anlauf nehmen und es zusätzlich lahmlegen, indem man die Nationalkonflikte in Ungarn und Böhmen schürte, und sich dabei gegenüber Frankreich zunächst defensiv verhalten. Frankreich sei, wenn man MOLTKES Vorstellung folge, in der Lage, den Krieg so in die Länge zu ziehen, daß Preußen seine Defensivstellung an der Elbe gegen Österreich nicht werde halten können, wenn es gleichzeitig einen Invasionskrieg in Frankreich führen müsse, mit Österreich und Süddeutschland feindlich im Rücken.

Diese Perspektive habe ihn, BISMARCK, »zur lebhaftern Anstrengung im Sinne des Friedens bestimmt«. Er fürchtete zudem eine Verschlechterung der militärischen Lage für Preußen nicht nur durch hinzutretende französische Truppen, sondern auch durch einen einheitlichen, straffen französischen Oberbefehl auf der Gegenseite, der dieser bisher gefehlt habe. Auch erschien BISMARCK Rußlands Haltung in der gegebenen Situation unklar (»zweifelhaft«).

Kurzum: Schon das militärische Risiko eines Krieges gegen die vereinigten österreichischen, süddeutschen und französischen Truppen war so hoch, daß Preußen es vernünftigerweise nicht eingehen konnte. Es würde sich sonst vermutlich sehr schnell auf dem Status einer mittelmäßigen norddeutschen Macht wiedergefunden haben, Schlesiens, Rheinpreußens und seiner Provinz Sachsen sowie jeglicher Fähigkeit beraubt, fürderhin preußische Machtpolitik und aktive Deutschlandpolitik zu betreiben. Eine solche Katastrophe konnte es nur abwenden, wenn es die französische ›Vermittlung‹, die man weniger vornehm, aber zutreffender auch als erpresserische Einmischung bezeichnen konnte, als unabänderlich hinnahm und gute Miene zum bösen Spiel machte.

Preußen mußte sich der unabdingbar mit der militärischen Interventionsdrohung verknüpften Grundforderung NAPOLEONS III. beugen, macht- und deutschlandpolitisch nicht über den Main hinauszugreifen. Es mußte den Feldzug gegen Österreich sofort abbrechen und mit diesem zu den von Frankreich vorgegebenen und tolerierten Bedingungen so schnell wie möglich Frieden schließen. Wenn Preußen so verfuhr und auf dieser Grundlage mit Frankreich verhandelte, blieb ihm immerhin die eigentliche Errungenschaft des Sieges von Königgrätz erhalten, die in der Verdrängung des habsburgischen Konkurrenten aus dem nichtösterreichischen deutschen Raum und der Überwindung des deutschen Dualismus lag. Auch würde sich NAPOLEON III. der Gründung eines norddeutschen Bundesstaates unter Einhaltung der Mainlinie nicht entgegenstellen. Weitergehender deutschland- und machtpolitischer Nutzen ließ sich aus dem errungenen militärischen Erfolg fürs erste nicht ziehen.

War die Eindämmung preußischer Macht durch die Mainlinie eine bittere Pille für BISMARCKS Politik, so sah dieser keinen Nachteil darin, daß der Feldzug gegen Wien nicht weiter forgesetzt werden konnte. MOLTKE hatte am 3. Juli noch auf dem Schlachtfeld von Königgrätz zu König WILHELM gesagt: »Eure Majestät haben nicht nur die Schlacht, sondern den Feldzug gewonnen.« Und BISMARCK hatte hinzugefügt: »Die Streitfrage ist also entschieden; jetzt gilt es, die alte Freundschaft mit Österreich wiederzugewinnen.«[168] Er sah in der Donaumonarchie einen Stabilitäts- und Ordnungsfaktor im südöstlichen Mitteleuropa und auf dem Balkan und hielt es darum nicht für sinnvoll, den Kaiserstaat zu zerschlagen oder so zu schwächen, daß er an seinen inneren Nationalitätenkonflikten zerbrach.

Es erschien BISMARCK auch nicht als gangbare Alternative, die deutsche Bevölkerung Österreichs in ein preußisch-deutsches Staatsgebilde einzugliedern. Die Österreicher würden sich, so meinte er, kaum von Berlin aus regieren lassen. Überdies ging er davon aus, daß Preußen-Deutschland im Zuge der politischen Entwicklung einmal auf die Neutralität der Donaumonarchie oder gar auf ein Bündnis mit dieser würde angewiesen sein können. Es erschien ihm daher nicht nur überflüssig, sondern eher schädlich, Habsburg zu strafen und zu demütigen.

In den noch zu erörternden Disputen über die Frage der Fortsetzung des Feldzuges gegen Wien, die BISMARCK intern mit seinem König und den preußischen Militärs zu führen hatte, spielten die Gründe für eine Schonung Österreichs eine wesentliche Rolle. Objektiv stellte sich diese Frage unter den gegebenen Umständen freilich allenfalls am Rande. Denn eine Fortsetzung des Feldzuges gegen Wien hätte höchstwahrscheinlich eine militärische Intervention Frankreichs zur Folge gehabt und darum vermutlich nicht zu einem triumphalen Einmarsch WILHELMS I. in die Kaiserstadt, sondern vielmehr zu einer schweren militärischen Niederlage Preußens geführt.

8. Verhandlungen über die Friedensbedingungen in Paris und Nikolsburg

Diese insgesamt komplexe Sach- und Interessenlage bildete den Hintergrund der preußisch-französischen Verhandlungen über einen Waffenstillstand mit Österreich, die sogleich nach dem Telegramm NAPOLEONS III. in Paris aufgenommen wurden und dort zunächst bis zum 10. Juli andauerten. Da die geschaffenen Fakten, die beiderseitigen Ziele und die gegebenen Machtverhältnisse klar zutage lagen und keiner näheren Diskussion bedurften, einigte man sich rasch über die Grundlinien der Übereinkunft: Der Deutsche Bund sollte aufgelöst werden, Österreich aus dem deutschen Staatsverband ausscheiden und einem solchen auch künftig nicht angehören. NAPOLEON III. gestand Preußen zu, sich in Norddeutschland um vier Millionen Einwohner zu vergrößern, Schleswig und Holstein, Hannover, Kurhessen, Nassau und Frankfurt am Main zu annektieren und mit den übrigen Staaten nördlich der Mainlinie einen Norddeutschen Bund zu gründen. Für das überwiegend dänisch besiedelte Nordschleswig wurde eine Volksabstimmung vorgesehen und für den Fall eines entsprechenden Ergebnisses die Abtretung dieser Region an Dänemark vereinbart.

Einer solchen Regelung des nordschleswigschen Nationalitätenproblems hatte BISMARCK schon während der Londoner Konferenz 1864 nicht ablehnend gegenübergestanden. Ein wie auch immer geartetes machtpolitisches Übergreifen nach Süddeutschland aber sollte Preußen verwehrt sein – dies war eine wesentliche Forderung NAPOLEONS III., der unabdingbare Preis, den Preußen dafür zu zahlen hatte, daß Frankreich nicht auf österreichischer Seite militärisch intervenierte. Vielmehr sollte südlich der Mainlinie ein gesonderter Süddeutscher Staatenbund entstehen – unter Frankreichs künftiger Hegemonie, wie NAPOLEON III. hoffte.

Auch Gebietsverluste Österreichs und der süddeutschen Staaten zugunsten Preußens sollte es nicht geben; Preußen hatte sich damit zu begnügen, daß NAPOLEON III. ihm im Norden freie Hand ließ und die dort geplanten Annexionen gestattete. Sachsen bildete zunächst einen Streitpunkt, der aber schnell ausgeräumt wurde. BISMARCK hatte das Königreich annektieren wollen, stieß damit aber auf den Widerstand Frankreichs, das Sachsen der Gruppe der süddeutschen Staaten hatte zuordnen wollen. Schließlich einigte man sich dahin, daß es als Staat zwar ungeschmälert erhalten bleiben, aber dem zu gründenden Norddeutschen Bund beitreten sollte. Von »Kompensationen« hingegen, Abtretungen deutscher Gebiete an Frankreich, war bei diesen Verhandlungen nicht die Rede.

Mit Frankreich waren damit die von Preußen wohl oder übel akzeptierten Grundlagen eines Waffenstillstandes geklärt; doch war NAPOLEONS III. militärische Intervention damit noch keineswegs endgültig abgewendet. Es kam nun vielmehr darauf an, die preußisch-französischen Übereinkünfte schnellstmöglich in ein Abkommen mit Österreich umzusetzen und der französischen Seite keinen Vorwand dafür zu schaffen, doch noch einzugreifen. Insbesondere galt es zu verhindern, daß durch den Fortgang der militärischen Operationen Preußens neue Tatsachen geschaffen wurden, die Frankreichs Kaiser nicht mehr hinzunehmen bereit gewesen wäre und die den ›Falken‹ in dessen eigenem Lager Auftrieb gegeben hätten.

Über einen ihm bekannten früheren Abgeordneten der Frankfurter Paulskirche namens GISKRA hatte BISMARCK bereits Kontakte zur österreichischen Führung angeknüpft. In Nikolsburg zwischen Brünn und Wien auf Schloß Dietrichstein, das dem österreichischen Außenminister MENSDORFF-POUILLY, dem Nachfolger des Grafen RECHBERG, gehörte, verhandelten nunmehr Preußen und Österreich über Waffenstillstand und Frieden. Am 21. Juli 1866 wurde ein ersterer mit Wirkung zum 22. Juli mittags vereinbart; doch vergingen bis zum Abschluß eines Vorfriedens noch mehrere Tage.

Österreich war zwar an einem raschen Abschluß interessiert: Daß es nach NAPOLEONS Bedingungen keine Gebietsabtretungen hinzunehmen hatte, so wenig wie sein treuer sächsischer Verbündeter, dessen Truppen bei Königgrätz tapfer gefochten hatten, vereinfachte seine Verhandlungsposition. Allerdings überkam den italienischen Bundesgenossen Preußens nach dessen Sieg bei Königgrätz neuer Kampfeseifer, obwohl er sichere Aussicht auf die kampflose Überlassung Venetiens hatte. Dessen Befreiung war Italiens eigentliches Kriegsziel, auch wenn es daneben Ansprüche auf Trient und Südtirol erhob. Nach der eigenen Niederlage gegen die österreichischen Truppen bei Custozza am 24. Juni erschien es der italienischen Seite aber als nationale Schande, Venetien nur als Gnadengeschenk des französischen Imperators empfangen zu sollen. Man wollte es vor der Mit- und Nachwelt heldenhaft erkämpfen, was nunmehr im Hinblick auf die Niederlage des Feindes in Böhmen ohne besonderes Risiko möglich erschien. Österreich jedoch war an einer solchen Inszenierung italienischen Nationalstolzes keineswegs gelegen; um so mehr fand es sich zum schnellen Abschluß eines Präliminarfriedens bereit.

9. Querschuß aus St. Petersburg

Auch gab es Störfeuer aus nordöstlicher Richtung. Am 24. Juli trat der Zar mit dem Vorschlag aus seiner bis dahin gewahrten Reserve, einen internationalen Kongreß einzuberufen, der den Konflikt zwischen Preußen und Österreich beilegen und die deutschen Verhältnisse unter maßgeblicher Mitwirkung der vormaligen Garantiemächte des Deutschen Bundes vom 8. Juni 1815 ordnen sollte.

Dem russischen Kaiser widerstrebte die preußisch-deutsche Politik zutiefst: zunächst einmal, weil sie auf die Bildung eines bisher nicht dagewesenen staatlichen Machtzentrums in Deutschland hinauslief, das den russischen Einfluß auf Mitteleuropa zu mindern drohte. Aber auch der revolutionäre Charakter der Bismarckschen Politik erregte Anstoß in St. Petersburg. Die geplante Entthronung legitimer Herrscher durch Annexion ihrer Länder wurde als ebenso unerträglich empfunden wie die Einrichtung eines nationalen Parlamentes, das noch dazu aus radikal demokratischen Wahlen hervorgehen sollte.

Bismarck hatte seine revolutionären Absichten mit seinem Antrag vom 9. April und dem am 10. Juni vorgelegten Plan einer Bundesreform unmißverständlich offengelegt. Nach dem militärischen Erfolg von Königgrätz war er von Napoleon III. mit der Festlegung der Mainlinie nur territorial in die Schranken gewiesen worden. Jetzt galt es daher aus russischer Sicht, von der alten Ordnung Mitteleuropas, dem Deutschen Bund also, zu retten, was noch zu retten war, Österreichs Position in Süddeutschland wiederherzustellen und die Expansion der preußischen Macht einzudämmen.

Auch der Einfluß, den das revolutionäre Frankreich durch den sich anbahnenden Friedensschluß in Mitteleuropa, insbesondere in Süddeutschland zu gewinnen trachtete, widerlief den russischen Interessen. Ihn galt es zu unterbinden und Napoleon III. als dortigen ›Schiedsrichter‹ zu verdrängen.

Es liegt auf der Hand, daß sich Bismarck den russischen Absichten widersetzte, die auf eine völlige Revision der Ergebnisse von Königgrätz und die Wiederherstellung des glücklich überwundenen Deutschen Bundes einschließlich des Dualismus mit Österreich hinausliefen. Die ihm von Napoleon III. aufgenötigte völlige Beschränkung seiner nationalpolitischen Pläne auf Norddeutschland war zwar bitter, ließ ihm aber, anders als es nach der Zielsetzung des Zaren der Fall sein sollte, wenigstens einen bedeutenden Teilerfolg. Seiner erklärten Ablehnung der Pläne des Zaren verlieh er mit der Drohung Nachdruck, im russischen Macht- und Interessenbereich nationalrevolutionäre Unruhen zu entfesseln. Andererseits versprach er, mit dem russischen Herrscherhaus verwandte deutsche Dynastien mit Annexionen zu verschonen, und stellte Rußland die preußische Unterstützung in der Schwarz-Meer-Frage in Aussicht. Denn das Gewässer vor der russischen Haustür stand seit dem Krimkrieg unter internationaler Kontrolle – ein demütigender Zustand für die osteuropäische Großmacht.

Auch England lehnte den russischen Vorschlag ab. Es sah im erstarkenden preußischen Machtbereich zu dieser Zeit bei aller Antipathie das kleinere Übel im Vergleich zu dem auf Hegemonie versessenen Reich NAPOLEONS III. und dem mächtigen Rußland, das stets nach Süden und Südwesten auszugreifen und britische Kolonialinteressen zu gefährden drohte. Ein preußisch geführtes Deutschland erschien als stabileres Gegengewicht zu Rußland und Frankreich als das multinationale Donaukaiserreich. So blieb der russische Kongreßvorschlag Episode. Von Interesse ist er jedoch als einer der Versuche der europäischen Nachbarmächte, den deutschen Weg zum Nationalstaat zu blockieren – und als eines von ungezählten Beispielen für die Selbstverständlichkeit, mit der ein nicht eigenstaatlich verfaßtes Deutschland als bloße Verfügungsmasse ausländischer Machtpolitik behandelt wurde.

10. Bismarcks interner Kampf gegen König und militärische Mehrheit

Indes war der russische Vorstoß weder das einzige noch das wesentlichste Hemmnis, das den baldigen Abschluß mit Österreich zu gefährden schien. BISMARCK hatte, während er nach außen hin mit Frankreich und Österreich das Terrain für den gebotenen Abbruch des Krieges umsichtig und erfolgreich vorbereitete, nach innen, mit seinem König nämlich und der Mehrheit der führenden preußischen Militärs, schwere Auseinandersetzungen über die Frage der Fortsetzung des Krieges zu bestehen. Während der Verhandlungen mit Frankreich, am 9. Juli, hatte er an seine Ehefrau geschrieben: »Wie wunderbar sind Gottes Wege. Uns geht es gut, trotz NAPOLEON; wenn wir nicht übertrieben in unseren Ansprüchen sind und nicht glauben, die Welt erobert zu haben, so werden wir auch einen Frieden erlangen, der der Mühe wert ist. Aber wir sind ebenso schnell berauscht wie verzagt, und ich habe die undankbare Aufgabe, Wasser in den brausenden Wein zu gießen und geltend zu machen, daß wir nicht allein in Europa leben, sondern mit noch drei Mächten, die uns hassen und neiden.«[169]

»Berauscht« vom »brausenden Wein« des Erfolges von Königgrätz waren WILHELM I. und die militärische Mehrheit des preußischen Hauptquartiers. Es siegte sich so schön – an die Stelle der Anspannung vor der Entscheidungsschlacht war Siegeseuphorie getreten, die ausgekostet werden wollte und weitere Betätigung suchte, bis hin zum triumphalen Einmarsch in die Hauptstadt des geschlagenen

Gegners. Nur ein solches Ende der Kampfhandlungen wurde dem militärischen Geist gerecht, alles andere war Halbherzigkeit, unehrenhaftes Taktieren, wenn nicht gar Feigheit vor dem Feind und Verrat.

Das Abschätzen des internationalen Umfeldes dieses Krieges aber, insbesondere der Gefahren und Folgen einer französisch-österreichischen Militärkoalition, lag nicht innerhalb des Horizontes der soldatischen Sieger. Die Zusammenhänge und die machtpolitischen Sachzwänge, denen BISMARCK durch die Verhandlungen mit Frankreich über einen Waffenstillstand Rechnung trug, wurden nicht verstanden oder verdrängt: Man wollte nach Wien und dachte nicht an die Folgen. BISMARCK war genötigt, den politischen Aspekten, der Notwendigkeit eines unverzüglichen Waffenstillstandes, in Auseinandersetzungen Geltung zu verschaffen, die an Dramatik dem Konflikt um die Teilnahme König WILHELMS am Fürstentag zu Frankfurt 1863 in nichts nachstanden. In weit höherem Maße als damals standen diesmal, wenn der König sich falsch entschied und den Feldzug nicht abbrach, das Schicksal Preußens und die weitere deutsche Entwicklung auf des Messers Schneide.

Nach dem Tag von Königgrätz und dem Eingang des napoleonischen Telegramms vom 4./5. Juli vergingen Wochen, bis der politische Verstand BISMARCKS sich im preußischen Hauptquartier durchsetzen konnte und den Vorfrieden von Nikolsburg möglich machte. In Anspielung auf die Folgen eines französischen Eingreifens im Falle eines Marsches auf Wien und Ungarn empfahl BISMARCK in bitterem Hohn der militärischen Mehrheit: Wenn man erst jenseits der Donau sei, so sei es geraten, ganz drüben zu bleiben und nach Verlust der rückwärtigen Verbindungen »auf Konstantinopel zu marschieren, ein neues byzantinisches Reich zu gründen und Preußen seinem Schicksal zu überlassen«.[170] Auf BISMARCKS Seite standen lediglich MOLTKE und ROON sowie der Kronprinz, der sonst zu seinen eingeschworenen Gegnern zählte.

WILHELM I. verschärfte das Problem noch, indem er, erfüllt vom Zorn des Gerechten und in der Überzeugung, vom Gegner in einen von ihm selbst keineswegs verschuldeten Krieg gezwungen worden zu sein, Österreich und die süddeutschen Mittelstaaten mit vielfältigen Gebietsabtretungen zu bestrafen gedachte. Es war davon auszugehen, daß derartige preußische Waffenstillstands- und Friedensbedingungen, die NAPOLEON nicht hinzunehmen gewillt war, weil sie die Position Preußens südlich der Mainlinie stärkten, die französische Intervention zur Folge haben würden. Ohnehin hielt BISMARCK die territoriale Verstümmelung von Staaten, die als künftige Bündnispartner oder Gliedstaaten eines deutschen Staatsgebildes in Betracht kamen, für untunlich, denn die Wegnahme von Gebietsteilen würde nicht nur bei den betroffenen Monarchen und Regierungen, sondern auch bei den Bevölkerungen Groll und nachtragendes Ressentiment hinterlassen.

Problemloser erschienen ihm da noch die Annexionen, die er mit der Duldung NAPOLEONS im Norden plante. Die zu Preußen gemachten Hannoveraner, Kurhessen, Nassauer und Frankfurter würden sich in die neue Staatszugehörigkeit bald einfinden.

BISMARCKS Annexionspläne indes bewertete König WILHELM völlig anders: Für ihn war die mit einer Annexion verbundene Entthronung des legitimen Monarchen ein schieres Sakrileg gegen die Rechte aus Gottes Gnaden, eine Sünde gegen die göttliche Ordnung, war unverhohlene Revolution von oben. Diesem Verdikt unterfiel allerdings keineswegs die Wegnahme von Landesteilen, weil sie die monarchischen Rechte im Kern unangetastet ließ. In seinen Abtrennungsplänen bewies der König sogar Steigerungsfähigkeit: Hatte er, als das Telegramm NAPOLEONS vom 4. Juli zur Beantwortung anstand, bei der Wegnahme von Gebietsteilen südlich der Mainlinie – also außerhalb des Bereiches, in dem NAPOLEON III. Preußen freie Hand ließ – nur an Österreichisch-Schlesien und an einen böhmischen Grenzstreifen gedacht, so kamen bald Ansbach und Bayreuth sowie Teile Sachsens hinzu, das gemäß den Bedingungen NAPOLEONS – unbeschadet des in den Pariser Verhandlungen gefundenen Kompromisses – territorial keine Einbußen erleiden sollte.

Noch am 12. Juli, als mit NAPOLEON III. die Friedensbedingungen den Grundlinien nach bereits ausgehandelt waren und es zur Vermeidung der französischen Intervention darauf ankam, schnellstens den Waffenstillstand mit Österreich herbeizuführen, plante der preußische Kriegsrat im Quartier Czernahora unter dem Vorsitz des Königs, auf dem Marsch nach Wien die Floridsdorfer Befestigungen zu stürmen. Es würde 14 Tage kosten, die dazu erforderliche schwere Artillerie aus Magdeburg herbeizuführen. BISMARCK verwies darauf, daß dieser Zeitverlust die französische Intervention sehr viel näher rücken würde, als sie ohnehin lag, und er schlug vor, die Befestigungen zu umgehen. Den einzig sachgerechten Rat, den Vormarsch sofort abzubrechen, hätte BISMARCK nicht zur Debatte stellen können, denn dies wäre vom König und der militärischen Mehrheit als Affront empfunden worden. Auf die Beratung vom 12. Juli erging erst am 19. Juli ein Erlaß des Großen Hauptquartiers an die Armee, der letztlich die noch immer nicht aufgegebene Absicht widerspiegelte, Wien zu nehmen. Die innere – militärische – Entscheidungs- und Beschlußlage der preußischen Führung und der außenpolitisch-diplomatische Sachstand waren nicht mehr deckungsgleich und koordiniert, sie waren weit auseinandergelaufen. Wenn es BISMARCK nicht gelang, sich im preußischen Hauptquartier mit seiner Politik durchzusetzen, hatte er die diplomatische Rechnung mit NAPOLEON ohne den Wirt gemacht, König WILHELM nämlich und die preußischen Militärs.

BISMARCK hat die damaligen harten Auseinandersetzungen im preußischen Hauptquartier in seinen *Gedanken und Erinnerungen* recht anschaulich geschildert[171] und der Nachwelt etwas von der Anspannung und Dramatik jener Tage vermittelt. Am 23. Juli, einen Tag nach dem Inkrafttreten des Waffenstillstandes, trat ein Kriegsrat unter dem Vorsitz König WILHELMS zusammen, in dem darüber entschieden werden sollte, ob der Frieden zu den erörterten, inzwischen auch mit Österreich ausgehandelten und von diesem zum Gegenstand eines Friedensangebotes gemachten Bedingungen geschlossen oder ob der Krieg forgesetzt werden solle.

Wegen einer schmerzhaften Erkrankung Bismarcks fand die Beratung in dessen Zimmer statt. Er berichtet: »Ich trug meine Überzeugung dahin vor, daß auf die östreichischen Bedingungen der Friede geschlossen werden müsse, blieb aber damit allein; der König trat der militärischen Mehrheit bei. Meine Nerven widerstanden den mich Tag und Nacht ergreifenden Eindrücken nicht, ich stand schweigend auf, ging in mein anstoßendes Schlafzimmer und wurde dort von einem heftigen Weinkrampf befallen. Während desselben hörte ich, wie im Nebenzimmer der Kriegsrath aufbrach. Ich machte mich nun an die Arbeit, die Gründe zu Papier zu bringen, die m. E. für den Friedensschluß sprachen und bat den König, wenn er diesen meinen verantwortlichen Rath nicht annehmen wolle, mich meiner Ämter als Minister bei Weiterführung des Kriegs zu entheben. Mit diesem Schriftstücke begab ich mich am folgenden Tage zum mündlichen Vortrag. . . Ich entwickelte dem Könige an der Hand meines Schriftstückes die politischen und militärischen Gründe, die gegen die Fortsetzung des Krieges sprachen.

Östreich schwer verwunden, dauernde Bitterkeit und Revanchebedürfnis mehr als nöthig zu hinterlassen, müßten wir vermeiden, vielmehr uns die Möglichkeit, uns mit dem heutigen Gegner wieder zu befreunden, wahren und jedenfalls den östreichischen Staat als einen Stein im europäischen Schachbrett und die Erneuerung guter Beziehungen mit demselben als einen für uns offen zu haltenden Schachzug ansehn. Wenn Östreich schwer geschädigt wäre, so würde es der Bundesgenosse Frankreichs und jedes Gegners werden; es würde selbst seine antirussischen Interessen der Revanche gegen Preußen opfern.

Auf der andern Seite könnte ich mir keine für uns annehmbare Zukunft der Länder, welche die östreichische Monarchie bildeten, denken, falls letztere durch ungarische und slawische Aufstände zerstört oder in dauernde Abhängigkeit versetzt werden sollte. Was sollte an *die* Stelle Europas gesetzt werden, welche der östreichische Staat von Tirol bis zur Bukowina bisher ausfüllt? Neue Bildungen auf dieser Fläche könnten nur dauernd revolutionärer Natur sein. Deutsch-Östreich könnten wir weder ganz noch theilweise brauchen, eine Stärkung des preußischen Staates durch Erwerbung von Provinzen wie Östreichisch-Schlesien und Stücken von Böhmen nicht gewinnen, eine Verschmelzung des deutschen Östreichs mit Preußen würde nicht erfolgen, Wien als ein Zubehör von Berlin aus nicht zu regiren sein.«

Bismarck entwickelte nunmehr militärische Gründe, verwies unter anderem darauf, daß die Verlängerung des Krieges der französischen Einmischung den Weg ebnen würde. Der Monarch ließ dies alles gelten, bestand aber auf einer Bestrafung Österreichs: »Der Hauptschuldige könne doch nicht ungestraft ausgehn, die Verführten könnten wir dann leichter davonkommen lassen, sagte er, und bestand auf den schon erwähnten Gebietsabtretungen von Östreich. Ich [Bismarck] erwiderte: Wir hätten nicht eines Richteramts zu walten, sondern deutsche Politik zu treiben; Östreichs Rivalitätskampf gegen uns sei nicht strafbarer als der unsrige gegen Östreich; *unsre Aufgabe sei Herstellung oder Anbahnung deutsch-nationaler Einheit unter Leitung des Königs von Preußen.*

Zu S. 235 ff.: Der innerdeutsche Hegemonialkrieg 1866.

Von links: Generalfeldmarschall Prinz KARL VON BAYERN, Oberbefehlshaber der bayerischen Armee und der übrigen süddeutschen Bundeskontingente; Prinz ALEXANDER VON HESSEN befehligte das 8. deutsche Bundesarmeekorps.

Von links: Eduard VOGEL VON FALCKENSTEIN, Chef des Generalstabs der österreichisch-ungarischen; Generalleutnant Christian Julius DE MEZA, der dänische Oberbefehlshaber.

König Georg V. von Hannover. Er weigerten sich, der preußischen Forderung zur Neutralität im bevorstehenden Deutschen Krieg zuzustimmen, und schloß sich statt dessen den Mittelstaaten an. Nach der Kapitulation (einen Tag nach der verlorenen Schlacht bei Langensalza) wurde das Königreich Hannover von preußischen Truppen besetzt und am 20. September 1866 annektiert.

Parallel zum schnellen Feldzug gegen die Hannoversche Armee (Schlacht von Langensalza, 27. Juni 1866) begannen ab 23. Juni 1866 die ersten Gefechte auf böhmischem Boden. Hier: Kavalleriegefecht bei Nachod, das 8. Dragoner Regiment im Nahkampf mit k.u.k. Kürassieren, Gemälde von Richard KNÖTEL.

Zu S. 257–261: Die große Umfassungsschlacht von Königgrätz am 3. Juli 1866 war in vielerei Hinsicht eine der ersten Schlachten der modernen Kriegführung. Oberbefehlshaber VON MOLTKE setzte die Eisenbahn ein, um drei Viertel der preußischen Armee auf einen Bogen von 300 Kilometern zu gruppieren. Im linken Bildvordergrund werden Verwundete von Mitgliedern des jüngst (1864) gegründeten Roten Kreuzes evakuiert. Gemälde von Georg BLEIBTREU (1828–1892), der am Vormarsch der preußischen Armee teilnahm.

In Königgrätz verleiht König WILHELM dem Kronprinzen FRIEDRICH den Orden Pour le Mérite.

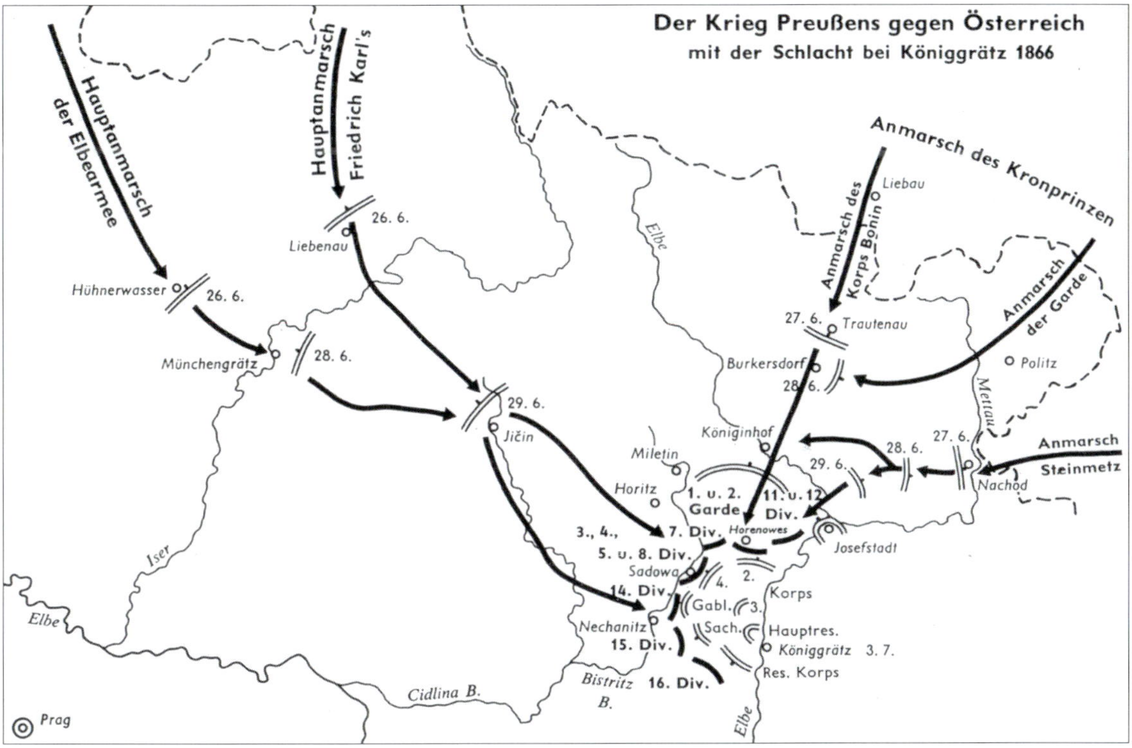

Karte: Der Hegemonialkrieg zwischen Preußen und Österreich 1866.

Zu S. 267 f.: Der Vorvertrag von Nikolsburg. In den Verhandlungen beschränkte sich Bismarck auf ziemlich bescheidene Forderungen an Österreich. Österreich mußte zwar eine beträchtliche Entschädigung zahlen, verlor aber kein Territorium an den Sieger.

Der Norddeutsche Bund. Das Bundesgebiet bestand aus folgenden, ›Bundesstaaten‹ genannten Gliedstaaten:

1. Königreich Preußen in Personalunion mit dem Herzogtum Lauenburg
2. Königreich Sachsen
3. Großherzogtum Mecklenburg-Schwerin
4. Großherzogtum Mecklenburg-Strelitz
5. Großherzogtum Oldenburg
6. Großherzogtum Sachsen-Weimar-Eisenach
7. Großherzogtum Hessen (nur Provinz Oberhessen nördlich des Mains)
8. Herzogtum Braunschweig
9. Herzogtum Sachsen-Meiningen
10. Herzogtum Sachsen-Altenburg
11. Herzogtum Sachsen-Coburg und Gotha
12. Herzogtum Anhalt
13. Fürstentum Schwarzburg-Rudolstadt
14. Fürstentum Schwarzburg-Sondershausen
15. Fürstentum Waldeck-Pyrmont
16. Fürstentum Reuß ältere Linie
17. Fürstentum Reuß jüngere Linie
18. Fürstentum Schaumburg-Lippe
19. Fürstentum Lippe
20. Freie und Hansestadt Hamburg
21. Freie und Hansestadt Lübeck
22. Freie Hansestadt Bremen

Auf die deutschen Staaten übergehend, sprach er von verschiednen Erwerbungen durch Beschneidung der Länder aller Gegner. Ich wiederholte, daß wir nicht vergeltende Gerechtigkeit zu üben, sondern Politik zu treiben hätten, daß ich vermeiden wolle, in dem künftigen deutschen Bundesverhältniß verstümmelte Besitze zu sehn, in denen bei Dynastie und Bevölkerung der Wunsch nach Wiedererlangung des frühern Besitzes mit fremder Hülfe nach menschlicher Schwäche leicht lebendig werden könnte; es würden das unzuverlässige Bundesgenossen werden... Vorwiegend schien mir bei Sr. Majestät die von militärischer Seite gepflegte Abneigung gegen die Unterbrechung des Siegeslaufs der Armee. Der Widerstand, den ich den Absichten Sr. Majestät in Betreff der Ausnutzung der militärischen Erfolge und seiner Neigung, den Siegeslauf fortzusetzen, meiner Überzeugung gemäß leisten mußte, führte eine so lebhafte Erregung des Königs herbei, daß eine Verlängerung der Erörterung unmöglich war und ich mit dem Eindruck, meine Auffassung sei abgelehnt, das Zimmer verließ mit dem Gedanken, den König zu bitten, daß er mir erlauben möge, in meiner Eigenschaft als Offizier in mein Regiment einzutreten. In mein Zimmer zurückgekehrt, war ich in der Stimmung, daß mir der Gedanke nahetrat, ob es nicht besser sei, aus dem offenstehenden, vier Stock hohen Fenster zu fallen; und ich sah mich nicht um, als ich die Thür öffnen hörte, obwohl ich vermuthete, daß der Eintretende der Kronprinz sei, an dessen Zimmer ich auf dem Corridor vorübergegangen war. Ich fühlte seine Hand auf meiner Schulter, während er sagte: ›Sie wissen, daß ich gegen den Krieg gewesen bin, Sie haben ihn für nothwendig gehalten und tragen die Verantwortung dafür. Wenn Sie nun überzeugt sind, daß der Zweck erreicht ist und jetzt Friede geschlossen werden muß, so bin ich bereit, Ihnen beizustehn und Ihre Meinung bei meinem Vater zu vertreten.‹ Er begab sich dann zum Könige, kam nach einer kleinen halben Stunde zurück in derselben ruhigen und freundlichen Stimmung, aber mit den Worten: ›Es hat sehr schwergehalten, aber mein Vater hat zugestimmt.‹ Diese Zustimmung hatte ihren Ausdruck gefunden in einem mit Bleistift an den Rand einer meiner letzten Eingaben geschriebenen Marginale ungefähr des Inhalts: ›Nachdem mein Ministerpräsident mich vor dem Feinde im Stich läßt und ich hier außerstande bin, ihn zu ersetzen, habe ich die Frage mit meinem Sohn erörtert, und da sich derselbe der Auffassung des Ministerpräsidenten angeschlossen hat, sehe ich mich zu meinem Schmerze gezwungen, nach so glänzenden Siegen der Armee in diesen sauren Apfel zu beißen und einen so schmachvollen Frieden anzunehmen.‹«

Der Kronprinz trug am Tag nach dem Zusammenstoß zwischen Wilhelm I. und dem Ministerpräsidenten in sein Tagebuch ein: »Der König und Bismarck sind heftig aneinandergekommen, und [es] nimmt diese Aufregung noch nicht ab. Gestern hat Bismarck in meiner Gegenwart geweint über die harten Dinge, die Seine Majestät ihm gesagt, so daß ich Bismarck beruhigen mußte, aber letzterer scheute förmlich, zu seiner Majestät wieder hinzugehen.«[172] Und Kriegsminister Roon schrieb nach Hause: »Die überstandene Arbeitstätigkeit und die Mannigfaltigkeit der Eindrücke haben die maßgebenden Nervensysteme – wie das meinige – dermaßen überreizt, daß es bald hie, bald da lichterloh zum Dachstübchen hinaus brennt und jeder Wohlmeinende mit dem Löscheimer herzueilen muß.«[173]

11. Der Vorfrieden von Nikolsburg

Immerhin hatte Bismarck, und mit ihm die Vernunft, mit knapper Not gesiegt. Eine törichte Fehlentscheidung und eine für den deutschen Einigungsprozeß vermutlich unheilvolle Entwicklung waren abgewendet, der Vorfriede von Nikolsburg wurde sogleich, am 26 Juli 1866, zu den Bedingungen geschlossen, auf die sich Bismarck und Napoleon III. zuvor geeinigt hatten: Österreich stimmte der Gründung eines Norddeutschen Bundes unter Einschluß des territorial unveränderten Königreiches Sachsen zu und verzichtete auf seine Rechte an Schleswig-Holstein, wobei für Nordschleswig eine Volksabstimmung über dessen künftige Staatszugehörigkeit vorgesehen wurde. Wien erkannte die von Preußen nördlich der Mainlinie vorzunehmenden Gebietsveränderungen an, wobei Einigkeit darüber bestand, daß auch Hessen-Darmstadt mit seinem nördlich des Mains gelegenen Teil dem Norddeutschen Bund beitreten mußte. Ein süddeutscher Staatenbund wurde vorgesehen, dessen Beziehungen zum Norddeutschen Bund künftiger Regelung vorbehalten bleiben sollten.

Art. II der Friedenspräliminarien faßte zusammen: »Seine Majestät der Kaiser erkennt die Auflösung des bisherigen Deutschen Bundes an und gibt seine Zustimmung zu einer neuen Gestaltung Deutschlands ohne Beteiligung des österreichischen Kaiserstaates. Ebenso verspricht Seine Majestät das engere Bundesverhältnis anzuerkennen, welches Seine Majestät der König von Preußen nördlich der Linie des Mains begründen wird, und erklärt sich damit einverstanden, daß die südlich von dieser Linie gelegenen deutschen Staaten in einem Verein zusammentreten, dessen nationale Verbindung mit dem Norddeutschen Bunde der näheren Verständigung zwischen beiden vorbehalten bleibt.«[174]

Das war der Verzicht der Donaumonarchie auf ihren hegemonialen Anspruch im außerösterreichischen Deutschland. Der Dualismus war beendet, doch die Deutschen Österreichs waren ausgesperrt. Formal handelte es sich zwar nur um einen Vorfrieden, doch waren wesentliche Änderungen der Vertragsbedingungen im noch bevorstehenden eigentlichen Friedensschluß in Prag nicht zu erwarten.

Nach der Unterzeichnung des Präliminarfriedens im Nikolsburger Schloß schien der bittere Streit um die Fortsetzung des Feldzuges in Preußens Führung sogleich vergessen. Der König war erleichtert und trotz seiner bösen Aktennotiz über seinen Ministerpräsidenten nun anscheinend völlig von der Richtigkeit der getroffenen Entscheidung überzeugt. Roon berichtete: »Die Friedenspräliminarien sind heute unterzeichnet worden in unserer Gegenwart. Als er dies vollbracht, sprang der Herr auf, umarmte und küßte dankend und weinend mit viel beweglichen Worten zuerst Bismarck, dann mich und Moltke, indem er diesem und mir den Schwarzen Adler-Orden, Bismarck das Großkreuz der Hohenzollern verlieh.«[175]

12. Napoleon III. fordert »Kompensationen«; Belgien und Luxemburg in seinem Visier; Bündnisangebot an Preußen

Auch mit dem Vorfrieden von Nikolsburg war die Gefahr einer militärischen Intervention Frankreichs gegen Preußen noch nicht ganz aus der Welt. Im Raume standen weiterhin die »Kompensationen« des Kaisers Louis Napoleon, seine durch nichts zu rechtfertigenden, erpresserischen Forderungen nach Abtretung deutscher Gebiete westlich des Rheins an Frankreich. Bismarck hatte nie ernsthaft erwogen, solchen Ansinnen stattzugeben, hatte dem Franzosen aber vor Beginn des Krieges vage Hoffnungen in dieser Richtung gemacht, um ihn nicht durch eine offene Verweigerung zur kriegerischen Intervention gegen Preußen zu reizen. In den preußisch-französischen Verhandlungen, die auf Napoleons Telegramm vom 4./5. Juli gefolgt waren, hatten die »Kompensationen« keine Rolle gespielt.

Doch verfolgte Napoleon sie alsbald hartnäckig weiter, und zwar auf recht unkonventionelle Weise: In der Nacht vom 11. zum 12. Juli 1866 gegen 2 Uhr früh erschien ein Mensch vor Bismarcks Bett im Quartier von Zwittau, dem es gelungen war, alle militärpolizeilichen Kontrollen und alle Wachen zu umgehen und zum schlafenden preußischen Ministerpräsidenten vorzudringen. Doch handelte es sich keineswegs um einen Meuchelmörder, das Schicksal Wallensteins war Bismarck nicht beschieden. Dieser erkannte sogleich den Grafen Vincent Benedetti, seines Zeichens französischer Botschafter in Berlin. Hektisch haspelte der seltsame Besucher sein Anliegen herunter: Er erinnerte Bismarck in Napoleons Auftrag an die Abtretung rheinischer Gebiete, die nunmehr fällig sei, nachdem und weil Napoleon sich bislang militärisch zurückgehalten habe. Bismarck bestritt, feste Zusagen gegeben zu haben, und ließ sich nicht auf nähere Erörterungen ein. Vordringlicher war es, für den ungebetenen Gast in dem überbelegten preußischen Quartier zunächst einmal einen Schlafplatz zu finden; Benedetti mußte die Stube mit dem Legationsrat Abeken teilen.

In den folgenden Tagen forderte Napoleons Sendbote den Anschluß des deutschsprachigen Luxemburg an das französische Staatsgebiet sowie Abtretungen an der Saar und in der Pfalz, welche die Grenzen von 1814 wiederherstellen sollten. Bismarck verhandelte in der Form entgegenkommend, in der Sache aber weiter hinhaltend. Benedetti, Auge, Ohr und Sprachrohr seines Kaisers auch bei den Nikolsburger Verhandlungen, kam sodann unmittelbar vor der Unterzeichnung des Vorfriedens nochmals auf das linke Rheinufer zu sprechen. Bismarck wich erneut aus: »Machen Sie mir heute keine amtliche Mitteilung dieser Art«,[176] und leistete die Unterschrift.

Anfang August – man war inzwischen nach Berlin zurückgekehrt – forderte Benedetti im Namen seines Herrn die bayerische Pfalz, Rheinhessen mit Mainz und erneut die Wiederherstellung der Grenze von 1814 an der Saar, mit Saarbrükken und Saarlouis. Diese Ansprüche kündigte Benedetti Bismarck am 5. August zunächst schriftlich an, »um nicht bei dem ersten Eindruck der Sache auf das reizbare Temperament des Ministers selbst anwesend zu sein«.[177] Am 6. August trug er die Forderungen sodann mündlich vor. Nun lehnte BISMARCK die Abtretungen, die, wie er sagte, Folge eines verlorenen Krieges hätten sein können, nun aber dem Sieger abgenötigt werden sollten, klar und entschieden ab. Die »Abtretung deutscher Erde [sei] eine Unmöglichkeit«,[178] kein deutsches Dorf werde abgetreten werden, ließ er BENEDETTI wissen. Der Versuch, ein solches Ansinnen zu verwirklichen, bedeute die volle Einigung Deutschlands. »Gegenüber einer revolutionären Gefahr (würden sich) die deutschen Dynastien fester begründet zeigen als jene des Kaisers NAPOLEON.«[179]

Dies war erneut die ernst gemeinte Drohung mit der Entfesselung eines gesamtdeutschen nationalrevolutionären Krieges für den Fall, daß Frankreich versuchte, seine Forderungen mit Gewalt durchzusetzen. BISMARCK wollte Revolution lieber selbst machen, als sie zu erleiden. Und NAPOLEON III. lenkte ein: Am 11. August erklärte er, die Forderungen in dieser Form seien ein durch seine Krankheit verursachtes Mißverständnis. Um die Glaubhaftigkeit dieser Behauptung und seiner mißbilligenden Distanzierung zu unterstreichen, entließ er seinen Außenminister.

Letztere Episode gibt Anlaß zu einer Bemerkung über eine gewisse Doppelgesichtigkeit, die sich die französische Hegemonialpolitik jener Jahre gab. Es war nicht das einzige Mal, daß NAPOLEON III. eigene Diplomaten, Minister oder Berater bloßstellte und sich selbst als konzilianter, weniger aggressiv darzustellen beliebte, als jene es zu sein schienen. Wir erinnern hier nur an das Rundschreiben vom 29. August 1865, in dem der französische Außenminister das Gasteiner Abkommen scharf kritisiert und von dem sich NAPOLEON später distanziert hatte; oder wir greifen vor auf das Jahr 1870, als der französische Kaiser im September nach seiner Gefangennahme bei Sedan BISMARCK gegenüber erklärte, er habe den Frieden gewollt, aber die öffentliche Meinung Frankreichs habe ihm den Krieg gegen die deutschen Staaten aufgezwungen.

Diese und ähnlich gelagerte Beispiele werfen Zweifel daran auf, daß NAPOLEON III. die von den ihn tragenden politischen Kräften des französischen Bürgertums verfolgte, aggressiv ausgreifende Hegemonialpolitik wirklich uneingeschränkt auch selbst gewollt hat. Denkbar erscheint aber auch ein nur taktisches Doppelspiel in dem Sinne, daß der Kaiser die Verantwortung für fehlgeschlagene eigene politische Vorstöße nach außen hin seiner Umgebung zuschob, um nicht selbst Gegenstand diplomatischer Verstimmung – etwa einer düpierten preußischen Regierung – zu werden und persönlich den Rücken für die unbelastete Fortsetzung seiner Politik frei zu haben. Für eine Geschichtsschreibung aus deutschem Blickwinkel freilich ist zunächst einmal maßgeblich, welche Politik die französische Führung tatsächlich betrieb, und nachrangig, wie die Rollen intern verteilt waren.

Mit der Zurückweisung der französischen Forderungen vom 5./6. August 1866 waren die preußisch-französischen Verhandlungen über »Kompensationen« für Frankreich noch keineswegs abgeschlossen. Weitere Gespräche betrafen Belgien und Luxemburg, wobei Bismarck, der Frankreich die politische und diplomatische Unterstützung bei der Durchsetzung von dessen Plänen zusichern sollte, sich wiederum nicht festlegen ließ. Die Belgien betreffenden Begehrlichkeiten Napoleons – er strebte die Aufteilung dieses Staates unter Frankreich und den Niederlanden an – waren ein internationales Politikum von besonderer Brisanz, da es hier um einen Teil der Gegenküste Englands und damit um dessen Sicherheitsinteressen gegenüber dem französischen Rivalen ging. Überdies hatten die Großmächte den Bestand des belgischen Staates im Jahre 1831 international garantiert. Napoleon III. machte Bismarck ein Bündnisangebot – nach Maßgabe seines bereits früher mehrfach geäußerten Wunsches, Preußen als Juniorpartner Frankreichs im nördlichen Mitteleuropa zu gewinnen. Im Raume stand die Möglichkeit, daß Frankreich als Gegenleistung für die Unterstützung der Pläne Napoleons hinsichtlich Belgiens und Luxemburgs Preußen gestatten könne, über die Maingrenze hinauszugreifen – in welcher Form und welchem Ausmaß auch immer.

Bismarck zeigte sich uninteressiert. Nach dem Sieg über die Donaumonarchie hatte ein Pakt mit Frankreich für ihn keinen Sinn mehr. Er dachte auch nicht daran, Preußen oder einen von ihm geschaffenen deutschen Staatsverband unter französische Hegemonie zu führen. Überdies konnte es für Preußens Interessen und seine Deutschlandpolitik nur schädlich sein, sich im Spannungsfeld der drei Großmächte England, Frankreich und Rußland an die französische Partei zu binden und sich dadurch den Argwohn und die Gegnerschaft der beiden anderen zuzuziehen. Einen im Sinne der Pläne Napoleons von der französischen Seite gefertigten Vertragsentwurf unterzeichnete Bismarck daher nicht. Der französische Unterhändler war so unvorsichtig, das von ihm bereits unterschriebene Schriftstück, aus dessen Text die französischen Teilungs- und Annexionsabsichten klar hervorgingen, Bismarck zu überlassen. Dies sollte sich bald als äußerst nützlich erweisen, als es Bismarck wenig später, im Jahre 1870, darum ging, Frankreich mit seiner Kriegspolitik zu isolieren.

In der Frage der »Kompensationen« hat Bismarck – dies ist unbestreitbar – Napoleon III. hinters Licht geführt. Er hat es – nicht erst seit Königgrätz, sondern bereits seit Herbst 1865 – verstanden, dem Franzosen Hoffnungen auf deutsche Gebiete zu machen, ohne sich selbst festzulegen, hat sich bedeckt gehalten und die Maske der Bereitwilligkeit erst nach dem Vorfrieden von Nikolsburg fallen lassen, als die Gefahr einer französischen Militärintervention an Aktualität verloren hatte. Doch besaß Napoleons Anspruchshaltung nicht einmal den Schein einer Berechtigung, auch nicht im Sinne eines Ausgleiches für gewährte Vorteile irgendwelcher Art. Und je mehr die Forderung nach »Kompensationen« durch die Interventionsdrohung unterstrichen wurde, desto deutlicher nahm sie den Charakter nackter Erpressung an. Gegen diese aber durfte sich Bismarck mit dem Mittel der List und Täuschung zur Wehr setzen.

13. Napoleons illusionäre Süddeutschlandpolitik; die Schutz- und Trutzbündnisse der süddeutschen Staaten mit Preußen

Der Prager Frieden vom 23. August 1866 bestätigte den Vorfrieden von Nikolsburg. Italien erhielt Venetien, konnte seine Ansprüche hinsichtlich Trients und Südtirols aber nicht durchsetzten. Auf Betreiben NAPOLEONS wurde dem süddeutschen Staatenbund, der nach seinem Willen gegründet werden sollte, in dem Friedensvertrag eine »internationale unabhängige Existenz« garantiert. Damit war die französische Drohung, im Falle eines Ausgreifens Preußens auf Süddeutschland zu intervenieren, unmißverständlich festgeschrieben.

Doch beruhte die von NAPOLEON III. damals verfolgte Süddeutschlandpolitik insgesamt auf einer Fehleinschätzung der Realitäten. Der süddeutsche Staatenbund wurde nie gegründet. Die Triaspolitik – in der Vergangenheit mehrfach aktuell gewordene Bemühungen der süddeutschen Staaten um einen eigengewichtigen Zusammenschluß – war bisher stets am Partikularismus der Beteiligten und an Bayerns Anspruch gescheitert, in einem Bund der Mittelstaaten eine Führungsrolle zu spielen. Baden orientierte sich überdies, wie sich wenig später zur Zeit des Norddeutschen Bundes wieder zeigen sollte, eher mit gesamtdeutscher Zielrichtung nach Norden.

Auch irrte NAPOLEON III., indem er meinte, die süddeutschen Staaten würden sich aus Furcht vor dem übermächtigen preußischen Norden unter Frankreichs Schutz und Führung zusammenschließen. Es war nicht so sehr der preußische ›Stiefeltritt der Ordnung‹, von dem man sich in Deutschlands Süden und Südwesten bedroht fühlte, sondern – seit Jahrhunderten – die französische Kriegsfurie. Hätte sich NAPOLEON etwa der Reaktionen gerade der süddeutschen Öffentlichkeit auf die während des Italienischen Krieges von Frankreich ausgehende Gefahr erinnert, so wäre er besser beraten gewesen.

Auch die akuten französischen Forderungen nach Abtretung deutscher Gebiete als »Kompensationen« im Zusammenhang mit dem soeben beendeten Krieg waren alles andere als geeignet, süddeutsche Staaten zu motivieren, sich vertrauensvoll unter Frankreichs Obhut zu begeben. Gegenteiliges trat ein: Während der Friedensverhandlungen mit Österreichs ehemaligen Verbündeten bot BISMARCK den süddeutschen Staaten den Abschluß geheimer Schutz- und Trutzbündnisse gegen Frankreich an, die ausnahmslos zustande kamen, zumal BISMARCK in der Lage war, den betroffenen Regierungen aus erster Hand glaubhaft von den französischen Annexionswünschen und von den Interventionsdrohungen zu berichten, mit denen die französische Seite ihren Forderungen Nachdruck verliehen hatte.

In den geheimen Militärbündnissen garantierten Preußen und der jeweilige süddeutsche Vertragspartner einander die politische und territoriale Integrität. Für den Verteidigungsfall wurden die Truppen der süddeutschen Staaten dem Oberbefehl des Königs von Preußen unterstellt. Naturgemäß lief dies mittel- und langfristig auf die Umstrukturierung und Vereinheitlichung der süddeutschen Truppen nach preußischem Muster und unter preußischer Führung hinaus. Nach der kleindeutschen Vereinigung auf wirtschaftlichem Gebiet im Deutschen Zollverein war dies eine Vorwegnahme der kleindeutschen Lösung auch im militärischen und sicherheitspolitischen Bereich; fehlte nur noch die politische Vereinigung.

14. Königgrätz 1866: eine historische Wende

Mit der Schlacht von Königgrätz und dem Frieden von Nikolsburg und Prag war ein Zeitalter zu Ende gegangen: dasjenige einer partikularistischen deutschen Staatenwelt, die erst durch das Band des in Jahrhunderte währender Agonie dahinsiechenden Heiligen Römischen Reiches Deutscher Nation und dann, nach der napoleonischen Tyrannei, durch den konföderativen Deutschen Bund nur lose in sich verknüpft gewesen war. Es war das Zeitalter des Machtvakuums in Europas Mitte, des politisch instabilen und zersplitterten deutschen Raumes, der einer Nachbarschaft von jeweils zentral und auf nationaler Basis straff organisierten, leistungsfähigen Staaten als Pufferzone und verfügbare Manövriermasse gedient hatte, der von den Nachbarmächten mit wechselnder Intensität und Rollenverteilung beherrscht und bevormundet worden war und auf dessen Territorium sie ihre Konflikte hatten austragen, mit dessen Menschen, Kräften und Gewichten sie ihr System des Kräftegleichgewichtes untereinander hatten austarieren können.

a. Die Weichen zur kleindeutschen Reichsgründung sind gestellt

Auch jetzt noch war das Gelingen der kleindeutschen Reichsgründung zwar von außen und von innen gefährdet. Interventionen europäischer Großmächte waren zu besorgen, und insbesondere durfte nach Königgrätz niemand damit rechnen, daß sich Frankreich kampflos mit der Verwirklichung des deutschen Selbstbestimmungsrechtes in den kleindeutschen Grenzen abfinden werde. Bismarck schrieb dazu später: »Es war mir schon damals nicht zweifelhaft, daß wir die Errungenschaften des Feldzugs in fernern Kriegen zu vertheidigen haben würden, wie Friedrich der Grosse die Ergebnisse seiner beiden ersten schlesischen Kriege in dem scharfem Feuer des siebenjährigen. Daß ein französischer Krieg dem östreichischen folgen werde, lag in der historischen Konsequenz, selbst dann, wenn wir dem Kaiser Napoleon die kleinen Spesen, die er für seine Neutralität von uns erwartete, hätten bewilligen können. Auch nach russischer Seite hin konnte man zweifeln, welche Wirkung eintreten werde, wenn man sich dort klar machte, welche Erstarkung für uns in der nationalen Entwicklung Deutschlands lag.«[180]

Auch die innerdeutschen Probleme bedrohten den nationalen Zusammenschluß, ließen zumindest als fraglich erscheinen, in welchen staatsrechtlichen Formen die süddeutschen Länder einbezogen werden könnten. Der historisch in Jahrhunderten gewachsene deutsche Partikularismus war noch keineswegs überwunden. In Hannover und Sachsen stand er zwar unter der Kontrolle Preußens und des Norddeutschen Bundes, war er dem norddeutschen nationalen Liberalismus politisch unterlegen. Indes konnte er in Bayern und Württemberg durchaus wieder beherrschend werden, falls die 1866 von Napoleon III. frisch erweckte Furcht vor Frankreich abflaute und den Süden einmal nicht mehr schutzsuchend an die Seite des Nordens drängen würde. Auch der politische Katholizismus konnte der Einigung unter dem protestantischen Preußen im Wege stehen. Für ihn war mit Königgrätz – der Niederlage seiner politischen Schutzmacht Österreich – eine Welt zusammengebrochen. Und schließlich gab es einen unklaren, aus verschiedensten weltanschaulichen und politischen Quellen gespeisten, schwer faßbaren und weit verbreiteteten Antiborussismus, der den von der Geschichte vorgezeichneten Weg zur deutschen Einheit blockieren konnte.

Und doch waren, trotz aller Risiken und Gefährdungen, die entscheidenden Weichen zur Reichsgründung schon mit Königgrätz gestellt, in welchem Zeitraum sich diese auch immer würde verwirklichen lassen. Die eigentliche historische Zäsur für die deutsche Eigenstaatlichkeit bildete das Jahr 1866, während der Krieg und die Reichsgründung der Jahre 1870/71 nur in dessen Konsequenz zu sehen sind.

Die multiethnische Donaumonarchie, jenes Bollwerk des antinationalen Partikularismus, schied schon jetzt auf immer aus dem deutschen Staatsverband aus und nahm ihre hegemonialen Ansprüche auf das außerösterreichische Deutschland zurück. Der Deutsche Bund, das wichtigste Instrument des Kaiserstaates gegen Preußen und gegen die Errichtung eines deutschen Nationalstaates, der nach Lage der Dinge schlechterdings nur durch Preußen und nur aufgrund preußischer Macht gegründet werden konnte, war aufgelöst. Der Norddeutsche Bund, eine territorial beschränkte Vorform des kleindeutschen Nationalstaates, ein aktiv handelndes völkerrechtliches Subjekt anstelle bisheriger konföderativ-partikularistischer Strukturen, war in Gründung begriffen.

Die ehemals der Donaumonarchie verbündeten Regierungen in Süddeutschland standen, nicht zuletzt seitens großer Teile ihrer eigenen öffentlichen Meinung, unter dem Druck, sich dem deutschen Norden anzuschließen; der Wiener Kaiserstaat war kein potentieller Hegemon mehr für sie. Sollten sie sich nun etwa an Frankreich halten? Dem hatte schon Napoleon III. mit seinen Gebietsforderungen unfreiwillig vorgebeugt. So hatten sich die süddeutschen Staaten über ihre Zugehörigkeit zum Deutschen Zollverein hinaus mit dem Abschluß der Schutz- und Trutzbündnisse nun auch militärisch und sicherheitspolitisch preußisch-deutsch orientiert. Etwas qualitativ Anderes und Neues war in Deutschland an die Stelle des Deutschen Bundes und des in ihm organisierten Partikularismus getreten. Dieses Neue war auch kein Groß-Preußen, es war die sich staatlich organisierende Deutsche Nation. Allerdings gab es für die eigentliche Reichsgründung auch jetzt keinen Zeitplan und keine vorgedachte Dramaturgie der Ereignisse. Früher als in Deutschland allgemein erwartet, wurde die deutsche Einigung vielmehr durch Napoleon III. ausgelöst, der, wie Zeitgenossen frei nach Goethe witzelten, für Deutschland stets das Böse wollte und stets das Gute schaffte.

b. Teilung der Nation auf dem Wege zur Einheit: die Deutschen Österreichs; großdeutsche Hoffnungen vertagt *ad calendas graecas*, auf den St.-Nimmerleins-Tag; das weitere Geschick der Donaumonarchie

Das Jahr 1866 – Königgrätz, Nikolsburg und Prag – bedeuteten aber auch einen schmerzhaften Einschnitt in die deutsche Entwicklung: Österreich, ein an Bedeutung und Leistung herausragendes Kernland deutscher Geschichte und Kultur mit seinen deutschen Bewohnern und seiner Metropole Wien, das über Jahrhunderte Sitz der Kaiser des Heiligen Römischen Reiches Deutscher Nation gewesen war, mußte aus dem deutschen Nationalverband ausscheiden, weil es Bestandteil des multinationalen habsburgischen Kaiserreiches war, dessen Geschicke es ungefragt zu teilen hatte. Es ist eine Tragik der deutschen Geschichte, daß die Nation gerade auf dem Weg in die so lange entbehrte eigene Staatlichkeit eine Teilung erlitt. Doch konnte das für diejenigen Deutschen, denen es endlich frei stand, sich in einem Nationalstaat zusammen zu schließen, kein Grund sein, auf diesen zu verzichten.

Das deutsche Element in der Donaumonarchie, das seine bisherige dort vorherrschende Stellung nicht zuletzt der Ausrichtung Wiens auf den Deutschen Bund zu danken gehabt hatte, verlor in der Folgezeit innerstaatlich bald an Bedeutung. Mit dem ›Ausgleich‹ des Jahres 1867 ließ Kaiser Franz Joseph sich zum König von Ungarn krönen; die k. u. k -Doppelmonarchie entstand, und die Magyaren traten als Staatsvolk gleichberechtigt neben die Deutschen Österreichs. Angesichts dieses ethnischen Dualismus drängten die benachteiligten slawischen Völker nunmehr um so entschlossener nach Gleichberechtigung und Beteiligung an der Macht im Donaustaat, und die ohnehin strukturell rückständige Monarchie verschliß sich in lähmenden Nationalitätenkonflikten.

Mit Königgrätz war auch der realpolitische Boden der großdeutschen Bewegung geschwunden, denn an einen mitteleuropäischen Block, bestehend aus einem reformiert partikularistischen Deutschen Bund unter Führung der Donaumonarchie, war nun nicht mehr zu denken. Auch die ethnisch nur auf die Deutschen Österreichs bezogenen großdeutsch-einheitsstaatlichen Überlegungen, denen objektiv schon 1849 durch den Sieg der Reaktion in Österreich auf längere Sicht der Boden entzogen worden war, standen jetzt noch weniger ernsthaft zur Debatte als zuvor, da dieser Bevölkerungsteil fest in den ausgeschiedenen habsburgischen Kaiserstaat eingebunden war.

Nur von Vertretern der politischen Linken in Deutschland, die die Folgen von Königgrätz für die nationale Frage nicht akzeptieren wollten, wurde diese Variante des großdeutschen Gedankens in den kommenden Jahren des Norddeutschen Bundes unbeirrt weiter verfochten. August Bebel bestritt dem Norddeutschen Reichstag in dessen Sitzung vom 24. September 1867 das Recht, für die ganze Nation zu sprechen, und beklagte den Ausschluß der Österreicher sowie den damaligen nationalen Schwebezustand der Süddeutschen: »Ich glaube, daß man im

Namen der Nation den Dank und die Befriedigung über die geführte deutsche Politik nicht aussprechen darf, weil der Reichstag nicht der Vertreter der ganzen Nation, sondern nur eines Teiles derselben ist. . . Ich will ferner noch daran erinnern, daß es doch eigentümlich ist, von deutschen Errungenschaften zu reden, wenn man achtzehn Millionen Deutsche ausgeschlossen hat, wenn man zehn Millonen davon durch einen Friedensvertrag geradezu das Recht abgesprochen hat, sich ferner noch Deutsche zu nennen, und wenn man acht Millionen in der Schwebe hängen läßt, wie es mit den süddeutschen Staaten geschehen ist.«[181]

Im Anschluß an BEBEL forderte sein Fraktionskollege Friedrich Wilhelm FÖRSTERLING, der sich als »strenger Lassalleaner« bekannte, die »Vereinigung aller deutschen Stämme zu einer innerlich und organisch durchaus verschmolzenen Staatseinheit«.[182] Auch Wilhelm LIEBKNECHT vertrat ungeachtet der Entwicklung seit Königgrätz kompromißlos die ethnisch-großdeutsche Lösung. In seiner Zeitschrift *Demokratisches Wochenblatt* schrieb er 1868: »Was insbesondere die beiden brennendsten Tagesfragen betrifft, die deutsche und die Arbeiterfrage, so erstreben wir einen deutschen Volksstaat, der alle Stämme des großen Vaterlandes (selbstverständlich auch die Deutsch-Österreicher) unter dem gemeinsamen Banner der Freiheit vereinigt, und werden Krieg auf Leben und Tod führen gegen jene verderbliche Politik, deren Endziel die Vergrößerung Preußens und die Verkleinerung Deutschlands ist. In der sozialen Frage werden wir rücksichtslos eintreten für die Rechte der Arbeiter und mit aller Macht für die ökonomische Befreiung der Arbeiterklasse wirken.«[183]

Doch war die Geschichte über die Vision eines festen staatlichen Hauses für alle deutschen Stämme vorerst hinweggegangen. Erst 1918/19 sollte sie wieder Aktualität gewinnen.

Die Donaumonarchie aber, dieses unglückselige, an seiner historischen Rückständigkeit unheilbar krankende Überbleibsel hochmittelalterlicher Reichsherrlichkeit, hatte die Niederlage gegen Preußen überlebt und sah nun einem weiteren halben Jahrhundert einer heute nostalgisch verklärten Kümmerexistenz in nationalitäten- , innen- , staats-, wirtschafts- und finanzpolitischer Daueragonie entgegen. Am Schicksal des habsburgischen Reiches seit 1866 wird überdeutlich, welchen Weg ein großdeutsch-konföderativ-partikularistischer, mit demokratischer und nationaler Kosmetik notdürftig aufgefrischter Deutscher Bund unter Österreichs Hegemonie vermutlich genommen hätte.

Vorerst allerdings war das habsburgische Reich noch eine europäische Großmacht geblieben, wenn auch die schwächste und instabilste von allen. Königgrätz mag auf das Habsburger Reich sogar festigend gewirkt, seinen Niedergang aufgehalten haben. Denn die Verteidigung aller seiner bisherigen Positionen und Ansprüche – im Donauraum, auf dem Balkan, in Oberitalien und im deutschen Raum – hatte seine Kräfte ständig überspannt. Für das Deutsche Reich BISMARCKS aber sollte es sich später als ein Verhängnis erweisen, daß es beim Ringen um sein Überleben gerade auf den schwächelnden Wiener Kaiserstaat als einzigen halbwegs verläßlichen Verbündeten angewiesen war.

Als personelles Juwel aus den glanzvolleren Zeiten vor Königgrätz übernahm Kaiser Franz Joseph den ehemaligen sächsischen Ministerpräsidenten von Beust, der im nunmehr zum Norddeutschen Bund gehörigen Sachsen nicht mehr genehm war. Jetzt beglückte er die Monarchie an der Donau mit seinen staatsmännischen Künsten und versuchte sogar, wenn auch vergeblich, die alte, nach Norden gerichtete Wiener Hegemonialpolitik wiederzubeleben.

c. Königgrätz aus französischer Sicht; die »Rache für Sadowa«: ein deutschlandpolitisches Programm

Für Frankreich waren Königgrätz, Nikolsburg und Prag von vielschichtiger Bedeutung. Nach den Maßstäben seiner weitgesteckten hegemonialen Perspektiven, mit denen er angetreten war, hatte Napoleon III. bisher wenig erreicht. Seine Ziele, die Vorherrschaft im Mittelmeeraum und in Mitteleuropa und letztlich die französische Hegemonie über den Kontinent zumindest bis zur russischen Grenze sowie die Erweiterung des französischen Staatsgebietes durch »Kompensationen« auf deutsche Kosten, waren im wesentlichen unerfüllt geblieben.

Die verlustreiche Einmischung in den russisch-britischen Konflikt des Krimkrieges hatte ihm einen Gewinn an Prestige, aber keine machtpolitisch greifbaren Erfolge gebracht. Im Italienischen Krieg hatte er einen Teilerfolg erzielt: Er hatte das revolutionäre Italien als Juniorpartner gewonnen und nach einem halben militärischen Sieg dort auch »Kompensationen« erhalten.

Seither jedoch war ihm nichts mehr geraten. Sein Vorstoß gegen Preußen in der Polenkrise hatte sich für ihn zum außenpolitischen Debakel ausgewachsen. Der deutsch-dänische Konflikt 1864 hatte nicht zum großen Revirement der europäischen Machtverhältnisse in seinem Sinne geführt. Und nun hatte der preußisch-österreichische Krieg von 1866, dessen Ausbruch er mit Sorgfalt und nach besten Kräften gefördert hatte, nicht zur erhofften Erschöpfung beider Kriegsparteien, sondern zu einem überraschend schnellen und eindeutigen preußischen Sieg und Machtzuwachs geführt, der seine lange gehegten Hoffnungen auf die Rolle eines hegemonialen Schiedsrichters im deutschen Dualismus zerstörte.

Indes war es ihm durch seine Interventionsdrohung immerhin gelungen, der in Deutschland vordringenden preußischen Macht an der Mainlinie Einhalt zu gebieten. Und er konnte sich, wie er meinte, zunächst noch Hoffnungen machen, künftig eine beherrschende Stellung wenigsten in Süddeutschland einzunehmen. In das dort von der geschlagenen Donaumonarchie hinterlassene Machtvakuum, das auszufüllen er Preußen nicht gestattete, gedachte er selbst politisch vorzustoßen und dort eine rheinbundartige Hegemonialzone zu errichten.

Doch beruhte diese Hoffnung von Anfang an auf Napoleons falscher Einschätzung der Haltung der süddeutschen Staaten gegenüber Frankreich und auf seiner Unkenntnis von deren Schutz- und Trutzbündnissen mit Preußen, mit denen Bismarck Napoleons Absichten in Süddeutschland bereits frühzeitig unterlaufen hatte und die schon auf das größte denkbare Debakel für Frankreichs expansive Außenpolitik hinauswiesen: auf die kleindeutsche Nationalstaatsgründung nämlich. Den Rheinbund konnte NAPOLEON III. nicht wiederbeleben, und auch die Rheingrenze blieb für Frankreich eine Reminiszenz verflossenen Ruhmes. Insoweit mißlangen NAPOLEON III. selbst die kleinen von ihm unternommenen Schritte zur Wiederherstellung der Grenze von 1814. Die Fußstapfen NAPOLEONS I. hatten sich als zu groß für den epigonischen Neffen erwiesen. Der Zeitgenosse und Altbayer Johann Nepomuk SEPP beschrieb dies ländlich und prägnant: »Das Ferkel grunzt der Sau nach.«[184]

»Rache für Sadowa!« – so lautete der Schlachtruf des französischen Chauvinismus nach der Schlacht von Königgrätz und dem Frieden von Nikolsburg und Prag. Sadowa, ein Ort auf dem Schlachtfeld vom 3. Juli 1866, für französische Zungen wohl leichter auszusprechen als das nahe gelegene Königgrätz, wurde in Frankreich zum Synonym für den preußischen Sieg, für den – und für dessen politische Folgen – man Rache einforderte.

Rache für Sadowa? Wofür in aller Welt, so mag sich fragen, wer von Vorwissen unbelastet die Dinge auf den ersten Blick und mit redlichem Sinn betrachtet, wofür und warum wollte oder sollte sich Frankreich eigentlich rächen, nachdem die beiden deutschen Führungsmächte im fernen Böhmen ihre Rivalität untereinander ausgetragen hatten und Preußen siegreich geblieben war? Kein Schuß gegen französische Soldaten war gefallen, niemand hatte Frankreichs Grenzen verletzt oder auch nur bedroht. Was motivierte den Rachedurst für das Ergebnis einer Schlacht, die Frankreichs berechtigte und wohlverstandene Interessen überhaupt nicht berührte, die diesen westlichen Nachbarn, schlicht ausgedrückt, auch nicht das Allergeringste anging? Gewiß, NAPOLEON III. hatte als unbeteiligter Dritter versucht, aus dem historisch unausweichlichen innerdeutschen Konflikt Vorteile für sein Land zu schlagen. Doch war es ein nachvollziehbarer Grund für den haßerfüllten Ruf nach Rache, wenn er bei diesem unter dem Gesichtspunkt der politischen Moral auch damals höchst zweifelhaften Unterfangen nur wenig erreicht hatte?

Auf den zweiten Blick freilich gewinnt diese Reaktion eines überhitzten französischen Nationalismus, bedenkt man nur ihre historischen Wurzeln, zwar nicht an moralischer Qualität, wohl aber an innerer Konsequenz. Seit Jahrhunderten war die französische Politik von territorialem Expansions- und kontinentalem Hegemonialstreben mit Stoßrichtung nach Osten geprägt gewesen. Ihre Höhenflüge in dieser Hinsicht hatte sie unter LUDWIG XIV. und NAPOLEON I. erlebt. War es unter LUDWIG XIV. nur die Grandeur des Sonnenkönigtums gewesen, die die Beherrschung anderer Völker in den Augen der Protagonisten zu rechtfertigen schien, so kam mit der Französischen Revolution eine zum Export und als Herrschaftsinstrument bestens geeignete, weltumspannende Ideologie der Menschheitsbeglückung hinzu, die das napoleonische Frankreich geradezu verpflichtete, das nichtfranzösische Kontinentaleuropa bis ins Herz des russischen Reiches hinein zu seinem Glück zu zwingen. In der Folge dieser Traditionen gab es auch in den französischen Bevölkerungsschichten des mittleren und gehobenen Bürgertums, auf die sich das Herrschaftssystem Napoleons III. gründete, eine tief verwurzelte, von Selbstzweifeln ungetrübte Überzeugung von nationaler Größe und Überlegenheit, die der Grande Nation ein nahezu natürliches Herrschaftsrecht über Europa verliehen.

Der französische Nationalismus unterschied sich insoweit grundlegend vom Nationalbewußtsein nach deutschem Verständnis. Die Strebungen und Antriebe der deutschen Nationalbewegung waren im wesentlichen auf das eigene Volk, auf die Herstellung und Bewahrung seiner Einheit, auf die Sicherung und Fortentwicklung der Lebensverhältnisse im eigenen Lande, auf die Abwehr fremder Dominanz, waren im letzten Grunde also defensiv ausgerichtet und selbstgenügsam. Der französische Patriotismus hingegen, leicht reizbar, leidenschaftlich und unkontrolliert aufbrausend, suchte Ruhm und Ehre in der militärisch oder diplomatisch errungenen Machterweiterung, fand seine Verwirklichung in nationaler Größe, die er in außenpolitischen Erfolgen seiner Armeen auf dem Schlachtfeld und seiner Staatsführung am Verhandlungstisch zu gewinnen glaubte.

Diese notgedrungen verallgemeinernde Gegenüberstellung – es gab zeitbedingt auch in der deutschen Nationalbewegung des 19. Jahrhunderts imperialistische Tendenzen – soll verdeutlichen, warum Napoleon III. seine politische Klientel nicht damit zufriedenstellen konnte, daß er seinem Land Stabilität, Fortschritt und Wohlstand nach innen sowie Sicherheit und Unabhängigkeit nach außen gewährleistete. Solch friedliche Bescheidung war nicht ›groß‹, es fehlte ihr die *›gloire‹*.

Von ihrem Kaiser verlangten französische Bürger, daß er die Herrschaft und den Einfluß der Nation und ihres Staates nach außen mehrte. Dies zwang den Epigonen Napoleons I., immer wieder den außenpolitischen Erfolg auf Kosten wechselnder Opfer zu suchen, drängte ihn in die Rolle des notorischen Störenfrieds in Europa. In die Traditionen seines Landes gestellt, hatte Napoleon III. sich bemüht, in die Fußstapfen seines korsischen Onkels zu treten, und war damit gescheitert. Die Ursachen dafür sind nicht zuletzt programmatischer Art, liegen in inneren Brüchen und Widersprüchen seiner außenpolitischen Grundkonzeption.

Dem französischen Cäsar in der Nachfolge Napoleons I. war der expansive Patriotismus des Ruhmes und der Ehre als Richtschnur seiner Außenpolitik vorgegeben. Napoleon III. aber war zugleich auch als moderner, einem postrevolutionären Wertekanon der ›Idées Napoléoniennes‹ moralisch verpflichteter Herrscher angetreten. Hatte Napoleon I. die Segnungen der Französischen Revolution noch unreflektiert zu Ruhm und Ehre der ›Grande Nation‹ mit dem Schwert verbreitet, so dämmerte es Napoleon III. wohl, daß gemäß den Idealen der Revolution auch das Lebensrecht und die Souveränität anderer Nationen Anspruch auf Respektierung und Verwirklichung besaßen. Er versuchte daher die Synthese unvereinbarer Gegensätze: des traditionellen, sich selbst egozentrisch verabsolutierenden, rücksichtslosen Machtstrebens mit dem Altruismus eines relativierenden Patriotismus, der auch die Rechte, den Eigenwert und die prinzipielle Ebenbürtigkeit anderer Vaterländer anerkennt. So suchte er Frankreichs Macht zu mehren, indem er zugleich die Rolle des Schutzherrn und Förderers der europäischen Nationalbewegungen einnahm – wobei der Machtfaktor allerdings immer den Vorrang besaß.

Im Italienischen Krieg hatte dieses Konzept bruchlos funktioniert. Die italienische Nationalbewegung hatte mit NAPOLEONS III. Hilfe gesiegt und ihren Staat erhalten, der unter Frankreichs Schirmherrschaft stand und so dessen Macht mehrte. Auf der Habenseite des französischen Machtzuwachses standen auch Nizza und Savoyen, die Kompensationen, mit denen das nationale Italien hatte zahlen müssen. Auch in der Polenkrise des Jahres 1863 hatte sich das Strategiekonzept LOUIS NAPOLEONS als zweckmäßig erwiesen, da die Befreiung Polens und ein nationalpolnischer Staat Frankreich zu einer machtpolitischen Dependance im östlichen Mitteleuropa verholfen hätten; die Gründe für den französischen Mißerfolg in der Polenkrise stehen auf einem anderen Blatt.

Gegenüber der deutschen Nation aber mußte das Handlungskonzept NAPOLEONS III. versagen, denn das Nationalinteresse der Deutschen, die Errichtung des eigenen Staates, war mit dem Expansionismus französischer Machtpolitik schlechthin unvereinbar. Hier verfiel LOUIS NAPOLEON daher weitgehend in die nackte Machtpolitik seiner Vorgänger, was ihn in seiner Selbstdarstellung als fortschrittlich gesinnter Freund und Förderer der Nationen unglaubwürdig werden ließ. In der Schleswig-Holstein-Krise 1864 machte er sich keineswegs für die nationalen Rechte der Deutschen stark, die dem dänischen Übergriff ausgesetzt waren. Seine Deutschlandpolitik insgesamt war vom traditionellen Expansionsstreben nach Osten bestimmt und ziemlich unverhüllt gegen die von ihm selbst gelegentlich propagierten nationalen Rechte der Deutschen gerichtet.

Das galt nicht nur für seine Versuche, Territorien des deutschen Siedlungs- und Kulturraumes am Rhein dem französischen Staatsgebiet durch militärische Erpressung als »Kompensationen« einzuverleiben. Insbesondere seine stets mit aller Energie – bis hin zur militärischen Interventionsdrohung und später zur kriegerischen Gewalt – gegen die deutsche Einigung betriebene Politik richtete sich offensiv gegen das Selbstbestimmungsrecht der deutschen Nation.

Andererseits stellte seine Bereitschaft, ein preußisch-deutsches Gebilde nördlich des Mains kampflos zuzulassen, ein Teilzugeständnis an deutsche Nationalinteressen dar, auch wenn NAPOLEON gehofft haben dürfte, Preußen und den Norddeutschen Bund als Juniorpartner Frankreichs zu gewinnen. NAPOLEON I. jedenfalls hätte am Tage nach Königgrätz seine Truppen in die preußische Flanke marschieren lassen und die noch intakten Verbände der österreichischen und süddeutschen Truppen unter seinem Befehl vereinigt. Auch seine Bemühungen, das französische Staatsgebiet um deutsche Territorien am Rhein zu erweitern, verfolgte NAPOLEON III. nicht mit letzter Härte und Konsequenz.

Wesentliche Teile seiner französischen Klientel sahen in solcher Politik Schwäche, Halbherzigkeit oder Unfähigkeit ihres Kaisers. Doch könnte es auch sein, daß sich hier die innere Widersprüchlichkeit zwischen dessen traditioneller Expansions- und Hegemonialpolitik und der Attitüde des Völkerbefreiers andeutete.

Den in ihren Erwartungen enttäuschten politisch maßgeblichen Schichten Frankreichs ging es im Fall ›Sadowa‹ nicht nur um eine Niederlage unter anderen. Die französische Expansionspolitik hatte schon immer nicht nur Höhen, sondern, angesichts der nicht unbegrenzten Ressourcen des Landes an Menschen und Gütern, auch mancherlei Rückschläge erlebt, ohne daß dies emotionale Stürme wie diejenigen nach Königgrätz ausgelöst hätte.

Im Jahre 1866 aber erkannten weitblickende Franzosen, daß der Mißerfolg ihres Kaisers nicht irgendeine Schlappe eines glücklosen Staatschefs war, die bei nächster Gelegenheit durch einen erfolgreicheren Vorstoß würde wettgemacht werden können. ›Sadowa‹ bedeutete vielmehr etwas qualitativ völlig Neues. Der Wegfall des deutschen Dualismus und der Rückzug Österreichs, welches das Feld der deutschen Politik mittel- und langfristig der allein zurückbleibenden preußischen Großmacht und deren Deutschlandplänen überließ, zeichneten eindeutig den allenfalls gewaltsam umkehrbaren Weg zum kleindeutschen Nationalstaat vor. Dieser aber würde nicht nur zu mächtig sein, um französischer Herrschaft unterworfen werden zu können. Er würde Frankreichs Expansionsdrang überdies wie ein vorgelagerter schwerer Block abriegeln, jegliches direkte hegemoniale Ausgreifen nach Osten vereiteln, Frankreich machtpolitisch nur die Möglichkeit einkreisender Bündnispolitik belassen.

Erstmals im Laufe seiner Geschichte war es allem Anschein nach endgültig auf seine eigenen Grenzen zurückgeworfen. Der alte Traum von der territorialen Ausdehnung auf deutsches Gebiet und der kontinentalen Hegemonie schien für alle Zeiten ausgeträumt. Dies traf das nationale Selbstverständnis Frankreichs, seinen angemaßten, indes historisch gewachsenen Herrschaftsanspruch ins innerste Mark. Adolphe THIERS klagte, die Errichtung des Norddeutschen Bundes, die Neuordnung der deutschen Verhältnisse durch BISMARCK und Preußen unter Ausschluß Österreichs seien das größte Unglück, von dem Frankreich seit vierhundert Jahren heimgesucht worden sei.

Für den französischen Nationalismus gab es jetzt nur noch einen Ausweg: die »Rache für Sadowa«. Dieses Schlagwort drückte nicht nur einen Gemütszustand aus, sondern stand für ein ganzes deutschlandpolitisches Programm zur Wiederherstellung der alten Machtverhältnisse vor Königgrätz: Preußen – und was es auf deutschem Boden nunmehr an neuer Staatlichkeit zur Herstellung der deutschen Einheit organisierte – mußte von Frankreich militärisch geschlagen, unterworfen und repartikularisiert werden, ehe sich ein deutscher Nationalstaat bilden und machtpolitisch verfestigen konnte. Dies allein – und nichts anderes – war der Sache nach mit dem französischen Racheschwur gemeint. Nur mit einem rechtzeitigen Krieg gegen die deutsche Einigung konnten Frankreichs traditionelle hegemoniale Optionen wiederbelebt werden.

Die »Rache für Sadowa« unternahm Frankreich dann folgerichtig mit dem Krieg

1870/71. Daß sie fehlschlug – und weniger die Rückholung von Elsaß-Lothringen –, war der eigentliche Grund für die bittere Feindseligkeit und die Revanchepolitik Frankreichs gegenüber dem Deutschen Reich in den der Niederlage folgenden Jahrzehnten. Die Verwirklichung der deutschen Selbstbestimmung hatte Frankreich seines angemaßten – oder, wie es selbst meinte, naturgegebenen, gleichsam angeborenen – Anrechtes auf die Vorherrschaft beraubt. Aus diesem und keinem anderen Grund fühlte es sich degradiert, entwürdigt und zutiefst beleidigt.

15. Exkurs: Bismarcks deutschlandpolitische Vorstellungen und Ziele zwischen 1849 und 1866

Mit Königgrätz und dem Friedensschluß von Nikolsburg und Prag also ist das auf dem Siedlungsgebiet der deutschen Nation in Jahrhunderten gewachsene staatspolitische Syndrom partikularstaatlicher Organisation überwunden, das sich der deutschen Einigung hindernd entgegengestellt hatte, zuletzt in Gestalt des deutschen Dualismus und des Deutschen Bundes. Die Weichen sind gestellt für das Geleise in den nationalen Staat. Im wesentlichen ist es BISMARCKS Politik gewesen, der diese Wende in der deutschen Geschichte zu danken ist. Es dient vertieftem Verständnis des Weges in diese Zäsur, die komplexen und in sich nicht widerspruchsfreien deutschlandpolitischen Vorstellungen und Absichten BISMARCKS in dem maßgeblichen Zeitraum an dieser Stelle einmal betrachtend zusammenzufassen, das insoweit bisher schon Gesagte zu erläutern und teilweise zu ergänzen.

Schon 1849 dachte BISMARCK über Möglichkeiten eines deutschen Weges zur Einigkeit oder Einheit nach, wobei er mit ›Einigkeit‹ diejenige der bestehenden deutschen Staatenwelt, insbesondere Preußens und Österreichs, meinte, mit ›Einheit‹ indes die staatliche Vereinigung Deutschlands. In jenem Jahr schrieb er an seine Frau, die deutsche Frage werde in der Diplomatie und im Felde entschieden. In einer Rede, die er zu jener Zeit vor der preußischen Kammer hielt, fragte er rhetorisch, wie sich FRIEDRICH DER GROSSE in der Situation verhalten haben würde, die entstanden war, als FRIEDRICH WILHELM IV. die ihm durch die Frankfurter Nationalversammlung angetragene Kaiserkrone abgelehnt hatte. BISMARCK führte dazu aus: »Er hätte die Wahl gehabt, sich nach dem Bruch mit Frankfurt an den alten Kampfgenossen, an Österreich, anzuschließen. . ., im Bunde mit Österreich den gemeinsamen Feind, die Revolution, zu vernichten. Oder es hätte ihm freigestanden, mit demselben Recht, mit dem er Schlesien eroberte, nach Ablehnung der Frankfurter Kaiserkrone den Deutschen zu befehlen, welches ihre Verfassung sein solle, auf die Gefahr hin, das Schwert in die Waagschale zu werfen. Dies wäre eine nationale preußische Politik gewesen. Sie hätte Preußen im ersten Fall in Gemeinschaft mit Österreich, im andern Falle durch sich allein die richtige Stellung gegeben, um Deutschland zu der Macht zu helfen, die ihm in Europa gebührt.«[185]

Hier klingt bereits ansatzweise, aber deutlich genug die nationalpolitische Alternative an, vor die sich Bismarck in den folgenden Jahren bis 1866 immer wieder gestellt sehen sollte: die deutsche Frage zu lösen entweder im Bunde und in gemeinsamer Herrschaft mit Österreich oder auf «nationale preußische‹ Weise, durch Krieg gegen Österreich nämlich. Beide Wege zog Bismarck mit dem Ziel in Betracht, Deutschland den ihm gebührenden Platz in Europa zu verschaffen.

In seiner oben bereits teilweise wiedergegebenen berühmten Rede vom 3. Dezember 1850 rechtfertigte Bismarck die von vielen Preußen als schmählich empfundene Punktation von Olmütz,[186] mit der die preußisch-kleindeutschen Unionspläne Friedrich Wilhelms IV. gescheitert waren. Er ließ nationale Töne anklingen, und zwar nunmehr allein im Sinne einer mit Österreich einvernehmlich und gleichberechtigt zu teilenden Herrschaft in Deutschland: »Ich suche die preußische Ehre darin, daß... Preußen nicht zugebe, daß in Deutschland etwas geschehe ohne Preußens Einwilligung, daß dasjenige, was Preußen und Östreich nach gemeinschaftlicher unabhängiger Erwägung für vernünftig und politisch richtig halten, durch die beiden gleichberechtigten Schutzmächte Deutschlands gemeinschaftlich ausgeführt werde.«[187]

Dies war die programmatisch konservative Vorstellung eines harmonischen und gleichberechtigten Dualismus der Führungsmächte Preußen und Österreich, mit der Bismarck wenige Monate später als preußischer Gesandter am Bundestag nach Frankfurt ging. Die preußische Kapitulation von Olmütz hingegen, die durch russische Parteinahme für Österreich erzwungene Entscheidung Preußens also, den Plan einer kleindeutschen staatlichen Union fallenzulassen und deretwegen keinen Krieg gegen das Habsburger Reich zu führen, rechtfertigte Bismarck in seiner Rede so: »Wie in der Union die deutsche Einheit gesucht werden soll, vermag ich nicht zu verstehen; es ist eine sonderbare Einheit, die von Hause aus verlangt, im Interesse dieses Sonderbundes einstweilen unsere deutschen Landsleute im Süden zu erschießen und zu erstechen; die die deutsche Ehre darin findet, daß der Schwerpunkt aller deutschen Fragen notwendig nach Warschau und Paris fällt...«[188]

Dabei war sich Bismarck freilich durchaus darüber im klaren, daß Preußen in Olmütz auch nachgegeben hatte, weil es sich einer militärischen Konfrontation mit der Donaumonarchie seinerzeit nicht gewachsen fühlte.

Im Laufe seiner Tätigkeit als preußischer Gesandter am Bundestag in Frankfurt von 1851 bis 1859, in der es ihm vordergründig um die Durchsetzung einer gleichberechtigten preußischen Position gegenüber der habsburgischen Hegemonialpolitik im Deutschen Bund ging, formten sich langsam Motive und Überlegungen in Bismarcks deutschlandpolitischem Denken aus, die erneut in die Richtung einer aus dem Konflikt mit Österreich hervorgehenden kleindeutschen Lösung wiesen. Drastisch formulierte er, Preußen und Österreich atmeten in Deutschland »einer dem anderen die Luft vor dem Munde fort, einer [müsse] weichen oder vom anderen ›gewichen werden‹«.[189]

In ähnlichem Sinne schrieb Bismarck in einer Analyse der durch den Krimkrieg geschaffenen Situation: »Nach der Wiener Politik ist einmal Deutschland zu eng für uns beide; solange ein ehrliches Arrangement über den Einfluß eines jeden in Deutschland nicht getroffen und ausgeführt ist, pflügen wir beide denselben Acker, und so lange bleibt Österreich der einzige Staat, an den wir nachhaltig verlieren und von dem wir nachhaltig gewinnen können.« Es sei möglich, »daß wir in nicht zu langer Zeit für unsere Existenz gegen Österreich werden fechten müssen und daß es nicht in unserer Macht liegt, dem vorzubeugen, weil der Gang der Dinge in Deutschland keinen anderen Ausweg hat«. Allerdings fügte er hinzu: »Ich beabsichtige mit diesem Raisonnement keineswegs zu dem Schlusse zu gelangen, daß wir jetzt unsere Politik darauf richten sollten, die Entscheidung zwischen uns und Österreich unter möglichst günstigen Umständen herbeizuführen.«[190]

Ergänzt werden diese Äußerungen durch BISMARCKS nachmalige, sicherlich nicht nur rückschauend interpretierende Schilderung seiner am Bundestag in Frankfurt gewonnenen Einsichten, die er in seinen *Gedanken und Erinnerungen* festgehalten hat: »Der gordische Knoten deutscher Zustände ließ sich nicht in Liebe dualistisch lösen, nur militärisch zerhaun; es kam darauf an, den König von Preußen, bewußt oder unbewußt, und damit das preußische Heer für den Dienst der nationalen Sache zu gewinnen, mochte man vom borussischen Standpunkte die Führung Preußens oder auf dem nationalen die Einigung Deutschlands als die Hauptsache betrachten; beide Ziele deckten einander.«[191]

In dem *kleinen Buch des Herrn von Bismarck*[192] vom März 1858 machte BISMARCK seine Erwägungen zur Lösung der deutschen Frage außerhalb des Deutschen Bundes und gegen die Donaumonarchie sogar vorsichtig zum Gegenstand einer gewissermaßen amtlichen Stellungnahme gegenüber seinem neuen Dienstherrn, dem Prinzregenten WILHELM: Mit der Formulierung in dieser Denkschrift, die preußischen Interessen fielen mit denen der meisten Bundes*länder* außer Österreich vollständig zusammen, nicht aber mit denen der Bundes*regierungen*, und es gebe nichts Deutscheres als gerade die Entwicklung richtig verstandener preußischer Partikularinteressen, beschrieb BISMARCK zunächst einmal einen Grundsachverhalt damaliger preußischer und deutscher Politik. Mit der nationalpolitischen Wertung aber, es gebe nichts Deutscheres als richtig verstandene preußische Interessenpolitik, rückte er zugleich unausgesprochen den Gedanken an einen wie auch immer gearteten staatsrechtlichen Zusammenschluß der dergestalt durch übereinstimmende Interessen verbundenen deutschen Länder außer Österreich unter preußischer Führung in den Bereich der Überlegungen. Worin sollte die »Entwicklung richtig verstandener preußischer Partikularinteressen« denn bestehen, wenn nicht darin, auf einen solchen Zusammenschluß hinzuarbeiten? Die in der neueren Geschichtsliteratur in verschiedenartigen Formulierungen verbreitete – wenn teils auch mit rhetorischem Fragezeichen versehene – Unterstellung, BISMARCK habe mit dieser Denkschrift zur preußischen Deutschlandpolitik nichts anderes im Sinn gehabt, als den nationalen Neigungen seines neuen Herrn zu schmeicheln und dessen Wohlwollen zu gewinnen, erscheint haltlos.

Nach alledem hatten sich in BISMARCKS politischer Gedankenwelt der Jahre 1849 bis 1858 die Konturen zweier möglicher Modelle zur Lösung der deutschen Frage herausgebildet: zum einen ein auf Verständigung und Gleichberechtigung beruhendes preußisch-österreichisches Führungssystem, das, bei abgegrenzten Einflußsphären im Inneren, Deutschland nach außen einvernehmlich vertreten und der Nation die Stellung gewährleisten sollte, die ihr in Europa gebührte; zum anderen ein von Preußen allein außerhalb des Deutschen Bundes und in vermutlich auch kriegerischer Gegnerschaft zur Donaumonarchie auf dem Territorium des Deutschen Zollvereins unter Ausschluß der Deutschen Österreichs zu gründendes kleindeutsches Staatsgebilde.

Wie er mehrfach bemerkte, war ihm das erstere Modell persönlich lieber. Doch erwies sich der Gedanke an das brüderlich-harmonische Duumvirat des österreichischen Kaisers und des Königs von Preußen für BISMARCK bereits in seinen Jahren am Bundestag zu Frankfurt angesichts der antipreußischen Hegemonialpolitik der Donaumonarchie zunehmend als Illusion. Die deutsche Frage als solche aber war für BISMARCK eine unabweisbare Wirklichkeit, war das große staatspolitische Problem der Zeit, das unaufhaltsam auf eine wie auch immer geartete Lösung hintrieb. Er hätte es für töricht gehalten, die Realität dieser Ausgangslage in Zweifel zu ziehen wie Angehörige einer heutigen Historikergeneration, die die Worte *deutsche Frage* in Anführungsstriche zu setzen pflegen. Für BISMARCK ging es allein darum, Richtung und Modalitäten des Entwicklungsstromes in dieser Frage steuernd zu beeinflussen.

Die politischen Ereignisse seit BISMARCKS Ernennung zum Gesandten in St. Petersburg am 29. Januar 1859, namentlich der Italienische Krieg, lenkten sein Denken weiterhin in die nationalstaatlich-kleindeutsche Richtung. Mit Nachdruck sprach er sich gegen ein Eingreifen Preußens in diesen Krieg auf seiten Österreichs aus. Preußen sei nicht reich genug, seine Kräfte in Kriegen aufzureiben, »die uns nichts bringen«, schrieb er. Es solle die durch den kriegerischen Konflikt geschaffene Lage lieber gegen Österreich und zur Beseitigung des Deutschen Bundes nutzen. An den preußischen Minister Freiherrn VON SCHLEINITZ schrieb er: »Das Wort ›deutsch‹ für ›preußisch‹ möchte ich gern erst dann auf unsre Fahne geschrieben sehen, wenn wir enger und zweckmäßiger mit unseren übrigen Landsleuten verbunden wären als bisher; es verliert von seinem Zauber, wenn man es schon jetzt, in Anwendung auf seinen bundestäglichen Nexus abnützt. . . Ich sehe in unserem Bundesverhältnis ein Gebrechen Preußens, welches wir früher oder später *ferro et igni* werden heilen müssen, wenn wir nicht beizeiten in günstiger Jahreszeit eine Kur dagegen vornehmen.«[193]

Wie BISMARCK sich die »Kur« in günstiger Jahreszeit aber vorstellte und unter welchen Umständen er das Wort ›deutsch‹ gern auf die preußische Fahne geschrieben sehen mochte, kommt deutlich in seinem in leicht bramarbasierendem Ton abgefaßten Brief an Gustav VON ALVENSLEBEN vom 5. Mai 1859[194] zum Ausdruck. BISMARCK empfahl hier, Preußens Macht unter Ausnutzung der bedrängten Lage der Donaumonarchie durch einen militärischen Handstreich bis nach Süddeutschland auszudehnen, die im Tornister mitgeführten Grenzpfähle Preußens dort wieder einzuschlagen und der dortigen Bevölkerung den Gefallen zu tun, das Königreich Preußen in »Königreich Deutschland« »umzutaufen«.

Die Gelegenheit einer »Kur« zu günstiger Zeit wurde freilich verpaßt; und das Versäumnis mußte in der Tat später *»ferro et igni«* (»mit Eisen und Feuer«) geheilt werden – im ›böhmischen Krieg‹ und in der Schlacht von Königgrätz 1866.

Seine Überzeugung vom Gleichklang preußischer Interessen mit denen der deutschen Länder außer Österreich brachte BISMARCK, ebenfalls im Mai 1859, gegenüber Victor VON UNRUH, dem ehemaligen Präsidenten der preußischen Nationalversammlung der Revolutionszeit, zum Ausdruck: »Der alleinige zuverlässige, ausdauernde Alliierte, welchen Preußen haben kann, wenn es sich danach benimmt, ist das deutsche Volk.«[195] Auch diese Bemerkung zielt eindeutig auf das kleindeutsche Modell und ist klar gegen eine konservative preußisch-österreichische Zweiherrschaftslösung gerichtet.

Auch im Sommer 1860 knüpfte BISMARCK an seine dem kleindeutsch-preußischen Konzept zuzuordnenden Gedanken von der Übereinstimmung der preußischen Interessen mit denjenigen der übrigen deutschen Länder außer Österreich an, indem er schrieb: »Auf die Dauer haben wir jedenfalls nur eine zuverlässige Stütze... das ist die nationale Kraft des deutschen Volkes, solange es in der preußischen Armee seinen Vorkämpfer und die Hoffnung seiner Zukunft erblickt und solange es nicht erlebt, daß wir Gefälligkeitskriege für andere Dynastien als die Hohenzollern'sche führen.«[196]

Während der preußischen Kabinettskrise des Sommers 1861 hatte BISMARCK als Ministerkandidat Gelegenheit, WILHELM I. seine deutschlandpolitischen Vorstellungen vorzutragen, denen auch jetzt das kleindeutsch-preußische, gegen den Deutschen Bund und die Donaumonarchie gerichtete Modell zugrunde lag. Er halte »eine nationale Vertretung des deutschen Volkes bei der Bundeszentralbehörde als das wirksamste, vielleicht als das einzige und notwendige Bindemittel, welches den divergierenden Tendenzen dynastischer Sonderpolitik ein ausreichendes Gegengewicht zu geben vermag«, führte BISMARCK aus. Er denke dabei an »das außerösterreichische Deutschland«. Damit hatte BISMARCK dem Monarchen ein kleindeutsch-nationales Parlament vorgeschlagen. WILHELM I. schreckte angesichts solch kühner und umstürzlerischer Ansichten und Absichten bei dieser Gelegenheit noch davor zurück, den ihm dämonisch und revolutionär erscheinenden BISMARCK zum Minister zu berufen.[197]

Im September 1861 wandte BISMARCK sich gegen den »Souveränitätenschwindel« der deutschen Fürsten, sprach sich für eine Anzahl gemeinsamer Institutionen deutscher Staaten aus und befürwortete erneut ein deutsches Parlament: »Ich sehe außerdem nicht ein«, schrieb er, »warum wir vor der Idee einer Volksvertretung, sei es im Bunde, sei es in einem Zollvereinsparlament, so zimperlich zurückschrecken«. Er äußerte unmißverständlich den Gedanken, Deutschland – ohne

Österreich, also auf kleindeutscher Basis – unter Mitwirkung einer Nationalversammlung zusammenzuschließen. Daneben zog er in Erwägung, außerhalb des Deutschen Bundes und gegen diesen durch bilaterale Verhandlungen mit den übrigen deutschen Einzelstaaten »auf dem Wege, auf welchem der Zollverein entstand, die Herstellung anderweiter nationaler Einrichtungen zu bewirken«.[198]

Der Vorschlag einer deutschen Nationalversammlung kam der liberalen Nationalbewegung entgegen, ohne deren auf Massenbasis fußende Schubkraft, wie BISMARCK wußte, eine nationalstaatliche Lösung gegen die Widerstände der Dynastien und ihres im Deutschen Bund organisierten Partikularismus nicht durchzusetzen war. Insbesondere aber war ein deutsches Parlament auch eine Waffe mit Sprengwirkung gegen die multinationale Donaumonarchie.

Nachdem BISMARCK 1862 Ministerpräsident geworden war, verfolgte er in seiner Politik gegenüber Österreich weiterhin die Linie der bisherigen offiziellen preußischen Regierungspolitik: den Anspruch auf Gleichberechtigung im Bund und auf Anerkennung der preußischen Vorherrschaft in Norddeutschland. Überdies empfahl er der südlichen Führungsmacht, sie möge ihren Interessenschwerpunkt doch von Deutschland nach Südosten verlegen. Dem österreichischen Gesandten erklärte er: »Österreich würde in dieser Weise ein höchst wertvoller Alliierter für Preußen werden, und wir würden andererseits Ihre Vitalinteressen in Italien wie im Orient zu den unsrigen machen und Ihnen darin unbedingt beistehen.« Dergestalt vereinigt seien Preußen und Österreich unangreifbar.[199]

Dies war die Position der preußischen Regierung im Italienischen Krieg, die ihrer damaligen Bereitschaft zur Hilfeleistung gegenüber Wien zugrunde gelegen hatte: militärischer Beistand um den Preis, daß Österreich in Deutschland zugunsten Preußens zurücksteckte. Jedenfalls kam hier nunmehr wieder das Modell einer gleichberechtigt-dualistischen Lösung der deutschen Frage, einer einvernehmlichen Führungsrolle Preußens und Österreichs zum Vorschein. BISMARCK war bis zum Krieg des Jahres 1866 nie völlig auf kleindeutsche Lösungsvorstellungen festgelegt, wenn auch die österreichische Politik, aufs Ganze gesehen, nicht eben geeignet war, die einige Doppelspitze mit Preußen als realistische Möglichkeit erscheinen zu lassen.

Eine solche Chance hat BISMARCK allerdings wesentlich später in seinen *Gedanken und Erinnerungen* für den Zeitraum von Mai 1859 bis Oktober 1864 bejaht, in dem Graf RECHBERG österreichischer Ministerpräsident bzw. Außenminister war. BISMARCK schreibt: »Die Versuche zur Zeit des Ministeriums RECHBERG würden, wenn erfolgreich, damals zu einer gesammtdeutschen Union auf der Basis des Dualismus haben führen können, zu dem Siebzigmillionenreich in Centraleuropa mit zweiköpfiger Spitze, während die Schwarzenbergische Politik auf etwas Ähnliches ausgegangen war, aber mit einheitlicher Spitze Östreichs und Hinabdrükkung Preußens nach Möglichkeit auf den mittelstaatlichen Stand. Der letzte Anlauf dazu war der Fürstencongress von 1863. Wenn die Schwarzenbergische Politik in der posthumen Gestalt des Früstencongresses schließlich Erfolg gehabt hätte, so würde zunächst die Verwendung des Bundestags zur Repression auf dem Gebiete der innern Politik Deutschlands voraussichtlich in den Vordergrund getreten sein, nach Maßgabe der Verfassungsrevisionen, die der Bund schon in Hannover, Hessen, Luxemburg, Lippe, Hamburg u. a. in Angriff genommen hatte... Unter einer dualistischen Spitze mit Gleichberechtigung Preußens und Östreichs, wie sie als Consequenz meiner Annäherung an Rechberg erstrebt werden konnte, würde unsre innre verfassungsmäßige Entwicklung von der Versumpfung in bundestägiger Reaction und von der einseitigen Förderung absolutistischer Zwecke in den einzelnen Staaten nicht nothwendig bedroht worden sein; die Eifersucht der beiden Großstaaten wäre der Schutz der Verfassungen gewesen. Preußen, Östreich und die Mittelstaaten würden bei dualistischer Spitze auf Wettbewerb um die öffentliche Meinung in der Gesammtnation wie in den einzelnen Staaten angewiesen geblieben sein... Die Zeit der liberalen östreichischen Preßthätigkeit im Wetteifer mit Preußen, wenn auch nur auf dem Gebiete der Phrase, ließ schon zu Anfang der fünfziger Jahre erkennen, daß der unentschiedne Kampf um die Hegemonie für die Belebung unsrer nationalen Gefühle und für die verfassungsmäßige Entwicklung nützlich war.«[200]

Bereits drei Seiten weiter schränkt BISMARCK diese euphorische Sicht allerdings wieder ein: »Wenn das östreichische Cabinet... seine Politik dahin modificirt hätte, die Verständigung mit Preußen anstatt dessen Vergewaltigung durch Majoritäten und andre Einflüsse zu suchen, so hätten wir wahrscheinlich eine Periode dualistischer Politik in Deutschland erlebt oder doch versucht. Es ist freilich zweifelhaft, ob eine solche ohne die klärende Wirkung der Erfahrungen von 1866 und 1870 sich in einem für das deutsche Nationalgefühl annehmbaren Sinne friedlich, unter dauernder Verhütung des innern Zwiespalts hätte entwickeln können.«[201]

Letztlich wäre ein einiger Dualismus nach dieser Einschätzung BISMARCKS vielleicht also nur eine Periode, keine Dauerlösung gewesen, ein vorübergehender Zustand von zweifelhafter Stabilität und somit keine Lösung der deutschen Frage.

Nach dem Frankfurter Fürstentag des August 1863, den er im Hinblick auf Habsburgs Hegemonialabsichten in Deutschland hatte scheitern lassen, wiesen BISMARCKS Überlegungen in Abwehr der österreichischen Bestrebungen wieder klar in die kleindeutsch-preußische Richtung. Er forderte erneut eine aus direkten Wahlen hervorgegangene deutsche Volksvertretung und betonte zu wiederholtem Male die Übereinstimmung zwischen den Interessen Preußens und denen des deutschen Volkes: »Die Interessen und Bedürfnisse des preußischen Volkes sind wesentlich und unzertrennlich identisch mit denen des deutschen Volkes; wo dies Element zu seiner wahren Bedeutung und Geltung kommt, wird Preußen niemals befürchten dürfen, in eine seinen eigenen Interessen widerstrebende Politik hineingezogen zu werden.«[202]

In einer brieflichen Philippika vom 24. Dezember 1863 an den preußischen Gesandten in Paris, den Grafen Robert VON DER GOLTZ, erteilte BISMARCK jeglichem Vertrauen in ein auf Dauer angelegtes, einiges Zusammengehen mit Österreich eine schroffe Absage – und dies zu einem Zeitpunkt, als die preußisch-österreichische Allianz gegen Dänemark in der schlewig-holsteinischen Frage bereits Tatsache war und das gemeinsame militärische Vorgehen der beiden deutschen Großmächte unmittelbar bevorstand: »Sie sprechen von dem Staatencomplex von 70 Millionen mit einer Million Soldaten, der in compacter Weise Europa trotzen soll, muthen also Östreich ein Aushalten auf Tod und Leben bei einer Politik zu, die Preußen zur Hegemonie führen soll, und traun doch dem Staate, der 35 dieser 70 Millionen hat, nicht über den Weg. Ich auch nicht; aber ich finde es für jetzt richtig, Östreich bei uns zu haben; ob der Augenblick der Trennung kommt und von wem, das werden wir sehn.«[203]

Und an anderer Stelle desselben Schreibens fordert BISMARCK, Preußen müsse *zuerst* Großmacht, *dann* Bundesstaat (im Deutschen Bund) sein: »das hat Östreich zu unserm Schaden stets als richtig für sich anerkannt, und es wird sich von der Komödie, die es mit deutschen Sympathien spielt, nicht aus seinen europäischen Allianzen, wenn es überhaupt solche hat, herausreißen lassen. Gehn wir ihm zu weit, so wird es scheinbar noch eine Weile mitgehn, namentlich mitschreiben, aber die 20% Deutsche, die es in seiner Bevölkerung hat, sind kein in letzter Instanz zwingendes Element, sich von uns wider eignes Interesse fortreißen zu lassen. Es wird im geeigneten Momente hinter uns zurückbleiben. . .«[204]

Nach dem gemeinsamen Erfolg Preußens und der Donaumonarchie im Dänischen Krieg des Jahres 1864 aber bedingte der Eindruck der Ereignisse anscheinend wieder eine geradezu radikale Hinwendung BISMARCKS zum dualen Modell. Nicht in staatlicher Einheit, sondern in der gleichberechtigten Einigkeit der deutschen Führungsmächte sollte die Lösung der deutschen Frage zu finden sein. Er betonte: »Wenn Preußen und Österreich einig sind, so sind sie ›Deutschland‹, und die Aufstellung eines andern Deutschland neben ihnen kommt in kriegerischen Zeiten einem Verrat der deutschen Sache gleich.«[205] Und: »Sind Preußen und Österreich uneinig, so besteht Deutschland politisch überhaupt nicht; sind sie einig, so gebührt ihnen die Führung.«[206]

Tiefe Befriedigung über die außenpolitische Wirkung, die das preußisch-österreichische Zusammengehen in der schleswig-holsteinischen Krise 1864 auf die europäischen Mächte hatte, klingt unüberhörbar nach, wenn BISMARCK Jahrzehnte später schreibt: »Der Anfang einer dualistischen Politik gewährte ihr eine glänzende Bethätigung in den gemeinsamen Kämpfen an der Schlei, dem Einrücken in Jütland und dem gemeinsamen Friedensschluß mit Dänemark. Das preußisch-östreichische Bündnis bewährte sich. . . als hinreichendes Schwergewicht, um die widerstrebende Verstimmung der andern Großmächte, unter deren Druck Dänemark dem gesammten Deutschthum den Handschuh hatte hinwerfen können, im Zaume zu halten.«[207]

Der preußisch-österreichischen Führung, so meinte BISMARCK im Rückblick auf sein politisches Leben, würden sich auch die übrigen deutschen Staaten nicht versagt haben, »sobald sie die Überzeugung gewonnen hätten, daß die Verständigung der beiden Vormächte ehrlich und dauerhaft war«.[208] Eine solche freilich konnte es nur geben, »wenn Östreich bereit war, Preußen als gleichberechtigt in Deutschland thatsächlich zu behandeln und Preußens Beistand in den europäischen Interessen, die Östreich in Italien und im Orient hatte, durch die Gestattung freier Bewegung des preußischen Einflusses wenigstens in Norddeutschland zu vergelten«. [209]

Die hier anklingende, auf persönlicher Erfahrung beruhende Skepsis, ob denn mit dem habsburgischen Staat ein »ewger Bund zu flechten« sei, hatte auch in der Zeit um den Gasteiner Vertrag (vom 14. August 1865) nie ganz geschwiegen, in der Bismarck von euphorischer Hoffnung auf ein dauerndes Bündnis und Arrangement mit Österreich erfüllt schien. Und schon im November 1865 sprach er von der Wahl zwischen den zwei »Systemen«, vor die er Preußen deutschlandpolitisch gestellt sah: »Das eine wäre: im Bunde mit Östreich unter Bekämpfung der revolutionären Bestrebungen und Erweckung des Vertrauens der deutschen Fürsten eine gemeinschaftliche Leitung der deutschen Angelegenheiten durch die beiden Großmächte herzustellen. Dieser Weg wäre uns der liebere, doch nur dann,wenn das Kaiserliche Kabinett ebenso vollständig wie wir mit der zweideutigen Politik bräche, gegen deren Auswüchse in Frankfurt unser gemeinsames Auftreten gerichtet war. Ein unumwundenes gegenseitiges Vertrauen der beiden Mächte ist auf diesem Wege unentbehrlich. . . Der andere Weg ist, daß Preußen selbständig in dem innerhalb seiner Machtstellung liegenden Kreise von Nachbarstaaten sowie am Bunde seinen Einfluß und seine Interessen nach Kräften zur Geltung bringt.«[210]

Aus der Rückschau seiner *Gedanken und Erinnerungen* sah Bismarck den Traum eines Paktes der einigen konservativen deutschen Mächte wohl kaum noch als wirklich realistische Alternative an: »Rechberg [österreichischer Außenminister zur Zeit des Dänischen Krieges] war für die Verstärkung des Gewichts von Mitteleuropa durch eine solche Verständigung der beiden Mächte [über den gleichberechtigten Dualismus] gewonnen. Diese Gestaltung würde, im Vergleich zur Vergangenheit und wie die Dinge damals lagen, immerhin ein Fortschritt zum Bessern gewesen sein, aber Dauer nur versprochen haben, so lange das Vertraun zu den beiderseits leitenden Personen ungestört blieb.«[211]

Doch Rechberg mit seinen Ausgleichstendenzen gegenüber Preußen hatte sich in der politischen Führungsspitze Wiens nicht halten können. Und daß mit einem ungestört andauernden Vertrauen unter den »beiderseits leitenden Personen« nicht ernsthaft zu rechnen war, hatte niemand deutlicher erkannt als Bismarck selbst: »Nicht ohne Bedeutung für den Werth dualistischer Politik war die Frage, auf welches Maß von Sicherheit im Innehalten dieser Linie wir bei Östreich rechnen konnten«, schrieb er und ließ sich sodann über die Unzuverlässigkeit der österreichischen Politik, die Schwarzenbergische Undankbarkeit und schließlich über die kaum im voraus berechenbaren Schwankungen des österreichisch-ungarischen Staatsschiffes aus: »Die centrifugalen Einflüsse der einzelnen Nationalitäten, das Ineinandergreifen der vitalen Interessen, die Östreich nach der deutschen, der italienischen, der orientalischen und der polnischen Seite hin gleichzeitig zu vertreten hat, die Unlenksamkeit des ungarischen Nationalgeistes und vor allem die Unberechenbarkeit, mit der beichtväterliche Einflüsse die politischen Entschließungen kreuzen, legen jedem Bundesgenossen Östreichs die Pflicht auf, vorsichtig zu sein und die Interessen der eigenen Unterthanen nicht ausschließlich von der östreichischen Politik abhängig zu machen.«[212]

Diese Einsichten sind nicht geeignet, dem Modell einer auf Dauer angelegten gleichberechtigten, konservativen Doppelherrschaft Preußens und Österreichs in Deutschland mehr Bedeutung zuzumessen als diejenige einer sentimentalen Lieblingsidee des Aristokraten Bismarck, die sich der sonst so nüchterne Realpolitiker gestattete.

Zusammenfassend läßt sich feststellen, daß Bismarck unverrückt zwei Ziele verfolgte: Er wollte die Macht und den Einfluß der preußischen Krone mehren, und er wollte nach Maßgabe der sich bietenden Möglichkeiten die Lösung der deutschen Frage betreiben. Dabei hielt er sich, zumindest gedanklich, die Möglichkeit zur Verwirklichung beider »Systeme« – einer einigen dualen oder einer kleindeutschen Lösung – offen, wobei er hinsichtlich letzterer von der Identität der Interessen der preußischen Führungsmacht mit denen der übrigen deutschen Länder außer Österreich überzeugt war. Erst Anfang 1866 verwarf er seine dualistischen Hoffnungen ganz und stellte sich den Erfordernissen der als unvermeidlich erkannten militärischen Entscheidung.

Kurz nach seiner Entlassung als Reichskanzler, im Juni 1890, führte er gegenüber dem österreichischen Historiker Friedjung aus: »Es hieße das Wesen der Politik verkennen, wollte man annehmen, ein Staatsmann könne einen weitaussehenden Plan entwerfen und sich als Gesetz vorschreiben, was er in einem, zwei oder drei Jahren durchführen wolle... In der Politik kann man nicht einen Plan für lange Zeit festlegen und blind in seinem Sinne vorgehen. Man kann sich nur im großen die zu verfolgende Richtung vorzeichnen; diese freilich muß man unverrückt im Auge behalten, aber man kennt die Straßen nicht genau, auf denen man zu seinem Ziele gelangt. Der Staatsmann gleicht einem Wanderer im Walde, der die Richtung seines Marsches kennt, aber nicht den Punkt, an dem er aus dem Forste heraustreten wird. Ebenso wie er muß der Staatsmann die gangbaren Wege einschlagen, wenn er sich nicht verirren soll. Wohl war der Krieg mit Österreich schwer zu vermeiden, aber wer das Gefühl der Verantwortlichkeit für Millionen auch nur in geringem Maße besitzt, wird sich scheuen, einen Krieg zu beginnen, bevor nicht alle anderen Mittel versucht sind. Es war stets ein Fehler der Deutschen, alles erreichen zu wollen oder nichts und sich eigensinnig auf eine bestimmte Methode zu steifen. Ich war dagegen stets erfreut, wenn ich der Einheit Deutschlands, auf welchem Wege immer, auch nur auf drei Schritte näher kam. Ich hätte jede Lösung mit Freuden ergriffen, welche uns ohne Krieg der Vergrößerung Preußens und der Einheit Deutschlands zuführte. Viele Wege führten zu meinem Ziel, ich mußte der Reihe nach einen nach dem anderen einschlagen, den gefährlichsten zuletzt. Einförmigkeit war nicht meine Sache.«[213]

Angesichts zahlreicher gleichgelagerter Äußerungen Bismarcks kann man jedenfalls davon ausgehen, daß er, statt die innerdeutschen Voraussetzungen der Vereinigung in einem kleindeutschen Nationalstaat im Krieg gegen Österreich zu erzwingen, sich mit der »deutschen Einigkeit« der bestehenden Staaten nach innen und außen unter preußisch-österreichischer Führung in einem modernisierten Deutschen Bund begnügt hätte, wenn sich Österreich zu einer friedlichen, fairen und gleichberechtigten Lösung in diesem Sinne bereitgefunden haben würde.

Die Alternative »Einigkeit der Staaten statt staatlicher Einheit« sprach seine monarchisch-legitimistisch-konservativen Wurzeln wohl auch zu Zeiten noch in gewissem Maße an, als diese Gedanken- und Wertewelt ihn längst nicht mehr wie früher beherrschte. Er liebte überdies, wie viele seiner Äußerungen beweisen, den Krieg nicht, ohne den die staatliche Einheit Deutschlands kaum zu haben war, er wußte um seine Schrecken und Grausamkeit. Krieg kam für ihn nur als *ultima ratio* in Betracht. Er war überzeugt, »daß auch siegreiche Kriege nur dann, wenn sie aufgezwungen sind, verantwortet werden können«.[214]

Freilich – das Motto »Einigkeit statt Einheit« bezeichnet den damals historisch falschen und zugleich wenig realistischen Weg. Bismarcks politisch-historischer Hellsichtigkeit dürfte dies kaum entgangen sein. Welche reale Chance er einer seinem eigenen patriotischen Anspruch genügenden deutschen Einigkeit der Führungsmächte einräumte, steht in der Tat auf einem anderen Blatt. Seine von ihm selbst geschilderten Erfahrungen mit der Wiener Politik seit dem Jahre 1851 am Bundestag in Frankfurt und seine allgemeine Skepsis gegenüber der Verläßlichkeit des Kaiserstaates[215] sprechen für sich. Auch war Bismarck welterfahren genug zu wissen, daß zwei gewachsene, souveräne Staaten und selbstbewußte Mächte wie Preußen und Österreich, wenn ihre Interessenkreise sich überschnitten, einander grundsätzlich als Konkurrenten gegenüberstanden und eine einvernehmliche Führung der Gesamtnation nach dem Prinzip ›Einigkeit in der Zweiheit‹ allenfalls ein vorübergehender Ausnahmezustand und keine dauerhafte Lösung der deutschen Frage sein konnte.

Zudem war Bismarck die nicht hoch genug einzuschätzende Bedeutung der nationalliberalen Bewegung für jede künftige staatliche Organisation Deutschlands bewußt. Er selbst hatte das Bündnis mit der stärksten politischen Kraft seiner Zeit stets gesucht, auf das er für die preußisch-kleindeutsche Variante seiner Pläne unbedingt angewiesen war. Welche Aussicht auf Verwirklichung, Stabilität und Dauer mag sein Realitätssinn einer eventuellen, naturgemäß hochkonservativen preußisch-österreichischen Führungsspitze zugemessen haben, die nicht nur ohne, sondern sogar gegen den Liberalismus hätte bestehen müssen, und selbstverständlich erst recht gegen die politische Linke aller Schattierungen? Und wie sollte es mit der Qualität einer nationalen Einigkeit aller deutschen Staaten nach innen und außen bestellt sein, die gewöhnlich nach althergebrachter Vätersitte souverän den Partikularismus lebten, dessen zerstörerischen Egoismus Bismarck selbst beklagte?

Die konservative, brüderliche Zweiherrschaft im Deutschen Bund war eine

Chimäre. Daß BISMARCK sich zu ihr bekannte, kann ihm nicht als Unehrlichkeit angelastet werden, denn er hätte sie ja tatsächlich gern verwirklicht. Und doch war dieses Bekenntnis für BISMARCK letzten Endes mehr Rhetorik als eine reale politische Alternative. Daß er eine Lösung der deutschen Frage erhoffte, die nach seinem eigenen Erfahrungs- und Wissensstand eine solche nicht sein konnte, bleibt ein unaufgelöster innerer Widerspruch, ein Paradox in der vielschichtigen politischen Persönlichkeit des großen Staatsmannes.

In der moderneren Geschichtsschreibung über BISMARCK auf seinem Wege zur Reichsgründung wird, dies sei an dieser Stelle abschließend bemerkt, sein Eingeständnis der Begrenztheit seiner Möglichkeiten als einzelner Staatsmann und sein Warten auf den »Zipfel des Mantels Gottes« oftmals überinterpretiert. Betont wird in unterschiedlichen Zusammenhängen, BISMARCK habe zu bestimmten Zeitpunkten ganz gewiß noch nicht an dieses oder jenes Ergebnis gedacht, das er dann aber wenig später tatsächlich herbeiführte. So entsteht in den einzelnen Phasen der BISMARCKschen Politik bis zur Reichsgründung leicht das Bild eines Sich-Treiben-Lassens, wobei man sich fragen muß, wie es denn bei soviel Plan- und Orientierungslosigkeit überhaupt in der kurzen Zeit von 1862, als BISMARCK preußischer Ministerpräsident wurde, bis zum Jahre 1871 zur Reichsgründung kommen konnte.

In Wirklichkeit hat BISMARCK keineswegs so wenig vorausgedacht und vorausgeplant, wie ihm heute gern unterstellt wird. Seine Einsicht in die Eigengesetzlichkeit historischer Entwicklungen und in die Bedingtheit seiner eigenen Politik war eine staatsmännische Tugend, die ihn für Alternativen und für das Ergreifen unverhofft sich bietender Chancen offen bleiben ließ. Sie machte ihn jedoch durchaus nicht zum planlosen Toren, der halb zufällig, allenfalls angetrieben von dumpfem preußisch-reaktionärem Machtwillen, von der Verfassungskrise 1862 bis zur Gründung des deutschen Nationalstaates 1871 durch die Geschichte stolperte.

Naiv ist zwar die heroisierende Vorstellung, BISMARCK habe das Deutsche Reich mit Titanenkraft nach einem genialen Meisterplan geschmiedet. Doch sollte seine Fähigkeit zur flexiblen Reaktion auf konkrete Ereignisse und seine Offenheit für anderweitige ihm gangbar erscheinende Wege zum Ziel nicht den Blick für die energische und systematische Zielstrebigkeit verstellen, mit der BISMARCK letztlich die kleindeutsch-preußische, bundesstaatlich-konstitutionelle Alternative zur Lösung der deutschen Frage verfolgt und gefördert hat, wenn immer die politischen Gegebenheiten ihm dies nahelegten. Und diese im Jahre 1871 verwirklichte Alternative klang bei BISMARCK, wie erörtert, immerhin gedanklich bereits in einer Rede aus dem Jahre 1849 vor der preußischen Kammer an und war schon am 22. Januar 1863 Gegenstand einer Erklärung der von ihm geführten preußischen Regierung im Bundestag. BISMARCK hat sie – bis zum Jahre 1866 neben der Alternative einer österreichisch-preußischen Doppelspitze Deutschlands – mit langem Atem durchgehalten.

H. Einsichten der Liberalen und Indemnitätsantrag Bismarcks: ein törichter Konflikt wird beigelegt; Umschichtung der Parteienlandschaft

Mit Königgrätz und dessen politischen Folgen fiel BISMARCK innenpolitisch ein zusätzlicher wichtiger Erfolg in den Schoß, auf den er zuvor lange vergeblich hatte warten müssen: Die kleindeutschen Liberalen – jedenfalls in ihrer Mehrheit – versöhnten sich mit ihm. Sie sahen: Nicht nur Schleswig-Holstein war durch BISMARCKS Politik nun für das künftige Deutschland gewonnen, sondern Entscheidenderes war erreicht: Der deutsche Dualismus und der Deutsche Bund waren überwunden, die Donaumonarchie, Garantiemacht des deutschen Partikularismus und scheinbar unüberwindliches Hindernis auf dem Wege zur staatlichen Einheit, hatte ihren Machtansprüchen in den deutschen Dingen entsagen müssen. Mit dem in Gründung begriffenen Norddeutschen Bund entstand ein moderner deutscher Teil-Nationalstaat mit einem Parlament, dessen Machtbefugnisse aus liberaler Sicht zwar noch zu wünschen übrig ließen, das aber durch freie, gleiche, unmittelbare Wahlen demokratisch zustande kommen sollte. Das böse Wort vom »Schelmenantrag« (im Bundestag am 9. April 1866) und alle früheren Anwürfe des Liberalismus und der von ihm bestimmten öffentlichen Meinung gegen BISMARCK, seine Vorstöße in die kleindeutsche, demokratische und konstitutionelle Richtung seien raffinierte politische Betrugsmanöver, waren nun Lügen gestraft.

Es galt jetzt nicht mehr als liberale Anstandspflicht (das Wort von der ›Political correctness‹ kannte man noch nicht), ihn, den bis zum Kriegsbeginn 1866 »bestgehaßten Mann Deutschlands«, als stockreaktionären, durchtriebenen Erzschelm zu verunglimpfen. Heinrich VON TREITSCHKE, der es seit 1862 nicht an Schmähungen gegen den preußischen Ministerpräsidenten hatte fehlen lassen, begann nun, sich zum Hofhistoriographen BISMARCKS zu mausern, den er zuvor als den »flachen Junker« gebrandmarkt hatte, dessen Gemeinheit nur durch seine Lächerlichkeit übertroffen werde. Neuerdings nämlich sah TREITSCHKE in Bismarcks Politik »das Walten der Vernunft in der Geschichte«.[216]

Die kleindeutschen Liberalen erkannten jetzt, was sie längst vorher hätten erkennen können und müssen, was ihrer Einsicht aber durch ein kollektives, lange kultiviertes Ressentiment entzogen gewesen war: daß BISMARCK, wenn auch auf anderen Wegen als den ihrigen, dasselbe wollte wie sie; und daß er auf dem Wege zur deutschen Einheit, auf dem sie selbst bislang völlig gescheitert waren, bereits weit fortgeschritten war. Sie mußten sich eingestehen, daß BISMARCK ihre innenpolitischen Ideale, wenn sie nach seinem Herkommen auch nicht die seinen waren, doch als politische Gegebenheiten der Zeit akzeptierte, sogar in vielen Punkten billigte und jedenfalls mit ihnen zu leben wußte.

Wenn die Liberalen ihre konstitutionellen Forderungen in dem deutschen Staatswesen, das sich mit der Gründung des Norddeutschen Bundes nunmehr als das künftige abzeichnete, zunächst auch nur unzureichend verwirklicht sahen, so waren sie jetzt mehrheitlich doch zur konstruktiven Mitarbeit bereit. Dabei setzten sie die deutsche Einheit auf die oberste Stufe der politischen Priorität. Dies bedeutete freilich nicht, daß sie ihre verfassungspolitischen Ideale auf der Wertigkeitsskala hintangestellt hätten – es handelte sich vielmehr nur um eine Frage der zeitlichen Reihenfolge. Man solle zunächst einmal das staatliche Haus errichten, argumentierten sie. Um so leichter werde es dann sein, den verfassungsstaatlichen Innenausbau in ihrem Sinne zu vollenden. Letzteres galt insbesondere für den in zahlreichen deutschen Partikularstaaten immer noch mächtigen reaktionären Antikonstitutionalismus, der am wirksamsten auf nationaler, einheitsstaatlicher Ebene überwunden werden könne.

Die Liberalen, denen BISMARCK oft sarkastisch vorgehalten hatte, daß allein durch Zeitungsartikel und Parlamentsreden, durch Majoritätsbeschlüsse und Proklamationen, durch Schützenfeste und Aufzüge politisch wenig zu bewirken sei, wurden sich nun des ernsthaften Kernes solcher beißenden Spötteleien inne. Sie sahen ein, daß hohe Ideale und hehre Ziele allein nicht ausreichten, daß erfolgreiche Politik nur die Kunst des Möglichen sein konnte, die oft ganz untheatralische und wenig pathetische Kunst, die Zielvorstellung auf der Grundlage vorgegebener Tatsachen und Verhältnisse zu verfolgen – und daß es hierzu eines gerüttelten Maßes an Erfahrung und Geschick im politischen und diplomatischen Handwerk bedurfte. Ein führender Liberaler, Johannes MIQUEL, einer der tonangebenden Köpfe des Deutschen Nationalvereins, formulierte das so: »Die Zeit der Ideale ist vorüber. Die deutsche Einheit ist aus der Traumwelt in die prosaische Welt der Wirklichkeit hinuntergestiegen. Politiker haben heute weniger als je zu fragen, was wünschenswert, als was erreichbar ist.«[217]

In ähnlichem Sinne sprach der Historiker und liberale Politiker Hermann BAUMGARTEN vom Jahre 1866 als der »großen Krisis seines Lebens« – für ihn wie für jeden anderen deutschen Liberalen. In seiner *Selbstkritik des deutschen Liberalismus* beklagte er, man habe in den Kreisen seiner Gesinnungsfreunde jahrelang nach einem Mann geseufzt, »der endlich Preußen kühn vorwärts führen werde! Nun, jetzt war er nicht nur da, sondern er stand bereits an der richtigen Stelle, er hatte schon ein gutes Stück des Weges hinter sich. Freilich hatte er ein anderes Gesicht, als die liberale Phantasie sich ausgemalt. Dafür stürmte er aber auch die steile Bahn des Sieges mit einer Gewalt hinauf, die weit über allen liberalen Phantasien war. Wir würden diese Belehrung schwer akzeptieren, wenn sie mit unserem Unglück verknüpft wäre. Aber uns ist das Beispiellose widerfahren, daß unser Sieg unser Elend gewesen wäre, unsere Niederlage aber uns überschwängliches Heil gebracht hat. O wahrlich, wir müßten nicht diese gewissenhaften, uneigennützigen, reinen Naturen sein, wenn wir einen solchen Segen des Himmels nicht erwidern wollten durch ehrliche Selbstprüfung und durch den unerschütterlichen Entschluß, jetzt ein neues Leben anzufangen mit bescheidener Hingebung und wahrer Treue und aufrichtigem Gehorsam gegen die großen Offenbarungen, die uns in diesem Jahre zuteil geworden sind«.[218]

Bei aller im Stil der Zeit geäußerten Zerknirschung ob der verspäteten Erleuchtung: Die Liberalen waren und blieben die politische, geistige und moralische Elite jener Zeit und zugleich die stärkste und vitalste, die allein zukunftweisende gesellschaftliche Kraft, ohne die auch in der Sache der deutschen Einheit nichts ging. Das wußten sie – und BISMARCK wußte es auch. Nur im Bündnis mit ihnen konnte er den gewachsenen Partikularismus überwinden und den Norddeutschen Bund sowie kurze Zeit später das Deutsche Reich verwirklichen, auch wenn er bei der Gründung des letzteren formaliter (der Form nach) die überlebten Dynastien im Vordergrund stehen ließ.

Heutige Historiker machen den gewandelten Liberalen von 1866 den Vorwurf, prinzipienlos nur dem militärischen und politischen Erfolg von Königgrätz gehuldigt, BISMARCKS Politik, die sie zuvor bekämpft und verurteilt hatten, nun allein wegen der gewonnenen Schlacht als den einzig richtigen Weg in die nationale Zukunft bejubelt und damit ihre ureigensten Ideale verraten zu haben. Freilich kann – auch in der Politik – verwerfliches Handeln in der Tat nicht durch einen erzielten Effekt, nur weil dieser im Ergebnis erwünscht ist, nachträglich zu moralischem Wohlverhalten umgemünzt werden. Der Erfolg heiligt nicht die Abwege, auf denen er erzielt wurde.

Doch ist hier die Kritik nachgeborener Gutmenschen unberechtigt, weil sie einen unzutreffenden Sachverhalt zugrunde legt. Die Liberalen hatten BISMARCKS Deutschlandpolitik bis Königgrätz vorwiegend abgelehnt, weil sie diese nicht begriffen oder weil sie unmißverständliche Absichtserklärungen BISMARCKS schlicht und einfach nicht glaubten. Das liberale Phänomen von 1866 war nicht in erster Linie eine Umbewertung bekannter politischer Sachverhalte, es war ganz überwiegend ein seiner Natur nach moralisch nicht anfechtbarer Erkenntnisprozeß im Tatsächlichen, der allerdings – animositätsbedingt – verspätet kam.

Man muß die Feindschaft des Liberalismus gegenüber BISMARCK aus ihrer Entstehungsgeschichte begreifen: Auf dem Höhepunkt des Konfliktes um die Heeresreform hatte BISMARCK, in liberalen Augen von vornherein politisch übel beleumundet, die preußische Bühne als Nothelfer und Kämpfer auf seiten der Krone betreten. Seine Versöhnungs- und Kompromißbemühungen hatte eine bereits ressentiment-geladene liberale Mehrheit des Landtages zurückgewiesen. Die Situation war zum Verfassungskonflikt eskaliert, während dessen jahrelanger Dauer BISMARCK ohne genehmigten Haushalt regierte, weil regiert werden mußte und die Bewilligung eines Budgets nicht zu erlangen war von einem Landtag, der sich auch sonst in Fundamentalverweigerung erging. Letztere war verfassungsrechtlich sicherlich nicht weniger bedenklich als BISMARCKS Regieren ohne genehmigtes Budget. Bei den Liberalen dominierte nicht die interessen- und sachbezogene Erwägung, sondern die ressentiment- und haßgeladene Emotion.

Und BISMARCK selbst trug, nachdem seine anfängliche Versöhnlichkeit auf Ablehnung gestoßen war, wenig dazu bei, Vernunft in das Verhältnis zwischen Parlament und Ministerium einkehren zu lassen. Der selbst verletzliche Meister nicht nur des geschliffenen, sondern auch des verletzenden Wortes goß Öl ins Feuer und trug seine ganze Verachtung gegenüber einer Parlamentsopposition zur Schau, deren Mitglieder ihm an Urteilsfähigkeit und Erfahrung weit unterlegen und die gerade darum um so verletzbarer waren. Selbstverständlich griff die so geartete Konfrontation weit über das Berliner Abgeordnetenhaus hinaus in die Öffentlichkeit und überdauerte dem Grunde nach die Zeit bis zum Krieg des Jahres 1866.

Es nimmt nicht wunder, daß die geradezu neurotisch anmutende Frontenbildung, die in der tatsächlichen Politik Bismarcks kaum eine nachvollziehbare Grundlage hatte und die den Interessen und Zielen der Liberalen ebenso zuwiderlief wie denen Bismarcks, nicht auf Dauer Bestand haben konnte. Einschneidende Ereignisse von so erdrückendem Gewicht wie der Dänische Krieg von 1864, besonders aber der Krieg 1866 und die Schlacht von Königgrätz brachten sie zum Einsturz. Die aktuelle Dramatik der tatsächlichen Geschehnisse und Entwicklungen verdrängte die lange kultivierten Ressentiments, ließ das Feindbild verblassen und ebnete bei den Liberalen sach- und interessengerechtem Denken und den daraus folgenden Einsichten den Weg. Dies, und nicht Prinzipienlosigkeit oder opportunistische Vergötzung des Erfolges, bewirkte den Sinneswandel.

Nicht nur in liberalen Kreisen der Politik und der Publizistik gewann Bismarck an Zustimmung. Auch bei den Wahlen zum preußischen Abgeordnetenhaus vom 3. Juli 1866 kündigte sich ein Stimmungsumschwung zu seinen Gunsten an – bemerkenswerter Weise also am Tag der Schlacht von Königgrätz, als deren Ausgang noch unbekannt war. Die liberale Fortschrittspartei und das Linke Zentrum, die bisher den oppositionellen Ton dieses Parlamentes mit der erdrückenden Mehrheit von 253 Sitzen gegenüber den konservativen Fraktionen mit nur 38 Sitzen angegeben hatten, erlitten herbe Verluste. Sie mußten sich mit 148 Sitzen begnügen, während die Konservativen nunmehr über 142 Sitze verfügen konnten.

Da Bismarck die Unterstützung des liberalen Lagers zur anstehenden Gründung des Norddeutschen Bundes benötigte, ging es ihm nun vordringlich darum, den hinfälligen Streit auch äußerlich durch eine Geste der Versöhnung zu begraben, die es den liberalen Abgeordneten und Politikern erlaubte, ohne Gesichtsverlust mit ihm zusammenzuarbeiten und seine Politik zu unterstützen. Bismarck selbst, als politischer Sieger von Königgrätz in einer Position der Überlegenheit, konnte dabei großmütig sein und weitgehendes Entgegenkommen zeigen, ohne sich etwas zu vergeben.

Seine Versöhnungsinitiative war ein Paradebeispiel seiner diplomatischen Kunst und beendete die preußische Verfassungskrise, den neuralgischen Punkt, an dem sich der Dauerstreit entzündet hatte. Er brachte im preußischen Abgeordnetenhaus ein Ersuchen um »Indemnität« ein, mit dem er in seiner Thronrede zur Eröffnung des Landtages am 5. August 1866 zugleich die nachträgliche Billigung der Ausgaben beantragte, die er während der Regierungsjahre ohne parlamentarisch genehmigten Haushalt getätigt hatte. Einen sachlichen oder juristisch relevanten Gehalt besaß dieser Antrag kaum. »Indemnität«, wörtlich also ›Straflosigkeit‹, zu erbitten, bestand objektiv kein nachvollziehbarer Anlaß, denn es war nicht ersichtlich, von wem und vor welcher Instanz BISMARCK wegen seiner nicht bewilligten Regierungsausgaben denn hätte zur Rechenschaft gezogen werden sollen. Auch dem Antrag auf Genehmigung der Staatsausgaben kann ein juristischer Sinn kaum beigemessen werden, denn es erscheint mehr als zweifelhaft, ob es nach der preußischen Verfassung überhaupt möglich war, durch eine solche Pauschalabsolution die Haushalte der vergangenen Jahre *post festum,* im nachhinein, rechtswirksam zu genehmigen.

Auch die Interpretation, BISMARCK habe mit seiner Indemnitätsvorlage »Reue und Einsicht« gezeigt, einen Verfassungsbruch also ernsthaft eingestanden, ist nur schwer nachzuvollziehen. Alle Beteiligten am Verfassungskonflikt wußten im Grunde, daß man über BISMARCKs ›Lückentheorie‹ zwar streiten konnte, daß es aber fachjuristisch keine eindeutige Antwort auf die zugrunde liegende Rechtsfrage gab und daß der Vorwurf des Verfassungsbruches mehr als politisches Kampfinstrument genutzt worden war, als daß er einen offensichtlichen juristischen Tatbestand beschrieben hätte. Man war sich darüber klar, daß der Konflikt letztlich auch nicht juristischer Natur gewesen war, sondern ein politischer Machtkampf zwischen Krone und Parlament. So konnten sich die liberalen Abgeordneten des Landtages kaum der Illusion hingeben, daß BISMARCK sich ihre zuvor heftig bekämpfte Auffassung nunmehr nachträglich ernsthaft zu eigen gemacht hätte, denn für einen solchen Sinneswandel gab es für diesen schlechthin und ersichtlich keine Gründe.

Auch die in der Geschichtsschreibung anzutreffende Interpretation, BISMARCK habe mit der Indemnitätsvorlage das Budgetrecht des Parlamentes ›anerkannt‹, ist zumindest schief, denn BISMARCK hatte dieses Recht ja nie in Zweifel gezogen. Der Verfassungskonflikt hatte sich vielmehr allein an der ganz speziellen, in der Verfassung nicht geregelten Frage entzündet, was zu geschehen habe, wenn sich Krone und Parlament über einen Haushalt schlechthin nicht einigen konnten und der Landtag das schlachtrufartige Motto »diesem Ministerium keinen Groschen« zur haushaltspolitischen Maxime erhob. So war denn der Indemnitätsantrag nicht mehr – aber auch nicht weniger – als eine großzügige und zugleich zweckgerichtete Versöhnungsgeste BISMARCKs, die es den liberalen Abgeordneten ermöglichen sollte, ihrem bisherigen Widersacher ohne Gesichtsverlust politisch die Hand zu reichen.

»Ein freundliches Wort kostet nichts«,[219] kennzeichnete BISMARCK den Vorgang damals. An das Abgeordnetenhaus appellierte er, die großen außenpolitischen Fragen seien noch ungelöst und machten es erforderlich, daß alle politischen Kräfte zusammenstünden. In der parlamentarischen Debatte verweigerte der linke Flügel der liberalen Fortschrittspartei unnachgiebig jedes Einlenken. Die Konservativen folgten BISMARCK nur widerwillig: Sie sahen in der Indemnitätsvorlage eine Aufweichung ihrer legitimistischen Positionen und einen gefährlichen Schritt zur ihnen verhaßten Parlamentsherrschaft. Daß sie von ihrem und BISMARCKs bisherigem Rechtsstandpunkt im Verfassungskonflikt nunmehr so plötzlich und leichthin abrücken sollten, nur weil es BISMARCK im Hinblick auf seine Pläne jetzt genehm war, strapazierte ihre Flexibilität. Am 3. September 1866 nahm der

Zeitgenössische Darstellung einer Sitzung im Norddeutschen Reichstag im Jahre 1867.
Die Wahl des Norddeutschen Reichstags fand am 12. Februar 1867 statt.

Zu S. 342 ff.: »Bismarckiana«, Karikatur aus der satirischen Zeitschrift *Kladderadatsch* von 1868.
Die Abneigung der Konservativen gegen Bismarcks Reichseinigungspolitik zwang letzteren, ein Bündnis mit den Liberalen (hier symbolisiert durch den Abgeordneten Eduard Lasker) zu suchen.

Zu S. 130 u. 135–139: Kaiser NAPOLEON III. LOUIS NAPOLEON hatte am 14. Januar 1852 als »NAPOLEON III., durch die Gnade Gottes und den Willen der französischen Nation Kaiser der Franzosen«, den Thron bestiegen. Während seiner Regierungszeit war er einzig bestrebt, mit sogenannten ›Kompensationen‹ einen territorialen Zugewinn für Frankreich zu erlangen – was ihm auf der ganzen Linie mißlang; man denke unter anderem an die ›Luxemburg-Affäre‹ (*siehe Textseite 323 ff.*). So entstand in Frankreich der Eindruck, daß NAPOLEON III. von BISMARCK-Preußen immer wieder hintergangen worden sei. *Hier rechts:* Französische Karikatur: »Der kleine und der große Napoleon oder Die Kröte und der Ochse« (nach der Fabel von Jean de LAFONTAINE).

»L'Équilibre européen«, Lithographie von Honoré DAUMIER (1808–1879) aus dem Jahre 1866. Der berühmte französische Künstler läßt mit dieser Lithographie die Gefahr erahnen, die NAPOLEONS III. hektische Politik über Europa bringen wird.

In seiner Bildergeschichte »Der Geburtstag oder die Partikularisten« verspottet Wilhelm Busch die Hannoverschen Welfen, die zu Beginn des Deutsch-Französischen Krieges noch hofften, er werde mit einer Demütigung Preußens enden.

Links: Kaiser Wilhelm I. in der Uniform eines Feldmarschalls des 12. Garderegiments zu Fuß, Gemälde von Paul Bülow (1842–1889). *Rechts:* Eines der zahlreichen Bismarck-Porträts von Hans von Lenbach (1879). Die Historiographie wirft Bismarck vor, die französische Diplomatie und damit den Deutsch-Französischen Krieg von 1870/71 provoziert zu haben. Der Reichskanzler hat niemals auf einen Krieg hingearbeitet.

Zu S. 351 ff.: Erbprinz Leopold von Hohenzollern-Sigmaringen (1835–1905). Er kam schon deshalb als Anwärter auf den Thron Spaniens in Frage, weil die Sigmaringer immer katholisch geblieben waren. Eine Propagandakampagne, die an die Zeiten Karls V. erinnerte, erzeugte Umklammerungsängste in der französischen Öffentlichkeit.

Zu S. 360 ff.: Die Begegnung zwischen dem französischen Diplomaten Vincent Benedetti und Kaiser Wilhelm in Bad Ems. Den von Bismarck umformulierten, auf das Wesentliche zusammengefaßten Text der Emser Depesche (*siehe Textteil S. 367–372*) faßte Napoleon III. als Kriegsgrund auf.

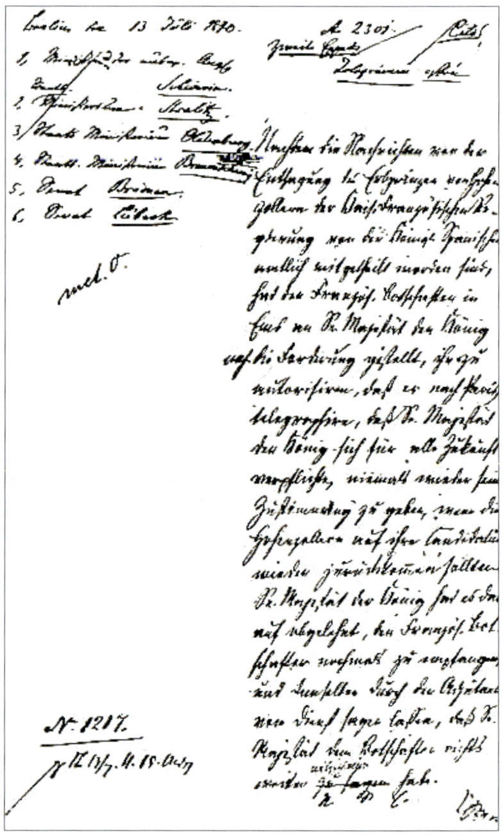

preußische Landtag die Indemnitätsvorlage mit der überwältigenden Mehrheit von 230 zu 75 Stimmen an, insbesondere mit der Mehrheit der Liberalen. Damit war das parlamentarische Fundament vorbereitet, das BISMARCK für seine Deutschlandpolitik der folgenden Jahre benötigte.

Die Indemnitätsvorlage und das Abstimmungsergebnis vom 3. September 1866 spalteten den Liberalismus und veränderten die Parteienlandschaft. 24 Abgeordnete der Fortschrittspartei und des Linken Zentrums schlossen sich unter der Führung Eduard LASKERS am 17. November 1866 als ›Neue Fraktion der nationalen Partei‹ zusammen. Ihr programmatisches Anliegen, für sie die »heiligste Pflicht der Volksvertretung«, war es, jede preußische Regierung zu unterstützen, »soweit sie die deutsche Einheit gegen fremden Eingriff und heimische Sonderinteressen vorzubereiten und die Stärke der gesamtdeutschen Macht zu erhöhen bestrebt ist«.[220] Dies bedeutete keine Abkehr von liberalen Grundsätzen, keinen Vorrang der Einheit vor der Freiheit, sondern war Ausdruck des Gedankens, daß sich die Freiheit nach Erlangung der Einheit unter den Bedingungen des Nationalstaates um so besser werde verwirklichen lassen. Die ›Neue Fraktion der nationalen Partei‹ fand breite Unterstützung im deutschen Liberalismus. Sie war die Keimzelle der neuen großen Nationalliberalen Partei, die sich in den folgenden Monaten formierte und für lange Zeit BISMARCKS parlamentarische ›Hausmacht‹ bilden sollte.

Auch das konservative Lager spaltete sich. Die ›Altkonservativen‹ vermochten sich mit der Annexionspolitik nicht abzufinden, mit der BISMARCK in ihren Augen mit revolutionärer Rechtsverachtung die heilige Legitimität der betroffenen Monarchen verletzte. Als preußische Partikularisten befürchteten sie überdies, durch BISMARCKS Einigungspolitik werde Preußens Eigenart Schaden nehmen. Der Gedanke, Preußen könne, wie FRIEDRICH WILHELM IV. es einst verkündet hatte, »in Deutschland aufgehen«, war ihnen unerträglich. Sie erblickten in dem Sieg von Königgrätz keine Etappe auf dem Weg in einen modernen, konstitutionellen Nationalstaat, sondern die einmalige Chance zur Wiederherstellung vorkonstitutioneller, partikularer Herrlichkeit in Preußen. Von ihnen hatte sich BISMARCK jedoch seit den Zeiten seines altborussischen ›Sturmes und Dranges‹ längst weit entfernt. Lapidar stellte er fest: »Man irrt sich, wenn man mich nach meiner Opposition vom Jahre 1848 her beurteilt. Mit den Ansichten der Kreuzzeitung kann man nicht regieren.«[221] Und seine ehemaligen hochkonservativen Freunde bespöttelte er: »Die Leute haben alle nicht genug zu tun, sehen nichts als ihre eigene Nase und üben ihre Schwimmkunst auf der stürmischen Welle der Phrase. Mit den Feinden wird man fertig, aber die Freunde! Sie tragen Scheuklappen und sehen nur einen Fleck von der Welt.«[222]

Eine aufgeschlossenere Gruppierung, die ›Neue Konservative Fraktion‹, war bereit, BISMARCK zu unterstützen. Aus ihr bildete sich die ›Freikonservative Partei‹, die sich später ›Deutsche Reichspartei‹ nannte und der Nationalliberalen Partei politisch sehr nahestand. Zusammen bildeten Nationalliberale und Freikonservative in der Folgezeit komfortable parlamentarische Mehrheiten für BISMARCKS Deutschlandpolitik.

I. Der Norddeutsche Bund

1. Gründung des Norddeutschen Bundes

Sogleich nach dem Sieg von Königgrätz nahm BISMARCK die Gründung des Norddeutschen Bundes in Angriff. Zunächst hatte er den Streit mit König WILHELM über die Frage auszuräumen, in welcher Form die Territorien Hannovers, Kurhessens und Nassaus einbezogen werden sollten. Indem er den Widerstand seines Königs gegen die Annexion dieser Partikularstaaten durch Preußen überwand, leistete BISMARCK Beachtliches an Überzeugungsarbeit. WILHELM I. neigte zwar keineswegs zur Milde gegenüber seinen geschlagenen Gegnern und wollte sie ausnahmslos bestrafen. Doch sollten sie durch beträchtliche Gebietsverluste büßen, nicht aber durch Auslöschung ihrer staatlichen Existenz. Denn letzteres war ein Axthieb gegen die Wurzel monarchischen Seins überhaupt, traf die ideologische Grundlage der Herrschaft auch der eigenen Dynastie.

Indes erschien es andererseits als zwingendes Gebot der Stunde nach dem gewonnenen Krieg, das preußische Staatsgebiet zu arrondieren. Hannover und Kurhessen trennten die rheinpreußischen Gebiete von den östlichen Kernprovinzen des Königreiches vollständig ab und stellten, zumal sich ihre Dynastien und Regierungen im Krieg auf die Seite der Feinde Preußens geschlagen hatten, ein schwerwiegendes Sicherheitsrisiko dar – für Preußen selbst, aber auch für den zu gründenden Norddeutschen Bund. Strategisch bildeten sie einen Pfahl im Fleische Preußens, ein Einfallstor für jeglichen Feind in künftigen Konflikten. Dies gab schließlich auch für WILHELM I. den Ausschlag. Nicht »das Verlangen nach Landerwerb« rechtfertigte in seinen Augen die Annexionen, wohl aber die Pflicht, »der nationalen Neugestaltung Deutschlands eine breitere und festere Grundlage zu geben«.[223] Die staatliche Gliederung des neuen norddeutschen Bundesstaates war damit im Sinne BISMARCKS geklärt.

Parallel zu den internen Kämpfen, die von ihm im preußischen Hauptquartier gegen König und militärische Mehrheit auszufechten waren, hatte BISMARCK den Kontakt zu den Vertragspartnern der künftigen Staatsgründung aufgenommen und mit den siebzehn Kleinstaaten, die an Preußens Seite gekämpft hatten, am 18. August 1866 eine vorvertragsähnliche Vereinbarung über den zu gründenden Norddeutschen Bundesstaat geschlossen. Dieser traten Sachsen, Sachsen-Meiningen, das Fürstentum Reuß und Hessen-Darmstadt (nördlich des Mains) bei. Der Föderation sollte BISMARCKS Konzept vom 10. Juni 1866 zu Grunde liegen, das auf der Grundlage des Bundesreformvorschlages vom 9. April 1866 ausgearbeitet worden war, und sie sollte eine Verfassung nach dem Vorbild derjenigen der Paulskirche aus dem Jahre 1849 erhalten. Als Bundesparlament war ein Reichstag vorgesehen, der aus allgemeinen, gleichen und direkten Wahlen hervorgehen sollte. Am 12. Februar 1867 wurde der verfassunggebende Norddeutsche Reichstag gewählt. Die Nationalliberalen, auf die Bismarck zählen konnte, gewannen 79 Sitze. Hinzu kamen 27 Mandate der Altliberalen, die ihn ebenfalls unterstützten. Die alte Fortschrittspartei erzielte nur 19 Mandate und sonstige Linksliberale 14 Sitze. Zum Präsidenten des Norddeutschen Reichtages wurde der liberale Politiker Eduard Simson gewählt, der bereits jetzt zu einer Symbolfigur der deutschen Einheitsbewegung und des deutschen Parlamentarismus geworden war. Als Präsident der Frankfurter Nationalversammlung hatte er im April 1849 die Delegation von Abgeordneten angeführt, die Friedrich Wilhelm IV. die Kaiserkrone angetragen hatte. Im Frühjahr 1850 war er zum Präsidenten des Erfurter Unionsparlamentes gewählt worden, und seit 1859 war er Mitglied des preußischen Abgeordnetenhauses. Im Dezember 1870 sollte er es sein, der Wilhelm I. die Bitte des Norddeutschen Reichstages überbrachte, die Kaiserkrone anzunehmen.

Unter Bismarcks Regie und der koordinierenden Leitung Friedrich Savignys wurde die Verfassung des Norddeutschen Bundes zügig ausgearbeitet. Bereits im Herbst 1866 hatte Bismarck in seinen sogenannten »Putbuser Diktaten« die Grundlinien des Regelungswerkes umrissen. Materiell sollte es die Verfassung eines Bundesstaates sein, doch lehnte Bismarck einige ihm vorgelegte Entwürfe ab, weil sie ihm in der Form zu zentralstaatlich erschienen. Die Verfassung sollte ja auch auf den Beitritt der süddeutschen Staaten ausgelegt sein, und Bismarck fürchtete, diese durch ein allzu einheitsstaatliches Erscheinungsbild abzuschrecken. Er zog es aus politisch-psychologischen Gründen vor, äußerlich an die altgewohnten Formen und Begriffe des verflossenen Deutschen Bundes anzuknüpfen: »Man wird sich in der Form mehr an den Staatenbund halten müssen, diesem aber praktisch die Natur des Bundesstaates geben mit elastischen, unscheinbaren, aber weitgreifenden Ausdrücken. Als Zentralbehörde wird daher nicht ein Ministerium, sondern ein Bundestag fungieren, bei dem wir, wie ich glaube, gute Geschäfte machen, wenn wir uns zunächst an das Kuriensystem des alten Bundes anlehnen.«[224]

An einem staatsrechtstheoretisch perfekt ausgefeilten Verfassungswerk war Bismarck nicht gelegen: »Eine vollendete Minerva aus dem Kopfe des Präsidiums entspringen zu lassen, würde die Sache in den Sand der Professorenstreitigkeiten«[225] abgleiten lassen. Max Duncker und Bismarcks kritischer Weggefährte Lothar Bucher steuerten Entwürfe mit liberaler Handschrift bei. Bismarck zeigte sich nach allen Seiten kompromißbereit und drängte, das Einigungswerk nicht an kleinlichen Auseinandersetzungen scheitern zu lassen. Am 11. März 1867 mahnte er den Reichstag: »Meine Herren, arbeiten wir rasch! Setzen wir Deutschland sozusagen in den Sattel. Reiten wird es schon können.«[226]

Am 16. April 1867 wurde der so als Kompromißlösung erarbeitete Entwurf einer Verfassung vom Norddeutschen Reichstag mit 230 zu 53 Stimmen angenommen. Nachdem er sodann von den Landtagen der Mitgliedsstaaten gebilligt worden war, trat die Verfassung am 1. Juli 1867 in Kraft. An der Spitze des Bundesstaates stand das Präsidium, das gemäß Artikel 11 der Verfassung der preußischen Krone zustand. Der jeweilige König von Preußen war folglich ›Präsident‹. Eine seltsame

Bezeichnung für das Oberhaupt eines einschließlich seiner Gliedstaaten durchgängig konstitutionell-monarchisch strukturierten Staates war dies, ein systemfremder Einbruch republikanischen Sprachgebrauches. Das Präsidium (respektive: der Präsident) ernannte den Bundeskanzler. Alle Anordnungen des Bundespräsidiums bedurften der Gegenzeichnung durch den Bundeskanzler. Die Einzelstaaten des Norddeutschen Bundes waren im Bundesrat vertreten, in dem gemäß Artikel 6 der Verfassung Preußen über 17 von insgesamt 43 Stimmen verfügte. Auf Sachsen entfielen 4, auf Mecklenburg-Schwerin und Braunschweig je 2 Stimmen, die übrigen Staaten erhielten je eine Stimme.

Der gemäß Artikel 20 aus allgemeinen, direkten und geheimen Wahlen hervorgehende Reichstag besaß Kompetenzen vorwiegend auf wirtschafts- und finanzpolitischem Gebiet. Auf die Ernennung und Entlassung des Bundeskanzlers, der ihm nicht verantwortlich war, hatte er formell keinerlei Einfluß. Die eingeschränkte Macht des Parlamentes unterschied den Norddeutschen Bund von einer parlamentarischen Demokratie im modernen Sinne. Bismarck wurde am 14. Juli 1867 zum Bundeskanzler ernannt und übte das ohnehin mit großer Machtfülle ausgestattete Amt mit der ganzen Autorität seiner Persönlichkeit aus.

Mit dem Norddeutschen Bund war die Föderation ins Leben getreten, die auch zu Beginn des 21. Jahrhunderts noch der Staat der Deutschen ist. Denn die heutige Bundesrepublik Deutschland ist nach in der Rechtswissenschaft herrschender Meinung identisch mit dem Staat, der 1867 als Norddeutscher Bund gegründet wurde und seit 1871 den Namen ›Deutsches Reich‹ trug. Dies gilt trotz der wesentlichen Änderungen seiner staatlichen Struktur in den Jahren 1918/19, 1933 und 1945.[227] Diese Auffassung ist keine bloße juristische Fiktion. Sie deckt sich vielmehr im Tatsächlichen mit der politischen und historischen Wirklichkeit.

2. Die Lage der Nation zur Zeit des Norddeutschen Bundes

Das deutsche Volk war jetzt dreigeteilt. Die Deutschen Österreichs waren seit Königgrätz, Nikolsburg und dem Prager Frieden von der fließenden Entwicklung der deutschen Dinge abgeschnitten. Ihre 1848 als überwindbar angesehene Einbindung in das Donauimperium erschien jetzt wieder fraglos auf Dauer angelegt. Anders war die Lage im Norddeutschen Bund und in den verbliebenen Partikularstaaten in Süddeutschland. Die Politik in Deutschland außer Österreich stand im Zeichen der deutschen Frage. Der neue Bundesstaat nördlich der Mainlinie war nur ein Teilnationalstaat, seiner Natur nach ein Provisorium, kein Definitivum. Nicht nur sein politisches und programmatisches Selbstverständnis, sondern auch die Schutz- und Trutzbündnisse und der Zollverein wiesen über seine Grenzen hinaus. Er war zugleich Garant militärischer Sicherheit und Kern eines einheitlichen Wirtschaftsraumes auf dem kleindeutschen Territorium des künftigen Reiches. In dem fließenden deutschen Interim jener Jahre sah Bismarck »ein unantastbares Übergangsstadium, bis wir organisch zu Fleisch und Blut miteinander verwachsen sind«.[228]

Der Norddeutsche Bund beruhte konzeptionell auf BISMARCKS kleindeutschen Plänen, wie er sie zuletzt am 10. Juni 1866 verlautbart hatte. Dieses Konzept aber hatte sich, beginnend mit der Denkschrift für den Prinzregenten WILHELM aus dem Jahre 1858, auch in seinen vorangegangenen Phasen stets auf alle deutschen Staaten außer Österreich bezogen. Allein NAPOLEON III. hatte mit seiner Interventionsdrohung vom Tage nach Königgrätz verhindert, daß dieser Plan auch hinsichtlich der süddeutschen Staaten verwirklicht wurde. Mochte BISMARCK in der erzwungenen Beschränkung auch Vorteile im Sinne einer Konsolidierung des Nordens vor dem Ausgreifen nach Süden hin sehen – sein Ziel blieb doch die kleindeutsche Vereinigung auf dem Territorium des Zollvereins. In seiner erwähnten Rede vor dem Norddeutschen Reichstag vom 11. März 1867 hatte er die Erwartung geäußert, daß mit dem Norddeutschen Bund und seiner zur Verabschiedung anstehenden Verfassung »für das deutsche Volk die Bahn freigemacht worden ist, und daß wir das Vertrauen zum Genius unseres eigenen Volkes haben können, daß es auf dieser Bahn den Weg finden wird, der zu seinen Zielen führt«.[229]

Und für die Mehrheit im Norddeutschen Reichstag, insbesondere für die Nationalliberale Partei, die mit den ihr nahestehenden politischen Kräften in diesem Parlament den Ton und die Richtung bestimmte, war die künftige Einbeziehung der süddeutschen Staaten in den deutschen Bundesstaat ohnehin eine Selbstverständlichkeit. Kein Angehöriger der damaligen deutschen Nationalbewegung wäre auf den Gedanken verfallen, sich mit einem halben Nationalstaat nördlich der Mainlinie zufriedenzugeben.

Auch für die süddeutschen Staaten befanden sich die Dinge im Fluß – im Sinne eines Zusammengehens mit dem Norden. Jedes dieser Länder war, für sich selbst gesehen, zu klein, um auf Dauer im seinerzeitigen Organisationszustand eines weitgehend bindungslosen Partikularstaates zu verharren. Dem Zusammenschluß zu einem süddeutschen Staatenbund unter Bayerns Führung standen die jeweiligen Einzelinteressen entgegen. Schon gar nicht dachten sie daran, sich gemeinsam an das »kompensations«-hungrige Frankreich anzulehnen. Selbst der ehemalige sächsische Ministerpräsident VON BEUST, der jetzt die außenpolitischen Geschicke der Donaumonarchie in die Hand genommen hatte, hielt die Rheinbundhoffnungen NAPOLEONS III. für einen »Köhlerglauben«.[230] Nach allem war es allein der politisch, ökonomisch und militärisch gewichtige Norddeutsche Bund, der auf die süddeutschen Staaten naturgemäß einen starken Sog ausübte, zumal sie mit ihm bereits wirtschaftlich und sicherheitspolitisch eng verbunden waren. Im übrigen gab es auch in den süddeutschen Staaten eine bedeutende kleindeutsch-nationale Bewegung, deren politischer Rückhalt und Einfluß allerdings erheblichen Schwankungen unterworfen und starken Gegenkräften ausgesetzt war.

3. Deutschlandpolitische Leitlinien Bismarcks zur Zeit des Norddeutschen Bundes

Insgesamt war die nationalstaatliche Vereinigung im kleindeutschen Rahmen von der politischen Gesamtlage in Nord und Süd tendenziell vorgezeichnet, und sie stand auch international auf der Tagesordnung der Politik. Im Norddeutschen Bund drängten die nationalliberalen Kräfte in heftiger Ungeduld auf Beschleunigung. BISMARCK hingegen warnte vor den Risiken überstürzten Aktionismus und nahm eine eher retardierende Haltung ein. Mit dem Horizont des erfahrenen Staatsmannes und Außenpolitikers war er sich der Bedrohung und Gefährdung des deutschen Einigungsprozesses stets bewußt, die insbesondere von Frankreich, aber auch von Rußland und der Donaumonarchie ausgingen.

Die Respektierung des Mains als südlicher Grenze des deutschen Zusammenschlusses unter Preußens Führung war für NAPOLEON III wesentlich. Für den Norddeutschen Bund und die süddeutschen Staaten bestand ein durch den Prager Friedensvertrag garantiertes striktes »Anschlußverbot«.[231] BISMARCK mußte davon ausgehen, daß Frankreich auf jede Ausdehnung des Norddeutschen Bundes über diese Grenze hinaus, nicht nur auf dessen Erweiterung zum kleindeutschen Gesamtstaat, mit Krieg reagieren würde.

Unterhalb dieser Reizschwelle für Frankreichs militärischen Angriff gegen die deutsche Einigung allerdings sah BISMARCK einigen Spielraum für seine Deutschlandpolitik, den er mit den geheimen Schutz- und Trutzbündnissen bereits teilweise genutzt hatte. Als er die Militärpakte mit den süddeutschen Staaten im Frühjahr 1867 öffentlich bekannt machte, schrieb er in einer Verfügung an Robert VON DER GOLTZ, den Gesandten in Paris: »Man hat die Mainlinie als eine Mauer zwischen uns und Süddeutschland aufrichten wollen, und wir haben sie akzeptiert, weil sie unserm Bedürfnis und unserm realen Interesse entsprach; aber sollte man sich darüber getäuscht haben, daß sie nicht eine wirkliche Mauer, sondern eine ideale Grenze – um im Gleichnis zu bleiben, gewissermaßen ein Gitter ist, durch welches der nationale Strom – dessen Unaufhaltsamkeit man in dem Vorbehalt der liens nationaux anerkennen mußte – seinen Weg findet?«[232]

BISMARCK war entschlossen, dieses Gitter zu respektieren, soweit und solange dies zur Vermeidung eines militärischen Konfliktes erforderlich war, und insbesondere von seiner Seite alles zu unterlassen, was einem kriegerischen Eingreifen Frankreichs und/oder anderer Nachbarmächte als Vorwand hätte dienen können. Ging er auch davon aus, daß Frankreich irgendwann versuchen werde, die deutsche Einheit mit militärischen Mitteln zu verhindern, so wäre es doch verfehlt zu sagen, BISMARCK habe den Krieg als ›unvermeidlich‹ angesehen. Eine solche Feststellung, die nach gängigen Begriffen zugleich den Präventivkrieg von deutscher Seite hätte erlaubt oder gar geboten erscheinen lassen, war BISMARCKS staatsmännischem Denken fremd. Eine prophetische Gewißheit darüber, was die Zukunft bringen werde, erschien ihm als Anmaßung; er lehnte daher grundsätzlich auch den Präventivkrieg ab. Kein Staatsmann habe das Recht, einen Krieg zu führen, so meinte er, »bloß weil er nach seinem subjektiven Ermessen ihn in gegebener Frist für unvermeidlich hält. Wären zu allen Zeiten die Minister des Äußeren ihren Souveränen bzw. deren Oberfeldherren in die Feldzüge gefolgt, wahrlich, die Geschichte würde weniger Kriege zu verzeichnen haben!«[233] BISMARCKS praktische Politik in den Jahren des Norddeutschen Bundes war daher darauf gerichtet, die militärische Konfrontation mit Frankreich zu vermeiden. Er war sich durchaus bewußt, daß ein Krieg die Entwicklung zur Einheit würde beschleunigen können, lehnte es aber ab, die deutschen Ziele seinerseits mit diesem Mittel zu fördern.

Doch zeigte BISMARCK auch auf, daß die Friedfertigkeit seiner Politik nicht unbegrenzt belastbar war. Am 7. September 1867 ließ er in einer programmatischen Verlautbarung an die Adresse der Großmächte erklären: »Wir haben es uns von Anfang an zur Aufgabe gemacht, den Strom der nationalen Entwicklung Deutschlands in ein Bett zu leiten, in welchem er nicht zerstörend, sondern befruchtend wirke. Wir haben alles vermieden, was die nationale Bewegung überstürzen könnte.« Auf der anderen Seite jedoch wies er »jede Einmischung in innre Angelegenheiten Deutschlands« zurück; diese könnte »zur Beunruhigung des deutschen Volkes führen und in Folge dessen eine gerechte Erregung des Gefühles nationaler Würde und Unabhängigkeit hervorrufen«.[234] Hier klingt wieder der Gedanke an, sich gegen ausländische Interventionen notfalls auch mit nationalrevolutionären Mitteln zur Wehr zu setzen. Bemerkenswert ist im übrigen, wie BISMARCK hier bereits für das ganze deutsche Volk und in diesem Stadium der Entwicklung zum Nationalstaat von den inneren Angelegenheiten Deutschlands sprach.

Seine Einigungspolitik gegenüber den süddeutschen Staaten war von zwei übergeordneten Gesichtspunkten geprägt. Zum einen sollte ihr Anschluß uneingeschränkt auf Freiwilligkeit beruhen. Politische Nötigung oder gar Gewalt lehnte BISMARCK ab. Er meinte es ernst, wenn er betonte, man könne an ein »nationales Werk nicht mit dieser Heuchelei herangehen«.[235] Nur wenn die Länder dem Bundesstaat aus freien Stücken beitraten, konnte man erwarten, daß sie loyale Mitglieder sein würden. Zum anderen legte BISMARCK Wert darauf, daß der Süden geschlossen beitrat, auch wenn solche Gemeinsamkeit dadurch erschwert wurde, daß dieser wegen seiner Inhomogenität außerstande war, mit einer Stimme zu verhandeln und zu sprechen. So lehnte BISMARCK einen gesonderten und vorgezogenen Anschluß des eindeutig kleindeutsch-bundesstaatlich orientierten Großherzogtums Baden zum Norddeutschen Bund mehrfach ab.

Insbesondere fürchtete er für den Fall eines solchen Beitrittes eine Intervention Frankreichs. Dieses Risiko für den Hinzugewinn nur eines Teiles von Süddeutschland einzugehen, erschien ihm unklug. Und das Risiko war real: Von den badischen Anschlußtendenzen aufgeschreckt, drohte NAPOLEON III. im Herbst 1868, ein solcher Schritt bedeute, auch wenn er aus freien Stücken erfolge, für Frankreich den *casus belli*, da Preußens Macht durch ihn über die Maingrenze ausgedehnt werde. Wünschenswert erschien es BISMARCK, daß Bayern als süddeutsche

Vormacht voranging und die anderen süddeutschen Staaten mit sich zog. Geschah dies, so konnte und mußte das Risiko einer Intervention Frankreichs und/oder anderer Nachbarmächte freilich in Kauf genommen werden.

Für die künftige Einbindung der süddeutschen Länder in einen gesamtdeutschen Staatsverband legte sich BISMARCK auch jetzt auf kein starres staatsrechtliches Konzept fest, das alle anderen Möglichkeiten ausgeschlossen hätte. Selbstverständlich erschien es ihm als naheliegend, daß sich die süddeutschen Staaten in die bereits bestehenden bundesstaatlichen Strukturen des Norddeutschen Bundes integrieren würden. Doch war diese Lösung nicht zwingend für ihn. Wie es seinen politischen Grundmaximen entsprach, stand für ihn auch hier nur das Ziel fest: eine staatsrechtliche Einigung, die eine den nationalen Bedürfnissen genügende Festigkeit aufzuweisen haben würde. Auf welchem Weg und in welcher Form sie verwirklicht werden konnte, machte er von den Möglichkeiten und Chancen abhängig, welche die – allerdings im Rahmen des Möglichen zu fördernde und zu beeinflussende – Entwicklung bringen würde. Dabei vertraute er darauf, daß die Vollendung der Einheit jetzt nur noch eine Frage der Zeit sei.

Handelnde Subjekte des Einigungsprozesses waren nach BISMARCKs Konzept die Fürsten der deutschen Staaten und ihre Regierungen. Dies entsprach den auf deutschem Boden bestehenden staatsrechtlichen Strukturen. An einen Umsturz, eine nationale Revolution ›von unten‹, wie sie 1848/49 gescheitert war, dachte jetzt, von der radikalen Linken abgesehen, niemand mehr. Es verblieb als alleinige Alternative nur die Gründung des deutschen Nationalstaates ›von oben‹ her, durch die real existierenden, konstitutionell monarchischen, noch weitgehend autoritären Staatsführungen und ihre Organe. Andere geeignete Institutionen, die die staatliche Einheit hätten herbeiführen können, waren schlechterdings nicht vorhanden.

Insofern erscheint es müßig, heute mit stirnrunzelnder Mißbilligung auf den obrigkeitsstaatlichen Weg der Reichsgründung und darauf hinzuweisen, mit ihm seien spätere politische Fehlentwicklungen in Deutschland präjudiziert worden. BISMARCK schrieb über die Rolle der Fürsten und Dynastien im Einigungsprozeß: »Niemals... bin ich darüber im Zweifel gewesen, daß der Schlüssel zur deutschen Politik bei den Fürsten und Dynastien lag und nicht bei der Publicistik in Parlament und Presse oder bei der Barricade. Die Kundgebungen der öffentlichen Meinung der Gebildeten in Parlament und Presse konnten fördernd und aufhaltend auf die Entschließung der Dynastien wirken, aber sie förderten zugleich das Widerstreben der letztern vielleicht häufiger, als daß sie eine Pression in nationaler Richtung ausgeübt hätten. Schwächere Dynastien suchten Schutz in Anlehnung bei der nationalen Sache; Herrscher und Häuser, die sich zum Widerstande fähiger fühlten, mißtrauten der Bewegung, weil mit der Förderung der deutschen Einheit eine Verminderung der Unabhängigkeit zu Gunsten der Centralgewalt oder der Volksvertretung in Aussicht stand. Die preußische Dynastie konnte voraussehen, daß ihr die Hegemonie mit einer Vermehrung von Ansehn und Macht im künftigen Deutschen Reiche schließlich zufallen würde. Ihr kam die von den andern Dynastien befürchtete *capitis deminutio* (Machtminderung) voraussichtlich zu Gute, soweit sie nicht durch ein nationales Parlament absorbiert wurde.«[236]

Trotz dieser Ausführungen wußte der Realist und Machtpolitiker Bismarck, daß der deutsche Nationalstaat nur mit der gewaltigen politischen Schubkraft der liberalen und nationalen Bewegung verwirklicht werden konnte. Diese war die eigentlich treibenden Kraft im Einigungsprozeß, gegen deren vielfältiges Druckpotential sich letztlich auch der partikularistische Widerstand der Dynastien nicht halten konnte. Formal ließ Bismarck diese Grundtatsache und sein faktisches Bündnis mit den Liberalen im Einigungsprozeß allerdings weit weniger in Erscheinung treten, als es den tatsächlichen Machtverhältnissen entsprach.

Seinem offenen Handlungskonzept gemäß gab es für Bismarck auch keine festen zeitlichen Vorgaben für die Verwirklichung des deutschen Gesamtstaates; sie konnte aus seiner Sicht noch mehrere Jahrzehnte weit in der Zukunft liegen. Die retardierenden Momente konnten sowohl in innerdeutschen, insbesondere süddeutschen, als auch in außenpolitischen Gegebenheiten liegen. Vor Ausbruch des deutschen Hegemonialkrieges 1866 hatte er gemahnt: »Es ist unbillig, zu verlangen, daß *eine* Generation und sogar *ein* Mann, sei es auch mein allergnädigster Herr, an *einem* Tage gutmachen soll, was Generationen unserer Vorfahren Jahrhunderte hindurch verpfuscht haben. Erreichen wir jetzt, was in der Anlage feststeht, oder Besseres, so mögen unsere Kinder und Enkel den Block handlicher ausdrechseln und polieren.«[237] An dieser Einschätzung hatten auch der Sieg bei Königgrätz und die Gründung des Norddeutschen Bundes im Grunde nichts geändert.

Mit derselben Tendenz mahnte Bismarck im Mai 1868, als sich süddeutsche Widerstände gegen den Einigungsprozeß massiv verstärkt und verfestigt hatten: »Wir tragen alle die nationale Einigung im Herzen, aber für den rechnenden Politiker kommt zuerst das Notwendige und dann das Wünschenswerte, also zuerst der Ausbau des Hauses und dann dessen Erweiterung. Erreicht Deutschland sein nationales Ziel noch im neunzehnten Jahrhundert, so erscheint mir das als etwas Großes, und wäre es in zehn oder gar fünf Jahren, so wäre das etwas Außerordentliches, ein unerhofftes Gnadengeschenk von Gott.«[238]

In diesen Zeitraum fällt auch Bismarcks bereits zitierte[239] Äußerung, man könne den Lauf der Zeit nicht dadurch beschleunigen, daß man die Uhren vorstelle; Geschichte könne man nicht machen, sondern nur abwarten, daß sie sich vollzieht; das Reifen der Früchte könne man nicht beschleunigen, indem man eine Lampe darunter halte; nach unreifen Früchten zu schlagen, werde deren Wachstum behindern und sie verderben. Die Abgeordneten des Norddeutschen Reichstages wies er auf das in der deutschen Frage bereits Erreichte hin: »Genießen Sie doch einen Augenblick froh, was Ihnen beschieden, und begehren Sie nicht, was Sie nicht haben!«[240]

Freilich barg das vorsichtige Zuwarten Bismarcks – in dem Vertrauen, der staatliche Zusammenschluß des Norddeutschen Bundes mit den süddeutschen Staaten sei nur noch eine Frage der Zeit – auch die Gefahr der Stagnation in sich. Die Dynamik des Prozesses konnte vor dem Ziel erlahmen, die von den Ereignissen des Jahres 1866 beflügelte Bewegung zur Einheit sich mit der Zeit wie erkaltende Lava verlangsamen, in Hindernissen versickern und erstarren. Der emotionale Höhenflug des Nationalbewußtseins, den die Entscheidung von Königgrätz und der Frieden von Nikolsburg und Prag sowie die Gründung des Norddeutschen Bundes im deutschen Volk ausgelöst hatten, konnte naturgemäß nicht auf Dauer anhalten.

Wohl aber konnten die Gegner eines kleindeutschen nationalen Bundesstaates die verfließende Zeit nutzen, sich in der entstandenen Lage zu formieren. Innerhalb des Norddeutschen Bundes waren dies insbesondere die preußischen hochkonservativen Partikularisten, die hannoverschen Anhänger der entthronten Welfendynastie und vormalige Großdeutsche in Sachsen. Doch war der Norddeutsche Bund stabil, zumal er eine breite Mehrheit im Reichstag besaß und die Unterstützung des weit überwiegenden Teiles der Bevölkerung und der öffentlichen Meinung genoß.

Weniger günstig für die deutsche Einigung lagen die Dinge in den süddeutschen Staaten. Zwar war die Bedeutung der großdeutschen Bewegung geschwunden, denn deren Hoffnung auf die Erhaltung und vorsichtige Reformierung des Deutschen Bundes von Partikularstaaten unter österreichischer Führung hatte mit den Ergebnissen von Königgrätz ihre realpolitische Grundlage verloren. Doch bildete sie nun ein Heer von Unzufriedenen, denen »die ganze Richtung nicht paßte«. Diese gesellten sich notgedrungen zu den Partikularisten in ihren Heimatstaaten – in Bayern, Württemberg oder Baden. Mit diesen Gruppierungen, die sich um souveränitätsbewußte Dynastien scharten, verbündete sich auch der politische Katholizismus, der die Entscheidung von Königgrätz als schwere Niederlage empfunden hatte und befürchtete, in einem protestantisch-preußischen, norddeutsch dominierten Bundesstaat keine Existenzgrundlage mehr zu haben; in den im Süden Deutschlands überdauernden Partikularstaaten sahen die ultramontanen Kräfte eine letzte Bastion. Richtungsübergreifend spielte auch ein ressentimentgeladener Antiborussismus eine entscheidende Rolle. Er beseelte auch radikale Demokraten und revolutionäre Linke und bewirkte überdies, daß auch viele national eingestellte Befürworter eines einheitlichen kleindeutschen Bundesstaates eines unter keinen Umständen wollten: daß dieser Staat unter preußischer Führung entstehen solle.

So entstand eine seltsame Sammlungsbewegung der politischen Verlierer von 1866, ein inhomogenes, wirres Konglomerat von frustrierten Neinsagern, Verfechtern partikularer Interessen, politischen Schwärmern und Reaktionären aller Schattierungen. Man hatte im Grunde nur das eine Ziel gemeinsam, den bundesstaatlichen Zusammenschluß unter preußisch-protestantischer Schirmherrschaft zu verhindern. So widersprüchlich in sich diese Bewegung auch war: Sie verstand es, sich zu artikulieren und im Laufe der Zeit politisch an Boden zu gewinnen.

4. Die Luxemburg-Krise 1867

Bevor diese innerdeutsche Entwicklung sichtbar wurde, bahnte sich im Winter 1866/67 die erste außenpolitische Krise nach dem preußisch-österreichischen Krieg an. Napoleon III., der innenpolitisch unter dem Druck stand, außenpolitisch Zugewinn für Frankreich zu erzielen, hatte seine Glücklosigkeit in der preußisch-österreichischen Auseinandersetzung zu vertuschen versucht, indem er eine endgültige Dreiteilung Deutschlands in den Norddeutschen Bund, die süddeutschen Staaten und das österreichische Kaiserreich als großen Erfolg seiner Politik anpries, zumal sich aus den süddeutschen Staaten bald ein neuer Staatenbund unter Frankreichs Einfluß bilden werde.

Doch die Rufe nach »Rache für Sadowa« waren lauter als solche Propaganda und hielten den Imperator weiter in Atem. So richtete er seine Aufmerksamkeit erneut auf Luxemburg. Das Großherzogtum war ein urdeutsches Land von nicht unerheblicher nationalgeschichtlicher Bedeutung. Ihm entstammte eines der führenden deutschen Herrscherhäuser, das unter anderen den bedeutenden deutschen Kaiser Karl IV. hervorgebracht hatte. Im Jahre 1684 war Luxemburg als eines der Opfer der »Réunionen« Ludwigs XIV. an Frankreich gefallen, 1697 aber wieder habsburgisch geworden. Nachdem es 1794 unter Napoleon I. erneut dem französischen Staatsgebiet zugeschlagen worden war, wurde es 1815 Mitglied und Festung des Deutschen Bundes mit preußischer Besatzung. Seit dem Erlöschen des Deutschen Bundes 1866 war es, wie die süddeutschen Staaten, ohne staatsrechtliche Anbindung. Die preußische Garnison bestand weiter. Souverän des Großherzogtums war in Personalunion der König von Holland, Wilhelm III. Da dieser Herrscher Geld benötigte, Napoleon III. aber »Kompensationen«, traten sie miteinander in Geheimverhandlungen über einen Verkauf Luxemburgs an Frankreich ein.

Aus diesem Vorhaben erwuchs die Luxemburg-Krise, eine von der Geschichtswissenschaft nur unbefriedigend aufgeklärte Affäre. Bismarck erhielt von dem Schacher der beiden Monarchen Kenntnis, ohne zu protestieren, hielt sich auf dem laufenden über die Verhandlungen und beteiligte sich auch an Gesprächen. Dabei ließ er durchblicken, daß Preußen unter Umständen bereit sein könne, seine Besatzung aus Luxemburg abzuziehen und den niederländisch-französichen Handel stillschweigend zu dulden. Er stellte jedoch klar, daß preußischerseits eine Zustimmung zur Abtretung deutschen Gebietes an Frankreich ebenso wenig in Betracht komme wie jegliche andere aktive diplomatische Mitwirkung an dem königlich-kaiserlichen Geschäft. Dies verstand sich von selbst: Jede Beteiligung an diesem Handel, der den nationalen Maximen der Zeit hohnsprach, hätte Bismarck in Deutschland öffentlich schwerstens kompromittiert und ihn allen politischen Kredit bei der Nationalbewegung gekostet, hätte seiner Deutschlandpolitik der kleindeutschen Lösung das Fundament entzogen. Wenn es dann noch gelungen wäre, auch nur den in Entstehung begriffenen Norddeutschen Bund mit Aussicht auf dauernden Bestand zu verwirklichen, so nur noch mit den Mitteln preußischer Macht. Und an ein Überschreiten der Mainlinie und an den kleindeutschen Bundesstaat wäre ohne den Rückhalt bei den nationalliberalen Kräften schon gar nicht mehr zu denken gewesen.

Über Bismarcks Motive für sein Taktieren in dieser Sache kann man lediglich Vermutungen anstellen. Daß er nicht sofort energisch gegen das Vorhaben protestierte, sondern Napoleon III. zu verstehen gab, er werde bei einem Verkauf Luxemburgs stillschweigend wegsehen, muß wohl ähnlich erklärt werden, wie seine früheren hinhaltenden und unbestimmten Reaktionen auf Napoleons »Kompensationsforderungen«. Die französische Seite war noch gereizt von ihrer Enttäuschung darüber, daß sie vom preußisch-österreichischen Krieg nicht hatte profitieren können. Bismarck mußte für den Fall, daß er Napoleon nun auch noch beim Erwerb Luxemburgs in den Arm fiel, mit kriegerischer Revanche rechnen. Dem mußte er, ebenso wie zuvor der militärischen Intervention Frankreichs während des Krieges im Sommer 1866, unter allen Umständen vorbeugen, denn einem Krieg gegen Frankreich und dessen eventuelle Verbündete fühlte sich Preußen zu jenem Zeitpunkt noch nicht gewachsen. Dies galt um so mehr, als die notwendigen Vereinheitlichungen der Rüstung und die Anpassung der militärischen Organisations- und Befehlsstrukturen, die der Norddeutsche Bund und die Schutz- und Trutzbündnisse mit den süddeutschen Staaten erforderten, noch ausstanden.

Bismarck erinnerte sich später an seine damalige Einschätzung der militärischen Lage: »Ich war nicht zweifelhaft, daß ein deutsch-französischer Krieg werde geführt werden müssen, bevor die Gesammt-Einrichtung Deutschlands sich verwirklichte. Diesen Krieg hinauszuschieben, bis unsre Streitkräfte durch Anwendung der preußischen Wehrgesetzgebung nicht blos auf Hanover, Hessen und Holstein, sondern, wie ich damals schon nach der Fühlung mit den Süddeutschen hoffen durfte, auch auf diese, gestärkt wären, war ein Gedanke, der mich damals beherrschte. Ich hielt einen Krieg mit Frankreich im Hinblick auf die Erfolge der Franzosen im Krimkriege und in Italien für eine Gefahr, die ich damals überschätzte ... Für leicht habe ich den französischen Krieg niemals gehalten, ganz abgesehn von den Bundesgenossen, die Frankreich in dem östreichischen Revanchegefühl und in dem russischen Gleichgewichtsbedürfnis finden konnte. Mein Bestreben, diesen Krieg hinauszuschieben, bis die Wirkung unsrer Wehrgesetzgebung und militärischen Erziehung auf alle nicht altpreußischen Landestheile sich vollständig hätte entwickeln können, war also natürlich, und dieses mein Ziel war 1867 bei der Luxemburger Frage nicht annähernd erreicht.«[241]

Freilich fragt es sich, wie Bismarck gedachte, seinen Part in dieser Angelegenheit ohne politischen Schaden zu einem guten Ende zu bringen. Im Raume stand ein von Napoleon III. erdachter Plan einer umfassenden Verständigung zwischen Preußen und Frankreich zum beiderseitigen ›Vorteil‹: Preußen sollte Napoleons Wünsche hinsichtlich Luxemburgs und der Aufteilung Belgiens zwischen Frankreich und den Niederlanden unterstützen; dafür wollte Napoleon Preußen das

Übergreifen nach Süddeutschland gestatten. Das Ganze, insbesondere Preußens Schritt über die Mainlinie, sollte in den Rahmen einer Juniorpartnerschaft Preußens und Preußen-Deutschlands gegenüber Frankreich gestellt werden, die dessen hegemonialen Anspruch wahrte. Ein solches Arrangement war, wie BISMARCK sicherlich wußte und NAPOLEON wohl auch erkannt haben dürfte, völlig unrealistisch:

BISMARCK selbst dachte nicht im Ernst daran, Frankreich beim Erwerb Luxemburgs oder bei seinen riskanten belgischen Plänen zu unterstützen. Ebenso wenig zog er in Erwägung, Preußen und einen wie weit auch immer über die Mainlinie hinausreichenden deutschen Bundesstaat unter französische Schirmherrschaft zu stellen. Schon früher war BISMARCK ähnlichen Avancen NAPOLEONS geschickt ausgewichen. Bei der nationalliberalen Bewegung in Deutschland wären derartige Ansinnen auch auf helle Empörung gestoßen. Zudem mußte NAPOLEON III. auch mit dem Widerstand der in Frankreich tonangebenden nationalistischen Kreise rechnen, die seine Klientel bildeten und über die er sich nicht hinwegsetzen konnte. Seine Anhängerschaft wollte »Rache für Sadowa«, und nicht etwa, nach aller durch Königgrätz erlittenen ›Unbill‹, gar noch ein preußisches Vordringen über die Mainlinie, das auf einen kleindeutschen Nationalstaat hinauszulaufen drohte.

So trieb die Situation von vornherein auf einen Eklat und neuen Mißerfolg NAPOLEONS III. einschließlich einer Krise in den preußisch-französischen Beziehungen zu. Man kann wohl davon ausgehen, daß BISMARCK mit seinem Taktieren eine solche nach Möglichkeit verhindern oder wenigstens aufschieben wollte. Eine sofortige klare Abfuhr hinsichtlich Luxemburgs hätte LOUIS NAPOLEON zu gefährlichem Zorn reizen oder ihn zumindest gegenüber den chauvinistischen Kräften seines Landes in Zugzwang bringen können.

Im Frühjahr 1867, noch während der Verhandlungen über Luxemburg, veröffentlichte BISMARCK die bis dahin geheimgehaltenen Schutz- und Trutzbündnisse mit den süddeutschen Staaten. Die Hintergründe für diese Entscheidung und für die Wahl des Zeitpunktes sind ungewiß. Sicherlich war die Veröffentlichung geeignet, BISMARCKS Ansehen bei der deutschen Nationalbewegung zu erhöhen. Diese in ihrem Anliegen zu ermutigen und ihr Engagement zu beleben, diente BISMARCKS Deutschlandpolitik. Doch ist es auch denkbar, daß die Veröffentlichung durch den Gang der Verhandlungen über Luxemburg veranlaßt und auf Außenwirkung gegenüber NAPOLEON und Frankreich angelegt war. Die Schutz- und Trutzbündnisse bedeuteten eine Schlappe des Kaisers in den Augen seiner innenpolitischen Klientel und zugleich eine Demonstration deutschen Zusammenstehens. Beides konnte in den Verhandlungen über Luxemburg von Nutzen sein.

Als das französisch-niederländische Vertragswerk vor der Fertigstellung stand, kam es zur Krise: Unvermittelt forderte der König der Niederlande nunmehr, der preußische König müsse sein förmliches Einverständnis zu dem Verkauf Luxemburgs an Frankreich erteilen. Damit hatte er BISMARCK in genau die Situation gebracht, die dieser nach Möglichkeit hatte vermeiden wollen, hatte ihn gleichsam vorgeführt: Bismarck war vor die Alternative gestellt, entweder den Kuhhandel platzen zu lassen und damit Napoleon III. eine Abfuhr zu erteilen – mit allen Folgen für die Sicherheit Preußens und Deutschlands, die er angesichts der angenommenen militärischen Kräfteverhältnisse fürchten mußte –, oder sich vor der gesamten deutschen Öffentlichkeit mit seiner Nationalpolitik unglaubwürdig zu machen und letzterer dadurch selbst den Boden zu entziehen.

Bismarck entschloß sich, die ›Flucht nach vorn‹ anzutreten und die Sache auf eine Art und Weise an die Öffentlichkeit zu bringen, die keine Zweifel an seiner nationalen Zuverlässigkeit aufkommen ließ. Eine daraus folgende Konfrontation mit Napoleon mußte er in Kauf nehmen. Er veranlaßte Rudolf von Bennigsen, den Führer der nationalliberalen Fraktion im Norddeutschen Reichstag, zu einer parlamentarischen Anfrage, was es mit den Nachrichten über einen Verkauf Luxemburgs an Frankreich auf sich habe. Die Anfrage, durch welche die bis dahin streng geheime Angelegenheit überhaupt erst bekannt wurde, löste einen Sturm antifranzösischer Entrüstung der in ihrem Nationalbewußtsein gekränkten deutschen Öffentlichkeit aus. In seiner Beantwortung der parlamentarischen Anfrage teilte Bismarck den Sachverhalt der Verkaufsverhandlungen mit und versicherte zugleich, er werde nicht zulassen, daß man deutsches Gebiet antaste.

Der holländische König nahm daraufhin Abstand von dem Handel. Gegenüber Napoleon konnte Bismarck argumentieren, daß ein stillschweigendes ›Wegsehen‹ beim Verkauf Luxemburgs angesichts der öffentlichen Erregung nunmehr naturgemäß ausgeschlossen sei. Der französischen Seite hielt er vor, sie habe sich die eingetretene Entwicklung selbst zuzuschreiben, da sie das Stillschweigen über die Geheimverhandlungen nicht sorgfältig genug gewahrt habe.

Nun war es die französische Öffentlichkeit, die sich empörte. In ihren Augen war Napoleon III., der wieder einmal ohne Zugewinn fremden Territoriums dastand, durch die preußische Politik getäuscht, hintergangen und mit unlauteren Mitteln um den Erfolg der Erwerbung Luxemburgs gebracht worden. Einige Wochen lang hatte es den Anschein, daß es schon jetzt zu der entscheidenden militärischen Auseinandersetzung zwischen Preußen und den von ihm angeführten deutschen Staaten und Frankreich kommen werde – zu Frankreichs Krieg also gegen das Selbstbestimmungsrecht der Deutschen.

Doch hatte Napoleon III. in dieser Sache diplomatisch schlechte Karten bei den europäischen Mächten. War der Deutsche Bund, zu dem Luxemburg nach der Regelung des Wiener Kongresses gehört hatte, auch erloschen, so stand doch dessen politische Entscheidung, daß das Großherzogtum nicht zu Frankreich gehören sollte, mit unvermindertem Gewicht im Raum. Insoweit konnte Napoleons Griff nach Luxemburg als Mißachtung der internationalen Ordnung betrachtet werden. Überdies verstießen seine Absichten gegen das in jener Zeit zunehmend herrschende Prinzip der nationalen Souveränität und insoweit auch gegen Napoleons eigene Leitsätze.

Da Bismarck den Krieg nach Möglichkeit vermeiden wollte, kam es ihm darauf an, Napoleons III. Gesichtsverlust möglichst zu begrenzen und ihm einen Weg aus der Pose des betrogenen Ehrenmannes zu ebnen, der genötigt war, die Kränkung mit der Waffe zu bereinigen. Eine internationale Botschafterkonferenz handelte in London in der Zeit vom 7. bis 11. Mai 1867 einen Kompromiß aus, nach dem Preußen seine Besatzung aus Luxemburg abziehen und das kleine Land unter internationaler Garantie »ewig« neutral sein sollte. Für den deutschen Staatsverband war die traditionell deutsche Region freilich verloren.

Die Darstellung von der Luxemburger Affäre, die Napoleon III. der französischen Öffentlichkeit gab, hat ihre Wirkung damals nicht verfehlt und ihre Spuren selbst in der deutschen Geschichtsliteratur der Gegenwart hinterlassen. Zweifelsfrei war Bismarcks Taktieren in dieser Angelegenheit aus gutem Grunde nicht frei von diplomatischer Raffinesse. Doch erscheint die Wirklichkeit in ihr Gegenteil verkehrt, wenn sinngemäß etwa ausgeführt wird, Bismarck habe Napoleon absichtlich in eine Falle gelockt, ihn in ein offenes Messer laufen lassen, um das kurz vor dem Abschluß stehende Luxemburger Vorhaben dann durch die Veröffentlichung der Schutz- und Trutzbündnisse und durch die bestellte parlamentarische Anfrage im Reichstag böswillig zu sabotieren und Napoleon eine Niederlage beizubringen.

Allein die Interessenlage spricht eindeutig gegen eine solche Interpretation. Bismarck befand sich gegenüber Napoleon seit langem in der Defensive, hatte all sein diplomatisches Geschick aufwenden müssen, um eine bewaffnete französische Intervention im Krieg gegen die Donaumonarchie zu verhindern und um die Versuche Napoleons abzuwehren, ihm mit mehr oder weniger offenen militärischen Drohungen »Kompensationen« abzupressen. Auch zur Zeit der Luxemburg-Krise sah Bismarck, wie oben ausgeführt, in einem militärischen Konflikt mit Frankreich ein noch nicht zu verantwortendes Risiko. Bismarcks Politik gegenüber Frankreich war zu jener Zeit insgesamt eindeutig auf ›Appeasement‹ angelegt. Er wich dem militärischen Druck Frankreichs trickreich aus, gab, wie die Anerkennung der Mainlinie und die ›Neutralisierung‹ Luxemburgs zeigen, auch in der Sache nach und dachte keineswegs daran, den gefährlichen Nachbarn gar noch unnütz und mutwillig zu provozieren.

Sinnvoller als Vermutungen über Bismarcks angeblich perfide Rolle erscheint die Frage nach Napoleons Absichten in der luxemburgischen Angelegenheit. Soviel ist klar: Er wollte einen territorialen Zugewinn für Frankreich. Doch liegt die Überlegung nahe, ob er nicht sehr viel weitergehende Zwecke verfolgte. Als Ausgangspunkt mag die Frage dienen, in wessen Interesse die Forderung des niederländischen Königs lag, der preußische König müsse seine förmliche Zustimmung zum Verkauf Luxemburgs erteilen. Ein wirklich überzeugendes Motiv der holländischen Seite für dieses Ansinnen ist nur schwer zu erkennen, nachdem sich Wilhelm III. bisher mit Bismarcks Wink begnügt hatte, Preußen werde bei dem Handel stillschweigend wegschauen. Vielleicht hatte die Veröffentlichung der Schutz- und Trutzbündnisse zu dem Sinneswandel beigetragen. Jedenfalls aber wußte der holländische König, daß seine jetzt erhobene Forderung Bismarck in ärgste Verlegenheit brachte. Er mußte davon ausgehen, daß dies den beabsichtigten Handel stärker gefährdete als eine gewisse Unsicherheit, mit der naturgemäß Bismarcks bisher nur informelle Andeutung einer Hinnahme behaftet war.

Ein bestens nachvollziehbares und eindeutiges Interesse daran, Bismarck aus der Schutzzone verschwiegener Geheimdiplomatie herauszudrängen und ihn zur öffentlichen und förmlichen Billigung des Verkaufes deutschen Landes an Frankreich zu zwingen, hatte allein Napoleon III. Wenn ihm dies gelang, so war Bismarck mit seiner kleindeutschen Nationalpolitik vor allen deutschen Regierungen, der deutschen Öffentlichkeit und der Nationalbewegung vernichtend kompromittiert. Auch die Schutz- und Trutzbündnisse waren dann Makulatur, denn wie verläßlich war Preußens Beistandsverpflichtung gegenüber den süddeutschen Ländern, wenn es einem Verkauf des deutschen Luxemburg an Frankreich zustimmte? Preußens Schritt über die Mainlinie und ein deutscher Nationalstaat unter Einschluß Süddeutschlands waren dann vermutlich in weite Ferne gerückt, und Frankreich konnte hoffen, dort wieder bestimmenden Einfluß zu gewinnen. Und ein seiner nationalen Führungsrolle beraubtes Preußen würde eventuell sogar bereit sein, sich der französischen Hegemonie zu unterstellen, wenn man ihm einige kleinere territoriale Zugeständnisse über die Mainlinie hinaus machte.

So würde vieles mehr als nur das Ländchen Luxemburg für Frankreich gewonnen sein: Mit einem Ausbau der französischen Hegemonie, der Verhinderung eines deutschen Nationalstaates, der Gewinnung Preußens als Juniorpartner und Süddeutschlands als Einflußzone Frankreichs würden Napoleons schönste Träume Wirklichkeit werden. Daß Bismarck die offizielle Zustimmung zum Verkauf Luxemburgs verweigern würde, mag Napoleon als nur geringes Risiko eingeschätzt haben; Bismarck würde dies nicht wagen – angesichts des fortgeschrittenen Standes der Verhandlungen und seiner durchgängig zustimmenden Haltung, die man notfalls an die Öffentlichkeit würde bringen können. Nach alledem erscheint die Vermutung erwägenswert, daß letztlich Napoleon III. hinter der Forderung des Königs der Niederlande stand, den er im diplomatischen Ränkespiel nur vorschickte.

Diese Überlegungen sind zugegebenermaßen nicht frei von spekulativen Elementen, doch geben sie der Luxemburg-Krise und ihrem Verlauf ein weniges an innerer Stimmigkeit. Napoleons anschließend eingenommene zornige Attitüde des betrogenen Ehrenmannes war reine Heuchelei, wenn er mit wohlberechneter und zweckbestimmter List versucht hatte, Bismarck bloßzustellen. Bismarck hingegen war es gelungen, mit seiner ›Flucht nach vorn‹ und dem Kunstgriff der bestellten parlamentarischen Anfrage Bennigsens der ihm von Napoleon gestellten diplomatischen Falle zu entkommen, ohne daß in den Augen der deutschen Öffentlichkeit auch nur ein Schatten auf seine patriotische Gesinnung fiel.

5. Die französisch-habsburgisch-italienische Eindämmungs- und Verhinderungsfront

Im Zusammenhang mit der Luxemburg-Krise hatte Napoleon III. zum letzten Mal versucht, seine außenpolitischen Zielsetzungen gegenüber Deutschland im Wege einer diplomatischen Übereinkunft mit Preußen in der für ihn typischen Weise aus der Position der Stärke der militärisch überlegenen Großmacht mit Druck und gespielter Bonhomie durchzusetzen. Zwar reagierte er auf den neuerlichen Fehlschlag dieser Taktik noch nicht sofort mit der militärischen Konfrontation; doch war der französische Angriff von nun an nur noch eine Frage der Zeit. Es galt, eine passend erscheinende Gelegenheit abzuwarten und bündnispolitisch vorzubereiten. Die französische Außenpolitik der folgenden Jahre war daher auf Eindämmung und Einkreisung Preußens und des Norddeutschen Bundes angelegt.

Wunschpartner der französischen Zangenpolitik gegen Preußen-Deutschland war zunächst Rußland. Der Zar schien als Bundesgenosse in Betracht zu kommen, denn er suchte Unterstützung für seine Interessen im ›Orient‹, also auf dem Balkan, am Schwarzen Meer und an dessen Ausgängen zum östlichen Mittelmeer. Doch schlugen entsprechende Verhandlungen fehl. Napoleon konnte den Russen in der Orient-Frage nichts bieten, das ausgereicht hätte, sie zu einer Preisgabe ihrer guten Beziehungen zu Preußen zu motivieren, von dem sie sich mindestens in gleichem Maße Beistand in der Balkan- und Bosperus-Region erhofften. Überdies mußte Frankreich bei jeder Zusage an den Zaren auf die imperialen Interessen seines vormaligen Krimkriegsverbündeten England im südöstlichen Hinterhof Europas Rücksicht nehmen.

Erfolgversprechender schien der Versuch zu sein, die Donaumonarchie als Bündnispartner gegen Preußen zu gewinnen. Wie erwähnt, bestimmte deren Außenpolitik der aus sächsischen Diensten übergetretene, preußenfeindliche Staatskanzler Friedrich Ferdinand Freiherr von Beust, ein entschiedener Gegner des werdenden deutschen Nationalstaates. Bismarck hatte während der Luxemburg-Krise versucht, die Beziehungen des Norddeutschen Bundes zu Wien über bayerische Vermittlung zu verbessern, war dort aber auf Ablehnung gestoßen. Beust wollte – nach Möglichkeit – die Ergebnisse von Königgrätz revidieren und den Einfluß des Donaukaisertums zumindest in Süddeutschland wiederherstellen, wobei ihm Frankreich als natürlicher Verbündeter erschien. Er befand sich in der Führungsspitze des habsburgischen Reiches in kongenialer Umgebung, denn auch er war durchaus kein Politiker, der in nationalen Kategorien dachte. Das Deutschtum im multinationalen Kaiserreich besaß für ihn keinerlei Vorrang. An den nationalen Elementen im Staat – Deutschen, Ungarn und der slawischen Volksgruppe – interessierte ihn nur das nüchterne Machtkalkül, inwieweit sie als Stütze des habsburgischen Imperiums von Bedeutung sein konnten. Am 1. Februar 1867 führte er in einer Ministerratssitzung aus: »Es muß schlechterdings ein fester Boden gewonnen werden, von dem man dann später weiter operieren kann, und dieser bietet sich, wie die Sachen einmal gekommen sind, in dem Zusammengehen des deutschen und ungarischen Elementes gegen den Panslawismus. Es erscheint rein unmöglich, daß die Regierung ihre Hauptstütze in den slawischen Bevölkerungen suchen und zugleich ihren Sitz und ihre Zentralaktion inmitten der entfremdeten deutschen Bevölkerung haben soll. Es mag zugegeben werden, daß die slawischen Teile der Monarchie ebensoleicht nach Rußland als die deutschen Provinzen nach Deutschland gravitieren können, aber jedenfalls ist soviel gewiß, daß im entscheidenden Augenblick die befriedigten Deutschen die verstimmten Slawen besser beherrschen werden, als dies im umgekehrten Fall sein würde. Die äußere Lage aber ist entschieden so, daß eine noch weitergehende Verstimmung der deutschen Bevölkerung in Österreich die Gefahren, die Österreich von Preußen her drohen, bei weitem mehr erhöhen muß, als eine vorübergehende Verstimmung der glücklicherweise in ihren Aspirationen geteilten slawischen Bevölkerungen gegenüber Rußland erzielen kann.«[242]

In der Tat waren die Deutschen Österreichs zunehmend »verstimmt«. Sie konnten sich einer bislang weithin verdrängten Einsicht immer weniger entziehen: daß sie im vermeintlich eigenen österreichischen Kaiserstaat im Grunde genommen nicht mehr waren als eine nationale Minderheit unter anderen. Ihre nationalen Sehnsüchte begannen sich verstohlen nach Norden zu wenden, im entstehenden Reich Bismarcks ihre wahre Heimstatt zu sehen. Beusts innenpolitisches Nationalitätenkalkül ließ es ihm daher als geboten erscheinen, die deutsche Bevölkerung des Kaiserreiches diesem nicht durch einen zu engen Schulterschluß mit Frankreich gegen Preußen noch weiter zu ›entfremden‹.

Der gemeinsame Wunsch nach einem Bündnis, nach politischer und gemäß französischer Vorstellung auch militärischer Kooperation gegen Preußen führte die beiden Kaiser Franz Joseph und Louis Napoleon im Jahre 1867 zweimal zusammen – im August (18.–23.) in Salzburg und im Oktober in Paris. Als dritter im angestrebten Bund trat 1868 das zur französischen Einflußsphäre zählende Italien hinzu. Im Falle eines siegreichen Krieges dieser Koalition gegen Preußen-Deutschland sollte die Donaumonarchie Schlesien und die Vorherrschaft über Süddeutschland, Frankreich den ersehnten Gebietszuwachs am Rhein und Italien das Trentino, Trient und einen Flottenstützpunkt in Nordafrika erhalten.

Im übrigen war es das Ziel des geplanten, eher unfriedlichen ›Friedens-, Beistands- und Freundschaftspaktes‹, auf deutschem Boden zwei gleich mächtige Staaten zu bilden, die einander machtpolitisch neutralisieren sollten. Unter diesem Gesichtspunkt wurde die Verwirklichung des bereits im Prager Frieden vorgesehenen süddeutschen Bundes als antagonistisches Gegengewicht zum Norddeutschen Bund in Aussicht genommen. Es ging der Donaumonarchie und Frankreich dabei – wenn auch aus unterschiedlichen Motiven – um die Eindämmung Preußen-Deutschlands und letztlich darum, den deutschen Nationalstaat zu verhindern.

Die langwierigen Verhandlungen scheiterten schließlich ergebnislos an den widersprüchlichen Interessen der Beteiligten. Frankreich suchte die direkte militärische Konfrontation mit dem Norddeutschen Bund, mit Preußen und dessen süddeutschen Verbündeten. Wien war nach der Niederlage von Königgrätz für einen neuerlichen Krieg noch nicht wieder hinreichend gerüstet. Insbesondere aber würde der deutsche Bevölkerungsanteil des Donaukaiserreiches für einen erneuten Bruderkrieg nicht zu gewinnen sein. Ein militärischer Pakt mit Frankreich gegen Preußen war auch mit der von Beust eingeschlagenen Politik gegenüber den süddeutschen Ländern nicht zu vereinbaren. Dieser versuchte mit psychologischen Mitteln, insbesondere mit einer liberalen Politik, verlorenen Boden der ehemaligen Führungsmacht der großdeutschen Bewegung in Süddeutschland gutzumachen, das habsburgische Reich als die weiterhin bessere Alternative für Deutschland zu empfehlen.

Auch pries er Österreich als die Macht an, die allein in der Lage sei, Deutschland in Südosteuropa und dem Orient Gewicht und Einfluß zu verschaffen. Zu solcherlei Sympathiewerbung in Deutschlands Süden würde ein Bündnis mit Frankreich, das auch die süddeutschen Staaten militärisch bedrohte, einen höchst kontraproduktiven Kontrast bilden. Beust wußte, daß auch die antipreußisch eingestellten Bevölkerungsteile Süddeutschlands das Eindringen französischer Truppen mehr fürchteten als eine preußische Hegemonie. Seine Politik war daher mittelfristig auf eine Eindämmung des Norddeutschen Bundes, die Stabilisierung der Mainlinie und die Gründung eines Südbundes ausgerichtet, nicht jedoch auf unmittelbare militärische Konfrontation einer österreichisch-französischen Koalition mit dem Norddeutschen Bund.

Das bedeutete freilich nicht, daß er eine umfassende Revision der Ergebnisse von Königgrätz auch mit militärischen Mitteln langfristig aufgegeben hätte. Dementsprechend versuchte er, bei Napoleon III. Krimkriegsreminiszenzen zu beleben und Frankreich in der ›Orientfrage‹ auf die Seite der Donaumonarchie zu ziehen, die insbesondere auf dem Balkan im Dauerkonflikt mit Rußland stand. Eine österreichisch-französische Orientkoalition würde, so hoffte Beust, auf der Gegenseite ein preußisch-russisches Bündnis zur Folge haben. Ein Krieg zwischen diesen beiden Koalitionen, der vordergründig nicht gegen die deutsche Einheit, sondern um Streitigkeiten im Orient geführt werden würde, könnte die österreichische Machtstellung aus der Zeit vor Königgrätz wiederherstellen, ohne Wiens Rückhalt in der eigenen deutschen Bevölkerung und seine ›moralischen Eroberungen‹ in Süddeutschland zu beeinträchtigen. Freilich waren diese Pläne Beusts wenig mehr als bloßes Wunschdenken. Napoleon III. kam es nicht ernsthaft in den Sinn, sich für die Donaumonarchie auf dem Balkan zu engagieren und sich von ihr in einen Konflikt mit Rußland hineinziehen zu lassen.

Nach alledem fehlte den Eindämmungs- und Verhinderungsmächten die für einen Pakt gegen Preußen und den werdenden deutschen Nationalstaat erforderliche gemeinsame Geschäftsgrundlage. Hinzu kam, daß der Plan eines Bundes der süddeutschen Staaten angesichts der auch hier starken nationalliberalen Kräfte ein Hirngespinst blieb. Insbesondere Baden, das der gefährlichen westlichen Nachbarschaft nächstgelegene süddeutsche Land, strebte von Anfang an energisch in den Norddeutschen Bund. Vorsorglich hatte BISMARCK der badischen Regierung im übrigen geraten, einen Beitritt zu einem süddeutschen Bund davon abhängig zu machen, daß in dessen Bereich ein allgemein, unmittelbar und gleich gewähltes Parlament eingerichtet werde – eine Bedingung, die den Bund süddeutscher Partikularstaaten mit Sicherheit von vornherein verhindert hätte.

Die mit ihren Koalitionsabsichten gescheiterten Eindämmungsmächte mußten sich im Herbst 1869 mit einem unverbindlichen Briefwechsel ihrer Monarchen begnügen, in dem sie einander für den Kriegsfall wohlwollende Neutralität zusicherten. Überdies sollte im Falle eines preußisch-französischen Krieges Rußland als potentieller Verbündeter Preußens durch einen Aufmarsch österreichischer Truppen an seinen Grenzen neutralisiert werden. In einem österreichisch-russischen Krieg hingegen sollten französische Truppen gegen Preußen als möglichen Verbündeten Rußlands aufmarschieren. War dies auch formell kein Offensivbündnis Frankreichs, Italiens und der Donaumonarchie, so bestand doch praktisch eine Allianz, deren Gefährlichkeit aus Vertragsentwürfen dieser Mächte erhellt: Geplant war eine mehrfache Zerstückelung Deutschlands. Solche Pläne waren mit dem Briefwechsel der Monarchen auch keineswegs *ad acta* gelegt. Denn wenig später, im Frühjahr 1870, verhandelten Frankreich und die Donaumonarchie, letztere vertreten durch den österreichischen Erzherzog ALBRECHT, in Paris weiter über gemeinsame militärische Angriffspläne gegen Süddeutschland.

Ein gewisses Gegengewicht zu der französisch-habsburgisch-italienischen Verhinderungsfront gegen den deutschen Einigungsprozeß, die sich im Westen und Süden zu bilden anschickte, fand BISMARCK im Zarenreich. Es lag in Rußlands Interesse, daß weder das revolutionäre Frankreich, noch der habsburgische Widersacher auf dem Balkan, noch eine Koalition beider den deutschen Raum ganz oder teilweise unter ihre Kontrolle brachten. Auf der anderen Seite war Preußen daran interessiert, Rußland in einem Konflikt mit der Donaumonarchie zu stützen. So kam es im April 1868 zu einer informellen Absprache zwischen Berlin und St. Petersburg, daß Rußland im Falle eines preußisch-französischen Konfliktes Truppen an Österreichs Grenzen aufmarschieren lassen solle, um es als Bündnispartner NAPOLEONS zu paralysieren. Im Falle eines russisch-österreichischen Konfliktes hingegen sollte Preußen die französische Militärmacht durch einen entsprechenden Aufmarsch neutralisieren.

Die russische Hilfsbereitschaft gegenüber Preußen war allerdings durchaus begrenzt. Den kleindeutschen Nationalstaat wünschte auch Rußland nicht, denn er hätte den Einfluß des Zarenreiches auf den deutschen Raum nachhaltig beschnitten und sich als machtpolitischer Riegel zwischen Rußland und Westeuropa einschließlich der Ostseeausgänge geschoben. BISMARCK berichtete später über die ambivalente russische Haltung: Im russischen Kabinett unter der Leitung GORT-

SCHAKOWS habe der Zweifel an der Nützlichkeit »einer so bedeutenden Kräftigung Preußens« für Rußland die Wirkung der kaiserlichen Freundschaft und die Dankbarkeit für die preußische Politik in der polnischen Frage 1863 aufzuwiegen begonnen. Durch die Niederlage Österreichs von 1866 habe der seit dem Krimkrieg bestehende Haß der russischen Gesellschaft gegen Österreich zunächst seine Befriedigung gefunden; »dieser Stimmung standen aber russische Interessen gegenüber, die sich an den zaristischen Einfluß in Deutschland und an dessen Bedrohung durch Frankreich knüpften. Ich nahm zwar an, daß wir gegen eine Coalition, die Frankreich etwa gegen uns aufbringen würde, auf russischen Beistand würden zählen können, aber doch erst, wenn wir das Unglück gehabt haben sollten, Niederlagen zu erleiden, vermöge derer die Frage nähergerückt wäre, ob Rußland die Nachbarschaft einer siegreichen französisch-östreichischen Coalition an seinen polnischen Grenzen vertragen könne. . . Bis zum Näherrücken solcher Gefährlichkeit in Folge preußischer Niederlagen hielt ich aber für wahrscheinlich, daß Rußland es nicht ungern sähe, wenigstens es nicht hindern würde, wenn eine numerisch überlegene Coalition einiges Wasser in unsern Wein von 1866 gegossen hätte«.[243]

Nach alledem war Frankreichs Versuch, nach 1866 einen festgefügten Block europäischer Mächte gegen den sich abzeichnenden deutschen Nationalstaat zu bilden, im Ergebnis fehlgeschlagen. Doch hatte sich auch gezeigt, daß Deutschland auf Rußlands Unterstützung nur sehr bedingt hoffen konnte, das, ebenso wie England, Gegner des deutschen Nationalstaates war. Frankreich und Österreich konnten bei ihrem Bemühen, diesen zu verhindern, daher auf die Sympathie, wenn nicht auf die Unterstützung beider europäischer Flügelmächte hoffen. In diesem Spannungsfeld der europäischen Staatenwelt blieb der nach Königgrätz entstandene Schwebezustand der im Fluß befindlichen deutschen Dinge vorerst erhalten, bis Frankreich den militärischen Schlagabtausch mit Preußen-Deutschland sodann im Jahre 1870 im Alleingang suchte.

6. Die konföderativen Deutschlandpläne des Fürsten Chlodwig von Hohenlohe-Schillingsfürst

Innerhalb Deutschlands stand der Einigungsprozeß in den Jahren zwischen Königgrätz 1866 und der französischen Kriegserklärung 1870 unter dem hemmenden Druck der französischen – letzlich aber auch internationalen – ›Garantie‹ der Maingrenze. Wurde diese durch Preußens kleindeutsche Politik allzu eindeutig überschritten, so drohte die bewaffnete Intervention. Die retardierenden Auswirkungen dieser Lage gab den partikularistischen oder sonst gegen den BISMARCKschen Nationalstaat kämpfenden politischen Kräften in Deutschland Auftrieb, verschaffte ihnen Zeit und Gelegenheit, zu agitieren, sich zu organisieren und zu entfalten. Doch fehlte es in jenen Jahren auch nicht an deutschen Versuchen und Initiativen mit dem Ziel, die Entwicklung zur Einheit auf dem Boden der gegebenen außenpolitischen Machtverhältnisse und der partikularen Strukturen in Süddeutschland voranzutreiben.

Während sich der Norddeutsche Bund noch in der Gründungsphase befand, wartete der bayerische Ministerpräsident Chlodwig Fürst HOHENLOHE-SCHILLINGSFÜRST mit dem deutschlandpolitischen Plan eines »Weiteren Bundes« auf. Der Fürst war einerseits auf die Erhaltung weiß-blauer Eigenstaatlichkeit bedacht, andererseits aber in einem wohl eher großdeutsch geprägten Sinne liberal und national eingestellt. Dies war der persönliche Hintergrund für sein Konzept, mit dem er auf der Grundlage des Status quo von Königgrätz, Nikolsburg und Prag zu einer pragmatischen Lösung der deutschen Frage beitragen wollte. Sein Ziel war nicht der Beitritt der süddeutschen Staaten zum Norddeutschen Bund, also auch nicht der kleindeutsche Nationalstaat nach BISMARCKS Konzept. Die süddeutschen Staaten sollten sich vielmehr konföderativ – also staatenbündisch unter weitgehender Wahrung ihrer souveränen Eigenstaatlichkeit – mit dem Norddeutschen Bund zusammenschließen. Die so entstandene Konföderation sollte – und hier liegt ein großdeutsches Element – ein dauerhaftes Bündnis mit der Donaumonarchie eingehen.

Von den früheren großdeutschen Plänen der Wiener Diplomatie in der Nachfolge des Fürsten SCHWARZENBERG unterschied sich dieser Plan ganz wesentlich. Zunächst einmal ging er vom Bestand des bundesstaatlich organisierten Norddeutschen Bundes aus, der nach Lage der Dinge die mit Abstand stärkste und modernste Macht innerhalb des »Weiteren Bundes« sein würde und der sich zugleich als institutioneller Kristallisationskern für eine Fortentwicklung innerhalb des geplanten Gebildes zum kleindeutschen Nationalstaat geradezu anbot. Die Konstruktion des Fürsten HOHENLOHE hätte so als Übergangslösung dienen können bis zum künftigen vorbehaltlosen Beitritt der süddeutschen Staaten unter günstigeren internationalen Bedingungen. Die Bindungen der süddeutschen Staaten an den Norddeutschen Bund sollten nach HOHENLOHES Plan durchaus eng sein – bis hin zu teilweise nahezu bundesstaatlichen Strukturen: Die süddeutschen Regierungen sollten dem Norddeutschen Bundesrat angehören. Die süddeutschen Landtage sollten prüfen und darüber entscheiden, ob sie Gesetze des Norddeutschen Bundes für ihre Staaten übernahmen. Damit war eine auf Freiwilligkeit beruhende Rechtsvereinheitlichung vorgesehen.

BISMARCK, immer offen für pragmatische, den gegebenen Verhältnissen Rechnung tragende Lösungen, hatte gegen das Konzept nichts einzuwenden, wobei er davon ausging, daß es sich nur um eine Interimsregelung auf dem Weg zu weitergehendem Zusammenschluß handeln konnte. Allerdings war der Plan nicht durchzusetzen. Frankreich und die Donaumonarchie waren naturgemäß Gegner jeglicher weiterer Integration innerhalb der deutschen Staatenwelt. Aber auch die unmittelbar betroffenen süddeutschen Regierungen konnten sich für den Vorschlag nicht erwärmen, weil er ihnen zuviel an Souveränität nahm, teils aber auch aus dem entgegengesetzten Grund, weil das bundesstaatliche, unitarische Element zu schwach ausgeprägt war.

Im Winterhalbjahr 1867/68 griff der Fürst Hohenlohe seinen Plan in abgewandelter Form nochmals auf. Ein »Verfassungsbündnis« sollte jetzt den Süden an den Norden heranführen und ihn zugleich verselbständigen. Als Gegenstück und Partner auf gleicher Ebene mit dem Norddeutschen Bund sollte nun ein staatenbündisch organisierter Südbund gegründet werden, der zugleich das Gewicht und die Eigenständigkeit Süddeutschlands und die partikulare Eigenstaatlichkeit seiner Mitglieder gewährleistete. Er sollte für das Rechts- und das Militärwesen sowie nebenbei für Angelegenheiten der Wirtschaft und des Verkehrswesens zuständig sein, allerdings nur insoweit, als diese nicht in die Kompetenz des Deutschen Zollvereines fielen.

Auch die praktische Bedeutung der militärischen Zuständigkeit war zumindest stark eingeschränkt. Die ›ewig‹ unkündbaren Schutz- und Trutzbündnisse der potentiellen Südbundstaaten mit Preußen bedeuteten einen militärischen Regelungs- und Vereinheitlichungszwang nach den Vorgaben der norddeutschen Führungsmacht, der wenig Raum für süddeutsche Alleingänge ließ. Die tatsächliche Bedrohungslage an Deutschlands Westgrenze ließ es auch kaum angeraten erscheinen, die militärische Anbindung an Preußen zu vernachlässigen, auch wenn süddeutsche Regierungen gelegentlich für sich in Anspruch nahmen, selbst darüber zu entscheiden, ob der Bündnisfall eingetreten sei. Letztlich konnte sich der Südbund nur in dem schmalen Rahmen bewegen und entfalten, den der Zollverein und die Verteidigungsbündnisse offen gelassen hatten.

Das »Verfassungsbündnis« sollte in lockerer Form auch die Donaumonarchie einschließen. Der nun wieder aktuelle Südbund, konzeptionell eine Weiterentwicklung des ursprünglichen Trias-Gedankens, wurde von der Donaumonarchie und Frankreich wärmstens befürwortet. Er hätte in gewissem Maße Süddeutschland als eigenständige politische Macht und zugleich die insbesondere aus französischer Sicht erwünschte Dreiteilung der deutschen Nation verfestigt, wie dies insbesondere auf Napoleons III. Wunsch im Prager Friedensvertrag vom 23. August 1866 in Aussicht genommen worden war. Aus der Sicht beider Mächte hätte der Südbund den kleindeutschen Nationalstaat jedenfalls in weitere Ferne gerückt und ihnen überdies die Chance eröffnet, ihren Einfluß auf Süddeutschland zu verstärken.

Bismarck stellt sich nicht gegen den Plan, vielleicht, weil er ohnehin mit dessen Scheitern rechnete, möglichweise aber auch, weil er in ihm einigende und entwicklungsfähige Elemente erblickte. In diesem Sinne forderte er, der Südbund müsse ein seine Mitgliedsstaaten übergreifendes gemeinsames, allgemein, gleich und unmittelbar gewähltes Parlament haben. Eine solche Bedingung hätte, wenn sie das Zustandekommen eines Südbundes nicht überhaupt verhinderte, jedenfalls eine Schwächung der dynastischen und partikularen Strukturen, eine Belebung der nationalliberalen Kräfte in Süddeutschland und letztlich vielleicht sogar einen Schritt zur Überwindung der trennenden Mainlinie bedeuten können. Indes fanden Hohenlohes Ideen auch diesmal nicht die Zustimmung der süddeutschen Staaten.

Ein letztes Mal, und wiederum vergeblich, warf HOHENLOHE-SCHILLINGSFÜRST seine deutschlandpolitischen Vorschläge im Frühjahr 1869 in die Debatte. Den nationalen Ansprüchen Deutschlands, so meinte er, könne nur durch einen »staatsrechtlichen Bund« Rechnung getragen werden, der Österreich, den Norddeutschen Bund und die »süddeutsche Gruppe« zusammenfasse, »welcher Bayern vorzustehen berufen wäre«. Die Einverleibung der süddeutschen Staaten in den Norddeutschen Bund hingegen würde »den unvermeidlichen Krieg mit Frankreich« bedeuten.[244]

Jedoch mochten sich die übrigen süddeutschen Staaten nicht mit einer bayerischen Vorherrschaft in ihrem Raum abfinden. Baden strebte ohnehin bereits unentwegt den Beitritt zum Norddeutschen Bunde an. Das Großherzogtum war Vorreiter der deutschen Einigung in Süddeutschland. Sein Monarch und seine Regierung, die die Kammer mehrheitlich hinter sich hatten, waren liberale Anhänger der kleindeutschen Lösung, die sie für ihren Staat durch vorgezogenen Anschluß an den Norden so bald wie möglich zu verwirklichen trachteten. Sie dachten daher nicht ernsthaft daran, der von Preußen ausgehenden nationalen Einigung durch Gründung eines partikularistischen Südbundes in den Arm zu fallen. Württemberg und Hessen hingegen sahen in einem Südbund ihre Souveränität sowohl durch Preußen als auch durch Bayern bedroht. Und Bayern selbst zog es letztlich vor, zunächst auf dem Status quo zu verharren.

Man mag sich fragen, ob das HOHENLOHEsche oder ein ähnlich geartetes Konzept nicht doch noch Bedeutung erlangt haben würde, hätte nicht Frankreichs Kriegsinitiative des Jahres 1870 den deutschlandpolitischen Status quo von 1866/67 aufgebrochen. Dabei ist zunächst davon auszugehen, daß die politisch maßgeblichen Bevölkerungsschichten in Deutschland mehrheitlich nicht gedachten, auf den eigenen Nationalstaat zu verzichten, der auch den Deutschen historisch zustand. Der Gedanke, in ihren politischen Besitzständen hinter den anderen Nationen aus grundsätzlichen Erwägungen zurückstehen zu sollen, war den Deutschen des 19. Jahrhunderts noch fremd; er wäre ihnen absurd erschienen. So war der kleindeutsche Nationalstaat das eindeutige Ziel einer breiten Bevölkerungsmehrheit. (Das ethnisch definierte großdeutsch-bundesstaatliche Modell stand nicht mehr zur Debatte, da den der Donaumonarchie einverleibten Deutschen Österreichs jede Teilhabe an der deutschen Entwicklung verwehrt war.)

Konnte das weitgehend staatenbündische HOHENLOHEsche Konzept daher jedenfalls nicht als endgültige Antwort auf die deutsche Frage begriffen werden, so war es doch geeignet, als Übergangsmodell bis zu einem Zeitpunkt zu dienen, in dem sich alle europäischen Mächte, allen voran Frankreich, bereit gefunden haben würden, auf die gleichberechtigte Verwirklichung des Selbstbestimmungsrechtes der Deutschen friedlich zu reagieren. Doch war eine dergestalt geläuterte nachbarliche Haltung ebenso wenig wahrscheinlich wie ein zeitlich unbegrenztes Verharren der Deutschen in staatenbündischer Wartestellung. Das HOHENLOHEsche Konzept konnte somit allenfalls einen Aufschub der militärischen Intervention gegen den deutschen Entwicklungsprozeß bewirken, diese aber nicht verhindern.

7. Bismarcks Deutschlandpolitik zur Zeit des Norddeutschen Bundes

a. Militärkonventionen ergänzen die Schutz- und Trutzbündnisse mit den süddeutschen Staaten

Bismarck selbst war in den Jahren des Norddeutschen Bundes in der Frage des weiteren deutschen Zusammenschlusses trotz seiner Mahnungen zur Geduld und seiner eigenen vorsichtigen Haltung hinsichtlich der Mainlinie keineswegs untätig. Bereits durch die Veröffentlichung der Schutz- und Trutzbündnisse mit den süddeutschen Staaten im Frühjahr 1867 hatte er der Nationalbewegung Auftrieb verliehen. Die Bündnisse ergänzte er in der Folgezeit durch Militärkonventionen mit Baden und Hessen-Darmstadt. Letzteres war durch die Mainlinie zweigeteilt und hatte daher zunächst nur mit seinen nördlich des Mains stationierten Truppen dem Norddeutschen Bund angehört.

Dieser absonderliche Zustand wurde nun durch die Integration auch der südlichen Kontingente des Großherzogtums in den preußischen Militärapparat beendet. Politisch bedeutsam hierbei war insbesondere die Durchdringung der Mainlinie – ungeachtet der von Napoleon III. gesetzten Reizschwelle zum Krieg und im Sinne des von Bismarck geprägten Bildes vom nationalen Strom, der durch das Gitter seinen Weg findet.

b. Schaffung eines Zollparlamentes und -bundesrates im Deutschen Zollverein

Den Hauptvorstoß seiner aktiven Einigungspolitik zu jener Zeit unternahm Bismarck im Jahre 1867 auf einem ganz anderen Feld. Seit langem war er sich bewußt, welch hervorragend wirksame Waffe grenzübergreifende allgemeine, gleiche, unmittelbare Wahlen und ein aus ihnen hervorgehendes Parlament sein konnten, wenn es um die Überwindung des Partikularismus und um den staatlichen Zusammenschluß Deutschlands ging. Freilich schieden unter den Realitäten von 1866 – nach Königgrätz, Nikolsburg und Prag – derartige allgemeinpolitische Wahlen und ein solches Parlament auf kleindeutsch-nationalstaatlicher Ebene als Möglichkeit vorerst aus. Doch war es eine bestechende Idee Bismarcks, die er bereits 1861geäußert hatte,[245] und zugleich ein hervorragender staatsmännischer Schachzug, eine derartige Initiative auf der untergeordneten Stufe zwischenstaatlichen Vertragsrechtes im wirtschafts- und zollpolitischen Bereich anzusiedeln, derjenigen des Deutschen Zollvereins nämlich, der jetzt zur Verlängerung anstand.

Als über diese im Sommer 1867 verhandelt wurde, gelang es Bismarck, die Einrichtung eines gemeinsamen Zollparlamentes und eines entsprechenden Zollbundesrates durchzusetzen. Diese beiden neuen Einrichtungen entsprachen nach

Struktur, Funktion und Zustandekommen dem Parlament und dem Bundesrat des Norddeutschen Bundes, umfaßten aber anders als dieser das ganze Gebiet des Zollvereines, also auch die süddeutschen Staaten. Das Zollparlament sollte durch allgemeine, gleiche, unmittelbare Wahlen zustande kommen und sich aus den 297 Reichstagsabgeordneten des Norddeutschen Bundes und 85 hinzu zu wählenden süddeutschen Abgeordneten zusammensetzen.

Im Zollbundesrat, in dem nur Preußen ein Vetorecht besitzen und das im übrigen mehrheitlich entscheiden sollte, waren die Regierungen aller Mitgliedsstaaten des Zollvereines vertreten. Auf diese Weise gab Bismarck dem Zollverein, der bisher nur ein multilaterales Vertragssystem gewesen war, nunmehr bundesstaatliche Strukturen, und zwar über die Maingrenze hinaus auf dem gesamten Gebiet des angestrebten kleindeutschen Staates. Dies war ein wesentlicher Schritt zur staatlichen Einheit Deutschlands, welcher der vorangegangenen Gründung des Norddeutschen Bundes an Bedeutung nur wenig nachstand, und zugleich eine Niederlage des deutschen Partikularismus ebensowie ein belebender Erfolg für die Nationalbewegung.

Im übrigen war diese Reform des Zollvereines nur ein graduelles Voranschreiten zur deutschen Einheit, das nicht geeignet war, eine militärische Intervention der europäischen Eindämmungsmächte zu provozieren, denn die Mainlinie war formell nicht verletzt. Andererseits aber war die Konstruktion, in welcher der Norddeutsche Bund und der bundesstaatlich verfaßte Deutsche Zollverein miteinander verquickt waren, wie geschaffen für die weitere schrittweise Fortentwicklung zum deutschen Nationalstaat.

Freilich stieß Bismarcks Vorhaben in Süddeutschland auf partikularistischen Widerstand, und zwar besonders seitens einer starrsinnigen bayerischen Staatsführung, die die Vorteile der wirtschaftlichen Integration zwar gern beanspruchte, jedoch Beschränkungen ihrer Souveränitätsrechte nicht hinnehmen mochte. Wenn sich Bayern verweigere, so ließ Bismarck unverblümt wissen, dann sei »die Fortsetzung des Zollvereins mit diesem Staate untunlich«.[246] Das wirkte, denn aus dem kleindeutschen Zoll- und Wirtschaftsraum auszuscheiden hätte empfindliche ökonomische Einbußen für Bayern nach sich gezogen. Ihr Nachgeben in puncto weißblauer Eigenstaatlichkeit versüßte Bismarck den Sachwaltern des Wittelsbacher Königreiches überdies, indem er diesem statt der vier ihm nach seiner Größe zustehenden Stimmen im Zollbundesrat sechs Sitze zuschanzte. Am 1. Januar 1868 trat das Vertragswerk über den weiterentwickelten Zollverein in Kraft.

c. Die Wahlen zum Zollparlament im Frühjahr 1868

Sogleich zu Anfang des Jahres 1868 wurden in den süddeutschen Staaten nunmehr die vorgesehenen Wahlen zum Zollparlament durchgeführt. Sie endeten mit einer bitteren Niederlage der für die deutsche Einheit eintretenden politischen Kräfte. In Bayern errangen partikularistische Abgeordnete 26 Mandate, denen nur 21 liberale

Einheitsbefürworter gegenüberstanden. Sämtliche auf Württemberg entfallenden 17 Mandate gingen an Partikularisten. Selbst in Baden, der süddeutschen Hochburg des kleindeutsch orientierten Liberalismus, erzielte dieser lediglich eine knappe Mehrheit von 8 Mandaten gegenüber 6 Sitzen, die an Partikularisten fielen.

Die Wahlergebnisse zeigten überdeutlich, daß die Befürworter des kleindeutschen Nationalstaates nicht nur mit einem ideologisch verfestigten, zahlenmäßig aber weit unterlegenen harten Kern von partikularistischen und ultramontanen Einheitsgegnern zu rechnen hatten. Diese hatten vielmehr von vielfältigem und zahlreichem Zulauf aus den verschiedensten Richtungen profitiert: von Antiprotestanten und Antiborussen, Antiliberalen verschiedener Couleur, von frustrierten Großdeutschen, von den Verlierern des wirtschaftlichen Wettbewerbes des kleinbürgerlich, handwerklich und bäuerlich strukturierten Südens mit dem stärkeren und moderneren Norden sowie von Gegnern der ›Prussifizierung‹ des Militärwesens und der damit einhergehenden steuerlichen Lasten.

War es ein durch das nunmehr auch in Süddeutschland praktizierte allgemeine, gleiche, unmittelbare Wahlrecht enttarnter und widerlegter Irrtum, den Liberalismus als die tragende und zukunftweisende, als die vitalste und stärkste politische Kraft der Zeit anzusehen? Hatte selbst BISMARCK, der auch dem Konservativismus der Dynastien noch erhebliche Kraft zuschrieb, ihn überschätzt? Wollte die Mehrheit des Volkes überhaupt den angestrebten kleindeutschen nationalen Bundesstaat? Beruhte das langjährige Erscheinungsbild politischer Vorherrschaft des Liberalismus in Deutschland etwa nicht auf der Zustimmung einer Bevölkerungsmehrheit, sondern auf dem preußischen Dreiklassenwahlrecht, welches das gehobene Bürgertum begünstigte, auf der führenden Rolle der bürgerlichen Liberalen bei der Revolution von 1848, auf der Beherrschung der Presselandschaft und der ›veröffentlichten‹ Meinung sowie auf einem irreführenden Eindruck, den die unbezweifelbare Brillanz einiger führender Köpfe des Liberalismus in Politik, Wissenschaft und Kultur erweckte? Und hatte das revolutionäre Wahlrecht, das auch dem ›kleinen Mann‹ eine volle Stimme gab, die wahren Mehrheitsverhältnisse im Volk erst jetzt zutage gefördert, wenn auch zunächst nur für den süddeutschen Raum?

Daß dem so nicht war, bewies indes schon der Blick auf die Ergebnisse der nur ein Jahr zuvor abgehaltenen, ebenfalls allgemeinen, gleichen und direkten Wahlen zum Norddeutschen Reichstag, die einen überwältigenden Sieg der Einheitsbefürworter erbracht hatten. Gut zwei Jahre später bestätigte die einhellige Reaktion der deutschen Bevölkerung in dem Konflikt um die ›Emser Depesche‹ und auf die französische Kriegserklärung den klaren Willen zur Einheit der Nation. Langfristig bestätigte sich dieser auch in den Ergebnissen der Reichstagswahlen nach der Reichsgründung. Der Erfolg der Einheitsgegner im Frühjahr 1868 in Süddeutschland besaß keine zahlenmäßig starke und auf Dauer angelegte, politisch strukturierte und deutschlandweite Grundlage. Er war eine durch Agitation geschürte vorübergehende, lokal begrenzte Manifestation verbreiteten Unwillens und unbestimmten Mißbehagens von Gruppen und Individuen, die sich zu Recht oder zu Unrecht durch die nationalstaatliche Entwicklung und deren wirtschaftliche, konfessionelle und kulturelle Begleiterscheinungen benachteiligt oder übergangen fühlten.

Überhaupt hielt sich der nationalpolitische Schaden des Wahlergebnisses bei nüchterner Betrachtungsweise in Grenzen. Zwar potenzierte sich der bei den Wahlen so erfolgreich hervorgetretene Partikularismus zusätzlich dadurch, daß die süddeutsche Front der Einheitsgegner im Zollparlament unter anderem durch die preußischen Hochkonservativen und die Hannoveraner Partikularisten noch verstärkt wurde. In dieser Zusammensetzung war das Parlament des Zollvereines nicht in dem von Bismarck und den Nationalliberalen erwarteten Sinne fähig, seine Kompetenzen auszuweiten und sich in nationalstaatlicher Richtung fortzuentwickeln. Aber auch mit aus liberaler Sicht ›falschen‹ Mehrheiten entfaltete das Zollparlament durch sein bloßes Vorhandensein und seine Tätigkeit als Institution einigende Wirkung. Die Parteien, einschließlich der partikularistischen unter ihnen, waren nun genötigt, auf kleindeutscher Ebene tätig zu werden und sich entsprechende überregionale organisatorische Strukturen zu schaffen. Auch die praktische Gesetzgebungsarbeit der Abgeordneten aller Fraktionen vollzog sich nicht auf partikularer Ebene, sondern besaß naturgemäß nationale Dimensionen. Auf längere Sicht mußte sie sich integrierend und unitarisch auswirken.

Im übrigen stand der Deutsche Zollverein, auf den alle Mitgliedsstaaten wirtschaftlich unabdingbar angewiesen waren, stets unter dem Damoklesschwert, bei Ablauf der jeweils zwölfjährigen Geltungsdauer, die jetzt bis 1877 lief, nicht verlängert zu werden. Preußen besaß insoweit ein wirksames diplomatisches Druckmittel gegen Staaten, die es an nationalem Einigungwillen fehlen ließen. Freilich wäre ein Zustandekommen der staatlichen Einheit lediglich durch diplomatische Hebel und ohne jegliche, wenn auch nur indirekte plebiszitäre, Akklamation des deutschen Volkes ein recht dürftiger Auftakt für die nationale Einheit gewesen, auch wenn die Staatsgründung durch Parlamentswahlen nachträglich indirekt abgesegnet worden wäre.

d. Stagnation

Die liberalen und nationalen Kräfte in Deutschland waren wegen der Ergebnisse der süddeutschen Zollvereinswahlen trotz alledem aufs äußerste bestürzt und beunruhigt. Sie sahen nun weniger auf die Erfolge und Fortschritte, die in der deutschen Frage seit 1866 zu verzeichnen waren. In den Vordergrund ihrer Wahrnehmung schob sich jetzt die in der Mainlinie verkörperte Stagnation. Sie drängten auf entschiedenere Schritte, auch unter Inkaufnahme außenpolitischer Risiken, und erblickten in der behutsamen preußischen Deutschlandpolitik eher überängstliche Vorsicht als staatsmännische Weitsicht, fürchteten um die Schwungkraft der Entwicklung zum Nationalstaat und sahen die Dynamik des Einheitsstrebens im Alltag anhaltender Untätigkeit versanden.

Diese ungeduldig-pessimistische Grundstimmung, die in den noch folgenden Jahren des Norddeutschen Bundes anhielt, bekam auch BISMARCK zu spüren. In einem Erlaß an den norddeutschen Gesandten in München vom 26. Februar 1869 führte er aus: »Daß die deutsche Einheit durch gewaltsame Ereignisse gefördert werden würde, halte auch ich für wahrscheinlich. Aber eine ganz andere Frage ist der Beruf, eine gewaltsame Katastrophe herbeizuführen, und die Verantwortlichkeit für die Wahl des Zeitpunkts. Ein willkürliches, nur nach subjektiven Gründen bestimmtes Eingreifen in die Entwicklung der Geschichte hat immer nur das Abschlagen unreifer Früchte zur Folge gehabt; und daß die deutsche Einheit in diesem Augenblick keine reife Frucht ist, fällt meines Erachtens in die Augen... Hinter der wortreichen Unruhe, mit der Leute außerhalb der Geschäfte nach dem Stein der Weisen suchen, der sofort die deutsche Einheit herstellen könne, verbirgt sich in der Regel eine flache und jedenfalls impotente Unbekanntschaft mit den Realitäten und ihren Wirkungen... Wir können die Uhren vorstellen, die Zeit geht deshalb aber nicht rascher, und die Fähigkeit zu warten, während die Verhältnisse sich entwickeln, ist eine Vorbedingung praktischer Politik.«[247]

Hier klingt neben bekannten politischen Grundmotiven BISMARCKS – darunter seine Abneigung gegen die »gewaltsame Katastrophe« des Krieges – auch eine empfindliche Gereiztheit gegenüber liberalen Parlamentariern und Wortführern an, die ihre nationalen Forderungen lautstark ohne Rücksicht auf die Sachzwänge geltend machten, über die sich der verantwortungsbewußte Staatsmann, professionelle Diplomat und herausragende Kenner der internationalen Verhältnisse nicht hinwegsetzen durfte.

Doch auch auf parlamentarischer Seite sah man das Problem der eigenen Politikfähigkeit. Hier dachte man – zu einer Zeit, in der ein sinnvolles Mit- und Gegeneinander von Parlament, Parteien und Exekutive beiderseits noch wenig eingeübt war – über eine zugleich seriöse und wirksame Handhabung der parlamentarischen Kontrollfunktion gegenüber der Regierung und über die Möglichkeiten nach, wie politische Parteien und Fraktionen tatsächlichen Einfluß auf die Politik gewinnen könnten. So hatte der nationalliberale Politiker Max DUNCKER, Verfasser eines eigenen Entwurfes bei der Erarbeitung der Verfassung des Norddeutschen Bundes, im Juni 1867 an Heinrich VON TREITSCHKE geschrieben: »Wollen wir den Liberalismus erhalten, wollen wir endlich eine Partei gründen, auf welche die Regierung hören muß, so müssen wir den Liberalismus regierungsfähiger machen, so muß derselbe auf gewisse Sätze seiner Doktrin verzichten.« Und weiter: Auch die Kunst des Regierens, auf die sich die Völker nicht von Natur aus verstünden, müsse gelernt werden. Das Gewicht der Volksvertretung und die Freiheitsrechte dürften nicht so überwiegend ausgestaltet werden, »daß die Regierung schlechthin der öffentlichen Meinung, der Presse, der Mehrheit des Parlaments gehorchen« müsse.[248]

Vorderhand jedenfalls opponierten die Nationalliberalen, die man nach heutigen Begriffen als ›Regierungspartei‹ bezeichnen würde, in – für gegenwärtige

Verhältnisse – kaum vorstellbarer Bedenkenlosigkeit gegen die Besonnenheit der Deutschlandpolitik ihres Bundeskanzlers BISMARCK und erregten so in Paris, London und Moskau argwöhnische Aufmerksamkeit. Sie befürchteten, so hieß es bei den Nationalliberalen, als Schildknappen der in der deutschen Frage abwartenden Politik BISMARCKS von der Avantgarde der nationalen Idee in die Arrièregarde zu geraten. Nur eine deutschlandpolitische Offensive im Norddeutschen Bund und zugleich in den süddeutschen Staaten könne die herrschende Stagnation überwinden.

Die *Berliner Nationalzeitung* vom 22. Februar 1870 brachte die besorgte Ungeduld der Nationalbewegung auf den Punkt: »Wenn es so weitergeht, kann es unmöglich die Aufgabe der nationalen Partei bleiben, nur dem Herrn Bundeskanzler im Nichtstun zur Seite zu stehen.« Diese Kritik war zweifelsfrei überzogen; doch nicht ganz zu Unrecht wies der Artikel im folgenden darauf hin, »daß auch die Aufgabe, deren Durchführung von der preußischen Regierung vor vier Jahren übernommen wurde, lange von derselben entschieden zurückgewiesen und daß die damalige Entwicklung durch eine langjährige, von dieser Regierung völlig unabhängige, ja von ihr heftig bekämpfte nationale Agitation vorbereitet worden war«.[249] Berechtigt war hier insbesondere der Hinweis auf den Liberalismus als das eigentlich maßgebliche und bereits langfristig wirksam gewesene Moment der deutschen Einigung.

e. Der Antrag vom 24. Februar 1870 des Abgeordneten Lasker im Norddeutschen Reichstag

Der Konflikt BISMARCKS mit den Nationalliberalen erreichte seinen Höhepunkt mit der parlamentarischen Offensive des Abgeordneten Eduard LASKER vom 24. Februar 1870 für eine Aufnahme des Großherzogtums Baden in den Norddeutschen Bund. BISMARCK hatte einen vorgezogenen, gesonderten Anschluß Badens – bisher nur auf verschwiegener diplomatischer Ebene – aus den bekannten Gründen bereits mehrfach abgelehnt. Die Abgeordneten des Reichstages wußten, daß die süddeutschen Staaten nach BISMARCKS Konzept nur gemeinsam und erst zu einem Zeitpunkt dem Norddeutschen Bund beitreten sollten, in dem sie hierzu übereinstimmend bereit waren. Auf die in Bayern und Württemberg bestehenden Widerstände gegen einen Anschluß hatte BISMARCK immer wieder hingewiesen: »Es kann doch niemandem entgehen, wie entgegengesetzt die Strömungen im Süden und Norden fließen: Der Süden ist vermöge seiner Stammeseigentümlichkeiten, vermöge seiner Stellung in der früheren Reichsverfassung durch und durch partikularistisch und konservativ, wir sind ihm nicht nur zu liberal, wir sind ihm zu national, also im ganzen zu national-liberal.«[250]

Insbesondere aber war den Abgeordneten des Norddeutschen Reichstages die Tatsache bekannt, daß ein Beitritt Badens für Frankreich den *casus belli*, den Kriegsgrund, bedeuten würde, sofern NAPOLEON III. seine ausdrückliche Drohung wahrmachte, und daß dieser Krieg nicht um die volle deutsche Einheit, sondern allein um den Preis nur eines der süddeutschen Länder würde geführt werden müssen. Um so bemerkenswerter erscheint es, daß der Abgeordnete LASKER beantragte, der Norddeutsche Reichstag möge »den unablässigen Bestrebungen, in denen Regierung und Volk des Großherzogtums vereinigt sind«, »dankende Anerkennung aussprechen. Der Reichstag erkenne, so hieß es weiter, »in diesen Bestrebungen den lebhaften Ausdruck der nationalen Zusammengehörigkeit« und nehme »mit freudiger Genugtuung den möglichst ungesäumten Anschluß an den bestehenden Bund als Ziel derselben wahr«.[251]

Dieser Antrag war in BISMARCKS Augen ein Axthieb ins politische Porzellan. Bei den europäischen Nachbarmächten, namentlich in Paris und London, mußte der Vorstoß heftige Irritationen auslösen. Immerhin machte die stärkste politische Kraft im Norddeutschen Reichstag, die Nationalliberale Partei, unmißverständlich klar, daß sie die von NAPOLEON III. an der Mainlinie gesetzte Grenze deutscher Einheitshoffnungen keineswegs respektierte, sondern mit dem Anschluß (zunächst) Badens energisch den nationalen Durchbruch nach Süden forderte. Dies offenbarte und unterstrich in völlig undiplomatischer Direktheit und zu einem BISMARCK keineswegs genehmen Zeitpunkt den lediglich vorübergehenden Charakter des deutschen Status quo.

Sicherlich war Eduard LASKERS demonstrativer Antrag ein mutiger und hochherziger Versuch, die in der deutschen Frage eingetretene Stagnation zu überwinden. Doch hätte diese parlamentarische Initiative durchaus den Anstoß zum Krieg geben können, der seit Königgrätz in der Luft lag, wobei Frankreich bei einer Eskalation aus dem von LASKER gegebenen Anlaß sicherlich auch Bundesgenossen unter den europäischen Mächten gefunden hätte – anders als es beim französisch-deutschen Kriegsausbruch infolge der von Frankreich ungeschickt inszenierten Affäre um die spanische Thronkandidatur dann tatsächlich der Fall war.

Nicht zu Unrecht sah BISMARCK, empört und zutiefst verärgert, in dem parlamentarischen Vorstoß der Nationalliberalen einen unzulässigen und zugleich gefährlichen Übergriff in die Außenpolitik, in die Pflichten- und Aufgabensphäre der Regierung, und einen Mangel am unerläßlichen Mindestmaß außenpolitischer Solidarität zwischen Parlament und Regierung. Den Verantwortlichen im Reichstag warf er eine »unzeitige Nöthigung« vor, sich zu seiner Politik öffentlich zu erklären; hierdurch hätten sie dieser »Steine in den Weg« gelegt und »Knüppel in die Räder« geschoben.

Durch LASKERS Antrag dergestalt vorgeführt, mußte der Kanzler, ob er wollte oder nicht, vor dem Reichstag zu seiner Deutschlandpolitik und zu seiner Haltung gegenüber der Mainlinie Stellung nehmen. Er sah sich gezwungen, die badische Regierung, aber auch die dortige Nationalbewegung vor den Kopf zu stoßen, indem er den Beitrittswunsch vor aller Öffentlichkeit zurückwies. Auch einen erneuten badischen Beitrittsantrag, so führte er aus, werde er ablehnen und sagen: »Wir werden Euch den Zeitpunkt kennzeichnen, wo uns das im Gesammtinteresse Deutschlands, im Interesse der Politik, die wir bisher, ich kann wohl sagen, nicht ohne Erfolg durchgeführt haben, angemessen erscheint.«[252]

Bismarck hob die Rolle Badens als des süddeutschen Vorreiters der Einheit hervor; es müsse als »der einzige offizielle Träger des nationalen Gedankens unter den vier süddeutschen Staaten« erhalten bleiben. »So glaube ich«, betonte er weiter, »daß wir nicht gut tun, das Element, welches der nationalen Entwicklung im Süden am günstigsten ist, auszuscheiden und mit einer Barriere abzuschließen, gewissermaßen – wenn ich ein triviales Bild gebrauche, so schreiben Sie es der kürzlichen Beteiligung an landwirtschaftlichen Verhandlungen zu –, gewissermaßen den Milchtopf abzusahnen und das übrige sauer werden zu lassen.«[253] Nicht über das Ziel seien die Nationalliberalen und er unterschiedlicher Meinung, sondern nur über die Wege in der deutschen Frage. Den Norddeutschen Bund sehe auch er als »ein vorübergehendes Stadium« an.[254]

Überdies verwies er zu wiederholtem Male auf das bereits Erreichte – möglicherweise auch im Gedanken an die künftige Entwicklung: »Übt nicht das Präsidium des Norddeutschen Bundes in Süddeutschland ein Stück kaiserlicher Gewalt, wie es im Besitze der deutschen Kaiser seit fünfhundert Jahren nicht gewesen ist?«[255]

Offenbar erzeugte Bismarcks scharfe Kritik an dem parlamentarischen Vorstoß Nachdenklichkeit bei den Nationalliberalen; sie nahmen den Antrag zurück. Mit seiner schroffen Reaktion hatte Bismarck zugleich nach außen klargestellt, daß der Antrag nicht der preußischen Politik entsprach; dies ist wohl der Grund dafür, daß internationale Weiterungen ausblieben. So unglücklich ihr Vorgehen der gewählten Form nach jedoch auch gewesen sein mag – in der Sache konnten die nationalliberalen Parlamentarier gewichtige Argumente für ihr Anliegen vorbringen. Wenn Bismarck etwa unverbindlich ankündigte, die deutsche Einheit werde vielleicht gar erst im folgenden Jahrhundert Wirklichkeit werden, so war dies für die Nationalbewegung der Jahre 1866 bis 1870 eine eher bedrückende Perspektive.

Möglicherweise sahen die Liberalen die Gefahren der Stagnation der deutschen Dinge sogar realistischer als Bismarck, der bereit zu sein schien, auf den »Zipfel des Mantels Gottes« so lange zu warten, bis der nationale Prozeß vor dem Ziel stockte und erstarrte. Johannes Miquel begrüßte in der Debatte um den Antrag die (jetzt erzwungene) Stellungnahme Bismarcks schon mit Rücksicht darauf, daß die bestehende Ungewißheit in der öffentlichen Meinung über dessen Deutschlandpolitik Wasser auf die Mühlen der Gegner Preußens sei. Bismarcks Weigerung, Baden in den Norddeutschen Bund aufzunehmen, so lange nicht auch Bayern und Württemberg freiwillig beitreten wollten, bedeute letztlich, »die deutsche Frage a*d calendas graecas*, auf St.-Nimmerleins-Tag, zu vertagen«.[256] Preußen sei in der deutschen Frage stets schrittweise vorgegangen und habe sich niemals dazu herbeigelassen, untätig zu sein, bis sich diese als Ganze würde lösen lassen. Es habe immer nach dem Grundsatz gehandelt: »Laßt Euch nicht abhalten, schrittweise vorwärts zu gehen, nehmt jedes Stück Deutschland, das sich freiwillig an das nationale Ganze anschließt, jeder Schritt vorwärts erleichtert den weitern Schritt vorwärts, und dies ist die alte hohenzollernsche Politik gewesen, bis auf den heutigen Tag.«[257] Auch MIQUELS Wertung der preußischen Expansion in der Vergangenheit enthielt einen wahren Kern, wenngleich er den nationalen Aspekt in der Politik der Hohenzollerndynastie stark überzeichnete.

Die Geschichte hat es indes nicht zu einer Entscheidung über den in LASKERS Antrag gipfelnden Gegensatz zwischen BISMARCK und den Nationalliberalen kommen lassen, hat nicht beantwortet, ob BISMARCK im Recht war mit seiner vorsichtigen, von vorwiegend außenpolitischen Rücksichten geprägten Einigungspolitik, oder die Liberalen mit ihrem Drängen und ihrer Furcht, daß die Stagnation in Erstarrung übergehen könne. Denn im Sinne einer überholenden Kausalität trat im Jahre 1870 Frankreichs Krieg gegen die deutschen Staaten dazwischen und machte den Konflikt gegenstandslos.

f. Erneuerung des deutschen Kaisertums? Erste Sondierungen Bismarcks

BISMARCKS letzte deutschlandpolitische Initiative zu Zeiten des Norddeutschen Bundes, die er bereits in seiner Stellungnahme zu Eduard LASKERS Antrag vom 24. Februar 1870 hatte anklingen lassen, war sein vorsichtiges Sondieren der Chancen, für König WILHELM I. den Kaisertitel zu erwerben. Die Idee war nicht neu und nicht die seinige: Bereits einige Jahre zuvor hatten süddeutsche Fürsten eine Neubelebung des deutschen Kaisertums ins Gespräch gebracht. BISMARCK selbst hatte die Frage zudem 1869 in informellen Gesprächen mit dem Hannoveraner Liberalen Rudolf VON BENNIGSEN erörtert.

Es ging BISMARCK weniger darum, dem Oberhaupt des als konstitutionelle Monarchie strukturierten Norddeutschen Bundes eine stil-immanente Amtsbezeichnung zu verschaffen. Vielmehr dachte BISMARCK aus deutschlandpolitischen Gründen daran, an die Tradition des ersten Reiches anzuknüpfen und mit einer Erhebung des Amtsinhabers des Präsidiums des Norddeutschen Bundes zum deutschen Kaiser einen historischen Anspruch des vorläufig nur norddeutschen Staatsgebildes auf Expansion über die Mainlinie hinaus und auf Fortentwicklung zum Nationalstaat auf dem Boden Gesamtdeutschlands (außer Österreich) zu institutionalisieren und zu unterstreichen.

Hierbei nahm BISMARCK in Kauf, daß ein solches nationalstaatliches Kaisertum mit demjenigen des universalen Heiligen Römischen Reiches Deutscher Nation staatsrechtlich und ideologisch kaum etwas gemeinsam hatte. Wichtiger waren ihm die unübersehbaren politischen und psychologischen Vorteile, die eine Erneuerung des in den Vorstellungen und Mythen des deutschen Volkes verwurzelten Kaisertums für die deutsche Einigung bot. Ein gewisses antiborussisches Element in der süddeutschen Bevölkerung würde sich mit einem deutschen Kaisertum leichter anfreunden als mit der Oberhoheit der preußischen Krone. Insbesondere aber sah BISMARCK in der Anknüpfung an die alte Tradition eine ›goldene Brücke‹ für den Beitritt der süddeutschen Fürsten zu einem kleindeutschen Bundesstaat unter Preußens Führung. So würden sich die Könige von Bayern und Württemberg einem deutschen Kaiser, der die Rolle eines *primus inter pares,* des Ersten unter Ranggleichen, einnähme, leichter unterordnen können als dem König von Preußen. Zudem war es keine preußische Machtdemonstration, sondern vielmehr ein deutsch-nationaler Akt, wenn die deutschen Fürsten die Kaiserwürde WILHELM I. von Preußen einvernehmlich übertrugen. Zugleich aber würde das Kaisertum geeignet sein, den deutschen Partikularismus – den preußischen eingeschlossen – in seine Schranken zu weisen.

Der Großherzog von Oldenburg empfahl die Wiederbelebung des deutschen Kaisertums in einer Denkschrift für WILHELM I. mit beredten Worten: »Dies ist nicht bloß Romantik und Gefühlspolitik. . . es liegt darin ein tiefer Sinn. Dadurch wird der Idee Ausdruck gegeben, daß die Neugestaltung Deutschlands nicht bloß im Interesse der Machterweiterung Preußens geschieht, sondern daß ein wahrhaft nationales Werk geschaffen werden soll. . . Einem deutschen Kaiser kann sich auch ein König von Bayern demnächst unterordnen, denn schon früher haben Könige den Kaiser als ihr Oberhaupt anerkannt.«[258]

Im März 1870 erörterte BISMARCK seine Kaiserpläne mit den Großherzögen von Mecklenburg-Schwerin, Oldenburg, Weimar und Baden. Auch mit den süddeutschen Königen LUDWIG II. von Bayern und KARL I. von Württemberg nahm er Fühlung auf. Deren ablehnender Stolz, der sie hemmte, sich einem hohenzollernschen Kaisertum zu unterstellen, war angesichts der Herkunft ihrer eigenen Königswürde freilich kaum angebracht. Es war ein Neukönigtum von den Gnaden des Parvenüs NAPOLEON I., der mit der Annahme des Kaisertitels für die eigene Person keinen guten Geschmack bewiesen und deutsche Territorialherren, die es kirre zu machen galt, mit höchsten Adelstiteln korrumpiert hatte. Insbesondere hatte er die Königswürde in deutschen Landen inflationiert (Bayern: MAXIMILIAN I. JOSEPH, König 1806; Württemberg: Herzog FRIEDRICH II., König 1806 als FRIEDRICH I.; Sachsen: Kurfürst FRIEDRICH AUGUST III., König 1806 als FRIEDRICH AUGUST I.; seinen eigenen Bruder JÉRÔME BONAPARTE ernannte der erste NAPOLEON 1807 mit seinem korsischen Familiensinn zum König des seltsamen Königreiches Westfalen mit Residenz in Kassel-Wilhelmshöhe, wo der junge Mann sich bald den Beinamen ›König Lustig‹ erwarb).

Die eingeholten Reaktionen insgesamt ermutigten BISMARCK zunächst nicht dazu, das Kaiserprojekt energisch weiter zu verfolgen, zumal auch Sondierungen in Paris und London keine positive Resonanz gehabt hatten. Doch legte er das Vorhaben deshalb nicht *ad acta;* es sollte vielmehr infolge der Kriegsereignisse des Sommers 1870 bald wieder aktuell werden.

g. Bismarcks Deutschlandpolitik in der ›Sackgasse‹?

BISMARCK hat seine ihn selbst wenig befriedigende Rolle während der Stagnationsphase gegen Ende der 1860er Jahre und Anfang 1870 im Spannungsfeld der widerstreitenden politischen Kräfte und Institutionen in Deutschland vor dem Norddeutschen Reichstag in seiner Rede vom 16. April 1869 so gekennzeichnet: »Dem

Norddeutschen geht die unifizierende Tätigkeit des Bundes zu langsam; was man in Süddeutschland als übertriebene Beschleunigung, als Raschmacherarbeit betrachtet, heißt hier Stagnation. Und diesen Gegensatz zu vermitteln, Süddeutschland nicht aus den Augen zu verlieren, den Gang Norddeutschlands zu beschleunigen, dabei aber Fühlung zu behalten mit sämtlichen Bundesfürsten, mit dem Bundesrat, mit dem Bundespräsidium und vor allem mit diesem Reichstage: das ist die Aufgabe.«[259]

Nicht selten ist heute zu lesen, BISMARCK sei zu jener Zeit mit seiner Einigungspolitik in einer Sackgasse angelangt, sei mit ihr schlechthin am Ende gewesen. Nur dem französischen Kaiser, der mit seiner offensiven Politik des Jahres 1870 der deutschen Nationalpolitik ungewollt wieder Bewegung und Dynamik verliehen und ihm so wie ein *deus ex machina* aus der Kalamität geholfen habe, verdanke er letztlich, daß seine Bemühungen durch die Reichsgründung 1871 hätten gekrönt werden können. Gelegentlich wird gar behauptet, BISMARCK habe 1870 den Konflikt mit Frankreich selbst gesucht, um so die Nation durch den Krieg gegen einen äußeren Feind zu einigen.

Trifft es auch zu, daß der Krieg Frankreichs gegen den werdenden Nationalstaat den entscheidenden Anstoß zur Reichsgründung gegeben hat, so ist die erstere dieser Versionen dennoch schief, die letztere in hohem Grade abwegig. In BISMARCKS Augen war die deutsche Einigung, wie sich aus ungezählten Zitaten, aber auch anhand seiner tatsächlich betriebenen Politik belegen läßt, ein eigendynamischer, historischer Prozeß, den man – hier und da eingreifend, um ihn zu steuern und zu fördern – reifen lassen mußte und der noch Jahre, vielleicht Jahrzehnte andauern konnte. BISMARCK rechnete damit, daß sich Frankreich diesem Prozeß irgendwann mit Waffengewalt entgegenstellen werde, tat jedoch alles, um dem vorzubeugen.

Die Stagnation, die gegen Ende der 1860er Jahre in der deutschen Frage eintrat, war in seinen Augen nicht das Ende und der Mißerfolg seiner Deutschlandpolitik, sondern nur eine durchaus in der Natur historischer Prozesse liegende retardierte Phase, die es in der Erkenntnis abzuwarten galt, daß sich die geschichtlichen Entwicklungen nicht immer in gleichbleibender Schnelligkeit und Dynamik zu vollziehen pflegen. Es entsprach eben nicht BISMACKS politischen Grundsätzen und Verhaltensmustern, in einem weniger bewegten Stadium des Ganges der Dinge »nach unreifen Früchten zu schlagen« und mit Hektik und Gewalt »Geschichte zu machen« – etwa dadurch, daß er NAPOLEON III. zum Krieg provozierte. So wie er die nationale Einigung durch die Einführung des Zollparlamentes und -bundesrates sowie seine Kaiser-Initiative gefördert hatte, würde BISMARCK ohne das erneute Dazwischentreten Frankreichs auch in der Folgezeit nicht untätig geblieben sein – wobei es zur Reichsgründung freilich erst zu einem späteren Zeitpunkt gekommen wäre, eventuell im Zusammenhang mit der nächstfälligen Verlängerung des Zollvereines.

BISMARCK konnte warten. Weder objektiv noch subjektiv stand er unter Zeitdruck und Erfolgszwang, denn der Einigungsprozeß vollzog sich seit Königgrätz trotz aller Widerstände und Hemmnisse mit einer gewissen Zwangsläufigkeit. Der Norddeutsche Bund, als Teil-Nationalstaat konzeptionell angelegt auf den Anschluß auch der süddeutschen Staaten, umfaßte bereits den Löwenanteil des für die kleindeutsche Reichsgründung in Frage kommenden Territoriums. Durch den Zollverein einschließlich des Zollparlamentes und des Zollbundesrates sowie die teils durch Militärkonventionen intensivierten Schutz- und Trutzbündnisse mit den süddeutschen Staaten war die Mainlinie bereits deutlich erodiert.

Alle Pläne zur Bildung eines Südbundes als neuer, selbständiger, an Frankreich angelehnter politischer Einheit hatten sich bald zerschlagen. Der Status der süddeutschen Länder war eindeutig provisorisch, der Sog des Norddeutschen Bundes in wirtschaftlicher und sicherheitspolitischer Hinsicht unwiderstehlich. Die süddeutschen Staaten besaßen schlechterdings keine realistische Alternative zum Anschluß an den Norden. Trotz seines Triumphes bei den Zollparlamentswahlen im Frühjahr 1868 befand sich der süddeutsche Partikularismus chancenlos in der Defensive.

BISMARCKS Politik den europäischen Mächten und insbesondere Frankreich gegenüber konnte bei dieser Lage der Dinge rein abwartend und defensiv sein, und sie war dies in höherem Maße, als es den Nationalliberalen erträglich erschien, deren Vorstellungen in dem parlamentarischen Vorstoß Eduard LASKERS zutage getreten waren. Mit dessen Antrag war sinngemäß die Überschreitung der Mainlinie unter Inkaufnahme des Kriegsrisikos gefordert worden – etwa nach dem Motto: »Wir verwirklichen nichts als unser gutes Recht auf innerdeutsche nationale Einheit. Wenn Frankreich dies zum Anlaß nimmt, uns anzugreifen, so soll es seinen Krieg haben.«

Auch dieser Standpunkt war zweifelsfrei noch defensiv und gehörte zu den BISMARCK offenstehenden Alternativen. Der Anschluß Badens entgegen dem französischen Verdikt wäre ebenfalls ein möglicher Schritt in die Richtung der kleindeutschen Einheit gewesen; es kann keine Rede davon sein, BISMARCK sei mit seinem deutschlandpolitischen Konzept am Ende gewesen. Er zog es, wie es seinen politisch-moralischen Grundauffassungen entsprach, jedoch vor, einen Krieg als *ultima ratio*, als letzten Weg, so lange wie möglich zu vermeiden, und war daher auch bereit, Eingriffe in die nationalen Rechte bis zu einem gewissen Grade hinzunehmen. So hatte er NAPOLEONS Diktat der Mainlinie – das Anschlußverbot für die süddeutschen Staaten – akzeptiert und respektierte es um des Friedens willen weiterhin – allerdings nicht als Mauer, sondern nur als Gitter, durch das der nationale Strom noch hindurchfließen konnte.

Für BISMARCK war die Reizschwelle zum Krieg denkbar hoch angesetzt: Der *casus belli* war für ihn erst gegeben, wenn Frankreich es unternahm, den von Preußen ausgehenden Impuls zur deutschen Nationalstaatsbildung vollständig zu unterbinden und einer nationalen Einigung der Deutschen für alle Zukunft den Boden zu entziehen. Erst als Frankreich eben dies im Jahre 1870 versuchte, nahm BISMARCK die Herausforderung an.

J. Die Rache für Sadowa: der Krieg 1870/71

1. Allgemeines

Der bevorstehende militärische Konflikt war aus deutscher Sicht ein Krieg Frankreichs gegen den nationalen Zusammenschluß, ein Einigungskrieg also, während es sich für Frankreich um einen Krieg um die Vorherrschaft in Europa, einen Hegemonialkrieg also, handelte. Zugleich soll festgestellt werden, worum es in diesem Konflikt keineswegs ging: um die französische Sicherheit.

Zweifelsfrei würde der neue Nationalstaat, der sich in der Mitte Europas bildete, Frankreich zwar an Bevölkerungszahl und wirtschaftlicher sowie militärischer Macht übertreffen. Doch war Frankreichs Sicherheit, war das Territorium der französischen Nation von deutscher Seite oder durch das Heilige Römische Reich Deutscher Nation niemals in der Geschichte bedroht worden. Zwar hatte der französische König FRANZ I. in vier Kriegen gegen den mächtigen spanisch-habsburgischen Kaiser KARL V. zurückstecken müssen. Allerdings hatte es sich hier um beiderseits – wenn man so will – imperialistische Kriege gehandelt, in denen die Kontrahenten um die Herrschaft über italienische Gebiete wie Mailand stritten. Frankreich hatte sich im Ergebnis der Kämpfe aus Italien zurückziehen müssen. Um französisches Territorium jedoch war es auch in diesen Kriegen zu keinem Zeitpunkt gegangen.

Bedrohungs- oder Einkreisungsängste spielten denn auch, wie noch zu erörtern sein wird, in dem sich anbahnenden Krieg 1870/71 in Frankreich eine ausschließlich propagandistische Rolle. Frankreich würde im übrigen mit einem nationalstaatlich organisierten Deutschland nicht allein auf dem Kontinent sein. Wollte es sich vorsorglich gegen ein deutsches Übergewicht sichern, so stand es ihm frei, beliebige defensive Koalitionen einzugehen. Doch spielten defensive Gesichtspunkte der eigenen Sicherheit in der französischen Politik des Jahres 1870 ebenso wenig eine Rolle wie in den aggressiven Einkreisungskoalitionen, die es in den folgenden Jahrzehnten gegen das Reich schloß. Es ging der Regierung NAPOLEONS III. einzig und allein um das außenpolitische Programm einer Revision der Ergebnisse von Königgrätz, um die »Rache für Sadowa«.

Diese wurde aus der Sicht des Nationalismus an der Seine während der Jahre des Norddeutschen Bundes zunehmend dringlicher, denn ersichtlich arbeitete die Zeit für das Zusammenwachsen Klein-Deutschlands. Die französische Politik sah sich mit einer Entwicklung zum deutschen Nationalstaat konfrontiert, deren Zwangsläufigkeit rasche und radikale Gegenmaßnahmen erforderte. Während alle Bemühungen gescheitert waren, eine förmliche Kriegskoalition gegen Preußen und den Norddeutschen Bund zustande zu bringen, und sich die Hoffnungen auf ein selbständiges, an Frankreich angelehntes Süddeutschland als Illusion erwiesen hatten, zeigte sich der Status quo der Mainlinie als durchaus instabil. Daß maßgebliche politische Kräfte in Deutschland gar nicht daran dachten, diesen zu respektieren, hatte der Antrag LASKERS nur allzu deutlich gemacht. Aber auch die vorsichtigere preußische Regierung hatte seit 1866 mehrfach und teils mit Erfolg versucht, die Mainlinie zu unterlaufen. Und sie machte keinen Hehl daraus, daß auch sie in dieser Grenze keine Dauerlösung der deutschen Frage sah, sondern ein Hindernis auf dem Wege zum Nationalstaat, das sie auf längere Sicht zu überwinden gedachte.

Für Frankreich galt es daher nun mit hoher Dringlichkeit, die alten mitteleuropäischen Machtverhältnisse aus der Zeit vor Königgrätz wiederherzustellen, bevor sich ein deutscher Nationalstaat konstituieren konnte. Preußen und der Norddeutsche Bund mußten militärisch geschlagen oder auf andere Weise so entmachtet und unter französische Botmäßigkeit gebracht werden, daß sie als Motor einer deutschen Einigung ausschieden. Nur so konnte ein deutscher Nationalstaat auf Dauer verhindert und Frankreichs traditioneller Anspruch wiederbelebt werden, die alleinige Führungsmacht auf dem europäischen Kontinent zu sein.

2. Paris auf der Suche nach einem vorzeigbaren Kriegsgrund; die spanische Thronkandidatur des Prinzen Leopold von Hohenzollern-Sigmaringen

Freilich konnte die französische Regierung ihre Armeen nicht im Stil der Kabinettskriege vergangener Zeiten unvermittelt zum Angriff marschieren lassen. Sie brauchte einen in der internationalen Öffentlichkeit rechtlich und moralisch vorzeigbaren Kriegsgrund als Rechtfertigung. Ein Angriffskrieg Frankreichs gegen den Norddeutschen Bund und Preußen in der unverblümt erkennbaren, ausschließlichen Absicht, die nationale Einheit des deutschen Volkes zu verhindern, kam für die französische Führung nicht in Betracht. Ein solcher Angriff würde – gerade vor dem Hintergrund der staatsideologischen Vorgaben des napoleonischen Kaisertums als Hort und Zuflucht der europäischen Nationalbewegungen – europaweit katastrophale propagandistische Auswirkungen haben und, von klamm-heimlicher Zustimmung abgesehen, kaum den Beifall der übrigen europäischen Mächte erregen.

So galt es, einen Kriegsgrund machtpolitischer, völkerrechtlicher oder dynastischer Art zu suchen, der keineswegs als gegen die deutsche Nation als solche gerichtet erscheinen durfte; einen solchen zu finden war nicht einfach. Die preußische Regierung agierte, wie BISMARCKS Reaktion auf den Antrag Eduard LASKERS im Norddeutschen Reichstag zeigte, mit äußerster Vorsicht. Sie hütete sich sorgfältig, NAPOLEON III. den erwünschten Vorwand für eine Kriegserklärung zu liefern, etwa in Form einer Verletzung der vertraglichen Vereinbarungen über die Mainlinie. So verfiel die französische Führung schließlich auf den abseitigen Versuch, den *casus belli* in einer damals zufällig aktuellen Kandidatur eines süddeutschen Hohenzollernprinzen für den spanischen Königsthron zu konstruieren.

Zur Vorgeschichte: Am 18. September 1868 wurde die spanische Königin ISABELLA II. aus dem Hause Bourbon, die das Land absolutistisch regierte, durch eine

Revolte liberal eingestellter Militärs gestürzt und nach Frankreich vertrieben. Neben einer konstitutionellen Regierungsform strebten die Putschisten eine Lokkerung der französischen Vorherrschaft über die äußere und innere Politik ihres Landes an. Erst nach einem Jahr anhaltender Kämpfe gelang es den uniformierten Revolutionären, die Macht im Staat zu ergreifen. Ihr Anführer, der Marschall Juan PRIM, Marques de los Castillejos, wurde Ministerpräsident und begann im Einvernehmen mit den Cortes, den spanischen Ständen, einen Nachfolger für den verwaisten Thron zu suchen.

Dies war ein schwieriges Unterfangen, denn Spanien war seit Jahrzehnten instabiler Schauplatz politischer Wirren und sein Thron keineswegs ein attraktiver Sitz für Angehörige des europäischen Hochadels, zumal die Revolutionäre, die ihn vergeben wollten, soeben selbst eine Königin verjagt hatten. Einen bourbonischen Bewerber, den Frankreich ihnen andienen wollte, lehnten die Spanier ab, denn es war ihnen ja gerade darum gegangen, die Herrschaft dieser Dynastie französischer Herkunft abzuschütteln. Nach Versuchen, einen Kandidaten aus dem Hause Savoyen zu gewinnen, wandte Marschall PRIM seine Aufmerksamkeit den zahlreichen deutschen Fürstenhäusern zu und verfiel schließlich auf LEOPOLD VON HOHENZOLLERN-SIGMARINGEN, einen Erbprinzen aus der süddeutsch-katholischen Linie der Hohenzollerndynastie.

Dieser, mit den preußischen Hohenzollern nur durch den Namen und die dynastische Zugehörigkeit weitläufig verbunden, war über seine beiden Großmütter mit NAPOLEON III. verwandt und mit König LUDWIG I. von Portugal verschwägert, mit dessen Schwester Antonia er verheiratet war. Diese familiären Verhältnisse mochten sich günstig auf die Beziehungen Spaniens zu seinem nördlichen und dem westlichen Nachbarn auswirken. Zudem eröffnete die Besetzung des Thrones mit einem Hohenzollern aus spanischer Sicht die Möglichkeit, politische und wirtschaftliche Beziehungen zu Preußen zu knüpfen und die bilaterale Fixierung auf die französische Hegemonialmacht ein wenig zu lockern.

3. Die spanische Thronkandidatur aus preußischer Sicht: eine Hohenzollernsche Familienangelegenheit von zweitrangiger politischer Bedeutung

Am 26. Februar 1870 wurde das spanische Angebot dem Vater LEOPOLDS, dem Fürsten KARL ANTON VON HOHENZOLLERN-SIGMARINGEN, offiziell übermittelt. Während dieser die Thronkandidatur befürwortete, verhielt sich der Erbprinz LEOPOLD selbst, ein eher unpolitischer junger Mensch, zunächst zögerlich, denn er verspürte wenig Neigung, sich auf das iberische Abenteuer einzulassen. Der preußische König WILHELM I. wurde mit der Angelegenheit als Chef des Hauses Hohenzollern befaßt, denn nach dem dynastischen Reglement bedurfte die Kandidatur formell der Zustimmung des Familienoberhauptes, auch wenn es sich nur um einen ganz entfernt Verwandten handelte. WILHELM I. stand der Sache skeptisch gegenüber, wollte die Entscheidung allerdings den Betroffenen, dem Erbprinzen LEOPOLD und dessen Vater, überlassen. Die Annahme der Thronkandidatur durch einen Hohenzollern war zwar zunächst eine Familienangelegenheit der Dynastie. Da sie jedoch auch für die preußische Politik mittelbar nicht ohne Belang war, verfolgte BISMARCK den Gang der Dinge, allerdings zunächst nur mit mäßigem Interesse, wie es der zweitrangigen Bedeutung der Angelegenheit entsprach. Bereits im Februar 1870 nahm er auch an Besprechungen König WILHELMS über dieses Thema teil, insbesondere mit dem Fürsten KARL ANTON VON HOHENZOLLERN-SIGMARINGEN. Dabei vertrat er die Auffassung, daß eine Annahme der Kandidatur durchaus im preußischen Staatsinteresse liege.

Zum einen war die Besetzung des vakanten Thrones mit dem französischen Einflüssen nicht einseitig verpflichteten deutschen Wunschkandidaten der spanischen Regierung geeignet, deren Unabhängigkeitsbestrebungen gegenüber Frankreich zu stärken. Eine Lockerung des hegemonialen französischen Zugriffes auf Spanien aber lag nicht nur in dessen, sondern auch im preußisch-deutschen Interesse. Mit der Genehmigung der Kandidatur des Prinzen LEOPOLD konnte ein Gegenakzent zu der offensiv antideutschen *de-facto*-Koalition Frankreichs, Österreich-Ungarns und Italiens gesetzt werden – wenn auch nur in einem ganz unspektakulären und marginalen Punkt und nur auf wirtschaftlichem und eventuell auf diplomatischem Gebiet. Denn ein Militärbündnis des Norddeutschen Bundes mit Spanien etwa zu dem Zweck, Frankreich einzukreisen, lag schon angesichts der damaligen militärischen Bedeutungslosigkeit Spaniens völlig außerhalb der realen, vernünftigerweise denkbaren Möglichkeiten.

Im übrigen wäre ein landesfremder, süddeutsch-katholischer Prinz auf dem konstitutionell eingebundenen spanischen Thron auch weder geeignet noch in der Lage gewesen, eine militärische Verklammerung des iberischen Landes mit dem Norddeutschen Bund zu bewirken – und dies schon gar nicht mittels seines hohenzollernschen Namens. Denn der europäische Hochadel war in hohem Maße in sich versippt, die Familien untereinander verwandt und verschwägert, ohne daß dies im Regelfall irgendwelche bedeutsamen und über das Atmosphärische hinausgehenden politischen Konsequenzen für die internationalen Beziehungen gehabt hätte, die fast ausschließlich von den staatlichen und nationalen Interessen und nicht von dynastischen Familienbeziehungen bestimmt wurden.

Auch lag BISMARCKS defensiver Politik gegenüber Frankreich nichts ferner als eine macht- und sicherheitspolitisch offensive Einkreisungsstrategie, lehnte er doch sogar im innerdeutschen Bereich den gesonderten Beitritt Badens zum Norddeutschen Bund in dem Bestreben ab, dem reizbaren westlichen Nachbarn nur keinen Vorwand für einen bewaffneten Angriff zu liefern.

In seinen *Gedanken und Erinnerungen* schilderte BISMARCK die politischen Aspekte der Thronkandidatur, wie sie sich ihm dargestellt hatten: »Ich dachte zunächst mehr an wirthschaftliche wie an politische Beziehungen, denen ein König von Spanien deutscher Abstammung förderlich sein konnte. . . es [Spanien] ist außerdem in wirthschaftlicher Beziehung nach Production und Bedarf für einen entwickelten Verkehr mit Deutschland wohl geeignet. Ein uns befreundetes Element in der spanischen Regirung wäre ein Vortheil gewesen, den a limine abzuweisen in den Aufgaben der deutschen Politik kein Grund vorhanden war, es sei denn, daß man die Besorgniß, Frankreich könne unzufrieden werden, als einen solchen gelten lassen wollte. Wenn Spanien sich wieder kräftiger entwickelte, als seither geschehn ist, konnte die Thatsache, daß die spanische Diplomatie uns befreundet wäre, im Frieden für uns von Nutzen sein; daß der König von Spanien bei Eintritt des früher oder später vorauszusehenden deutsch-französischen Kriegs, auch wenn er den besten Willen gehabt hätte, seine deutschen Sympathien durch einen Angriff oder eine Aufstellung gegen Frankreich zu bethätigen im Stande sein werde, war mir nicht wahrscheinlich, und das Verhalten Spaniens nach Ausbruch des Kriegs... bewies die Richtigkeit meiner Zweifel... Keine spanische Regirung und am wenigsten ein ausländischer König würde im Lande die Macht besitzen, auch nur ein Regiment aus Liebe zu Deutschland an die Pyrenäen zu schicken. Politisch stand ich der ganzen Frage ziemlich gleichgültig gegenüber.«[260]

Die Besorgnis, »Frankreich könne unzufrieden werden«, hatte allerdings König Wilhelm in den Besprechungen im Februar 1870 zur Debatte gestellt. Bismarck hielt dem entgegen: »Die Friedensliebe Frankreichs gegen Deutschland würde immer im Verhältnis der Gefahren des Krieges mit Deutschland wachsen oder abnehmen. Wir haben die Erhaltung des Friedens auf die Dauer nicht von dem Wohlwollen Frankreichs, sondern nur von dem Eindrucke unserer Machtstellung zu gewärtigen.«[261]

Von größerem Interesse als die Rolle, die ein Hohenzollernprinz auf dem spanischen Thron im deutsch-französischen Verhältnis würde spielen können, war für Bismarck ein deutschlandpolitischer Aspekt der Kandidatur. Ein zweiter von der Hohenzollerndynastie besetzter europäischer Königsthron würde das Ansehen des preußischen Monarchen bei den deutschen Fürsten und damit auch deren Bereitschaft, sich einem hohenzollernschen Kaisertum unterzuordnen, wesentlich steigern. Daher konnte die spanische Thronkandidatur des Prinzen Leopold Bismarcks Absicht, Wilhelm I. oder seinen Nachfolger zum deutschen Kaiser zu erheben, durchaus förderlich sein. Beredt pries Bismarck den zu erwartenden Zuwachs an Prestige: »Das Ansehen der Dynastie der Hohenzollern, der gerechte Stolz, mit dem nicht nur Preußen auf sein Königshaus blickt, sondern auch Deutschland sich mehr und mehr gewöhnt, auf diesen Namen als auf ein gemeinsames, nationales Besitztum, als auf ein Symbol deutschen Ruhmes und deutschen Ansehens im Auslande stolz zu sein, dieses wichtige Element politischen Selbstgefühls zu heben und zu stärken, das würde der Kräftigung des Nationalgefühls überhaupt, und zwar in monarchischer Richtung, zustatten kommen. Es liegt daher im politischen Interesse Deutschlands, daß das Haus Hohenzollern das Ansehen und die hohe Weltstellung einnehme, welche nur in den Habsburgischen Antezedentien seit Karl V. eine Analogie haben.«[262]

Die nahezu schwärmerische Bezugnahme auf das Kaisertum KARLS V., in dessen Reich die Sonne nie unterging, war freilich nicht mehr als ein Appell an die menschliche Eitelkeit, zielte eher auf psychologische Wirkung bei den Hohenzollern ab als auf eine realistische Darstellung künftig möglicher politischer Machtentfaltung. Die schmeichelhafte, der Sache nach aber abwegige Parallele sollte bald in feindseliger Absicht auch von französischer Seite gezogen und in unheilschwerer Weise instrumentalisiert werden.

4. Die spanische Thronkandidatur in der französischen Propaganda

Wann und wie das Projekt einer Bewerbung des Erbprinzen LEOPOLD um den spanischen Thron der französischen Führung zur Kenntnis kam, ist – entgegen weit verbreiteter Auffassung – letztlich ungeklärt. Mit einem sehr hohen Grad an Wahrscheinlichkeit muß angenommen werden, daß die Pläne für NAPOLEON III. und seine Regierung schon im Vorfrühling 1870 kein Geheimnis mehr waren. Die französische Führung wußte zu dieser Zeit ja, daß Marschall PRIM emsig und europaweit auf Kandidatensuche war. An der Frage der Nachfolge auf dem Thron zu Madrid hatte Frankreich, das auch einen eigenen Kadidaten für dieses Amt namhaft machte, als Hegemonialmacht auch ein lebhaftes Interesse. Der Regierung NAPOLEONS III. mußte daran gelegen sein, eine allzu eigenwillige Entscheidung der Spanier zu verhindern. Bei dieser Sachlage aber ist davon auszugehen, daß man die Bemühungen PRIMS von Paris aus genauestens beobachtete. An den personellen und organisatorischen Mitteln hierzu fehlte es nicht: NAPOLEON III. verfügte, unter anderem in Deutschland, über ein gut ausgebautes Netz von Agenten und Informanten.[263]

Die Pläne einer Kandidatur des Erbprinzen LEOPOLD aber waren schon im Winter 1869/70 im Gerede. Spätestens bis zum 26. Februar 1870, als das spanische Angebot offiziell unterbreitet wurde, dürften in Deutschland alle Angehörigen der Hohenzollerndynastie einschließlich ihres jeweiligen familiären Anhanges, aber auch andere interessierte Kreise des Hochadels und der Politik unterrichtet gewesen sein; Entsprechendes gilt für die spanische Seite. Es ist kaum vorstellbar, daß die Angelegenheit bei so vielen und verschiedenartigen Mitwissern ausgerechnet einer interessierten französischen Regierung verborgen geblieben sein sollte.

Geht man in diesem Sinne davon aus, daß die politische Führung in Paris bereits frühzeitig im Jahre 1870 informiert war, so erstaunt es dennoch nicht, daß sie zunächst nichts gegen die Kandidatur LEOPOLDS unternahm. Zwar hätte ein energischer Wink an Marschall PRIM, sich anderweitig nach einem Thronfolger umzusehen, zweifelsfrei seine Wirkung nicht verfehlt. Es ging der französischen Führung aber gerade nicht darum, den Prinzen LEOPOLD als spanischen Thronfolger auszuschalten. Sie hatte keinerlei Anlaß, die Kandidatur eines süddeutschen Prinzen als bedrohlich zu empfinden, zumal dieser dem Kaiser NAPOLEON III. verwandtschaftlich viel näher stand als dem preußischen König. Die Thronbewerbung eines Trägers des Namens Hohenzollern sollte der französischen Propaganda vielmehr demnächst den Vorwand für eine zum Angriffskrieg eskalierende Kampagne gegen das zusammenwachsende Deutschland liefern.

Eine absurde historische Parallele zwischen dem süddeutschen Prinzen und Kaiser KARL V., der in der ersten Hälfte des 16. Jahrhunderts unter anderem den gesamten deutschsprachigen Raum sowie Spanien beherrscht hatte und eher ein Spanier als ein Deutscher war, sollte mit Getöse propagiert werden und glauben machen, die preußischen Hohenzollern schickten sich an, Frankreich militärisch einzukreisen, indem sie Spanien mittels der Thronkandidatur in ihre Gewalt brächten.

Allerdings war es zu Anfang des Jahres 1870 noch zu früh, das Trugbild eines preußisch-spanischen Zangengriffes gegen Frankreich an die Öffentlichkeit zu bringen. Zunächst galt es vielmehr, stillschweigend abzuwarten und sich bedeckt zu halten, bis die sigmaringische Kandidatur aus dem unverbindlichen Vorbereitungsstadium des Frühjahrs 1870 herausgetreten sein würde und als vollendete Tatsache, als offensichtlicher Angriff Preußens auf die Ehre, die Sicherheit und die Lebensinteressen Frankreichs öffentlich ausgeschlachtet werden konnte.

Wann immer die französische Führung von den Plänen erfahren hat, ob Anfang 1870 oder, wie meist angenommen, erst am 1. Juli 1870, als in Paris, wie noch zu berichten sein wird, die »spanische Bombe platzte«: Die Thronkandidatur des Prinzen LEOPOLD war jedenfalls ein »Himmelsgeschenk« (Thomas NIPPERDEY)[264] für die französische Politik, ein Glücksfall für die »Rache für Sadowa«. Die Einkreisungsmär würde von der französischen Öffentlichkeit in deren reizbarem, hitzigem und kämpferischem Nationalismus, ganz besonders aber von der Gefolgschaft NAPOLEONS III. nur allzu bereitwillig für bare Münze genommen werden. Sie tat auch der Glaubwürdigkeit des Imperators keinen Abbruch, denn man handelte ja ehrenvoll und im Einklang mit den Idealen der Revolution, wenn man nicht etwa gegen das Selbstbestimmungsrecht einer benachbarten Nation, sondern gegen eine reaktionäre Dynastie militärisch vorging, die Frankreichs nationale Sicherheit und seine Grenzen von Nordosten bis Südwesten bedrohte und im Begriffe stand, sich nicht nur ganz Deutschland, sondern auch Spanien in einer die Rechte der Nationen mißachtenden Machtzusammenballung zu unterwerfen. Durch die Assoziation der Thronkandidatur mit KARL V. wurde deren unterstellte antinationale Zielrichtung besonders hervorgehoben, denn die Herrschaft dieses Kaisers hatte sich ja keineswegs auf Deutschland und Spanien beschränkt. Mit einem so gearteten großpreußisch-dynastischen Popanz konnten überdies auch süddeutsche Liberale der von Preußen ausgehenden nationalen Einigungsbewegung entfremdet, konnte der Antiborussismus gestärkt, der vermutete Graben zwischen dem Norddeutschen Bund und dem deutschen Süden vertieft und dieser in dem bevorstehenden Krieg gegen Preußen zu neutraler Haltung motiviert werden – so mag man auf französischer Seite gehofft haben.

5. Französische Optionen: Unterwerfung Preußens durch Krieg oder durch Demütigung

Auch operativ schien die hohenzollernsche Thronkandidatur beste Aussichten zu bieten, die »Rache für Sadowa« in die Tat umzusetzen. An der Kriegsbereitschaft der französischen Bevölkerung und des Militärs würde es angesichts der propagandistischen Auswertbarkeit der Angelegenheit nicht fehlen. Zugleich konnte man die preußische Krone, deren Inhaber an der Kandidatur nur am Rande beteiligt war, zum Krieg provozieren. Die Situation bot hinlänglich Handhabe, den preußischen Gegner öffentlichkeitswirksam durch Aufforderungen zur Rücknahme der Kandidatur bzw. der erteilten Genehmigung zu demütigen und dabei den herabsetzenden Effekt durch Form, Inhalt und Begleitumstände derartiger Ansinnen zu verstärken. Kam es so zum Krieg, konnte man in der Rolle des Opfers einer preußischen Aggression zu den Waffen greifen.

Doch war das Entfesseln eines Krieges nicht die einzige Option, die die französische Führung mit der spanischen Thronkandidatur verband. Es gab auch die Alternative, die erstrebten Zwecke ohne Waffengewalt zu erreichen. Napoleon III., der seit längerem krank und leidend war, sah persönlich einem Krieg, den er seinem Kaisertum und seiner politischen Klientel schuldig sein würde, wenn er nicht mit friedlichen Mitteln Erfolge für Frankreichs Größe erzielte, eher beklommen entgegen. Sein Kalkül eines unblutigen Sieges beruhte auf durchaus realistischen Erwartungen und Hoffnungen: Wenn es gelang, Preußen vor der internationalen und besonders der deutschen Öffentlichkeit zu nötigen, in der Frage der spanischen Thronkandidatur unter demütigenden Begleitumständen zu kapitulieren und sich dem französischen Willen zu beugen, so war sein Ansehen bei der liberalen und nationalen Bewegung in ganz Deutschland und bei den Bevölkerungen und Regierungen der süddeutschen Staaten verspielt, und es war um den Fortbestand seiner Führungsrolle bei der Gründung eines Nationalstaates schlecht bestellt. Wie sollte ein Preußen, das jetzt bereits vor einigen herrischen und anmaßenden Gesten aus Paris ängstlich zurückwich, künftig die staatliche Einheit der Deutschen gegen den zweifelsfrei zu erwartenden ernsten und entschlossenen Widerstand Frankreichs durchsetzen?

Beugte sich Preußen in der spanischen Angelegenheit, so hatte seine bis dahin so erfolgreiche Deutschlandpolitik den innerdeutschen Kredit verloren, und Bismarck war mit seinem kleindeutschen Konzept gescheitert; der deutsche Nationalstaat war auf unabsehbare Zeit von der Tagesordnung der europäischen Politik abgesetzt. Die süddeutschen Staaten würden keinen Grund mehr haben, sich auf ein schwächliches Preußen und zum Norddeutschen Bunde hin zu orientieren. Dafür würden sie um so mehr Veranlassung sehen, sich mit der energischen französischen Führungsmacht zu arrangieren. Und ein einmal geducktes Preußen würde sich französischen Pressionen auch künftig nicht ernsthaft widersetzen, würde den generellen französischen Vorrang anerkennen und sich, im Sinne eines alten Wunschtraumes NAPOLEONS III., mit der Stellung eines Juniorpartners Frankreichs begnügen. Im Endergebnis würde nach alledem für Frankreich ein machtpoltischer Status quo ante Königgrätz erreicht sein – ohne einen preußisch-österreichischen Dualismus freilich und mit einem domestizierten Preußen ohne nationalstaatliche Ambitionen. Frankreichs kontinentale Hegemonie bis zur russischen Grenze würde jedenfalls bei einem solchen Lauf der Dinge in greifbare Nähe rücken.

6. Die »spanische Bombe« geht hoch; die französische Kampagne in Presse, Öffentlichkeit, Diplomatie und Abgeordnetenhaus

Im Frühjahr 1870 waren die französischen Pläne und die machtpolitischen Dimensionen, die diese der Thronkandidatur bald verleihen sollten, für die Angehörigen der Hohenzollerndynastie, für die preußische Krone und für BISMARCK noch nicht zu erahnen. Erbprinz LEOPOLD sah keinen Grund zu einer raschen Entscheidung, und am 20. April lehnte er die Kandidatur unter dem Einfluß des preußischen Familienoberhauptes, das sich trotz BISMARCKs Befürwortung mit dem Projekt nicht anfreunden mochte, zunächst einmal ab. Durch spanische Gegenvorstellungen und insbesondere BISMARCKS Einfluß jedoch ließ sich der Prinz umstimmen und nahm die Kandidatur Ende Mai schließlich doch noch an. WILHELM I. erteilte hierzu seine Zustimmung als ›Chef‹ des Hauses Hohenzollern. Alles weitere schien nur noch Formsache zu sein, denn eine Mehrheit der Cortes bei der auf den 9. Juli anberaumten Wahl LEOPOLDS zum spanischen König war gesichert. Der Wahltermin mußte sodann auf den 20. Juli 1870 verlegt werden, da sich die Cortes infolge eines Übermittlungsfehlers bereits Anfang Juli vertagt hatten.

Am 1. Juli 1870 jedoch wurde die Kandidatur, die bisher von den Beteiligten vertraulich behandelt und auch von französischer Regierungsseite bewußt nicht hochgespielt worden war, in der breiten Öffentlichkeit bekannt gemacht. Damit setzte schlagartig eine konzertierte Kampagne des politischen Establishments und der Presse in ganz Frankreich ein. Die nationalen Leidenschaften und die kriegerischen Instinkte der Massen wurden gegen Preußen aufgepeitscht, und mit dem Schreckbild der drohenden Einkreisung Frankreichs wurden wie auf Kommando chauvinistische Erregung und wilder Haß in der Bevölkerung entfesselt. Eine ungeheure Woge der Empörung gegen Preußen beherrschte Frankreich in den folgenden Wochen und trug die auf den Krieg hinarbeitenden politischen Kräfte in Paris wie von selbst zum Erfolg. Sogar NAPOLEON III. mußte sich wegen seiner bisher angeblich zu laschen Politik gegenüber den Preußen herbe öffentliche Kritik gefallen lassen. Der *Soir* schäumte: »Wir werden ein Volk von achtunddreißig Millionen Gefangenen sein, wenn sich diese Nachricht als wahr erweist. Sie wird falsch sein, wenn dies unser Wille ist. Aber ist die französische Regierung noch eines Willens fähig?«[265] Im *Pays* vom 8. Juli stellte ein bildungsbeflissener Schreiberling – anscheinend in Kenntnis der von der französischen Führung gewählten

Taktik von Kriegsprovokation und Herabwürdigung des Gegners – den Preußen das schmähliche Los der bei Caudium geschlagenen Alten Römer in Aussicht, die zu ihrer Demütigung gebeugt unter einem aus Speeren errichteten Joch hindurchgetrieben worden waren: »Das kaudinische Joch ist bereit für die Preußen, sie werden sich darunter beugen, und zwar *ohne* Kampf besiegt und entwaffnet, wenn sie es nicht wagen, einen Kampf aufzunehmen, dessen Ausgang nicht zweifelhaft ist. Unser Kriegsgeschrei ist bis jetzt ohne Antwort geblieben. Die Echos des deutschen Rheines sind noch stumm. Hätte Preußen zu uns die Sprache gesprochen, die Frankreich redet, so wären *wir* schon längst unterwegs.«[266]

Wilde Gerüchte heizten die Stimmung an. So wußten französische Zeitungen zu berichten, die Thronkandidatur des »preußischen Prinzen« sei als gezielte Intrige gegen Frankreichs Ehre und Sicherheit von BISMARCK persönlich von langer Hand vorbereitet und inszeniert worden. Dieser habe sogar das Geld für den spanischen Aufstand gegeben, durch den die Bourbonenkönigin in Madrid gestürzt und verjagt worden sei. Angesichts der beispiellosen Pressekampagne rechneten in Paris akkreditierte Diplomaten aller europäischen Mächte damit, daß der Krieg jederzeit ausbrechen könne. Am 2. Juli protestierte die französische Regierung, der die Kandidatur des Prinzen von Hohenzollern-Sigmaringen nunmehr am 3. Juli von der spanischen Regierung formell mitgeteilt wurde. Doch wandte sich Paris absichtsvoll nicht etwa an die spanische Regierung, die dies eigentlich anging, sondern stellte in einer Anfrage vom 4. Juli an das Außenministerium in Berlin das befremdliche Ansinnen, Preußen solle sich förmlich von der Kandidatur distanzieren.

Mit diesem Schritt hatte die französische Führung ihrem vorgefaßten Konzept entsprechend ihr Konfrontationsprogramm mit dem Ziel in Gang gesetzt, Preußen durch Anmaßung und Dreistheit systematisch öffentlich zu demütigen und es dadurch zum Krieg zu provozieren oder es in die erwünschte Position der Unterwürfigkeit zu manövrieren. In seiner kurzen Antwort nahm das preußische Außenministerium den Standpunkt ein, daß es sich um eine Familienangelegenheit der Hohenzollern außerhalb der amtlichen Zuständigkeit der preußischen Regierung oder des Norddeutschen Bundes handele. Unbeschadet der von BISMARCK selbst artikulierten staatlichen Interessen war der familiäre Charakter der Sache bisher stets gewahrt und sogar betont worden. So konnte der spanische Gesandte in Paris am 8. Juli 1870 die Erklärung abgeben, daß alle Verhandlungen des Generals PRIM nicht mit der preußischen Regierung, sondern direkt mit dem Prinzen von Hohenzollern-Sigmaringen geführt worden seien.

In Berlin herrschte Anfang Juli 1870 tiefster Sommerfrieden. König WILHELM weilte zur Kur in Bad Ems. BISMARCK suchte in den ausgedehnten Waldungen seines Rittergutes Varzin bei Rummelsburg in Vorpommern[267] Entspannung und Erholung. Auch NAPOLEONS Botschafter BENEDETTI hielt sich nicht an seinem Dienstort Berlin, sondern zur Sommerfrische in Wildbad auf. Wie weiland Kaiser FRANZ JOSEPH beim Fürstentag zu Frankfurt sieben Jahre zuvor sah jetzt die französische

Regierung ihre Chance darin, unmittelbar auf den von Bismarck vorübergehend nicht abgeschirmten König WILHELM einzuwirken. Am 5. Juli bedrängte das französische Außenministerium den preußischen Botschafter in Paris, Georg VON WERTHERN, der im Begriff stand, seinen König in Bad Ems aufzusuchen, er möge dem Monarchen die dringende Bitte übermitteln, seine Zustimmung zur Kandidatur des Prinzen LEOPOLD zurückzunehmen. Andernfalls müsse er schwerwiegende Folgen gewärtigen. Dies war nicht mehr und nicht weniger als eine kaum verhüllte Kriegsdrohung.

Am 6. Juli ergriff die Pariser Regierung auch im französischen Abgeordnetenhaus die Initiative. Auf eine parlamentarische Anfrage führte der Außenminister, der Herzog VON GRAMONT, aus: »Wir haben alles vermieden, was den Schein hätte haben können, als wollten wir uns irgendwie in die innern Angelegenheiten einer edlen und großen Nation einmischen, die in voller Ausübung ihrer Souveränität ist. Den verschiedenen Kronprätendenten gegenüber haben wir uns völlig neutral gehalten und uns keinem derselben günstig oder abgeneigt erzeigt. Wir werden dies Benehmen auch ferner beachten, aber wir glauben nicht, daß die Achtung vor den Rechten eines Nachbarvolkes uns verpflichtet, zu dulden, daß eine fremde Macht einen ihrer Prinzen auf den Thron KARLS V. setzt und dadurch zu unserm Schaden das gegenwärtige Gleichgewicht der Mächte Europas in Unordnung bringen und die Ehre Frankreichs gefährden könnte. Dieser Fall wird nicht eintreten; dessen sind wir gewiß. Damit er nicht eintrete, zählen wir auf die Weisheit des deutschen und die Freundschaft des spanischen Volkes. Sollte es anders kommen, so würden wir, stark durch Ihre Unterstützung, meine Herren, und durch die der Nation, unsere Pflicht ohne Zaudern und ohne Schwachheit zu erfüllen haben.«[268]

Frenetischer Jubel des parlamentarischen Auditoriums brandete auf: Die Abgeordneten hatten verstanden. GRAMONTS Ausführungen waren eine Fensterrede an das französische Volk sowie an Preußen und Deutschland – und zugleich in den entscheidenden Sätzen ein einzigartiges Konzentrat an bösartiger Demagogie. Die Darstellung, eine fremde Macht (Preußen) setze ihren Prinzen zum Schaden Frankreichs und des europäischen Gleichgewichtes auf den Thron KARLS V., enthielt – einschließlich der mit ihr geweckten historischen Assoziationen – in Kurzfassung den absurden Kern der Propagandathese, mit der die französische Aggressionspolitik gerechtfertigt werden sollte: das Horrorbild vom Prinzen LEOPOLD, eines willfährigen Werkzeuges Preußens auf dem spanischen Thron KARLS V. Wie dieser Kaiser, so unterstellte die Assoziation, würde der ›preußische‹ Prinz mit überwältigender kontinentaler Macht ausgestattet sein und das kleine, aber tapfere Frankreich in den Würgegriff nehmen! Doch stark und ohne Zaudern werde die französische Regierung ihre Pflicht erfüllen, wenn dieser Fall einträte! Im Klartext bedeutete letzteres die französische Kriegserklärung an Preußen für den Fall, daß der Appell an »die Weisheit des Deutschen Volkes« ungehört und die Kandidatur des Prinzen LEOPOLD aufrechterhalten bleibe.

Nicht alle französischen Volksvertreter indes applaudierten dem Außenminister GRAMONT. Ein verschreckter Abgeordneter drängte nach vorn und hielt ihm vor: »Aber das ist der Krieg! Das ist eine Herausforderung, die Sie Preußen hinwerfen!«[269] Doch der Ministerpräsident und Großsiegelbewahrer Emile OLLIVIER beruhigte derart ängstliche Gemüter. Er gab seiner Überzeugung Ausdruck, die moralische Unterstützung und die Billigung Europas sei Frankreich gewiß. Am 7. Juli erkannte der bayerische Gesandte in Paris: »Man kann sich des Eindrucks nicht erwehren, daß nunmehr die französische Regierung es darauf abgesehen [hat], mit Preußen anzubinden oder zum Mindesten Letzteres, falls es nachgibt, eklatant zu demütigen.«[270]

BISMARCK indes hielt das Hochkochen der spanischen Thronaffaire zunächst nicht für viel mehr als eine vorübergehende französische Aufgeregtheit. Von Varzin aus kommentierte er GRAMONTS Brandrede wie folgt: »Finde Sprache über alle Erwartung anmaßend und plump... Internationale Reklamationen wegen Parlamentsrede widerstreben mir. Presse aber muß sehr grob werden in möglichst vielen Blättern.«[271]

7. Benedetti bei König Wilhelm I.; Preußen ›kneift‹

Tatsächlich aber war die Lage durchaus ernster. Mit der kompromißlos drohenden Rede GRAMONTS hatte sich die französische Führung vor der eigenen, aber auch vor der internationalen Öffentlichkeit selbst gebunden und festgelegt. Wenn die preußische Krone nun nicht dafür sorgte, daß die hohenzollern-sigmaringische Thronkandidatur zurückgenommen wurde und sich dem demütigenden Ansinnen nicht beugte, so mußte Frankreich den Krieg beginnen. Dementsprechend prahlte Ministerpräsident OLLIVIER gegenüber Wiens Botschafter in Paris, Richard Fürst METTERNICH: »Kein Schwanken mehr, kein Hin und Her! Der Ministerrat ist einmütig. Wir haben wie ein Mann beschlossen zu marschieren. Wir haben die Kammer mit uns fortgerissen, wir werden auch die Nation fortreißen.«[272] In vorweggenommenem Triumph frohlockte die französische Presse bereits unter dem Motto »la Prusse cane« – Preußen kneift.

Um eben diesen Erfolg, der einen militärischen Angriff gegen Preußen erübrigen würde, war die französische Diplomatie in den folgenden Tagen heftig bemüht. Der preußische König sollte sich in der Sache der spanischen Kandidatur vor Frankreich in einer Form beugen, die in der Öffentlichkeit als schwerer Gesichtsverlust der deutschen Führungsmacht wirken mußte.

Mit entsprechendem Auftrag wurde Botschafter BENEDETTI nach Bad Ems beordert, wo es ihm trotz der schimpflichen Behandlung, die Preußen durch Frankreichs Regierung, Parlament und Presse seit Anfang Juli erfahren hatte, mehrfach gelang, vom preußischen Monarchen zur Audienz vorgelassen zu werden. WILHELM I., damals 73 Jahre alt, ohnehin ein friedliebender Mensch und überdies abgeneigt, wegen einer südeuropäischen Thronkandidatur eines entfernten Verwandten einen Krieg gegen Frankreich führen zu müssen, nahm den Konflikt in eigene

Hände, anstatt, was angemessener gewesen wäre, BENEDETTI an BISMARCK oder an die preußische Ministerialbürokratie zu verweisen. Nachgiebig gestimmt, verschloß WILHELM sich der Einsicht, daß es jetzt schon längst nicht mehr um das Thema des verflossenen Frühjahrs ging, nicht um den Prinzen LEOPOLD, um Spanien und dessen vakanten Thron, sondern um einen Frontalangriff Frankreichs auf Preußens Stellung als unabhängige deutsche Vor- und Führungsmacht bei der nationalen Einigung.

BENEDETTI kam nach Bad Ems mit dem Auftrag seiner Regierung, WILHELM I. zu nötigen, seine Zustimmung zur Kandidatur LEOPOLDS in öffentlich verwertbarer Form zurückzuziehen und die Erklärung hinzuzufügen, er habe den Erbprinzen angewiesen, von seiner Bewerbung um den spanischen Thron Abstand zu nehmen. Wenn der König sich weigere, so BENEDETTIs Botschaft, werde dies unvermeidlich den Krieg zur Folge haben.

In einer ersten Audienz am 9. Juli hielt WILHELM I. der Pression im wesentlichen noch stand. Er verwies darauf, daß die Entscheidung über die Thronbewerbung nicht bei ihm, sondern allein beim Erbprinzen selbst und dessen Vater Fürst KARL ANTON, dem Haupt des Hauses Sigmaringen, liege. Diese seien in ihren Entschlüssen völlig frei. Er, WILHELM, habe dem Prinzen weder die Kandidatur befohlen, noch sei er in der Lage, sie ihm jetzt zu verbieten. Allerdings räumte der König ein, daß der Bundeskanzler und Ministerpräsident BISMARCK über den Lauf der Angelegenheit unterrichtet worden war. Auch ließ er die Bereitschaft erkennen, Fürst KARL ANTON nach dessen Auffassung über die weitere Behandlung der Sache zu befragen.

Damit hatte WILHELM zugestanden, daß die spanische Thronkandidatur auch als Staats- und Regierungsangelegenheit behandelt worden sei, was tatsächlich nur in ganz beschränktem Umfang zutraf. Den preußischen Standpunkt, die Kandidatur sei lediglich sigmaringische Familienangelegenheit, hatte er aufgeweicht. Außerdem hatte er sich durch seine erklärte Bereitschaft zur Rückfrage bei Fürst KARL ANTON in eine vermittlerartige und damit in gewissem Maße verantwortliche Position zwischen der französischen Regierung und dem Hause Hohenzollern-Sigmaringen begeben. Dies alles signalisierte Nachgiebigkeit und Kompromißbereitschaft, zumal WILHELM zu Beginn jener Audienz versöhnlich erklärt hatte, er wisse, weshalb BENEDETTI komme; man werde sich darüber nicht entzweien.

Doch das französische Interesse ging gerade nicht dahin, den Streit durch einen Verzicht LEOPOLDS im Wege eines Kompromisses beizulegen, welcher es der preußischen Seite ermöglicht hätte, wenigstens halbwegs ihr Gesicht zu wahren. Der Außenminister GRAMONT bestand weiter auf einer in der Öffentlichkeit verwertbaren Erklärung des preußische Königs, aus der inhaltlich klar hervorging, daß dieser die Kandidatur als Hauptverantwortlicher persönlich rückgängig mache. Auf diese Weise sollte der internationalen Öffentlichkeit das Bild eines reumütigen preußischen Königs vermittelt werden, der sich zu seinem ›Fehlverhalten‹ gegenüber der Grande Nation bekannte.

Auch eine weitere Audienz Benedettis bei Wilhelm I. am 11. Juli brachte der französischen Diplomatie insoweit zunächst nicht den gewünschten Durchbruch. Doch bereits einen Tag später, am 12. Juli, nahm Fürst Karl Anton auf den Rat des preußischen Königs die Kandidatur seines Sohnes zurück. Dieser hatte die Verzichtserklärung nicht selbst abgeben können, da er sich – ungeachtet der ihn wenig interessierenden politischen Krise – auf einer längeren Bergtour in den Alpen befand. Zwar hatte die französische Regierung nun nicht die gewünschte öffentlich verwertbare Erklärung König Wilhelms erhalten. Doch stand nach der stattgehabten Kampagne für alle Zeitgenossen fest: Der Thronverzicht war eine Folge des französischen Druckes auf König Wilhelm I., war ein Kotau Preußens vor Frankreich. Preußen hatte ›gekniffen‹. Das mußte das Ansehen Preußens gerade in Deutschland um so schwerer treffen, als es sich, wie jedenfalls hier jedermann wußte, um eine Demutsgeste gegenüber einer Anmaßung handelte, deren von französischer Seite angeführte Begründung sachlich nicht nachvollziehbar und offensichtlich zweckbestimmt ›an den Haaren herbeigezogen‹ war.

8. Bismarcks Erwägungen zur Krisenreaktion; seine Rücktrittsabsicht nach Rücknahme der Kandidatur

Bismarck hatte in der ersten Dekade des Juli über mancherlei Möglichkeiten nachgedacht, wie Preußen und der Norddeutsche Bund auf die französische Thronfolge-Offensive diplomatisch reagieren könnten. So griff er einen Vorschlag des russischen Ministers Gortschakow auf, die Großmächte Rußland und England zu öffentlichen Erklärungen zugunsten Preußens zu bewegen: Sie sollten Preußen zu seiner maßvollen und friedfertigen Haltung in der Thronfolgekrise beglückwünschen. Auch erwog Bismarck eine »Sommation«, eine Aufforderung an Frankreich, es möge sich über seine wahren Absichten gegenüber Deutschland erklären. Weiter schlug er vor, Erbprinz Leopold solle seine Kandidatur nunmehr von einer zu veröffentlichenden Erklärung Spaniens abhängig machen, daß es im Falle eines Krieges zwischen dem Norddeutschen Bund und Frankreich diesem den Krieg erkläre. Bei den bestehenden Machtverhältnissen wäre die spanische Regierung schwerlich zu einer solchen Versicherung bereit und in der Lage gewesen; sie hätte die Bedingung ablehnen und so ihrerseits von der Kandidatur Abstand nehmen müssen.

So hat Bismarck in letzterem Vorschlag wohl nur einen Weg gesehen, die Angelegenheit ohne preußischen Gesichtsverlust beizulegen. Ferner dachte er daran, den Reichstag des Norddeutschen Bundes zu einer Krisensitzung einzuberufen. Dies würde unterstreichen, daß die französische Attacke gegen Preußen die ganze deutsche Nation betraf. Eine solche Sitzung würde überdies ein passendes Forum sein für die Erörterung der wahren Absichten der französischen Regierung und für deutsche Erwiderungen insbesondere auf die Rede Gramonts vom 6. Juli.

Doch wurden alle diese Überlegungen durch den Gang der Ereignisse überholt. Am 10. Juli erreichte BISMARCK die Nachricht, Prinz LEOPOLD wolle auf die spanische Kandidatur verzichten, wenn König WILHELM dies wünsche. Nunmehr schien es hohe Zeit, die Sommerfrische in Varzin abzubrechen. Am 12. Juli reiste BISMARCK von dort ab, um König WILHELM vor Ort in Ems zu beraten und ihm die militärische Mobilmachung sowie die Einberufung des Norddeutschen Reichstages zu empfehlen.

Auf seiner Reise machte BISMARCK in Berlin Station und erfuhr dort zu seinem Unbehagen von den Gesprächen, die der König ungeachtet der französischen Invektiven weiterhin mit BENEDETTI geführt hatte. Während einer mit seinen alten Freunden ROON und MOLTKE eingenommenen Mahlzeit erreichte BISMARCK sodann die Nachricht vom Verzicht des Prinzen LEOPOLD. BISMARCK gab sich keinen Illusionen über die Tragweite dieser Kapitulation und deren wahrscheinliche Folgen für die Stellung Preußens als Vormacht des deutschen Einigungsprozesses hin. Er sah sich vor den Trümmern seiner Deutschlandpolitik, der kleindeutschen Nationalstaatspläne.

In *Gedanken und Erinnerungen* beschrieb er später seine Reaktion: »Mein erster Gedanke war, aus dem Dienste zu scheiden, weil ich nach allen beleidigenden Provocationen, die vorhergegangen waren, in diesem erpreßten Nachgeben eine Demüthigung Deutschlands sah, die ich nicht amtlich verantworten wollte. Dieser Eindruck der Verletzung des nationalen Ehrgefühls durch den aufgezwungenen Rückzug war in mir so vorherrschend, daß ich schon entschlossen war, meinen Rücktritt aus dem Dienste nach Ems zu melden. Ich hielt diese Demüthigung vor Frankreich und seinen renommistischen Kundgebungen für schlimmer als die von Olmütz. . . Ich nahm an, Frankreich werde die Entsagung des Prinzen als einen befriedigenden Erfolg escomptiren in dem Gefühl, daß eine kriegerische Drohung, auch wenn sie in den Formen internationaler Beleidigung und Verhöhnung geschehn und der Kriegsvorwand gegen Preußen vom Zaune gebrochen wäre, genüge, um Preußen zum Rückzuge auch in einer gerechten Sache zu nöthigen, und daß auch der Norddeutsche Bund in sich nicht das hinreichende Machtgefühl trage, um die nationale Ehre und Unabhängigkeit gegen französische Anmaßung zu schützen. Ich war sehr niedergeschlagen, denn ich sah kein Mittel, den fressenden Schaden, den ich von einer schüchternen Politik für unsre nationale Stellung befürchtete, wieder gut zu machen, ohne Händel ungeschickt vom Zaune zu brechen und künstlich zu suchen.«[273]

In anderem Zusammenhang führte BISMARCK denselben Gedanken sodann weiter aus: »Der Haltung Frankreichs gegenüber zwang uns nach meiner Ansicht das nationale Ehrgefühl zum Kriege, und wenn wir den Forderungen dieses Gefühls nicht gerecht wurden, so verloren wir auf dem Wege zur Vollendung unsrer nationalen Entwicklung den ganzen 1866 gewonnenen Vorsprung, und das 1866 durch unsre militärischen Erfolge gesteigerte deutsche Nationalgefühl südlich des Mains, wie es sich in der Bereitwilligkeit der Südstaaten zu den Bündnissen ausgesprochen hatte, mußte wieder erkalten. Das in den süddeutschen Staaten neben dem particularistischen und dynastischen Staatsgefühle lebendige Deutschthum hatte bis 1866 das politische Bewußtsein gewissermaßen mit der gesammtdeutschen Fiction unter Östreichs Leitung beschwichtigt, theils aus süddeutscher Vorliebe für den alten Kaiserstaat, theils in dem Glauben an die militärische Überlegenheit desselben über Preußen. Nachdem die Ereignisse den Irrthum der Schätzung festgestellt hatten, war grade die Hülflosigkeit der süddeutschen Staaten, in der Östreich sie beim Friedensschlusse gelassen hatte, ein Motiv für das politische Damascus,[274] das zwischen Varnbüler's[275] ›Vae Victis‹ und dem bereitwilligen Abschlusse des Schutz- und Trutzbündnisses mit Preußen lag. Es war das Vertraun auf die durch Preußen entwickelte germanische Kraft und die Anziehung, welche einer entschlossenen und tapfern Politik innewohnt, wenn sie Erfolg hat und dann sich in vernünftigen und ehrlichen Grenzen bewegt. Diesen Nimbus hatte Preußen gewonnen; er ging unwiderruflich oder doch auf lange Zeit verloren, wenn in einer nationalen Ehrenfrage die Meinung im Volke Platz griff, daß die französische Insulte ›La Prusse cane‹ einen thatsächlichen Hintergrund habe.«[276]

Im Stil seiner Zeit hob Bismarck in den obigen Ausführungen den Begriff der nationalen Ehre hervor. Im Klartext auf den Punkt gebracht, ging es damals jedoch der Sache nach um die von Frankreich nicht nur Preußen, sondern Deutschland aufgezwungene Alternative, entweder auf das natürliche Recht zu verzichten, sich in einem Nationalstaat zu vereinen, oder dieses Recht mit Waffen zu verteidigen.

Freilich waren am 12. Juli die Würfel – wie es vorerst schien – für diesen Verzicht und gegen den Nationalstaat gefallen. Es gab keine hohenzollernsche Thronkandidatur mehr. Die Krise war durch deren abgenötigte Rücknahme ganz im Sinne der französischen Hegemonialpolitik beigelegt. Die Unterwerfung bedeutete aber auch Frieden, und Preußen hatte bei diesem Stand der Dinge keine Möglichkeit, die getroffene Entscheidung rückgängig zu machen, ohne nunmehr selbst international als Störenfried und Händelsucher dazustehen. Es hatte, wie Bismarck zu Roon sagte, »die französische Ohrfeige weg«. Hieran – und an den Konsequenzen – war nichts zu ändern. Seiner Familie telegraphierte Bismarck nach Varzin, er werde in wenigen Tagen dort wieder eintreffen; denn er sah keinen Anlaß mehr, seine Reise zu König Wilhelm nach Bad Ems fortzusetzen.

9. Frankreich ›sattelt drauf‹; Benedettis Auftritt auf der Kurpromenade von Ems und die ›Emser Depesche‹

Napoleon III. war mit dem erzielten Triumph Frankreichs und Preußens politischer Niederlage zufrieden. Jeglicher Kriegsgrund sei nun ausgeräumt, ließ er wissen. Aus seiner Sicht konnte jetzt zuversichtlich abgewartet werden, ob sich Preußens Unterwerfungsgeste und Gesichtsverlust auf den innerdeutschen Einigungsprozeß und auf das künftige Verhalten Preußens gegenüber Frankreich in dem erwünschten Sinne auswirken würden. Die Regierung des Kaisers freilich sah das anders. Auf die Nachricht von der Rücknahme der Kandidatur beschloß sie spontan in der Euphorie des allzu leicht errungenen diplomatischen Sieges, sich mit diesem nicht zu begnügen, sondern ›noch eins draufzusetzen‹, ihn auszubauen, indem sie Preußen durch erneuerte und mutwillig verschärfte Demütigungen endgültig der internationalen Lächerlichkeit aussetzte.

Noch am 12. Juli forderte der Außenminister GRAMONT den Botschafter des Norddeutschen Bundes in Paris, Georg VON WERTHERN, auf, dem preußischen König eine neu erdachte Zumutung zu übermitteln. WILHELM I. sollte sich bei NAPOLEON III. nun schriftlich für die bereits zurückgenommene Thronbewerbung entschuldigen und dabei versprechen, eine künftige Wiederaufnahme der Kandidatur zu verhindern. Das Entschuldigungsschreiben sei zur Veröffentlichung bestimmt und dürfe daher keinerlei Andeutungen hinsichtlich der Verwandtschaft des Erbprinzen LEOPOLD mit der Famile NAPOLEONS III. enthalten. VON WERTHERN war so unbesonnen, diese diplomatische Flegelei an seinen König weiterzuleiten, was ihm später einen scharfen disziplinarischen Rüffel BISMARCKS einbrachte.

Zugleich wurde BENEDETTI in Bad Ems in entsprechender Mission mit der Weisung aktiviert, erneut auf WILHELM I. persönlich einzudringen. Am nächsten Morgen, dem 13. Juli, fing der Botschafter den während der Kuranwendung auf der Brunnenpromenade spazierenden König ab und forderte von ihm eine Entschuldigung gegenüber dem französischen Kaiser mit der Erklärung, daß er, WILHELM I., dem Erbprinzen LEOPOLD die Rücknahme der Kandidatur befohlen habe, sowie mit der Versicherung, daß er auch in Zukunft niemals wieder seine Zustimmung zu einer Kandidatur eines Hohenzollernprinzen geben werde. Der König lehnte all dies ab, blieb in der Form aber noch verbindlich. Hartnackig und impertinent wiederholte BENEDETTI seine Forderung noch zweimal. Nun erst reagierte der vornehme alte Herr angemessener: »Ich glaube, Herr Botschafter, mich so klar und deutlich ausgedrückt zu haben, daß ich niemals eine solche Erklärung abgeben könnte, daß ich nichts mehr hinzuzufügen habe.«[277] Er zog den Hut, drehte sich um und ließ den Diplomaten stehen.

Einige Stunden später verlangte der weiterhin unentwegt zudringliche BENEDETTI erneut eine Audienz, um das am Morgen vorgebrachte Ansinnen zu wiederholen. König WILHELM beriet sich mit den Ministerialbeamten ABEKEN und Graf EULENBURG über das Gesuch und beschloß, BENEDETTI nun nicht mehr zu empfangen. Er ließ den Botschafter durch den diensthabenden Flügeladjutanten Prinz RADZIWILL wissen, daß die sigmaringische Verzichtsnachricht zwischenzeitlich eingetroffen sei, und ihm ausrichten, daß er ihm nichts weiter mitzuteilen habe. Überdies fertigte der König zu Händen des Geheimrates Heinrich ABEKEN eine Notiz über das morgens auf der Promenade Vorgefallene und wies den Beamten an, BISMARCK darüber mit der Maßgabe zu informieren, daß er, der König, ihm anheimstelle, die Presse und die preußischen Gesandtschaften zu unterrichten. ABEKEN setzte daraufhin eine Depesche ab, in der er BISMARCK den Wortlaut der Notiz des Königs mit einigen ergänzenden eigenen Worten übermittelte. Das am Nachmittag desselben Tages um 15.50 Uhr aufgegebene Telegramm ging um 18.09 Uhr in Berlin ein und wurde sofort dechiffriert.

Bismarck, Moltke und Roon saßen an jenem Abend des 13. Juli 1870 trüben Sinnes ob der eingetretenen Lage zu Tisch und erörterten den bevorstehenden Rücktritt Bismarcks, als diesem die Depesche Abekens vorgelegt wurde. Bismarck las sie seinen Gästen vor:

»Se. Majestät schreibt mir:

›Graf Benedetti fing mich auf der Promenade ab, um auf zuletzt sehr zudringliche Art von mir zu verlangen, ich solle ihn autorisieren, sofort zu telegraphieren, daß ich für alle Zukunft mich verpflichtete, niemals wieder meine Zustimmung zu geben, wenn die Hohenzollern auf ihre Kandidatur zurückkämen. Ich wies ihn zuletzt etwas ernst zurück, da man à tout jamais dergleichen Engagements nicht nehmen dürfe noch könne. Natürlich sagte ich ihm, daß ich noch nichts[278] erhalten hätte und, da er über Paris und Madrid früher benachrichtigt sei als ich, er wohl einsähe, daß mein Gouvernement wiederum außer Spiel sei.

Se. Majestät hat seitdem ein Schreiben des Fürsten[279] bekommen. Da Se. Majestät dem Grafen Benedetti gesagt, daß er Nachricht vom Fürsten erwarte, hat Allerhöchstderselbe, mit Rücksicht auf die obige Zumutung, auf des Grafen Eulenburg und meinen Vortrag beschlossen, den Grafen Benedetti nicht mehr zu empfangen, sondern ihm nur durch einen Adjutanten sagen zu lassen, daß Se. Majestät jetzt vom Fürsten die Bestätigung der Nachricht erhalten, die Benedetti aus Paris schon gehabt, und dem Botschafter nichts weiter zu sagen habe. Se. Majestät stellt Eurer Exzellenz anheim, ob nicht die neue Forderung Frankreichs und ihre Zurückweisung sogleich sowohl unsern Gesandten als in der Presse mitgeteilt werden sollte.«[280]

Die Depesche vertiefte die Niedergeschlagenheit der Tischrunde. Wieder also hatte sich der preußische König auf eine persönliche Erörterung mit Frankreichs unverschämtem Botschafter eingelassen und sich dabei eine neue Zumutung anhören müssen, die noch haarsträubender war als die vorangegangenen. Seine Gäste Roon und Moltke hätten, so berichtet Bismarck, unter dem ersten Eindruck der Nachricht Speise und Trank verschmäht. Er selbst befaßte sich alsbald gründlich mit dem Inhalt der Depesche und besonders mit der Ermächtigung, »die neue Forderung Frankreichs und ihre Zurückweisung« zu veröffentlichen. Moltke befragte er, inwieweit das Heer auf eine überraschend auftauchende Kriegsgefahr vorbereitet sei.

Bismarck hatte sofort erkannt, daß die französische Diplomatie mit ihrem neuen Vorstoß eine von Grund auf neue Lage geschaffen hatte. Der mit der abgenötigten Rücknahme der Thronkandidatur erzielten gesicherten Position des Erfolges hatte sie sich begeben; denn jetzt konnte sie nicht mehr in der Pose des Siegers einfach abwartend zusehen, wie sich die politischen Folgen ihres Triumphes zu Ungunsten Preußens, des Norddeutschen Bundes und Deutschlands auswirkten.

Vielmehr mußte sie auch ihrer neuerlichen Initiative zum Erfolg verhelfen, wenn sie nicht im Ergebnis eine Schlappe erleiden wollte. Zugleich hatte sie mit ihrer wiederaufgenommenen Offensive Preußen die Möglichkeit zurückgegeben, sich zur Wehr zu setzen. Dessen Kapitulation, die nach dem vollständigen Rückzug in der spanischen Thronfolgefrage einen Augenblick lang zum Status quo der künftigen preußisch-deutsch-französischen Beziehungen geworden zu sein schien, war nun überholt, war kein Schlußpunkt mehr. Frankreich hatte den Konflikt mit noch schwererem Geschütz wiederbelebt – und Bismarck war entschlossen zu verhindern, daß sich Preußen auch diesmal wieder beugte. Freilich war ihm bewußt, daß dies den Krieg bedeutete, denn er schätzte die Beweggründe, die Ziele und die Vorgehensweise der Politik des napoleonischen Regimes richtig ein.

Bismarcks weiteres Vorgehen war zunächst einmal durch die von Frankreich geschaffene neue Lage, darüber hinaus aber durch Wilhelms I. Reaktion in Bad Ems vorgezeichnet, der in diesem Fall, wenn auch verhalten und zögerlich, mit der Zurückweisung des neuen französischen Ansinnens sowie der Person Benedettis der Sache nach genau das Richtige getan hatte. Zugleich hatte der König mit seiner einem Auftrag oder wenigsten einer Empfehlung gleichkommenden Ermächtigung, die neue Forderung Frankreichs und deren Zurückweisung den preußischen Gesandtschaften und der Presse mitzuteilen, Bismarck die einzuschlagende Richtung gewiesen. Eine solche Presseverlautbarung würde die preußische Haltung offiziell und unumkehrbar auf ein klares ›Nein‹ gegenüber der französischen Provokation festlegen. Dies mochte die weitere Entwicklung zum Krieg beschleunigen. Doch würde erneutes Lavieren Preußens zu keinem anderen Ergebnis führen, denn nochmals kapitulieren wollte auch Wilhelm I. nicht. So war es folgerichtig, daß er Bismarck die Veröffentlichung des Vorfalles vom 13. Juli und seiner eigenen Reaktion auf diesen nahelegte.

10. Bismarcks Verlautbarung für Presse und Gesandtschaften; Reaktionen in Deutschland und Frankreich; weitere Entwickung bis zur französischen Kriegserklärung

Noch in Gegenwart seiner beiden Gäste wurde Bismarck in diesem Sinne tätig. An einem Seitentischchen setzte er binnen einiger Minuten eine zur Verbreitung bestimmte Verlautbarung ab, in der er den ihm telegraphisch mitgeteilten Sachverhalt kurz, prägnant, in klarer Sprache und unter Beschränkung auf das Wesentliche zusammenfaßte. Dabei übernahm er teilweise den Wortlaut der Notiz des Königs. Bemerkenswert erscheint es dabei, daß Bismarck davon absah, Benedettis zudringliches Auftreten, über das Wilhelm I. in seiner Aufzeichnung Klage geführt hatte, in seinem Text auch nur anzudeuten. Dies hätte nahegelegen, wäre es ihm um eine Verschärfung des Konfliktes gegangen. Jedoch sollte die Verlautbarung nicht ihrerseits provozieren, sondern lediglich in sachlich-knapper Form öffentlich klarstellen, daß mit einem neuerlichen Zurückweichen Preußens nicht zu rechnen war. Bismarcks zur Veröffentlichung bestimmter Text lautete: »Nachdem die Nachrichten von der Entsagung des Erbprinzen von Hohenzollern der kaiserlich französischen Regierung von der königlich spanischen amtlich mitgeteilt worden sind, hat der französische Botschafter in Ems an Seine Majestät den König noch die Forderung gestellt, ihn zu autorisieren, daß er nach Paris telegraphiere, daß Seine Majestät der König sich für alle Zukunft verpflichte, niemals wieder seine Zustimmung zu geben, wenn die Hohenzollern auf ihre Kandidatur wieder zurückkommen sollten. Seine Majestät der König hat es daraufhin abgelehnt, den französischen Botschafter nochmals zu empfangen, und demselben durch den Adjutanten vom Dienst sagen lassen, daß Seine Majestät dem Botschafter nichts weiter mitzuteilen habe.«

Moltke verglich Bismarcks Presseverlautbarung mit Geheimrat Abekens Depesche: »So hat das einen andern Klang, vorher klang es wie eine Chamade,[281] jetzt wie eine Fanfare in Antwort auf eine Herausforderung.«[282]

Die Veröffentlichung der Verlautbarung ließ die Wogen nationaler Erregung in Deutschland und gleichermaßen in Frankreich hochgehen. Preußen hatte die neuerliche Zumutung eindrücklich zurückgewiesen und gegenüber der von Frankreich wiederaufgenommenen politischen Offensive sein Gesicht gewahrt. Dies wiederum bedeutete für die französische Führung den Krieg, denn auf diesen hatte sie sich für den Fall festgelegt, daß es ihr nicht gelang, Preußen mit lediglich diplomatischen Mitteln zu demütigen, zu demoralisieren und seine innerdeutsche Stellung zu demontieren. Am 14. Juli verfügte sie die Mobilmachung.

Am selben Tage sinnierte Napoleon III. gegenüber seinem Ministerpräsidenten Ollivier: »Sehen Sie, in welcher Lage sich eine Regierung manchmal befinden kann: Wir haben keinen richtigen Kriegsgrund, trotzdem werden wir uns für den Krieg entscheiden müssen, um dem Willen des Landes zu gehorchen.«[283]

Ein «richtiger Kriegsgrund« im Sinne dieses Ausspruches war nicht die wahre Motivation zum Krieg, über deren Existenz und Inhalt ja kein Zweifel bestehen konnte; es war vielmehr die international vorzeigbare rechtliche, politische und moralische Legitimation für den militärischen Angriff, deren Fehlen der Kaiser beklagte. Er selbst machte sich anscheinend keine Illusionen mehr darüber, daß die hohenzollern-sigmaringische Kandidatur für den spanischen Thron ein allzu dürftiger und durchsichtiger Vorwand war.

Die französische Öffentlichkeit verlor sich im Kriegsrausch; donnernde Reden, begeisterte Presseartikel und ein entschlossenes Parlament riefen zum Angriff, und man jubelte unter dem Motto: »Preußen hat Jena[284] vergessen; wir müssen es wieder daran erinnern!«[285] Am 15. Juli gaben Ollivier und Gramont den Entschluß ihrer Regierung zum Krieg in gleichlautenden Erklärungen bekannt. Mit der förmlichen Kriegserklärung an den Norddeutschen Bund warteten sie bis zum 19. Juli 1870.

In Deutschland triumphierte der nationale Selbstbehauptungswille in einer begeisterten Aufwallung, die das ganze Land erfaßte und die Grenzen zwischen Nord und Süd verwischte. Die von Bismarck der Öffentlichkeit bekannt gemachte neue französische Demarche von Bad Ems wurde als bewußte Demütigung der ganzen deutschen Nation verstanden und löste deutschlandweit Empörung aus. Zugleich herrschte Genugtuung über die Frankreich erteilte Zurückweisung. In Nichts aufgelöst erschien die Sammlungsbewegung der Einheitsgegner, die noch im Frühjahr 1868 in Süddeutschland das Bild der Wahlen zum Zollparlament bestimmt hatte. Am 15. Juli hatte König WILHELM seine Kur in Bad Ems beendet und reiste nach Berlin zurück. Die Fahrt glich einem Triumphzug. An der gesamten Strecke sammelte sich die jubelnde Bevölkerung, und die Berliner bereiteten ihm einen begeisterten Empfang.

Der bayerische Ministerpräsident Otto Camillo Graf VON BRAY-STEINBURG charakterisierte die nationale Bewußtseinslage nach BISMARCKS Verlautbarung zutreffend, indem er erklärte: »Von hier ab ändert sich die Natur der Sache; die spanische Kandidatur verschwindet, die deutsche Frage beginnt.«[286] Dies traf freilich nicht nur für die deutsche, sondern auch für die französische Bevölkerung zu. Für beide Seiten stand fest: Es ging um den bewaffneten Kampf Frankreichs gegen das sich einigende deutsche Volk, gegen dessen Zusammenschluß in einem Nationalstaat. Das künstliche und hirngespinstige Konstrukt vom Prinzen LEOPOLD als Nachfolger auf dem Thron Kaiser KARLS V. war auch in Frankreich in Luft aufgelöst. Der Versuch der französischen Führung, dem Konflikt einen dynastischen Anstrich zu verleihen, seine Fronten zu verkehren und ihn zu ›entnationalisieren‹, hatte sich als gänzlich untauglich erwiesen.

Am 16. Juli gab BISMARCK vor dem Norddeutschen Reichstag eine Erklärung zur politischen Lage ab und legte dar, die französische Regierung habe es von vornherein darauf angelegt, die preußisch-deutsche Seite entweder zu demütigen oder Krieg gegen sie zu führen. Die Regierungen der Bundesstaaten billigten eine schnelle und energische Abwehr der französischen Aggression. Am selben Tag begann die Mobilmachung der norddeutschen Heere, die von allgemeiner Zustimmung der Bevölkerung und einem hohen Maß an Freiwilligkeit begleitet war; der Geist des Jahres 1813 schien wiedererstanden. Bayern und Baden machten ebenfalls am 16. Juli mobil, Württemberg folgte am 17. Juli.

In einer außerordentlichen Sitzung des Norddeutschen Reichstages am 19. Juli führte König WILHELM aus, die spanische Thronkandidatur habe der französischen Regierung den »Vorwand geboten, in einer dem diplomatischen Verkehre seit langer Zeit unbekannten Weise den Kriegsfall zu stellen und denselben, auch nach Beseitigung jenes Vorwandes, mit jener Geringschätzung des Anrechts der Völker auf die Segnungen des Friedens festzuhalten, von welcher die Geschichte früherer Beherrscher Frankreichs analoge Beispiele« biete.[287]

Am Nachmittag des 19. Juli teilte BISMARCK dem Reichstag in derselben Sitzung mit, daß nunmehr die französische Kriegserklärung eingegangen sei. Mit dieser schien der Tag der ersehnten »Rache für Sadowa« für Frankreich gekommen. Binnen wenig mehr als zwei Wochen hatte die erneuerte, in BENEDETTIS Auftritt auf der Emser Brunnenpromenade gipfelnde französische Provokation zum Krieg geführt – auf dem Weg über die Reaktion König WILHELMS, die Depesche des Geheimrats ABEKEN und BISMARCKS Presseverlautbarung.

11. Legendenbildung um die ›Verschärfung‹ der ›Emser Depesche‹

Bei der Darstellung dieser Entwicklung in der einschlägigen Geschichtsschreibung wird der Rolle BISMARCKS und dabei besonders dem Zustandekommen seiner Presseverlautbarung eine hervorgehobene und, wie man wohl sagen muß, übersteigerte Bedeutung beigemessen. Denn BISMARCK hat auf die Zurückweisung der neuen französischen Zumutung durch König WILHELM und auf dessen Weigerung, den französischen Botschafter nochmals zu empfangen, keinen Einfluß genommen. Auch der Gedanke, die preußische Reaktion durch eine Regierungsverlautbarung über die Presse und die Gesandtschaften an die deutsche und internationale Öffentlichkeit zu bringen, stammte nicht von BISMARCK. Dieser führte nur aus, was WILHELM I. ihm anheimgestellt hatte, wurde tätig aufgrund einer »einen Auftrag involvierenden Ermächtigung«, wie er selbst schrieb.[288] Daß er dabei den Sachverhalt in wenigen Minuten in klarer, verständlicher Sprache unter Beschränkung auf das Wesentliche zusammenfaßte, war weder, wie viele meinen, eine diplomatische Meisterleistung noch, wie manche urteilen, ein raffiniertes Schurkenstück, sondern eine Selbstverständlichkeit, die sich aus Sinn und Zweck der Presseverlautbarung als solcher ergab.

In der Literatur – vom Schulbuch bis zur gelehrten Abhandlung – findet sich durchgängig die Darstellung, BISMARCK habe das Telegramm ABEKENS, das als ›Emser Depesche‹ in die Geschichte eingegangen ist, zur Verstärkung seiner Wirkung bei der Veröffentlichung redaktionell überarbeitet, kürzer oder neu gefaßt, verschärft, aus einem sachlichen diplomatischen Bericht in eine rhetorische Herausforderung oder in eine schmetternde Fanfare verwandelt – und was der insoweit gängigen Formulierungen mehr sind.

Die Depesche in ihrer ursprünglichen Fassung hingegen, so heißt es vielfach, würde von der Öffentlichkeit als schwächlich, unentschlossen, als Zeichen nochmaliger Kapitulation aufgefaßt worden sein. Diese von Generationen von Historikern überlieferte Darstellung ist schon im Ansatz zumindest schief. Zwar hat BISMARCK die ›Emser Depesche‹ bei der Absetzung seiner Pressenotiz zur Hand gehabt und ihren Wortlaut zu dem oben ersichtlichen Teil übernommen. Es kann jedoch nicht die Rede davon sein, er habe das Telegramm redaktionell überarbeitet, gekürzt usw., um es dann zu veröffentlichen. Die Depesche war ein innerdienstlicher Bericht, den der Beamte ABEKEN im Auftrag des Königs gefertigt und an den Bundeskanzler gerichtet hatte. Allein dieser war Adressat des Berichtes – und keineswegs war das Telegramm zur Veröffentlichung bestimmt oder auch nur geeignet.

Für eine mit den Einzelheiten nicht vertraute Öffentlichkeit war es in Teilen völlig unverständlich, wie ein Blick auf den oben wiedergegebenen Wortlaut zeigt (»natürlich sagte ich ihm, daß ich noch nichts erhalten hätte. . .«; »Se. Majestät hat seitdem ein Schreiben des Fürsten bekommen. . .«). Auch der in Abekens telegraphischem Bericht an seinen Vorgesetzten mitgeteilte Wortlaut der Notiz des Königs konnte und sollte so nicht veröffentlicht werden. Abwegig sind deswegen auch sämtliche Mutmaßungen darüber, welche Außenwirkung der Text von Abekens Depesche einschließlich der königlichen Notiz gehabt hätte, wäre er veröffentlicht worden.

Dementsprechend ist der übliche Vergleich zwischen dem Text der Depesche einerseits und Bismarcks Presseverlautbarung andererseits, der im Hinblick auf eine zu erzielende Öffentlichkeitswirkung gezogen wird, auch unter keinem denkbaren Aspekt legitim. Er ist so wenig sinnvoll wie der sprichwörtliche Vergleich zwischen Apfel und Birne. Bismarck war vom König ermächtigt, »die neue Forderung Frankreichs und ihre Zurückweisung« sogleich den preußischen Gesandten als auch der Presse mitzuteilen. Dies hat er in geeigneter Form getan – nicht weniger, aber auch nicht mehr.

All dies ist keine Wortklauberei. Die Legende, Bismarck habe die Depesche flugs zweckgerichtet verändert und die ›verschärfte‹ Fassung veröffentlicht, erzeugt assoziativ den Eindruck des allzu Raffinierten, des Manipulativen, der Fälschung gar – verknüpft mit dem Vorwurf, der Kanzler des Norddeutschen Bundes habe auf diese Weise in nunmehr umgekehrter Richtung provoziert, habe den Konflikt mutwillig verschärft und so seinerseits schuldhaft zum Kriegsausbruch beigetragen. Daß dem nicht so war, ergibt der objektiv feststehende Sachverhalt.

Freilich hat Bismarck zu dieser Legendenbildung selbst beigetragen, war vielleicht sogar ihr Urheber. In seinen *Gedanken und Erinnerungen* schreibt er in diesem Zusammenhang: ». . . und [ich] reducirte in Gegenwart meiner beiden Tischgäste das Telegramm durch Streichungen, ohne ein Wort hinzuzusetzen oder zu ändern, auf die nachstehende Fassung.«[289]

Und nach der Wiedergabe dieser ›Neufassung‹ führt er weiter aus: »Der Unterschied in der Wirkung des gekürzten Textes der Emser Depesche im Vergleich mit der, welche das Original hervorgerufen hätte, war kein Ergebniß stärkrer Worte, sondern der Form, welche diese Kundgebung als eine abschließende erscheinen ließ, während die Redaction Abeken's nur als ein Bruchstück einer schwebenden und in Berlin fortzusetzenden Verhandlung erschienen sein würde.«[290] Von einer weiterhin »schwebenden und in Berlin fortzusetzenden Verhandlung« ist der »Redaktion Abekens« freilich nichts zu entnehmen, auch nicht zwischen den Zeilen.

Im übrigen wußte Bismarck sehr genau, daß eine Veröffentlichung des internen Berichtes seines Untergebenen überhaupt nicht in Frage kam und daß die Formulierung der Presseverlautbarung seine ureigenste Aufgabe war, wenn er der Empfehlung seines Königs insoweit folgte. Und der von Bismarck zugleich geschilderte Stimmungsumschwung seiner Tischgäste (»Chamade – Fanfare«) war wohl weniger ein Erfolg seiner Formulierungskünste als vielmehr Ausdruck der nunmehr platzgreifenden Erkenntnis, daß mit dem telegraphisch geschilderten Sachverhalt eine neue, für Preußen verbesserte Situation eingetreten war. Ob BISMARCK, der sonst persönlich nicht eitel war, in diesem Falle seine Verdienste um die öffentliche Zurückweisung der französischen Zumutung unterschwellig als bedeutsamer erscheinen lassen wollte, als sie es tatsächlich waren?

12. Die Schuld am Krieg 1870/71; ›kreative‹ Geschichtsschreibung

Die Frage nach Recht und Unrecht, nach der Legitimität der Kriegsgründe, der Schuld und der Verantwortlichkeit ist beim Kriegsausbruch des Jahres 1870 ungleich eindeutiger und leichter zu beantworten als bei der Mehrzahl anderer Kriege in der Geschichte. Es war ein Angriffskrieg Frankreichs gegen die deutsche Nation, gegen deren Beginnen, sich in einem eigenen Nationalstaat zu organisieren, es war ein Krieg gegen das Selbstbestimmungsrecht des deutschen Volkes.

Dabei ging es der französischen Führung auch nicht um einen präventiven Schlag zur eigenen Sicherheit gegen einen künftigen, möglicherweise mächtigen Nachbarstaat. Auch ein solcher Angriff aufgrund abstrakter Befürchtungen wäre im übrigen keineswegs legitim gewesen – zumal auch die Geschichte keinen Anlaß zu Bedrohungsängsten bot und zudem künftig jederzeit die Möglichkeit bestand, einer potentiellen Gefährdung durch defensive zwischenstaatliche Koalitionen vorzubeugen. Die Frage der eigenen Sicherheit spielte bei der französischen Kriegsmotivation daher auch überhaupt keine Rolle – unbeschadet des schon von den europäischen Zeitgenossen nicht für bare Münze genommenen Propagandagetöses um den »preußischen Prinzen auf dem Thron Karls V.«

Bar jeglicher defensiver Züge stand der Krieg ganz in der Tradition LUDWIGS XIV. und NAPOLEONS I., dessen Schlachtenruhm im Frankreich des Jahres 1870 denn auch inbrünstig beschworen wurde. Der Krieg diente letztlich – dies ist der einfache Kern der Sache – dem Ziel französischer Hegemonie über den Kontinent bis zur russischen Grenze. Es ist auch verfehlt, dem militärischen Angriff Frankreichs deshalb eine Legitimation zuzusprechen, weil er mit seinem Ziel, die Gründung eines deutschen Nationalstaates zu verhindern, der Wahrung des Status quo gedient habe. Die Erhaltung eines Status quo legitimiert keinen Krieg gegen ein Volk, das sich, nach außen friedlich, in Ausübung seines Selbstbestimmungsrechtes vereinigt. Im übrigen diente der 1870 begonnene Krieg keineswegs dem Status quo jenes Jahres. Der kaiserlich napoleonischen Regierung kam es vielmehr darauf an, das Rad der Geschichte zurückzudrehen, den Status quo ante Königgrätz jedenfalls in dem Sinne wiederherzustellen, daß die hegemoniale Ausgangsposition Frankreichs in etwa so restituiert wurde, wie sie vor dem preußisch-österreichischen Krieg bestanden hatte.

Das Ergebnis des Krieges sollte nach den französischen Vorstellungen die Wiedererrichtung eines konföderativen, losen deutschen Staatenbundes sein, in dem den süddeutschen Staaten eine souveräne Existenz gesichert war. Sie sollten französische Einflußzone werden und sich an die Donaumonarchie nur insoweit anlehnen, als dies die höherwertigen französischen Interessen nicht störte. Ferner wollte Frankreich durch Annexion deutscher Regionen am Rhein seinem alten Expansionsdrang gen Osten weitere Befriedigung verschaffen. Es gehört ein gerüttelt Maß an Fehlsichtigkeit dazu, in solch revisionistischen und zugleich expansionistischen Zielsetzungen rechtfertigende Motive der Wahrung des Status quo des Jahres 1870 auszumachen. Gerade diesem galt ja der französische Krieg: dem Norddeutschen Bund, den Bindungen der süddeutschen Staaten an den Norden durch die Schutz- und Trutzbündnisse und den Zollverein nebst Zollparlament, und der bestehenden Rheingrenze.

Nach alledem ist zur Bewertung der deutschen Gegenwehr wenig zu sagen. Deutsches Kriegsziel war die Abwehr des Angriffskrieges gegen das nationale Selbstbestimmungsrecht und gegen das eigene Land. Die Rückholung von Elsaß-Lothringen trat als sekundäres Ziel erst im Verlauf des Krieges hinzu, drängte sich eher beiläufig auf und spielte bei der Entscheidung, die militärische Herausforderung anzunehmen, jedenfalls keine Rolle. Wie selten in der Geschichte war dieser Krieg ein klassischer Fall nationaler Notwehr. Freilich hätten sich der Norddeutsche Bund und seine süddeutschen Verbündeten auch gegen den Krieg entscheiden können – aber nur um den Preis der Selbstaufgabe der Nation und der Kapitulation vor dem abenteuerlich-aggressiven Imperialismus des napoleonischen Systems. Sich gegen dieses zur Wehr zu setzen, war zweifelsfrei legitim.

Die politischen Zeitströmungen besonders der zweiten Hälfte des 20. Jahrhunderts haben mancherlei Versuche deutscher Historiker gezeitigt, die unstreitigen historischen Tatsachen, die zum Krieg 1870/71 führten, so umzudeuten, daß die eigentlich klar auf der Hand liegende Antwort auf die Schuld- und Legitimitätsfrage in Zweifel zu geraten oder sich gar zu Lasten der deutschen Seite umzukehren scheint. Gegenstand solcher Versuche waren naturgemäß die Person BISMARCKS, seine Deutschlandpolitik und sein Verhalten gegenüber Frankreich im Vorfeld des Krieges.

Ausgangspunkt derartiger Überlegungen sind einige unbestreitbar feststehende Gegebenheiten: Zweifelsfrei befand sich der deutsche Einigungsprozeß 1870 in einer gewissen Stagnationsphase. Ebenso zweifelsfrei war ein Krieg gegen Frankreich geeignet, die deutsche Einigungsdynamik neu zu beleben. BISMARCK wußte dies selbstverständlich. Er hat es gelegentlich selbst zum Ausdruck gebracht, dabei aber eine solche Lösung stets betont abgelehnt. Schließlich war die Reichsgründung für Deutschland dann ja auch tatsächlich die unmittelbare innenpolitische Folge des Deutsch-Französischen Krieges.

BISMARCK habe, so wird vor diesem Hintergrund argumentiert, in Wahrheit bewußt auf den Krieg hingearbeitet, ihn gewünscht oder zumindest billigend in Kauf genommen. Schon mit seiner Unterstützung der spanischen Thronkandidatur habe er Frankreich zum Krieg reizen wollen. Die diplomatisch-politische Niederlage, die Preußen mit der Rücknahme der Kandidatur zunächst erlitten habe, sei für BISMARCK ein bewußt hingenommenes Mittel zum Zweck gewesen: Durch diese eigene Niederlage habe er Frankreich nämlich – in teuflisch-durchtriebener, machiavellistischer List – dazu verlocken wollen, den vermeintlichen Sieg durch noch dreistere Forderungen auszukosten und zu maximieren, die preußische Niederlage propagandistisch noch gründlicher auszuschlachten. Frankreich sei dieser Versuchung erlegen, indem es mit den neuerlichen und verschärften Zumutungen hervorgetreten sei. Damit habe es BISMARCK ganz im Sinne von dessen Strategie die Möglichkeit verschafft, mit der Veröffentlichung der von ihm manipulierten ›Emser Depesche‹ planmäßig eine Situation herbeizuführen, in der NAPOLEON III. und seine Regierung aus innen- und außenpolitischen Gründen gezwungen gewesen seien, dem Norddeutschen Bund den Krieg zu erklären und sich selbst dadurch zugleich vor der gesamten europäischen Öffentlichkeit ins Unrecht zu setzen. Nach dieser abstrusen Sichtweise war BISMARCK der eigentlich Schuldige am Deutsch-Französischen Krieg 1870/71, NAPOLEON III., OLLIVIER und GRAMONT hingegen lediglich in die Falle getappte, tumbe Opfer des preußischen Meisterintriganten.

Dieser Version – einem Musterbeispiel ›kreativer‹ Geschichtsschreibung, dem jedenfalls ein überbordender Reichtum an Phantasie nicht abgesprochen werden kann – ist entgegenzuhalten: Die 1868 bis 1870 eingetretene Stagnation des deutschen Einigungsprozesses war, dies ist oben ausgeführt, nur vorübergehender Natur. BISMARCK konnte warten; er sah sich auch selbst nicht unter Handlungsdruck.

BISMARCK hat überdies generell niemals auf einen Krieg hingearbeitet. Einen Angriffskrieg, sei es auch nur präventiv, lehnte er ebenso ab wie das Provozieren eines militärischen Konfliktes. Krieg kam für ihn nur aus einer defensiven Position in Frage – und nur als *ultima ratio*. Einem Krieg gegen Frankreich hat BISMARCK stets auszuweichen versucht – nicht um jeden Preis, aber gelegentlich doch bis zur Grenze möglicher Nachgiebigkeit. Er hat sich NAPOLEONS III. Diktat der Maingrenze gebeugt, hat diese in den folgenden Jahren respektiert, hat den badischen Beitrittswunsch zum Norddeutschen Bund abgelehnt und die aufrechten Parlamentarier um Eduard LASKER zurückgepfiffen – auch das ist oben dargelegt.

Freilich konnte diese Politik der Kriegsverhinderung nicht den völligen Verzicht auf politisches Handeln gegenüber Frankreich bedeuten. Vielmehr bemühte sich BISMARCK, die preußisch-deutschen Interessen durch Schritte und Verhaltensweisen wahrzunehmen, die sich unterhalb der französischen Reizschwelle zum Krieg bewegten. Beispiele dafür sind die Ausweichmanöver, die er den ständigen »Kompensations«forderungen NAPOLEONS III. entgegensetzte, die Schutz- und Trutzbündnisse mit den süddeutschen Staaten und deren zeitversetzte Veröffentlichung, sein Taktieren in der Luxemburg-Krise und das vorsichtige Aufweichen der Maingrenze durch die militärische Integration Hessen-Darmstadts oder die Gründung von Zollparlament und Zollbundesrat.

In demselben Licht ist BISMARCKS Initiative im Zusammenhang mit der spanischen Thronkandidatur des Prinzen LEOPOLD zu sehen. Für ihn war dies ein Stück preußisch-deutscher Außenpolitik in Form eines vorsichtig gesetzten Akzentes gegen die feindselige Koalitionspolitik Frankreichs und der Donaumonarchie, gekoppelt mit erwünschten innenpolitisch-dynastischen Auswirkungen im Sinne eines hohenzollernschen Kaisertums in Deutschland. Aus der Sicht BISMARCKS barg sein Engagement für die Thronkandidatur in Madrid nicht mehr und nicht weniger an Kriegsgefahr als alle seine anderen politischen Initiativen und Manöver, mit denen er seit Königgrätz preußisch-deutsche Interessenpolitik gegenüber Frankreich betrieben hatte.

Angesichts der seit ›Sadowa‹ kriegerisch gereizten Stimmung in Frankreich mußte er freilich bei jeglicher politischer Aktivität, die dessen Anspruchskreis irgendwie berührte, mit einer französischen Kriegserklärung rechnen. Nur in diesem Sinne nahm er auch im Falle der spanischen Thronkandidatur die Möglichkeit und damit die Gefahr eines Krieges tatsächlich in Kauf – wenn auch keineswegs billigend. Die Kriegsgefahr schätzte er allerdings auch hier als eher geringfügig ein – nicht zuletzt mit Rücksicht auf die von ihm vorgegebene Generallinie, die amtliche preußische Politik offiziell aus der Angelegenheit herauszuhalten und diese als rein dynastischen, lediglich familiären Tatbestand zu behandeln.

Mit dieser Maßgabe instruierte er im Juni 1870 seinen Weggefährten Lothar BUCHER und wies ihn auf die Notwendigkeit hin, vor Europa eine unangreifbare Position zu gewinnen und der französischen Politik keinen Angriffspunkt für eine militärische Aggression gegen den Norddeutschen Bund zu bieten. Dem Botschafter in London, Graf BERNSTORFF, teilte er zur gleichen Zeit, am 7. Juni 1870, seine Einschätzung mit, es spreche nichts dafür, daß kriegerische Eventualitäten jetzt »näher lägen als zu irgend einer Zeit seit 1866«.[291]

Bereits am 27. Februar 1870 hatte er in ähnlichem Sinne geäußert, die damalige innenpolitische Entwicklung in Frankreich zu jener Zeit möge, da sie Frieden verheiße, nicht einem Frühjahrsfrost ausgesetzt werden: »Wir könnten einen Krieg mit Frankreich führen und siegen; es würden aber vier bis fünf daraus werden, und das wäre eine Torheit, wo nicht Verbrechen, wenn man es auf friedlichem Wege erreichen kann. Es können in Frankreich kriegerische und revolutionäre Situationen eintreten, wo das jetzt spröde Metall weicher ist.«[292]

Freilich war angesichts der latenten Kriegsgeneigtheit der französischen Stimmung eine militärische Reaktion selbst aus geringfügigem Anlaß niemals ganz auszuschließen. Mit dieser Situation mußte die preußisch-deutsche Diplomatie leben. Denn eine andere als die Politik eines begrenzten Restrisikos, wie sie BISMARCK seit 1866 betrieb, hätte den gänzlichen Verzicht auf eigene Interessenverfolgung gegenüber Frankreich, und das heißt insbesondere auf jegliche nationale Einigungspolitik, bedeutet. Nach alledem paßt die Behauptung, BISMARCK habe bewußt auf einen Krieg gegen Frankreich hingearbeitet, schlechterdings nicht in das Gesamtmosaik der in diesem Zusammenhang bekannten, unstreitigen historischen Tatsachen.

Daß Frankreichs Führung die spanische Thronkandidatur mit System zu den erörterten aggressiven Zwecken gegen Preußen-Deutschland instrumentalisieren würde, konnte BISMARCK nicht vorausahnen, als er das Vorhaben im Frühjahr 1870 förderte. Die wahren Konturen der Affäre wurden auch für ihn erst Anfang Juli jenes Jahres erkennbar, als man in Paris die »spanische Bombe« hochgehen ließ. Die mit der abgenötigten Rücknahme der Kandidatur einhergehende diplomatische Niederlage Preußens und seiner Krone war für Bismarck, wie oben dargelegt, ein politisches Unglück, und nicht etwa Mittel zum bösen Zweck.

Daß die französische Regierung sich mit ihrem Erfolg nicht begnügen und weitere überspitzte Forderungen stellen würde, konnte kein Außenstehender – auch Bismarck nicht – vorausahnen, geschweige denn in ein eigenes finsteres Handlungskonzept einplanen. Es ist eine an Rabulistik kaum zu übertreffende Verkehrung der Tatsachen in ihr Gegenteil, das napoleonische Regime als Opfer eines mephistophelischen Kriegsbrandstifters Bismarck darzustellen. Und es zeugt zumindest von einer bedenklichen Erosion vernünftiger Beurteilungsmaßstäbe, den gesamten Kausalverlauf bis zur französischen Kriegserklärung – einschließlich der von außen her nicht voraussehbaren und nicht berechenbaren Reaktionen im nationalistisch aufgeputschten Frankreich und der unkalkulierbaren Entschließungen der napoleonischen Führung – kurzerhand in das Vorwissen und den Vorsatz Bismarcks zu stellen und diesen so zum Hauptverantwortlichen zu stempeln.

Insbesondere die Behauptung, Bismarck habe die neuerlichen, der ›Emser Depesche‹ unmittelbar vorangegangenen Forderungen an Wilhelm I. zielgerichtet provoziert, ist absurd, ist – bei allem schuldigen Respekt vor abweichenden Meinungen – schlechthin töricht. Daß diese Behauptung gleichwohl noch immer breite Beachtung findet, muß wohl mit dem aus ständiger Wiederholung entspringenden Gewöhnungseffekt erklärt werden, der ihre Verstiegenheit nicht mehr ins Bewußtsein vordringen läßt. Unter den Zeitgenossen des Kriegsausbruches 1870 und im Kreise der damaligen europäischen Regierungen, die, obschon wohl kaum von kollektiver Blindheit geschlagen, mit Ausnahme der französischen allesamt die Kriegsschuld bei der napoleonischen Führung sahen, ist jedenfalls niemand auf eine derart abseitige Idee verfallen.

13. Zerstobene Hoffnungen: Frankreich militärisch isoliert

Auf ihrem Weg in den Krieg hatte die französische Führung darauf gehofft, in einer mächtigen Koalition mit mehreren europäischen Verbündeten gegen einen isolierten Norddeutschen Bund antreten zu können. Die Erwartung erwies sich als illusionär. Bitter enttäuscht stand Frankreich allein den vereinigten militärischen Kräften ganz Deutschlands gegenüber, als die süddeutschen Staaten ihre Streitkräfte, ohne zu zögern, dem Oberbefehl des preußischen Königs unterstellten und als keine der europäischen Mächte Miene machte, die Partei des Aggressors zu ergreifen.

Ursächlich für diese Lage waren vornehmlich schwerwiegende politische Fehleinschätzungen Napoleons III. und der französischen Regierung. Die nationale Aufbruchstimmung in den süddeutschen Staaten hatten sie nicht erkannt. Auch Napoleons Nachrichtendienst hatte insoweit nicht der Aufklärung gedient, son-

Die Schlacht bei Wörth im Unterelsaß am 6. August 1870. Kronprinz Friedrich von Preussen, der Befehlshaber der deutschen 3. Armee, übernahm persönlich die Leitung auf dem Schlachtfeld. Die Schlacht endete bei hohen Verlusten auf beiden Seiten mit der Einschließung und Flucht der französischen Truppen. Gemälde von Georg Bleibtreu.

Zu S. 390 f.: Die beiden wichtigsten Waffen im Deutsch-Französischen Krieg von 1870/71: *Oben:* Zündnadelgewehr Modell 1862, hergestellt 1869 in der Königlichen Gewehrfabrik Erfurt (Länge 1,34 m, Lauf 0,84 m, Kaliber 14,1mm, Gewicht 4,690 kg).
Unten: Infanteriegewehr System Chassepot, Modell 1866, hergestellt in der Manufacture Impériale St. Etienne (Länge 1,31 m, Lauf 0,83 m, Kaliber 11 mm, Gewicht 4,160 kg).

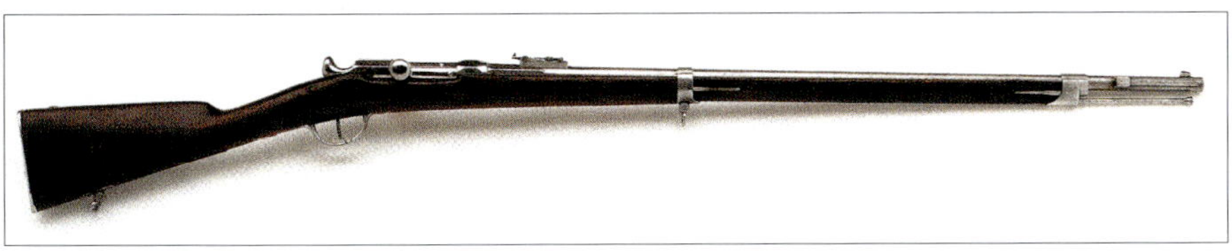

Von oben: General Karl Friedrich von Steinmetz (Oberkommandierender der 1. Armee); Marschall Marie Edmee Mac-Mahon (Führer des 1. Französischen Korps) und Marschall François Achille Bazaine (Führer des 3. Französischen Korps.

Oben: Aus der Schlacht von Gravelotte am 18. August 1870, Straßenszene. Der preußische Durchbruch bei Gravelotte war die Voraussetzung für die Einkesselung der Franzosen in Sedan.

Unten: Kampf der Garden bei St. Privat am Nachmittag des 18. August 1870. Bei großen Verlusten gelingt es den Preußen, die Bazaine-Armee vom Paris abzuschneiden.

Beide Abbildungen aus: *Der Deutsch-Französische Krieg 1870–71 in Wort und Bild,* Reutlingen o.J.

Beschießung von Straßburg in der Nacht vom 23. auf den 24. August 1870.

Erste Schlacht bei Villiers-Champigny am 30. November 1870. Das I. Württembergische Infanterie-Regiment ›Königin Olga‹ weist den Angriff der Franzosen zurück. Gemälde von Otto VON FABER DU FAUR (1828–1901).

Die Badenser an der Lisaine unter General VON WERDER am 15.–17. Januar 1871.

Abbildungen aus: *Der Deutsch-Französische Krieg 1870–71 in Wort und Bild,* Reutlingen o.J.

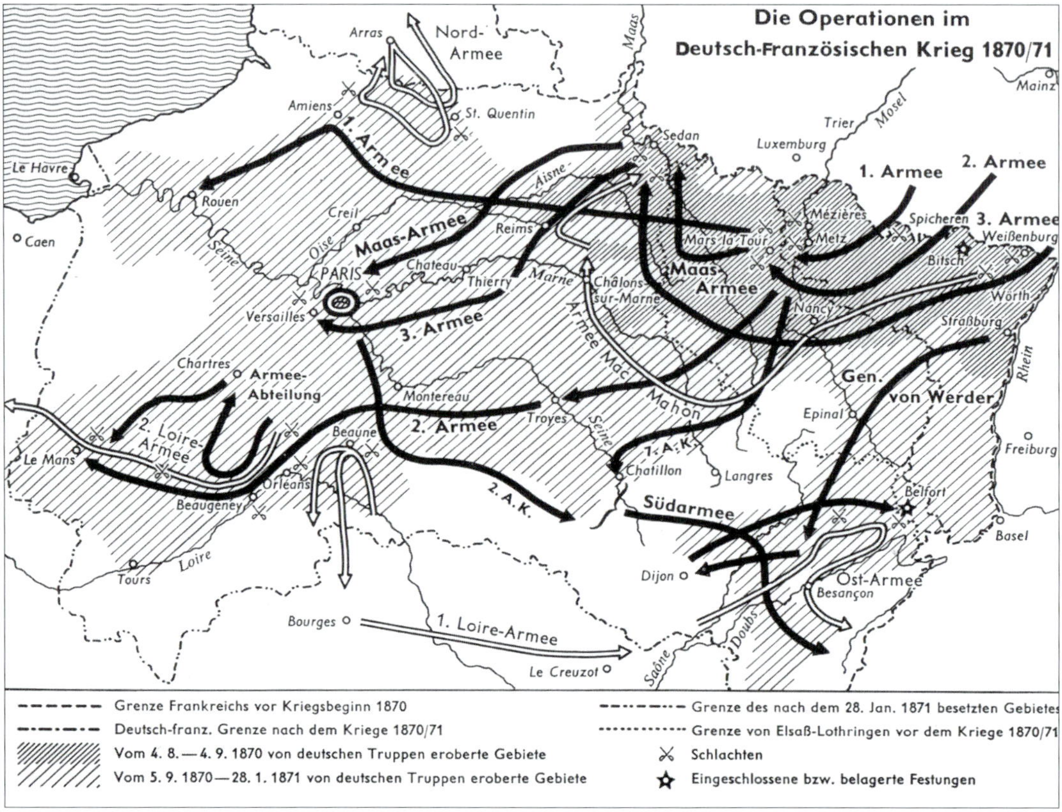

Karte: Die Operationen im Deutsch-Französischen Krieg 1870/71.

General André-Charles-Victor Reille überbringt König Wilhelm nach der Schlacht bei Sedan Napoleons Brief. Gemälde von Carl Steffeck.

Zu S. 396 f.: BISMARCK und NAPOLEON III. auf dem Weg zu König WILHELM I. Nach der Schlacht von Sedan waren die beiden auf Schloß Bellevue in Frénois bei Sedan zusammengekommen, wo der Kaiser der Franzosen am 2. September um 11 Uhr die Kapitulation unterzeichnete. Gemälde von Wilhelm CAMPHAUSEN.

Kapitulationsverhandlungen im Bürgermeisteramt von Donchery im Westen Sedans am 2. September 1870. Gemälde von Anton WERNER.

Auf dem Bild ist die Person ganz links General FAURE; die mittlere Figur der Dreiergruppe (stehend) ist General CASTELNAU. General WIMPFFEN, der über MAC-MAHON als Kommandant seiner Truppen am 1. September siegte und ihn am 2. September zur Kapitulation zwang, steht in gebückter Haltung, eine Hand auf dem Stuhl und die andere Hand auf dem Tisch lehnend. Auf der gegenüberliegenden Seite, mit seiner rechten Hand auf dem Tisch, ist aufrecht stehend General MOLTKE. Die sitzende Person auf der rechten Seite ist BISMARCK; schreibend hinter ihm steht Graf NOSTIZ.

Karte: Das Deutsche Reich (1871–1918).

Zu S. 430 f.: Oben: Kaiserproklamation im Spiegelsaal von Versailles am 18. Januar 1871, Tuschfederzeichnung von Anton von Werner. Dieser, der Augenzeuge war, stellte die Kaiserproklamation in mehreren Fassungen dar. Auf Wunsch Wilhelms fand die Proklamation zum Kaiser am 170. Jahrestag der Erhebung des Kurfürsten von Brandenburg zum König in Preußen statt.

Rechts: Der Text der Proklamation Kaiser Wilhelms I. an das deutsche Volk vom 18. Januar 1871 in Versailles.

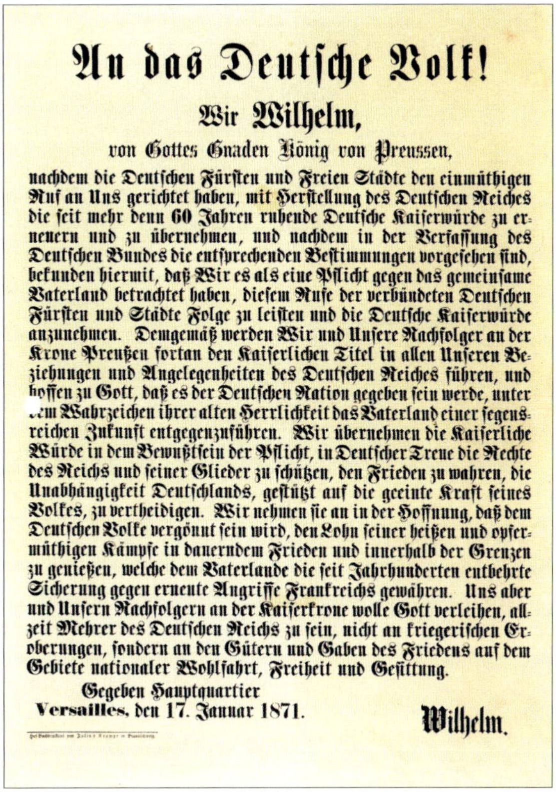

An das Deutsche Volk!

Wir Wilhelm,

von Gottes Gnaden König von Preussen,

nachdem die Deutschen Fürsten und Freien Städte den einmüthigen Ruf an Uns gerichtet haben, mit Herstellung des Deutschen Reiches die seit mehr denn 60 Jahren ruhende Deutsche Kaiserwürde zu erneuern und zu übernehmen, und nachdem in der Verfassung des Deutschen Bundes die entsprechenden Bestimmungen vorgesehen sind, bekunden hiermit, daß Wir es als eine Pflicht gegen das gemeinsame Vaterland betrachtet haben, diesem Rufe der verbündeten Deutschen Fürsten und Städte Folge zu leisten und die Deutsche Kaiserwürde anzunehmen. Demgemäß werden Wir und Unsere Nachfolger an der Krone Preußen fortan den Kaiserlichen Titel in allen Unseren Beziehungen und Angelegenheiten des Deutschen Reiches führen, und hoffen zu Gott, daß es der Deutschen Nation gegeben sein werde, unter dem Wahrzeichen ihrer alten Herrlichkeit das Vaterland einer segensreichen Zukunft entgegenzuführen. Wir übernehmen die Kaiserliche Würde in dem Bewußtsein der Pflicht, in Deutscher Treue die Rechte des Reichs und seiner Glieder zu schützen, den Frieden zu wahren, die Unabhängigkeit Deutschlands, gestützt auf die geeinte Kraft seines Volkes, zu vertheidigen. Wir nehmen sie an in der Hoffnung, daß dem Deutschen Volke vergönnt sein wird, den Lohn seiner heißen und opfermüthigen Kämpfe in dauerndem Frieden und innerhalb der Grenzen zu genießen, welche dem Vaterlande die seit Jahrhunderten entbehrte Sicherung gegen erneute Angriffe Frankreichs gewähren. Uns aber und Unsern Nachfolgern an der Kaiserkrone wolle Gott verleihen, allzeit Mehrer des Deutschen Reichs zu sein, nicht an kriegerischen Eroberungen, sondern an den Gütern und Gaben des Friedens auf dem Gebiete nationaler Wohlfahrt, Freiheit und Gesittung.

Gegeben Hauptquartier
Versailles, den 17. Januar 1871.

Wilhelm.

Zu S. 430 f.: 1871 entstandene Fotomontage aus einer Reihe von Gruppenbildern zur Kaiserproklamation am 18. Januar in Versailles. Reichskanzler Fürst VON BISMARCK (Mitte) mit den Diplomaten (von links) Heinrich ABEKEN, Robert VON KEUDELL, Rudolf DELBRÜCK, Paul Graf VON HATZFELDT und Friedrich-Alexander Graf VON BISMARCK-BOHLEN.

Zu S. 413: Der am 10. Mai 1871 geschlossene Friede von Frankfurt am Main. Dieses allegorische Gemälde ist Ausdruck der in Frankreich erhobenen Forderung nach Revanche und Rache. Man beachte unter anderem die unten rechts trauernden Provinzen Elsaß und Lothringen, die annektiert wurden, die auf das ›gebrochene Recht‹ verweisende Justitia mit unverbundenen Augen, die mahnende Inschrift »Manè thécel pharès« an König Belsazar, der Gott und die göttlichen Gesetze leugnete, und die Kriegsentschädigung in Höhe von 5 Millionen Francs in Gold, damit die preußischen Truppen abziehen.

dern lieber im Sinne der genehmeren Propagandavorstellung berichtet, die Süddeutschen zögen ein Leben unter französischer Herrschaft der Einbindung in einen deutschen Nationalstaat unter preußischer Führung vor. Gröblich falsche Hoffnungen hatte die französische Seite auch auf die Eignung der spanischen Thronkandidatur zur Legitimierung ihrer aggressiven Politik gegen Preußen-Deutschland gesetzt. Die internationale Öffentlichkeit erkannte den plumpen Vorwand, und kaum jemand mochte der Darstellung Glauben schenken, hier handele es sich um einen reaktionären, a-nationalen Versuch einer machtlüsternen preußischen Herrscherdynastie, den Thron des Habsburgers KARLS V. zu usurpieren und wiederzubeleben.

Mit ihrem Unvermögen, die spanische Angelegenheit nach der Rücknahme der Kandidatur ruhen zu lassen und mit ihren weiteren widersinnigen Forderungen an WILHELM I. hatte sich die französische Regierung selbst vollends ins Unrecht gesetzt. Keine europäische Macht, und war sie noch so strikt gegen den in Entstehung begriffenen kleindeutschen Staat eingestellt, konnte sich jetzt offen zur Parteinahme für den enttarnten Aggressor bekennen.

Nicht zuletzt ist es auch BISMARCKS vorsichtiger Konfliktvermeidungsstrategie zu verdanken, daß Frankreich nun militärisch isoliert dastand. Hätte die preußische Regierung, wie die Nationalliberalen es wünschten, eine offensivere Politik gegen die Maingrenze betrieben und Frankreich dabei auch nur halbwegs plausible Gründe für den Vorwurf des Vertragsbruches geliefert, so hätte NAPOLEON III. sicherlich Verbündete gefunden, denn an Sympathisanten der französischen Absichten mit Deutschland fehlte es gewiß nicht in Europa. Nur weil die französische Führung keinen akzeptableren Kriegsgrund vorweisen konnte, konnte sie insoweit auf die spanische Thronkandidatur verfallen, die den erstrebten Legitimationszweck verfehlte.

Jede einzelne der europäischen Regierungen hatte überdies, entsprechend der Verschiedenheiten der Interessenlagen, auch eigene Gründe für eine neutrale Haltung. Insbesondere auf ein militärisches Zusammengehen mit der k. u. k. Donaumonarchie und mit Italien hatte Frankreich im Hinblick auf die bislang nicht erfolgreichen, aber letztlich auch keineswegs gescheiterten Militärverhandlungen mit diesen Mächten gesetzt. Der deutsche Bevölkerungsteil des habsburgischen Reiches war nicht unbedingt preußenfreundlich, aber doch national solidarisch eingestellt. Wohl wissend, daß es bei dem ausbrechenden Konflikt nicht um einen Zangengriff der Hohenzollerndynastie gegen Frankreich, sondern um die Verteidigung des nationalen Rechtes der Deutschen auf staatliche Vereinigung ging, lehnten die Deutschen im habsburgischen Staat eine Kriegskoalition mit Frankreich ab. Wenn Österreich schon an dem Krieg teilnehmen solle, so meinten sie, dürfe dies nur auf deutscher Seite geschehen.

Auch das ungarische Element in der k. u. k. Monarchie, seit dem ›Ausgleich‹ im Jahre 1867 gleichberechtigt mit den Deutschen im Minderheitenstaat, konnte sich für einen Krieg auf Frankreichs Seite gegen Deutschland nicht erwärmen. Eine

Niederlage und Entmachtung Preußens müßte, so erkannten sie, erneuerten Einfluß Österreichs in Deutschland zur Folge haben. Dies würde zugleich das deutsche Element in der Doppelmonarchie zu ihren, der Ungarn, Lasten stärken. Königgrätz verdankten sie den ›Ausgleich‹; eine außenpolitische Revision der Folgen der habsburgischen Niederlage würde sich innenpolitisch zu ihrem Nachteil auswirken. Die Befürworter einer Rache für die Niederlage bei Königgrätz hingegen, die in Kreisen des habsburgischen Hofes und des Militärs überwogen, konnten sich angesichts dieser innenpolitischen Gegebenheiten nicht durchsetzen. Es kam hinzu, daß BISMARCK unmißverständlich und glaubwürdig betont hatte, daß an eine Zerschlagung der Donaumonarchie durch Preußen-Deutschland nicht gedacht sei.

Schließlich dämpfte es auch den Kriegseifer und das Revanchegelüst der Wiener Führung, daß Rußland vorsorglich Truppen an seiner Grenze zu Österreich konzentrierte, um notfalls eine völlige Zerschlagung der preußischen Position in Deutschland durch Österreich und Frankreich zu verhindern. Graf VON BEUST, jetzt Lenker Österreichs und seinen Zeitgenossen als höchst wandelbar bekannt, einst deutsch-patriotischer Festredner, doch je nach Bedarf freisinnig oder reaktionär – zog flexibel die Konsequenzen aus der Gemengelage mit der Parole: »Österreich muß jeder Pression, wie jedem unbedachten Gefühl widerstreben, will es Herr seiner Geschicke bleiben.«[293] Er zog es vor, zunächst nicht Partei zu ergreifen und die weitere Entwicklung des Konfliktes abzuwarten, um nicht vorzeitig auf das möglicherweise falsche Pferd zu setzen. Die Donaumonarchie machte mobil und verharrte in amtlich verkündeter bewaffneter Neutralität.

Italien hatte 1866 auf NAPOLEONS III. Initiative auf Preußens Seite gekämpft und sich dank dessen Sieges von Königgrätz mit Venetien vereinigen können. Es gehörte jedoch weiter zur Einflußsphäre NAPOLEONS III., der ihm im Krieg des Jahres 1859 zum nationalstaatlichen Erfolg verholfen hatte. Andererseits aber hatte NAPOLEON dem italienischen Juniorpartner zur »Kompensation« seiner Schützenhilfe Nizza und Savoyen abverlangt und annektiert. Überdies hielt er unter dem Einfluß seiner katholischen Wählerschaft Rom militärisch besetzt, die natürliche Hauptstadt Italiens gewissermaßen, das sich insoweit mit Florenz als Provisorium begnügen mußte. Dies insbesondere hielt Italien davon ab, auf französischer Seite in den Krieg gegen Deutschland einzutreten. Die französischen Niederlagen auf dem Schlachtfeld ermöglichten es Italien sodann, Rom am 20. September 1870 ohne besondere Mühen einzunehmen und es in seine Rechte als Hauptstadt einzusetzen.

Die Interessenlage Rußlands war weiterhin zwiespältig. Einerseits sah die zaristische Führung in dem Ausgreifen Preußens über den Main und in der beabsichtigten Gründung eines neuen Machtzentrums in Form eines deutschen Nationalstaates ein empfindliches Übel. Andererseits war eine konkrete Interessenkollision mit einer solchen Neugründung vorerst nicht in Sicht, während der seit dem Krimkrieg schwelende russische Gegensatz zur Donaumonarchie handfest und aktuell war und voraussichtlich auch künftig auf unabsehbare Zeit aus der Rivalität auf dem Balkan und im ›Orient‹ genährt werden würde. Und Frankreichs hegemonial orientierter Bonapartismus war dem Zarenreich außen- wie innenpolitisch ein bedrohlicher Greuel. Durch seinen Einfluß auf die polnische Nationalbewegung bedrohte er konkret den Westen des russischen Machtbereiches. Im übrigen wurde er vom zaristischen Konservativismus generell als revolutionäre Bedrohung der überkommenen europäischen Ordnung betrachtet. Einen gemeinsamen Sieg Frankreichs und der Donaumonarchie über Preußen-Deutschland, dessen Zerschlagung und einen entsprechenden Machtzuwachs sowohl für Wien als auch für Paris galt es unter allen Umständen zu verhindern. Der preußische Schritt über den Main und die Hinnahme des in Aussicht stehenden kleindeutschen Staates erschienen demgegenüber als das kleinere Übel. So entschloß sich der Zar, Preußen vorerst in der Rolle eines Juniorpartners gewähren zu lassen und es, soweit erforderlich, zu stützen. Rußland verhielt sich wohlwollend neutral und übte gegen die Donaumonarchie durch die erwähnten Truppenmassierungen eindämmenden Druck zugunsten Preußen-Deutschlands aus.

England, in der zweiten Hälfte des 19. Jahrhunderts hochentwickelte Wirtschafts- und Handelsmacht, dazu Welt-, See- und Kolonialmacht ersten Ranges, hatte, anders als Frankreich, im engeren Sinne keine hegemonialen Ambitionen auf dem europäischen Kontinent, die es in einen vitalen Interessengegensatz zu dem in Gründung begriffenen deutschen Nationalstaat hätten bringen können. Englands Gleichgewichtspolitik gegenüber Kontinentaleuropa zielte traditionell auf ein instabiles und deshalb von der Insel aus leicht zu beeinflussendes Gleichgewicht ab, in dem die Kräfte der rivalisierenden europäischen Staaten einander dergestalt neutralisierten, daß England, unangefochten von der Konkurrenz kontinentaler Mächte, seine maritime Weltmachtstellung behaupten und ausbauen konnte. So war sein ›natürlicher‹ Feind stets die stärkste Kontinentalmacht gewesen, nämlich diejenige, die aus dem Patt des Gleichgewichtssystems auszubrechen und Britanniens potentieller Konkurrent auf den Meeren zu werden drohte. Mit den alten europäischen Mächten wie dem längst entmachteten Spanien, mit Rußland und mit Frankreich hatte England zu leben und umzugehen gelernt. Die von diesen Ländern ausgehenden Gefahren waren deshalb kalkulierbar, sie konnten mit gelegentlichen Kriegen in Schach gehalten werden, wie zuletzt das Frankreich Napoleons I. oder Rußland im Krimkrieg.

Das am Horizont der europäischen Machtpolitik auftauchende staatlich vereinte Deutschland hingegen war eine neue, ungewohnte, noch nicht berechenbare Gefahr für die britische Position. Niemand konnte voraussagen, ob, wann und wie der neue, gewichtige staatliche Machtfaktor in Europa über die Grenzen des Kontinentes hinausgreifen und in Konkurrenz zur britischen Weltmacht treten würde. Auch konnte niemand ausschließen, daß ein fester staatlicher Kern in der Mitte Europas stabilisierend im Sinne einer dauerhaften Friedensordnung wirken und den Kräften der Nationen des Kontinents, die einander bisher neutralisiert und in Schach gehalten hatten, künftig in bislang nicht dagewesenem Maße den

Weg nach außen öffnen würde. Das Ende der englischen Gleichgewichtspolitik würde damit besiegelt sein – mit allen zerstörerischen Folgen für die einzigartige britische Weltmachtstellung.

Freilich war die auf solchen Möglichkeiten beruhende Verunsicherung in England zunächst weniger akut als das französische Aufbegehren gegen die kommende neue Macht in Mitteleuropa. Sah sich Frankreich, dem durch den deutschen Nationalstaat gleichsam über Nacht das hegemoniale Tor nach Osten verbarrikadiert und der Weg verlegt wurde, zu wilder Kriegspolitik veranlaßt, so erschöpfte sich die britische Reaktion zunächst in einem dumpfen – freilich auch tiefen – Mißbehagen. Denn die englischen Befürchtungen waren abstrakter, die Gefahren für Britanniens Status als erste Weltmacht lagen unbestimmbar in der Zukunft. So war die Gegnerschaft zu einer kleindeutschen Lösung in England nicht ganz einhellig. Es gab auch Tendenzen, den neuen Staat zu dulden, da er den mitteleuropäischen Unruheherd befrieden und ein Gegengewicht zu dem französischen Rivalen bilden würde; doch überwog das Mißbehagen. Da es weithin als nicht schicklich galt, den Deutschen das Recht auf einen eigenen Staat abzusprechen, kristallisierten sich die englischen Abneigungen an der als illiberal und autoritär verschrienen Person und Politik BISMARCKS. Oder man leugnete schlicht und einfach die Existenz der deutschen Nation – wie Benjamin DISRAELI, der schon im April 1848 gefordert hatte, man müsse der Einigungspolitik der Deutschen, diesem verschwommenen (*dreamy*) und gefährlichen Unsinn, der ›deutsche Nationalität‹ genannt werde, um des europäischen Friedens willen widerstehen. Dies sind die Hintergründe, vor denen die britische Reaktion auf die Vorgänge des Juli 1870 zu sehen ist.

Zunächst hatte die englische Regierung durchaus Verständnis für die französische Kampagne gegen die spanische Thronkandidatur gezeigt. Sie konnte diese Linie jedoch nicht durchhalten, als die Regierung NAPOLEONS III. nach der Rücknahme der Kandidatur nochmals auftrumpfte und ihre wahren Absichten und Motive dabei allzu deutlich erkennbar werden ließ. Nachdem Frankreich förmlich die Neutralität Belgiens garantiert und Preußen eine gleiche Versicherung abgegeben hatte, erklärte England seine Neutralität. Sogleich nach der französischen Garantie für Belgien hatte BISMARCK die englische Regierung über die Pläne NAPOLEONS III. aufgeklärt, Belgien aufzuteilen und zu annektieren. Von diesen hatte BISMARCK Kenntnis aus den bereits erörterten preußisch-französischen Verhandlungen nach Königgrätz 1866 sowie aus der Luxemburgkrise 1867. Als Beweisstück konnte er den 1866 von französischer Seite gefertigten und unterzeichneten, ihm überlassenen Vertragsentwurf vorweisen, der sich über das die britischen Interessen sowie das internationale Recht massiv verletzende französische Vorhaben verhielt. BISMARCK muß wohl berechtigte Zweifel daran gehabt haben, ob die bloße Information auf diplomatischem Wege ausreichte, das Wohlwollen der britischen Regierung für das von ihr sonst so argwöhnisch beobachtete napoleonische Regime zu untergraben: Wenn es um die Verhinderung des kleindeutschen Staates ging, lagen die britischen Sympathien ganz offenbar bei Frankreich. Bismarck spielte die französischen Vorschläge daher auch der *Times* zu, die sie am 25. Juli 1870 veröffentlichte. Die Resonanz in England war beträchtlich. Frankreich war vor der – teilweise deutschfreundlichen – britischen Öffentlichkeit schwer kompromittiert, was zweifelsfrei zur Neutralität der englischen Regierung beitrug.

Doch blieb die eigentlich angemessene und zu erwartende scharfe Reaktion der englischen Diplomatie auf den geplanten französischen Willkürakt an der Gegenküste der britischen Insel völlig aus. Gegenüber der drohenden deutschen Nationalstaatsgründung erschien den Briten Napoleons abenteuerliche Aggressionspolitik ersichtlich als das weitaus kleinere Übel. In der Folgezeit ergoß sich denn auch ein anwachsender Strom englischer Rüstungslieferungen nach Frankreich – Munition, Pferde und kriegswichtige Güter aller Art, darunter 11 918 in Birmingham gefertigte Chassepot-Gewehre und 24 317 Hinterladegewehre des Systems Snider. Von Anfang an glich die britische Neutralität eher einer stillen Entente mit Frankreich.

Spanien hatte die beleidigende öffentliche Einmischung der napoleonischen Regierung in seine ureigenste innere Angelegenheit, die Thronbesetzungsfrage, klaglos hingenommen und war international bloßgestellt – nicht zuletzt durch die Bedenkenlosigkeit, mit der Frankreich die Kandidatur vor den Augen der europäischen Öffentlichkeit ohne jede Rücksicht auf das Selbstbestimmungsrecht und den nationalen Stolz des kleinen Partnerlandes zum Gegenstand einer politischen Kampagne gegen eine dritte Macht instrumentalisiert hatte. Und Gramont rieb Salz in die Wunde, als er, anstatt ein Wort des Bedauerns zu finden, am 15. Juli 1870 gönnerhaft erklärte, daß Frankreich von Spanien keine Genugtuung wegen dessen Entscheidung für den Prinzen Leopold fordere, um die Empfindlichkeit dieser Nation zu schonen. Spanien besaß nicht die Kraft zu einer eigenen Reaktion und blieb im Krieg neutral. Schon dies zeigt seine unbedingte Abhängigkeit von Frankreich und macht deutlich, wie wenig ein konstitutioneller Monarch aus deutscher Dynastie auf dem Thron von Madrid in der Lage gewesen wäre, den Griff der Hegemonialmacht zu lockern, sofern er dies überhaupt gewollt hätte.

Auch Dänemark blieb neutral. Zwar gab es hier Revanchegelüste wegen des Krieges um Schleswig-Holstein im Jahre 1864, auf die Napoleon III. Hoffnungen gesetzt hatte. Militärisch war das Land für diesen von besonderer Bedeutung, weil es als Operationsbasis für die starke französische Marine und für die Anlandung französischer Truppen auf dem norddeutschen Festland zur Bildung einer zweiten Front bestens geeignet war. Doch der dänische König, der die militärische Lage Frankreichs wenig optimistisch einschätzte, hielt Vorsicht für den besseren Teil der Tapferkeit. Vergeblich auch hoffte Napoleon III., das Erscheinen französischer Kriegsschiffe vor Kopenhagen werde einen Stimmungsumschwung in der Frage der Neutralität oder eine dänische Volkserhebung mit für Frankreich günstigen Folgen auslösen.

14. Von Saarbrücken bis Sedan: die erste Phase des Krieges

Zu Kriegsbeginn unterstand dem einheitlichen Oberbefehl des preußischen Königs einschließlich der Landwehr eine gesamtdeutsche Streitmacht von 1183389 Mann. Davon entfielen auf die vereinigten deutschen Feldarmeen 462300 Mann Infanterie und 56800 Mann Kavallerie, 60000 Mann Artillerie mit 1584 Geschützen sowie 20000 Mann Genietruppen (Pioniere u. a.). Die Verbände der süddeutschen Staaten wurden dem preußischen Kronprinzen FRIEDRICH WILHELM unterstellt – eine symbolische Geste nationaler Verbundenheit der preußischen Krone mit den Stämmen Süddeutschlands. Es war kein Wagnis, das Prestige des preußischen Thronerben mit den süddeutschen Truppen zu verbinden, die noch im Krieg des Sommers 1866 mit ihren Leistungen wenig hatten überzeugen können. Die Übernahme der preußischen Heeresverfassung nach Königgrätz hatte schnell Früchte getragen, und die Bayern, Württemberger und Badener erwiesen sich 1870/71 den preußisch-norddeutschen Soldaten ebenbürtig.

Hauptwaffe der deutschen Armeen war das Dreysesche Zündnadelgewehr Modell 1841 mit seinen technisch kaum fortentwickelten Nachfolgemodellen: eine robuste, konstruktiv aber schon ein wenig angejahrte Hinterladerwaffe. Bayerns Soldaten waren überwiegend mit einem auf Hinterladung umgeänderten alten Vorderlader des Systems Podewils Modell 1867 bewaffnet, einer wenig zuverlässigen Waffe. Zu dieser kontrastierte das in geringer Stückzahl an 4 bayerische Jägerbataillone ausgegebene Werder-Gewehr, das ›bayerische Blitzgewehr‹, damals einige Jahre lang das beste und modernste Infanteriegewehr Europas, das für Metallpatronen und kleinkalibrige Geschosse mit rasanter Flugbahn konstruiert war und eine für damalige Verhältnisse außerordentlich hohe Feuergeschwindigkeit erlaubte. Die Technik der Handfeuerwaffen war derzeit ein durchaus kriegsentscheidender Faktor, denn deren Entwicklung war in rasantem Fluß und hatte noch keineswegs, wie heute, ein weltweit im wesentlichen gleiches Endniveau erreicht.

Unter MOLTKES bewährter strategischer Führung von einem fähigen Offizierskorps straff und überlegen geführt, kam den gut ausgebildeten und motivierten deutschen Feldarmeen auch der planvolle Einsatz des Transportmittels Eisenbahn sowie des Telegraphenwesens für die Optimierung der Kommunikation und der Befehlsübermittlung zugute.

Auf französischer Seite unterstanden dem obersten Kriegsherrn NAPOLEON III. 567000 Mann, von denen 336000 Soldaten auf das im Juli 1870 verfügbare Feldheer entfielen. In diesem kamen auch Kolonialtruppen zum Einsatz, nordafrikanische ›Zuaven‹, ›Spahis‹ und ›Turcos‹, denen besondere Grausamkeit nachgesagt wurde. Neben der regulären Armee gab es eine bei Kriegsausbruch noch im Aufbau befindliche sogenannte ›Mobilgarde‹, eine Art Landwehr oder Miliz von zweifelhaftem militärischem Wert, die auf rund 600000 Mann veranschlagt war und im Jahre 1870 150000 bis 180000 Mann stark gewesen sein soll. Die zahlenmäßige Unterlegenheit der französischen Truppen war nicht von langer Dauer; schon im Herbst 1870 standen sich in Frankreich auf beiden Seiten Millionenheere gegenüber.

Die Hauptwaffe der französischen Soldaten war das Chassepot-Zündnadelgewehr. Es basierte auf dem Dreyseschen Zündnadelsystem, war aber technisch moderner und mit seinem geringeren Gewicht, größerer Reichweite, einem leichteren Geschoß mit entsprechend rasanterer Geschoßbahn und einer um ein Drittel höheren Feuergeschwindigkeit dem preußischen Zündnadelgewehr deutlich überlegen. Während sich das Chassepotgewehr im Masseneinsatz als furchtbare Waffe erweisen sollte, war eine geheimnisumwitterte neue ›Wunderwaffe‹ der französischen Kriegstechnik, die ›Mitrailleuse‹, eine Salvenfeuerkanone, weit weniger erfolgreich. Sie glich äußerlich einem Feldgeschütz, besaß aber statt eines Kanonenrohres ein von einer Handkurbel angetriebenes, stahlummanteltes Bündel von 25 Läufen mit Bohrungen von je 13 mm, aus denen eine spezielle Munition in entsprechendem Kaliber verfeuert wurde, angeblich bis zu 350 Schuß pro Minute. Insbesondere weil sie taktisch falsch eingesetzt wurde, artilleristisch nämlich anstatt infanteristisch, aber auch wegen ihrer gewichtsbedingten (1,5 t) Unbeweglichkeit, erfüllte die Mitrailleuse die in sie gesetzten hohen Erwartungen keineswegs – abgesehen freilich von ihrem immensen Munitionsverbrauch.

Napoleon III. bestellte seine Ehefrau Eugenie für die Dauer des Krieges zur Regentin und begab sich als oberster Kriegsherr zu seiner Feldarmee nach Metz, wo er am 28. Juli 1870 die folgende Proklamation an seine Rheinarmee erließ:

»Ich stelle mich an eure Spitze, um die Ehre des vaterländischen Bodens zu verteidigen. Ihr werdet eine der besten Armeen Europas bekämpfen, doch auch andere Armeen, welche ebenso tüchtig waren, konnten eurer Tüchtigkeit nicht widerstehen. Ein Gleiches wird heute der Fall sein. Der Krieg wird lang und mühevoll sein, aber nichts übertrifft die zähe Kraft der Soldaten, welche in Afrika, der Krim, in Italien und Mexiko kämpften. Welchen Weg immer wir außerhalb der Grenzen des Vaterlandes einschlagen, wir finden stets ruhmreiche Spuren unserer Väter und werden uns ihrer würdig zeigen. Ganz Frankreich begleitet euch mit glühenden Wünschen; das Weltall hat seine Augen auf euch gerichtet; von unserem Erfolge hängt das Schicksal der Freiheit und der Zivilisation ab; tue jeder seine Pflicht; der Gott der Schlachten wird mit uns sein.«[294]

Der Text spricht für sich. Die Möglichkeit eines eigenen Verteidigungskrieges zog er nicht in Betracht. Nicht der vaterländische Boden selbst sollte verteidigt werden, sondern seine Ehre, und dies auf den ruhmreichen Spuren der Väter jenseits der französischen Grenzen – in diesem Fall, das verstand sich von selbst, in Deutschland, das zu Ruhm und Ehre des französischen Vaterlandes unterworfen werden sollte. Unverblümt bekennt sich Napoleon III. hier zum hegemonialen und auf Eroberung abzielenden Charakter seines Krieges. In diesem Sinne sucht er seine Soldaten zu begeistern und bemüht zum hehren Zweck die Augen des Weltalls, das Schicksal der Freiheit und der Zivilisation sowie den Gott der Schlachten. Solch überhitzte Phraseologie mochte wohl geeignet gewesen sein, Armeen heroisch zu beflügeln, die unter einem charismatischen Feldherrn und Eroberer wie Napoleon I. von Sieg zu Sieg geeilt waren. Wie sie soldatisches Durchhaltevermögen in den bevorstehenden Niederungen militärischer Fehl- und Rückschläge motivieren sollte, steht auf einem anderen Blatt.

Der preußische König traf am 2. August mit dem Generalstab in seinem militärischen Hauptquartier in Mainz ein und erließ einen hier zum Vergleich und als Kontrast wiedergegebenen Aufruf an seine Truppen, der ebenfalls, freilich in ganz andersartigem Sinne als derjenige Napoleons III., für sich selbst spricht:

»An die Armee!

Ganz Deutschland steht einmüthig in Waffen gegen einen Nachbarstaat, der uns überraschend und ohne Grund den Krieg erklärt hat. Es gilt die Vertheidigung des bedrohten Vaterlandes, unserer Ehre, des eigenen Heerdes. Ich übernehme heute das Kommando über die gesammten Armeen, und ziehe getrost in einen Kampf, den unsere Väter einst ruhmvoll bestanden.

Mit mir blickt das ganze Vaterland vertrauensvoll auf Euch. Gott der Herr wird mit unserer gerechten Sache sein.

H.-Q. Mainz, den 2. August 1870.

gez. Wilhelm«[295]

Mit dem von den Vätern ruhmvoll bestandenen Kampf dürfte Wilhelm I. die Freiheitskriege gegen Napoleon I., vielleicht aber auch frühere deutsche Siege gegen französische Truppen unter Friedrich dem Grossen gemeint haben.

Der Beginn der Kampfhandlungen trug nahezu operettenhafte Züge: Am frühen Morgen des 19. Juli 1870, des Tages der französischen Kriegserklärung, umzingelten französische Soldaten die Zollstelle Solsterhöhe bei Saarbrücken und machten die ersten Kriegsgefangenen: zwei schlafende deutsche Zollbeamte, die sie aus ihren Betten holten und abführten, nicht ohne zugleich alles ihnen in dem Zollhaus mitnehmenswert Erscheinende als Kriegstrophäen zu entwenden. Am 2. August rückten drei französische Divisionen gegen Saarbrücken vor. Die in Saarbrücken anwesende schwache preußische Vorpostenabteilung zog sich kämpfend auf eine Beobachtungsstellung nördlich der Stadt zurück, und die Franzosen rückten ein, räumten Saarbrücken jedoch wieder bis zum 6. August, da sich größere preußische Verbände näherten. In der französischen Presse wurde die militärisch bedeutungslose Episode als gewaltiger, unter den Augen des Kaisers Napoleon errungener und in die Zukunft weisender Sieg gefeiert, bei dem Louis, genannt Lulu, der Sohn des Imperators, seine Feuertaufe erhalten und dabei großartige Geistesgegenwart und Kaltblütigkeit bewiesen habe. An seine Frau Eugenie schrieb Napoleon über dieses Gefecht und über die erstaunliche Wirkung der anwesenden Hoheiten auf die feindlichen Geschosse: »Wir [er selbst und Lulu] waren in erster Linie, aber die Gewehr- und Kanonenkugeln fielen zu unseren Füßen nieder.«[296]

Die geplante französische Großoffensive über die deutsche Grenze hinweg kam wegen organisatorischer Mängel bei Mobilmachung und Aufmarsch sowie unzureichender Beweglichkeit der französischen Truppen nicht in Gang. NAPOLEON III. wollte 150000 Mann bei Metz, 100000 Mann bei Straßburg und 50000 Soldaten bei Châlons zusammenziehen und sodann den Rhein von Metz und Straßburg aus mit 250000 Mann überraschend nördlich von Karlsruhe bei Maxau überschreiten. Das von Châlons nachfolgende Kontingent von 50000 Mann sollte den Rükken dieser Offensivoperation decken und in der Folge die französische Nordostgrenze sichern. Die nach Deutschland vorgestoßenen Truppen sollten Nord- und Süddeutschland in raschem Vordringen voneinander trennen. Dann, so vermutete NAPOLEON, wären die süddeutschen Staaten zur Neutralität gezwungen. Überdies, so hoffte er, würden bei einem solchen Erfolg die Donaumonarchie und Italien doch noch auf französischer Seite in den Krieg eintreten. Jedenfalls würde es die französische Armee, wenn diese Operation gelang, danach nur noch mit den preußischen und den sonstigen Truppen des Norddeutschen Bundes zu tun haben. Die zunächst bestehende quantitative Überlegenheit der deutschen Streitkräfte wäre durch das Ausscheiden der süddeutschen Truppen beseitigt.

Die Verwirklichung dieses auf einem Überrumpelungseffekt beruhenden Planes setzte zuvörderst eines voraus: Der Aufmarsch mußte rechtzeitig und reibungslos vonstatten gehen und der anschließende Stoß nach Osten schnell vorgetragen werden. Dies mißriet gründlich. Schon die am 15. Juli angeordnete Mobilmachung der französischen Streitkräfte enthüllte Fehlorganisation und Wirrwar. Die für den Krieg erforderlichen Armeekorps mußten teilweise erst ins Leben gerufen und zusammengestellt, die dafür erforderlichen Kommandobehörden neu eingerichtet werden.

Die Vorräte an Waffen und Ausrüstung waren in wenigen großen Magazinen zentralisiert, von denen aus die einzelnen Depots nur zögerlich versorgt werden konnten. Überdies befanden sich nur 35 Prozent der Infanterieregimenter mit ihren jeweiligen Depots in derselben Garnison. So mußte ein wesentlicher Teil der bei der Mobilmachung einrückenden Soldaten, selbst wenn sie nahe der Garnison ihres Regimentes wohnten, erst zu dessen entferntem Depot-Ort befördert und nach der Einkleidung zurücktransportiert werden. Die einzelnen Regimenter wurden zu den Versammlungspunkten der Korps an der Grenze ohne Rücksicht darauf transportiert, ob ihre Mobilmachung abgeschlossen war.

Das hieraus folgende Durcheinander bedarf keiner näheren Erläuterung. Das für die Truppenkonzentrationen im östlichen Grenzgebiet Frankreichs erforderliche Eisenbahnnetz war nur unzulänglich ausgebaut. Überdies war die rationelle Nutzung der vorhandenen Bahnlinien nicht planvoll vorbereitet. Auch die Marschgeschwindigkeit der Infanterieverbände selbst entsprach nicht den Erfordernissen.

Den defensiven deutschen Aufmarsch- und Operationsplan für den Fall eines Krieges gegen Frankreich hatte der preußische Generalstab unter MOLTKE im Winter 1868/69 in einem Memorandum festgelegt. Da man nicht sicher voraussagen konnte, wo der Gegner angreifen werde, wurde als oberstes Operationsziel vorgegeben, »die Hauptmacht des Gegners aufzusuchen, und wo man sie findet, anzugreifen«.[297] Leitmotiv war dabei, die feindliche Hauptmacht in nördlicher Richtung abzudrängen und von ihren Verbindungen mit Paris abzuschneiden. Vorausschauend hatte MOLTKE erkannt: »Wir dürfen daher mit Wahrscheinlichkeit annehmen, daß die Franzosen ihre erste Versammlung auf der Linie Metz–Straßburg bewirken werden, um mit Umgehung unserer starken Rheinfront gegen den Main vorzudringen, Nord- und Süddeutschland zu trennen, mit letzterem ein Abkommen zu treffen und basiert auf dasselbe gegen die Elbe vorzuschreiten.«[298] Für die deutschen Truppen schlußfolgerte MOLTKE: »Auch dann ergiebt sich eine Versammlung südlich der Mosel, und zwar aller verfügbaren Streitkräfte in der bayerischen Pfalz als das geeignetste Mittel, solchen Plänen entgegenzutreten.«[299]

Es war beabsichtigt, aus diesem Aufstellungsraum nach Süden vorzurücken und den nach Osten angreifenden Gegner in der Flanke zu fassen – dies auch für den Fall, daß dieser nicht in Richtung Main, sondern von Straßburg aus gegen Süddeutschland vorging. »Die Versammlung aller Kräfte in der Pfalz«, so heißt es weiter, »schützt den unteren, wie den oberen Rhein, und gestattet eine Offensive in Feindesland, welche, rechtzeitig ergriffen, wahrscheinlich jedem Betreten deutschen Bodens durch die Franzosen zuvorkommen wird.«[300]

Mobilmachung und Aufmarsch im Juli 1870 vollzogen sich auf deutscher Seite glatt und planmäßig. Mit Ablauf des Monats lag der Schwerpunkt der deutschen Streitkräfte bereits südwestlich von Mainz im pfälzischen Raum. Nach dem ersten Gefecht bei Saarbrücken überschritten preußische und bayerische Einheiten der III. Armee am 4. August die französische Grenze, um den Gegner zurückzudrängen, und besiegten in einem für beide Seiten blutigen Gefecht bei Weißenburg die französische Division DOUAY. Am 6. August lieferten sich Deutsche und Franzosen eine beiderseits erbittert geführte und äußerst verlustreiche Schlacht bei Woerth. Allein die auch diesmal wieder siegreichen deutschen Verbände bezifferten ihre Verluste (Tote, Verwundete, Vermißte) mit 10 153 Mannschaften und 489 Offizieren. Eine weitere große Schlacht wurde am selben Tag bei Spicheren südlich von Saarbrücken geschlagen. Sie endete abends mit einem Rückzug der Franzosen im Schutz der Dunkelheit. Allerdings war auch dieser deutsche Sieg teuer erkauft: Die Verluste beliefen sich auf 4648 Mannschaften und 223 Offiziere und waren damit höher als die französischen von 3829 Mannschaften und 249 Offizieren.

Die Niederlagen der französischen Offensivkräfte schon in diesen Grenzschlachten wirkten in der französischen Öffentlichkeit wie ein ernüchternder Schock. Der französischen Führung ließen sie es geraten erscheinen, den geplanten Vorstoß über den Rhein vorerst zu vertagen und die jetzt demoralisierten und von Auflösungserscheinungen bedrohten Angriffstruppen ins Hinterland zurückzuziehen und zu neuen Taten zu sammeln. Bei Châlons wurden unter dem Oberbefehl des Marschalls MAC MAHON 4 Armeekorps zusammengezogen, während auf deutscher Seite die 3. Armee des Kronprinzen FRIEDRICH WILHELM in den Tagen vom 8. bis 12. August zur Saar (Saarburg, Saarunion) vorrückte und am 16. August bei Nancy die Mosel erreichte. Die 1. und die 2. Armee näherten sich Metz und schlossen zur Mosel auf.

Am 14. August kam es vor der Festung Metz bei Colombey und Nouilly zu einer nicht geplanten Schlacht: Auf ihrem Rückzug nach Westen hatten die Franzosen den nachrückenden Deutschen den Eindruck vermittelt, daß mit ernsthaftem Widerstand ihrerseits zunächst nicht zu rechnen sei. Vorbereitete Stellungen wurden von ihnen beim Anrücken der Deutschen ohne weiteres geräumt. Unmittelbar vor Metz jedoch verhärtete sich ihr Widerstand überraschend, und aus preußischer Aufklärungstätigkeit entwickelte sich eine in ihrem Verlauf eher improvisierte Schlacht, nach der sich beide Seiten als Sieger fühlten. Die angreifenden Deutschen freilich erlitten höhere Verluste: rund 5000 Mann einschließlich 222 Offiziere gegenüber 3408 Mannschaften und 200 Offizieren auf französischer Seite. Die strategische Bedeutung dieser Schlacht lag darin, daß sie den geordneten Rückzug der Franzosen auf Verdun verzögerte, der darum am 16. August durch die Schlacht bei den an der südlichen Straße Metz–Verdun gelegenen Ortschaften Vionville und Mars la Tour zum Stillstand gebracht werden konnte. Das zwölfstündige erbitterte Ringen jenes Tages, in welchem die deutschen Truppen einer mehr als doppelt überlegenen französischen Streitmacht gegenüberstanden, forderte deutsche und französische Verluste von jeweils rund 16 000 Mann; es wurde erst durch die einbrechende Dunkelheit beendet.

Am nächsten Morgen hatten die Franzosen ihre Stellungen geräumt. Ihre Rückzugslinie über Mars la Tour nach Verdun war blockiert. Am 18. August tobte der blutige Kampf unmittelbar westlich von Metz um die Ortschaften St. Privat und Gravelotte. Die deutschen Truppen verloren 19 260 Mannschaften und 899 Offiziere. In die Geschichte eingegangen sind die grausamen Verluste des preußischen Gardekorps unter General VON STEINMETZ, das in dieser Schlacht binnen zwanzig Minuten 8000 Mann einbüßte, die im mörderischen Massenfeuer der Chassepot-Gewehre blieben.

Doch besaßen die französischen Truppen am Abend des 18. August nicht mehr die Kraft, nach Westen zu entkommen. Marschall BAZAINE befahl den Rückzug auf Metz, und die Rheinarmee, die bestimmt gewesen war, in kühnem Vorstoß nach Osten Süddeutschland vom Norddeutschen Bund zu trennen, zog sich nachts in unangreifbare Stellungen innerhalb des Schutzringes der Festungswerke und deren Artillerie zurück. Der Ring der deutschen Verbände um Metz und die gegnerische Hauptarmee schloß sich. Diese war neutralisiert und konnte in die noch bevorstehenden Kämpfe nicht mehr eingreifen. Allerdings band sie in der Folgezeit die deutschen Truppen, die für eine sichere Einschließung erforderlich waren. Die erste Phase des Feldzuges war beendet.

Die französischen Verbände, die sich nach den Niederlagen in den Grenzschlachten zu Kriegsbeginn in Châlons unter dem Befehl von MAC MAHON gesammelt hatten, waren von dort zunächst nach Reims marschiert und hatten dann westliche Richtungen eingeschlagen, um nach Metz zu gelangen und die Rheinarmee des Marschalls BAZAINE zu entsetzen. In einem Gefecht nahe der Maas bei Beaumont südöstlich von Sedan wurden sie am 30. August durch deutsche Truppen aufgehalten und vernichtend geschlagen. Erschöpft durch vorangegangene Hin- und Hermärsche tags und nachts bei mangelhafter Verpflegung und demoralisiert durch offensichtliche Fehlleistungen ihrer Führung, bedurften die französischen Soldaten dringend einer Atempause. Marschall MAC MAHON ordnete daher bereits am Nachmittag des 30. August in Mouzon den allgemeinen Rückzug auf die Festung Sedan an, wo die Truppen neuen Mut fassen und mit Lebensmitteln und Munition versorgt werden sollten.

Keineswegs jedoch dachte MAC MAHON daran, sich hier zur Schlacht zu stellen. MOLTKE hingegen erkannte, daß MAC MAHON sich selbst in eine Falle begab. Die belgische Grenze verlief rund 30 km nördlich von Sedan. Bis zum Abend des 31. August gelang es den deutschen Truppen, einen südlichen Halbkreis um die bei Sedan massierten Franzosen zu schließen, die ihrem Gegner, nunmehr eng zusammengedrängt mit dem Rücken zur Landesgrenze, gegenüberstanden. Wären sie in das neutrale Belgien ausgewichen, so hätten sie sich zwischen die Feuer der sie verfolgenden Deutschen und der belgischen Streitkräfte begeben: Bereits am Nachmittag des 30. August hatte BISMARCK den Gesandten des Norddeutschen Bundes in Brüssel angewiesen, dort auf die Möglichkeit eines Grenzübertrittes französischer Truppen hinzuweisen und die Erwartung sofortiger Entwaffnung solcher Verbände zu äußern. Anders als Metz besaß Sedan keinen Gürtel von Befestigungswerken, hinter den sich das französische Heer hätte zurückziehen können. So war es der deutschen Seite möglich, MAC MAHONS Streitmacht in ihrer taktisch äußerst unglücklichen Position zur nahezu aussichtslosen Schlacht zu stellen.

Die Schlacht bei Sedan begann im Morgengrauen des 1. September 1870. Sie wurde deutscherseits von MOLTKE und seinem Stab von einem Hügel aus dirigiert, auf dem sich auch WILHELM I., BISMARCK, Kriegsminister ROON sowie ausländische Beobachter befanden, darunter die US-Generale FORSYTH und SHERIDAN sowie ein britischer Berichterstatter. Gegen Mittag war das französische Heer auch zur belgischen Grenze hin abgeriegelt, so daß ein Übertritt nach Belgien unmöglich geworden war. Die Franzosen standen auf engem Raum zusammengedrängt und von den umliegenden Höhen her umzingelt nördlich von Sedan mit dem Rücken zur Festung. Gegen Abend waren die deutschen Truppen von allen Seiten so nahe zu den Befestigungsanlagen der Stadt vorgedrungen, daß weiterer Widerstand der Franzosen sinnlos war. Beide Seiten sandten Parlamentäre, das Feuer wurde eingestellt, und in Sedan wehten weiße Fahnen.

Das deutsche Heer hatte vor Sedan an Toten und Verwundeten 460 Offiziere und 8500 Mannschaften zu beklagen. NAPOLEONS Streitkräfte hatte 3000 Gefallene,

14 000 Verwundete sowie 21 000 Mann verloren, die während der Schlacht gefangengenommen worden waren. 3000 Franzosen waren nach Belgien entkommen und dort entwaffnet worden. NAPOLEON III., der sich, wie die Deutschen erst jetzt erfuhren, mit in der eingekesselten Festung befand, ließ dem preußischen König zum Zeichen der Kapitulation seinen Degen überbringen. In einem eigenhändigen Begleitschreiben, in dem er WILHELM I. mit »Monsieur mon frère« anredete, formulierte NAPOLEON artig: »Nachdem es mir nicht vergönnt war, in der Mitte meiner Truppen zu sterben, bleibt mir nichts übrig, als meinen Degen in die Hände Ew. Majestät zu legen.«[301] Er wurde wenig später standesgemäß auf Schloß Wilhelmshöhe bei Kassel untergebracht, wo einst sein Onkel Jérôme BONAPARTE, Herrscher des seltsamen Königreiches Westphalen, als ›König Lustig‹ residiert hatte.

Da sich NAPOLEON III. nur persönlich in Gefangenschaft begeben hatte, ohne verbindliche Erklärungen für seine Truppen abzugeben, begannen am späten Abend des 1. September in Donchéry die eigentlichen Kapitulationsverhandlungen, die auf deutscher Seite von MOLTKE und BISMARCK, auf französischer Seite von einer Delegation unter General DE WIMPFFEN geführt wurden, der an MAC MAHONS Stelle getreten war. Die deutsche Forderung, die eingeschlossene Armee habe sich ohne Bedingungen in Kriegsgefangenschaft zu begeben, wies die französische Abordnung zurück. Sie verlangte, ihre Offiziere und Soldaten mit dem Versprechen, in diesem Krieg nicht mehr gegen Deutschland zu kämpfen, bewaffnet in die Heimat zu entlassen.

Soviel Edelmut und Vertrauensseligkeit freilich mochte man deutscherseits nicht aufbringen. Schon auf dem Wege nach Donchéry waren sich BISMARCK und MOLTKE darüber einig gewesen, daß Frankreich, das im Falle von Königgrätz dem preußischen Sieger sogar den Erfolg gegen eine dritte Macht zum Vorwurf gemacht habe, die nunmehr selbst erlittene Niederlage erst recht niemals verschmerzen werde. BISMARCK wies die französische Delegation auf die unsichere innenpolitische Lage Frankreichs und auf die Möglichkeit hin, daß eine neue Regierung, wie schon im Jahre 1792, auch jetzt wieder die ganze Bevölkerung zu den Waffen rufen könne. Frankreich, das Deutschland im Verlauf der letzten Jahrhunderte wohl an die zwanzigmal ohne triftigen Grund angegriffen habe, werde auch die jetzige Niederlage zu rächen suchen. Deutschland bedürfe daher sicherer Bürgschaften, um endlich in Frieden leben zu können. Dies war ein erster Hinweis auf die noch zu stellenden deutschen Friedensbedingungen, die jetzt allerdings noch nicht aktuell waren.

Die französische Delegation sträubte sich gegen die deutschen Kapitulationsbedingungen, und die Verhandlungen mußten unterbrochen werden. Nachdem daraufhin die Wiederaufnahme der Beschießung Sedans angedroht worden war, wurde die Kapitulationsurkunde am nächsten Morgen um 11.00 Uhr doch noch unterzeichnet. Nur den Offizieren wurde freigestellt, sich gegen ein Ehrenwort im Sinne der französischen Forderung mit ihren Waffen nach Belieben zu entfernen. Alle Mannschaften und die zum Ehrenwort nicht bereiten Offiziere, 83 000 Mann Eingeschlossene und 21 000 Mann, die bereits während der Kampfhandlungen in deutschen Gewahrsam gelangt waren, mußten den Weg in die Gefangenschaft antreten.

15. Die zweite Phase des Krieges: Frankreichs Volkskrieg bis zum bitteren Ende

a. Enttäuschte Friedenshoffnungen; Sturz des napoleonischen Regimes

Nachdem die französische Hauptarmee bereits durch die Einschließung in Metz außer Gefecht gesetzt worden war, hatte der Untergang der Armee von Châlons in der Schlacht bei Sedan den Krieg militärisch entschieden. Frankreich besaß keine Potentiale mehr, die es den deutschen Truppen mit Aussicht auf einen entscheidenden Erfolg hätte entgegenstellen können. Dem sofortigen Friedensschluß schien somit nichts im Wege zu stehen. Den Siegesjubel der deutschen Armeen freilich dämpfte die Erschöpfung nach den fast übermenschlichen Leistungen, die ihnen in den beiden vorangegangenen Monaten abverlangt worden waren; auch hatten sie für den militärischen Triumph einen hohen Blutzoll entrichten müssen. In Deutschland hingegen herrschte flammende Begeisterung. Der Krieg schien überstanden, und nun stand die langersehnte nationale Vereinigung greifbar nahe bevor.

Doch der Frieden ließ auf sich warten. NAPOLEON III. hatte es nach der Schlacht von Sedan für seine Person abgelehnt, Friedensverhandlungen mit den Siegern zu führen, da er als in seinen Entscheidungen nicht freier Kriegsgefangener hierzu nicht befugt sei. Aber auch seine von ihm als Regentin eingesetzte Ehefrau EUGENIE und deren Regierung kamen nicht als Verhandlungspartner in Betracht, denn das bonapartistische Regime überstand die Niederlage von Sedan nicht – NAPOLEON III. hatte sich aus gutem Grunde als Gefangener in die Obhut des Königs von Preußen begeben. Nach dem Italienischen Krieg des Jahres 1859 hatte der Imperator seinen Wählerschichten statt ›Gloire‹ und ›Grandeur‹ auf dem Felde der Außenpolitik nichts als mißratene Versuche und fruchtlose Bemühungen bieten können. Seine darum bereits seit längerem gefährdete Stellung hatte er zuletzt durch den Krieg gegen Deutschland festigen wollen. Durch die militärische Niederlage, die Frankreich als Schock und unerträgliche Schmach empfand, wurde seine Position vollends unhaltbar. Kaiserin EUGENIE, die wohl an das Schicksal der MARIE ANTOINETTE gedacht haben mochte, setzte sich eiligst nach England ab, als der Ausgang der Schlacht bei Sedan im Lande bekannt wurde, und am 4. September 1870 wurde in Paris die Republik ausgerufen.

Am 6. September 1870 erklärte sich die neue französische ›Regierung der nationalen Verteidigung‹ unter Jules FAVRE und Léon GAMBETTA, die sich nach dem Staatsstreich etabliert hatte, zum Friedensschluß bereit. Dabei verzichtete sie auf jeden

Einspruch gegen in Deutschland zu treffende neue Regelungen, daß heißt im Klartext auf die Intervention gegen den Zusammenschluß Deutschlands in einem Nationalstaat – zu der sie angesichts der militärischen Niederlage freilich ohnehin nicht fähig gewesen wäre. Zugleich aber schloß sie – mit Blick auf Elsaß-Lothringen – jegliche Abtretung französischen Staatsgebietes kategorisch aus.

b. Deutsche Ansprüche auf das Elsaß und Lothringen

Die Annexion des Elsaß und des größten Teiles von Lothringen war für die deutsche Seite allerdings schon jetzt ausgemachte Sache. Zwar war das nationale Ziel, für das man in den Krieg gezogen war, die Abwehr der französischen Intervention gegen das deutsche Selbstbestimmungsrecht, mit dem Sieg von Sedan voll und ganz erreicht. Doch hatte sich in der deutschen öffentlichen Meinung fast aller politischen Schattierungen, ebenso bei den deutschen Regierungen und ihren Militärs, schon nach den gewonnen Grenzschlachten im August 1870 die Überzeugung gebildet, daß Frankreich die beiden in den Jahrhunderten zuvor dem Reich sukzessive geraubten und abgepreßten Provinzen zurückgeben müsse. Nach dem von Frankreich böswillig angezettelten, opferreichen Krieg, so erschien es den Deutschen, war es nur recht und billig, diesen Siegespreis zu verlangen, zumal es sich dabei nur um eine Revision vorangegangenen Unrechtes handelte. Schon fünfeinhalb Jahrzehnte zuvor, nach der Vertreibung NAPOLEONS I., war deutscherseits der Anspruch auf die alten deutschen Westprovinzen erhoben worden. Doch hatte im Jahre 1815 der restaurative Wiener Kongreß, dem nationale Anliegen ein Greuel und revolutionäres Teufelswerk waren, kein Entgegenkommen gezeigt.

Auch im Jahre 1870 wurde die beabsichtigte Annexion vorwiegend mit nationalen und historischen Argumenten gerechtfertigt, daneben aber auch sicherheitspolitisch begründet. Die Bevölkerung des Elsaß war insgesamt, diejenige Lothringens zum guten Teil deutschstämmig und gehörte dem deutschen Sprach- und Kulturraum an. Zwar hatte sich in den deutschsprachigen Regionen unter französischer Herrschaft eine politisch wortführende Minderheit gebildet, die französisch fühlte. Ihre Größe mag bei 10 bis 11 Prozent der Gesamtbevölkerung gelegen haben: Bei der Wahl der Staatsangehörigkeit, die nach der Annexion im Reichsland Elsaß-Lothringen abgehalten wurde, optierten 10,4 Prozent der Bewohner für Frankreich. Freilich gehörte die Heranbildung kollaborationsbereiter Eliten in eroberten Gebieten seit je zum Instrumentarium imperialistischer Herrschaft, ohne daß solche Minderheiten die Nationalität der unterworfenen Völker ohne weiteres zu verändern vermocht hätten. Der deutsche Anspruch auf die deutschsprachigen Gebiete war somit schon unter dem Gesichtspunkt der Volkssouveränität, des Selbstbestimmungsrechtes der Völker, begründet.

Im übrigen wurde in Deutschland auch die pro-französische deutschstämmige Minderheit nach Maßgabe eines Begriffes von der Nation, der dieser auch eine zeitliche – nicht nur eine horizontale, sondern zugleich vertikale – Dimension zusprach, als Bestandteil der deutschen Nation betrachtet. Heinrich von Treitschke formulierte das so: »Der Geist eines Volkes umfaßt nicht bloß die nebeneinander, sondern auch die nacheinander lebenden Geschlechter. Wir berufen uns wider den mißleiteten Willen derer, die da leben. . . auf den Willen derer, die da waren.«[302] Die Rückholung der deutsch besiedelten Gebiete jedenfalls stieß nach allem auf keinerlei Rechtfertigungsnot.

Auch der vom deutschen, ethnisch-sprachlich-kulturell geprägten Verständnis abweichende französische Begriff der ›Nation‹ ließ keine andere Beurteilung zu. Die französische Staatsnation war durch Verschmelzung und Integration zahlreicher, auch größerer und sehr eigenständiger ethnischer Minderheiten entstanden. Der dieser Genese angemessene Begriff der ›Nation‹ konnte naturgemäß nicht ethnisch sein, er war staatsrechtlich-politisch ausgerichtet. Seit der Aufklärung des 18. Jahrhunderts definierte man die ›Nation‹ in Frankreich als eine historisch geformte Willensgemeinschaft, die durch das »tägliche Plebiszit«[303] in der Einheit des Staatswesens hervortritt. Doch gehörten der historisch geformten Willensgemeinschaft der französischen Staatsbürger in diesem Sinne jedenfalls die Elsässer und die deutschstämmigen Lothringer des Jahres 1870 noch keineswegs an, auch wenn es hier eine frankophile Minderheit gab.

Problematischer hingegen war die Annexion frankophoner Teile Lothringens. Hier versagte die ethnische Begründung, das Argument des nationalen Selbstbestimmungsrechtes. Man mußte daher auf die historisch-geographische Rechtfertigung zurückgreifen: Die Gebiete hatten »seit eh und je« zum Reich gehört. Doch verlor dieses Argument desto mehr an Gewicht und Überzeugungskraft, je weiter die Wegnahme der betreffenden Regionen in der Vergangenheit lag und je ausgeprägter der Wille der französisch-sprachigen Bewohner war, zu Frankreich zu gehören.

Neben die nationale Begründung der Annexion trat, besonders bei den Militärs und den Regierungen, ein Motiv jenseits der Kategorien des Völkerrechtes und der moralischen Legitimität: die Frage der militärischen Sicherheit Deutschlands, seines Südens insbesondere. Die zahlreichen Einfälle französischer Truppen in den vergangenen Jahrhunderten hatten sich dem Bewußtsein der Nation eingeprägt, und Elsaß-Lothringen erschien als geeignetes Sicherheitsglacis gegenüber dem unruhigen Nachbarn. Straßburg galt als französisches Einfallstor nach Deutschland; die Festungen Metz und Belfort in französischen Händen wurden als Bedrohung angesehen. Bismarck kennzeichnete die Sicherheitslage der deutschen Südwestgrenze im August 1870 wie folgt: »Wir stehn heute im Felde gegen den 12. oder 15. Überfall u[nd] Eroberungskrieg, den Frankreich seit 200 Jahren gegen Deutschland ausführt. 1814 und 1815 suchte man Bürgschaften gegen [die] Wiederholung dieser Friedensstörungen in der schonenden Behandlung Frankreichs. Die Gefahr liegt aber in der unheilbaren Herrschsucht u[nd] Anmaßung, welche dem französischen Volkscharacter eigen ist. . . Gegen dieses Übel liegt unser Schutz nicht in dem unfruchtbaren Versuche, die Empfindlichkeit der Franzosen momentan abzuschwächen, sondern in der Gewinnung gut befestigter Gränzen für uns.«[304]

Von unheilbarer Herrschsucht und Anmaßung des französischen Volkscharakters wird heute zu Recht niemand mehr sprechen wollen. Doch läßt sich im Kern nicht leugnen, daß ein militärisch vorgetragener Expansionsdrang Frankreichs auf das Reichsgebiet und sein Streben nach kontinentaler Hegemonie über Jahrhunderte historische Realität gewesen waren – eine französische Staatstradition, die sich nicht zuletzt auch als Folge der inneren Schwäche des Reiches hatte heranbilden können. Aus der Sicht des Herbstes 1870 war diese Bedrohung mit dem Sieg von Sedan mittel- und langfristig keineswegs entschärft, hatte doch Frankreich sein Kriegsziel, die »Rache für Sadowa«, für die es im Juli 1870 mit großem Elan angetreten war, infolge der militärischen Niederlage auf der ganzen Linie verfehlt.

Es gab nicht die geringsten Anhaltspunkte dafür, daß es seine hegemonialen und auf Verhinderung oder Beseitigung des deutschen Nationalstaates gerichteten Absichten deswegen aufgegeben haben sollte. Im Gegenteil: Die Erfolglosigkeit seiner Angriffsarmee, deren stolzer Name ›Rheinarmee‹ nun wie Hohn klang, nachdem sie nur kurz Saarbrücken erreicht und sich dann bis zu ihrer Einschließung in Metz auf dem Rückzug befunden hatte, und die als unerhörte Schande empfundene militärische Niederlage insgesamt, reizten die nationale Empfindlichkeit, beflügelten das Revanchebedürfnis und förderten ein trotziges Beharren auf den alten hegemonialen Zielen. Die Geschichte der folgenden Jahrzehnte bis tief in das 20. Jahrhundert bestätigt diese Einschätzung: Frankreich verharrte unversöhnlich in stets angriffsbereiter Feindschaft und sehnte grollend die Stunde der Rache herbei.

c. Ausrufung des Volkskrieges; seine Ziele; Erosion des *ius in bello*

Die nach Sedan zunächst noch unüberwindlich erscheinenden Gegensätze in der territorialen Frage ließen der deutschen Seite Friedensverhandlungen mit der am 4. September 1870 zur Macht gelangten revolutionären französischen Regierung vorerst nicht als sinnvoll erscheinen, zumal noch ungeklärt war, ob die neuen Machthaber Favre und Gambetta überhaupt in der Lage waren, verbindlich für Frankreich zu sprechen. Das gestürzte bonapartistische Regime und die es unterstützenden politischen Kräfte, darunter anscheinend auch die in Metz eingeschlossene Rheinarmee unter Marschall Bazaine, waren durchaus nicht entmutigt. Ebenso kam daher die Kaiserin Eugenie als Verhandlungspartnerin für einen Friedensschluß durchaus noch in Frage. Zu einem späteren Zeitpunkt zog Bismarck sogar Verhandlungen mit der aufständischen ›Pariser Kommune‹ in Betracht – wie ernsthaft, sei hier dahingestellt. So gab es auch für die deutsche Seite jetzt keine echte Alternative zur Fortsetzung der militärischen Operationen, und auf Moltkes Befehl marschierten die Truppen auf Paris.

Die revolutionäre Regierung der nationalen Verteidigung aber rief den Volkskrieg aus. In einer großen nationalen Anstrengung, unter uneingeschränktem Einsatz des ganzen französischen Volkes sollte der Krieg doch noch gewonnen werden. Die Initiative stieß auf begeisterte Resonanz und setzte in der französischen Bevölkerung beträchtliche Energien frei. Neue Massenheere wurden in kürzester Zeit ausgehoben, ausgerüstet und den Resten der noch aktionsfähigen napoleonischen Truppen zur Seite gestellt. Freilich war der militärische Wert solcher Verbände mehr als zweifelhaft. Uniformiert und bewaffnet, aber meist kaum ausgebildet, taugten sie oftmals nur dazu, Stellungen aus der Deckung etwa eines Walles heraus durch ihr Feuer zu verteidigen. Das Rückgrat der französischen Truppen bildeten jetzt die Festungen: Straßburg, Metz, Paris und zahlreiche kleinere im Lande verteilte befestigte Plätze.

Welches die unmittelbaren Ziele des Volkskrieges nach der Niederlage in Sedan waren, ist aus der Rückschau schwer zu beurteilen. Die ursprüngliche Absicht, nach Deutschland vorzudringen und dort durch staatliche Neuordnung nach französischen Vorstellungen den Nationalstaat zu verhindern, konnte angesichts der militärischen Machtverhältnisse zunächst nur noch mittel- oder langfristig angestrebt werden, konnte jetzt kein Kriegsziel mehr sein. Und gegen eine mehr als nur kurzfristige Besetzung oder gar eine Zerstückelung Frankreichs in mehrere kleinere Staaten, wie sie die französischen Pläne für Deutschland vorgesehen hatten, brauchte kein Franzose zu kämpfen; dergleichen war deutscherseits nicht erwogen und wurde auch in Frankreich nicht befürchtet. Auch etwa eine jahrelange Sistierung der Gefangenen von Sedan und ihr Einsatz zur Sklavenarbeit kam im 19. Jahrhundert nicht in Betracht. Konkret drohten dem besiegten Frankreich nur eine Kriegsentschädigung in Geld und die Abtretung der beiden nordöstlichen Grenzprovinzen, die vorwiegend von einer nichtfranzösischen sprachlichen und nationalen Minorität bewohnt und zudem erst vor nicht allzu langer Zeit auf höchst anfechtbare Weise in französischen Besitz gekommen waren. Der Gebietsverlust mochte wohl schmerzen – aber lohnte es sich, für Elsaß-Lothringen zu sterben?

Was also motivierte die Franzosen zum Volkskrieg, den viele mit Todesverachtung fochten? Es muß ein eher unbestimmtes, dafür aber um so heftigeres nationales Gefühl gewesen sein: die Empfindung eines Sturzes aus erheblicher Fallhöhe, die Schmach der militärischen Demütigung eines Volkes, das sich in der Rolle der glorreichen Eroberernation zu sehen gewohnt war und nun, besiegt, den Feind im eigenen Lande hatte, von dessen Sinn für Maß und Gerechtigkeit sein Wohl und Wehe jetzt abhing. Diese Motivation, und nicht etwa einzelne mehr oder weniger rational faßbare und planvolle Kriegsziele, trieb Menschen in großer Zahl in einen eher selbstmörderischen und militärisch aussichtslosen bewaffneten Kampf.

Der ausgerufene Volkskrieg veränderte auch die Qualität des militärischen Konfliktes. Es wurde ein Krieg, der die Grenzen zwischen dem militärischen und dem zivilen Bereich verwischte – zwischen Kombattanten einerseits und kriegsvölkerrechtswidrig agierenden Guerillas, Franctireurs und Banden von Heckenschützen andererseits. Eine Erosion des *ius in bello*, des Rechtes im Krieg, setzte ein, welche zugleich die sittlich gebotene Unterscheidung zwischen dem gerechtfertigten Waffeneinsatz und den Tötungsverbrechen des Totschlages und des Mordes aufzuheben begann. Die illegale Freischärlertätigkeit verschärfte die Kriegführung insgesamt, provozierte sie doch – vom Kriegsrecht erlaubte – Repressalmaßnahmen der deutschen Seite. Insofern nahm der französische Volkskrieg des Jahres 1870 in einem Teilbereich die Barbarisierung vorweg, die dem seiner Natur nach ohnehin stets grausamen Krieg künftig eigen sein sollte: die völker- und kriegsrechtswidrige Einbeziehung ziviler Bevölkerung in die militärischen Kampfhandlungen, die sich im folgenden 20. Jahrhundert einbürgern sollte, in dem zivile Menschenmassen Ziel und Opfer militärischer Terrorbombardements aus der Luft wurden und Heere von Nichtkombattanten in von kriegführenden Mächten gelenkten Partisanenverbänden kämpften.

d. Ergebnislose Waffenstillstands- und Friedensverhandlungen im September und November 1870

Während der Volkskrieg anlief, der für beide Seiten blutig und sinnlos noch bis Ende Januar 1871 andauern sollte, kam es in Ferrières am 19. und 20. September 1870 zu ersten Friedensverhandlungen Bismarcks mit der republikanischen Regierung, für die Jules Favre auftrat. Bismarck forderte das Elsaß und Teile Lothringens einschließlich der Festung Metz und begründete dies mit der Notwendigkeit, die deutsche Grenze vor künftigen Angriffen Frankreichs zu schützen. Favre jedoch lehnte empört jegliche Gebietsabtretung ab, worauf er sich ja bereits zuvor öffentlich festgelegt hatte. Nachdem das bonapartistische Regime gestürzt sei, so argumentierte er, gehe von Frankreich keine Gefahr mehr für Deutschland aus. Dies ließ Bismarck nicht gelten: Angesichts des französischen Nationalcharakters müsse jederzeit mit neuen Angriffen gerechnet werden, gleich, wer in Frankreich regiere. So scheiterten die Gespräche, wie nicht anders zu erwarten.

Es muß im übrigen bezweifelt werden, ob Favre, der lediglich Bereitschaft zur Zahlung einer Kriegsentschädigung erkennen ließ, zu diesem Zeitpunkt an ernsthaften Friedensverhandlungen überhaupt interessiert war. Sein eigentliches Anliegen war die verblüffende Forderung nach einem befristeten Waffenstillstand, während dessen in Frankreich eine Nationalversammlung gewählt, die bisher nur provisorische revolutionäre Regierung legalisiert und die Versorgung der Bevölkerung der inzwischen von deutschen Truppen eingeschlossenen Festung Paris sichergestellt werden sollte. Es verwundert nicht, daß Bismarck es ablehnte, Frankreich auf diese Weise zur Stabilisierung seiner inneren Verhältnisse, zur Reorganisation seiner Streitkräfte und zur Stärkung seiner Festung zu verhelfen und es so in die Lage zu versetzen, die deutschen Truppen nach Ablauf der gewährten Atempause um so effektiver und ausdauernder zu bekämpfen. Er teilte Favre die deutschen Waffenstillstandsbedingungen mit: Unter anderem müsse die Regierung der nationalen Verteidigung die Festungen Paris und Straßburg preisgeben. Das Scheitern der Verhandlungen von Ferrières fanatisierte die französische Kampfbereitschaft: eine ›guerre à outrance‹, einen Krieg bis zum Äußersten, den totalen Volkskrieg wollte man von nun an führen. Und flammende Hilfsappelle Frankreichs gingen in alle Welt.

Anfang November 1870 erneuerte Alphonse THIERS, den BISMARCK in Versailles empfing, die Forderung nach einem befristeten Waffenstillstand zur Durchführung von Wahlen in Frankreich, da andernfalls sozialrevolutionäre Unruhen zu gewärtigen seien, sowie zur Versorgung der Pariser Bevölkerung. Obwohl eine solche Atempause für Frankreich aus deutscher Sicht weiterhin nicht in Betracht kam, verhandelte BISMARCK tagelang mit THIERS, weil er ausloten wollte, wie die französische Seite zu einem baldigen Frieden zu den deutschen Bedingungen stand. Da BISMARCK und THIERS somit jeweils über unterschiedliche Dinge redeten oder reden wollten, konnten auch diese Verhandlungen zu keinem Ergebnis führen; THIERS brach sie am 7. November ab.

e. Zielkonflikte zwischen Bismarck und den Militärs nach dem Sieg von Sedan

Sogleich nach dem Sieg von Sedan war ein Konflikt zwischen BISMARCK und MOLTKE sowie der Mehrheit der Generalität ausgebrochen, der schon im deutsch-dänischen Krieg 1864 und dann in weit höherem Maße im preußisch-österreichischen Krieg von 1866 eine Rolle gespielt hatte und von dessen richtiger Entscheidung auch jetzt wieder viel abhing: Es war die Rivalität, der gleichsam natürliche Gegensatz zwischen den umfassenderen Zielstellungen des Politikers und den engeren des Militärs. Einen institutionell und verfassungsrechtlich abgesicherten Vorrang der Politik, wie er uns heute selbstverständlich ist, gab es noch nicht; im Streitfalle entschied der König nach eigenem Ermessen. BISMARCK war sogar von den militärischen Lagebesprechungen ausgeschlossen; selbst wichtige militärische Entscheidungen wurden ihm nicht immer mitgeteilt. CLAUSEWITZ' Lehrsatz vom Krieg als der Fortsetzung der Politik mit anderen Mitteln wurde von den Militärs, die zunächst auch die Unterstützung des Königs fanden, höchst eigenwillig ausgelegt: Mit den militärischen Entscheidungen präjudizierten sie auch die politischen Folgen.

Konkret ging es um Meinungsverschiedenheiten über die Bestimmung der Kriegsziele nach der Schlacht von Sedan, also um die Frage, wie der Krieg nun fortzusetzen und zu Ende zu bringen sei. MOLTKE und die militärische Führung wollten den vollkommenen preußisch-deutschen Sieg und die totale Niederlage des Gegners, seine Extermination als Machtfaktor für möglichst lange Zeit und einen »Diktatfrieden, der den Gegner für 100 Jahre mindestens fesseln sollte«.[305] Auch insoweit gab es in diesem Krieg sicherlich in gewisser Weise einen Vorgriff auf das 20. Jahrhundert. Wie ein solcher Diktatfrieden gestaltet gewesen wäre, bleibt offen, denn da die Militärs sich letztlich nicht durchsetzen konnten, kam er über den gedanklichen Ansatz nicht hinaus. Jedenfalls erscheint es weit überzogen, der preußischen Generalität des Jahres 1870 etwa Pläne und Absichten gegenüber dem besiegten Frankreich zu unterstellen, die den Haß-, Rache- und Entrechtungsstatuten gleichkamen, welche dem unterlegenen Deutschland durch die alliierten Sieger in Versailles 1919 und in Potsdam 1945 diktiert wurden.

Im Gegensatz zur Generalität befürwortete BISMARCK nachdrücklich eine möglichst baldige Beendigung der militärischen Operationen sowie maßvolle Friedensbedingungen, die er auf die unverzichtbare Abtretung Elsaß-Lothringens und die obligate Kriegsentschädigung in Geld beschränkt wissen wollte. Zwar vermochte er in Frankreich aufgrund der Erfahrungen aus der Vergangenheit auch für die absehbare Zukunft keinen friedfertigen Nachbarn zu sehen. Trotzdem wollte er es vermeiden, dem Gegner eine totale und demütigende militärische Niederlage beizubringen und ihn dadurch sowie durch harte und bedrückende Friedensbedingungen auf Dauer in Todfeindschaft zu verbittern.

Das eigentliche deutsche Kriegsziel, Frankreichs Intervention gegen die deutsche Einigung abzuweisen, war mit dem Sieg bei Sedan voll und ganz erreicht. Nicht der volle militärische Triumph stand daher für BISMARCK auf der Tagesordnung, sondern der Versuch, bei möglichst reduzierter militärischer Aktivität alle Verhandlungsmöglichkeiten auszuschöpfen, um zu einem schnellen Friedensschluß zu den deutschen Minimalbedingungen zu kommen. BISMARCK wußte nur zu gut, daß dieser Krieg auf deutscher Seite ein vom Volkswillen getragener Nationalkrieg war, der ohne die breite Zustimmung der deutschen Öffentlichkeit nicht zu führen gewesen wäre und auch im weiteren Verlauf nicht zu führen sein würde. Das deutsche Volk hatte kämpfen wollen, um seine Einheit zu erreichen, und wollte nun den Frieden, wenn Frankreich nur bereit war, Elsaß-Lothringen zurückzugeben. Für eine Fortsetzung des Krieges nach Maßgabe weitergehender Kriegsziele MOLTKES und der Generalität bis hin zur totalen Vernichtung der französischen Militärmacht und zur Erzwingung dauerhaft lastender Friedensbedingungen besaßen die kriegführenden deutschen Regierungen keinen Rückhalt im Volk – kein politisches Mandat, wie man heute sagen würde. Die für die deutsche Einheit unnötige Weiterführung des Krieges als bloßen Unterwerfungskrieg hätte ganz sicher die nationalliberale Bewegung und wahrscheinlich die ganze Nation gespalten; und nationale Zwietracht hätte die – überdies vom französischen Druck befreiten – süddeutschen Staaten zu erneuertem Souveränitätsdenken ermutigen und auf diese Weise vielleicht sogar letztlich die staatliche Einigung doch noch vereiteln können. Im übrigen war nicht zu erwarten, daß die europäische Staatenwelt, die sich durch den ins Leben tretenden neuen Konkurrenten ohnehin arg irritiert und in ihren gewohnten Besitzständen gestört fühlte, eine vollständige Niederwerfung Frankreichs und eine auf Dauer angelegte Demontage seiner Macht gemäß MOLTKES Absichten hingenommen hätte.

f. Wachsende Interventionsgefahr seitens der europäischen ›Neutralen‹; Konflikt zwischen Bismarck und den Militärs über die Einnahme von Paris

Die internationale machtpolitische Großwetterlage ließ vielmehr einen schleunigen Friedensschluß angeraten erscheinen. Der werdende Nationalstaat in der Mitte Europas besaß nicht nur keine Freunde und Befürworter, sondern hatte bei den europäischen Großmächten starke frankophile Tendenzen gegen sich. BISMARCK befürchtete das Zustandekommen einer antideutsch-preußischen Allianz der Einmischung mit dem Ziel, die bisher auf dem Schlachtfeld erfochtenen politischen Ergebnisse des Krieges zu vereiteln, insbesondere die nunmehr endlich eröffnete Möglichkeit der kleindeutschen Staatsgründung – sei es am Verhandlungstisch einer europäischen Friedenskonferenz, sei es mit militärischen Mitteln. Je länger der Krieg andauerte, desto größer wurde die Gefahr des Eingreifens von außen. Die Dauer des Krieges aber war, wenn er nach Maßgabe von MOLTKES Vorstellungen weitergeführt wurde, gerade auch angesichts des in seinen Formen und Auswirkungen nicht berechenbaren totalen Volkskrieges der Franzosen nur schwer kalkulierbar.

BISMARCKS wachsende Befürchtung, die europäischen Mächte könnten zugunsten Frankreichs eingreifen, hatten ihren realen Hintergrund. Die Reihe der militärischen Erfolge Preußen-Deutschlands bis hin zu dem entscheidenden Sieg bei Sedan hatten die zu Kriegsbeginn noch eher latenten Sorgen, Ängste und Ressentiments in Europa gegenüber dem sich konsolidierenden neuen Machtzentrum zunehmend stimuliert.

Zwar drohte ihm von der Donaumonarchie jetzt keine Gefahr mehr. BEUSTS ursprünglich feindselige Haltung ließ sich angesichts der eindeutigen Sympathien des deutschen Bevölkerungsteiles im Kaiserstaat für den defensiv nationalen Kampf der preußisch-deutschen Seite nicht durchhalten. Und an ein Zurück zum Status vor Königgrätz oder auch nur an eine Erneuerung des Wiener Einflusses auf Süddeutschland mit Frankreichs Hilfe war nach dessen militärischer Niederlage ohnehin nicht mehr zu denken. Folglich richtete der Kaiserstaat sich darauf ein, mit Kleindeutschland künftig in gedeihlichem Einvernehmen zu leben – eine späte Frucht auch der maßvollen und schonenden Friedensbedingungen BISMARCKS im Sommer 1866. Auch von Italien, das bis zum Kriegsausbruch mit der antideutschen französisch-österreichischen ›Eindämmungsfront‹ in wohlwollender Verbindung gestanden hatte, war nun nichts mehr zu befürchten. Der junge Nationalstaat begnügte sich damit, Frankreichs Schwäche zu nutzen und am 20. September seine Hauptstadt Rom von französischer Besatzung zu befreien.

England indes war beunruhigt ob des so nicht erwarteten deutschen Erfolges. Mochte Deutschland auch einen legitimen Kampf um sein nationales Selbstbestimmungsrecht führen – seine militärische Effizienz kündigte eine neue kontinentale Großmacht an, eine potentielle Konkurrenz zur britischen Weltmacht im Sinne des Dogmas der *›balance of power‹*. In seiner berühmt gewordenen Unterhausrede vom 9. Februar 1871 brachte der konservative Führer Benjamin Disraeli die Emotionen auf den Punkt, die England spätestens seit Sedan bewegten – und er konnte als Oppositionspolitiker offener sein als die Regierung seines Landes: Dieser Krieg bedeute die deutsche Revolution, ein größeres politisches Ereignis als die Französische Revolution im Jahrhundert zuvor. »Wir stehen vor einer neuen Welt, ... das Gleichgewicht der Macht ist völlig zerstört. . .«[306] Aber auch Premierminister Gladstone befürwortete eine europäische Intervention zugunsten Frankreichs. Und am 3. Januar 1871 sah die Londoner *Times* zwischen Deutschen und Engländern düster und unheilverkündend ein »Ill-feeling between the two great European nations of Teutonic stock«[307] – ein Mißempfinden zwischen den beiden großen europäischen Nationen teutonischer Herkunft. Das Blatt hob hier ab auf eine sozialdarwinistische Betrachtungsweise deutsch-englischer Verwandtschaft und Rivalität, eine Sicht, die in beiden Ländern bis weit in das 20. Jahrhundert hinein viele Gemüter bewegte, in Deutschland eher im Sinne von Verbrüderungstendenzen bis hin zu Hitlers illusionärer Anglophilie, in England vorwiegend fatalistisch-negativ im Sinne eines existentiellen Antagonismus der Lebensinteressen.

Auch Rußlands – wie erörtert – ambivalente, im Ergebnis aber zunächst propreußische Haltung zum deutsch-französischen Konflikt wurde durch die Niederwerfung der napoleonischen Armeen beeinflußt. Konnte man das Preußen, unter dessen Führung die Schlacht von Sedan gegen die französische Großmacht entschieden worden war, überhaupt noch als Juniorpartner ansehen? Und wie würde sich die Macht eines vereinigten Deutschland, das jetzt militärisch solchen Zusammenhalt und solch unerwartete Schlagkraft erwiesen hatte, auf die machtpolitischen Interessen Rußlands in Europa auswirken?

Auch Rußland neigte dazu, einen europäischen Friedenskongreß einzuberufen, der den preußischen Elan ausbremsen sollte. Damit hing, solange der Krieg andauerte, die Gefahr eines russisch-englisch initiierten europäischen Friedenskongresses wie ein Damoklesschwert über Bismarcks so nahe vor ihrer Verwirklichung stehenden kleindeutschen Plänen. Die neue französische Regierung hatte das erkannt: Sie forderte und förderte nach Kräften eine Intervention der neutralen europäischen Mächte und setzte darauf, den militärisch eher aussichtslosen Volkskrieg bis zu einer solchen durchzuhalten. In diesem Sinne entwickelte der französische Politiker Alphonse Thiers im Oktober 1870 eine lebhafte Reisediplomatie durch Europas Hauptstädte, vermochte jedoch den angestrebten konzertierten Beistand der neutralen Mächte nicht zu erwirken.

Der Konflikt zwischen Bismarck und der Generalität um Kriegführung und Kriegsziele nach Sedan spitzte sich zu, als es um die Frage ging, wie die am 19. September 1870 von deutschen Truppen eingeschlossene und seitdem belagerte Festung Paris eingenommen werden sollte. Seinem Ziel einer möglichst schnellen Beendigung des Krieges entsprechend, sprach sich Bismarck im Sinne einer raschen Einnahme leidenschaftlich dafür aus, Paris so bald wie möglich zu beschießen und zu stürmen.

In seinen *Gedanken und Erinnerungen* schreibt er über die Gefahr einer Intervention der neutralen Staaten im Falle einer langwierigen Belagerung: »Je länger der Kampf dauerte, desto mehr mußte man mit der Möglichkeit rechnen, daß die latente Mißgunst und die schwankenden Sympathien eine der übrigen Mächte in der Beunruhigung über unsre Erfolge zu der Initiative für eine diplomatische Einmischung bereit finden lassen würden und diese dann den Anschluß andrer oder aller andern herbeiführte. Wenn auch zur Zeit der Rundreise des Herrn THIERS im Oktober ›Europa nicht zu finden war‹, so konnte die Entdeckung dieser Potenz doch an jedem der neutralen Höfe, sogar auf dem Wege republikanischer Sympathien in Amerika, durch den geringsten Anstoß herbeigeführt werden, den ein Cabinet dem andern gegeben hätte, indem es sondierende Fragen über die Zukunft des europäischen Gleichgewichts oder die menschenfreundliche Heuchelei, durch welche die Festung Paris gegen ernste Belagerung gedeckt wurde, zur Unterlage seiner Initiative nahm. Gelang im Laufe der Monate und angesichts der schwankenden Aussichten vor Paris in der Zeit, welche die Signatur trug: ›Vor Paris nichts Neues‹, gelang es damals den feindlichen Elementen und den mißgünstigsten, unehrlichen Freunden, die uns an keinem Hofe fehlten, eine Verständigung zwischen den übrigen Mächten oder auch nur zwischen zweien von ihnen herbeizuführen, um eine Warnung, eine scheinbar von der Menschenliebe eingegebene Frage an uns zu richten, so konnte niemand wissen, wie schnell sich ein solcher erster Ansatz zu einer gemeinsamen, zunächst diplomatischen Haltung der Neutralen entwickeln würde. National-liberale Parlamentarier haben einander im August 1870 geschrieben, ›daß jede fremde Friedensvermittlung unbedingt abzuweisen sei‹, haben mich aber nicht wissen lassen, wie dem vorzubeugen sei, wenn nicht durch schnelle Einnahme von Paris.«[308]

Im Gesichtsfeld der Generale erschienen derlei Sorgen klein. Sie – und mit ihnen vorerst auch noch König WILHELM – sahen keinen ernsthaften Grund zur Eile. Zwar fehlte es nicht an Versuchen der neuen französischen Massenheere, Paris zu entsetzen. Und der Volkskrieg wurde mit härterem Nachdruck geführt, seitdem das Regierungsmitglied Léon GAMBETTA, von Beruf Advokat und bekannt für feurige Reden und einen ausgeprägten Sinn für dramatische Akzente, seine Organisation in den Provinzen in die Hand genommen hatte. GAMBETTAS zu diesem Zweck am 9. Oktober 1870 gewagter, spektakulärer Flug im Heißluftballon aus der eingeschlossenen Hauptstadt über die deutschen Linien hinweg nach Tours ist in die Geschichtsbücher eingegangen. Doch erwies sich die bei Sedan verfestigte militärische Dominanz der deutschen Armeen weiterhin als gesichert, und die endgültige und von den Militärs gewünschte totale Niederlage Frankreichs schien letztlich nur eine Frage der Zeit zu sein. Die zahlreichen Opfer an Soldatenleben, die eine Erstürmung von Paris auch nach vorangegangener Beschießung noch kosten würde, erschienen daher vermeidbar. Es würde ausreichen, die eingeschlossene Festung bis zur Erschöpfung auszuhungern und sie dann mit geringem Aufwand zu nehmen, wenn sie nicht von selbst kapitulierte.

Humanitäre Überlegungen in Hinblick auf die Zivilbevölkerung von Paris spielten in dem Konflikt zwischen BISMARCK und den Militärs keine Rolle. Eine damalige öffentliche Diskussion darüber, ob man mit dem ›brutalen‹ BISMARCK die sofortige Beschießung und Erstürmung von Paris ohne Rücksicht auf dessen Einwohnerschaft befürworten müsse oder ob dies nicht verantwortbar sei und es ausreiche, Paris auf unbestimmte Dauer zu belagern, lag für die Entscheidungsträger in der preußischen Führung neben der Sache. Ihnen ging es in dem Streit um politische und militärische Aspekte, darunter um die Schonung der eigenen Kräfte.

Freilich lag das humanitäre und moralische Problem – die Verantwortung für das Schicksal der zahlreichen Zivilbevölkerung von Paris und überdies für seine unermeßlich wertvollen Kunstschätze und seine unersetzliche Architektur – auch auf seiten der französischen Führung. Paris war keine offene Stadt, sondern militärische Festung. Nach Kriegsrecht schützte die Anwesenheit von Zivilbevölkerung keine Festung vor der Beschießung. Schon damals galt: Eine politisch-militärische Führung, die eine bewohnte Stadt als Festung verteidigt, übernimmt damit auch die Verantwortung für das eventuell hieraus folgende Schicksal von ihr als Geiseln mißbrauchter dort lebender Menschen.

Nach langem Hin und Her gelang es BISMARCK, seine auch VON ROON geteilte Auffassung bei König WILHELM durchzusetzen. Nach mehr als dreimonatiger Belagerung, während deren auch die deutschen Einschließungstruppen durch wiederholte gegnerische Ausbruchsversuche beträchtliche Verluste erlitten hatten, begann am 27. Dezember 1870 die Beschießung von Paris, das, wie noch zu berichten sein wird, am 28. Januar 1871 die Waffen streckte, ohne daß zuvor eine Erstürmung der Festung noch erforderlich geworden war.

g. Bismarck und der russisch-britische Pontus-Konflikt

Während der Belagerung von Paris hatten die antipreußisch-deutschen Tendenzen in Europa - nicht zuletzt wegen des seit Sedan offiziell erhobenen Anspruches auf das Elsaß und Teile Lothringens – gefährlich an Gewicht gewonnen. Besonders in England – der führenden Macht, wenn es darum ging, in aller Welt fremde Territorien blutig zu erobern und die Völker zu unterdrücken – wurde die Rückforderung dieser beiden kleinen, überwiegend deutschen Provinzen mit heuchlerisch erhobenem Zeigefinger moralisierend kritisiert.

Aber auch Rußland machte die beabsichtigte Annexion zum Kristallisationspunkt seines umfassenden Mißbehagens über den preußischen Machtzuwachs und die kleindeutsche Entwicklung. Eine englisch-russische Einmischung zugunsten Frankreichs zeichnete sich ab, während ein Ende der Belagerung von Paris und des Krieges insgesamt, das einer Intervention der Randmächte den Boden entzogen hätte, für BISMARCK nicht abzusehen war. Doch gelang es ihm, ein auf ganz andersartigem und scheinbar fernliegendem Felde angesiedeltes weltmachtpolitisches Problem gegen die drohende Intervention zu instrumentalisieren. Im Pariser Frieden vom 30. März 1856 hatte das im Krimkrieg gegenüber der englisch-französisch-türkischen Koalition unterlegene Rußland in Artikel 11 des Abkommens, der sogenannten ›Pontus-Klausel‹, auf eine Kriegsflotte im Schwarzen Meer verzichten müssen; russische Kriegsschiffe durften die Enge zum Mittelmeer nicht passieren. Bismarck ermunterte Rußland nunmehr, gegen die seine Flottensouveränität unmittelbar vor der eigenen Haustür beschränkende und die Großmacht diskriminierende Regelung vorzugehen, und stellte diplomatische Unterstützung in Aussicht. Er rechnete darauf, daß ein Streit um die ›Pontus-Klausel‹, deren Aufrechterhaltung vorwiegend im imperialen Interesse Britanniens lag, Rußland und England gegeneinander aufbringen mußte und daß die bilateralen Spannungen der Randmächte diese davon abhalten würden, im deutsch-französischen Konflikt gemeinsam gegen Preußen-Deutschland Partei zu ergreifen.

Am 31. Oktober 1870 kündigte Rußland die ›Pontus-Klausel‹. Dieser schroffe, formal rechtswidrige, einseitige Akt löste in England die zu erwartende Empörung aus. Zur Beilegung des Konfliktes schlug Bismarck eine internationale Pontus-Konferenz vor, die am 1. Februar 1871 in London zusammentrat. Dies barg zwar die Gefahr, daß die einmal in London versammelten Delegationen sich nach Beilegung der Pontus-Krise dem deutsch-französischen Problem zuwenden und eine für Deutschland nachteilige Regelung treffen könnten – eine Entwicklung, die Bismarck unter allen Umständen gerade vermeiden wollte. Doch war das Risiko angesichts der Schwierigkeit und des Gewichtes der Pontus-Krise, die vitale Interessen beider Randmächte unmittelbar berührte, eher gering. Die Londoner Verhandlungen, die mit einer Bestätigung des russischen Standpunktes endeten, zogen sich denn auch bis zum 13. März hin. Zu diesem Zeitpunkt aber schwiegen die Waffen in Frankreich bereits, und ein Vorfrieden war geschlossen. Bismarcks Rechnung war aufgegangen.

Die Interventionsmächte, deren Hände jetzt frei waren, hatten ihre Gelegenheit verpaßt. Bismarck hatte den Schwarzmeer-Konflikt geschickt genutzt, Zeit zu gewinnen, hatte die europäischen Randmächte gegeneinander ausgespielt und ihre Interventionsabsichten so mit Erfolg konterkariert. In der historischen Literatur wird die These vertreten, die Pontus-Krise sei für Bismarck überraschend eingetreten und ihm äußerst ungelegen gekommen. Hiergegen spricht objektiv schon die damalige Interessenlage, denn der Schwarzmeerkonflikt konnte Preußen-Deutschland *prima facie,* dem ersten Anschein nach, nur nutzen, indem er Rußland und England, die er entzweite und vorrangig beschäftigte, an einer gemeinsamen Einmischung im deutsch-französischen Krieg hinderte.

h. Der Krieg geht zu Ende – der Waffenstillstand vom 28. Januar 1871

Der Kriegsverlauf nach der Schlacht bei Sedan war gekennzeichnet durch lebhafte Freischärlertätigkeit und durch blutige, im Ergebnis aber erfolglose Kämpfe der neuen französischen Massenheere gegen die an Zahl unterlegenen, militärisch aber ungleich höher qualifizierten deutschen Verbände. Die Endphase des Krieges markierte der sukzessive Fall der großen französischen Festungen: Toul wurde am 23. September 1870 genommen, Straßburg kapitulierte am 27. September, die in Metz eingeschlossene Rheinarmee unter Marschall BAZAINE am 27. Oktober. Am 28. Januar 1871 schwiegen die Waffen in und vor Paris, und erst am 18. Februar – nach besonders tapferer Gegenwehr – gab die Festung Belfort auf.

Am 23. Januar 1871 hatte Jules FAVRE in Paris um Waffenstillstandsverhandlungen nachgesucht. An den folgenden Tagen verhandelten BISMARCK und FAVRE in Versailles zäh über eine Kapitulation der Hauptstadt sowie über einen allgemeinen, landesweiten Waffenstillstand. Eine wesentliche Rolle spielten dabei die Frage ehrenvoller Behandlung der unterlegenen, in der Hauptstadt eingeschlossenen französischen Soldaten sowie die Absicht König WILHELMS und seiner Militärs, als Sieger an der Spitze ihrer Truppen in einem Triumphzug in Paris einzurücken. FAVRE ging es um die Wahrung der Ehre Frankreichs und seiner Hauptstadt, aber zugleich wohl auch darum, das wahre Ausmaß der Niederlage vor der französischen Bevölkerung zu verschleiern. BISMARCK war in diesen Punkten zu Zugeständnissen bereit, doch gelang es ihm nur mit einiger Mühe, WILHELM I. zum Verzicht auf die symbolische Siegerpose zu bewegen.

Am 28. Januar schließlich konnten BISMARCK und FAVRE ein auf drei Wochen befristetes Waffenstillstandsabkommen unterzeichnen, das hinsichtlich der Festung Paris einer Kapitulation gleichkam. Um dem französischen Gegner die Demütigung zu ersparen, verzichteten die Deutschen auf die förmliche Übergabe von Paris und auf den triumphalen militärischen Einzug in die Stadt. Aus demselben Grunde wurden die eingeschlossenen französischen Verbände nur für kriegsgefangen erklärt. Sie durften in Paris bleiben und wurden nicht in deutschen Gewahrsam genommen. Der Waffenstillstand galt nicht für die noch Widerstand leistende Festung Belfort und die französische Ostarmee unter dem General BOURBAKI, die sich, von deutschen Truppen verfolgt, Anfang Februar erschöpft und der Auflösung nahe in die Schweiz flüchtete und dort interniert wurde.

Unmißverständlich war es Geschäftsgrundlage der Vereinbarung, daß ihr unverzüglich – nach stattgehabten freien Wahlen zu einer Nationalversammlung – ein Präliminarfrieden zu folgen hatte. Kam ein solcher nicht zustande, so würde eine – dann ungeschminkte – bedingungslose Kapitulation von Paris die unausweichliche Folge sein. Zunächst blieb unsicher, ob der Waffenstillstand von französischer Seite überhaupt landesweit befolgt werden würde. Der Krieg in den Provinzen wurde von einer Regierungsdelegation unter GAMBETTA geleitet, der als ›starker Mann‹ in Bordeaux residierte und von dort aus ein diktatorisches Regiment führte. Trotz aller Rückschläge und völliger Aussichtslosigkeit der militärischen Lage machte der demagogische Einpeitscher den Volkskrieg ›*à outrance*‹, den Kampf mit allen Mitteln gegen die ›deutschen Horden‹, zum Gegenstand seiner Propaganda vor den anstehenden Wahlen zur Nationalversammlung.

Diese fanden am 8. Februar statt, und das gewählte Parlament trat am 12. Februar in Bordeaux zusammen. Des Krieges müde, erteilte die Nationalversammlung der Regierung der nationalen Verteidigung weitgehende Vollmachten für einen Friedensschluß. Gambetta, bei den Wahlen unterlegen, schäumte vor Wut und sparte nicht mit Vorwürfen des Verrates gegenüber seinen bisherigen Mitstreitern, während ihm selbst der Versuch zur Last gelegt wurde, auf das Wahlergebnis durch Fälschung und Manipulation zu eigenen Gunsten Einfluß genommen zu haben; schließlich mußte er zurücktreten.

16. Friedensschluß und Friedensbedingungen

Am 21. Februar 1871 nahm Bismarck in Versailles mit Favre und Thiers Verhandlungen über den Vorfrieden auf, der am 26. Februar geschlossen wurde. Frankreich mußte das Elsaß und große Teile Lothringens abtreten, und zwar auch, mit Rücksicht auf die deutschen Sicherheitsbedürfnisse, frankophone Gebiete einschließlich der Festung Metz. Die Überschreitung der Sprachgrenze bei der Annexion bereitete Bismarck Unbehagen. An seine Frau schrieb er am 27. Februar: »Gestern haben wir endlich unterzeichnet, mehr erreicht als ich für meine persönliche politische Berechnung nützlich halte. Aber ich muß nach oben und nach unten Stimmungen berücksichtigen die eben nicht rechnen. Wir nehmen Elsaß und Deutsch-Lothringen, dazu auch Metz mit sehr unverdaulichen Elementen, und über 1.300 Milionen Thaler.«[309]

Im übrigen war es den französischen Unterhändlern gelungen, Bismarck zum Verzicht auf die ursprünglich geplante Annexion auch der Festung Belfort zu bewegen. Die von Frankreich zu leistende Kriegsentschädigung drückten sie von ursprünglich geforderten 6 Milliarden auf 5 Milliarden Goldfranc. Favre und Thiers wußten, daß Bismarck wegen der drohenden Intervention der europäischen Randmächte unter Zeitdruck stand, und nutzten diesen Vorteil bei den Verhandlungen geschickt aus.

Im März begannen in Brüssel die Verhandlungen über den eigentlichen Friedensvertrag. Die französischen Vertreter der Regierung der nationalen Verteidigung verhandelten zäh und anhaltend über geringfügige Vorteile bei der Grenzziehung im Bereich Elsaß-Lothringens, und Bismarck fürchtete, darüber des für den Friedensschluß erforderlichen Verhandlungspartners verlustig zu gehen: In Paris stiftete der Kommune-Aufstand Chaos und Anarchie. Die Revolutionäre etablierten in ihrem Machtbereich eine nahezu staatliche Herrschaft mit eigenen Streitkräften, und die politische Entwicklung in der Hauptstadt rief die Bonapartisten wieder auf den Plan, die sich ihrerseits erbötig machten, das Vaterland zu retten.

Aus Bismarcks Sicht galt es nun, vor einem möglichen Sturz der Regierung, mit der er verhandelte, schleunigst zu einem Abschluß zu kommen, um nicht irgendwann später mit einer anderen französischen Staatsführung völlig neue Verhandlungen beginnen zu müssen. Er machte daher gewisse Zugeständnisse bei der Grenzziehung und begünstigte zudem die Bereitstellung militärischer Verbände, mit denen die amtierende Regierung in der Lage war, den Kommune-Aufstand niederzuschlagen und ihre wankende Autorität zu festigen.

So konnte am 10. Mai 1871 in Frankfurt der abschließende Friedensvertrag geschlossen und der Kriegszustand förmlich beendet werden. Frankreich erkannte die inzwischen vollzogene deutsche Reichsgründung an, trat, im wesentlichen nach Maßgabe des Vorfriedens von Versailles, Elsaß-Lothringen ab und verpflichtete sich zur Entrichtung der vorvereinbarten Kriegsentschädigung binnen einer Frist von höchstens 5 Jahren. Bis zur vollständigen Zahlung sollte das nordöstliche Frankreich teilweise von deutschen Truppen besetzt bleiben. Beschränkungen seiner Souveränität zugunsten einer deutschen Obergewalt, territoriale Zerstückelung, langfristige ökonomische Knebelung und Rüstungsverbote blieben Frankreich erspart, es behielt ungeschmälert seine außen- und innenpolitische Bewegungs- und Handlungsfreiheit.

Für das Selbstverständnis deutscher Nationalpolitik wäre es freilich besser gewesen, bei der elsaß-lothringischen Annexion an der Sprachgrenze haltzumachen und die daraus folgenden Sicherheitseinbußen durch ausgleichende militärische Vorsorgemaßnahmen wettzumachen. Insgesamt aber waren die Friedensbedingungen durchaus maßvoll – gerade auch im Hinblick auf Frankreichs eindeutige Verantwortung für diesen Konflikt, auf seine durch nichts zu rechtfertigenden, imperialistischen Kriegsziele und auf seine bedenkenlose Rolle beim Ausbruch des auch für Deutschland blutigen und verlustreichen Krieges. Mit diesem Frieden hätte Frankreich leben können; einer künftigen Normalisierung der Beziehungen zu Deutschland und sogar einer späteren Versöhnung hätte er nicht entgegenstehen müssen.

17. Die Bedeutung der Annexion Elsaß-Lothringens für das Verhältnis Frankreichs und der übrigen europäischen Mächte zum Deutschen Reich

In weiten Teilen der Geschichtsschreibung wird die Annexion Elsaß-Lothringens als eigentlicher Grund der andauernden, unversöhnlichen Feindschaft Frankreichs gegen Deutschland dargestellt, als schwere Belastung der internationalen Beziehungen des Reiches zu seinen europäischen Nachbarn insgesamt und als Ursache der sich bald abzeichnenden antideutschen Koalitionen, der russisch-französischen insbesondere. Als verhängnisvolle Hypothek der deutschen Politik, als eine Frankreich zugefügte unheilbare Wunde, gleichsam als Ur-Sündenfall der Reichsgründung, habe sie nicht nur die deutsch-französischen Beziehungen für die Zukunft vergiftet, sondern in Europa tiefes Mißtrauen und die Befürchtung erzeugt, es handele sich bei ihr nur um den gewaltsamen Beginn einer brutalen deutschen Expansions- und Hegemonialpolitik. Dem Deutschen Reich habe die Annexion einen bleibenden Makel von Unrecht und Gewalttätigkeit gewissermaßen an die Stirn geheftet.

So beurteilt ein führender bundesdeutscher Historiker die Annexion wie exemplarisch folgt: »Sie bedeutete den Franzosen eine nationale Demütigung, den Deutschen aber verstellte sie auf Dauer jede Politik kollektiver Sicherheit in Europa. Die alte, aus Geographie und Mächtesystem herrührende Verdammnis der Mittellage, die auch Versuchung war, wurde erneuert. Aus der Perspektive der Späterlebenden war diese Annexion, die auf den militärischen Sieg aus Popularitätssuche und militärischer Übersicherung unnötig draufsattelte, den Deutschen ein Verhängnis, den Franzosen ein Unglück.«[310]

Wer die weiter oben erörterten Beweggründe der deutschen Seite für die Annexion und deren historische Hintergründe zur Kenntnis nimmt, mag die Maßnahme gleichwohl kritisieren. Ein Historiker aber, der sie als ein mutwilliges »Draufsatteln« »aus Popularitätssuche und militärischer Übersicherung« qualifiziert, der verkürzt den geschichtlichen Tatbestand – im Zweifel weniger aus Unkenntnis als vielmehr aus sachfremden ›volkspädagogischen‹ Motiven.

Nicht dies allerdings soll an dieser Stelle erörtert werden, sondern die Frage der politischen Folgen der Annexion für das Deutsche Reich und sein Verhältnis zu den Nachbarstaaten. In der französischen Revanche-Propaganda der Jahrzehnte seit 1871 spielte die durch die Annexion Elsaß-Lothringens geschlagene, vorgeblich unheilbare Wunde zweifellos eine herausragende Rolle. Selbst in die Kunst fand das Thema verschiedentlich Eingang, versinnbildlicht etwa durch zwei der trauernden Mutter Frankreich entrissene Kinder.

Auch anderweitige, vornehmlich westeuropäische, gegen das Reich gerichtete Tendenzen konzentrierten sich auf die Annexion dieser Provinzen. Eine europaweit sprudelnde Quelle moralpolitischer antideutscher Polemik war England, wo man sich für verletzte Rechte Schwächerer besonders erwärmen konnte – vorausgesetzt, es handelte sich bei diesen nicht um Opfer des eigenen brutalen Imperialismus. Hatte sich Deutschland die bleibende Feindschaft Frankreichs und die Gegnerschaft Europas tatsächlich durch die Annexion seiner alten Westprovinzen zugezogen?

Sicherlich – der Verlust Elsaß-Lothringens schmerzte Frankreich. Mehr noch als dieser war die militärische Niederlage gegen Deutschland dem reizbaren französischen Nationalstolz ein Stachel. Das eigentliche Problem aber, das Frankreich nun mit seinem östlichen Nachbarn hatte, war dessen Nationalstaat als solcher, der die traditionelle französische Hegemonialpolitik wie ein schwerer Riegel blokkierte und für die Dauer seiner Existenz jede Hoffnung auf den Wiedergewinn früherer Gloire und Dominanz zunichte machte. Das Streben nach europäischer Vorherrschaft, das LUDWIG XIV. beflügelt, die Heere NAPOLEONS I. bis tief ins Zarenreich getrieben und die Truppen NAPOLEONS III. auf der Krim und dann in Oberitalien hatte kämpfen lassen, schien vor neuen, entscheidenden Erfolgen zu stehen, als 1866 der preußisch-österreichische Krieg ausbrach. Frankreich hatte allem Anschein nach beste Aussichten, den demnächst müde gekämpften Kontrahenten als Schiedsrichter und ›lachender Dritter‹ einen Frieden aufzuerlegen, der seine eigene Macht über Mitteleuropa neu begründete und zugleich das Schreckbild eines deutschen Nationalstaates für die absehbare Zukunft bannte.

Mit Königgrätz jedoch waren diese Hoffnungen jählings zerstoben, und der deutsche Nationalstaat war in greifbare Nähe gerückt. Vornehmlich dieser Schock war es, der die weitere Politik Frankreichs gegenüber Preußen-Deutschland von nun an bestimmt hatte – unter dem Motto der »Rache für Sadowa« und mit dem Ziel einer Revision der Ergebnisse von Königgrätz. Durch die französische Demütigungs- bzw. Kriegspolitik des Jahres 1870 in die Wege geleitet, geriet dieses Vorhaben infolge der unerwarteten militärischen Niederlage Frankreichs zum Fiasko und hatte gerade das zur Folge, was es hatte verhindern sollen: die deutsche Reichsgründung. Der Traum von der französischen Vormachtstellung auf dem Kontinent war nun unwiderbringlich ausgeträumt. Und zu ›verdanken‹ hatte Frankreich die für sein Selbstverständnis verheerende Entwicklung von 1866 bis 1871 der kleindeutschen Politik Bismarcks und dem nationalen Einigungsstreben der Deutschen. Hierin, und nicht etwa im Verlust der beiden kleinen, fremdsprachigen Nordostprovinzen, lag der eigentliche Grund für die anhaltende, tiefgreifende und feindselige Verstimmung Frankreichs gegenüber dem Deutschen Reich. Es hätte daher mit hoher Wahrscheinlichkeit keinerlei Einfluß auf den schlimmen weiteren Verlauf der deutsch-französischen Geschichte gehabt, hätte Deutschland auf die Annexion verzichtet. Nur wer die Vorgeschichte und die Hintergründe des Krieges 1870/71 gedanklich ausblendet, kann dies – vielleicht ›politisch korrekt‹ – verkennen, kann die Annexion Elsaß-Lothringens als Ursache und Nukleus der verhängnisvollen weiteren Entwicklung betrachten.

Schon gar nicht wäre es der Zukunft des deutsch-französischen Verhältnisses zugute gekommen, hätte man – was aus grundsätzlichen Erwägungen gleichwohl wünschenswert gewesen wäre – die frankophonen Gebiete Lothringens gänzlich von der Annexion ausgenommen. Wenn Thiers bei den Verhandlungen des Jahres 1871 geltend machte, die Einhaltung der Sprachgrenze sei geeignet, einen künftigen Ausgleich zwischen beiden Ländern zu erleichtern, so sind Zweifel an der Ernsthaftigkeit dieses Argumentes angebracht; hatte doch Thiers selbst zuvor öffentlich und bemerkenswert unverblümt die Aspekte hervorgehoben, die für Frankreichs Politik gegenüber Deutschland allein ausschlaggebend waren. Die Errichtung des Norddeutschen Bundes, die Neuordnung der deutschen Verhältnisse durch Bismarck und Preußen unter Ausschluß Österreichs, so hatte er einige Jahre früher geklagt, seien das größte Unglück, von dem Frankreich seit vierhundert Jahren heimgesucht worden sei. Und derselbe Historiker und Politiker Louis Adolphe Thiers hatte die sich damals anbahnende deutsche Einheit als »Attentat« gegen Europa qualifiziert – denn der oberste Grundsatz europäischer Politik seit dem Westfälischen Frieden sei es, daß Deutschland sich aus unabhängigen Staaten zusammensetze. Hier in der Tat lag der *nervus rerum*, die Triebfeder.

Daß dementgegen die Wegnahme Elsaß-Lothringens in der Propaganda, in Verlautbarungen, Proklamationen und Politikerreden des damaligen Frankreich als zentrale Beschwerde herausgehoben wurde, verwundert nicht und rechtfertigt keine abweichende Beurteilung ihrer Bedeutung für die künftigen Beziehungen. Die wirklich entscheidenden, vitalen Beweggründe und Bestrebungen der 1866 an Königgrätz und 1870/71 an der eigenen militärischen Niederlage gescheiterten französischen Politik gegenüber Deutschland würde man heute als ›imperialistisch‹ bezeichnen. Sie stammten aus tiefer Vergangenheit und waren schon damals, jedenfalls in Westeuropa und seit der Französischen Revolution, zunehmend öffentlicher Ächtung anheimgefallen und bedurften darum der Verschleierung. Der Kampf gegen das Selbstbestimmungsrecht eines Nachbarvolkes um der eigenen kontinentalen Vorherrschaft willen war als solcher moralisch nicht mehr akzeptabel – besonders, wenn ihn ein Land führte, das selbst die Volkssouveränität zum politischen Glaubensbekenntnis erhoben hatte. Ein Revisionismus des besiegten Frankreich hingegen, der nur mit dem erlittenen Gebietsverlust gerechtfertigt wurde, war vorzeigbar. Er konnte als legitim gelten und durfte auf die Zustimmung Europas hoffen.

Entsprechendes gilt für die anhaltende, in moralpolitischem Gewand einhergehende Verdammung der Annexion seitens der übrigen europäischen Öffentlichkeit, die hier die Vorzeichen einer gewaltsamen Hegemonialpolitik des neuen Reiches ausmachen zu können meinte. Dabei hielt sich die BISMARCKsche Außenpolitik seit 1871 viele Jahre lang strikt an selbst auferlegte Beschränkungen: Das Deutsche Reich, so erklärte BISMARCK sogleich nach der Gründung, sei »saturiert«. Es machte keine über seine Bestandswahrung hinausgehenden Ansprüche oder Ziele geltend. »Dem Geist der Zeit entgegen« verzichtete es darauf, außenpolitisch so zu sein, wie alle anderen es waren, also expansionistisch und imperialistisch.

Doch half das alles nichts. Die Vorwürfe wegen Elsaß-Lothringen wollten nicht verstummen. Denn in Wirklichkeit waren auch hier letztlich die Irritation und die Ablehnung wirksam, die der neue Nationalstaat seiner bloßen Existenz wegen erfuhr. Und man war nicht allenthalben so offen wie Alphonse THIERS oder der konservative britische Staatsmann DISRAELI, der die deutsche Nationalität bereits 1848 als gefährlichen Unsinn bezeichnet und die deutsche Nationalstaatsgründung im Frühjahr 1871 mit bewegten Worten als deutsche Revolution bejammert hatte, die das Gleichgewicht der Macht in Europa völlig zerstört habe. Es galt als reaktionär und unschicklich, der deutschen Nation offen das Recht auf den eigenen Staat abzusprechen und mit dieser Begründung gegen das Reich zu polemisieren. So mußte die Annexion Elsaß-Lothringens herhalten. Sie spielte insoweit eine ähnliche Rolle wie die Persönlichkeit BISMARCKS und seine Politik, der man Illiberalität und Gewalttätigkeit vorwarf, wenn man in Wirklichkeit den Staat der Deutschen treffen wollte. Die Annexion der beiden Grenzprovinzen wie gleichermaßen BISMARCK und seine Politik wurden zu Kristallisationspunkten des internationalen Unbehagens am neuen Staat in Europas Mitte, zum Ventil antideutscher Ressentiments.

K. Die Reichsgründung

1. Einigungskrieg des deutschen Volkes zeitigt Vereinigungsdruck auf die Monarchen

Der Krieg 1870/71 war nicht derjenige der deutschen Dynastien gewesen, sondern der Krieg des deutschen Volkes – dessen Abwehrkampf gegen den Angriff einer ausländischen Macht auf die werdende staatliche Einheit der Nation. Denn die Einheit im nationalstaatlichen Sinne war wesentlich das gemeinsame Anliegen der deutschen Stämme, weniger jedoch dasjenige ihrer Dynastien, ließ sie sich naturgemäß doch nur auf Kosten der alten Fürstenherrlichkeit, der Erbhöfe partikularer Souveränitäten verwirklichen. Zwar hatten die nationalen Strömungen der Zeit auch die deutschen Herrscherhäuser nicht unberührt gelassen, deren patriotische Bekundungen keineswegs immer nur reine Heuchelei waren. Doch war die nationale Ausrichtung der deutschen Monarchen eher großdeutsch, wie etwa der Frankfurter Fürstentag 1863 hatte deutlich werden lassen. »Einigkeit statt Einheit«– das war ein Motto, das ihre partikularstaatliche Macht nicht in Frage stellte. ›Einig‹ hatten sie 1870 auf die französische Kriegserklärung ja durchaus reagiert, zumal die Welle nationalen Selbstbehauptungswillens im Volk, ausgelöst durch BISMARCKS Veröffentlichung der Emser Vorgänge, ihnen schlechthin keine andere Wahl gelassen hatte.

Doch wußten sie, daß hinter der Begeisterung der Volksmassen unabweisbar der Wille zur staatlichen Einheit der Nation stand und daß ein deutscher Sieg gegen Frankreich deshalb zugleich ihre eigenen machtpolitischen Besitzstände bedrohte. So war ihre Haltung gegenüber der französischen Provokation durchweg zwiespältig gewesen. Vor der ›Emser Depesche‹ hatte es berechtigte Zweifel gegeben, ob sich die süddeutschen Fürsten im Falle eines französischen Angriffes an die nach Königgrätz mit Preußen geschlossenen Schutz- und Trutzbündnisse überhaupt noch gebunden fühlen würden. Und WILHELM I. selbst hatte, um der militärischen Aggression Frankreichs nach Möglichkeit auszuweichen, zunächst die Demütigung seiner Krone und Preußens hingenommen, die in der abgenötigten Rücknahme der spanischen Thronkandidatur des Prinzen LEOPOLD lag. Erst das pöbelhafte Eindringen des französischen Gesandten auf seine erlauchte Person selbst auf der Promenade von Ems hatte die königliche Schmerzgrenze zu überschreiten vermocht.

Schon einmal, 1813/14, hatte das Volk für seine Einheit und Freiheit gegen Frankreich gekämpft. Damals, im Jahre 1815, war es durch ein reaktionäres Komplott der auf dem Wiener Kongreß versammelten deutschen Territorialherren und der übrigen europäischen Potentaten um die Früchte seines Kampfes gebracht worden. Jetzt aber, im Jahre 1870 nach der Schlacht von Sedan, war kein ›Wiener Kongreß‹ in Sicht, der dem historisch vorgezeichneten Gang der Dinge in den Arm hätte fallen können. Die internationale europäische Friedenskonferenz, die sich zu diesem Zweck auf russisch-britische Initiative anzubahnen schien, hatte Bismarck mit geschickter Diplomatie zu verhindern gewußt. Im übrigen war mit dem auf nationalstaatliche Erweiterung angelegten Norddeutschen Bund bereits vor dem Krieg eine deutschlandpolitische Realität geschaffen, die nach dem militärischen Sieg bei Sedan auch durch eine europäische Intervention kaum mehr leicht rückgängig zu machen gewesen wäre.

So rettete die deutschen Monarchen diesmal nichts mehr vor dem Vereinigungsdruck aus dem Volk, seitens der liberalen politischen Kräfte, der öffentlichen Meinung und ›der Straße‹. Im Norden war der Weg zum Nationalstaat ohnehin institutionell vorgezeichnet, und die partikularistische Opposition in den süddeutschen Staaten gegen das kleindeutsch-preußische Konzept war von der seit Kriegsbeginn und nach den gemeinsamen Siegen der vereinigten deutschen Truppen überschäumenden nationalen Woge gänzlich ins Abseits gedrängt worden. Das Bewußtsein der Zusammengehörigkeit beherrschte die Stimmung des Volkes und drängte in Form vielfältiger politischer Initiativen ungestüm darauf, den längst überfälligen gemeinsamen Staat nun endlich zu gründen.

Dem mußten die süddeutschen Fürsten und ihre Regierungen *nolens volens* Rechnung tragen, zumal die nun auch hier einmütig nationale Ausrichtung der öffenlichen Meinung zugleich die Parteienlandschaft und damit die Zusammensetzung der Kammern zuungunsten des Partikularismus zu verändern begann. Dies wurde mit dem Ergebnis der Wahlen zur Württembergischen Kammer im Herbst 1870 offensichtlich, aus denen die Deutsche Partei mit hohen Gewinnen als Siegerin auf Kosten der katholischen Partikularisten hervorging. Auch hatte der propagandistische Appell an die Furcht vor der Intervention Frankreichs oder anderer europäischer Mächte gegen eine deutsche Staatsgründung nach dem Sieg über das Nachbarland seine Wirkung verloren. Und einer süddeutschen Monarchie, die den Anschluß verweigerte, drohte eine Kümmerexistenz in Abkapselung und Isolation, wenn sie als souveräner Partikularstaat allein zurückblieb. Überdies hatte das norddeutsche Übergewicht durch den militärischen Sieg eine weitere Steigerung erfahren. Und eines nicht allzu fernen Tages, so wußten die süddeutschen Regierungen, würde Preußen sein kleindeutsches Modell ohnehin mit dem Druckmittel des Zollvereines durchsetzen. Nach allem gab es für sie keine Alternative zum nationalstaatlichen Anschluß an den Norden.

2. Die Beitrittsverhandlungen mit den süddeutschen Staaten in Versailles im Herbst 1870

Demgemäß bedeutete die Entscheidung bei Sedan nicht nur den militärischen Sieg über den äußeren Feind der nationalen Einigung, sondern sie machte zugleich konkrete politische Schritte zur Verwirklichung der staatlichen Einheit unabweisbar. Bismarck zögerte nicht, sogleich die erforderlichen Verhandlungen mit den süddeutschen Staaten aufzunehmen. Es galt nun, die Gunst der Stunde zu nutzen und zu schnellen Ergebnissen zu kommen, bevor der Sturm nationaler Begeisterung in Deutschland abgeflaut war und die europäischen Mächte sich doch noch zu einer gemeinsamen Front gegen die Einigung zusammenfanden. BISMARCK wollte die föderale Verfassung des Norddeutschen Bundes mit einigen Veränderungen auch im zu bildenden Gesamtstaat beibehalten. Die süddeutschen Staaten sollten diesem einfach beitreten; das ersparte zeitraubende Verfassungsdebatten, die BISMARCK für überflüssig hielt. Er betraute den Verfassungsrechtsexperten Rudolph DELBRÜCK, Staatssekretär im Kanzleramt, Anfang September mit der Erstellung eines Verfassungsentwurfes für den dergestalt erweiterten Bund.

Der Entwurf, den DELBRÜCK am 13. September vorlegte, stimmte mit der Verfassung des Norddeutschen Bundes demgemäß im wesentlichen überein. Nach dem Beitritt der süddeutschen Staaten sollte der Bundesstaat den Namen ›Deutsches Reich‹ und das bisherige Bundespräsidium den Titel ›Kaiser von Deutschland‹ tragen. Wie schon der Norddeutsche Bund, so sollte auch das Deutsche Reich staatsrechtlich ein Zusammenschluß der deutschen Fürsten sein und deren erklärter Beitrittswille konstitutiv wirken. Es sollte eine Vereinigung ›von oben‹ bleiben, eine Gründung der herrschenden Dynasten und ihrer Regierungen auf der Grundlage der in den Einzelstaaten vorgegebenen Strukturen des Rechtes und der Macht. Dabei setzte BISMARCK auf die Freiwilligkeit der Beitritte – offener und massiver Druck würde der künftigen Loyalität der Bundesfürsten gegenüber dem Gesamtstaat nicht förderlich sein: »Wir wollen kein verstimmtes Bayern im Bunde, ein freiwilliges, kein verstimmtes.«[311] Diese kluge Selbstbescheidung dürfte BISMARCK freilich kaum schwergefallen sein, denn er wußte, daß es für die süddeutschen Fürsten ohnehin keine vernünftige Alternative zum Beitritt gab.

Zu diesem standen vier Staaten an: Baden, Württemberg, Bayern und das Großherzogtum Hessen. Badens Beitritt stand außer Frage; seine großherzogliche Regierung drängte bereits seit Jahren in den Norddeutschen Bund. Der einigungsfeindliche König von Württemberg bewies Realismus und entließ seinen partikularistischen Minister VARNBÜHLER. Dessen Nachfolger MITTNACHT verstand es, sich mit der neuen Mehrheit in der Kammer, der Deutschen Partei, zu arrangieren. König LUDWIGS II. von Bayern romantische Seele sträubte sich mit allen ihren Fasern gegen den Beitritt, beugte sich letzlich aber den Sachzwängen. Der hessische Großherzog schließlich, ein eingeschworener Einigungsgegner, und sein nicht minder reaktionärer Minister DALWIGK schickten sich in das Unvermeidliche.

Anfang September ließ BISMARCK durch seinen Staatssekretär DELBRÜCK in Dresden die Möglichkeiten ausloten, durch Vermittlung der sächsischen Diplomatie Beitrittsverhandlungen mit Bayern in die Wege zu leiten. Die bayerische Reaktion war überaus positiv; die Münchener Diplomatie schlug von sich aus Gespräche vor. Allerdings beharrte gerade Bayern in den Verhandlungen mit besonderem Nachdruck auf möglichst weitgehender Bewahrung seiner Souveränität. Es nahm sogar die überholte Idee eines Südbundes wieder auf, eines engeren Bundes der süddeutschen Staaten, der sich in einem weiteren Bund mit dem Norddeutschen Bund zusammenschließen sollte. Überdies wartete es mit einem Katalog von sogenannten ›Reservatrechten‹ auf, Vorrechten gegenüber den anderen Gliedstaaten. Sein Konzept eines engeren und weiteren Bundes konnte es in der Folge nicht durchsetzen. Bei den ›Reservatrechten‹ machte BISMARCK Zugeständnisse. Er stieß damit auf die verständliche Kritik liberaler Politiker, denn partikularistische Sonderrechte für einzelne Bundesstaaten verletzten das föderalistische Prinzip des gleichen Rechtes für alle Gliedstaaten. In den folgenden Jahrzehnten jedoch sollte sich zeigen, daß man die Bedeutung des Problemes weit überschätzt hatte: Die vereinbarten Resevatrechte, so die Einrichtung eines ständigen außenpolitischen Ausschusses beim Bundesrat unter bayerischem Vorsitz, spielten in der Reichspolitik praktisch keine nennenswerte Rolle.

BISMARCK führte die Verhandlungen mit den süddeutschen Regierungen im preußischen Hauptquartier in Versailles. Dabei ging er, um einer Blockbildung der Beitrittskandidaten vorzubeugen, strikt bilateral vor. Baden, aber auch Hessen mit seinem starrsinnigen Großherzog, traten dem Norddeutschen Bund ohne Vorbehalte am 15. November 1870 bei. Bayern und Württemberg hingegen ließen ihrem partikularen Eigenstaatsbewußtsein freien Lauf und zeigten sich als schwierige Verhandlungspartner. Doch schlossen auch sie sich dem Norddeutschen Bund an, Bayern am 23. und Württemberg am 25. November 1870. Im Dezember 1870 und Januar 1871 wurden die vier Beitrittsverträge aufgrund von Beschlüssen des Norddeutschen Reichstages und des Bundesrates sowie der süddeutschen Kammern ratifiziert. Die bayerische Zweite Kammer entschied erst am 21. Januar 1871 mit der knappen Zweidrittelmehrheit von 102 zu 48 Stimmen zugunsten des Beitrittes. Zum 1. Januar 1871 traten die Anschlüsse in Kraft.

3. Alternativen zur Reichsgründung ›von oben‹?

In der Geschichtsschreibung hat es sich weitgehend eingebürgert, moralisch erhobenen Zeigefingers BISMARCKS Konzept zu bemängeln, das Reich ›von oben‹ zu begründen, es aus dem freien Willensentschluß der souveränen Fürsten hervorgehen zu lassen, und nicht aus dem Gründungsakt einer Volksvertretung. Mit dieser Fehlentscheidung, so wird ausgeführt, sei der Grund für ein reaktionäres, autoritäres und militaristisches Reich gelegt worden, für ein Selbstverständnis, das sich in der weiteren innen- und außenpolitischen Entwicklung Deutschlands verhängnisvoll ausgewirkt habe.

Freilich, eine Reichsgründung ›von unten‹, nach einer geglückten Revolution und durch ein aus demokratischen Wahlen hervorgegangenes Nationalparlament, wäre die ideale Lösung der deutschen Frage gewesen. Doch gab es bei der Reichsgründung 1870/71 denn überhaupt eine durch parlamentarisch-demokratische Weihen legitimierte tatsächliche Alternative? Die Revolution des Volkes 1848/49 war nach atemberaubenden Anfangserfolgen versandet, und ein reaktionärer

Schöngeist auf dem preußischen Thron hatte die ihm von der Frankfurter Nationalversammlung angetragene Krone »aus Dreck und Letten« verächtlich abgelehnt. Und jetzt, gut zwei Jahrzehnte später, bestand die Herrschaft der Dynastien unter gemäßigt konstitutionellen Bedingungen tatsächlich und rechtlich längst wieder unangefochten und gefestigt. Die Fürsten besaßen nicht nur allein die Macht, sondern in ihren Regierungen auch allein die Organe, derer es für einen staatlichen Zusammenschluß bedurfte.

Von dieser Tatsache hatte jede Reichsgründungspolitik des Jahres 1870 auszugehen. Denn welche Volksvertretung gab es, die materiell und formell in der Lage gewesen wäre, konstitutiv an einer gesamtdeutschen Nationalstaatsgründung mitzuwirken? Der Norddeutsche Reichstag repräsentierte nur die Bewohner des Territoriums dieses Bundesstaates; Entsprechendes galt jeweils für die Kammern der süddeutschen Staaten. Keines der vorhandenen Parlamente konnte für Deutschland sprechen, handeln und entscheiden.

Nun gab es auf der kleindeutschen Ebene zwar das Zollparlament, und BISMARCK hatte auch kurzfristig erwogen, es nach Versailles einzuberufen, um es an der Reichsgründung teilhaben zu lassen. Doch besaß es, wie schon der Name erkennen läßt, kein allgemeinpolitisches Mandat. Und BISMARCKS ursprüngliche Absicht, es in Richtung eines Vollparlamentes weiter zu entwickeln, war nicht ansatzweise verwirklicht. Zwar hätte man theoretisch ein parlamentarisches, demokratisch gewähltes Gremium mit den erforderlichen Befugnissen schaffen können. Doch von den Monarchen einschließlich des preußischen Königs, denen schon die weitgehende Aufgabe ihrer partikularen Souveränität in einem von ihnen selbst zu gründenden Reich ohnehin innerlich widerstrebte, konnte man eine weitergehende, freiwillige Selbstentmachtung zugunsten einer parlamentarischen Schöpfung schlechterdings nicht erwarten. Wenn sich die Fürsten unter dem Zwang der Verhältnisse schon mit einem Bundesstaat abfinden mußten, dann wollten wenigstens sie es sein, die die Gründung aus ureigenster Machtvollkommenheit vollzogen. Man kam an den Fürsten nicht vorbei, und jeder Versuch, sie etwa durch revolutionäre Akte entmachten zu wollen, wäre zum Scheitern verurteilt und überdies schon deshalb unsinnig gewesen, weil es jetzt mit Blick auf künftig zu erwartende innerdeutsche und europäische Widerstände darauf ankam, die Gunst der Stunde zur Vereinigung auf dem schnellsten und einfachsten Wege zu nutzen.

BISMARCK hat den nationalrevolutionären Gesichtspunkt zwar bei den Beitrittsverhandlungen mit den süddeutschen Regierungen argumentativ ins Feld geführt; doch lag ihm zu dieser Zeit nichts ferner, als solche Tendenzen tatsächlich zu fördern. Es gab nach allem rein tatsächlich nur die Möglichkeit, den kleindeutschen Nationalstaat auf dem Boden der vorgegebenen Realitäten, also im Zusammenwirken mit den Territorialherren und ihren Institutionen, zu errichten.

Den Kritikern BISMARCKS ist freilich zuzugeben, daß es dessen konservativ-monarchistischen Facetten durchaus entgegenkam, den Nationalstaat als einen allein in freier Souveränität gegründeten Bund der Fürsten entstehen zu lassen. Dies, so meinte er rechtfertigend, entspreche letztlich dem Volkscharakter der Deutschen, deren vermeintlicher Anhänglichkeit an ihre Dynastien. Kam auch eine konstitutive Mitwirkung einer Volksvertretung bei der Reichsgründung nicht in Betracht, so wären symbolische Gesten in dieser Richung doch durchaus möglich und angemessen gewesen, etwa in Form der Entgegennahme von Resolutionen der Länderkammern und des Norddeutschen Reichstages sowie der Anhörung führender liberaler Politiker seitens der fürstlichen Entscheidungsträger. Freilich mochten sich die trotzig verstimmten Monarchen zu dergleichen nicht herbeilassen – vielleicht gerade, weil sie wußten, daß dies materiell im Grunde nicht ihr Staat war, den sie da förmlich so souverän aus der Taufe hoben und der sein Entstehen letztlich doch den mächtigen politischen Strömungen des demokratischen, nationalen Liberalismus verdankte.

Im übrigen war die Nation an der Gründung des Reiches trotz des selbstherrlichen Verfahrens der Dynasten auf eigene Weise tatsächlich unübersehbar und durchaus entscheidend konstitutiv beteiligt: durch ihren von breiter Zustimmung der Deutschen getragenen militärischen Kampf für ihr Selbstbestimmungsrecht im Krieg gegen Frankreich, welcher die Forderung nach dem eigenen Staat unabweisbar machte und – folgerichtig – mit der Feier des Sedan-Tages zum Gründungsmythos des Deutschen Reiches wurde.

4. Gegensätzliche Befindlichkeiten: deprimierte Monarchen, begeistertes Volk

Wie sehr die Nationalstaatsgründung den Monarchen – mit Ausnahme vielleicht des Großherzogs von Baden – und ihren leitenden Ministern im Grunde widerstrebte, wie für sie mit der Integration ihrer Länder in einen Bundesstaat und den damit verbundenen einschneidenden Souveränitätseinbußen geradezu eine Welt unterging, erhellt aus zahlreichen überlieferten privaten Äußerungen. Otto von Wittelsbach schrieb am 25. November 1870 an seinen Bruder, den bayerischen König Ludwig II.: »Ich beschwöre Dich, das Schreckliche nicht zu tun!«[312] – womit er Bayerns Beitritt zum Norddeutschen Bunde meinte. Und König Ludwig selbst, dem bei allem Elend auch noch angesonnen wurde, dem preußischen König Wilhelm die deutsche Kaiserkrone anzutragen, schrieb seinem Bruder Otto voller Weltschmerz zur gleichen Zeit, er habe »recht viel Trauriges« erlebt. »Könnte Bayern allein, frei vom Bunde, stehen, dann wäre es gleichgültig, da dies aber geradezu eine politische Unmöglichkeit wäre, da Volk und Armee sich dagegen stemmen würden und die Krone mithin allen Halt im Lande verlöre, so ist es, so schauderhaft und entsetzlich es immerhin bleibt, ein Akt von politischer Klugheit, ja von Notwendigkeit im Interesse der Krone und des Landes, wenn der König von Bayern jenes Anerbieten stellt.«[313]

Nicht minder »schauderhaft und entsetzlich« dünkte der Beitritt dem bayerischen Ministerpräsidenten Ludwig Freiherr VON DER PFORDTEN. Als Bayerns Zweite Kammer am 21. Januar 1871 mit äußerst knapper Mehrheit für den Anschluß gestimmt hatte, zog er melancholisch eine nicht nur seine Stimmung kennzeichnende Parallele: Am 21. Januar 1793, auf den Tag genau vor 78 Jahren, hätten die Franzosen ihren König LUDWIG XVI. ermordet, und: »Heute haben die Abgeordneten Bayerns ihren König und ihr Land unter die preußische Militärherrschaft mediatisiert. Finis Bavariae!«[314]

Die Fürsten und ihre Staatsmänner gründeten keineswegs hochgemut und willig einen neuen Staat in dem Gefühl, so ihre hergebrachte Fürstenmacht in modernisierter Form, und gerade deshalb letztlich ungeschmälert, ausleben zu können. Die Arroganz feudaler Macht, die nicht nur in dem Gründungskonzept und den formalen Verfassungsstrukturen des Reiches, sondern sogar in den zeremoniellen Äußerlichkeiten des Gründungsprozesses zutage trat, war viel mehr ein trotziges Aufbegehren gegen die aufgenötigte Selbstdemontage. Sogar der zum Kaiser ausersehene König WILHELM I. von Preußen bildete hier keine Ausnahme. Auch wenn seine Dynastie diejenige war, die künftig die Staatsoberhäupter des Deutschen Reiches stellen sollte, und wenn die Hegemonie des Gliedstaates Preußen im Nationalstaate auch verfassungsrechtlich und tatsächlich gesichert erschien, entwertete die Reichsgründung dennoch letztlich das preußische Königtum, ließ Preußen auf längere Sicht eben doch »in Deutschland aufgehen«, wie es sein Bruder FRIEDRICH WILHELM IV. im Frühjahr 1848 einst in schwacher Stunde formuliert hatte.

Voller Gram sah WILHELM I. das Ende des alten Preußen seiner Väter, und es reichte ihm nicht, daß dieses sein Erbe prägend und bestimmend in das Deutsche Reich einbringen würde. Der seiner Dynastie winkende Zuwachs an Macht und Prestige hatte ihn BISMARCKS Weg zur kleindeutschen Einheit immer mitgehen lassen, sei es zeitweise auch widerstrebend. Nun aber wurde es ernst, und sein fortschrittlicher Mut reute ihn. Den König von Preußen übermannten die partikularistischen Weltuntergangsgefühle nicht weniger heftig als den König von Bayern.

Im deutschen Volk hingegen, vornehmlich in den bürgerlichen Schichten, löste die Gründung des langersehnten Nationalstaates frenetischen Jubel, Begeisterung, Euphorie und anhaltende, tiefste Befriedigung in einem heute kaum noch vermittelbaren Maße aus. Für viele andere hier ein Zitat aus dem damaligen Schriftwechsel zweier führender deutscher Liberaler. Am 27. Januar 1871 schrieb Heinrich VON SYBEL an Hermann BAUMGARTEN: »Wodurch hat man die Gnade Gottes verdient, so große und mächtige Dinge erleben zu dürfen?. . . Was zwanzig Jahre der Inhalt alles Wünschens und Strebens gewesen, das ist nun in so unendlich herrlicher Weise erfüllt!«[315]

Die so gegensätzlichen Emotionen der Repräsentanten der alten Ordnung auf der einen und des Volkes und seiner führenden Schichten auf der anderen Seite waren nicht nur subjektive Stimmungen – sie beruhten auch auf beiderseits zutreffender politisch-historischer Einschätzung des Geschehens. Bei allen offensichtlichen und höchst gewichtigen Unterschieden zwischen den Ereignissen: Die

Reichsgründung 1870/71 darf doch mit dem verglichen werden, was 1789 in Frankreich geschehen war, und mit dem, was die deutschen Revolutionäre von 1848/49 erstrebt hatten.

5. Die Kaiserfrage

Gemäß den Beitrittsverträgen der vier süddeutschen Staaten mit dem Norddeutschen Bund trat das Deutsche Reich am 1. Januar 1871 ins Leben. Noch ungelöst indes war an jenem Tag die Frage, welcher Titel dem Staatsoberhaupt verliehen werden sollte. Inhaber des Amtes sollte weiterhin der König von Preußen sein; doch bei der seltsamen Amtsbezeichnung ›Präsidium‹ aus der Zeit des Norddeutschen Bundes konnte es auf Dauer nicht bleiben. Der Königstitel wäre für einen deutschen Bundesstaat mit den Strukturen einer konstitutionellen Monarchie wohl angemessen gewesen. In deutschen Landen aber herrschten bereits vier Könige, denen das Staatsoberhaupt im Rang übergeordnet sein mußte. So blieb nur der Kaisertitel.

Dieser freilich war in mehrfacher Hinsicht problematisch. Was war das eigentlich, ein Kaiser – aus der Sicht des Jahres 1870? Gab es eine historische Vorlage, aus der sich ein kleindeutsches Kaisertum herleiten ließ, ein vergleichbares Vorbild, auf das es sich beziehen und berufen konnte? Das mittelalterliche Kaisertum des Heiligen Römischen Reiches Deutscher Nation, das sich, ebenso wie zuvor das Karolingische, aus dem antiken *imperator mundi* hergeleitet und im Jahre 1806 ein unrühmliches Ende gefunden hatte, war sicherlich kein geeignetes Muster. Die Kaiser des Heiligen Reiches waren oberste weltliche Würdenträger eines universalen, seinem Selbstverständnis nach multinationalen, offenen und losen Systems christlicher Staaten. Mit diesem anachronistischen Kaisertum hatte der konstitutionelle Monarch eines national definierten, zentral geführten, modernen deutschen Bundesstaates nichts gemein. Von einer Wiederbelebung des deutschen Kaisertums des Mittelalters konnte – glücklicherweise – somit nicht die Rede sein.

Im übrigen war in jüngerer Vergangenheit mancher Schatten auf den Kaisertitel als solchen gefallen – nicht nur durch den besonders seit 1648 zunehmend jammervollen Zustand des alten Reiches. Dessen letzter Kaiser hatte den Titel, obgleich er die Reichskrone 1806 niedergelegt hatte, ohne erkennbare Legitimation weiter geführt, obgleich es einen österreichischen Kaiser nie gegeben hatte. Auch NAPOLEON I. BONAPARTE hatte nicht nur sich selbst, sondern auch der Würde des Kaisertitels keinen Gefallen getan, als er sich nicht mit dem für einen zum Diktator aufgestiegenen Revolutionsgeneral passenden und ehrenvollen Titel des Ersten Konsuls seines Landes begnügte und sich mit dem schlechten Geschmack eines hochstaplerischen Parvenüs selbst zum Kaiser krönte. Und der französische Kaiser NAPOLEON III. schließlich hatte den altehrwürdigen Titel weiter beschädigt und inflationiert.

Für BISMARCKS entschlossenes Drängen, daß sein König die Kaiserwürde annehmen müsse, waren solche Erwägungen nicht maßgeblich. Nach dem in der Tat unabweisbaren Gesichtspunkt, daß die übrigen deutschen Könige nur einen Kaiser als ranghöheres Oberhaupt akzeptieren konnten, war auch der einheitsstiftende Nimbus entscheidend, den das deutsche Kaisertum im Volk noch besaß. Das Kaisertum war – unbeschadet seiner tatsächlich verhängnisvollen Auswirkungen auf die Geschichte der deutschen Nation – ein positiv besetzter Volksmythos. Auf ein Kaisertum, das ihnen ein nach außen und innen starkes, gerechtes und einiges Reich bescherte, sie vor Ausbeutung und Willkür der weltlichen und kirchlichen Potentaten, vor der innerdeutschen Kriegsfurie und den Verwüstungen durch fremdländische Soldateska bewahrte, hatten die Deutschen stets gehofft – zur Zeit der Bauernkriege etwa oder während des Dreißigjährigen Krieges. Das hochmittelalterliche Kaisertum wurde unter den Nachwirkungen der Romantik gerade in gebildeten Schichten des Bürgertums verklärt und war in der Vorstellung des ganzen Volkes in der Sage von dem im Kyffhäuser schlafenden Kaiser BARBAROSSA höchst lebendig. Nichts lag näher, als den geschichtlich gewachsenen deutschen Kaisertraum, der auch ein Taum von der nationalen Einheit war, jetzt gegen den immer noch nicht völlig überwundenen Partikularismus und für die innere Geschlossenheit des entstehenden Reiches wirksam zu machen, »als werbendes Element für Einheit und Centralisation,«[316] wie BISMARCK es formulierte.

König WILHELM, dem »die ganze Richtung nicht paßte«, sträubte sich heftig gegen den Kaisertitel. Er konnte sich mit dem künftigen Schicksal Preußens als eines bloßen Gliedstaates im Deutschen Reich so wenig abfinden wie mit dem Verlust der vollen Souveränität der preußischen Krone. In seinen Disputen mit BISMARCK jedoch richtete er seinen Zorn vorwiegend gegen die ihm angesonnene Amtsbezeichnung: »Was soll mir der Charaktermajor?«[317] so pflegte er sich zu beschweren. BISMARCK entgegnete etwa: »Ew. Majestät wollen doch nicht ewig ein Neutrum bleiben, ›das Präsidium‹? In dem Ausdrucke ›Präsidium‹ liegt eine Abstraktion, in dem Worte ›Kaiser‹ eine große Schwungkraft.«[318] Und dem geringschätzigen Vergleich mit dem »Charaktermajor« hielt BISMARCK entgegen, der König habe als »Präsidium« ja bereits die Kompetenzen der kaiserlichen Stellung. Die Verleihung des Kaisertitels komme der endgültigen Ernennung eines bereits mit der Führung eines Regimentes betrauten Offiziers zum Regimentskommandeur gleich.

Auch der preußische Thronfolger nahm lebhaften Anteil an der Kaiserfrage, über die er bereits in den Tagen um die Schlacht bei Sedan mit BISMARCK debattierte. Der populäre Romanschriftsteller Gustav FREYTAG hatte den Kronprinzen davon überzeugt, daß das Oberhaupt des neuen Deutschen Reiches im Hinblick auf die unglückliche Rolle des ›römischen‹ Kaisertums für Deutschland den Titel ›König der Deutschen‹ oder ›König in Germanien‹ führen müsse. BISMARCKS Hinweis auf die drei weiteren Könige, die es bereits in Deutschland gab, quittierte der Kronprinz mit dem Vorschlag, diese müßten eben wieder den ihnen eigentlich zukommenden Herzogstitel annehmen, notfalls unter Zwang. Ein derart rigoroses Vorgehen, so argumentierte BISMARCK nun unwiderlegbar, könne zum Bruch zwischen Preußen und seinen süddeutschen Bundesgenossen und zu deren Ausfall im Krieg gegen Frankreich führen, der schließlich noch nicht zu Ende sei. Im übrigen würde dergleichen Jahrhunderte hindurch nicht vergessen werden und eine Saat von Mißtrauen und Haß ausstreuen.

Als Württemberg am 25. November 1870 die Beitrittsvereinbarung als letzter der süddeutschen Staaten unterzeichnete, gab es in der Kaiserfrage noch keinen Durchbruch. Der Titel ›von Gottes Gnaden Deutscher Kaiser‹ war in dem Vertragswerk für die noch zu verabschiedende Reichsverfassung nun verbindlich festgeschrieben. Indes drohte die ausgehandelte Regelung an der irrationalen, starrsinnigen und wenig staatsmännischen Trotzhaltung des preußischen Monarchen zu scheitern. Nach BISMARCKS Planung sollte der König von Bayern diesem die Kaiserkrone namens aller deutschen Fürsten antragen. Diese waren es, die einen der Ihren zum Kaiser erheben sollten. Daß, wie 1849 gegenüber FRIEDRICH WILHELM IV. geschehen, eine parlamentarische Delegation die Krone anbot, war nicht in BISMARCKS Sinne und kam nach jetziger Lage der Dinge politisch überhaupt nicht in Betracht. Auch WILHELM I. hätte eine solche Volkskaiserkrone niemals angenommen, und keiner der deutschen Monarchen hätte sie anerkannt. Es fiel BISMARCK schwer genug, seine eigene Lösung der Kaiserfrage durchzusetzen.

Dies gelang ihm mit einer Vorgehensweise, die an Intrige und Bestechung grenzte. Der bayerischen Verhandlungsdelegation in Versailles gehörte als besonderer Vertrauensmann König LUDWIGS II. der Oberststallmeister Graf HOLNSTEIN an. An diesen wandte sich BISMARCK am 27. November mit der dringlichen Bitte, dem bayerischen Landesherrn einen Brief zu überbringen, durch den BISMARCK LUDWIG II. zu bewegen suchte, König WILHELM I. die Kaiserkrone anzutragen. Den Entwurf des Schreibens, mit dem LUDWIG II. dem preußischen König das Anerbieten unterbreiten sollte, hatte BISMARCK angesichts der von ihm wohl nicht allzu hoch eingeschätzten Geisteskräfte des bayrischen Monarchen gleich selbst formuliert und seinem eigenen Brief beigefügt. WILHELM I. aber ahnte nichts von dem Unterfangen seines Kanzlers und Ministerpräsidenten. In dessen Brief an LUDWIG II. heißt es:

»Versailles, 27. November 1870

Allerdurchlauchtigster Großmächtigster König,

....

Bezüglich der deutschen Kaiserfrage ist es nach meinem ehrfurchtsvollen Ermessen vor Allem wichtig, daß deren Anregung von keiner andern Seite wie von Eurer Majestät, und namentlich nicht von der Volksvertretung zuerst ausgehe. Die Stellung würde gefälscht werden, wenn sie ihren Ursprung nicht der freien und wohlerwogenen Initiative des mächtigsten der dem Bunde beitretenden Fürsten verdankte. Ich habe mir erlaubt, dem Grafen HOLNSTEIN den Entwurf einer etwa an meinen allergnädigsten König und, mit den nöthigen Änderungen der

Fassung, an die andern Verbündeten zu richtenden Erklärung auf seinen Wunsch zu übergeben. Demselben liegt der Gedanke zu Grunde, welcher in der That die deutschen Stämme erfüllt: der *deutsche Kaiser* ist ihr Landsmann, der König von Preußen ihr Nachbar, nur der *deutsche* Titel bekundet, daß die damit verbundenen Rechte aus freier Übertragung der deutschen Fürsten und Stämme hervorgehn. Daß die großen Fürstenhäuser Deutschlands, das Preußische eingeschlossen, durch das Vorhandensein eines von ihnen gewählten deutschen Kaisers in ihrer hohen europäischen Stellung nicht beeinträchtigt wurden, lehrt die Geschichte.

In tiefer Ehrfurcht ersterbe ich
Eurer Majestät
unterthänigster treugehorsamster Diener
v. Bismarck.«[319]

Als Graf Holnstein bei Hofe seines Herrn eintraf, lag der »allerdurchlauchtigste großmächtigste König« mit Zahnweh zu Bett und war zunächst nicht zu sprechen, ließ den Sendboten Bismarcks dann aber doch vor und las den an ihn gerichteten Brief. Was auch immer sonst noch zwischen ihm und Holnstein erörtert worden sein mag – schließlich schrieb König Ludwig Bismarcks Konzept des »Kaiserbriefes« an Wilhem I. mit eigener Hand ab und übergab das unterzeichnete Schriftstück zur Beförderung an Holnstein. Es lautete:

»Nach dem Beitritt Süddeutschlands zu dem deutschen Verfassungsbündniß werden die Eurer Majestät übertragenen Präsidialrechte über alle deutschen Staaten sich erstrecken. Ich habe mich zu deren Vereinigung in einer Hand in der Überzeugung bereit erklärt, daß dadurch den Gesamtinteressen des deutschen Vaterlandes und seiner verbündeten Fürsten entsprochen werde, zugleich aber in dem Vertrauen, daß die dem Bundespräsidium nach der Verfassung zustehenden Rechte durch Wiederherstellung eines Deutschen Reiches und der deutschen Kaiserwürde als Rechte bezeichnet werden, welche Eure Majestät im Namen des gesamten deutschen Vaterlandes auf Grund der Einigung seiner Fürsten ausüben. Ich habe mich daher an die deutschen Fürsten mit dem Vorschlage gewendet, gemeinschaftlich mit mir bei Eurer Majestät in Anregung zu bringen, daß die Ausübung der Präsidialrechte des Bundes mit Führung des Titels eines Deutschen Kaisers verbunden werde. Sobald mir Eure Majestät und die verbündeten Fürsten Ihre Willensmeinung kundgegeben haben, würde ich meine Regierung beauftragen, das Weitere zur Erzielung der entsprechenden Vereinbarungen einzuleiten.«[320]

Das Anerbieten war Ludwig II. schwergefallen. Doch hatte Bismarck der Entschlußkraft des wegen seiner fast pathologischen Bauwut stets in Geldnöten steckenden Märchenkönigs insgeheim mit klingender Münze aufgeholfen. Der Monarch erhielt beträchtliche finanzielle Zuwendungen aus dem ›Welfenfonds‹, dem vormaligen Hannoveraner Staatsschatz, der mit der Annexion des Königreiches im Jahre 1866 an Preußen gefallen war. Er erschien in keinem Titel des preußischen Haushaltes und unterlag keinerlei parlamentarischer Kontrolle, war also für Regierungsausgaben zu besonderen Zwecken bestens geeignet. Auf BISMARCKS Leumund untadeliger preußischer Tugenden wirft die dubiose Inszenierung des ›Kaiserbriefes‹ einschließlich der anrüchigen Zahlungen an den bayerischen König sicherlich einen gewissen Schatten. Doch hätte er den in Versailles mühsam ausgehandelten Beitritt der süddeutschen Staaten zum Norddeutschen Bund in Gefahr geraten lassen sollen, nur weil die Monarchen, die längst begriffen hatten, daß für sie an der Nationalstaatsgründung kein Weg mehr vorbeiführte, sich nun wider alle Vernunft in der eher formalen Kaiserfrage störrisch gebärdeten? Im übrigen darf füglich bezweifelt werden, daß BISMARCK vor den gekrönten Häuptern tatsächlich in so tiefer Ehrfurcht erstarb, wie es ihm die höfische Etikette gebot.

Am 3. Dezember traf Graf HOLNSTEIN mit dem Kaiserbrief LUDWIGS II. wieder in Versailles ein, wo das Schreiben dem preußischen König durch den bayrischen Prinzen LUITPOLD noch am selben Tage feierlich überreicht wurde. In WILHELMS I. altpreußischer Seele bäumte sich nochmals der Partikularismus auf. Er war verzweifelt – »ganz außer sich vor Unwillen und wie geknickt«[321] über das ehrenvolle Angebot, denn er sah, daß sein Widerstand gegen den Gang der Dinge fruchtlos war.

Der Norddeutsche Reichstag wiederholte nicht den Versuch der Frankfurter Nationalversammlung des Jahres 1849, dem preußischen König die Kaiserkrone als gewählte Vertretung des souveränen Volkes aus eigener Machtvollkommenheit anzutragen. Hierzu fehlten ihm ja auch alle rechtlichen und tatsächlichen Voraussetzungen. Das Revolutionsparlament der Paulskirche hatte ein inhaltlich und territorial unbeschränktes, allgemeinpolitisches Mandat des ganzen deutschen Volkes besessen, der auf Norddeutschland beschränkte Reichstag hingegen besaß nur die Rechte, die ihm die Verfassung des Norddeutschen Bundes einräumte. Und, weniger formal betrachtet: Die politische Macht hatte nach der Revolution überwiegend bei der Volksvertretung gelegen und war erst allmählich wieder an die Fürsten verlorengegangen. Im Jahre 1870 aber lag sie gefestigt bei den territorialen Monarchen, eingeschränkt freilich durch einen gemäßigten Konstitutionalismus. Das galt auch hinsichtlich der Lösung der deutschen Frage. Nur wenn die Fürsten sich der nationalstaatlichen Vereinigung überhaupt verweigerten, drohte ihnen ein nationalrevolutionärer Sturz.

Diesen Machtverhältnissen entsprach es, daß der Norddeutsche Reichstag in der Kaiserfrage am 10. Dezember 1870 eine eher bescheidene, nur höflich bittende Adresse an König WILHELM I. richtete. Darin hieß es: »Vereint mit den Fürsten Deutschlands naht der Norddeutsche Reichstag mit der Bitte, daß es Ew. Majestät gefallen möge, durch Annahme der deutschen Kaiserkrone das Einigungswerk zu weihen. Die deutsche Krone auf dem Haupte Ew. Majestät wird dem wieder aufgerichteten Reiche deutscher Nation Tage der Macht, des Friedens, der Wohlfahrt und der im Schutze der Gesetze gesicherten Freiheit eröffnen.«[322]

Sprecher der Reichstagsdelegation, die dem Preußenkönig die Adresse überbringen sollte, war Eduard VON SIMSON, der schon 1849 die Abordnung angeführt hatte, die Friedrich Wilhelm IV. das parlamentarische Anerbieten der Kaiserkrone übermittelt hatte. Im königlichen Hauptquartier in Versailles, wo sie am 16. Dezember eintraf, stieß die Delegation bei den dort versammelten Adelskreisen des Hofes und der militärischen Führung auf eisig ablehnende Arroganz. »Was wollen die 30 Kerls hier?« – so hieß es verächtlich, und dieses Motto schien den Stil des Umganges mit den Repräsentanten der gewählten Volksvertretung zu prägen. Bismarck behandelte die Delegation zwar mit aller Höflichkeit, doch Wilhelm I. lehnte es zunächst sogar ab, sie überhaupt zu empfangen. Er ließ sich jedoch umstimmen und nahm die Reichstagsadresse am 18. Dezember 1870 in unterkühlter Atmosphäre schließlich doch noch entgegen.

An die Stelle einer Kaiserkrönung, wie sie im alten Reich üblich gewesen war, sollte jetzt eine feierliche Kaiserproklamation treten. Für diese wählte man das symbolträchtige Datum des 18. Januar aus – den Tag des preußischen Ordensfestes und der Krönung des Kurfürsten Friedrich III. von Brandenburg zum König Friedrich I. ›in Preußen‹ im Jahre 1701. In der letzten Phase vor dem großen Ereignis bereicherte Wilhelm I. seinen geballten partikularistischen Unwillen gegen die bevorstehende Umwälzung der alten Ordnung um eine neue Nuance: Bismarck hatte in der Kaiserfrage die von Delbrück in dessen Verfassungsentwurf vorgeschlagene Titelfassung ›Kaiser von Deutschland‹ verworfen und sich für die Formulierung ›Deutscher Kaiser‹ entschieden, weil er befürchtete, die übrigen Monarchen könnten die Bezeichnung ›Kaiser von Deutschland‹ im Sinne eines territorialen Besitzanspruches des Staatsoberhauptes über das gesamte Reichsgebiet interpretieren. Dementsprechend war die Amtsbezeichnung in den Beitrittsverhandlungen auch rechtsverbindlich festgelegt worden, woran nachträglich kaum noch etwas zu ändern war. König Wilhelm meinte nun, aus dieser Fassung erschließe sich die ganze Leere und herabwürdigende Nichtigkeit des ihm zugemuteten Titels. Wenn er denn schon Kaiser werden müsse, dann doch wenigstens gefälligst ›Kaiser von Deutschland‹, und nicht ›Deutscher Kaiser‹. Auch seine allgemeinen Klagen setzten sich fort und erreichten ihren Höhepunkt am 17. Januar, dem Tage vor der Proklamation. Der Kronprinz notierte in sein Tagebuch:

»Hauptquartier Versailles, am 17. Januar 1871

Je deutlicher sich nun aber die Konsequenzen von ›Kaiser und Reich‹ im Laufe der Verhandlungen zeigten, desto aufgebrachter wurde der König. Schließlich brach er in die Worte aus, nur ein Scheinkaisertum übernähme er, nichts weiter als eine andere Bezeichnung für ›Präsident‹; er müßte sich mit einem Major vergleichen, dem der ›Charakter als Oberstleutnant‹ verliehen worden sei. Nun es so weit gekommen wäre, müßte er zwar dieses Kreuz tragen, doch wollte er dafür auch der alleinige sein, weshalb er sich verbäte, daß man von ihm erwarte, der preußischen Armee eine gleiche Zustimmung wie seiner eigenen Person zu machen; er wolle daher nichts von einem ›Kaiserlichen Heere‹ hören, weil er wenigstens unsere Armee vor dergleichen bewahren möchte und nicht dulden könnte, daß die Truppen gar ›deutsche‹ Namen und Bezeichnungen sich gefallen lassen müßten. Die Marine möge die ›Kaiserliche‹ genannt werden. Ferner sagte er in äußerster Aufregung, er könne uns gar nicht schildern, in welcher verzweifelten Stimmung er sich befände, da er morgen von dem alten Preußen, an welchem er allein festhielte und fernerhin auch festhalten wollte, Abschied nehmen müßte.«[323]

Immer wieder kam WILHELM I. auf den Kaisertitel zu sprechen: »Ich mache mir nicht ein Haar breit daraus und halte zu Preußen.«[324] Und zu BISMARCK gewandt, schluchzte der alte König: »Morgen ist der unglücklichste Tag meines Lebens. Da tragen wir das preußische Königtum zu Grabe, und daran sind Sie, Graf Bismarck, schuld.«[325] Das Problem der Fassung des Kaisertitels blieb noch am Abend des 17. Januar streitig. Um einem Eklat bei dem bevorstehenden Festakt vorzubeugen, suchte BISMARCK am Morgen des 18. Januar daher den Großherzog FRIEDRICH I. von Baden auf, der ausersehen war, ein Hoch auf den Deutschen Kaiser auszubringen, und unterbreitete ihm das Problem. Der Großherzog rettete die Situation salomonisch: Bei seinem Auftritt im Spiegelsaal des Versailler Schlosses vermied er beide streitige Fassungen und ließ den ›Kaiser Wilhelm‹ hochleben.

6. Die Kaiserproklamation vom 18. Januar 1871

Die Kaiserproklamation ist von zeitgenössischen Malern vielfach im Bild festgehalten worden, effektvoll unter anderen von Anton VON WERNER. Sie war ein Festakt von militärischem Gepränge; Fahnen, Paradeuniformen, Degen und Stiefel beherrschten die martialisch-prunkvolle Szene. Mehrere hundert Personen des aristokratischen ›Establishments‹, deutsche Fürsten und was an ihren Höfen und beim Militär Rang und Namen hatte, füllten den geräumigen Saal, in dessen Mitte ein dreistufiger Podest den Kaiser und die Fürsten auch optisch hervorhob. Vertreter des Norddeutschen Reichstages und der Landtage oder führende Köpfe des politischen Liberalismus waren nicht zu sehen.

Die Zeremonie begann um 12 Uhr mittags mit Liturgie, Ansprache, Gebet und dem traditionsreichen preußischen Choral »Nun danket alle Gott«. Nach einer kurzen Adresse WILHELMS I. an die Fürsten verlas BISMARCK die Kaiserproklamation, worauf das Hoch auf den Kaiser WILHELM, vom badischen Großherzog ausgebracht, von der ganzen Versammlung langtönend widerhallte. Nach der Gratulation der Fürsten stieg der Kaiser vom Podest und ging – vorbei an BISMARCK, den er geflissentlich übersah – auf die angetretenen Militärdeputationen zu, die er mit Handschlag begrüßte.

Indes war der nunmehrige Reichskanzler offenbar nicht auf Dauer in Ungnade gefallen, denn WILHELM I. soll ihm schon bei dem am selben Abend stattgehabten Festbankett mit besonderer Herzlichkeit zugetrunken haben. Bald fand der preußische Monarch, der die Kaiserkrone noch im September 1870 als »Schmutzkrone« geschmäht hatte, in seine neue Rolle hinein, die er seinem persönlichen Stil gemäß mit vornehm zurückhaltender Würde überzeugend ausfüllte. So wurde von der

Öffentlichkeit bald kaum mehr wahrgenommen, daß sich der von weiten Bevölkerungskreisen verehrte Kaiser eigentlich mehr als König von Preußen fühlte.

Bismarck persönlich reagierte – man kann ihm das nachfühlen – nervös auf das insgesamt wenig königliche Gehabe von Majestäten und königlichen Hoheiten um den Kaisertitel. Seiner Frau schrieb er wenige Tage nach der Proklamation: »... diese Kaisergeburt war eine schwere, und Könige haben in solchen Zeiten ihre wunderlichen Gelüste, wie Frauen, bevor sie der Welt hergeben, was sie doch nicht behalten können. Ich hatte als Accoucheur mehrmals das dringende Bedürfnis, eine Bombe zu sein und zu platzen, daß der ganze Bau in Trümmer gegangen wäre. *Nötige* Geschäfte greifen mich wenig an, aber die unnötigen verbittern.«[326]

Das Datum der Kaiserproklamation wird weithin als Tag der Reichsgründung betrachtet. Politisch und rechtlich ist das unzutreffend. Das Reich war identisch mit dem 1866/67 als werdender Nationalstaat gegründeten Norddeutschen Bund, dem die süddeutschen Staaten 1870 lediglich beigetreten waren, und zwar mit Wirkung zum 1. Januar 1871. Hatte der Staatsakt vom 18. Januar 1871 daher auch – vom Kaisertitel abgesehen – keinerlei konstitutive Wirkung, so erscheint es doch legitim, daß dieser Tag im Bewußtsein der Allgemeinheit mit der Reichsgründung verknüpft wird, denn das Zeremoniell und seine Symbolik versinnbildlichten, daß mit dem Beitritt der süddeutschen Länder die Einheit eines wesentlichen Teiles des deutschen Volkes vollendet und mit dem kleindeutschen Nationalstaat historisch etwas qualitativ Neues ins Leben getreten war.

7. Anschein und Wirklichkeit der Reichsgründung im Kontrast

Die Reichsgründung insgesamt, durchgängig von den Beitrittsverhandlungen bis zur Kaiserproklamation, ist gekennzeichnet von einer seltsamen Widersprüchlichkeit zwischen dem tatsächlichen historischen Kerngeschehen auf der einen und der politischen, juristischen, formalen und zeremoniellen Ausgestaltung des Zusammenschlusses auf der anderen Seite. Die Gründung des Nationalstaates war nicht nur die Folge, sondern letztlich auch der Erfolg der liberalen und nationalen Bewegung, ihrer Schwungkraft und des von ihr ausgehenden politischen Druckes. Es war der Staat des deutschen Volkes, nicht nur seiner bürgerlichen Schichten, der da gegen die Interessen, den Willen und die Macht der ihrem Wesen nach partikularistischen Territorialherren entstand. Die oben bewußt ausführlicher geschilderte verzweifelte Gemütslage der Könige von Preußen und Bayern verdeutlicht dies exemplarisch. Die Monarchen empfanden die Reichsgründung nahezu als Entmachtung und Revolution, und sie hatten nicht ganz unrecht damit. Das gilt auch für die Hegemonialmacht Preußen. Sebastian Haffner sah in der Reichsgründung den Beginn von Preußens langem Sterben: »Das Reich blühte auf und wurde immer mächtiger; Preußen fiel ab, es wurde im Reich immer ohnmächtiger... die preußische Geschichte... ist nur noch Abgesang... Es [Preußen] war in Deutschland aufgegangen...«[327]

Für die übrigen deutschen Partikularstaaten galt nichts wesentlich anderes. Und dies ist der geschichtliche Hintergrund, vor dem auch BISMARCKS deutschlandpolitisches Dogma zu interpretieren ist, die Interessen Preußens seien identisch mit denen aller deutschen Länder außer Österreich. Nicht auf die partikularstaatlichen und dynastischen Sonderinteressen Preußens traf dieser Satz zu, wohl aber auf dessen mit den übrigen nicht-österreichischen deutschen Ländern gemeinsames Interesse, sich miteinander zu einem kleindeutschen Bundesstaat zusammenzuschließen. Es war das nationalliberale Bürgertum mit seinen Bedürfnissen, mit seiner gesellschaftlichen und expansiven wirtschaftlich-industriellen Dynamik, das letztlich die Entwicklung des Reiches seit seiner Gründung im Innern vorantreiben, besonders aber auch für seine Außenpolitik bestimmend werden sollte – bis hin zur Rüstungs-, Flottenbau- und Weltmachtpolitik. Die Modalitäten der Reichsgründung verdeckten und überlagerten all dies. Juristisch und politisch als reaktionärer Fürstenbund konzipiert, der unter peinlicher Vermeidung jeglicher Bürgerbeteiligung von den Regierungen und Diplomaten der Monarchen ausgehandelt und geschlossen und durch eine Kaiserproklamation ganz im Stil absolutistischer Staatsakte feierlich sanktioniert wurde, täuschte der Zusammenschluß äußerlich über seinen tatsächlichen, bürgerlich und national emanzipatorischen Charakter hinweg. Diese merkwürdige Nichtübereinstimmung zwischen dem Erscheinungsbild der Gründungsvorgänge und dem wahren Gehalt des historischen Geschehens hat den verbreiteten, zum Teil denunziatorischen Fehldeutungen des BISMARCK-Reiches Vorschub geleistet.

8. Das Deutsche Reich: ein moderner Nationalstaat

a. Ein ausgeprägt föderaler Bundesstaat

Das Deutsche Reich, das eine Präambel zur Verfassungsurkunde als einen »ewigen Bund« der einzeln mit ihren Titeln aufgeführten Länderfürsten bezeichnete, bestand aus 22 Monarchien, drei Freien Städten und dem ›Reichsland‹ Elsaß-Lothringen, das kein Bundesland, sondern mit einem Sonderstatus unmittelbar dem Reich unterstellt war. Eine Föderation also war das Reich, und kein, wie oft fälschlich behauptet wird, zentralistisch-autoritärer, autokratischer Machtstaat. Die föderalistischen Elemente waren gegenüber den unitarischen weit stärker ausgeprägt als später in der Weimarer Republik und in der Bundesrepublik Deutschland.

Die Gliedstaaten mit ihren eigenen Verfassungen und Parlamenten konnten ihr Eigenleben mit den verbleibenden Zuständigkeiten etwa im Verwaltungs- Gerichts- und Kultuswesen im Rahmen der übergeordneten Reichsverfassung weiterführen. Neben der neuen Staatsbürgerschaft des Reiches blieben auch diejenigen der Gliedstaaten erhalten, die überdies ihre eigenen Armeen behalten durften. Von nationalliberaler Seite war der Nationalstaat in den vorangegangenen Jahrzehnten vielfach in der Form eines Zentralstaates nach englischem oder französischem Muster gefordert worden. Daß dies nicht Wirklichkeit wurde, ist nicht nur ein Ergebnis von Zugeständnissen an die partikularen Bedürfnisse der Territorialmonarchen, die zur vollständigen Selbstauflösung ihrer Länder bei der Reichsgründung nicht bereit waren.

Die maßvoll föderalistische Innenstruktur des Deutschen Reiches entsprach vielmehr auch der gewachsenen Gliederung des deutschen Volkes in Stämme. Sie hat sich in der weiteren Geschichte auch bewährt. BISMARCK sagte vor einer Abordnung deutscher Studenten im Jahre 1891: »Die Reichsverfassung ist unvollkommen, aber sie war das Äußerste, was wir erreichen konnten. Pflegen wir die Verfassung, wachen wir eifersüchtig darüber, daß die Rechte nicht angetastet werden, die sie schützt. Ich bin kein Freund der Zentralisation, wie sie in Frankreich in Bezug auf Paris besteht. Ich sehe den Segen der Dezentralisation in dem Hervorbringen zahlreicher Kulturzentren, und ich halte die Egalisierung für so wenig nützlich, wie mich etwa das Verschwinden der verschiedenen Landestrachten erfreut. Raten wir zu keiner Änderung, mit der nicht alle Beteiligten einverstanden sind! Das ist die erste Bedingung der politischen Wohlfahrt des Reiches!«[328]

b. Ein Verfassungs-, Rechts-, Kultur-, Wirtschaftsstaat; Sozialgesetzgebung

Am 21. März 1871 wurde der Reichstag eröffnet und am 16. April die neue Verfassung verkündet, die im wesentlichen derjenigen des Norddeutschen Bundes nachgebildet war. Sie war kurz und wenig präzise formuliert, ganz wie es BISMARCKS Vorstellungen entsprach. Einen Grundrechtskatalog enthielt sie nicht. Das war aber auch nicht notwendig, denn die Grundrechte, die in der Paulskirchenverfassung von 1849 formuliert worden waren, galten kraft der Verfassungen der Einzelstaaten und der allgemeinen Gesetze ohnehin im ganzen Reichsgebiet.

Das BISMARCK-Reich war ein im Vergleich zu den europäischen Nachbarstaaten hochentwickelter, moderner Rechtsstaat. Das Handeln des Staates gegenüber seinen Bürgern vollzog sich nach einklagbarem Recht und Gesetz. Das Rechtswesen stand an kulturellem und zivilisatorischem Niveau keinem anderen Land nach. Die Freiheit der Meinungsäußerung war im Rahmen der allgemeinen Gesetze voll gewährleistet. Die Gründung politischer Parteien unterlag keinerlei Beschränkungen, und auch ihre Betätigung war frei.

Einen Sonderfall bildete die Sozialistengesetzgebung von 1878, welche die Sozialdemokratische Partei zwar nicht von den Wahlen ausschloß, sie aber doch erheblich behinderte. Hier ist indes in Betracht zu ziehen, daß sich das junge, in sich noch nicht gefestigte Reich anfangs noch durch die Tätigkeit und einige damalige Ziele dieser Partei in seiner Existenz massiv gefährdet sah – ob zu Recht oder zu Unrecht, das sei hier dahingestellt. Entsprechendes gilt für den sogenannten ›Kulturkampf‹ gegen den ultramontanen politischen Katholizismus, der schon viele Jahre vor der Reichsgründung begonnen hatte, das kleindeutsch-nationalstaatliche Konzept unerbittlich und teils recht wirksam zu bekämpfen.

Das neue Reich war überdies ein Kulturstaat, in dem die Wissenschaften einen unerhörten Aufschwung nahmen. Die Künste waren frei, konnten sich ungehindert entfalten. Des weiteren bewies sich das Reich mit seiner für die damalige Zeit international einmaligen Sozialgesetzgebung als sozialer Staat. Und ein Wirtschaftsstaat, ein idealer Rahmen für die aufstrebende deutsche Industrie- und Handelsmacht, war es allemal: Den wirtschaftlichen Kräften gewährleistete es nicht nur freie Entfaltung, sondern auch aktive Förderung, nicht zuletzt auch durch protektionistische Politik und Gesetzgebung.

c. Die Verfassungsorgane

Gemäß Artikel 11 behielt das Staatsoberhaupt die bereits im Norddeutschen Bund gültig gewesene Funktionsbezeichnung ›Präsidium‹ bei. Dieses Prädikat stand dem Könige von Preußen zu, der den Namen ›Deutscher Kaiser‹ führte. Er vertrat das Reich völkerrechtlich, erklärte den Krieg und schloß den Frieden, ging Verträge mit ausländischen Staaten ein, entschied allein über die Ernennung und Entlassung des Reichskanzlers und war Oberbefehlshaber der Flotte sowie – allerdings nur im Krieg – des Heeres. Das klang nach beeindruckender Machtfülle. Doch in Artikel 17 hieß es: »Die Anordnungen und Verfügungen des Kaisers werden im Namen des Reichs erlassen und bedürfen zu ihrer Gültigkeit der Gegenzeichnung des Reichskanzlers. . .« Das heißt: Ohne Einvernehmen mit dem Reichskanzler durfte der Kaiser gar nichts. Bei Meinungsverschiedenheiten blieb ihm nur die Entlassung des Kanzlers, und diese stand ihm letztlich auch nur formell frei. Denn der Monarch mußte einen geeigneten Nachfolger finden, der bei den übrigen Verfassungsorganen, insbesondere im Reichstag, den zum Regieren notwendigen politischen Rückhalt besaß.

Der Bundesrat war die Vertretung der Landesfürsten und ihrer Regierungen. Unter dem Vorsitz des Reichskanzlers wirkte er insbesondere bei der Gesetzgebung mit. Die ihm zunächst zugedachte Rolle als ein starkes und gewichtiges Exekutivorgan des Reiches konnte er tatsächlich nie einnehmen; sie war ebenso eine Fiktion wie die Vorstellung vom Reich als einem bloßem Fürstenbund. Von den insgesamt 58 Stimmen im Bundesrat entfielen gemäß Artikel 6 der Verfassung auf Preußen 17 Stimmen, auf Bayern 6 und auf die anderen Länder je 1 bis 4 Stimmen. Mit dieser Verteilung war die preußische Vorherrschaft gewährleistet, zumal es stets auf Stimmen der kleineren Staaten rechnen konnte.

Der Reichstag war die Vertretung des Volkes, deren Abgeordnete aus allgemeinen, gleichen, direkten und geheimen Wahlen hervorgingen. Mit diesem Wahlrecht stand Deutschland – zusammen mit einzelnen anderen europäischen Staaten – an der Spitze der Entwicklung, im Gegensatz zum sogenannten ›Mutterland der Demokratie‹, dem englischen Königreich, wo ein kaum demokratisch zu nennendes, auf die ›*householder*‹ (Haushaltsvorstände) beschränktes Wahlrecht wesenliche Teile der Bevölkerung von den Wahlen gänzlich ausschloß.

Der Reichstag war gemäß Artikel 5 der Verfassung zusammen mit dem Bundesrat zuständig für die Reichsgesetzgebung im Rahmen des abschließenden Kataloges von Artikel 4. Kein Reichsgesetz konnte ohne Zustimmung des Reichstages wirksam erlassen werden. Schon das sicherte ihm eine starke Machtposition, zumal im Zuge voranschreitender Verrechtlichung der Regierungstätigkeit eine wachsende Fülle von Gesetzen notwendig wurde. Ein bedeutsames Machtmittel des Reichstages war namentlich das Budgetrecht, das allerdings auf dem Gebiet des Militärwesens noch beschränkt war.

Nicht zu unterschätzen waren zudem die indirekten – auch öffentlichen – Wirkungen, die durch Anfragen und Interpellationen der Reichstagsabgeordneten an die Regierung erzielt werden konnten. Eingeschränkt war die Macht des Parlamentes allerdings dadurch, daß es – freilich nur formal – keinen Einfluß auf die Ernennung und Entlassung des Reichskanzlers nehmen konnte. Hierüber entschied allein der Kaiser. Artikel 17 der Verfassung bestimmte lediglich in abstrakter Form die »Verantwortlichkeit« des Reichskanzlers für das Regierungshandeln. Freilich war auch eine solche eher unwägbare, wenig handfeste moralische Kategorie politisch durchaus nicht bedeutungslos. Im übrigen war der Kanzler stets auf eine Mehrheit im Reichstag angewiesen, wenn er ein Gesetz durchbringen wollte, dessen Ausführung Geld kostete, und letzteres war fast immer der Fall. Ohne Reichstagsmehrheit konnte er sich auf längere Sicht nicht behaupten, konnte auch der Kaiser ihn nicht halten.

Alles in allem war das Reich Bismarcks noch keine völlig entwickelte parlamentarische Demokratie, kam einer solchen aber doch schon recht nahe. Letzteres wird, den Tendenzen der Zeit gemäß, von gegenwärtigen deutschen Historikern gern übersehen. Der Durchbruch zum vollen Primat des Parlamentes kam freilich noch vor dem Ende des Ersten Weltkrieges und dem Zusammenbruch des Kaiserreiches zustande. Am 28. Oktober 1918 bestimmte eine Verfassungsänderung: »Der Reichskanzler bedarf zu seiner Amtsführung des Vertrauens des Reichstags. Der Reichskanzler trägt die Verantwortung für alle Handlungen von politischer Bedeutung, die der Kaiser in Ausübung der ihm nach der Reichsverfassung zustehenden Befugnisse vornimmt. Der Reichskanzler und sein Stellvertreter sind für ihre Amtsführung dem Bundesrat und dem Reichstag verantwortlich.«[329] Damit war die moderne parlamentarische Demokratie in Form der konstitutionellen Monarchie perfekt.

Das mächtigste Verfassungsorgan des Deutschen Reiches von 1871 schließlich war der Reichskanzler. Um die uneingeschränkte Kontrolle über alle Bereiche des Regierungshandelns in seiner Person zu konzentrieren, hatte Bismarck keine Fachminister und Ressortministerien vorgesehen: Er regierte mit Staatssekretären, die für die einzelnen Fachbereiche bestellt wurden. Bei der Fülle der Aufgaben freilich war dieses Prinzip des Regierens im ›Einmannbetrieb‹ mit der Hilfe einiger hoher Staatsbeamter auf Dauer nicht durchzuhalten. Mit der Zeit entwickelten sich ein Reichskanzleramt und weitere Reichsämter, die die Rolle von Ministerien einnahmen.

Das besondere politische Gewicht des Reichskanzlers im Staatsgefüge war vornehmlich verfassungsrechtlich und strukturell bedingt, teils aber auch in der überragenden Persönlichkeit Bismarcks begründet. Mit Wilhelm I. hatte er nur wenige Konflikte auszutragen. Die Rücktrittsdrohung war ein bewährtes Mittel, sich gegenüber dem Kaiser durchzusetzen. Auch vom Bundesrat erfuhr Bismarck keine nennenswerten Widerstände. Beim Reichstag allerdings war dies ganz anders. Und die stärkste Waffe des Reichskanzlers gegenüber der Volksvertretung, die Drohung, den Reichstag aufzulösen und Neuwahlen durchführen zu lassen, war von zweifelhaftem Wert. Machte er sie wahr, so setzte er ein zeitraubendes und im Ergebnis vielleicht fruchtloses Verfahren in Gang. Beließ er es bei der Drohung, so konnte diese sich in ihrer Wirkung leicht abnutzen.

d. Gründungsmythos und steinerne Symbole des Bismarckreiches

Zu Eigenart und Erscheinungsbild des Bismarck-Reiches gehörten schließlich auch sein Selbstverständnis, seine Symbole und Mythen. Die Kaiserproklamation in einer Traditionsstätte des besiegten Angreifers, die Nationalhymne »Heil Dir im Siegerkranz«, der nationale Feiertag im Gedenken an die Schlacht bei Sedan, öffentliche Militärparaden wiesen, wie vieles andere mehr, hin auf den Deutsch-Französischen Krieg als Gründungsmythos des deutschen Nationalstaates. Man hat diesen Mythos im Einklang mit deutschfeindlicher Propaganda vielfach als Ausdruck fatalen preußisch-deutschen Militarismus und staatsimmanenter Gewalttätigkeit, als düster dräuendes Omen der kriegerischen Katastrophen der ersten Hälfte des zwanzigsten Jahrhunderts interpretiert; zu Unrecht, wie die Geschichte zeigte. Denn das Bismarck-Reich stellte sich in der ersten Phase seiner Außenpolitik mit seinen Ansprüchen bewußt ins zweite Glied der Mächte und wollte in der folgenden Phase der ›Weltpolitik‹ nur Gleichberechtigung mit den anderen Großmächten – nicht mehr.

Der Gründungsmythos des Deutschen Reiches hatte seinen Ursprung nicht in kriegerischer Gesinnung, sondern in der geschichtlichen Wirklichkeit, war die »Rache für Sadowa«, der französische Angriff 1870, doch der Startschuß für die Herstellung der kleindeutschen Einheit gewesen. Er entsprach auch voll und ganz internationaler Normalität. Idyllen nach der Art weidender Lämmer wird man unter den Gründungsmythen der Staaten dieser Welt kaum finden. Fast immer handelt es sich um gewaltsame Vorgänge und ihre Protagonisten, um Kriege und Schlachten, Revolutionen, Revolten und ihre Helden. Der Sturm auf die Bastille und die Revolution 1789 in Frankreich, die Bostoner ›Teaparty‹ und der Unabhängigkeitskrieg der Vereinigten Staaten von Amerika, die Oktoberrevolution 1917 in Rußland, der italienische Befreiungskrieg Garibaldis, der spanische Cid, Romulus und Remus, der ›Lange Marsch‹ in China, Mao Tse-tung, Simon Bolivar und Kemal Atatürk sind gängige Staats- und Nationalmythen. Immerhin war der Sedan-Mythos des Bismarck–Reiches im Kern defensiver Natur.

Zu den Symbolen des deutschen Nationalstaates gehörten insbesondere die zahlreichen Bismarck-Türme, die Kriegerdenkmäler und die monumentalen steinernen Nationalheiligtümer, die in den Jahrzehnten nach der Reichsgründung errichtet wurden, wie das Niederwalddenkmal bei Rüdesheim, das Kyffhäuser- und das Hermannsdenkmal, das Völkerschlachtdenkmal in Leipzig und diejenigen an der Porta Westfalica oder bei Hohensyburg. Den bildungsbeflissenen und meinungskonformen Gutmenschen verpflichtet schon politische Korrektheit, in diesen Bauten abscheulich bombastische, geschmacksverirrte Machwerke zu sehen, von denen sich mit Grausen oder Hohn abwendet, wer auf sich hält. Der gegenwartspolitische Hintergrund dieser Verdammungshaltung bedarf keiner näheren Erörterung. Und so nachvollziehbar Einwände gegen diese Architektur aus der Sicht heutiger Ästhetik auch sein mögen – bei der Betrachtung jener steinernen Zeitzeugnisse sind sie gänzlich fehl am Platze. Die Monumente sind nicht Kunstwerke um ihrer selbst willen, sondern Verkörperungen epochaler historisch-politischer Geschehnisse, Ausdruck des Lebensgefühles der Zeitgenossen, der leidenschaftlichen Begeisterung der Erlebnisgeneration über die errungene staatliche Einheit und des triumphalen Kraftgefühles einer nun endlich aufstrebenden Nation. Darum ist es abwegig, diese Gedenkstätten nach heute modernen ästhetischen Maßstäben zu beurteilen. »Über solche Pilgerstätten... läßt sich gut lachen in einer Zeit, die kraftlos genug ist, um Leidenschaft und Hingabe als Schwäche zu verspotten«, schreibt Hellmut DIWALD.[330] Der heutige Bildungsbürger täte besser daran, die Früchte der ihm zuteil gewordenen gymnasialen Kunstunterweisung bei der Betrachtung der kolossalen Schöpfungen einen Augenblick lang hintanzustellen und diese einmal ganz unvoreingenommen auf sich wirken zu lassen – vielleicht erschlösse sich ihm dann etwas von ihrem Gehalt.

Am Ende des langen und dornigen Weges der Deutschen in das eigene Staatswesen also stand das kleindeutsche Reich. Da es nur unter Ausschluß der vielen Millionen deutscher Österreicher hatte zustande kommen können, war es eine minimale, aber auch die einzige damals mögliche Lösung der deutschen Frage. Zugleich war die Reichsgründung der längst fällige Schritt in die europäische Normalität staatlichen Daseins der Nationen. Das viel strapazierte Schlagwort vom ›Sonderweg‹ macht durchaus einen Sinn, wenn man damit das 1870/71 überwundene deutsche Zurückbleiben hinter der staatlichen Evolution der anderen europäischen Nationen meint – ein Geschick, das die Deutschen als Folge der dem ›Heiligen Römischen Reich Deutscher Nation‹ immanenten strukturellen Hemmnisse getroffen und das ihnen den mit den Nachbarvölkern zeitgleichen Übergang in die zentral geführte Staatlichkeit auf nationaler Basis verwehrt hatte.

Nun war die Eigenstaatlichkeit der Nation endlich errungen, und Deutschland hatte mit der europäischen Entwicklung aufgeschlossen, des Sonderweges erster Streckenabschnitt war durchschritten. Freilich sollte sich in den folgenden fünfundsiebzig Jahren erweisen, daß das verspätete Erscheinen verhängnisvolle Folgen zeitigte – die mangelnde Bereitschaft der früher etablierten Staaten nämlich, die neue Staatlichkeit der alten europäischen Nation in ihrer Mitte friedlich hinzunehmen, mit deren machtpolitischer Abwesenheit es sich für die Nachbarn jahrhundertelang so trefflich hatte leben lassen.

Anmerkungen

Vorwort

[1] David CALLEO, *A The German Problem Reconsidered*, Cambridge University Press 1995, S. 2.

[2] Johann Gustav DROYSEN, *Historik*, Textausgabe von Peter LEYH, Frommann-Holzboog Verlag, Stuttgart-Bad Cannstatt 1977, S. 237 f.

Teil I: Gesamtdeutsche Staatlichkeit in der Geschichte

[1] Hiermit ist kein umfassend schriftlich festgelegtes Staatsgrundgesetz gemeint, wie wir es bei modernen Verfassungen kennen. Historisch begriffen bedeutet Verfassung »diejenigen rechtlichen Regeln und Strukturen, die das Gemeinwesen und damit die politische Ordnung prägen«. Vgl. Dietmar WILLOWEIT, *Deutsche Verfassungsgeschichte vom Frankenreich bis zur Wiedervereinigung Deutschlands*, Verlag C. H. Beck, München ³1997, S. 2

[2] Hellmut DIWALD, *Geschichte der Deutschen*, Bechtle-Verlag, Esslingen–München 1999, S. 557

[3] DIWALD, ebenda.

[4] DIWALD, ebenda.

[5] DIWALD, ebenda, S. 542.

[6] DIWALD, ebenda, S. 519.

[7] David CALLEO, *The German Problem Reconsidered – Germany and the World Order, 1870 to the Present*, Cambridge University Press, Cambridge, USA, 1995, S. 3.

[8] *Ausgewählte Werke Friedrichs des Großen*, Hg. Gustav Berthold VOLZ, Verlag Reimar Hobbing Berlin, Zweiter Band, S. 55 ff.

[9] Sebastian HAFFNER, in: Wolfgang VENOHR, Hellmut DIWALD u. Sebastian HAFFNER, *Dokumente Deutschen Daseins 1445–1945*, Sinus Verlag, Krefeld 1983, S. 90.

[10] David CALLEO, aaO. (Anm. 7), S. 4.

[11] CALLEO, ebenda, S. 24.

[12] Hugo WELLEMS, *Das Jahrhundert der Lüge*, Kiel 1989, S. 19.

[13] Michael STÜRMER, in: *Bildatlas Deutschland, von den Anfängen bis heute*, Orbis Verlag, München 1998, S. 156.

[14] STÜRMER, ebenda, S. 154.

[15] David CALLEO, aaO. (Anm. 7), S. 159

[16] Klaus HILDEBRAND, *Das vergangene Reich, Deutsche Außenpolitik von Bismarck bis Hitler*, Deutsche Verlags-Anstalt, Stuttgart ²1996, S. 20.

[17] David CALLEO, aaO. (Anm. 7), S. 4.

[18] Klaus HILDEBRAND, aaO. (Anm. 16), S. 15.

[19] Erich KERN (Hg.), *Verheimlichte Dokumente*, München 1988, S. 29.

[20] Hugo WELLEMS, *Das Jahrhundert der Lüge*, aaO. (Anm. 12), S. 14.

[21] Heinrich VON TREITSCHKE, *Deutsche Geschichte des 19. Jahrhunderts*, Hg. Wilhelm MOMMSEN, Wegweiser-Verlag, Berlin, Zweiter Band, (V.), S. 102–111; zum historischen Hintergrund siehe auch: Thomas NIPPERDEY, *Deutsche Geschichte 1800–1866, Bürgerwelt und starker Staat*, Verlag Beck, München 1994, S. 365.

[22] Vgl. Dirk KUNERT, *Deutschland im Krieg der Kontinente*, Arndt-Verlag, Kiel 1987, S. 24 f.

[23] Ulrich STERN (Hg.), *Die wahren Schuldigen am Zweiten Weltkrieg*, FZ-Verlag, München 1990, S. 49.

[24] Hugo WELLEMS, *Das Jahrhundert der Lüge*, aaO. (Anm. 12), S. 151 f.

[25] Vgl. Heinrich Freiherr JORDIS VON LOHHAUSEN, in: *Handbuch zur Deutschen Nation*, Bd. 4: *Deutschlands Einigung und Europas Zukunft*, Hg. Hellmut DIWALD, Hohenrain-Verlag, Tübingen–Zürich–Paris 1992, S. 393 ff.

[26] Dirk KUNERT, *Deutschland im Krieg der Kontinente*, aaO. (Anm. 22), S. 100.

[27] Hugo WELLEMS, *Das Jahrhundert der Lüge*, aaO. (Anm. 12), S. 60.

Teil II: Gesamtdeutsche Staatlichkeit 1848–1919

[1] Thomas NIPPERDEY, *Deutsche Geschichte 1800–1866, Bürgerwelt und starker Staat*, Verlag C. H. Beck, München 1994, S. 600.
[2] NIPPERDEY, ebenda, S. 600 f.
[3] Otto VON BISMARCK, *Gedanken und Erinnerungen*, Bd. 2, Cotta'sche Buchhandlung Nachf., Stuttgart–Berlin 1924, S. 19.
[4] Wilhelm MOMMSEN, *Otto von Bismarck in Selbstzeugnissen und Bilddokumenten*, Rowohlt Taschenbuch Verlag, Reinbek bei Hamburg 1966, S. 64.
[5] NIPPERDEY, aaO. (Anm. 1), S. 630.
[6] Otto VON BISMARCK, *Gedanken und Erinnerungen*, aaO. (Anm. 3), Bd. 1, S. 400.
[7] Dieter LANGEWIESCHE, »Die deutsche Revolution 1848/49«, in: *Bildatlas Deutschland*, Orbis Verlag, München 1998, S. 149; siehe auch: Hellmut DIWALD, *Geschichte der Deutschen*, fortgeschrieben von Karlheinz WEISSMANN, Bechtle Verlag, Esslingen–München 1999, S. 351.
[8] Vgl. Wolfgang J. MOMMSEN, *Propyläen Geschichte Deutschlands*, Bd. 7/I: *Das Ringen um den nationalen Staat 1850–1890*, Propyläen Verlag, Berlin 1993, S. 171; NIPPERDEY, aaO. (Anm. 1), S. 790 ff.
[9] Otto VON BISMARCK, *Gedanken und Erinnerungen*, aaO. (Anm. 3), S. 46.
[10] BISMARCK, ebenda, S. 61 f.
[11] Heinrich VON TREITSCHKE, *Deutsche Geschichte des 19. Jahrhunderts*, Wegweiser-Verlag, Berlin, Zweiter Band, Band (V.), S. 80 ff.
[12] TREITSCHKE, ebenda, S. 86 f.
[13] TREITSCHKE, ebenda, S. 80.
[14] DÜRIG/RUDOLF, *Texte zur deutschen Verfassungsgeschichte*, Verlag C. H. Beck, München [3]1996, S. 135 ff.
[15] Otto VON BISMARCK, *Gedanken und Erinnerungen*, aaO. (Anm. 3), S. 46 f.
[16] Vgl. NIPPERDEY, *Deutsche Geschichte 1800–1866*, aaO. (Anm. 1), S. 661.
[17] Otto VON BISMARCK, *Gedanken und Erinnerungen*, aaO. (Anm. 3), S. 64.
[18] Andreas HILLGRUBER, *Die gescheiterte Großmacht – Eine Skizze des Deutschen Reiches 1871–1945*, Droste Verlag, Düsseldorf [4]1984, S. 13 f.
[19] Klaus HILDEBRAND, *Das vergangene Reich – Deutsche Außenpolitik von Bismarck bis Hitler 1871 bis 1945*, Deutsche Verlagsanstalt, Stuttgart [2]1996, S. 13.
[20] Heinrich VON TREITSCHKE, *Deutsche Geschichte des 19. Jahrhunderts*, aaO. (Anm. 11), Zweiter Band (V) S. 179.
[21] Dieter LANGEWIESCHE, »Die deutsche Revolution 1848/49«, aaO. (Anm. 7), S. 147.
[22] Heinrich VON TREITSCHKE, *Deutsche Geschichte des 19. Jahrhunderts*, aaO. (Anm. 11), Zweiter Band (V), S. 179.
[23] TREITSCHKE, ebenda, S. 179.
[24] TREITSCHKE, ebenda, S. 166 f.
[25] Andreas HILLGRUBER, *Die gescheiterte Großmacht*, aaO. (Anm. 18), S. 13.
[26] Thomas NIPPERDEY, *Deutsche Geschichte 1800–1866*, aaO. (Anm. 1), S. 669.
[27] Otto VON BISMARCK, *Gedanken und Erinnerungen*, aaO. (Anm. 3), Bd. 1, S. 72 f.
[28] Heinrich VON TREITSCHKE, *Geschichte des 19. Jahrhunderts*, aaO. (Anm. 11), Zweiter Band (V) S. 80.
[29] Zitiert aus: Wolfgang J. MOMMSEN, *Das Ringen um den nationalen Staat 1850–1890*, aaO. (Anm. 8), S. 77.
[30] Thomas NIPPERDEY, *Deutsche Geschichte 1800–1866*, aaO. (Anm. 1), S. 670.
[31] Otto VON BISMARCK, *Gedanken und Erinnerungen*, aaO. (Anm. 3), S. 67.
[32] BISMARCK, ebenda, S. 73.
[33] BISMARCK, ebenda, S. 83 f.
[34] Wilhelm MOMMSEN, *Otto von Bismarck in Selbstzeugnissen. . .*, aaO. (Anm. 4), S. 27.
[35] Thomas NIPPERDEY, *Deutsche Geschichte 1800–1866*, aaO. (Anm. 1), S. 685.
[36] Wilhelm MOMMSEN, *Otto von Bismarck in Selbstzeugnissen. . .*, aaO. (Anm. 4), S. 31.
[37] MOMMSEN, ebenda, S. 34.
[38] Mit diesen Worten hatte Fürst SCHWARZENBERG die Frage beantwortet, wie er in seinem geplanten »70 Millionen-Reich« mit Preußen zu verfahren gedenke.
[39] Otto VON BISMARCK, *Gedanken und Erinnerungen*, aaO. (Anm. 3), S. 329 ff.
[40] So Wolfgang J. MOMMSEN, *Das Ringen um den nationalen Staat 1850–1890*, aaO. (Anm. 8), S. 92.
[41] Andreas HILLGRUBER, *Otto von Bismarck, Gründer der europäischen Großmacht Deutsches Reich*, Musterschmidt, Göttingen–Zürich–Frankfurt/M. 1978, S. 32.
[42] Wolfgang J. MOMMSEN, *Das Ringen um den nationalen Staat*, aaO. (Anm. 8), S. 92.
[43] Klaus HILDEBRAND, *Das vergangene Reich*, aaO. (Anm. 19), S. 17.
[44] Otto VON BISMARCK, *Gedanken und Erinnerungen*, aaO. (Anm. 3), S. 227.
[45] BISMARCK, ebenda, Bd. 2, S. 11 f.

[46] Bismarck, ebenda.
[47] Bismarck, ebenda, Bd. 1, S. 219 ff.
[48] Thomas Nipperdey, *Deutsche Geschichte 1800–1866,* aaO. (Anm. 1), S. 695 f.; Wolfgang J. Mommsen, *Das Ringen um den nationalen Staat,* aaO. (Anm. 8), S. 107; Wilhelm Mommsen, *Otto von Bismarck in Selbstzeugnissen. . .,* aaO. (Anm. 4), S. 38 f.
[49] Hellmut Diwald, *Geschichte der Deutschen,* aaO. (Anm. 7), S. 299.
[50] Wolfgang J. Mommsen, *Das Ringen um den nationalen Staat,* aaO. (Anm. 8), S. 107.
[51] Mommsen, ebenda, S. 113.
[52] Mommsen, ebenda, S. 117.
[53] Mommsen, ebenda, S. 114.
[54] Mommsen, ebenda, S. 115.
[55] Bismarck erhielt am 18. 9. in Paris das folgende, in dieser Form mit Roon zuvor für einen solchen Fall abgesprochene Telegramm
[56] Otto von Bismarck, *Gedanken und Erinnerungen,* aaO. (Anm. 3), S. 306.
[57] Wilhelm Mommsen, *Otto von Bismarck in Selbstzeugnissen. . .,* aaO. (Anm. 4), S. 49.
[58] Otto von Bismarck, *Gedanken und Erinnerungen,* aaO. (Anm. 3), S. 325.
[59] Dietmar Willoweit, *Deutsche Verfassungsgeschichte,* Verlag C. H. Beck, München ³1997, S. 250 ff.
[60] Wilhelm Mommsen, *Otto von Bismarck in Selbstzeugnissen. . .,* aaO. (Anm. 4), S. 50.
[61] Andreas Hillgruber, *Otto von Bismarck,* aaO. (Anm. 41), S. 46.
[62] Wilhelm Mommsen, *Otto von Bismarck in Selbstzeugnissen. . .,* aaO. (Anm. 4), S. 53.
[63] Wolfgang J. Mommsen, *Das Ringen um den nationalen Staat* aaO. (Anm. 8), S. 169.
[64] Otto von Bismarck, *Gedanken und Erinnerungen,* aaO. (Anm. 3), S. 1 ff.
[65] Wilhelm Mommsen, *Otto von Bismarck in Selbstzeugnissen. . .,* aaO. (Anm. 4), S. 23.
[66] Mommsen, ebenda.
[67] Mommsen, ebenda, S. 83 f.
[68] Mommsen, ebenda, S. 84.
[69] Otto von Bismarck, *Gedanken und Erinnerungen,* aaO. (Anm. 3), S. 336.
[70] Bismarck, ebenda, S. 337.
[71] Wilhelm Mommsen, *Otto von Bismarck in Selbstzeugnissen. . .,* aaO. (Anm. 4), S. 154 f.
[72] Entnommen aus: Gernot Gyseke, *Mit der Feder für Deutschlands Freiheit,* DSZ-Verlag, München 1999.
[73] Wilhelm Mommsen, *Otto von Bismarck in Selbstzeugnissen. . .,* aaO. (Anm. 4), S. 35.
[74] Mommsen, ebenda, S. 42.
[75] Mommsen, ebenda, S. 42.
[76] Mommsen, ebenda, S. 88.
[77] Thomas Nipperdey, *Deutsche Geschichte 1800–1866,* aaO. (Anm. 1), S. 759.
[78] Wilhelm Mommsen, *Otto von Bismarck in Selbstzeugnissen. . .,* aaO. (Anm. 4), S. 46.
[79] Mommsen, ebenda, S. 59.
[80] Hellmut Diwald, *Geschichte der Deutschen,* aaO. (Anm. 7), S. 322.
[81] Thomas Nipperdey, *Deutsche Geschichte 1800–1866,* aaO. (Anm. 1), S. 707.
[82] Andreas Hillgruber, *Otto von Bismarck,* aaO. (Anm. 41), S. 43 f.
[83] Siehe oben S. 142.
[84] Otto von Bismarck, *Gedanken und Erinnerungen,* aaO. (Anm. 3), Bd. 1, S. 383 f.
[85] Wilhelm Mommsen, *Otto von Bismarck in Selbstzeugnissen. . .,* aaO. (Anm. 4), S. 31.
[86] Dietrich Schäfer, *Bismarcks Kampf um die Wehrmacht,* Verlag Reimar Hobbing, Berlin 1907(?), S. 31.
[87] Schäfer, ebenda, S. 31.
[88] Otto von Bismarck, *Gedanken und Erinnerungen,* aaO. (Anm. 3), Bd. 2, S. 66.
[89] Andreas Hillgruber, *Otto von Bismarck,* aaO. (Anm. 41), S. 46.
[90] Hillgruber, ebenda, S. 46.
[91] Otto von Bismarck, *Gedanken und Erinnerungen,* aaO. (Anm. 3), Bd. 1, S. 352.
[92] Bismarck, ebenda, Bd. 1, S. 359.
[93] Andreas Hillgruber, *Otto von Bismarck,* aaO. (Anm. 41), S. 45.
[94] Otto von Bismarck, *Gedanken und Erinnerungen,* aaO. (Anm. 3), S. 359.
[95] Bismarck, ebenda, Bd. 1, S. 357.
[96] Wolfgang J. Mommsen, *Das Ringen um den nationalen Staat,* aaO. (Anm. 8), S. 152; Thomas Nipperdey, *Deutsche Geschichte 1800–1866,* aaO. (Anm. 1), S. 708.
[97] Otto von Bimarck, *Gedanken und Erinnerungen,* aaO. (Anm. 3), Bd. 1, S. 387.
[98] Dietrich Schäfer, *Bismarcks Kampf um die Wehrmacht,* aaO. (Anm. 86), S. 33.
[99] Schäfer, ebenda, S. 33.
[100] Thomas Nipperdey, *Deutsche Geschichte 1800–1866,* aaO. (Anm. 1), S. 708.
[101] Otto von Bismarck, *Gedanken und Erinnerungen,* aaO. (Anm. 3), Bd. 1, S. 390.
[102] Bismarck, ebenda, Bd. 1, S. 390.
[103] Thomas Nipperdey, *Deutsche Geschichte 1800–1866,* aaO. (Anm. 1), S. 708.
[104] Wilhelm Mommsen, *Otto von Bismarck in Selbstzeugnissen. . .,* aaO. (Anm. 4), S. 56.
[105] Thomas Nipperdey, *Deutsche Geschichte*

1800–1866, aaO. (Anm. 1), S. 708.
[106] Vgl. Wolfgang J. MOMMSEN, *Das Ringen um den nationalen Staat,* aaO. (Anm. 8), S. 151–154: Auf nur drei Seiten wird hier die Schwelle zwischen lediglich tendenziöser und schlechthin falscher Darstellung gleich dreimal deutlich überschritten: Hinsichtlich der Zeit ab 1862 heißt es: »Von einer sentimentalen ›deutschen Politik‹ Preußens wollte BISMARCK hingegen nichts wissen« (S. 151); zum Scheitern des Fürstentages heißt es: »Angesichts dieser Vorgänge wurde die Politik Preußens unter der Führung BISMARCKS gleichsam wider Willen auf die Linie eines partiellen Bündnisses mit der Nationalbewegung getrieben.« (S. 153) Dies trifft nicht zu. BISMARCK suchte das Bündnis mit der Nationalbewegung im Rahmen seiner Politik der kleindeutsch-preußischen Lösung. Weiter heißt es im Zusammenhang mit dem Fürstentag: »Einmal mehr posierte Preußen in der Rolle des Vorkämpfers der deutschen Einheit, wenn auch aus durchsichtigen taktischen Gründen.« (S. 154) Auch diese Darstellung ist sachlich schlechthin nicht nachvollziebar. Die kleindeutsch-preußische Einheit war bereits Ziel der preußischen Unionspolitik bis Olmütz gewesen und wurde mit BISMARCKS Ernennung zum Ministerpräsidenten 1862 erneut eine ernstgemeinte Alternative der preußischen Politik.
[107] Hellmut DIWALD, *Geschichte der Deutschen,* aaO. (Anm. 11), S. 307.
[108] Wolfgang J. MOMMSEN, *Das Ringen um den nationalen Staat,* aaO. (Anm. 8), S. 152.
[109] Hellmut DIWALD, *Geschichte der Deutschen,* aaO. (Anm. 11), S. 307.
[110] Wolfgang J. MOMMSEN, *Das Ringen um den nationalen Staat,* aaO. (Anm. 8), S. 157.
[111] MOMMSEN, ebenda, S. 159.
[112] MOMMSEN, ebenda, S. 159.
[113] Otto VON BISMARCK, *Gedanken und Erinnerungen,* aaO. (Anm. 3), Bd. 2, S. 9.
[114] BISMARCK, ebenda, Bd. 2, S. 13.
[115] BISMARCK, ebenda, Bd. 2, S. 10.
[116] Wolfgang J. MOMMSEN, *Das Ringen um den nationalen Staat* aaO. (Anm. 8), S. 157.
[117] Otto VON BISMARCK, *Gedanken und Erinnerungen,* aaO. (Anm. 3), Bd. 2, S. 13.
[118] Siehe oben, S. 135 ff.
[119] Dietrich SCHÄFER, *Bismarcks Kampf um die Wehrmacht,* aaO. (Anm. 86), S. 59
[120] Otto VON BISMARCK, *Gedanken und Erinnerungen,* aaO. (Anm. 3), Bd. 1, S. 382.
[121] Andreas HILLGRUBER, *Otto von Bismarck,* aaO. (Anm. 41), S. 50.
[122] HILLGRUBER, ebenda, S. 28.
[123] Otto VON BISMARCK, *Gedanken und Erinnerungen,* aaO. (Anm. 3), Bd. 2, S. 105.
[124] BISMARCK, ebenda, Bd. 1, S. 394.
[125] Dietrich SCHÄFER, *Bismarcks Kampf um die Wehrmacht,* aaO. (Anm. 86), S. 54.
[126] SCHÄFER, ebenda, S. 54.
[127] Siehe oben, S. 149 u. 121.
[128] Dietrich SCHÄFER, *Bismarcks Kampf um die Wehrmacht,* aaO. (Anm. 86), S. 55.
[129] Otto VON BISMARCK, *Gedanken und Erinnerungen,* aaO. (Anm. 3), Bd. 2, S. 22.
[130] Dietrich SCHÄFER, *Bismarcks Kampf um die Wehrmacht,* aaO. (Anm. 86), S. 57.
[131] Otto VON BISMARCK, *Gedanken und Erinnerungen,* aaO. (Anm. 3), Bd. 2, S. 3.
[132] Wilhelm MOMMSEN, *Otto von Bismarck in Selbstzeugnissen. . .,* aaO. (Anm. 4), S. 63.
[133] Wolfgang J. MOMMSEN, *Das Ringen um den nationalen Staat,* aaO. (Anm. 8), S. 166.
[134] Andreas HILLGRUBER, *Otto von Bismarck,* aaO. (Anm. 41), S. 52.
[135] HILLGRUBER, ebenda, S. 53.
[136] Siehe oben, S. 179.
[137] Siehe oben, S. 180.
[138] Wolfgang J. MOMMSEN, *Das Ringen um den nationalen Staat,.* aaO. (Anm. 8), S. 166.
[139] Otto VON BISMARCK, *Gedanken und Erinnerungen,* aaO. (Anm. 3), Bd. 2, S. 65 f.
[140] Hellmut DIWALD, *Geschichte der Deutschen,* aaO. (Anm. 7), S. 311.
[141] DIWALD, ebenda, S. 311.
[142] DIWALD, ebenda, S. 311.
[143] DIWALD, ebenda, S. 312.
[144] DIWALD, ebenda, S. 311.
[145] Wilhelm MOMMSEN, *Otto von Bismarck in Selbstzeugnissen. . .,* aaO. (Anm. 4), S. 67.
[146] Hellmut DIWALD, *Geschichte der Deutschen,* aaO. (Anm. 7), S. 312.
[147] DIWALD, ebenda, S. 312.
[148] DIWALD, ebenda, S. 312.
[149] DIWALD, ebenda, S. 312.
[150] DIWALD, ebenda, S. 314.
[151] DIWALD, ebenda, S. 310.
[152] Dietrich SCHÄFER, *Bismarcks Kampf um die Wehrmacht,* aaO. (Anm. 86), S. 67.
[153] Wilhelm MOMMSEN, *Otto von Bismarck in Selbstzeugnissen. . .,* aaO. (Anm. 4), S. 67.
[154] Andreas HILLGRUBER, *Otto von Bismarck,* aaO. (Anm. 41), S. 54.
[155] Otto VON BISMARCK, *Gedanken und Erinnerungen,* aaO. (Anm. 3), Bd. 2., S. 77.

156 Andreas HILLGRUBER, *Otto von Bismarck,* aaO. (Anm. 41), S. 54.
157 Wilhelm MOMMSEN,*Otto von Bismarck in Selbstzeugnissen. . .,* aaO. (Anm. 4), S. 69.
158 Hellmut DIWALD, *Geschichte der Deutschen,* aaO. (Anm. 7), S. 316.
159 Wilhelm MOMMSEN, *Otto von Bismarck in Selbstzeugnissen. . .,* aaO. (Anm. 4), S. 69.
160 Thomas NIPPERDEY, *Deutsche Geschichte 1800–1866,* aaO. (Anm. 1), S. 785.
161 Hellmut DIWALD, *Geschichte der Deutschen,* aaO. (Anm. 7), S. 320.
162 Andreas HILLGRUBER, *Otto von Bismarck,* aaO. (Anm. 41), S. 56.
163 Hellmut DIWALD, *Geschichte der Deutschen,* aaO. (Anm. 7), S. 320.
164 Andreas HILLGRUBER, *Otto von Bismarck,* aaO. (Anm. 41), S. 55.
165 Otto VON BISMARCK, *Gedanken und Erinnerungen,* aaO. (Anm. 3), Bd. 2, S. 48.
166 Andreas HILLGRUBER, *Otto von Bismarck,* aaO. (Anm. 41), S. 56.
167 Otto VON BISMARCK, *Gedanken und Erinnerungen*, aaO. (Anm. 3), S. 36 ff.
168 Dietrich SCHÄFER, *Bismarcks Kampf um die Wehrmacht,* aaO. (Anm. 86), S. 74.
169 SCHÄFER, ebenda, S. 74.
170 SCHÄFER, ebenda, S. 76.
171 Otto VON BISMARCK, *Gedanken und Erinnerungen*, aaO. (Anm. 3), Bd. 2, S. 48 ff.
172 Andreas HILLGRUBER, *Otto von Bismarck,* aaO. (Anm. 41), S. 57.
173 Dietrich SCHÄFER, *Bismarcks Kampf um die Wehrmacht,* aaO. (Anm. 86), S. 77.
174 Wolfgang J. MOMMSEN, *Das Ringen um den nationalen Staat,* aaO. (Anm. 8), S. 168.
175 Dietrich SCHÄFER, *Bismarcks Kampf um die Wehrmacht,* aaO. (Anm. 86), S. 79.
176 SCHÄFER, ebenda, S. 80.
177 SCHÄFER, ebenda, S. 80.
178 SCHÄFER, ebenda, S. 80.
179 SCHÄFER, ebenda, S. 80.
180 Otto VON BISMARCK, *Gedanken und Erinnerungen*, aaO. (Anm. 3), Bd. 2, S. 42.
181 Erich KERN (Hg.), *Verheimlichte Dokumente*, FZ-Verlag, München 1988, S. 469.
182 KERN, ebenda, S. 469.
183 KERN, ebenda, S. 469.
184 Hellmut DIWALD, *Geschichte der Deutschen,* aaO. (Anm. 7), S. 317.
185 Wilhelm MOMMSEN, *Otto von Bismarck in Selbstzeugnissen. . .,* aaO. (Anm. 4), S. 25 f.
186 Siehe oben, S. 114 f.
187 Otto VON BISMARCK, *Gedanken und Erinnerungen*, aaO. (Anm. 3), S. 84.
188 BISMARCK, ebenda, S. 85.
189 Siehe oben, S. 118.
190 Andreas HILLGRUBER, *Otto von Bismarck,* aaO. (Anm. 41), S. 28.
191 Siehe oben, S. 118 f.
192 Siehe oben, S. 119.
193 Andreas HILLGRUBER, *Otto von Bismarck,* aaO. (Anm. 41), S. 34.
194 Siehe oben, S. 139.
195 Andreas HILLGRUBER, *Otto von Bismarck,* aaO. (Anm. 41), S. 32.
196 Wilhelm MOMMSEN, *Otto von Bismarck in Selbstzeugnissen. . .,* aaO. (Anm. 4), S. 43.
197 Andreas HILLGRUBER, *Otto von Bismarck,* aaO. (Anm. 41), S. 35.
198 Wilhelm MOMMSEN, *Otto von Bismarck in Selbstzeugnissen. . .,* aaO. (Anm. 4), S. 42 f.
199 MOMMSEN, ebenda, S. 53.
200 Otto VON BISMARCK, *Gedanken und Erinnerungen*, aaO. (Anm. 3), Bd. 1, S. 380 ff.
201 BISMARCK, ebenda, S. 385 f.
202 Wilhelm MOMMSEN, *Otto von Bismarck in Selbstzeugnissen. . .,* aaO. (Anm. 4), S. 56.
203 Otto VON BISMARCK, *Gedanken und Erinnerungen*, aaO. (Anm. 3), Bd. 2, S. 5.
204 BISMARCK, ebenda, S. 3.
205 Wilhelm MOMMSEN, *Otto von Bismarck in Selbstzeugnissen. . .,* aaO. (Anm. 4), S. 60.
206 MOMMSEN, ebenda, S. 60.
207 Otto VON BISMARCK, *Gedanken und Erinnerungen*, aaO. (Anm. 3), Bd. 1, S. 392 f.
208 BISMARCK, ebenda, S. 392.
209 BISMARCK, ebenda, S. 392 f.
210 Wilhelm MOMMSEN, *Otto von Bismarck in Selbstzeugnissen. . .,* aaO. (Anm. 4), S. 64.
211 Otto VON BISMARCK, *Gedanken und Erinnerungen*, aaO. (Anm. 3), Bd. 1, S. 396.
212 BISMARCK, ebenda, S. 399 ff.
213 Andreas HILLGRUBER, *Otto von Bismarck,* aaO. (Anm. 41), S. 37 f.
214 Otto VON BISMARCK, *Gedanken und Erinnerungen*, aaO. (Anm. 3), Bd. 2, S. 105.
215 Siehe oben, S. 303.
216 Hellmut DIWALD, *Geschichte der Deutschen,* aaO. (Anm. 7), S. 318.
217 Wilhelm MOMMSEN, *Otto von Bismarck in Selbstzeugnissen. . .,* aaO. (Anm. 4), S. 77.
218 Hellmut DIWALD, *Geschichte der Deutschen,* aaO. (Anm. 7), S. 318.
219 DIWALD, ebenda, S. 318.
220 Wolfgang J. MOMMSEN, aaO. (Anm. 8), S. 177.
221 Andreas HILLGRUBER, *Otto von Bismarck,* aaO. (Anm. 41), S. 60.

[222] HILLGRUBER, ebenda, S. 59.
[223] Wolfgang J. MOMMSEN, *Das Ringen um den nationalen Staat,* aaO. (Anm. 8), S. 174.
[224] MOMMSEN, ebenda, S. 181.
[225] Wilhelm MOMMSEN, *Otto von Bismarck in Selbstzeugnissen. . .,* aaO. (Anm. 4), S. 82.
[226] Siehe oben, S. 167.
[227] Dietrich RAUSCHNING (Hg.), *Rechtsstellung Deutschlands, Völkerrechtliche Verträge und andere rechtsgestaltende Akte,* Beck-Texte im dtv, München [2]1989, Einführung S. XVI.
[228] Hellmut DIWALD, *Geschichte der Deutschen,* aaO. (Anm. 7), S. 322.
[229] DIWALD, ebenda, S. 321.
[230] DIWALD, ebenda, S. 317.
[231] Thomas NIPPERDEY, *Deutsche Geschichte 1866–1918,* Bd. 2: *Machtstaat vor Demokratie,* Verlag C. H. Beck, München 1995, S. 23.
[232] Wolfgang J. MOMMSEN, *Das Ringen um den nationalen Staat,* aaO. (Anm. 8), S. 196.
[233] Wilhelm MOMMSEN, *Otto von Bismarck in Selbstzeugnissen. . .,* aaO. (Anm. 4), S. 81.
[234] Wolfgang J. MOMMSEN, *Das Ringen um den nationalen Staat,* aaO. (Anm. 8), S. 195.
[235] Hellmut DIWALD, *Geschichte der Deutschen,* aaO. (Anm. 7), S. 321.
[236] Otto VON BISMARCK, *Gedanken und Erinnerungen,* aaO. (Anm. 3), Bd. 1, S. 329.
[237] Wilhelm MOMMSEN, *Otto von Bismarck in Selbstzeugnissen. . .,* aaO. (Anm. 4), S. 75.
[238] MOMMSEN, ebenda, S. 86.
[239] Siehe oben, S. 171 f.
[240] Wilhelm MOMMSEN, *Otto von Bismarck in Selbstzeugnissen. . .,* aaO. (Anm. 4), S. 87.
[241] Otto VON BISMARCK, *Gedanken und Erinnerungen,* aaO. (Anm. 3), Bd. 2, S. 59 f.
[242] Hellmut DIWALD, *Geschichte der Deutschen,* aaO. (Anm. 7), S. 320.
[243] Otto VON BISMARCK, *Gedanken und Erinnerungen,* aaO. (Anm. 3), Bd. 2, S. 61 f.
[244] Wolfgang J. MOMMSEN, *Das Ringen um den nationalen Staat,* aaO. (Anm. 8), S. 196.
[245] Siehe oben, S. ??
[246] Hellmut DIWALD, *Geschichte der Deutschen,* aaO. (Anm. 7), S. 324.
[247] Andreas HILLGRUBER, *Otto von Bismarck,* aaO. (Anm. 41), S. 62.
[248] Wolfgang J. MOMMSEN, *Das Ringen um den nationalen Staat,* aaO. (Anm. 8), S. 200.
[249] MOMMSEN, ebenda, S. 217.
[250] Hellmut DIWALD, *Geschichte der Deutschen,* aaO. (Anm. 7), S. 322.
[251] Wolfgang J. MOMMSEN, *Das Ringen um den nationalen Staat,* aaO. (Anm. 8), S. 217 f.
[252] MOMMSEN, aaO., S. 218.
[253] Hellmut DIWALD, *Geschichte der Deutschen,* aaO. (Anm. 7), S. 327.
[254] Wolfgang J. MOMMSEN, *Das Ringen um den nationalen Staat,* aaO. (Anm. 8), S. 219.
[255] MOMMSEN, ebenda, S. 220.
[256] MOMMSEN, ebenda, S. 218.
[257] MOMMSEN, ebenda, S. 218.
[258] MOMMSEN, ebenda, S. 220.
[259] Hellmut DIWALD, *Geschichte der Deutschen,* aaO. (Anm. 7), S. 322.
[260] Otto VON BISMARCK, *Gedanken und Erinnerungen,* aaO. (Anm. 3), Bd. 2, S. 89 f.
[261] Wolfgang J. MOMMSEN, *Das Ringen um den nationalen Staat,* aaO. (Anm. 8), S. 222.
[262] MOMMSEN, ebenda, S. 222.
[263] Die deutschen Territorien waren in ›Polizeidivisionen‹ eingeteilt, deren jeweilige Führungsagenten die Nachrichten der Zuträger ihrer Bezirke sammelten und nach Paris übermittelten.
[264] Thomas NIPPERDEY, *Deutsche Geschichte 1866–1918,* aaO. (Anm. 231), S. 57.
[265] Hellmut DIWALD, *Geschichte der Deutschen,* aaO. (Anm. 7), S. 328.
[266] Großer Generalstab, *Der deutsch-französische Krieg 1870–71,* Mittler und Sohn, Berlin 1874, Bd. 1, S. 6.
[267] Das Gut hatte BISMARCK mittels einer Dotation über 400 000 Taler erworben, die ihm für seine Verdienste um den Sieg von Königgrätz bewilligt worden war.
[268] Ernst KAISER, *Deutschlands Heldenkampf 1870,* Verlag Julius Püttmann, Leipzig–Elberfeld ca. 1875, S. 4.
[269] Hellmut DIWALD, *Geschichte der Deutschen,* aaO. (Anm. 7), S. 328.
[270] Wilhelm J. WAGNER, *Bildatlas der deutschen Geschichte,* Bertelsmann Verlag, Gütersloh–München 1999, S. 233.
[271] Wolfgang J. MOMMSEN, *Das Ringen um den nationalen Staat,* aaO. (Anm. 8), S. 228.
[272] Hellmut DIWALD, *Geschichte der Deutschen,* aaO. (Anm. 7), S. 328.
[273] Otto VON BISMARCK, *Gedanken und Erinnerungen,* aaO. (Anm. 3), Bd. 2, S. 95 f.
[274] Die Umorientierung der süddeutschen Staaten von der Donaumonarchie auf Preußen; Anspielung auf die Bekehrung des Saulus zum Paulus auf dem Weg nach Damaskus.
[275] Karl Freiherr VARNBÜLER VON UND ZU HEMMINGEN, partikularistischer württembergischer Minister.

[276] Otto von Bismarck, *Gedanken und Erinnerungen*, aaO. (Anm. 3), Bd. 2, S. 99 f.
[277] Hellmut Diwald, *Geschichte der Deutschen*, aaO. (Anm. 7), S. 329.
[278] Keine Nachricht über die Rücknahme der Thronkandidatur.
[279] Nachricht von Fürst Karl Anton von Hohenzollern-Sigmaringen über die Rücknahme der Thronkandidatur.
[280] Deissler/Fernis, *Grundzüge der Geschichte*, Verlag Moritz Diesterweg, Frankfurt/M.–Berlin–Bonn [7]1956, Bd. 4, S. 60.
[281] Rückzugssignal
[282] Otto von Bismarck, *Gedanken und Erinnerungen*, aaO. (Anm. 3), Bd. 2, S. 103.
[283] Wilhelm J. Wagner, *Bildatlas der deutschen Geschichte*, aaO. (Anm. 270), S. 233.
[284] In der Doppelschlacht von Jena und Auerstedt am 14. 10. 1806 hatte Napoleon I. das preußische Heer vernichtend geschlagen.
[285] Hellmut Diwald, *Geschichte der Deutschen*, aaO. (Anm. 7), S. 330.
[286] Diwald, ebenda, S. 330.
[287] Ernst Kaiser, *Deutschlands Heldenkampf 1870*, aaO. (Anm. 268), S. 21.
[288] Otto von Bismarck, *Gedanken und Erinnerungen*, aaO. (Anm. 3), Bd. 2, S. 99.
[289] Bismarck, ebenda, S. 102.
[290] Bismarck, ebenda, S. 103.
[291] Wolfgang J. Mommsen, *Das Ringen um den nationalen Staat*, aaO. (Anm. 8), S. 224.
[292] Mommsen, ebenda, S. 225.
[293] Ernst Kaiser, *Deutschlands Heldenkampf 1870*, aaO. (Anm. 268), S. 36.
[294] Kaiser, ebenda, S. 50.
[295] *Der deutsch-französische Krieg 1870/71*, Kriegsgeschichtliche Abteilung des Großen Generalstabes (Hg.), Verlag Mittler und Sohn, Berlin 1874, Bd. 1, S. 133.
[296] Ernst Kaiser, *Deutschlands Heldenkampf 1870*, aaO. S. 62
[297] Großer Generalstab, aaO. (Anm. 295), Bd. 1, S. 73.
[298] Großer Generalstab, ebenda, S. 75.
[299] Großer Generalstab, ebenda, S. 75.
[300] Großer Generalstab, ebenda, S. 76.
[301] Großer Generalstab, ebenda, Bd. 2, S. 1285.
[302] Wolfgang J. Mommsen, *Das Ringen um den nationalen Staat*, aaO. (Anm. 8), S. 233.
[303] Thomas Nipperdey, *Deutsche Geschichte 1866–1918*, aaO. (Anm. 231), Bd. 2, S. 70.
[304] Wolfgang J. Mommsen, *Das Ringen um den nationalen Staat*, aaO. (Anm. 8), S. 247.
[305] Thomas Nipperdey, *Deutsche Geschichte 1866–1918*, aaO. (Anm. 231), Bd. 2, S. 66.
[306] Hugo Wellems, *Das Jahrhundert der Lüge – Von der Reichsgründung bis Potsdam 1871–1945*, Arndt, Kiel [2]1989, S. 19.
[307] Wellems, ebenda, S. 19.
[308] Otto von Bismarck, *Gedanken und Erinnerungen*, aaO. (Anm. 3), Bd. 2, S. 112 f.
[309] Wolfgang J. Mommsen, *Das Ringen um den nationalen Staat*, aaO. (Anm. 8), S. 245.
[310] Michael Stürmer, in: *Bildatlas Deutschland, von den Anfängen bis heute*, Orbis-Verlag, München 1998, S. 156.
[311] Thomas Nipperdey, *Deutsche Geschichte 1866–1918*, aaO. (Anm. 231), Bd, 2, S. 76.
[312] Hellmut Diwald, *Geschichte der Deutschen*, aaO. (Anm. 7), S. 334.
[313] Diwald, ebenda, S. 334.
[314] Diwald, ebenda, S. 334.
[315] Diwald, ebenda, S. 338.
[316] Otto von Bismarck, *Gedanken und Erinnerungen*, aaO. (Anm. 3), Bd. 2, S. 133.
[317] In Preußen war es üblich, ausscheidende verdiente Beamte und Offiziere mit Wirkung vom Zeitpunkt ihrer Pensionierung in der Weise eine Stufe höher zu befördern, daß man etwa dem Hauptmann den ›Charakter‹ eines Majors verlieh. Dienstrechtlich und für die Versorgungsbezüge war dies ohne Belang, aber es förderte das gesellschaftliche Ansehen des Ruheständlers.
[318] Otto von Bismarck, *Gedanken und Erinnerungen*, aaO. (Anm. 3), Bd. 2, S. 133.
[319] Bismarck, ebenda, Bd. 1, S. 404.
[320] Bismarck, ebenda, Bd. 2, Fußnote S. 140.
[321] Hellmut Diwald, *Geschichte der Deutschen*, aaO. (Anm. 7), S. 334.
[322] Wolfgang J. Mommsen, *Das Ringen um den nationalen Staat*, aaO. (Anm. 8), S. 256.
[323] Deissler/Fernis, *Grundzüge der Geschichte*, aaO. (Anm. 280), S. 62.
[324] Hellmut Diwald, *Geschichte der Deutschen*, aaO. (Anm. 7), S. 334.
[325] Diwald, ebenda, S. 334.
[326] Wilhelm Mommsen, *Otto von Bismarck in Selbstzeugnissen. . .*, aaO. (Anm. 4), S. 103.
[327] Sebastian Haffner, *Preußen ohne Legende*, Wilhelm Goldmann Verlag, München [2]1981, S. 428.
[328] Deissler/Fernis, *Grundzüge der Geschichte*, aaO. (Anm. 280), S. 64.
[329] Dürig/Rudolf, *Texte zur deutschen Verfassungsgeschichte*, aaO. (Anm. 14), S. 160.
[330] Hellmut Diwald, *Geschichte der Deutschen*, aaO. (Anm. 7), S. 338.

Personenverzeichnis

Wegen häufigen Auftretens wurde der Name ›Bismarck‹ nicht berücksicht.

Veröffentlichungen der Stiftung Kulturkreis 2000

Band	1	Eichler	*Die Wiederkehr des Schönen* 452 S. geb. € 25.50
Band	2	Eichler	*Der gesteuerte Kunstverfall* -vergriffen-
Band	3	Eichler	*Könner, Künstler, Scharlatane* -vergriffen-
Band	4	Willms	*Handbuch zur Deutschen Nation*, Band 1 -vergriffen-
Band	5	Willms	*Handbuch zur Deutschen Nation*, Band 2 686 S., Kunstleder, Sonderpreis € 8.-
Band	6	Willms	*Handbuch zur Deutschen Nation*, Band 3 414 S., Kunstleder, Sonderpreis € 8.-
Band	7	Diwald	*Handbuch zur Deutschen Nation*, Band 4 628 S., Kunstleder, Sonderpreis € 8.-
Band	8	Hepp	*Die Endlösung der deutschen Frage* -vergriffen-
Band	9	Franz-Wiling	*Die technische Revolution* 340 S., geb., 26 Abb. Sonderpreis € 8.-
Band	10	Eibicht	Hellmut Diwald -vergriffen-
Band	11	Eibicht	*50 Jahre Vertreibung* 544 S., geb. 57 Abb. Sonderpreis € 9.90
Band	12	Knütter	*Europa ja – aber was wird aus Deutschland?* 416 S., Ln. Sonderpreis € 5.80
Band	13	Eichler	*Baukultur gegen Formzerstörung* 464 S., Ln., 51 Abb. Sonderpreis € 12.90
Band	14	Reisegger	*Wege aus dem Globalisierungs-Chaos* 496 S., geb., Abb. € 22.80
Band	15	Argens	*Gebt unser Geld zurück!* 368 S., Ln., 90 Abb. € 19.90
Band	16	Kosiek	*Die Machtübernahme der 68er* (ehemals: *Die Frankfurter Schule und ihre zersetzenden Auswirkungen* 7. Auflage, 400 S., Ln., 140 Abb. € 19.80
Band	17	Argens	*Lügen bis zum Untergang. Münchhausens Kartenhaus* 400 S., Ln., 80 Abb. € 19.80
Band	18	Rode	*Das eurasische Schachbrett* *Amerikas neuer Kalter Krieg gegen Rußland* 1248 S., Ln., ca. 190 Abb. € 39.80